Ludger Schenke

Die Urgemeinde

Geschichtliche
und theologische Entwicklung

Verlag W. Kohlhammer
Stuttgart Berlin Köln

CIP-Titelaufnahme der Deutschen Bibliothek

Schenke, Ludger:
Die Urgemeinde : geschichtliche und theologische Entwicklung
/ Ludger Schenke. - Stuttgart ; Berlin ; Köln : Kohlhammer,
1990
ISBN 3-17-011076-4

Umschlagbild: „Pfingsten", Egbert-Codex, Evangelistar; Reichenau, Luithardgruppe, um 980. – Stadt Trier, Stadtbibliothek/Stadtarchiv.

Stuttgart Berlin Köln
Verlagsort: Stuttgart
Umschlag: Studio 23
Gesamtherstellung:
W. Kohlhammer Druckerei GmbH + Co. Stuttgart
Printed in Germany

INHALT

ANHANG

"Anfänge sind zumeist verborgen. Das gilt auch für diejenigen der nachösterlichen Christenheit. Die spärlichen Nachrichten der Apostelgeschichte, deren Quellenwert unbestritten ist, erhellen weniger das uns von dort anstarrende Dunkel, als daß sie es hervortreten lassen. Der Historiker wird sich freilich nicht mit dem Dämmerlicht über einer Terra incognita zufriedengeben. Man kann ihm nicht ausreden, daß Anfänge immer das Gesetz der Zukunft enthalten. Er wird darum mit stets neuen Anläufen in das Verborgene einzudringen suchen und sich durch ihm widerfahrende Fehlschläge, zumal diese zu seinem täglichen Brot gehören, nicht entmutigen, sondern nur heftiger anstacheln lassen. Sofern er an dieser Stelle tatsächlich nicht von vornherein und völlig zu resignieren braucht, verdankt er das der Evangelienkritik und besonders der formgeschichtlichen Arbeit. Beide erlauben uns ja, einen beträchtlichen Teil der synoptischen Überlieferung gerade der Verkündigung der nachösterlichen Gemeinde zuzuschreiben." (E. Käsemann)

Vorwort

Die hier vorgelegte Darstellung der geschichtlichen und theologischen Entwicklung der Urgemeinde beruht weitgehend nicht auf eigenen Forschungsergebnissen. Ich stütze mich vielmehr auf den Konsens der historisch-kritischen Exegese, wie ich ihn meine wahrnehmen zu können. Daß ich damit ein Wagnis eingehe, ist mir bewußt. Nicht jeder wird den von mir beanspruchten kritischen Konsens gelten lassen wollen. Aber ich bin überzeugt: Er ist kein Phantom. Der Boden, auf dem ich hier baue, mag schwankend sein. Aber ich glaube, daß er hält. Erdbeben in der neutestamentlichen Forschung sind nicht angekündigt. Die kleineren Stöße aber, die zu erwarten sind, dürften das Gesamtgebäude nicht zum Einsturz bringen.
Mir ging es in meiner Darstellung nicht um neue Einsichten, sondern eher um Veranschaulichung. Ich wollte die Ereignis-, die Sozial- und die Überlieferungsgeschichte der Urgemeinde aufeinander beziehen und in einem Band darstellen. Eine solche Zusammenschau schien mir heute für die Hand der Studierenden dringend erforderlich. Darum danke ich dem Verlag W. Kohlhammer besonders, daß er das Buch so preiswert herausgebracht hat.

Viele haben daran mitgewirkt, daß dieses Buch veröffentlicht werden konnte. Frau Barbara Daub, Frau Eva Sohár und Herr cand. theol. Matthias Görtz haben das schwierige Manuskript auf dem PC geschrieben und eingerichtet. Herr Dipl. theol. Rainer Feige hat die Literaturlisten zusammengestellt und zusammen mit Frau Sohár die Register erstellt. Meine wissenschaftlichen Mitarbeiter Christoph Dahm und Johannes Neugebauer haben zusammen mit Matthias Görtz das gesamte Manuskript sorgfältig gelesen, korrigiert und mir Verbesserungen vorgeschlagen. Ihnen allen danke ich an dieser Stelle herzlich für ihre Mitarbeit.

Klein-Winternheim, Ostern 1990 — Der Verfasser

Kapitel I.
Die Anfänge

Literatur: BECKER, J., Das Gottesbild Jesu und die älteste Auslegung von Ostern, in: FS H. Conzelmann, Tübingen 1975, 105-126; BERGER, K., Die Auferstehung des Propheten und die Erhöhung des Menschensohnes, Göttingen 1976; BROER, J., "Der Herr ist dem Simon erschienen" (Lk 24,34), in: SNTU 13, Linz 1988, 81-100; BROER, J./WERBICK, J. (Hg), "Der Herr ist wahrhaft auferstanden" (Lk 24,34), Stuttgart 1988; v. CAMPENHAUSEN, H., Der Ablauf der Osterereignisse und das leere Grab, Heidelberg [4]1977; DODD, C.H., Die Erscheinungen des auferstandenen Christus. Ein Essay zur Formkritik der Evangelien, in: WdF 522, Darmstadt 1988, 297-330; FISCHER, K.M., Das Ostergeschehen, Göttingen [2]1980; FRIEDRICH, G., Die Auferweckung Jesu, eine Tat Gottes oder ein Interpretament der Jünger: KuD 17 (1971) 153-187; GILMOUR, S.M., Die Christophanie vor mehr als fünfhundert Brüdern, in: WdF 522, Darmstadt 1988, 133-138; HOFFMANN, P., Auferstehung Jesu Christi II/1, in: TRE, IV 478-513; KASTING, H., Die Anfänge der urchristlichen Mission, München 1969; KESSLER, H., Sucht den Lebenden nicht bei den Toten, Düsseldorf 1985; LOHFINK, G., Der Ablauf der Osterereignisse und die Anfänge der Urgemeinde: ThQ 160 (1980) 162-176; LOHMEYER, E., Galiläa und Jerusalem, Göttingen 1963; MARXSEN, W., Die Auferstehung Jesu von Nazareth, Gütersloh 1968; DERS., Die Bedeutung der Auferstehungsbotschaft für den Glauben an Jesus Christus, Gütersloh [3]1966; DERS., Die Sache Jesu geht weiter, Gütersloh 1976; OBERLINNER, L., Todeserwartung und Todesgewißheit Jesu, Stuttgart 1981; DERS., Zwischen Kreuz und Parusie, in: QD 105, Freiburg 1986, 63-95; PESCH, R., Zur Entstehung des Glaubens an die Auferstehung Jesu. Ein Vorschlag zur Diskussion: ThQ 153 (1973) 201-228.270-283; DERS., Zur Entstehung des Glaubens an die Auferstehung Jesu. Ein neuer Versuch: FZPhTh 30 (1983) 73-98; SCHILLE, G., Anfänge der Kirche, München 1966; VÖGTLE, A., Todesankündigungen und Todesverständnis Jesu, in: QD 74, Freiburg 1976, 51-113; DERS., Der verkündende und verkündigte Jesus Christus, in: SAUER, J. (Hg), Wer ist Jesus Christus ?, Freiburg 1977, 27-91; VÖGTLE, A./PESCH, R., Wie kam es zum Osterglauben?, Düsseldorf 1975; WILCKENS, U., Auferstehung, Stuttgart 1970; DERS., Auferstehung. Das biblische Auferstehungszeugnis historisch untersucht und erklärt, Gütersloh [3]1981; DERS., Das Offenbarungsverständnis in der Geschichte des Urchristentums, in: W. Pannenberg (Hg), Offenbarung als Geschichte, Göttingen 1961, 42-90.

1. Vorbemerkung

Unsere Darstellung der Geschichte der Urgemeinde und ihrer Überlieferung beginnt dort, wo das Wirken des irdischen Jesus endete. Sie beginnt mit der Tatsache, daß die Jünger nach dem Kreuzestod Jesu öffentlich auftraten, den Gekreuzigten als den von Gott Auferweckten verkündigten und seine Botschaft weitertrugen.

Gehören der irdische Jesus und sein Wirken aber nicht auch in eine Geschichte der Urgemeinde hinein? Nach Ostern wurde doch seine Botschaft von den Jüngern weiterverkündet. Die von ihm in seine Nachfolge berufene Jüngerschar war die Keimzelle der Urgemeinde. Ist also die durch Jesus ausgelöste Bewegung nicht eine einheitliche, sich durchhaltende historische Größe?

In der Tat haben Wirken und Überlieferung der urchristlichen Gemeinde Wurzeln, die bis in Jesu eigenes Wirken und Verkündigen zurückreichen. Jesus war in Galiläa und Judäa aufgetreten und hatte die unmittelbar bevorstehende Königsherrschaft Gottes verkündet, die sich in seinem Wirken bereits Bahn

brach (Lk 11,20). Um ganz Israel zur Annahme der Basileia aufzurufen, war Jesus durch Palästina gewandert, angewiesen auf Gastfreundschaft und Unterstützung. Er gewann zahlreiche Anhänger. Der größere Teil von ihnen blieb ortsansässig. Eine kleine Schar folgte seinem Ruf zur Unterstützung seiner Mission und teilte sein heimat- und familienloses Wanderleben. In diesen beiden Kreisen der Anhängerschaft Jesu wurden seine Worte, Gleichnisse und Taten noch zu seinen Lebzeiten in Erinnerung gehalten und weitererzählt.
Die durch den irdischen Jesus geprägte Überlieferung, seine Gleichnisse, prägnanten Logien und weisheitlichen Mahnsprüche, aber auch die Erzählungen von seinen Taten sind dann nach Ostern weitergegeben worden. Aber war all dies einfachhin dieselbe Überlieferung geblieben wie vor Ostern? War sie nicht durch Jesu Scheitern am Kreuz radikal in Frage gestellt, durch seine Auferweckung aber neu qualifiziert worden? Wer sich nach Ostern an Jesu Worte und Taten erinnerte und sie überlieferte, tat dies im Wissen darum, daß er Worte und Taten dessen weitergab, dessen Leben am Kreuz geendet hatte, der aber von Gott auferweckt und bestätigt worden war. Worte und Taten Jesu wurden darum nach Ostern nicht als Worte und Taten einer großen Gestalt der Vergangenheit weitergegeben, sondern als Worte und Taten des seit seiner Auferstehung bei Gott lebenden Jesus. In der Überlieferung der urchristlichen Gemeinde kam der auferstandene Jesus selbst zu Wort. Die Worte des irdischen Jesus blieben gültig, weil ihr Autor weiterlebte.
Zur Botschaft Jesu trat nach Ostern ein neuer Inhalt hinzu. Jesus wurde in einer expliziten Weise selbst zum Gegenstand der christlichen Verkündigung. Der Verkünder wurde zum Verkündigten. Zwar hatte Jesus seine Person mit der von ihm verkündeten Herrschaft Gottes in Beziehung gesetzt. Er war sich auch bewußt gewesen, den eschatologischen Heils- und Heiligkeitswillen Gottes authentisch auszulegen und zu verkünden. In seiner Lebensbotschaft hatte er ein unerhört neues und unmittelbares Gottesverhältnis vorgelebt und vermittelt und sein Wirken in einem wirklichen, nicht nur vorläufigen Sinn als den "Anfang" der Königsherrschaft Gottes angesehen. Aber Jesus hatte sich nicht selbst verkündet und keinen spezifischen messianischen Anspruch erhoben, obwohl er in dem Bewußtsein wirkte, der letzte Bote Gottes zu sein.
In der urchristlichen Verkündigung nach Ostern änderte sich die Lage nun völlig. Eine Annahme der Botschaft Jesu war nach Kreuz und Auferweckung nicht möglich, ohne daß explizit über die Person des Boten reflektiert, seine Bedeutung für das nahe Heilshandeln Gottes bedacht und Stellung zu seiner Person genommen wurde. Tod und Auferweckung Jesu selbst wurden nun Inhalt der christlichen Verkündigung. Die Verkündigung der Urgemeinde setzte also Jesu eigene Verkündigung fort, ihre "expliziten" christologischen Aussagen wurzeln in der "impliziten Christologie", die im Wirken Jesu mitgegeben war. Dennoch sind Verkündigung Jesu und Verkündigung der nachösterlichen Gemeinde nicht einfach ein Kontinuum.
Auch der Charakter der Jesusbewegung änderte sich nach Ostern. Wie Jesus sich nicht selbst als Messias verkündet hatte, so hatte er die von ihm ausgehende Bewegung auch nicht als eine Sondergemeinde in Israel verstanden. Sein Wirken als letzter Bote Gottes war auf die Gewinnung und Umkehr ganz Israels ausgerichtet. Er wollte keinen "heiligen Rest" sammeln. Auch die von ihm ausgewählten Jünger stellten keinen heiligen Rest dar, sondern waren Boten für

ganz Israel. Auch nach Ostern wandten sich die Jünger an ganz Israel. Dieses wurde jetzt aufgefordert, sich zum Messias Jesus zu bekennen und seiner Gemeinde beizutreten. Schon bald verstand sich die Urgemeinde als Sondergemeinde, die zwar Anspruch auf ganz Israel erhob und es in Wahrheit repräsentierte, die sich aber durch den Glauben an den Messias Jesus und durch die Erwartung seines baldigen Erscheinens in zunehmendem Maße vom ungläubigen Israel unterschieden wußte.

Auch hier besteht also zwischen der Zeit des irdischen Jesus und der Zeit nach Ostern nur eine eingeschränkte Kontinuität. Darum können wir bei der Darstellung der Geschichte der Urgemeinde auf die Einbeziehung der vorösterlichen Zeit verzichten. Dieser Verzicht ist aus praktischen Gründen geboten und methodisch zu rechtfertigen. Daß aber die Urgemeinde und ihre Überlieferung in der vorösterlichen Jesusbewegung wurzeln, versteht sich von selbst. Dennoch muß man sehen, daß zwischen der vorösterlichen und der nachösterlichen Jesusbewegung ein Graben liegt, über den der Historiker zwar Brücken schlagen, den er aber nicht ohne weiteres überspringen kann.

2. Zwischen Kreuz und Ostern

Welche Wirkung hatte der Kreuzestod Jesu auf die Jünger? Meist wird vermutet, Glaube und Hoffnung der Jünger seien durch ihn zusammengebrochen. Das Kreuz Jesu habe die Jünger - nicht aber Jesus(!) - in eine tiefe Glaubens- und natürlich auch Lebenskrise gestürzt, insofern sie nicht nur seine Botschaft, sondern auch seinen Lebensstil angenommen hatten. Enttäuscht und resigniert hätten sie begonnen, Jesus als den großen Irrtum ihres Lebens anzusehen. Solche historisch-psychologischen Überlegungen sollen verdeutlichen, wie wenig die Jünger für das Faktum der Auferweckung Jesu prädisponiert waren.

Grundsätzliche Skepsis ist angebracht bei jedem Versuch, theologische Aussagen historisch absichern zu wollen. Historische Kritik ist per se nicht in der Lage, Glaubensaussagen zu verifizieren oder zu widerlegen. Insofern sind die obigen historisch-psychologischen Erwägungen zur Absicherung von Heilstatsachen und Offenbarungswirklichkeiten ganz und gar ungeeignet. Darüber hinaus sind sie historisch keineswegs sicher, nicht einmal plausibel. Vieles spricht dafür, daß sie ein spekulatives Konstrukt sind.

Über die Zeit zwischen Kreuz und Ostern haben wir nur wenige dunkle Nachrichten. Sie reichen kaum aus, um das äußere Verhalten der Jünger nach Jesu Tod zu rekonstruieren. Über ihren Glauben und ihr Hoffen in dieser Zeit aber sagen sie unmittelbar gar nichts aus. Wie sich die Jünger nach dem Tod Jesu verhalten haben, bleibt darum für uns dunkel. Die Tradition spricht von ihrer Flucht bei der Gefangennahme Jesu (Mk 14,50; 14,27). Daß sie Jerusalem verlassen haben, ist wahrscheinlich. Bei ihrem letzten Aufenthalt in Jerusalem mit Jesus hatten sie in der Stadt ohnehin kein Nachtquartier, sondern übernachteten am Ölberg. Dies ist glaubhaft, weil Jerusalem zur Zeit der Hochfeste stets qualvoll überbelegt und der Ölberg darum kultrechtlich ins Stadtgebiet einbezogen war. In seinen Gärten und Plantagen durften die Festpilger übernachten, ohne gegen die Bestimmungen zu verstoßen, während des Festes in Jerusalem wohnen zu müssen. Die lukanische Darstellung, nach der sich die Jünger nach Jesu Tod in einem Jerusalemer Haus "aus Angst vor den Juden" verborgen

hielten und hier dem Auferstandenen begegneten, ist dagegen apologetischen Motiven entsprungen und gibt die historische Wirklichkeit nicht wieder.
Wohin aber haben sich die Jünger nach Jesu Tod gewandt? Wir wissen es nicht. Sie können sich in der Nähe Jerusalems aufgehalten haben, etwa am Ölberg, aber doch wohl nur während der Festtage. Nach der Tradition hat Jesus in Bethanien öfter gastliche Aufnahme und Unterstützung gefunden (Mk 14,3-9; Joh 11). Haben sich die Jünger dorthin in den Kreis von Jesusanhängern zurückgezogen? Haben sie sich in den Höhlen der Umgebung versteckt? Wir wissen es nicht! Am meisten spricht immer noch dafür, daß sich der Jüngerkreis, zumindest die Gruppe um Petrus, nach Galiläa begeben hat, wo ein Teil der Jünger zu Hause war. Hierfür sprechen zum einen das Wort Mk 14,28, das die Jünger auf Weisung Jesu nach Galiläa ziehen läßt, zum anderen die Erscheinungen des Auferstandenen in Galiläa. Wie sich die Jünger in Galiläa verhielten und wann die Begegnung mit dem Auferstandenen stattfand, wissen wir nicht. Die berühmte Datierung in 1 Kor 15,3f "nach drei Tagen" ist eine theologische Aussage und kann zunächst nur auf die Auferweckung bezogen werden. Über den Zeitpunkt der ersten Erscheinung des Auferstandenen sagt sie nichts aus.

Auch der Rekonstruktionsversuch der Ereignisse nach Jesu Tod durch Hans von Campenhausen ist nicht durchweg schlüssig und kann kaum Licht ins Dunkel bringen. Er vermutet, die Jünger hätten sich nach Jesu Tod zunächst ratlos in Jerusalem aufgehalten. Nach der Entdeckung des leeren Grabes durch die drei Frauen (Mk 16,1-8) hätten sie sich der "dunklen" Weissagung Jesu Mk 14,27f erinnert und seien in Erwartung des Auferstandenen "in geordnetem Zug", nicht etwa in ratloser Flucht, nach Galiläa gezogen. Warum aber bedurfte es erst des Hinweises auf das leere Grab, damit die Jünger der Aufforderung Jesu nachkamen? Und was ist an Mk 14,27f dunkel? Ein zunächst ratloser Aufenthalt in Jerusalem ist somit historisch weder notwendig noch wahrscheinlich. Auch die Voraussetzungen dieser These sind zu hinterfragen: Ist Mk 14,27f ein Wort Jesu? Der Verweis auf dieses Wort in Mk 16,7 ist jedenfalls markinisch! In Mk 16,8 wird sodann ausdrücklich festgestellt, daß die Frauen über das am Grab Jesu Erlebte nichts berichteten, womit in späterer Zeit doch wohl der Tatsache Rechnung getragen wurde, daß den Jüngern das "leere Grab" zunächst unbekannt blieb. Von Campenhausen muß schließlich die Aussagen über die Flucht der Jünger bei Jesu Gefangennahme weitgehend vernachlässigen, ganz abgesehen davon, daß das Hin und Her der Jünger zwischen Jerusalem, Galiläa und später wieder Jerusalem in seiner Konzeption historisch keinen rechten Sinn ergibt.

Was läßt sich nun aus den dürftigen Nachrichten über den inneren Zustand der Jünger Jesu ausmachen? Ist die These vom Zusammenbruch ihres Glaubens wirklich plausibel? Die Nachricht über ihre Flucht bei Jesu Gefangennahme kann dafür nicht ohne weiteres in Anspruch genommen werden. Jesus ist von Pilatus als Messiasanwärter verurteilt und gekreuzigt worden (Mk 15,28). Seine Person und die durch ihn ausgelöste Bewegung wurden also als staatspolitisch gefährlich eingestuft. Vor diesem Hintergrund ist die Flucht der Jünger verständlich, auch wenn es die Römer wahrscheinlich nur auf Jesus und nicht auf seine Anhänger abgesehen hatten. Oder wie hätten die Jünger sich verhalten sollen? Eine demonstrative Parteinahme für Jesus wäre von den Römern ohne Zweifel nicht geduldet worden. Doch lassen wir solche Spekulationen!
Ein Zusammenbruch des Glaubens und der Hoffnung der Jünger wäre allerdings dann historisch plausibel, wenn der Tod Jesu sie völlig unerwartet und unvorbereitet getroffen hätte, wenn die von Jesus initiierte und intensivierte Hoffnung auf das Kommen der Basileia Gottes so unmittelbar und drängend gewesen wäre, daß sie jeden Gedanken an ein mögliches Martyrium Jesu aus-

schloß. Nun haben die Jünger aber die Hoffnung und den Glauben Jesu geteilt. Wir dürfen daher sie und Jesus in diesem Punkt nicht auseinanderdividieren. Wenn das Kreuz Jesu zur Krise des Jüngerglaubens geworden ist, dann auch zur Krise des Glaubens und der Hoffnung Jesu selbst. Historisch ist diese Konsequenz nicht abzuweisen. Die Möglichkeit, daß Glauben und Hoffen Jesu und der Jünger durch das Kreuz in eine Krise gerieten und zunächst scheiterten, ist historisch nicht völlig auszuschließen. Das rätselhafte Wort Mk 14,25 muß uns immerhin damit rechnen lassen, daß Jesus noch während seines Jerusalemaufenthaltes mit dem unmittelbaren Anbruch der Basileia Gottes gerechnet und dies seinen Jüngern angesagt hat. Wahrscheinlicher ist jedoch, daß Jesus die Möglichkeit eines Martyriums durchaus stets vor Augen hatte. Ein persönliches Scheitern mußte ihm aber nicht das Scheitern der Basileia bedeuten, auch wenn er sein Wirken als ihren Anfang verstand. Oder soll man annehmen, Jesu Glaube an Gottes baldiges Handeln und seine Zuversicht auf die Nähe der noch ausstehenden Basileia hätten notwendig gefordert, daß er bis zu ihrem Kommen am Leben bliebe? Freilich hat Jesus fest an seine Teilnahme an der Basileia geglaubt, auch trotz eines möglichen vorherigen Martyriums. Denn auch so läßt sich Mk 14,25 ja interpretieren. Solche Teilhabe hat er auch Johannes dem Täufer nicht abgesprochen, der bereits umgebracht worden war (Mt 11,11). Die Ermöglichung solcher Teilhabe hat er ohne Zweifel in der eschatologischen Auferweckung der Toten durch Gott erblickt. In diesem Sinn dürfte Jesus auch für den Fall seines Sterbens vor dem endgültigen Kommen der Basileia mit seiner Auferweckung von den Toten gerechnet haben.
Mit all dem ist jedoch nicht gesagt, daß Jesus eine bereits länger konkrete Todeserwartung hatte. Vermutlich lag ein Martyrium nicht gänzlich außerhalb des religiösen Denkens Jesu und konnte von ihm mit Gottes endzeitlichem Handeln zusammengedacht werden. Das Geschick Johannes des Täufers stand ihm vor Augen, das vieler Propheten und Gerechten kannte er aus der frühjüdischen Überlieferung. Möglicherweise hat er beim Abschiedsmahl sein Martyrium als unabwendbares und konkretes Schicksal aus Gottes Hand angenommen und in Mk 14,25 als eine nur vorübergehende Trennung von seinen Jüngern gedeutet. Die kommende Basileia würde sie wieder aufheben.
Im religiösen Denken des Frühjudentums lagen die Kategorien bereit, mit deren Hilfe Jesus sein Martyrium verstehen, verständlich machen und mit seiner Sendung und Botschaft in Einklang bringen konnte. Hier waren das Frömmigkeitsideal vom "notwendigen Leiden des Gerechten" und die deuteronomistische Prophetenaussage entwickelt worden.[1] Beide Denkmuster sind jedenfalls nach Ostern zur Deutung des Sterbens Jesu herangezogen worden (s. dazu Kap. VI.3). Daß Jesus mit ihnen nicht vertraut war, ist unwahrscheinlich.
Hat Jesus zumindest am Ende seines Wirkens das Martyrium als sein konkretes Schicksal erkannt und mit Hilfe dieser bewährten Muster der Frömmigkeit bewältigt und verstanden, dann muß dies auch von den Jüngern gelten. Oder sollte Jesus vor ihnen über sein zu erwartendes Geschick und seine Gedanken darüber geschwiegen, sie nicht darin eingeweiht und darauf vorbereitet haben? Wenn nicht, dann ist ein totaler Zusammenbruch des Glaubens und Hoffens der

---

[1] STECK, O.H., Israel und das gewaltsame Geschick der Propheten, Neukirchen 1967.

Jünger beim Tod Jesu nicht mehr verständlich zu machen.

Wir können noch einen Schritt weitergehen: Wenn Glaube und Hoffnung der Jünger ausschließlich auf Jesus und sein Wirken gerichtet gewesen wären, könnte ihr Zusammenbruch als plausibel erscheinen. Aber war das wirklich so? Stand nicht auch im Mittelpunkt ihres Glaubens und Hoffens Gott? Jesu Botschaft war ja in höchstem Maße theozentrisch. Ihm ging es allein um Gott und sein eschatologisches Handeln. Daß er seine Person und sein Handeln zum eschatologischen Handeln Gottes in Beziehung gesetzt hat, hebt diese Theozentrik nicht auf, sondern verstärkt sie nur. Jesus hatte die Jünger ganz auf Gottes Sache verpflichtet. Sie waren schon zu seinen Lebzeiten Boten der Basileia Gottes. In ihrer von Jesus angeleiteten Mission verkündeten auch sie Gottes baldige Tat. Freilich waren sie Jesu Gesandte, unterwarfen sich seiner prophetischen Autorität und anerkannten seine besondere Sendung und Offenbarung von Gott. Aber ihr Glaube und ihre Hoffnung zielten doch nur indirekt auf Jesus selbst, unmittelbar aber auf Gott. Warum sollte dieser Glaube an Gottes neues eschatologisches Heilshandeln, den Jesus ihnen vermittelt hatte, durch den Tod des Vermittlers total zusammengebrochen sein? Gewiß bedeutete Jesu Tod einen Schock, aber zum Zusammenbruch des Glaubens der Jünger hat er schwerlich geführt. Vielleicht hat Jesus von den Jüngern sogar erwartet, daß sie nach seinem Märtyrertod seine Botschaft vom baldigen Anbruch der Basileia weiterführten.

Für die innere Verfassung der Jünger zwischen Kreuz und Auferstehung Jesu kommt daher nur folgende Alternative in Frage: 1. Wenn Glaube und Hoffnung der Jünger beim Tod Jesu zusammengebrochen sind, dann gilt dies auch für Jesus. Dies könnte dann der Fall gewesen sein, wenn Jesus trotz gewisser auf sein mögliches Martyrium hinweisender Anzeichen am Kommen der Basileia Gottes noch zu seinen Lebzeiten festgehalten hätte. Solche Hoffnung hätte angesichts des grausamen Sterbens Jesu zweifellos zerbrechen und einer tiefen Ratlosigkeit Platz machen müssen. Aber diese Möglichkeit, die historisch nicht widerlegbar ist, hat doch keine Wahrscheinlichkeit für sich. Ihr Problem ist, daß dann die gesamte nachösterliche Darstellung des Lebens und Wirkens Jesu als eine ungeheure Geschichtsglättung anzusehen wäre. 2. Wahrscheinlicher ist, daß Jesus zumindest beim letzten Jerusalemaufenthalt auch sein persönliches Scheitern und Martyrium einkalkuliert hat, ohne daß dies die Dringlichkeit und Dynamik seiner Basileiabotschaft beeinträchtigt haben muß. Das Geschick Johannes des Täufers stand ihm und seinen Jüngern vor Augen, die deuteronomistische Prophetenaussage war ihnen aus der Tradition bewußt, das Frömmigkeitsideal vom "Leiden der Gerechten" teilten auch sie. Hatte Jesus stets mit der Möglichkeit seines Martyriums gerechnet, so könnte ihm dieses spätestens in Jerusalem als sein konkretes persönliches Geschick bewußt geworden sein. Unvorstellbar ist dann aber, daß er seine Jünger nicht darauf vorbereitet oder ihnen gegenüber sogar seine glaubende, an Gottes drängendem Heilswillen festhaltende Bewältigung des erwarteten Todesgeschicks verschwiegen hätte. Auch waren die Jünger längst von ihm als Boten der Basileia ausgebildet und eingesetzt worden. Wie er richteten sie ihre Hoffnung auf den kommenden Gott und seine Basileia. Sein Tod mußte daher nicht notwendig den Zusammenbruch dieser Hoffnung mit sich bringen, so schockierend er für sie auch war. Ihre Flucht aus Jerusalem kann als Ausdruck dieses Schocks gelten, sie darf aber auch als kluge Selbsterhaltung interpretiert werden, um die Botschaft Jesu in Israel bis zum in Kürze hereinbrechenden Eschaton weiterzuführen.

3. Die Erscheinungen des Auferstandenen

Die Jünger haben die Basileiaverkündigung Jesu aber erst wieder aufgenommen, nachdem jene Ereignisse eingetreten waren, die von ihnen als Auferwekkung Jesu von den Toten und als Erscheinungen des Auferweckten gedeutet wurden.

Die Auferweckung Jesu von den Toten ist als Gottes endzeitliche Tat ein die noch nicht abgeschlossene Geschichte transzendierendes Ereignis, über das sich darum keine historischen Aussagen machen lassen. Dies ist keine Ausflucht des neuzeitlichen Historikers. Auch die ersten Christen haben dies so gesehen. Keine Überlieferung "erzählt" die Auferweckung. Sie begegnet nur im Bekenntnis und im Kerygma. Die Erscheinungen des Auferweckten dagegen waren innergeschichtliche Ereignisse und sind als solche bezeugt und erzählt worden. Über sie können wir daher historische Aussagen machen.

Wann die erste Erscheinung stattfand, wissen wir allerdings nicht sicher. Ohne Zweifel ist aber zwischen Jesu Tod und den Erscheinungen nur eine denkbar kurze Zeit vergangen. Schon zum jüdischen Pfingstfest waren die "Zwölf" unter Führung des Simon Kephas wieder in Jerusalem und nahmen dort die apostolische Predigt auf. Auch über den Vorgang der Erscheinungen wissen wir wenig. Die Erscheinungsberichte der Evangelien sind späte Bildungen mit apologetischen Tendenzen. Ausnahmen bilden nur die bekannte Emmausgeschichte Lk 24,13-35 und Joh 21,1-14, in denen Elemente alter Erscheinungsberichte noch durchscheinen. Ausgangspunkt unserer Überlegung muß 1 Kor 15,3-5 (s. dazu Kap. XIV.3) sein. Paulus zitiert hier ein altes Glaubensbekenntnis, in dem die Heilstatsachen Tod und Auferstehung Jesu verkündet und die ersten Erscheinungen des Auferstandenen aufgezählt werden.
Paulus verwendet zur Beschreibung der Erscheinungen den Ausdruck ὤφθη, "er ließ sich sehen" oder "er wurde sichtbar gemacht". Die Erscheinungen werden als objektives Offenbarungshandeln Gottes verstanden. Phänomenologisch kann es sich um Visionen gehandelt haben. In Gal 1,15f umschreibt Paulus die ihm widerfahrene Erscheinung des Auferstandenen so: "Es gefiel Gott, ... seinen Sohn an (in) mir (ἐν ἐμοὶ) zu offenbaren (ἀποκαλύψαι)". Der in den Himmel erhöhte Auferstandene wird von Gott geoffenbart.
Die Auferweckung Jesu und die Erscheinungen des Auferstandenen sind zwar eng aufeinander bezogen, dennoch verschiedene Ereignisse. Die Auferweckung betraf allein Jesus. In den Erscheinungen tat Gott den Zeugen die Auferwekkung kund, indem er sie den Auferweckten sehen ließ. So wurde offenbar, daß Gott den Gekreuzigten durch die Auferweckung von den Toten gerechtfertigt und an ihm bereits endzeitlich gehandelt hatte.

Mag sich die Auferweckung der historischen Frage entziehen, weil in ihr ein den toten Jesus betreffendes transgeschichtliches Ereignis ausgesagt wird, mag die Auferweckungsaussage eine theologische Schlußfolgerung sein, die erwartete allgemeine Totenerweckung sei im Fall Jesu bereits vorweggenommen, die Erscheinungen selbst sind jedenfalls geschichtliche Ereignisse. Wie jedes vergangene Ereignis sind sie aber nur durch das Medium des Berichtes und Zeugnisses vermittelt. Die urchristlichen Zeugen drücken im Kerygma ihre feste Überzeugung aus, in den Erscheinungen den Auferweckten selbst gesehen zu haben, und zwar aufgrund göttlicher Offenbarung, nicht eigener Vorstellungskraft. Sie führen also den Glauben an die Auferweckung Jesu nicht auf ihr eigenes theologisches Reflektieren und Glauben zurück, sondern auf Gottes Kundgabe. Mehr können wir historisch nicht sagen.

Die von Paulus in 1 Kor 15,3-5 benutzte alte Formel, aber auch Paulus selbst (V.6-8) legen bei der Aufzählung der Erscheinungen Wert auf die zeitliche Reihenfolge. Daraus ergibt sich, daß die erste Erscheinung vor Petrus stattgefunden hat und die Erscheinung vor Paulus das letzte Sichtbarwerden des Auferstandenen überhaupt war. Dazwischen lagen die Erscheinungen vor den "Zwölf", vor einer Jüngergruppe von etwa 500 Personen, vor dem Herrenbruder Jakobus und vor allen "Aposteln". Die Erscheinungsberichte der Evangelien sind mit dieser Aufzählung nicht in Einklang zu bringen. Weder schildern sie die Ersterscheinung vor Petrus noch die Einzelerscheinung vor Jakobus, noch findet sich eine Erzählung der Massenerscheinung vor den 500 "Brüdern". Ihre sekundäre Entstehung muß dadurch als erwiesen gelten.

3.1. Die Ersterscheinung vor Simon Kephas

Auffallend ist, daß die Evangelien keinen Bericht über die Ersterscheinung vor Petrus enthalten. Diese wird aber in dem Osterruf Lk 24,34 bezeugt: "Der Herr ist wirklich auferstanden und dem Simon erschienen". Dieser Ruf gehört nicht zur alten Emmauserzählung. Lukas hat ihn hinzugefügt. Wegen der Namensform Simon dürfte er sehr alt sein. Neben 1 Kor 15,5 bewahrt er die Erinnerung an die Ersterscheinung vor Petrus.
Bei zwei Erzählungen der Evangelien ist mit guten Gründen vermutet worden, sie seien alte Erscheinungsberichte und ins Leben Jesu zurückdatiert worden. In beiden Erzählungen spielt Petrus die Hauptrolle. Seine Gefährten lassen sich dagegen als sekundäre Zugaben erweisen.

> [1][Es geschah aber, als das Volk ihn umdrängte und das Wort Gottes hörte, da stand er selbst am See Genesareth! [2]Und er sah zwei Boote am See liegen; die Fischer aber waren ausgestiegen und wuschen die Netze. [3]Er aber stieg in eines der Boote, das dem Simon gehörte, und bat ihn, ein wenig vom Lande abzufahren. Dann setzte er sich nieder und lehrte vom Boote aus die Scharen. [4]Als er aber aufgehört hatte zu reden,] sprach er zu Simon: "Fahre hinaus auf die hohe See und werft eure Netze aus zum Fange." [5]Und Simon antwortete und sprach zu ihm: "Meister, die ganze Nacht hindurch haben wir uns geplagt und nichts gefangen. Aber auf dein Wort hin will ich die Netze auswerfen." [6]Das taten sie denn auch und fingen eine große Menge Fische; ihre Netze aber waren am Zerreißen. [7]Da winkten sie den Gefährten in dem anderen Boot, sie sollten kommen und ihnen helfen; sie kamen auch, und sie füllten beide Boote, so daß sie am Sinken waren. [8]Als aber Simon Petrus das sah, fiel er Jesus zu Füßen und sprach: "Geh weg von mir, Herr, denn ich bin ein sündiger Mensch!" [9]Denn Staunen hatte ihn ergriffen [und alle, die bei ihm waren,] über den Fischfang, den sie gemacht hatten, [[10]Ebenso auch den Jakobus und Johannes, die Söhne des Zebedäus, die Gefährten Simons waren.] Und Jesus sprach zu Simon: "Fürchte dich nicht, von nun an sollst du Menschenfischer sein." [[11]Und sie brachten die Schiffe ans Land, verließen alles und folgten ihm nach]. (Lk 5,1-11)[1]

Die ursprüngliche Erzählung berichtete nur von Petrus. Erzählt wird nicht seine Berufung in die Nachfolge (so Mk 1,16-20), sondern seine Beauftragung zum "Menschenfischer" durch Jesus. Die gesamte Geschichte setzt voraus, daß Petrus bereits Jünger ist (vgl. 5,5.8). Dazu paßt auch die

---

[1] PESCH, R., Der reiche Fischfang, Düsseldorf 1969.

Formulierung "von nun an" in V.10b: "Menschenfischer" wird Petrus nicht erst in der Zukunft sein (so Mk 1,17), sondern "von nun an". Es wird also vom nachösterlichen Standpunkt aus erzählt, und die Situation nach Ostern ist vorausgesetzt. Die Erzählung könnte eine ursprüngliche Erscheinungsgeschichte sein (vgl. Joh 21,1-14). Erzählt wird die Beauftragung des Petrus zum Jesus-Boten durch den Auferstandenen. Vorausgesetzt ist, daß Petrus nach Jesu Tod nach Galiläa und zu seinem Beruf zurückgekehrt ist. Das Bekenntnis des Petrus, Sünder zu sein (V.8b), verweist wahrscheinlich auf sein Versagen während der Passion (vgl. Mk 14,66-72).

Auch die Verklärungsgeschichte Mk 9,2-8[1] erzählt zwar im jetzigen Kontext ein Ereignis aus dem Leben des irdischen Jesus. Aber sie läßt sich leicht aus diesem Kontext lösen. Mit 9,1 gehört sie ursprünglich nicht zusammen, und 9,9f sind redaktionelle Fortsetzung des Evangelisten.

> 2Und nach sechs Tagen nimmt Jesus den Petrus [und den Jakobus und den Johannes] mit sich und führt sie auf einen hohen Berg [,sie ganz allein]. Da ward er vor ihnen verwandelt. 3Und seine Kleider wurden ganz blendend weiß, wie kein Walker auf Erden sie so bleichen könnte. 4Und es erschien ihnen Elia mit Mose, und sie waren im Gespräch mit Jesus. 5Und Petrus nimmt das Wort und sagt zu Jesus: "Meister, es ist gut, daß wir hier sind; wir wollen drei Hütten bauen, Dir eine und dem Mose eine und dem Elia eine". [6Er wußte ja nicht, was er sagte; sie waren nämlich ganz erschrocken.] 7Da kam eine Wolke, die sie überschattete, und eine Stimme erscholl aus der Wolke: "Dieser ist mein geliebter Sohn; auf ihn sollt ihr hören!" [8Und auf einmal, als sie um sich blickten, sahen sie niemand mehr bei sich als Jesus allein.]

Dafür, daß diese Erzählung ein ursprünglicher Erscheinungsbericht ist, sprechen die einleitende Datierung "nach sechs Tagen", die Szenerie auf dem Berg, die Darstellung Jesu als Himmelsbewohner (V.2ff) und überhaupt der ganze Charakter der Erzählung. Das Motiv der Metamorphose Jesu (V.2) muß dann allerdings sekundär sein. Es wurde eingefügt, als die Erzählung ins Leben Jesu zurückdatiert wurde. Auch V.8, zumindest V.8b, dürfte sekundär sein. Vielleicht ist an dieser Stelle ursprünglich einmal die Entrückung Jesu erzählt worden.
Die ursprüngliche Erzählung schildert, wie sich der auferstandene Jesus vor seinen Jüngern (Petrus?) auf einem Berg in seiner himmlischen Auferstehungsherrlichkeit offenbarte. Weiß ist die Farbe der himmlischen Gewänder (vgl. Mk 16,5; Joh 20,12; Apg 1,10; syrBar 51,3-12). Neben Jesus und auf ihn hingeordnet erscheinen Mose und Elia, zwei weitere Himmelsbewohner. Sie sind nach jüdischer Tradition nicht gestorben, sondern in den Himmel entrückt worden. Da in der Endzeit mit dem Wiedererscheinen von Mose und Elia gerechnet wurde, wird durch ihr Erscheinen der endzeitliche Charakter der Szene deutlich. Dieser wird auch in V.5 zum Ausdruck gebracht. Petrus begreift, daß nun die Endzeit angebrochen ist, in der sich Himmel und Erde vereinen sollen.
Jesus ist bei alledem die Hauptperson: Mose und Elia sprechen mit ihm. Ihr Erscheinen gilt ihm und qualifiziert ihn als endzeitliche Gestalt. Die Gottesstimme aus der Wolke sagt an, wer Jesus ist: "Sohn Gottes"! Dieser Titel ist hier wie in Röm 1,3f messianische Königstitulatur (s. dazu Kap. VI.2).
Die beiden Erzählungen verweisen in ihrer ursprünglichen Fassung in das äl-

---

[1] HORSTMANN, M., Studien zur markinischen Christologie, Münster 1969, 72-103; MÜLLER, H.-P., Die Verklärung Jesu: ZNW 51 (1960) 56-64; NÜTZEL, J.M., Die Verklärungserzählung im Markus-Evangelium, Würzburg 1973; SCHMITHALS, W., Der Markusschluß, die Verklärungsgeschichte und die Aussendung der Zwölf: ZThK 69 (1972) 379-411; VIELHAUER, Ph., Aufsätze zum Neuen Testament, München 1965, 192f.207.

teste Stadium der urchristlichen Überlieferung. Ob eine von ihnen oder gar beide die Ersterscheinung vor Petrus spiegeln, muß natürlich unsicher bleiben, ist aber durchaus denkbar.

3.2. Der Ort der Erscheinungen

Wenn beide Erzählungen alte Erscheinungsberichte wären, dann ließe sich die Frage nach dem Ort der Erscheinungen mit mehr Sicherheit beantworten. Lk 5, 4-11 setzt die Rückkehr des Petrus nach Jesu Tod an den Galiläischen See und zu seinem alten Beruf voraus. Die Erzählung wäre dann ein starker Hinweis darauf, daß die Ersterscheinung vor Petrus in Galiläa erfolgte. Mk 9,2-8 steht dazu nicht in Widerspruch. Zwar ist die Örtlichkeit des Berges nicht eindeutig in Galiläa festzumachen, umgekehrt dürfte jedoch auch feststehen, daß die Szene nicht in oder bei Jerusalem spielt.
Die Traditionsformel 1 Kor 15,3-5 und Paulus (V.6-8) sind am Ort der Erscheinungen nicht interessiert. Ihnen ist allein wichtig, wem der Auferstandene erschienen ist. Die Erscheinungen legitimierten ihre Empfänger. Die 1 Kor 15,7 erwähnte Erscheinung vor dem Herrenbruder Jakobus ist schwerlich in Jerusalem zu denken, weil die Familie Jesu in Galiläa beheimatet war. Auch die Erscheinung vor mehr als 500 "Brüdern" (1 Kor 15,6) dürfte nicht in Jerusalem stattgefunden haben, weil dort höchstens der Tempelplatz dafür in Frage gekommen wäre. Ein derartiges Massenphänomen hätte dort aber erhebliches Aufsehen erregen und sich dann auch stärker in der Tradition niederschlagen müssen. Auch wenn wir nichts Genaues sagen können, erscheint es doch als wahrscheinlich, daß die ersten Erscheinungen des Auferstandenen außerhalb Jerusalems stattfanden. Für Galiläa spricht das Traditionswort Mk 14,27f, das in Mk 16,7 aufgenommen wird. Dennoch braucht nicht ausgeschlossen zu werden, daß nach der Rückkehr des Petrus und anderer Jünger nach Jerusalem auch dort noch weitere Erscheinungen folgten.

4. Die Rückkehr der Jünger nach Jerusalem

4.1. Die Rolle des Petrus

Die Petrus zuteil gewordene Ersterscheinung legitimierte ihn als ersten Jünger. Er hatte bereits zu Lebzeiten Jesu eine hervorragende Rolle im Jüngerkreis gespielt. Seine hervorgehobene Stellung in der Urgemeinde aber hatte er inne, weil er der erste Auferstehungszeuge war. Das kommt in 1 Kor 15,5 zum Ausdruck, wo er mit seinem "Amtsnamen" Kephas genannt wird. Das muß nicht bedeuten, daß ihm dieser Name bei der Ersterscheinung verliehen wurde, wohl aber, daß er diesen Namen ihretwegen trug.
Für Petrus muß die Erscheinung des Auferstandenen die Wende seines Lebens gewesen sein. Zwar hatte er durch die radikale Nachfolge Jesu Sendung und Botschaft anerkannt und ihr Glauben geschenkt. Die Erscheinung des Auferstandenen aber gab diesem Glauben des Petrus eine neue Dimension. Er wurde zum Glauben an den Auferstandenen selbst, den Gott trotz seines furchtbaren Todes bestätigt hatte, dessen Botschaft von der nahen Basileia darum

nach wie vor galt. Die Erscheinung des von Gott auferweckten Jesus zeigte ihm an, daß nun die Endzeit herangekommen war. Die erwartete Auferweckung der Toten war an Jesus bereits geschehen. Dieser lebte nun in himmlischer Herrlichkeit bei Gott und stand bereit, eine endzeitliche Funktion auszuüben. Hatte schon der irdische Jesus sein Wirken als den Anfang der Basileia Gottes verstanden, so konnte nun vom Auferweckten die endgültige Heraufführung der Basileia erwartet werden. All dies dürfte Petrus durch die Erscheinung des Auferstandenen klargeworden sein. Was zu Lebzeiten Jesu von Petrus und den Jüngern kaum geahnt werden konnte, wurde in der Erscheinung des Auferstandenen zur Sicherheit: Jesus war von Gott machtvoll bestätigt und zum himmlischen "Messias/Menschensohn" eingesetzt worden.

Über das, was Petrus in der Ersterscheinung geoffenbart wurde, mußte er Zeugnis ablegen. Die gesamte urchristliche Überlieferung hat festgehalten, daß die Erscheinungen nicht private Offenbarungen waren, sondern als Berufung und Sendung der Zeugen verstanden wurden. Dies gilt auch für Petrus. Durch die Ersterscheinung wurde er zum ersten nachösterlichen Zeugen für Jesus und die Geltung seiner Botschaft. So dürfen wir vermuten, daß Petrus die Botschaft, der Gekreuzigte lebe, unter den Anhängern Jesu verkündet und die Jünger gesammelt hat. Welch andere Funktion sollte die Ersterscheinung vor Petrus sonst gehabt haben? Bei den meisten folgenden Erscheinungen des Auferstandenen, die in 1 Kor 15,5ff aufgezählt werden, war Petrus doch wohl ebenfalls anwesend.

Die Rolle des Petrus bei den Anfängen der Urgemeinde wird aus dem alten Traditionslogion Lk 22,31f[1] deutlich.

> Simon, Simon, siehe der Satan hat sich euch ausgebeten,
> um euch zu sieben, wie man den Weizen siebt.
> Ich aber habe für dich gebetet, damit dein Glaube nicht aufhört.
> Du aber[, wenn du dich bekehrt hast,] stärke deine Brüder.[2]

Dieses Wort an Simon kündet eine schwere Krise der Jesusjünger an: Satan wird sie "sieben", wie man Weizen siebt, um Weizen und Spreu voneinander zu trennen. In dieser Krise werden viele untreu werden. Jesus aber hat für Simon gebetet, damit seine Treue nicht wankt. Ihm wird die Aufgabe zugewiesen, die angefochtenen Brüder zu stärken.

Das Logion reflektiert zurückblickend die Situation der Jünger angesichts der Passion Jesu. Diese wird als durch Satan herbeigeführte Krise des Jüngerglaubens gedeutet. Es wird aber keineswegs zum Ausdruck gebracht, daß alle Jünger außer Petrus in dieser Situation vom Glauben abgefallen sind. Ebensowenig wird gesagt, daß Simon nicht vom Satan "gesiebt" worden ist. Es wird vielmehr seine Rolle nach Ostern dargestellt. Er hat die Brüder gestärkt. Vermutlich ist

---

[1] KLEIN, G., Die Verleugnung des Petrus: ZThK 58 (1961) 285-328; LINNEMANN, E., Studien zur Passionsgeschichte, Göttingen 1970, 72ff.

[2] Lk 22,31f ist ein Traditionsstück, das ursprünglich nichts mit der Verleugnungsansage 22,33f zu tun hatte. Durch diese wird V.31f um alle Wirkung gebracht. Außerdem fällt der Wechsel in der Anrede auf: in V.31f "Simon", in V.33f "Petrus". Lukas war es, der V.31f mit V.33f verknüpft hat. Das πότε ἐπιστρέψας in V.31f dürfte darum auf ihn zurückgehen, denn es widerspricht dem Gebet Jesu. Oder hat Jesu Gebet für Petrus doch nichts genützt? In V.32a ist vorausgesetzt, daß Petrus im Gegensatz zu anderen nicht untreu wird.

hier auf sein Osterzeugnis verwiesen, das er nach der Ersterscheinung des Auferstandenen abgelegt hat.
Lk 22,31f ist kein Wort des irdischen Jesus. Warum sollte Jesus nur für Petrus gebetet haben? Vielmehr liegt ein urchristliches Prophetenwort vor, das im Namen des Auferstandenen gesprochen wurde. Es sieht die führende Rolle des Simon Petrus in der Jesusgemeinde einerseits in der Fürbitte des irdischen Jesus begründet und leitet sie andererseits aus der geschichtlichen Rolle ab, die Simon Petrus als Erstzeuge des Auferstandenen gespielt hat.

4.2. Der Zug nach Jerusalem

Der von Petrus aufgrund der Ersterscheinung zusammengerufene Jüngerkreis, zumindest sein Kern, die "Zwölf", ist dann schon bald nach Jerusalem hinaufgezogen. Wenn irgendwo, dann mußte hier die Auferstehung Jesu verkündet und in seinem Namen die in Kürze hereinbrechende Basileia ausgerufen werden. Wenn irgendwo, dann mußte hier der Einbruch der Eschata erwartet werden. Nach der alttestamentlich-frühjüdischen Erwartung sollte Jerusalem Mittelpunkt der endzeitlichen Gottesoffenbarung sein, zu dem alle Völker zusammenkommen würden.[1]
Der Zug der Jesusjünger nach Jerusalem braucht kein aufsehenerregendes Ereignis gewesen zu sein, sondern kann relativ unbemerkt vor sich gegangen sein. Jerusalem war eine Stadt der Pilger. Der Zustrom größerer Pilgergruppen aus allen Landesteilen Palästinas und der jüdischen Diaspora war alltäglich und gehörte zum Bild der Stadt. Besonders an den jüdischen Hochfesten überstiegen die Pilgerzahlen die Zahl der ständigen Einwohner um das Mehrfache. Der stark von Lukas geprägte Pfingstbericht Apg 2,1ff könnte zumindest darin historisch sein, daß die Jünger an dem auf das Kreuzesgeschehen folgenden Laubhüttenfest in Jerusalem öffentlich auftraten, dem hier versammelten Israel die Auferweckung Jesu verkündeten und es angesichts der nun in Kürze hereinbrechenden Basileia zur Umkehr aufriefen.

5. Christliche Gruppen in Galiläa

Diese zeitliche Ansetzung des Zugs der "Zwölf" nach Jerusalem läßt einen - wenn auch kurzen - zeitlichen Raum für eine galiläische Tätigkeit des Petrus und der übrigen Jesusjünger. Das öffentliche Auftreten der Jünger in Jerusalem braucht nicht der Beginn ihrer Verkündigung überhaupt gewesen zu sein. Es hatte seine Bedeutung darin, daß sie vor das Forum Gesamtisraels traten. So ist zu vermuten, daß die Botschaft von der Auferweckung Jesu durch Gott bereits vor dem Zug der Jünger nach Jerusalem in Galiläa und an vielen anderen Orten des Wirkens Jesu von Petrus und den anderen verkündet wurde. Wenn Petrus der erste Auferweckungszeuge war und die übrigen Jünger wieder im Na-

---

[1] Vgl. Jes 2,2-4; 60;62; Mi 4,1-4; Sach 2,14; 8,22; äthHen 10,20f; 53, 6; 90,18f.28-32; Joel 3,5; 4,20; TBenj 9,2; TNapht 8,3; 1 QM XII 13ff; 1 QH VI 12; Mt 8,11f. Zum Motiv der "Völkerwallfahrt zum Sion" vgl. JEREMIAS, J., Jesu Verheißung für die Völker, Stuttgart 1956; ZELLER, D., Das Logion Mt 8,11f/Lk 13,28f und das Motiv der Völkerwallfahrt: BZ 15 (1971) 222-237; 16 (1972) 84-93.

men Jesu versammelte, so ist diese Aktion auch gar nicht anders denkbar als durch seine verkündigende Mission in Galiläa und Judäa. Nur die von Jesus ausgewählten Jünger hatten sein Wanderleben geteilt. Die meisten Anhänger des irdischen Jesus waren gar nicht dazu aufgerufen, Jesus unmittelbar nachzufolgen, sondern blieben ortsansässig. Sie waren das soziale Umfeld, in das die Jünger nach dem Tod Jesu zunächst zurückkehren konnten. Diesen über Galiläa und Judäa verstreuten Anhängern Jesu dürfte die Mission des Petrus nach der Ersterscheinung gegolten haben. Ihnen mußte die Auferweckung Jesu kundgetan, unter ihnen mußten die ehemaligen Gefährten gesucht und "gestärkt" werden (Lk 22,31f). Die von Paulus in 1 Kor 15,5ff erwähnten Erscheinungen vor den "Zwölf", vor allen "Aposteln", besonders aber vor mehr als 500 Brüdern könnten sich in dieser Phase der Konstituierung der Urgemeinde ereignet haben. Aus dieser Urmission des Petrus und seiner Gefährten unter den Freunden und Anhängern des irdischen Jesus in Galiläa und Judäa könnte sich dann der Zug der Jesusjünger formiert haben, der zum Laubhüttenfest nach Jerusalem hinaufzog. Von da an wurde Jerusalem zum Mittelpunkt der christlichen Urgemeinde. Zuvor aber hatte sich der Glaube an den auferweckten Jesus bereits in Galiläa und Judäa mächtig ausgebreitet.
Wir müssen also damit rechnen, daß über ganz Palästina verstreut kleine Gruppen von Jesusjüngern existierten, die nach Ostern erste "christliche" Gemeinschaften bildeten. Dabei wird es sich zumeist um "Häuser", d.h. Familien gehandelt haben, in Einzelfällen vielleicht auch schon um Zusammenschlüsse von Familien. Daß diese verstreuten christlichen Zellen von Anfang an untereinander Kontakt hatten, ist wenig wahrscheinlich. Man sollte daher nicht von einer galiläischen "Urgemeinde" sprechen, da dies eine irgendwie geartete organisatorische und theologische Einheitlichkeit voraussetzen würde. Allerdings ist bei den geographisch geringen Entfernungen in Palästina und wegen der Tätigkeit urchristlicher Wandermissionare damit zu rechnen, daß schon sehr bald die Kontakte der einzelnen christlichen Zellen untereinander und mit der entstehenden Jerusalemer Gemeinde hergestellt worden sind. Jerusalem wurde schon bald zum Mittelpunkt und Vorort der "Urgemeinde". Diese umfaßte aber nicht nur die Jerusalemer Gemeinde, sondern die gesamte Jesusgemeinde Palästinas. Wir müssen damit rechnen, daß nicht alle Impulse zur Traditionsbildung oder zur Israelmission von Jerusalem ausgingen oder von dort gesteuert wurden. Zwar kam der Jerusalemer Gemeinde aufgrund der theologischen und geistigen Bedeutung der Stadt und wegen der in ihr wirkenden Persönlichkeiten der erste Rang für die Entwicklung der christlichen Theologie und Mission zu, doch könnten auch die in Galiläa und im übrigen Palästina ansässigen Jüngergruppen theologisch und missionarisch initiativ gewesen sein. Wir werden darauf unten (s. Kap. IX) zurückkommen. Zunächst aber soll unsere Aufmerksamkeit sich ganz auf die weitere Entwicklung in Jerusalem richten.

Kapitel II.
Der Inhalt der ersten Verkündigung

Literatur: DAUTZENBERG, G., Der Wandel der Reich-Gottes-Verkündigung in der urchristlichen Mission, in: QD 87, Freiburg 1977, 11-32; GERHARDSSON, B., Die Anfänge der Evangelientradition, Wuppertal 1977; DERS., Der Weg der Evangelientradition, in: P. Stuhlmacher (Hg), Das Evangelium und die Evangelien, Tübingen 1982, 79-102; MERKLEIN, H., Jesu Botschaft von der Gottesherrschaft, Stuttgart 1984; RIESNER, R., Jesus als Lehrer, Tübingen 1981; SCHENKE, L., Die Kontrastformel Apg 4,10b: BZ 26 (1982) 1-20; SCHÜRMANN, H., Die Anfänge der Logientradition. Versuch eines formgeschichtlichen Zugangs zum Leben Jesu, in: Ders., Traditionsgeschichtliche Untersuchungen zu den synoptischen Evangelien, Düsseldorf 1968, 39-65.

Die eschatologische Tat der Auferweckung des Gekreuzigten bedeutete eine einmalige und unerhörte Rechtfertigung der Person und Botschaft Jesu durch Gott. Jesus hatte die unmittelbare Nähe der eschatologischen Herrschaft Gottes, ja ihren Anfang in seinem Wirken verkündet. Die Auferweckung Jesu war die unumstößliche göttliche Bestätigung dieser Botschaft. Jesus war wirklich der letzte Bote Gottes. Kein weiterer Prophet war mehr zu erwarten, keine weitere Botschaft Gottes stand noch aus. Das Nächste würde Gottes eigenes Handeln in der Aufrichtung seiner Basileia sein.
Durch die Erscheinungen wußten sich die Zeugen zu Boten Jesu und Verkündern seiner Sache bestellt. Seine Botschaft und seinen eschatologischen Umkehrruf mußten und wollten sie weitersagen an ein unbußfertiges Israel, das auch den letzten Propheten Gottes verworfen hatte. Noch war eine Frist zur Umkehr. Hatte sich Gott zum gekreuzigten Jesus bekannt, so mußte sich zu ihm und seiner Botschaft nun auch bekennen, wer zu Gottes Basileia gehören wollte. So sind Petrus und die "Zwölf" in Jerusalem als Boten Jesu aufgetreten und haben Israel erneut mit seiner Botschaft konfrontiert, indem sie zugleich auch seine Auferweckung verkündeten.

Freilich hat auch die Qumrangemeinde nach dem Tod des "Lehrers der Gerechtigkeit" diesen weiterhin als gottgesandten Propheten verehrt und nach seinen Weisungen gelebt. Auch die Jünger Johannes des Täufers haben diesen trotz seines Martyriums als einen endzeitlichen Boten Gottes verstanden und sein Werk fortgesetzt. Aber keine dieser Gruppen ist nach allem, was wir wissen, mit der unerhörten Kühnheit der Jünger Jesu vor das Forum Israels getreten, um Botschaft und Person der von ihr verehrten Prophetengestalt als Gottes letztes unverbrüchliches Wort und Heilsangebot an ganz Israel zu verkünden.

1. Die "Kontrastformel"

Eine der ältesten urchristlichen Verkündigungsformeln, vielleicht die älteste überhaupt, ist uns in den Apostelreden der Apostelgeschichte (2,14-36; 3,12-25; 4,8-12; 5,29-32; 10,34-43; 13,16-41) überliefert. Diese Reden geben nicht authentisch die Worte der Apostel wieder, sondern sind Kompositionen des Lukas, aber sie enthalten geprägte Formulierungen.[1] In Apg 4,10b[2] ist eine solche geprägte Formulierung erhalten:

> ...Jesus, den ihr gekreuzigt habt,
> den Gott auferweckt hat von den Toten.

Die Formel steht im Akkusativ. Sie bedarf also eines Vordersatzes. Wahrscheinlich wurde sie mit einem Verkündigungswort eingeleitet: "Wir verkünden euch Jesus,...". "Sitz im Leben" der Formel dürfte die früheste missionarische Jesusverkündigung der Jerusalemer Gemeinde gewesen sein. Die Hörer werden in die Verantwortung für den Kreuzestod Jesu genommen. Sie haben Jesus verworfen. In scharfem Kontrast dazu wird gesagt, daß Gott dem Verwerfungshandeln der Menschen durch die Auferweckung Jesu widersprochen hat. Das Urteil der Juden über den Gekreuzigten (vgl. Dtn 21,22) ist widerlegt. Gott hat sich durch die Auferweckung zum Gekreuzigten bekannt und ihn gerechtfertigt. Der Hörer der Verkündigungsformel ist nun aufgefordert, dem Urteil Gottes über Jesus Recht zu geben. Die Formel ist also Verkündigungswort und Umkehrruf zugleich.

Sie enthält noch keinen christologischen Titel und erweist sich gerade dadurch als sehr alt. Sie qualifiziert Jesus, indem sie Gottes auferweckende Tat an ihm bezeugt. Noch sagt sie nur, daß der gekreuzigte Jesus nicht als ein Verworfener im Tode geblieben ist, sondern durch Gottes endzeitliche Tat der Auferweckung aus dem Tod herausgerissen wurde. Bereits dadurch ist er aber endzeitlich qualifiziert. Er lebt nun als ein "Gerechter" bei Gott. Von ihm wird ausgesagt, was von keinem Menschen sonst schon gesagt werden kann. An ihm hat Gott gehandelt, wie er noch an keinem gehandelt hat. Jedoch wird noch nicht ausgesagt, wozu Gott Jesus auferweckt hat. Aber die Formel ist offen dafür. Die Auferweckung Jesu bedeutet ja zugleich seine Erhöhung zu Gott. Sie rechtfertigt nicht nur den Irdischen und seine Botschaft, sondern sagt implizit auch aus, daß Jesus in eine himmlische Funktion eingesetzt worden ist.

---

[1] Zumindest den jeweiligen christologischen Kernaussagen der Reden liegt eine traditionelle Wendung zugrunde. Diese Kernaussagen nennen zunächst die Person Jesu, zumeist mit dem einfachen Akkusativ: τὸν Ἰησοῦν. Es folgen zwei miteinander kontrastierende Relativsätze, die mit ὅν angeschlossen werden. Der erste Relativsatz spricht die Hörer an (ὑμεῖς oder Verbform in der 2. Person Plural) und drückt aus, daß diese Jesus "gekreuzigt" bzw. getötet haben. Der zweite Relativsatz sagt aus, daß Gott Jesus von den Toten auferweckt hat (ὃν ὁ θεός ἤγειρεν ἐκ νεκρῶν). Dieser zweite Relativsatz ist der konstanteste Teil der Doppelaussage (vgl. Apg 3,15; 4, 10; 5,30; 13,30). Hier haben wir auf jeden Fall formelhafte Sprache vor uns; das beweisen auch die Paulusbriefe, in denen sich diese formelhafte Auferweckungsaussage wörtlich wiederfindet (vgl. Röm 10,9b; 1 Thess 1,10a; prädikativ: Röm 4,24; 8,11a.b; Gal 1,1b; Kol 2,12; 1 Petr 1,21 u.a.). Die gleichbleibende Struktur, die formelhafte Sprache und die Parallelen in den Paulusbriefen erlauben den Schluß, daß den christologischen Kernaussagen der Apostelreden eine traditionelle Formel zugrunde liegt.

[2] 4,10b fügt sich nicht nahtlos in den Kontext ein. Die Heilung des Gelähmten (vgl. 3,1-10), auf die sich die Petrusrede 4,8ff bezieht, ist nicht durch Kreuz und Auferweckung Jesu erfolgt, sondern ἐν τῷ ὀνόματι Ἰησοῦ Χριστοῦ (vgl. 3,6; 4,10a), also durch die Kraft, die der "Name Jesu" hat. In 4,10c folgt auf die beiden Relativsätze mit ὅν ein dritter (ἐν τούτῳ), der die vorausgehenden Relativsätze nicht fortsetzt, sondern sich auf τῷ ὀνόματι...(V.10a) bezieht. Zwischen V.10a und 10c besteht also eine grammatische Verbindung, die durch V.10b unterbrochen wird.

2. Die Wiederaufnahme der Jesusverkündigung

Die Botschaft von der Auferweckung Jesu war aber nicht der einzige Inhalt der Jüngerverkündigung. Die Rechtfertigung des Gekreuzigten durch Gott legitimierte ja die Botschaft des irdischen Jesus in unerhörter Weise neu. Darum mußte sie selbst nun erneut und eindringlich ganz Israel angesagt werden.

"Der gesamte Inhalt des Glaubens ist durch die Erscheinungen des Auferstandenen bestimmt. Wie aber? Natürlich nicht in dem simplen Sinn, daß die Christen nur den einen Satz einhämmerten: 'Jesus ist auferstanden'. Sonst wäre beispielshalber nicht die Lehre Jesu mündlich weitergegeben und bald auch schriftlich aufgezeichnet worden. Die Christen rufen, wie früher Jesus, zur Buße auf; sie verkündigen die Vergebung der Sünden, das Heil für die Armen. Sie konfrontieren ihre Hörer wie sich selbst mit dem nahen Reich Gottes. Wenn man ihre Lehre nur formal beurteilt, kann man sie als Lehre einer eschatologisch orientierten, auf radikalen Gehorsam gegen Gott dringenden jüdischen Sekte bezeichnen. Aber diese Inhalte: Enderwartung und Gehorsam, werden durch das Bekenntnis 'Christus ist auferstanden' neu geprägt." (Conzelmann, Geschichte 30)

Keineswegs aber war von Anfang an klar, worin die nachösterliche "Neuprägung" des Jüngerglaubens inhaltlich bestand. Es setzt in der Folgezeit ein Reflexionsprozeß ein, der sich traditionsgeschichtlich in Umrissen rekonstruieren läßt. Zumindest am Anfang waren die Jünger einzig auf Jesu eigene Botschaft verwiesen. Dies kommt auch in dem alten Erscheinungsbericht Mk 9,2-8 zum Ausdruck. Hier wird Jesu Botschaft als eschatologisches Gotteswort von Gott selbst bestätigt: "Auf ihn sollt ihr hören!"
Die Inhalte der ersten nachösterlichen Verkündigung der Jünger waren die Inhalte der Botschaft Jesu selbst. Im Verlauf unserer Darstellung werden wir beobachten, wie dann immer mehr die Person Jesu, sein Tod, seine Auferwekkung und ihre Heilsbedeutung die theologische Reflexion beherrschen werden. Doch bedeutet dies nicht, daß Jesu eigene Verkündigung dadurch gänzlich abgelöst worden wäre, auch wenn der Begriff der Basileia in der urchristlichen Tradition zurücktritt. Vielmehr kann die gesamte apostolische Heilsverkündigung als christologische Entfaltung der Basileiaverkündigung Jesu verstanden werden.

2.1. Kontinuität zwischen vorösterlicher und nachösterlicher Verkündigung

Historisch gesehen setzten die Jünger nach Ostern ihr Verkündigungswirken im Auftrag Jesu fort, das sie schon vor Ostern vollzogen hatten. Jesus hatte ganz Israel mit seiner Botschaft konfrontieren wollen. In unsteter Wandermission hatte er in den Städten, Dörfern und Siedlungen Israels verkündet. Wo Israeliten wohnten, wollte er durch sein Wirken das alte Zwölf-Stämme-Volk für Gottes andrängende Basileia restituieren. Es ging ihm um die Sammlung und Erneuerung ganz Israels, nicht um eine Restgemeinde der Frommen und Gerechten. In diesem Sinne unterschied er nicht zwischen "Gerechten" und "Sündern". Für ganz Israel war in einer letzten, umfassenden Heilsinitiative Gottes die Möglichkeit der Teilhabe an der endzeitlichen Basileia eröffnet. Gott war zur Vergebung aller Sünden bereit, ohne Vorbedingung. Hier und jetzt konnte auch der Sünder in Israel Gottes vergebende Güte erfahren. Auch er wurde so zum Anwärter auf die kommende Basileia, wenn er sich Jesu Ruf öffnete und zur treuen Erfüllung des Gotteswillens umkehrte, d.h. aufhörte, Sünder zu sein.

Darin unterschied sich Jesus von der Bußbewegung der Essener, die jeden Kandidaten, der ihrer Gemeinschaft beitreten wollte, in einem mehrjährigen Noviziat prüfte. Darin unterschied er sich auch von den Pharisäern seiner Zeit, die nur dem Toraf rommen eine Heilschance vor Gott einräumten. Jesus prüfte nicht, wer fromm oder gottlos gelebt hatte, bevor er ihm Gottes neue Heilsinitiative ansagte. Der letzte Grund dafür muß in seiner Theozentrik und in seiner Anschauung von Gottes absoluter Heiligkeit, vor der jeder Mensch ein Sünder war, gesehen werden. Das verband ihn mit Johannes dem Täufer. Von diesem wiederum unterschied ihn, daß er Israel nicht zu strenger Askese in die Wüste hinausrief, sondern die Menschen in ihren konkreten Lebenssituationen und in ihrem Alltag aufsuchte und mit ihnen die neue Gemeinschaft der göttlichen Basileia bereits zu leben begann.
Dieses Programm Jesu erforderte Mitarbeiter. Dazu hat Jesus Jünger berufen, die sein Wanderleben und sein Missionswirken teilten. Die Aussendungstraditionen des Neuen Testaments (vgl. Mk 6,7-13; Mt 10,1-15; Lk 10,1-12) gehen im Kern wohl auf Jesus zurück. Jesus hat die Jünger zur Verkündigung seiner Botschaft ausgesandt, sie dafür ausgebildet und geistig ausgerüstet. Die Jünger waren keineswegs ein Haufen tumber Toren, wie die Evangelien manchmal nahezulegen scheinen. Ebensowenig dürfte zutreffen, daß sie ungebildete Bauern und Fischer waren. Sicher waren sie ungebildet im Sinne antik-jüdischer Weisheits- und Toragelehrsamkeit. Aber in diesem Punkt hatte ihnen auch Jesus nichts voraus. Im Sinne praktisch-frommen Denkens und theologischen Reflektierens, wie es in Kreisen frommer, eschatologisch denkender Juden gepflegt wurde, waren sie dagegen keineswegs ungebildet.
Hinzu kam ihre "Schulung" durch Jesus, freilich kaum im Sinne späterer rabbinischer Schultradition. Es dürfte kaum zutreffen, daß Jesus die Jünger bewußt seine Logien und Gleichnisse auswendiglernen und memorieren ließ. Aber Logien und Gleichnisse waren ja nicht einfach spontane Gelegenheitsäußerungen. Vielmehr hat Jesus seine Botschaft in sorgfältig gestaltete und eingängige Sprüche, Bildworte, Mahnworte und Erzählungen eingebunden, die er nicht nur einmal, sondern immer wieder vorgetragen hat. Nicht nur die ihn begleitenden Jünger haben sie sich merken und nacherzählen können, sondern gewiß auch andere Hörer. Wahrscheinlich waren solch ausgeprägte Logien und Gleichnisse Ausgangspunkt oder Zusammenfassung der ansonsten frei vorgetragenen Predigt Jesu, aber auch der reflektierenden Gespräche zwischen ihm und seinen Hörern, also auch den Jüngern. Auf solche Weise waren diese von Jesus selbst durchaus in die Lage versetzt worden, seine Botschaft selbständig vorzutragen und weiterzugeben.
Damit ist keinem traditionsgeschichtlichen Optimismus das Wort geredet. Der von der Formgeschichte aufgewiesene "Ostergraben" bleibt bestehen. Wir haben Jesu eigene Botschaft nur in der Brechung nachösterlicher Verkündigung. Lebendige Überlieferung ist stets ein schöpferischer Vorgang, den Sprecher und Hörer in ihrer je neuen Situation beeinflussen. Die Situation der Jünger und ihrer Hörer nach Ostern war aber eine gegenüber der Zeit der irdischen Wirksamkeit Jesu gänzlich neue. Ihr vorösterlicher Glaube erschien nach Ostern in einem völlig neuen Licht. Ebenso die Überlieferung, in der dieser Glaube seinen Ausdruck fand. Die nachösterliche Verkündigung der Jünger war darum nicht ein einfaches Wiederholen auswendig gelernter Gleichnisse und Logien.

Die durch Jesu Auferweckung von Gott herbeigeführte neue Situation mußte auf die von Jesus überkommene Botschaft einwirken, je länger je mehr. Darum ist für jeden Einzelfall urchristlicher Überlieferung historische Skepsis angebracht und für den Historiker eine Tugend. Aber aufs Ganze gesehen und auf das Gesamt der vorösterlichen Verkündigung Jesu und der Jünger bezogen, dürfen wir historisch optimistisch sein. Die Ostererfahrung hat nicht einfachhin die gesamte vorösterliche Verkündigung umgepolt und neu geschrieben, so daß wir über sie gar nichts mehr wissen könnten. Vielmehr dürfen wir die nachösterliche Jüngerpredigt mit größtem historischem Recht als eine authentische Interpretation der vorösterlichen Predigt Jesu ansehen. Wir dürfen damit rechnen, ohne dies freilich in jedem Einzelfall historisch sicher sagen zu können, daß mehr Logien und Bildworte der synoptischen Überlieferung schon in der vorösterlichen Predigt Jesu und der Jünger verhaftet waren, als von der formgeschichtlichen Forschung angenommen worden ist.
Wenn diese Sicht zutrifft und die Jünger nach Ostern die Verkündigung der Botschaft Jesu fortsetzten, freilich im Licht der Ostererfahrung, dann ergibt sich eine Konsequenz, die historisch und theologisch beachtet werden muß. Die Jünger sind dann bereits durch den irdischen Jesus zur Weitergabe seiner Botschaft "autorisiert" worden, bevor diese "Autorisierung" durch den Auferstandenen erneuert und bestätigt wurde. Sie vollzogen mit ihrer nachösterlichen Verkündigung zugleich den Auftrag des irdischen und des auferstandenen Jesus. So führten sie die Sache Jesu weiter, nun aber als die Sache dessen, den Gott durch die Auferweckung von den Toten wunderbar bestätigt hatte. Als Zeugen und Boten des Auferweckten waren sie somit durch Gott selbst dazu legitimiert, Jesu Botschaft als letztes und heilsentscheidendes Wort Gottes anzusagen.

2.2. Die nachösterliche Jesusbotschaft

Es ist hier nicht der Ort, den Inhalt der vorösterlichen Verkündigung Jesu und der Jünger in ihrer nachösterlichen Wiederaufnahme darzustellen. Möglich ist nur, einige Linien aufzuzeigen. Es soll bewußtgemacht werden, daß in der nachösterlichen Jüngerpredigt die von Jesus geprägten Gleichnisse und Logien zur Anwendung kamen.
So traten die Jünger Jesu nach Ostern in seiner Nachfolge als Umkehr- und Gerichtsprediger für ganz Israel auf. Umkehr hat ein "Woher" und ein "Wohin". Das "Woher" war die sündige Vergangenheit Israels, durch die es dem Gericht verfallen war. In der Tötung des Gottesboten und Propheten Jesus hatte Israel das Maß seines ständigen Ungehorsams gegen Gott vollgemacht. Es war ein "böses Geschlecht" (Lk 11,29), nicht besser als seine Väter, von denen es sich so gerne distanzierte (vgl. Mt 23,29.33). Wer jetzt nicht umkehrte, würde ebenso umkommen wie jene "Sünder", in deren Schicksal man Gottes Gericht am Werke sah (vgl. Lk 13,1-5). Auch der "Fromme", auch der Pharisäer gehörte auf die Seite der Sünder. Sein Selbstverständnis wird durch das Jesusgleichnis vom "Pharisäer und Zöllner" (Lk 18,9-14) zurechtgerückt, das die Jünger nach Ostern aufgriffen. Dieses Gleichnis reißt die Scheidemauer ein, durch die sich die "Gerechten" von den "Sündern" abgrenzten. Vor Gott ist jeder in der Position des Schuldners und Sünders. Wehe dem, der den anderen verurteilt, ehe Gott

sein Urteil gefällt hat! Es gibt keinen, der dem Umkehrruf nicht Folge leisten müßte und nicht der Vergebung Gottes bedürfte. Jetzt aber hat Gott eine neue Frist zur Umkehr gegeben. Wer diese Frist verstreichen läßt, wird dem Gericht Gottes verfallen (Lk 12,54-56; 13,6-9).

Es ist gut, sich darauf zu besinnen, daß Jesu eigene Botschaft und die der nachösterlichen Jesusjünger zuerst einmal Umkehrruf und Bußpredigt waren. Die Situation ganz Israels vor Gott mußte zuerst bestimmt werden. Alle sind Sünder und vom Gericht bedroht. Kein Mensch entspricht dem Willen Gottes. Israel als Ganzes steht schuldig vor Gott da, zuletzt durch die Ablehnung und Tötung Jesu, den Gott durch die Auferweckung als seinen letzten Boten bestätigt hat.

Aber die Umkehr hat auch ein "Wohin". Gottes Gericht ist nicht das letzte Wort über Israels Schuldvergangenheit, sondern Gott ist radikal zum Heil für alle entschlossen. Er will jetzt seine Herrschaft aufrichten, seinen Willen durchsetzen. In der Nachfolge Jesu treten daher die Jünger nach Ostern zugleich als Verkünder des göttlichen Heilswillens auf, der auf ganz Israel zielt. Jedermann in Israel ist das neue Heil Gottes erschwinglich, ob "Gerechter" oder "Sünder". So wiederholen die Jünger nach Ostern die Botschaft Jesu, daß Gott bedingungslos zur Sündenvergebung bereit ist und Israel in der Umkehr die Vergebung Gottes ergreifen kann. Wie Gott hier und jetzt bedingungslos den umkehrenden Sünder gerechtspricht und wie der Mensch zu Gott umkehrt, zeigt ebenfalls das Gleichnis vom "Pharisäer und Zöllner". Die Umkehr besteht in der tiefen Selbstverurteilung des Sünders und in seiner Bitte um Gottes Barmherzigkeit: "Gott, sei mir Sünder gnädig!" Unter Aufnahme der Gleichnisse Jesu zeigt die nachösterliche Jüngerverkündigung, wie Gott auch demjenigen das ganze Heil zukommen läßt, der keine fromme "Leistung" aufzuweisen hat (vgl. Mt 20,1-15; Lk 15,11-32).

Zur Ansage des schon in der Gegenwart wirksamen und in der nahen Zukunft endgültig hereinbrechenden neuen Heils Gottes benutzt die nachösterliche Jüngerschar wie Jesus selbst das "Symbolwort" von der Basileia Gottes. Gott ist König und will in nächster Zukunft sein Königtum mächtig erweisen und seine Herrschaft aufrichten. Im Himmel ist die Entscheidung dazu bereits gefallen. Satan ist wie ein Blitz vom Himmel gestürzt (Lk 10,18). In Jesu vollmächtigen Dämonenbannungen, auf die die nachösterliche Verkündigung zurückblickt, hat die Basileia bereits angefangen (Lk 11,20). Die Auferweckung des Gekreuzigten und die Erscheinungen des Auferweckten zeigen ebenfalls an, daß die Heilswende bereits eingetreten ist und sich das Heil in kürzester Zeit vollenden wird. Die Heilsgemeinde der Zukunft wird jetzt aufgerichtet, die Teilnehmer an der Basileia Gottes werden nun gesammelt.

In ihrer nachösterlichen Verkündigung greifen die Jesusjünger die Logien und Gleichnisse auf, mit denen Jesus die Basileia Gottes angesagt hatte. In seinem Wirken hatte er den Anfang der Basileia gebracht. Noch sind die Anfänge klein und unscheinbar. Aber sie werden in Kürze zur allumfassenden Herrschaft Gottes vollendet werden (Mk 4,3-8.26-29.30-32). Der "kleinen Herde" der Jünger und derer, die sich ihrer Botschaft anschließen, ist die Basileia Gottes zugesprochen (Lk 12,32). Aber die Basileia ist offen für ganz Israel, wenn es dem Umkehrruf der Jünger folgt.

Die Hörer der nachösterlichen Jüngerverkündigung sind seligzupreisen. Denn sie erleben, wonach sich die Könige und Propheten Israels gesehnt haben (Mt

11,5f; Lk 10,23f). Diese Makarismen bekommen in der nachösterlichen Verkündigung besonderen Klang, weil die Wende zum Heil bereits eingetreten ist. Auch die berühmte Seligpreisung Jesu (Lk 6,20b-21)[1] wird in der nachösterlichen Jüngerbotschaft wiederholt:

> Selig ihr Armen, denn euch gehört die Basileia.
> Selig ihr Hungernden, denn ihr werdet gesättigt werden.
> Selig ihr Weinenden, denn ihr werdet lachen.

Diese Heilsrufe[2], die den konkret Notleidenden, den Armen, Hungernden und Weinenden im Lande bedingungslos das göttliche Heil als Erlösung von aller Not zusagen, gehen in ihrer Urform sicher auf Jesus selbst zurück. Daß sie von Anfang an in der nachösterlichen Verkündigung die gleiche Bedeutung und Funktion hatten wie in Jesu eigener Predigt, beweisen die schon bald hinzugefügten Erweiterungen und Veränderungen. Sie passen diese Heilszusagen an die jeweils veränderte Hörersituation an.

Die drei "Seligpreisungen" bilden eine Einheit. Der Vordersatz wird durch den folgenden Parallelismus erläutert. Seliggepriesen werden die "Armen". Gemeint sind wirklich Arme, deren Existenz durch Hungern und Weinen gekennzeichnet ist. Diese Armen sind deshalb zu preisen, weil ihnen die Basileia Gottes zukommt. In ihr werden sie satt werden und lachen. Gott selbst wird ihre jetzige Befindlichkeit verwandeln beim eschatologischen Freudenmahl. "Gott wird sie trösten; Gott wird sie sättigen, ihnen barmherzig sein, sie seine Kinder nennen. Er wird ihnen die Erde zum Erbe geben, sie sein Antlitz schauen lassen; ihnen zugute wird er seine Herrschaft führen. Diese seine Herrschaft ist nahe!" (Bornkamm, Jesus 70)
Hinter den "Seligpreisungen" steht eine glühende Naherwartung. Sie sind keine Vertröstung auf ein später einmal kommendes besseres Jenseits, sondern prophetische Zusage des unmittelbar bevorstehenden, ja gegenwärtig andrängenden Heils.
In der nachösterlichen Verkündigung richten sich die "Seligpreisungen" an die Mitglieder der Gemeinde und sprechen ihnen als den wirklich Armen prophetisch das Heil zu.

"Die Herrschaft Gottes wird als zukünftig erwartet (die Hungernden werden gesättigt werden), aber sie ist auch schon Gegenwart. Denn man kann mit ihr schon Erfahrungen machen. Versuchen

---

[1] BETZ, H.-D., Die Makarismen der Bergpredigt. (Matthäus 5,3-12): ZThK 75 (1978) 3-19; BROER, I., Die Seligpreisungen der Bergpredigt, Königstein/Ts 1986; FRANKEMÖLLE, H., Die Makarismen (Mt 5,1-12; Lk 6,20-23). Motive und Umfang der redaktionellen Komposition: BZ 15 (1971) 52-75; HOFFMANN, P./EID, V., Jesus von Nazareth und eine christliche Moral, Freiburg 1975, 27ff; KÄSEMANN, E., Die Anfänge christlicher Theologie, in: Ders., Exegetische Versuche und Besinnungen II, Göttingen 1967, 98-104; KLEIN, P., Die lukanischen Weherufe Lk 6,24-26: ZNW 71 (1980) 150-159; KOCH, K., Was ist Formgeschichte, Neukirchen [4]1981, 6-78; MERKLEIN, H., Jesu Botschaft von der Gottesherrschaft, Stuttgart [2]1984, 45ff; SATO, M., Q und Prophetie, Tübingen 1988; SCHOTTROFF, L./STEGEMANN, W., Jesus von Nazareth - Hoffnung der Armen, Stuttgart 1981, 31f; STENGER, W., Die Seligpreisung der Geschmähten: Kairos 28 (1986) 33-60; STRECKER, G., Die Makarismen der Bergpredigt: NTS 17 (1971) 255-275; SCHWEIZER, E., Formgeschichtliches zu den Seligpreisungen Jesu: NTS 19 (1972/73) 121-126.

[2] Die vier Wehe-Sprüche in Lk 6,24-26 sind den Seligpreisungen in 6, 20-23 sekundär nachgebildet worden, und zwar erst, nachdem V.22f bereits zum Bestand der Seligpreisungen gehörten (vgl. V.26). Von Lukas sind die Wehe-Sprüche sicher nicht gebildet worden. Ob sie aber bereits in Q gestanden haben und Matthäus sie weggebrochen hat, bleibt unentscheidbar. Vielleicht sind sie erst in vorlukanischer Tradition hinzugefügt worden. Lk 6,20-23 bildet keine ursprüngliche Einheit. Die vierte Seligpreisung ist erst sekundär angefügt worden, allerdings auf frühester traditionsgeschichtlicher Ebene (vgl. Mt 5,11f). Darauf weisen der von V.20f verschiedene Charakter und Umfang hin.

wir uns die Situation der Jesusanhänger, von der wir in dieser ältesten Tradition hören, auszumalen. Arme Juden in Palästina vielleicht schon zu Lebzeiten Jesu - vielleicht auch danach - fanden sich als Anhänger Jesu zusammen. Sie begriffen ihre eigene Situation der Armut, für die Hunger und Weinen und wohl auch Krankheit Kennzeichen waren, als Skandal vor Gottes Augen. Dieses elende Leben kommt nicht aus der Hand Gottes. Gott macht demnächst Schluß mit dieser Unordnung. Er wird herrschen, dann sind der Hunger und das Leiden an der Armut vorbei. Die Jesusanhänger waren sicher selber arm und sie brachten die frohe Botschaft zu den anderen Armen. Die Gegenwart dieser Verheißung veränderte schon so vieles. Es geschehen Wunder. Wir zweifeln nicht daran, daß in der Jesusbewegung Menschen geheilt worden sind und daß sie die Wunder als Beginn der Endzeit begriffen haben." (Schottroff/Stegemann 31f)

Vielleicht hatten die "Seligpreisungen" in der urchristlichen Tauffeier ihren "Sitz im Leben". Hier wird den neuen Mitgliedern der Jesusgemeinde ganz konkret das Heil zugesagt. Auch im Leben der Gemeinde bricht es sich bereits Bahn. Hier werden in täglichen gemeinsamen Mahlzeiten, die von eschatologischem Jubel begleitet sind, alle satt. Auch bei solchen Mahlzeiten könnten die "Seligpreisungen" ihren "Sitz im Leben" gehabt haben, etwa als Zuspruch bei der Eröffnung des Mahles (s. Kap. V.2.5).

Inhalt der Verkündigung der nachösterlichen Jüngerschar ist auch, daß Gott sein Heil bedingungslos schenkt. Entschlossene Annahme der Basileia ist gefordert. Wie die aussieht, wird in dem schönen Doppelgleichnis vom "Schatz im Acker" und der "kostbaren Perle" (Mt 13,44-46) eindrucksvoll gezeigt, aber auch in dem etwas problematischen Gleichnis vom "ungetreuen Verwalter" (Lk 16,1-9). Die radikale Entschlossenheit der in diesen Gleichnissen gezeigten Personen soll dem Hörer als Vorbild eigener Einstellung vorgestellt werden.
Die in der Basileiapredigt verkündete und erfahrene Vergebungsbereitschaft Gottes erfordert vom Menschen das gleiche Verhalten gegenüber dem Nächsten. Dies wird im Gleichnis vom unbarmherzigen Knecht eindringlich vor Augen gestellt (Mt 18,13-34). Wer Gottes Erbarmen erfahren hat, muß dies Erbarmen weitergeben.

"Der Knecht, der seinem Mitknecht kein Erbarmen gewährt (V.30), hat dieses Geschehen des Erbarmens verfehlt. Er hat es zwar in Anspruch genommen, sich aber nicht darauf eingelassen. Es hat ihn nicht erfaßt, ihn nicht verändert, sich nicht in ihm wirklich ereignet. Deshalb steht er am Ende genau wieder dort, wo er am Anfang gestanden hat: außerhalb des Geschehens der Barmherzigkeit, in der Ordnung des Rechts und damit in der Verhaftung seiner Schuld (vgl. V.34 mit VV.24f)." (Merklein 121)

Dringlichkeit und Unaufschiebbarkeit der Entscheidung angesichts der hereinbrechenden Basileia werden im "Gleichnis vom großen Gastmahl" (Lk 14,16-24) betont. Wer die Einladung zur Basileia jetzt nicht annimmt, wird draußen bleiben. Wer an ihr teilhaben will, muß darum ringen, durch die enge Pforte einzugehen (Lk 13,24), sonst ist es zu spät (Lk 13,25; vgl. Lk 16,16).

Das eschatologische Selbstbewußtsein der kleinen Gruppe der nachösterlichen Jesusjünger bei ihrer Mission und Basileiaverkündigung spiegelt sich in dem Logion Lk 12,32:

> Fürchte dich nicht, du kleine Herde;
> denn eurem Vater hat es gefallen, euch die Basileia zu geben.

Im Geiste dieser Verheißung predigten die Jesusjünger. Mußten sie sich nicht

fürchten angesichts des Schicksals Jesu, angesichts des Widerstandes der führenden Schichten Israels gegen die Botschaft, angesichts der Unwilligkeit eines großen Teils Israels zur Umkehr? Sprachen nicht die kleine Zahl der Jesusanhänger und ihr geringer Erfolg gegen ihre Botschaft von der sich jetzt verwirklichenden Gottesherrschaft? Gegen solche Zweifel und Einwände richten sich die "Kontrastgleichnisse". Das Gleichnis vom "zuversichtlichen Sämann" (Mk 4,4-8) streicht heraus: Wie ein Bauer in der festen Zuversicht einer überreichen Ernte aussät, so wirken die Boten der Gottesherrschaft in der Gewißheit, daß ihre Botschaft gegen den Anschein und trotz aller Widerstände und Verluste am Ende überwältigenden Erfolg haben wird (4,13-20).
Die gleiche Zuversicht strahlt das kleine Gleichnis von der "selbstwachsenden Saat" (Mk 4,26-29) aus. Zum Aufgehen und Wachsen der Saat kann der Landmann nichts hinzutun. Die Ernte kommt "automatisch"! So wird auch Gott die Gottesherrschaft ohne weiteres Zutun der Boten herbeiführen. Sie haben die Saat auszustreuen. Der geringe Anfang spricht nicht gegen sie und ihre Botschaft. Das Ende, die Gottesherrschaft, wird gewaltig sein. Wie aus dem kleinsten bekannten Saatkorn, dem Senfkorn, am Ende eine riesige Staude wird, wie eine Handvoll Sauerteig ein großes Maß Mehl durchsäuert, mit der gleichen Sicherheit wird das allumfassende Heil der Gottesherrschaft aus den geringen Anfängen der Gegenwart hervorgehen (Mk 4,30-32; Mt 13,33). Die Sammlungsbewegung Jesu und ihre Fortsetzung durch den nachösterlichen Jüngerkreis sind wirklich der Anfang der Gottesherrschaft. Ihr endgültiger Anbruch steht unmittelbar bevor, und sie wird überwältigend groß sein.
Schon Jesus war sich bewußt, in seinem Wirken den Anfang der Basileia zu setzen. Die Macht des Satans war bereits gebrochen (Lk 10,18; Lk 11,20). Die nachösterliche Jüngerschar hat bei ihrer Verkündigung diese Sicht Jesu geteilt. Sie tradierte jene Logien Jesu und verweist mit ihnen auf das Wirken des irdischen Jesus. Bald wird sie ihre Verkündigung durch geformte Erzählungen und Berichte unterstützen, in denen das exorzistische und heilende Wirken Jesu reflektiert wird. Es ist wahrscheinlich, daß auch die Predigt der nachösterlichen Jüngerschar von Anfang an von exorzistischen und charismatischen Phänomenen begleitet war. Die spätere Überlieferung zeigt uns Petrus und andere Apostel als Exorzisten und Wundertäter. Diese Taten galten der Urgemeinde als Wirkungen des Geistes Gottes, der als Gabe der Endzeit galt und in dessen Walten sich jetzt schon die Heilszeit auswirkte. In der Gegenwart setzte sich fort, was mit Jesu Wirken begonnen hatte. Die Gottesherrschaft brach sich auch im Wirken der Jesusboten mit Macht Bahn. Die Herrschaft des Satans wurde auch durch sie weiter zurückgedrängt. Die Herrschaft von Sünde und Tod war gebrochen. Der Gott Jesu stand vergebend und heilschaffend vor der Tür. Die Jünger waren sich bewußt, durch den Auferstandenen berufene Boten dieses Gottes zu sein.
Damit war nicht gesagt, daß sich das Heil bereits erfüllt hatte. Die Auferweckung Jesu, der durch die Jünger wirkende Gottesgeist in Exorzismen und Heilungen, sie waren erst das Angeld auf die noch ausstehende Vollendung. Ihr Tag aber stand unmittelbar bevor. Die Zeit der Entscheidung war kurz. Wer die Boten der Basileia jetzt hörte und ihre Botschaft annahm, der hatte die Zeichen der Zeit richtig verstanden.

Wir haben die Tatsache der Wiederaufnahme der Basileiaverkündigung Jesu durch die nachösterliche Jesusgemeinde erschlossen. Unmittelbare Zeugnisse dafür haben wir nicht. Doch läßt die Überlieferungsgeschichte der Gleichnisse und Logien Jesu keinen anderen Schluß zu. Die Quelle Q und das Markusevangelium sind Zeugen dafür, daß Jesu eigene Verkündigung der Basileia auch in späterer Zeit noch Gegenstand der urchristlichen Verkündigung blieb. Neben ihr aber bildete sich schon bald eine reiche Christologie aus. Es entstanden zahlreiche Überlieferungen über Jesus. Doch muß man diese christologischen Reflexionen als Funktion der Basileiaverkündigung beurteilen. Schon Jesus hatte seine Person mit dem von ihm verkündeten Basileiageschehen in Verbindung gebracht. Um so mehr mußte die Urgemeinde nach Ostern über die Stellung Jesu im endzeitlichen Heilsgeschehen reflektieren. Wenn schließlich Paulus das durch Jesus eröffnete Heilsgeschehen als Offenbarung der "Gerechtigkeit Gottes" und als Rechtfertigung des Sünders beschreibt, so kann auch dies als Fortsetzung der Basileiabotschaft Jesu und der Urgemeinde in anderen Denkkategorien angesehen werden.

Kapitel III.
Die Hörer der Jesusbotschaft

Literatur: BAUMBACH, G., Jesus von Nazareth im Lichte der jüdischen Gruppenbildung, Berlin 1971; BEN-DAVID, A., Talmudische Ökonomie, Hildesheim 1974; BÖSEN, W., Galiläa als Lebensraum und Wirkungsfeld Jesu, Freiburg 1985; BOUSSET, W., Die Religion des Judentums im späthellenistischen Zeitalter (hg. v. H. Gressmann), Tübingen ^{4}1966; BRUCE, F.F., Zeitgeschichte des Neuen Testaments, Wuppertal 1986; CAMPONOVO, O., Königtum, Königsherrschaft und Reich Gottes in den frühjüdischen Schriften, Göttingen 1984; HENGEL, M., Judentum und Hellenismus, Tübingen ^{2}1973; DERS., Juden, Griechen und Barbaren, Stuttgart 1976; LEIPOLDT, J./GRUNDMANN, W. (Hg), Die Umwelt des Urchristentums. 3 Bde., Berlin 1965-1967; LOHSE, E., Umwelt des Neuen Testaments, Göttingen ^{7}1986; MAIER, J., Geschichte der jüdischen Religion, Berlin/New York 1972; MEYER, R., Der Prophet aus Galiläa, Darmstadt 1970 (Leipzig 1940); NEUSNER, J., Judentum in frühchristlicher Zeit, Stuttgart 1988; RÖSSLER, D., Gesetz und Geschichte, Neukirchen ^{2}1962; SAFRAI, S./ STERN, M., The Jewish People in the First Century, 2 Bde., Assen 1974-76; SANDERS, E.P., Paulus und das palästinische Judentum, Göttingen 1985; SCHUBERT, K., Die jüdischen Religionsparteien in neutestamentlicher Zeit, Stuttgart 1970; DERS., Die Entwicklung der eschatologischen Naherwartung im Frühjudentum, in: Ders., Vom Messias zum Christus, Wien 1964, 1-54; SIMON, M., Die jüdischen Sekten zur Zeit Christi, Einsiedeln 1964; SMEND, R./LUZ, U., Gesetz, Stuttgart 1981; VOLZ, P., Die Eschatologie der jüdischen Gemeinde im neutestamentlichen Zeitalter, Hildesheim 1966.

1. Kein einheitliches Judentum

Hatte die Predigt der Jünger Erfolg? Wir wissen es nicht sicher, aber wir dürfen es vermuten. Auf die nachösterliche Jüngerverkündigung hin gab es massenhafte Bekehrungen, so berichtet die Apostelgeschichte (Apg 2,41.47; 4,4; 5,14; 6,7). Auch wenn ihre Zahlenangaben wahrscheinlich zu hoch gegriffen sind, ganz und gar unwahrscheinlich ist ihre Darstellung nicht.

Über den Erfolg der Predigt Jesu wissen wir naturgemäß auch nichts Genaues. Somit aber auch nicht über ihren Mißerfolg, der so oft vermutet wird. Wir wissen nicht, wieviele Menschen in Israel seine Botschaft bejaht und angenommen haben. An der kleinen Schar der Jesus unmittelbar nachfolgenden Jünger dürfen wir seinen Erfolg oder Mißerfolg nicht messen. Da Jesus ganz Israel für Gottes Basileia gewinnen wollte, kann er die Annahme seiner Botschaft unmöglich generell an den konkreten Nachvollzug seines Wanderlebens gebunden haben. Hierzu hat er vielmehr nur diejenigen berufen, die ihm bei seiner Israelmission helfen sollten. Freilich hören wir davon, daß Jesu Botschaft auch abgelehnt wurde, von einzelnen Menschen oder Gruppen, den Pharisäern etwa und natürlich den Sadduzäern, oder auch von der Mehrzahl der Bewohner ganzer Ortschaften (vgl. Mt 11,16-19; Mk 6,4; Mt 11,21-24). Gemessen an Jesu Anspruch auf ganz Israel mag somit der Erfolg seiner Predigt bescheiden gewesen sein. Doch muß das nicht besagen, daß Jesus weithin wirkungslos blieb.
Das wäre historisch auch kaum plausibel. Sein gewaltsamer Tod in Jerusalem deutet schon darauf hin, daß er von den politisch-geistlichen Machthabern im Lande als "gefährlich" eingestuft wurde. Der Grund war doch wohl seine Wirkung auf die Massen. So hat ihn auch Herodes Antipas, sein Landesfürst, eingeschätzt (Lk 13,31-33). Der hatte schon Johannes den Täufer aus politischer Sorge umbringen lassen (vgl. Josephus, Ant 18,2). Wichtiger aber als dieser im Schicksal Jesu liegende Hinweis ist die Tatsache, daß Jesu Botschaft auf einen vorbereiteten Acker fiel.

Vieles an der Botschaft Jesu und der nachösterlichen Jüngerschar war den Menschen in Israel nicht einfachhin neu. Die Beurteilung Israels als "böses, sündiges

Geschlecht" wurde von vielen geteilt. Mächtige, eschatologisch ausgerichtete Bußbewegungen hatten seit dem Exil das fromme Denken geprägt. In den zahlreichen religiösen Gruppen und Sekten, Gemeinschaften und Konventikeln des Judentums zur Zeit Jesu und der Urgemeinde wirkten sie nach. Viele in Israel erwarteten mit Jesus die Königsherrschaft Gottes. Denn von Gottes Königtum hatte schon das Alte Testament immer wieder gesprochen, sein Offenbarwerden hatten die späten Propheten für die baldige Zukunft verheißen und die eschatologischen Bewegungen als nahegekommen erhofft. Bei vielen "Frommen" war die Hoffnung auf Gottes bald anbrechendes Weltregiment lebendig. Die Meinungen gingen höchstens darüber auseinander, wann und wie es hereinbrechen werde. Fast allgemein und sicher besonders volkstümlich war die Hoffnung auf eine von Gott heraufgeführte Heilszeit, die die gegenwärtige Weltzeit ablösen sollte. Zuvor noch würde Gott Gericht halten über alle heidnischen Gottesfeinde und über alle Sünder und Gottlosen in Israel. Bestehen würde im Gericht nur, wer den in der Tora festgelegten Gotteswillen treu erfüllt hatte. Diese "Gerechten" würden dann das Land erben und in ein endloses seliges Leben mit Gott eingehen. Für diese Endzeit erwartete man auch die Auferwekkung der Toten und die Gabe des Heiligen Geistes. Bei den Endereignissen sollten auch messianische Gestalten eine entscheidende Rolle spielen, wobei aber keine einheitliche Erwartung herrschte, sondern bunte Vielfalt.

Die Frage aber war, wer zu den Heilserben gehören würde, ganz Israel oder nur ein "heiliger Rest". Diese Frage beherrschte und ängstigte viele. Denn manche Antworten darauf waren erschreckend. Nur wer radikal mit der ganzen Tora Ernst machte, konnte nach ihnen im Gericht bestehen. Durch Eintritt in die Sekte der Essener oder in die Gemeinschaft der Pharisäer oder durch Übernahme der Bußtaufe Johannes des Täufers konnte man solch radikalen Toragehorsam zum Ausdruck bringen. Der Anschluß an diese Gruppen und Bewegungen konstituierte die Schar der Auserwählten für das Endheil. Alle anderen, die "draußen" blieben, mußten der Vernichtung im Gericht gewärtig sein. Wie viele aber konnten diese radikale Bedingung erfüllen? Waren nicht die meisten verloren?

Eschatologische Gedanken und Erwartungen beschäftigten viele in Israel. Geprägt und gepflegt wurde solches Denken durch fromme und gelehrte Männer, Landpriester, Leviten und Schriftgelehrte, die im Synagogengottesdienst predigten und unterrichteten. Sehr schön zeigen uns die "Kindheitsgeschichten" Lk 1-2 das geistige Milieu, in dem eschatologische Hoffnungen blühten. Aber auch prophetische Gestalten hatten Macht über das religiöse Denken und Fühlen der Menschen. Ihr bekanntester Vertreter ist Johannes der Täufer. Aber er war nicht der einzige. Zweifellos sind auch Jesus und seine Jünger von dieser Art des eschatologischen Denkens geprägt worden. Jesu Theologie muß auf dem Hintergrund der Apokalyptik begriffen werden. Sie griff deren Grundanschauungen auf und interpretierte sie in neuer, unerhörter Eindringlichkeit. Gleiches gilt von der nachösterlichen Verkündigung der Jesusjünger.

Freilich dachten nicht alle in Israel akut eschatologisch oder gar apokalyptisch. Insbesondere die führende Jerusalemer Priesterschicht war wohl mehrheitlich uneschatologisch eingestellt. Der Tempel und sein Gottesdienst erfüllten ihre Erwartungen. Im Tempel war Gott anwesend und konnte im Kult verehrt werden. Spekulative Endzeiterwartungen lehnten sie ab. Gottes Königtum realisier-

te sich nach ihnen bereits in seinem innergeschichtlichen Regiment in Israel, in dessen theokratischer Verfassung. Das um den Tempel versammelte Israel galt ihnen als Gottesstaat, dessen Grundgesetz der in der Tora fixierte Gotteswille war. Auch "aufgeklärte" Geister gab es natürlich, vor allem in den gebildeten Kreisen des Judentums.
Aufs Ganze gesehen herrschte im Judentum zur Zeit Jesu und der nachösterlichen Jüngerschar eine große Vielfalt religiöser und geistiger Anschauungen. Noch gab es keine jüdische Orthodoxie und somit auch keine Heterodoxie.

"Es gab keine allein verbindliche Lehre, die das Judentum in der ganzen Epoche religiös und theologisch zusammengefaßt hätte. Vielmehr gab es eine Reihe einzelner Gruppen und Konventikel, die in den verschiedensten religiösen Vorstellungen deutlich und oft sehr wesentlich differierten. Aber trotz aller Gegensätze, die besonders auf politischem Gebiet hervortraten, ist es offenbar doch nie zu grundsätzlichen Spaltungen gekommen. Lehrreich ist hier das Beispiel der Essener: Obwohl sie gerade den Jerusalemer Kult als nicht rein verwarfen und sich davon ausschlossen, haben sie sich doch nie von der Pflicht entbunden, die geforderten Gaben an den Tempel zu senden. So verschieden also die religiösen Gruppen voneinander waren, und so sehr sie sich gegeneinander abgrenzten - fast alle haben z. B. die traditionelle Vorstellung vom 'Heiligen Rest' für sich in Ausspruch genommen - so hat es offenkundig doch die Bindung an eine gemeinsame Überlieferung gegeben, die ein völliges Auseinanderfallen verhinderte. Und fragt man nach dem Wesen dieser gemeinsamen Überlieferung, so kann sich nur die eine Antwort ergeben: das Gesetz. Es hat keine spätjüdische Gruppe oder Gemeinschaft gegeben, für die nicht die Tora das Zentrum ihrer theologischen Vorstellungen gewesen wäre. Durch die Bindung an das Gesetz blieb dem Judentum die Einheit, die es für alle Außenstehenden zu einem homogenen Volk machte." (Rössler 13)

Aber eine "offene Gesellschaft" war das Judentum trotz alledem nicht. Die zahlreichen Gruppen und Konventikel sahen oft nur ihre Mitglieder als den "heiligen Rest" Israels an. Allen anderen drohte das Gericht, weil sie den Willen Gottes nicht in der Auslegung vollzogen, die von der jeweiligen Gruppe vorgetragen wurde. So beherrschten Polemik und Verketzerung das fromme Leben, vergleichbar dem Konfessionsstreit der christlichen Kirchen. Man sprach sich gegenseitig das Heil ab, besonders aber jenen Schichten im Volk, die sich wegen geringer Bildung oder sozialer Not wenig um Torastudium und rechte Toraobservanz kümmern konnten (vgl. Joh 7,49). Sie hatten gar keine Chance, jene strenge Torafrömmigkeit zu praktizieren, wie sie in den Gruppen radikaler "Frommer" geübt wurde. Würde Gott sie darum vom eschatologischen Heil ausschließen?
Im folgenden soll versucht werden, die Strömungen und Anschauungen des Judentums zur Zeit Jesu und der Urgemeinde zu skizzieren. Die Hörer Jesu und der Jünger waren davon geprägt. In der Jesusbotschaft fanden sie einerseits vieles von dem wieder, was sie zutiefst beschäftigte, zudem in einer authentischen, glaubwürdigen Interpretation. Andererseits brachten die Hörer aber auch ihre Frömmigkeit und Ideale, ihre theologischen Anschauungen und eschatologischen Hoffnungen mit, wenn sie sich der Jesusbewegung anschlossen. Diese gingen ein in die Glaubensreflexion der Urgemeinde und prägten ihre Überlieferung. Denn nicht nur das einfache Volk, sondern auch religiöse Experten aus den Gruppen der Essener, Pharisäer und Apokalyptiker sowie gebildete "Hellenisten" wurden von der Jesusbotschaft berührt und nahmen sie an.

2. Das "Volk vom Lande"

Literatur: EBERTZ, M.N., Das Charisma des Gekreuzigten. Zur Soziologie der Jesusbewegung, Tübingen 1987; KIPPENBERG, H.G., Religion und Klassenbildung im antiken Judäa, Göttingen 1978; LOHMEYER, E., Soziale Fragen im Urchristentum, Darmstadt 1973; SCHOTTROFF, L./STEGEMANN, W., Jesus von Nazareth - Hoffnung der Armen, Stuttgart ²1981; THEISSEN, G., Soziologie der Jesusbewegung, München 1977.

Das religiöse Denken und Fühlen der einfachen Leute hat sich wie immer literarisch kaum niedergeschlagen. Am ehesten ist ihre Stimme noch aus dem Neuen Testament zu vernehmen. In den Gleichnissen und Worten Jesu erscheinen sie und ihre Welt: als Knechte und arme Tagelöhner, die auf den Großgütern ihren Lebensunterhalt verdienten, als Zöllner und Dirnen, die in ständiger Sünde einem verachteten Gewerbe nachgingen, als kleine, selbständige Bauern, Fischer und Hirten in dauernder verzehrender Sorge um ausreichende Ernte, Fischfang und Weide, aber auch als Bettler, d.h. Kranke und Krüppel, die ihren Lebensunterhalt nicht selbst durch Arbeit verdienen konnten. Die meisten von ihnen waren von der Sorge um Nahrung und Kleidung verzehrt (Lk 12,22). Ein zu Besuch kommender Freund konnte sie in Verlegenheit bringen (Lk 11,6ff). In den neutestamentlichen Erzählungen treten uns Kranke und Besessene entgegen, die dem Druck des Lebenskampfes körperlich und seelisch zum Opfer gefallen waren. In solchen Kranken und Besessenen erlebten die Menschen täglich, wie gefährdet und bedroht ihr armes Leben war. War diese Weltzeit nicht böse? Herrschten in ihr nicht Satan und die Dämonen? Wo blieb Jahwes Heilszusage für Israel?

Diese Fragen stellten sich insbesondere angesichts der politischen Machtverhältnisse in Israel. Anstelle Gottes, dem das Königtum über Israel zukam, herrschte eine fremde Macht. Sie hatte das heruntergekommene hasmonäische Priesterkönigtum hinweggefegt und "fremde Könige" über jüdisches Land eingesetzt. Zur Zeit Jesu und der frühen Urgemeinde wurde Judäa unmittelbar durch römische Prokuratoren verwaltet. Hier hatten der Hohepriester und das Synhedrium wenigstens gewisse Selbstverwaltungsrechte. In Galiläa und in den nordgaliläischen Gebieten aber regierten die Herodessöhne Antipas und Philippus als absolutistische orientalische Kleinfürsten. Keine dieser Regierungen besaß in den Augen der jüdischen Bevölkerung Legitimität. "Das jüdische Volk konnte sich von ihnen weder 'nach außen' vertreten fühlen, noch 'nach innen' dargestellt sehen." (Ebertz 116) Ihr Regiment wurde als Versklavung des Gottesvolkes empfunden, als Verunreinigung des "heiligen Landes". Der ständige Wechsel der politischen Verhältnisse und der administrativen Strukturen sorgten von selbst dafür, daß mit einer Dauer des Bestehenden ohnehin nicht gerechnet wurde.

Der Legitimitätsverlust betraf auch das hohepriesterliche Amt und das Synhedrium, und zwar in dem Maße, wie diese jüdischen Selbstverwaltungsorgane mit der illegitimen Regierung zusammenarbeiteten und sich als gänzlich von ihr abhängig erwiesen. Die Erfahrung völliger Fremdbestimmtheit und totalen Souveränitätsverlustes bei gleichzeitig hohem religiösen Erwählungsbewußtsein war unter der jüdischen Bevölkerung Galiläas und der transjordanischen Regionen besonders stark. Dieses alte Stammesland Israels war erst durch die hasmonäische Eroberungspolitik zurückgewonnen worden. Nun waren die Gebiete erneut vom jüdischen Stammland getrennt und wurden von hellenistisch-orientalischen Kleinfürsten regiert.

Diese hatten zudem das Land mit neugegründeten Städten überzogen, für die sie syrische und griechische Siedler warben. Die jüdische Bevölkerung in diesen Städten war in der Minderheit. Mit den fremden Siedlern aber kamen vermehrt hellenistische Religion und Kultur ins Land. Paläste und Landhäuser im hellenistischen Stil, heidnische Tempelanlagen, Theaterbauten und Amphitheater beherrschten das Bild der Landschaft und der neugegründeten Städte. Die jüdische Bevölkerung stand diesen Symbolen der Fremdherrschaft, der fremden Kultur und vor allem der heidnischen Religion weithin ablehnend und feindlich gegenüber. Sie mied den Kontakt mit der heidnischen Bevölkerung, hielt sich von den Städten und deren Wirtschafts- und Kulturbetrieb nach Möglichkeit fern.

In den Städten aber vollzog sich der Handel. Hier waren die Märkte, auf denen die agrarischen Produkte des Landes verkauft werden konnten. Hier wohnten die bürgerliche Oberschicht, die staatlichen Verwaltungsbeamten, Kaufleute und Handwerker. Aber auch die finanzkräftigen Großgrundbesitzer ließen sich in den Städten ihre Paläste bauen.
"Die Stadtbewohner, die fast durchweg hellenistischen Geblüts und Geistes waren, stellen sich der einheimischen Bevölkerung als eine neue erobernde Schicht fremder Herren dar; und die Einheimischen werden trotz aller Politik des nationalen Ausgleichs zu Unterworfenen herabgedrückt. Mit geschmeidiger und kluger Energie wird die angestammte, in dem Großgrundbesitz der Tempel und feudaler Grundherren verwurzelte Gewalt gebrochen oder ausgehöhlt; die Stadt erhält eine autonome Verwaltung. Die umwohnende Bevölkerung wird den neuen städtischen Organisationen zugeschrieben und ihnen wachsend tribut- und fronpflichtig. Der Handel konzentriert sich in ihren Märkten; und in den Städten sitzen die zahlreichen Beamten der neuen Monarchien, die das gesamte öffentliche Leben mehr und mehr unter ihre Aufsicht ziehen." (Lohmeyer 26) Während die Mehrheit der jüdischen Bevölkerung, von Jerusalem einmal abgesehen, auf dem Lande wohnte und dieses wie ihre Väter bearbeitete, lebte in den neugegründeten hellenistischen Städten also eine gehobene Bürgerklasse, die mehrheitlich fremdstämmig war. Die jüdische Minderheit in den Städten hatte sich im Gegensatz zur Landbevölkerung aus sozialen und wirtschaftlichen Gründen ihrer hellenistischen Umwelt angepaßt. So dürfte die Stimmung in der jüdischen Bevölkerung Palästinas unterschiedlich geprägt gewesen sein. Angepaßtes bürgerliches Denken gab es bei den jüdischen Städtern. In der Landbevölkerung aber herrschten emotionale Zerrissenheit über den nationalen Identitätsverlust und Gefühle der Ohnmacht gegenüber einer alle Lebensbereiche umfassende Fremdbestimmtheit. Beides mußte sich auch im religiösen Denken auswirken.

Eine bedrückende soziale Not kam hinzu. Die Neugründungen der Städte, die Repräsentationsbauten, der luxuriöse orientalische Lebensstil an den Fürstenhöfen, die offene und unverschämte Bereicherungssucht der römischen Prokuratoren und hohen Beamten führten zu einer Steigerung der Steuerlast, die unerträglich wurde. Sie lag durchschnittlich mindestens bei 30 - 40 Prozent. Dazu kamen die religiösen Steuern: die Zehntabgabe zur Unterhaltung des Tempelpersonals, die jährliche Tempelsteuer und die Verpflichtung, jährlich einen weiteren "Zehnt" in Jerusalem beim Paschafest zu verzehren.

"Folge der steuerlichen Überforderung war auf der einen Seite eine wachsende Verschuldung, die zu Besitz- und Statusverlust, im Extremfall sogar zum Verkauf der Schuldner und seiner Angehörigen (vgl. Mt 18,23ff.) führen konnte und führte, besonders unter den noch vorhandenen Kleinbauern, dem alten 'Kern des Volkes' und früheren 'backbone of Palestinian agriculture'; denn deren eigener Boden, mit den Familienangehörigen beackert, 'gab gerade das Existenzminimum her'. Folge auf der anderen Seite war eine zunehmende Besitz- und Landeigentumskonzentration in der Hand derer, die als Bauern oder Großgrundbesitzer und -händler trotz hoher Steuerauflagen noch über einen Überschuß an Produktion und Geld verfügen konnten und deshalb mit der wachsenden Güterknappheit anderer händlerisch gewinnbringend kalkulierten, etwa mit einem Darlehen an Geld oder Naturalien im Tausch gegen eine Hypothek auf den Boden. Der Kleinbauer gerät damit in den ökonomischen Zangengriff von Großagrariern und Regierungsbeamten, die durch das Steuersystem Hand in Hand arbeiten. Boden konnte bei Insolvenz des Schuldners, durch ein dazwischengeschaltetes Gerichtsverfahren vermittelt, als Eigentum an den Gläubiger fallen, wenn der angesichts überschüssiger und deshalb billiger Arbeitskräfte (Mt 20,1ff.; Lk 16,3) an der Realisierung der alten und um die 'Zeitenwende' noch geltenden Institution der Schuldknechtschaft nicht interessiert war. Das wiederum konnte zu einer solchen Verkleinerung des landwirtschaftlichen Schuldner-Bodens führen, daß dieser nicht mehr zur Bedarfsdeckung und Existenzsicherung des Klein-Oikos ausreichte, der Abbau seiner angestellten und angehörigen Arbeitskräfte erforderlich wurde und diese zu Existenzsicherung außerhalb des Hauses zwang. Alternative Folgen zur Auswanderung und völliger sozialer Entwurzelung waren sozialökonomische Abhängigkeit durch das Eintreten in ein anderes Produktionsverhältnis - beispielsweise als Pächter oder Tagelöhner - mit einem Großgrundbesitzer, der - 'ein harter Mensch' - erntet, wo er nicht gesät, und sammelt, wo er nicht ausgestreut hat (Mt 25,24)." (Ebertz 157f)

Die Gleichnisse Jesu geben ein realistisches Bild der konkreten Lebensverhältnisse der jüdischen Landbevölkerung wieder. Ihre wirtschaftliche Lage war

insgesamt schlecht. Von Saatgut- und Getreidemangel, Hungersnöten und Seuchen wird berichtet. Die wirtschaftliche Not trieb immer mehr Kleinbauern in Verschuldung und Verarmung. Unter diesen fanden die jüdischen Aufständischen genügend Menschen in verzweifelter, aussichtsloser Lage, die Gottes gerechtes Regiment herbeikämpfen wollten. Bei Beginn des jüdischen Krieges zündeten die Aufständischen darum das Stadtarchiv von Jerusalem an, in dem die Schuldurkunden aufbewahrt wurden, "um so die Eintreibung der Schulden unmöglich zu machen und die Menge der Schuldner auf ihre Seite zu ziehen sowie die Armen, ohne daß sie noch etwas zu fürchten brauchten, gegen die Reichen aufzuwiegeln." (Josephus, Bell 2,245ff)
Der oft verzweifelte Existenzkampf brachte viele gescheiterte Existenzen hervor, physisch und psychisch Kranke, die dem lastenden Druck nicht standhalten konnten. Als Bettler und Besessene lebten sie außerhalb der gesellschaftlichen Ordnung, zum Überleben angewiesen auf die Großmut anderer. Viele Menschen wußten in der Tat nicht, ob sie morgen etwas zu essen oder ein Dach über dem Kopf hatten. Wem es etwas besser ging, der war sich doch bewußt, daß ihm morgen schon ein ähnliches Los blühen konnte.

"Die Bedeutung der Sorge um das tägliche Überleben kann für diese Zeit nicht überschätzt werden:... nicht nur in Palästina (war) das Existenzminimum gefährdet. Für Palästina hat A. Ben-David errechnet, 'daß für das Existenzminimum von 200 Denaren zur Zeit der Mischna 2400 Laib Brot gekauft werden konnten. Der Tagelohn eines Landarbeiters von einem Denar hatte demnach eine Kaufkraft von 12 Broten, und da er bis zu 200 Tagen im Jahr arbeiten konnte, erreichte sein Verdienst gerade das Existenzminimum. Bei einer sechsköpfigen Familie reichte das Minimaleinkommen von 200 Denar zum Erwerb von jährlich 400 Laib Brot pro Kopf der Familie, d. h. von einer täglichen Kalorienmenge von 1400 Kalorien. Eine so niedrige Kalorienmenge liegt an der unteren Grenze menschlichen Nahrungsbedarfs'. Das Bewußtsein, am Rande des Existenzminimums zu leben, spricht auch aus folgendem Rabbinenspruch: 'Wer heute Brot in seinem Korbe hat, und spricht, was werde ich morgen essen, der ist nichts anderes als ein Kleinmütiger'." (Schottroff/Stegemann 58f)

In diesen Kreisen wurde keine Literatur verfaßt, in die die Gedanken, Regungen und Hoffnungen dieser Menschen eingingen. Aber sie alle waren "Kinder Abrahams" und hielten am Bund Gottes mit Israel und an seinen Satzungen so gut es ging fest. Im Tempel beteten sie mindestens einmal jährlich und opferten die Opfer der kleinen Leute. In den Synagogen hörten sie am Sabbat die Weisungen Jahwes. Aber gelehrt waren sie nicht, und hohe Theologie war nicht ihre Sache. Um Fragen der Gesetzesauslegung konnten sie sich nicht kümmern in ihrem Kampf ums Überleben. Nach ritueller Reinheit oder toragemäßer Verzehntung der Waren vom Markt zu fragen, konnten sie sich nicht leisten. Wer ohnehin kaum sich und die Familie durchbrachte, konnte nicht ein billiges Angebot deshalb ausschlagen, weil die Ware möglicherweise unrein oder nicht ordnungsgemäß verzehntet war. Noch weniger konnte er sich aufwendige Prozeduren zur rituellen Reinigung oder eine Nachverzehntung seiner Lebensmittel leisten. Doch auch in den Köpfen dieser ums Überleben kämpfenden Menschen gab es eine Anschauung von Gott und seinem Handeln. Auch in ihren Herzen lebten Hoffnungen: Gott sollte endlich die Herrschaft über Israel antreten. Im Gebet, etwa dem Qaddisch, wird diese Hoffnung zum Ausdruck gebracht.

Erhoben und geheiligt werde Sein großer Name in der Welt,
die Er nach Seinem Willen erschaffen.
Er lasse Sein Reich kommen in eurem Leben und in euren Tagen

bald und in naher Zeit. Darauf sprecht Amen.
Sein großer Name sei gepriesen in Ewigkeit und Ewigkeit der Ewigkeiten!...
Des Friedens Fülle und Leben möge vom Himmel herab
uns und ganz Israel zuteil werden. Darauf sprecht Amen.
Der Frieden stiftet in Seinen Höhen gebe auch uns Frieden
und ganz Israel. Darauf sprecht Amen.

Gewiß traf Jesu Verkündigung auf diese Hoffnungen. Sie gingen in Erfüllung, als er die Macht der dämonischen Mächte eindrucksvoll brach, den "Sündern" Gottes gnädige Vergebung zusagte, den auf ganz Israel zielenden Heilswillen Gottes und seine bald hereinbrechende Basileia verkündete.

3. Die Essener

Literatur: BECKER, J., Das Heil Gottes, Göttingen 1964; BETZ, O., Rechtfertigung in Qumran, in: Ders., Jesus. Der Messias Israels, Tübingen 1987, 39-58; BRAUN, H., Qumran und das Neue Testament, Tübingen 1966; FABRY, A.-J., Umkehr und Metanoia als monastisches Ideal in der "Mönchsgemeinde" von Qumran: EuA 53 (1977) 163-180; GRÖZINGER, K.E. u.a. (Hg), Qumran (WdF 410), Darmstadt 1981; JEREMIAS, G., Der Lehrer der Gerechtigkeit, Göttingen 1963; KLINZING, G., Die Umdeutung des Kultes in der Qumrangemeinde und im Neuen Testament, Göttingen 1971; KUHN, H.-W., Enderwartung und gegenwärtiges Heil, Göttingen 1966; LOHSE, E., Die Texte aus Qumran, Darmstadt 1986; MAIER, J./SCHUBERT, K., Die Qumran-Essener. Texte der Schriftrollen und Lebensbild der Gemeinde, München 1982; SCHUBERT, K., Die Messiaslehre in den Texten von Chirbet Qumran, in: WdF 410, Darmstadt 1981, 341-364; STEGEMANN, H., Die Qumrantexte und ihre Bedeutung für das Neue Testament, in: Georgia Augusta, Göttingen 1983, 17-29; DERS., Die Bedeutung der Qumranfunde für die Erforschung der Apokalyptik, in: Hellhelm, D. (Hg), Apokalypticism in the Mediterranean World, Tübingen 1983, 495-530; VÖGTLE, A., Das öffentliche Wirken Jesu auf dem Hintergrund der Qumranbewegung, Freiburger Universitätsreden 27, Freiburg 1958; v.d. WOUDE, A.S., Die messianischen Vorstellungen der Gemeinde von Qumran, Assen 1957.

Zu den Hörern der nachösterlichen Botschaft der Jünger gehörten gewiß auch Essener. Die Mitglieder dieser Gemeinschaft lebten überall im Land, in eigenen Siedlungen bzw. Stadtvierteln. Auch Jerusalem besaß eine Essenersiedlung. Sie wird auf dem Südwesthügel der Stadt vermutet. Gemessen an der Gesamtbevölkerung war die Zahl der Essener nicht groß. Philo und Josephus schätzen sie auf 4000. Davon lebte ein Teil in abgelegenen, klosterähnlichen Anlagen, von denen wir eine kennen: Chirbet Qumran. Doch hat es wahrscheinlich mehrere solcher Anlagen in Palästina gegeben.
Die in Qumran unter der Führung zadokidischer Priester zusammenlebenden Essener waren eine Art Mönchsgemeinschaft. Sie lebten besitzlos und zumindest zeitweise ehelos. Sie verstanden sich als heilige Priesterschaft und ihr Gemeinschaftsleben als heiligen Gottesdienst. Die überall im Land lebenden Essener dagegen waren verheiratet und hatten eigenen Besitz. Auch sie waren in Gemeinschaften straff organisiert, aber ihre Vorsteher waren nicht Priester, sondern in der Regel Laien. Priester waren für die Toraauslegung zuständig. In jeder Gemeinschaft von zehn Mitgliedern sollte ein Priester wirken.
Die Essener fielen durch ihre langen weißen Gewänder auf, in die sie sich kleideten, aber ebenso durch ihr Verhalten. Ihr Umgang war schroff. Aus Sorge um ihre kultische Reinheit kauften sie selten auf dem Markt oder Basar und stets gegen Barzahlung, nie auf dem Tauschweg. Sie galten als sehr fromm, aber

man erfuhr wenig über ihre Gemeinschaft und über ihren Glauben. Denn sie waren zu strengem Stillschweigen über ihre Geheimnisse verpflichtet. Sie sollten "keine Auseinandersetzung haben mit den Männern der Grube und den Rat des Gesetzes verbergen inmitten der Männer des Frevels" (1 QS IX 16f).
Viele, die die Essener wegen ihrer radikalen Frömmigkeit bewunderten, wußten wahrscheinlich nicht, daß diese sie wiederum als "Männer der Grube und des Frevels" ansahen und verachteten. Die Essener trieben keine Mission und warben nicht für ihre Gemeinschaft. Sie waren der Überzeugung, daß Gott die "Lose" bereits verteilt hatte und daß jeder, der auf die Seite Gottes gehörte, auch in ihre Gemeinschaft finden würde.

Vom Gott der Erkenntnis kommt alles Sein und Geschehen.
Ehe sie sind, hat er ihren ganzen Plan festgesetzt.
Und wenn sie da sind zu ihrer Bestimmung,
so erfüllen sie nach seinem herrlichen Plan ihr Werk, und keine Änderung gibt es.
In seiner Hand liegen die Satzungen für alles,
und er sorgt für sie in all ihren Geschäften.
Und er schuf den Menschen zur Herrschaft über den Erdkreis
und bestimmte ihm zwei Geister, darin zu wandeln
bis zur vorbestimmten Zeit seiner Heimsuchung.
Das sind die Geister der Wahrheit und des Frevels.
An der Quelle des Lichtes ist der Ursprung der Wahrheit,
aber aus der Quelle der Finsternis kommt der Ursprung des Frevels.
In der Hand des Fürsten des Lichtes
liegt die Herrschaft über alle Söhne der Gerechtigkeit,
auf den Wegen des Lichtes wandeln sie.
Aber in der Hand des Engels der Finsternis
liegt alle Herrschaft über die Söhne des Frevels,
und auf den Wegen der Finsternis wandeln sie.
Und durch den Engel der Finsternis kommt Verirrung
über alle Söhne der Gerechtigkeit, und alle ihre Sünde, Missetat und Schuld
und die Verstöße ihrer Taten stehen unter seiner Herrschaft
entsprechend den Geheimnissen Gottes, bis zu seiner Zeit.
Und alle Geister seines Loses suchen die Söhne des Lichtes zu Fall zu bringen.
Aber der Gott Israels und der Engel seiner Wahrheit hilft allen Söhnen des Lichtes.
Und er hat die Geister des Lichtes und der Finsternis geschaffen,
und auf sie hat er jedes Werk gegründet [und auf] ihre [Wege] jeden Dienst.
Den einen (Geist) liebt Gott in alle Ewigkeit, und an allen seinen Taten
hat er Wohlgefallen für immer.
Den anderen, seinen Rat verabscheut er, und alle seine Wege haßt er ewiglich. ...
In diesen (beiden Geistern) befinden sich die Generationen aller Menschen,
und an ihren Bereichen haben Anteil all ihre Scharen in ihren Geschlechtern.
Auf ihren Wegen wandeln sie, und alles Tun ihrer Werke geschieht in ihren Bereichen
entsprechend dem Anteil eines jeden, es sei viel, es sei wenig, für alle ewigen Zeiten.
Denn Gott hat sie gesetzt zu gleichen Teilen bis zur letzten Zeit
und hat ewigen Streit bestimmt zwischen ihren Bereichen.
Ein Greuel für die Wahrheit sind die Taten des Frevlers,
und ein Greuel für den Frevel sind die Wege der Wahrheit.
Eifervoller Streit ist bei all ihren Bestimmungen;
denn sie können nicht gemeinsam wandeln.
Aber Gott hat in den Geheimnissen seiner Einsicht
und in seiner herrlichen Weisheit ein Ende gesetzt
für das Bestehen des Frevels, und zur festgesetzten Zeit der Heimsuchung
wird er ihn vernichten auf ewig.
Und dann wird die Wahrheit der Welt für immer hervorkommen;
denn sie hat sich dahingeschleppt auf den Wegen der Gottlosigkeit
unter der Herrschaft des Frevels bis zum Zeitpunkt des bestimmten Gerichts.
Und dann wird Gott durch seine Wahrheit alle Werke des Menschen läutern
und wird sich einige aus den Menschenkindern reinigen,

indem er allen Geist des Frevels aus dem Innern ihres Fleisches tilgt
und sie reinigt durch den heiligen Geist von allen gottlosen Taten.
Und er wird über sie sprengen den Geist der Wahrheit wie Reinigungswasser
(zur Reinigung) von allen Greueln der Lüge und dem Sich-Wälzen in unsauberem Geist,
um die Rechtschaffenen zu unterweisen in der Erkenntnis des Nächsten
und der Wahrheit der Söhne des Himmels
und klug zu machen, die vollkommen im Wandel sind.
Denn sie hat Gott erwählt zum ewigen Bund,
und ihnen gehört alle Herrlichkeit des Menschen.
Und Frevel wird nicht mehr sein, zuschanden werden alle Werke des Frevels.
Bis dahin kämpfen die Geister der Wahrheit und des Frevels im Herzen des Menschen.
Sie wandeln in Weisheit und in Torheit, und entsprechend dem Erbteil eines Menschen
an Wahrheit und Gerechtigkeit haßt er den Frevel,
und entsprechend seinem Anteil am Lose des Frevels handelt er gottlos in ihm
und verabscheut die Wahrheit.
Denn zu gleichen Teilen hat sie Gott gesetzt
bis zur bestimmten Zeit und zur neuen Schöpfung.
(aus 1 QS III 13 - IV 26; Texte nach E. Lohse).

Allerdings hatte dieser erschreckende Gedanke einer absoluten göttlichen Vorherbestimmung des Menschen auch eine andere, ergreifende Seite. Die Mitglieder der Gemeinschaft wußten von sich, daß sie ohne eigenes Zutun, allein aus der Gnade Gottes gerechtfertigt worden waren. Sie bekannten sich dazu, vor ihrem Wandel in der Gemeinschaft selbst zu den Sündern und Gottlosen gehört zu haben, aus denen Gott sie unverdientermaßen herausgerissen hatte. Wir finden in dieser Gemeinschaft ergreifende Zeugnisse eines großen Sündenbewußtseins und Dankes für Gottes gnädige Heilstat, die aus seiner Barmherzigkeit allein erfolgt war.

Ich preise dich, Herr!
Denn du hast meine Seele erlöst aus der Grube, und aus der Unterwelt des Abgrundes
hast du mich hinaufgehoben zu ewiger Höhe.
Ich wandle auf ebener Bahn, die nicht auszuforschen ist,
und erkannte, daß es Hoffnung gibt für den,
welchen du aus Staub gebildet hast zu ewigem Rat.
Und den verkehrten Geist hast du gereinigt von großer Missetat,
daß er sich stelle an den Standort mit dem Heer der Heiligen
und in die Gemeinschaft eintrete mit der Gemeinde der Himmelssöhne. ...
Und ich, das Gebilde von Lehm, was bin ich schon?
Mit Wasser Geknetetes. Was gelte ich schon? Und was an Kraft habe ich schon?
Denn ich stehe im Gebiet des Frevels und mit den Bösewichten im selben Los.
Und es weilte die Seele des Armen bei großen Verirrungen,
und bedrückendes Verderben war mit meinen Schritten;
wo alle Fallen der Grube sich auftun
und alle Fangschnüre der Gottlosigkeit sich ausbreiten
und das Netz der Bösewichte auf dem Wasser ist.
(aus 1 QH III 19-26)

Und ich erkannte, daß beim Menschen keine Gerechtigkeit ist
und nicht beim Menschenkind vollkommener Wandel.
Beim höchsten Gott sind alle Werke der Gerechtigkeit,
aber der Wandel des Menschen steht nicht fest,
es sei denn durch den Geist, den Gott ihm schuf,
um den Wandel der Menschenkinder vollkommen zu machen,
damit sie alle seine Werke erkennen in der Kraft seiner Stärke
und die Fülle seines Erbarmens über alle Söhne seines Wohlgefallens.
Ich aber, mich hatte Zittern und Schrecken ergriffen, und alle meine Gebeine zerbrachen.
Es zerfloß mein Herz wie Wachs vor dem Feuer,

und meine Knie bewegten sich wie Wasser, das am Abhang hinunterstürzt.
Denn ich gedachte meiner Verschuldungen zusammen mit dem Treuebruch meiner Väter,
als Gottlose gegen deinen Bund aufstanden und Bösewichte gegen dein Wort.
Ich sprach: In meiner Sünde bin ich verloren für deinen Bund.
Aber als ich der Kraft deiner Hand gedachte mit der Fülle deines Erbarmens,
da richtete ich mich auf und erhob mich,
und mein Geist gewann wieder Festigkeit gegenüber der Plage;
denn [ich] stützte mich auf deine Barmherzigkeit und die Fülle deines Erbarmens.
Denn du sühnst die Sünde und rei[nigst den Men]schen von Verschuldung
durch deine Gerechtigkeit.
Aber nicht für den Menschen, [sondern nur für deine Ehre] tust du (es).
(1 QH IV 30-38)

Und ich erkannte, daß es eine Hoffnung gibt für diejenigen,
die von Missetat umkehren und die Sünde lassen
[..., um] zu wandeln auf dem Weg deines Herzens ohne Frevel.
Und ich wurde getröstet angesichts des Tosens des Volks
und des Tobens der Kö[nig]reiche, wenn sie sich versammeln.
Denn ich weiß, daß du in Kürze Lebendes aufrichten wirst in deinem Volk
und einen Rest in deinem Erbe.
Und du läuterst sie zur Reinigung von der Verschuldung,
denn all ihre Taten bestehen durch deine Treue.
Und in deiner Gnade richtest du sie in reichem Erbarmen und großer Vergebung,
sie nach den Worten deines Mundes zu unterweisen
und nach der Geradheit deiner Wahrheit, sie aufzustellen in deinem Rat.
(1 QH VI 6-10)

Denn du hast meinen Geist fest gegründet und kennst mein Sinnen,
und in meinen Bedrängnissen hast du mich getröstet,
und an den Vergebungen freue ich mich und ich bereue die frühere Sünde.
Und ich erkannte, daß es Hoffnung gibt durch deine Barmherzigkeit
und Erwartung durch die Fülle deiner Kraft.
Denn niemand ist gerecht in deinem Gericht und niemand unschuldig in deinem Prozeß.
(1 QH IX 12-15)

Was mich betrifft, so steht meine Rechtfertigung bei Gott,
und in seiner Hand liegt die Vollkommenheit meines Wandels
mitsamt der Geradheit meines Herzens,
und durch seine Gerechtigkeit wird meine Sünde getilgt. ...
Doch ich gehöre zur ruchlosen Menschheit, zur Menge des frevelnden Fleisches.
Meine Sünden, meine Übertretungen, meine Verfehlung,
samt der Verderbtheit meines Herzens gehören zur Menge des Gewürms
und derer, die in Finsternis wandeln.
Denn kein Mensch (bestimmt) seinen Weg, kein Mensch lenkt seinen Schritt;
sondern bei Gott (liegt) das Urteil, und aus seiner Hand (kommt) vollkommener Wandel,
und durch sein Wissen ist alles entstanden.
Alles, was ist, lenkt er nach seinem Plan, und ohne ihn geschieht nichts.
Ich aber, wenn ich wanke, so sind Gottes Gnadenerweise meine Hilfe auf ewig.
Und wenn ich strauchle durch die Bosheit des Fleisches,
so steht meine Rechtfertigung bei der Gerechtigkeit Gottes in Ewigkeit.
Und wenn er meine Bedrängnis löst, so wird er meine Seele aus der Grube ziehen
und meine Schritte auf den Weg lenken.
Durch sein Erbarmen hat er mich nahe gebracht,
und durch seine Gnadenerweise kommt meine Rechtfertigung.
Mit der Gerechtigkeit seiner Wahrheit hat er mich gerichtet,
und mit dem Reichtum seiner Güte sühnt er alle meine Sünden,
und durch seine Gerechtigkeit reinigt er mich von aller Unreinheit des Menschen
und von der Sünde der Menschenkinder, Gott zu loben für seine Gerechtigkeit
und den Höchsten für seine Majestät. (aus 1 QS XI 2-15)

Schroffheit und abweisendes Verhalten gegen jeden, der nicht Mitglied der

Essener war, beruhten also nicht auf Überheblichkeit und Selbstgerechtigkeit. Sie hatten ihren Grund im Gottesbild und im Bewußtsein, daß Gott durch die Aufrichtung der Essenergemeinschaft heilschaffend gewirkt hatte. Nur in dieser Gemeinschaft war das Heil zu gewinnen, denn sie war der "neue Bund", den Gott aufgerichtet hatte. In ihr wurde der Gotteswille in der einzig richtigen Auslegung getan. Die Essenergemeinde verstand sich nicht nur als eine Sondergruppe in Israel, sie war der "heilige Rest Israels", die Gemeinschaft derer, die von Gott aufbewahrt worden waren für das eschatologische Heil.

> Und nun hört, alle, die ihr um Gerechtigkeit wißt, und achtet auf die Werke Gottes.
> Denn er streitet mit allem Fleisch und hält Gericht über alle, die ihn verachten.
> Denn wegen ihres Treubruchs, da sie ihn verließen, hat er sein Angesicht vor Israel
> und seinem Heiligtum verborgen und sie dem Schwert preisgegeben.
> Weil er aber des Bundes mit den Vorfahren gedachte,
> hat er einen Rest übriggelassen in Israel und sie nicht der Vernichtung preisgegeben.
> Und in der Zeit des Zornes, dreihundertundneunzig Jahre, nachdem er sie in die Hand
> Nebukadnezars, des Königs von Babel, gegeben hatte, hat er sie heimgesucht.
> Und er ließ aus Israel und aus Aaron eine Wurzel der Pflanzung sprießen,
> damit sie in Besitz nehme sein Land und fett würde durch die Güte seines Bodens.
> Und sie sahen ihr Unrecht ein und erkannten, daß sie schuldige Männer waren.
> Und sie waren wie Blinde und solche, die nach dem Weg tasten, zwanzig Jahre lang.
> Und Gott achtete auf ihre Werke, denn mit vollkommenem Herzen hatten sie ihn gesucht,
> und erweckte ihnen den Lehrer der Gerechtigkeit,
> um sie auf den Weg seines Herzens zu führen.
> Und er machte kund den späteren Geschlechtern, was er am letzten Geschlecht,
> der Gemeinde der Abtrünnigen, tun wird,
> das sind die, welche vom Wege abgewichen sind.
> (CD I 1-13)

> Deswegen sind schuldig geworden die Ersten, die in den Bund eingetreten sind,
> und wurden dem Schwert ausgeliefert, weil sie den Bund Gottes verlassen
> und ihren eigenen Willen erwählt hatten und nach der Verstocktheit ihres Herzens trachteten,
> daß jeder seinen Willen tat. Aber mit denen, die an den Geboten Gottes festhielten,
> die von ihnen übrig waren, hat Gott seinen Bund für Israel aufgerichtet für immer;
> um ihnen verborgene Dinge zu offenbaren, worin ganz Israel in die Irre gegangen war:
> seine heiligen Sabbate und seine herrlichen Festzeiten, seine gerechten Zeugnisse
> und die Wege seiner Wahrheit und die Wünsche seines Willens
> - die der Mensch erfüllen muß, damit er durch sie lebe - hat er ihnen aufgetan.
> Da gruben sie einen Brunnen mit reichlichem Wasser;
> und wer sie verachtet, der wird nicht leben.
> Sie aber hatten sich gewälzt in der Sünde der Menschen und auf Wegen der Unreinheit
> und sprachen: Fürwahr, dies gehört uns!
> Aber Gott in seinen wunderbaren Geheimnissen sühnte ihre Sünde
> und vergab ihre Missetat und baute für sie ein festes Haus in Israel,
> wie noch keines gestanden hat seit ehedem bis jetzt.
> Diejenigen, die sich daran halten, sind für das ewige Leben (bestimmt),
> und ihnen gehört alle Herrlichkeit des Menschen,
> wie Gott es ihnen durch den Propheten Ezechiel bestimmt hat:
> Die Priester und die Leviten und die Söhne Zadoqs,
> die die Wache über mein Heiligtum gehalten haben,
> als die Söhne Israels abirrten von mir, sie sollen mit Fett und Blut opfern.
> Die Priester sind die Umkehrenden Israels, die aus dem Lande Juda ausgezogen sind;
> (und die Leviten sind die,) welche sich ihnen angeschlossen haben.
> Und die Söhne Zadoqs sind die Erwählten Israels, die bei Namen Gerufenen,
> die am Ende der Tage auftreten werden. (CD III 10 - IV 4)

Die letzten Texte machen deutlich, daß die Essener aus der Bewegung der "Frommen" (Chasidim) hervorgegangen sind, einer radikal-eschatologischen Bußbewegung, die im 2. Jahrhundert v. Chr. eine feste Organisationsform annahm, aber Wurzeln bis in die unmittelbare Nachexilszeit hatte. In diesen Kreisen hatte sich eine Art "Kirchengedanke" ausgebildet. Zum heiligen Volk Gottes gehörte danach nicht mehr jeder Israelit durch Geburt, sondern nur derjenige, der durch bußfertigen Eintritt in die neue Heilsgemeinschaft der "Frommen" ein Bekenntnis zu Bund und Tora ablegte und durch strikte Erfüllung der Tora den Bund bewahrte. Dieser Gedanke, daß Gott sein endzeitliches Heil nur noch an einem heiligen Rest in Israel realisieren wird, ist von den Essenern bis in die Zeit Jesu und der Urgemeinde durchgehalten worden. Und nicht nur von ihnen. Andere Gruppen haben ebenso gedacht, auch die Pharisäer. Jede dieser Gruppen sah sich als die Verkörperung jenes heiligen Restes in Israel an, dem Gottes endzeitliche Heilszusage galt. In besonderer Weise aber galt dies für die Essener, insofern die eschatologischen Heilsgaben der Gerechtigkeit Gottes und des Heiligen Geistes bereits in ihrer Gemeinschaft wirksam präsent waren. Während andere Gruppen noch um eine Erneuerung Israels rangen, scheinen die Essener zur Zeit Jesu nicht mehr als Bußprediger im Volk aufgetreten zu sein. Sie waren zur Sekte geworden mit dem Anspruch, alleinige Heilsanwärter zu sein. Wohl rechneten sie weiterhin mit dem Zutritt Berufener in ihre Gemeinschaft sowie mit dem Abfall von Angehörigen ihrer Gruppe, aber sie waren nicht mehr aktiv um eine umfassende Reform ganz Israels bemüht.

Unter den Hörern Jesu und der Jünger waren also auch Essener. In Apg 6,7 wird gesagt, daß eine größere Zahl von Priestern zum Jesusglauben übertrat. Dabei könnte es sich um "essenische" Priester, jedenfalls um eschatologisch denkende Priester gehandelt haben, keinesfalls um Sadduzäer. Wenn ein Essener Christ wurde, so mußte er seine bisherige heilsgeschichtliche Überzeugung aufgeben, daß Gott durch den essenischen "Lehrer der Gerechtigkeit" sein letztes Wort gesprochen und in der Gemeinschaft der Essener den neuen Bund bereits heraufgeführt hat. Er mußte all dies nun von Jesus und seiner Gemeinde glauben. So konnte er auch wieder Offenheit für ganz Israel gewinnen. Aber er mußte als Christ keineswegs seine bisherige Frömmigkeit und Gotteserfahrung aufgeben, sondern konnte sie einbringen in die gemeinsame Glaubensreflexion der urchristlichen Gemeinde, insbesondere sein tiefes Sündenbewußtsein und sein Wissen um die Angewiesenheit auch des "Gerechten" auf Gottes Barmherzigkeit und Gnade, ebenso seinen tiefen Ernst bei der Erfüllung von Gottes Gebot.

Aber auch die spezielle Endzeiterwartung der Essener konnte ein Christ gewordener Essener einbringen, besonders die Erwartung eines endzeitlichen messianischen Mahles (1 QSa II 11-22). In der christlichen Bruderschaft traf er eine Gemeinde an, die in mancher Hinsicht jener Gemeinschaft ähnelte, die er verlassen hatte. Auch sie traf sich zu täglichen, eschatologisch ausgerichteten Gemeinschaftsmählern, auch sie praktizierte eine freiwillige Gütergemeinschaft, auch sie verstand sich als eschatologische Bundesgemeinde Gottes, in der Gottes Geist als Angeld der Endzeit schon wirkte.

4. Die Pharisäer

Literatur: BERGER, K., Jesus als Pharisäer und frühe Christen als Pharisäer: NT 30 (1988) 231-262; LUZ, U., Jesus und die Pharisäer: Jud 38 (1982) 229-246; NEUSNER, J., Das pharisäische und talmudische Judentum, Tübingen 1984; THOMA, C., Der Pharisäismus, in: Maier, J./Schreiner, J. (Hg), Literatur und Religion des Frühjudentums, Würzburg 1973, 254-272.

Nach dem Zeugnis der Synoptiker waren die Pharisäer die eigentlichen theologischen Kontrahenten und Gegner Jesu. Sie dürften es auch für die nachösterliche Jesusbewegung gewesen sein. Aber man muß unterscheiden! An der Hinrichtung Jesu waren sie nicht beteiligt, und es ist sehr unwahrscheinlich, daß sie

Jesus auf den Tod gehaßt haben. Kennzeichnend ist viel eher jene kleine Episode, in der Pharisäer Jesus vor den Nachstellungen des Herodes warnen (Lk 13,31f). Auch scheint Jesus tatsächlich bei Pharisäern zu Gast gewesen zu sein, wie es die Evangelien schildern. So geht man nicht mit Todfeinden um. Die Situation der Urgemeinde wird durch jene Episode beleuchtet, in der der Pharisäer Gamaliel das Synhedrium zur Duldung der Christen aufruft (Apg 5,33-39), oder durch jene andere, in der Paulus die theologischen Spannungen zwischen Sadduzäern und Pharisäern für seine Sache ausnützt (Apg 23,6-10). So stellt sich die Frage nach der Gegnerschaft der Pharisäer gegen Jesus bzw. die Urgemeinde anders. War diese vielleicht eine Gegnerschaft in der Sache, trotz persönlicher Sympathien?

Die Pharisäer waren wie die Essener aus der frühjüdischen Bewegung der Chasidim hervorgegangen. In ihren Kreisen dürften sich eher fromme Laien zusammengeschlossen haben. Sie kamen aus der sozialen Mittelschicht, waren in der Regel Handwerker, Händler oder auch Großbauern. Sie hatten sich zum Studium der Heiligen Schrift verpflichtet. Das setzte einen gewissen Wohlstand voraus, der es ihnen gestattete, eigene Torarollen zu erwerben und sich Muße und Zeit für ein Studium der Schrift zu nehmen. So drangen diese "Laientheologen" immer stärker auf einem Gebiet vor, das einst Domäne der Priester und Leviten gewesen war. Sie errichteten eigene Toraschulen, in denen sie ihre Söhne ausbilden ließen. Naturgemäß war aus diesen Gründen ihre Zahl klein. Josephus, selbst ein Pharisäer, rechnet mit einer Zahl von etwa 6000 Pharisäern zur Zeit Jesu und der Urgemeinde. Von den Essenern unterschieden sie sich durch ihre Toraauslegung, was ihnen seitens der Essener harte Kritik und massive Vorwürfe einbrachte. Diesen galten sie als "Lügenprediger" und solche, "die nach Glattem suchen". Die Torainterpretation der Pharisäer war in der Tat darauf aus, die apodiktischen Gebote der Tora, die auch ihnen als unumstößliche Manifestation des göttlichen Willens galten, durch Interpretation zu aktualisieren und den neuen Lebensumständen anzupassen. So gewann für die Pharisäer neben dem tradierten Wortlaut der Tora ihre Auslegung (Halacha) zunehmend an Gewicht. Sie gewann für sie denselben Rang wie die schriftlich fixierte Tora selbst. Die Halacha sorgte dafür, daß die Tora im Alltag der Menschen eingehalten werden konnte. In diesem Bestreben waren die Pharisäer nicht nur auf ihre eigene Gemeinschaft fixiert, sondern ihre Sorge galt dem Volk als Ganzem. Volk und Land sollten durch Toraerfüllung geheiligt werden.

Die Pharisäer waren von einer tiefen Bußgesinnung durchdrungen. Ihr generelles Kennzeichen war keineswegs jene Überheblichkeit, für die ihr Name später geradezu ein Synonym geworden ist.

> Wem zeigst du dich gütig, o Gott, wenn nicht denen, die den Herrn anrufen?
> Bei Sünden wird [er] den reinigen, der da preist durch Bekenntnis,
> denn auf uns und unseren Gesichtern (liegt) Scham über alles.
> Und wem wird [er] Sünden vergeben, wenn nicht denen, die gesündigt haben?
> Gerechte wirst du segnen, und du strafst nicht für das, was sie gesündigt haben,
> und deine Güte (gilt) reuigen Sündern.
> Und nun, du bist Gott, und wir sind ein Volk, dem du deine Liebe geschenkt hast;
> sieh und erbarme dich, Gott Israels, denn wir sind dein,
> und wende deine Barmherzigkeit nicht von uns ab, damit sie uns nicht überfallen.
> Denn du hast Abrahams Samen vor allen Völkern ausgewählt
> und hast deinen Namen auf uns gelegt, Herr, und [er wird nicht aufhören] in Ewigkeit.

Einen Bund hast du unseretwegen mit unseren Vätern geschlossen,
und wir werden auf dich hoffen in der Bekehrung unserer Seele.
Gottes Barmherzigkeit (sei) über dem Haus Israels für immer und ewig.
(PsSal 9,6-11; Texte nach S. Holm-Nielson, JSHRZ)

Als meine Seele einschlummerte fort vom Herrn,
wäre ich beinahe in [tiefen Schlaf] gefallen;
[als ich fern] von Gott [war], wäre meine Seele fast
ausgeschüttet worden zum Tode;
nahe (war sie) den Toren des Todes mit dem Sünder zusammen,
als meine Seele weggeführt wurde fort von dem Herrn, dem Gott Israels,
- wenn der Herr mir nicht geholfen hätte in seiner Barmherzigkeit in Ewigkeit.
Er spornte mich an wie (mit) einem Pferdestachel zur Wachsamkeit für ihn,
mein Retter und Helfer zu jeder Zeit errettete mich.
Ich danke dir, Gott, weil du mir zur Rettung geholfen
und mich nicht zusammen mit den Sündern zur Verdammung gezählt hast.
Nimm nicht deine Barmherzigkeit von mir, o Gott,
und die Erinnerung an dich von meinem Herzen bis zum Tode. (PsSal 16,1-6)

Drangsal und Kriegslärm hörte mein Ohr,
Schall der Trompete, der Mord und Verderben verkündete,
den Schall eines zahlreichen Volkes wie eines sehr starken Windes,
wie der Sturm eines mächtigen Feuers, das durch die Wüste fegt.
Und ich dachte: ["Wahrlich], Gott wird [uns] richten!"
Eine Stimme hörte ich in Jerusalem, der Stadt der Heiligkeit;
meine Lende brach, als ich sie hörte; meine Knie erlahmten, mein Herz fürchtete sich,
meine Knochen zitterten wie Flachs.
Ich sagte: "Sie werden ihre Wege in Gerechtigkeit richten."
Ich bedachte die Gerichte Gottes seit der Schöpfung von Himmel und Erde,
ich hielt Gott für gerecht in seinen Gerichten von Ewigkeit her.
Gott hat ihre Sünden offengelegt unter der Sonne,
die ganze Erde erkannte die gerechten Gerichte Gottes. ...
Siehe denn, o Gott, du hast uns gezeigt dein Gericht in deiner Gerechtigkeit,
unsere Augen haben deine Gerichte gesehen, o Gott.
Wir rechtfertigen deinen in Ewigkeit teuren Namen,
denn du bist der Gott der Gerechtigkeit, der Israel mit Züchtigung richtet.
Wende, o Gott, deine Barmherzigkeit zu uns und erbarme dich über uns;
sammle Israels Verstreuung mit Barmherzigkeit und Güte, denn deine Treue ist mit uns.
Und wir machten unseren Nacken steif, du aber bist unser Zuchtmeister.
Unser Gott, übersieh uns nicht, daß die Heiden uns nicht verschlingen,
als gäbe es keinen Erlöser.
Denn du bist unser Gott von Anfang an, und auf dich richtet sich unsere Hoffnung, Herr,
und wir wollen nicht von dir weichen, denn deine Gerichte über uns sind gütig.
Uns und unseren Kindern (gehört dein) Wohlgefallen auf ewig,
Herr, unser Retter, wir werden nicht mehr erschüttert in Ewigkeit.
Gepriesen sei der Herr im Munde der Frommen wegen seiner Gerichte,
und gesegnet vom Herrn sei Israel in Ewigkeit. (aus PsSal 8,1-34)

Wie Jesus und die Urgemeinde erwarteten auch die Pharisäer die endzeitliche Offenbarung von Gottes Königsherrschaft. Darum beteten sie eindringlich.

Und dann wird seine Herrschaft über seine ganze Schöpfung erscheinen,
und dann wird der Teufel nicht mehr sein,
und die Traurigkeit wird mit ihm hinweggenommen sein.
Dann werden die Hände des Engels gefüllt werden,
der an höchster Stelle steht, und sogleich wird er sie rächen an ihren Feinden.
Denn [es wird aufstehen] der Himmlische vom Sitz seiner Herrschaft
und heraustreten aus seiner heiligen Wohnung mit Empörung und Zorn
wegen seiner Kinder.
Und die Erde wird erbeben, bis zu ihren Enden erschüttert werden,

und die hohen Berge werden niedrig gemacht und erschüttert werden,
und die Täler werden einsinken. Die Sonne wird kein Licht mehr geben
und sich in Finsternis [verwandeln; die Hörner des Mondes werden zerbrechen],
und er wird sich ganz in Blut verwandeln, und der Kreis der Sterne wird verwirrt.
Und das Meer wird bis zum Abgrund zurückweichen,
[und] die Wasserquellen werden versiegen, und die Flüsse werden erstarren.
Denn der höchste Gott, der allein ewig ist, wird sich erheben,
und er wird offen hervortreten, um die Heiden zu strafen,
und alle Götzenbilder wird er vernichten.
Dann wirst du glücklich sein, Israel, und du wirst auf die Nacken
und Flügel des Adlers hinaufsteigen, und so werden sie ihr Ende haben.
Und Gott wird dich erhöhen, und er wird dir festen Sitz am Sternenhimmel verschaffen,
am Ort ihrer Wohnung. Und du wirst von oben herabblicken
und deine Feinde auf Erden sehen und sie erkennen und dich freuen,
und du wirst Dank sagen und dich zu deinem Schöpfer bekennen.
(AssMos 10,1-10; Text nach E. Brandenburger, JSHRZ)

Für die Endzeit erwarteten sie einen davidischen Messiaskönig und Israels Restitution als heiliges Gottesvolk.

Stoßt in die Posaune auf Sion mit der Jubelposaune der Heiligen,
verkündet in Jerusalem die Botschaft des Freudenboten,
denn Gott hat sich Israels erbarmt und sie besucht.
Steige hinauf auf die Höhe, Jerusalem, und sieh deine Kinder
alle gesammelt von dem Herrn von Ost und West.
Von Norden kommen sie in der Freude ihres Gottes,
von den Inseln weit her versammelt sie Gott.
Hohe Berge ebnete er für sie zum Flachland, die Hügel flohen vor ihrem Einzug;
die Wälder spendeten ihnen Schatten, als sie vorüberzogen,
alle wohlriechenden Bäume ließ Gott ihnen aufschießen,
daß Israel dahinziehen könne, besucht von der Herrlichkeit ihres Gottes.
Lege deine Prachtkleider an, Jerusalem, bereite das Gewand deiner Heiligkeit,
denn Gott hat Israels Glück für immer und ewig ausgesprochen.
Der Herr führe aus, was er gesagt hat, über Israel und Jerusalem.
Der Herr richte Israel auf im Namen seiner Herrlichkeit!
Die Barmherzigkeit des Herrn (sei) über Israel immer und ewig!
(PsSal 11,1-9)

Herr, du selbst bist unser König für immer und ewig;
ja, in dir, o Gott, soll unsere Seele sich rühmen.
Und was ist die Lebenszeit des Menschen auf Erden?
Seiner Zeit entspricht auch seine Hoffnung auf sie.
Wir aber wollen hoffen auf Gott, unseren Retter;
denn die Stärke unseres Gottes ist auf ewig mit Barmherzigkeit,
und das Königtum unseres Gottes ist in Ewigkeit über den Heiden mit Gericht.
Du, Herr, erwähltest David zum König über Israel,
und du schworst ihm für seinen Samen in Ewigkeit,
daß sein Königtum vor dir nicht aufhöre.
Aber in unseren Sünden standen Sünder auf wider uns,
griffen uns an und stießen uns fort;
[was du nicht verheißen hattest], das rissen sie an sich mit Gewalt,
und sie priesen nicht deinen teuren Namen.
In Herrlichkeit errichteten sie ein Königtum aufgrund ihres Hochmuts,
sie verwüsteten Davids Thron in lärmendem Übermut. ...
Sieh zu, Herr, und richte ihnen auf ihren König, den Sohn Davids,
zu der Zeit, die du (auser)sehen, o Gott, über Israel, deinen Knecht zu herrschen,
und umgürte ihn mit Stärke, zu zermalmen ungerechte Fürsten,
zu reinigen Jerusalem von Heidenvölkern, die vernichtend zertreten,
in Weisheit (und) in Gerechtigkeit die Sünder vom Erbe zu verstoßen,
des Sünders Übermut zu zerschlagen wie des Töpfers Geschirr,

mit eisernem Stab zu zerschlagen all ihren Bestand,
zu vernichten gesetzlose Völkerschaften durch das Wort seines Mundes,
durch seine Drohung den Feind in die Flucht zu schlagen,
fort von seinem Angesicht, und die Sünder zu züchtigen in ihres Herzens Wort.
Und er wird versammeln ein heiliges Volk, das er führen wird in Gerechtigkeit,
und er wird richten die Stämme des Volks, das geheiligt ist vom Herrn, seinem Gott;
und er wird nicht erlauben, daß Ungerechtigkeit ferner in ihrer Mitte wohnt,
und kein Mensch, der mit Bösem bekannt ist, wird mit ihnen zusammen wohnen;
denn er wird sie kennen, daß sie alle Söhne ihres Gottes sind.
Und er wird sie in ihren Stämmen im Lande verteilen,
und kein Fremder und Ausländer wird ferner unter ihnen wohnen;
er wird richten Völker und Völkerschaften in der Weisheit seiner Gerechtigkeit.
Und er wird Heidenvölker ihm fronen lassen unter seinem Joch,
und den Herrn wird er verherrlichen vor den Augen der ganzen Welt,
und er wird reinigen Jerusalem durch Heiligung wie von Anfang an,
so daß Heiden kommen von den Enden der Erde, um seine Herrlichkeit zu sehen,
als Gaben darbringend seine ermüdeten Söhne,
und zu sehen die Herrlichkeit des Herrn, womit Gott sie verherrlichte.
Und er ist ein gerechter, von Gott gelehrter König über sie;
und in seinen Tagen ist kein Unrecht unter ihnen, denn alle sind sie heilig,
und ihr König ist der Gesalbte [des Herrn].
Denn er wird nicht auf Pferd und Wagen und Bogen hoffen,
noch wird er sich aufhäufen Gold oder Silber zum Kriege,
und er wird (seine) Hoffnung für den Tag des Krieges nicht auf die Vielen sammeln.
Der Herr selbst ist ein König, die Hoffnung des Starken (besteht) in Hoffnung auf Gott,
und er wird ... alle Völkerschaften vor seinem Angesicht in Furcht.
Denn er wird die Erde schlagen durch das Wort seines Mundes in Ewigkeit,
und er wird das Volk des Herrn segnen in Weisheit mit Freude,
und er ist rein von Sünde, um über ein großes Volk zu herrschen,
Fürsten zu züchtigen und Sünder auszurotten durch die Macht des Wortes.
Und er wird nicht ermatten in seinen Tagen bei seinem Gott,
denn Gott hat ihn stark gemacht mit heiligem Geist
und weise in einsichtigem Rat samt Stärke und Gerechtigkeit.
Und der Segen des Herrn (wird) mit ihm (sein) in Kraft,
und er wird nicht schwach werden.
Sein Vertrauen (ist) auf den Herrn, und wer ist mächtig gegen ihn?
Gewaltig in seinen Werken und mächtig durch Gottesfurcht,
indem er die Herde des Herrn weidet in Treue und Gerechtigkeit,
und er wird nicht zulassen, daß (einer) unter ihnen ermüde auf ihrer Weide.
Ohne Unterschied wird er sie alle führen, und unter ihnen wird sein kein Hochmut,
daß Unterdrückung bei ihnen geschehe.
Dies ist die Majestät des Königs Israels,[den] Gott auserwählt,
ihn zu setzen über das Haus Israels, um es zu leiten.
Seine Worte sind geläuterter als das allerkostbarste Gold,
in den Versammlungen wird er die Stämme eines geheiligten Volkes richten,
seine Worte sind wie Worte von Heiligen inmitten geheiligter Völker.
Wohl denen, die leben in jenen Tagen,
in der Versammlung der Stämme zu sehen das Glück Israels, das Gott schaffen wird.
Es beeile sich Gott mit seinem Erbarmen über Israel,
er befreie uns von der Unreinheit unheiliger Feinde.
Der Herr selbst ist unser König für immer und ewig. (aus PsSal 17,1-46)

Die oben zitierten Psalmen Salomos, die um das Jahr 60 v.Chr. entstanden sind, gehen wahrscheinlich auf pharisäische Kreise zurück. Wenn man sie liest, fragt man sich unwillkürlich, worin der grundsätzliche und fundamentale Gegensatz zwischen Jesus bzw. der Urgemeinde und den Pharisäern eigentlich bestand. Die Nähe zueinander war wohl größer als der Unterschied.

Allerdings, in einem Punkt dürfte Jesus völlig anders als die Pharisäer geurteilt haben. Jesus verkündete Gottes hier und jetzt ergehendes Heilsangebot an ganz Israel, auch an die Sünder. Die heilsgeschichtliche Wende stand für ihn unmittelbar nahe bevor und wirkte sich bereits in der Gegenwart aus. Jedermann in Israel war Gottes Heil ohne Vorbedingung erschwinglich. Hier dachten die Pharisäer anders. Israel sollte sich durch Toragehorsam und durch Heiligung von Volk und Land auf Gottes endzeitliches Heil vorbereiten. Darum vertraten sie die Meinung, die priesterlichen Reinheits- und Heiligkeitsgesetze müßten auch im Alltag und auch von Nichtpriestern beachtet werden. Der Tisch jedes Israeliten sollte wie der Opfertisch im Tempel vor Gott heilig sein, ebenso der Mensch, der an diesem Tisch aß. Rituelle Reinheit zu Hause bei Tisch, als wäre man selbst Tempelpriester, das war ihr Programm. Sie hielten es selbst streng ein, und sie propagierten es für alle. Auch das sorgfältige Verzehnten aller Waren gehörte zu diesem Programm. Im Zweifel gaben die Pharisäer lieber nochmals den "Zehnt" der Ware ab. So wollten sie sich für die Begegnung mit dem Heiligen vorbereiten.

"Es war nicht bloß Phantasie, daß die Pharisäer glaubten, sie verhielten sich wie Priester. Ihre Botschaft vor 70 war, daß das Heilige nicht auf den Tempel begrenzt ist. Das Land ist heilig, das Volk ist heilig. Das Leben des Volkes, nicht nur der Tempelkult kann geheiligt werden. Wie sollte das heilige Volk Gott dienen? Sie sollten sich heiligen - heiligen durch ethisches und moralisches Verhalten. Sie sollten das Opfer eines zerschlagenen Herzens, wie der Psalmist sagt, darbringen, sie sollten Gott durch Redlichkeit und Liebe dienen, wie die Propheten gefordert hatten." (Neusner 26)

Nach diesem Programm lebten die Pharisäer. Dafür warben sie. Sie lebten wohl in Gemeinschaften beisammen, doch scheinen diese eher Genossenschaften zur Produktion und Vermarktung ordnungsgemäß verzehnteter und rituell reiner Speisen gewesen zu sein als Lebensgemeinschaften. Gemeinsame Mahlzeiten wie bei den Essenern gab es bei den Pharisäern wahrscheinlich nicht. Auch waren die Genossenschaften offen für jedermann, der nach ihrer Auslegung sein Leben gestalten wollte. Darum lebten sie auch unter dem Volk, um durch ihr Beispiel für ihr Programm zu werben.

Gerade dieses rituelle Programm aber brachte die Pharisäer in Gegensatz zu Jesus und zur Verkündigung der Jünger. Dabei wird es gar nicht der Punkt gewesen sein, daß ein solches Programm auch im äußeren Tun erstarren konnte. Der Punkt war vielmehr die Notwendigkeit des rituellen Programms selbst. In ihm selbst lag die Gefahr. Es konnte ja nur von einer relativ kleinen Schicht von "Experten" wirklich ausgeführt werden. Diese mußte zudem wohlhabend und gebildet sein. Die verarmten Schichten der Landbevölkerung aber hatten andere Sorgen, als sich um rituell korrekte Lebensmittel zu bekümmern und auf dem Markt gekaufte Lebensmittel nachzuverzehnten. Sie waren auch zu ungebildet, um alle diesbezüglichen Gebote zu kennen und zu vollziehen. So koppelte das pharisäische Programm gerade die Armen und Ungebildeten vom Heil Gottes ab. Nach Jesu Botschaft aber galt Gottes Heilszusage auch ihnen. Es scheint, daß Jesu Bemühen um die Pharisäer und sein Streit mit ihnen gerade darum ging, ihnen Augen und Herz zu öffnen für ihre armen Brüder in Israel, die keinen Gesetzesgehorsam vor Gott aufzuweisen hatten. Galt nicht auch ihnen Gottes Heilswille? Konnte dann aber das rituelle Programm der Pharisäer die Bedingung für Gottes Heil sein? Verlangte Gottes Heiligkeit wirklich eine rituelle Entsprechung beim Menschen?

Daß auch Pharisäer sich von Jesu Botschaft und von der Verkündigung der nachösterlichen Jünger überzeugen ließen, dafür ist Paulus das prominenteste Beispiel. Auch sie brachten beim Übertritt in die christliche Gemeinde eine reiche Tradition und tiefe Frömmigkeit mit. Da die Pharisäer religiös gebildete Laien waren, belesen in der Schrift und geübt in ihrer Auslegung, dürfte von christlichen Pharisäern ein großer Einfluß auf die Ausbildung der Überlieferung der Urgemeinde ausgegangen sein.

5. Andere eschatologische Gruppen

Literatur: KOCH, K., Ratlos vor der Apokalyptik, Gütersloh 1970,; LAMPE, P., Die Apokalyptiker - Ihre Situation und ihr Handeln, in: SBS 101, Stuttgart 1981, 59-114; LEBRAM, J., in: TRE III, 192-202; MÜLLER, K., in: TRE III, 202-251; DERS., Die Ansätze der Apokalyptik, in: Maier, J./Schreiner, J. (Hg), Literatur und Religion des Frühjudentums, Würzburg 1973, 31-42; PLÖGER, O., Theokratie und Eschatologie, Neukirchen 1959; RUPPERT, L., Der leidende Gerechte, Würzburg 1972; SCHREINER, J., Alttestamentlich-jüdische Apokalyptik, München 1969; SCHUBERT,

K., Das Zeitalter der Apokalyptik, in: Ders. (Hg), Bibel und zeitgemäßer Glaube 1, Klosterneuburg 1965, 263-286; STECK, O.H., Israel und das gewaltsame Geschick der Propheten, Neukirchen 1967.

Die Vielgestaltigkeit des Judentums zur Zeit Jesu und der Urgemeinde ist mit den Gruppen der Essener und Pharisäer nicht annähernd umschrieben. Die Bewegung der Chasidim lebte in zahlreichen Konventikeln und Gemeinschaften fort, von denen Essener und Pharisäer nur die größten und bedeutsamsten waren. Aber es muß auch kleinere Gruppen gegeben haben, in denen theologische Anschauungen aus der ältesten Zeit ungebrochen fortlebten und weitertradiert wurden. Anders ist die Fülle und Vielgestaltigkeit der apokalyptischen Schriften des Frühjudentums und ihre bewegte literarische Vorgeschichte kaum zu erklären.

Da gab es Gruppen, die die deuteronomistische Bußpredigt der Leviten weitertrugen (Neh 9,6-37; vgl. Dan 9,4-19). Sie verkündeten die Umkehr der bestehenden Macht- und Sozialverhältnisse im bald hereinbrechenden Gericht, riefen zur Umkehr auf oder mahnten die "Frommen" zum Durchhalten.

> Ich habe euch, ihr Sünder, bei dem großen Heiligen geschworen,
> daß all euer böses Tun in den Himmeln offenbar ist
> und daß (euer) Werk des Unrechts weder verdeckt noch verborgen ist.
> Und meint nicht in eurem Geist und sprecht nicht in eurem Herzen,
> daß ihr nicht wißt und nicht seht, (daß) jede Ungerechtigkeit im Himmel
> jeden Tag vor dem Höchsten aufgeschrieben wird.
> Wehe euch, ihr Toren, denn ihr werdet durch eure Torheit vertilgt werden;
> und auf die Weisen hört ihr nicht, und (so) wird euch das Gute nicht widerfahren.
> Und nun wißt, daß ihr für den Tag der Vernichtung bereitet seid,
> und hofft nicht, daß ihr am Leben bleibt, ihr Sünder,
> sondern ihr werdet dahingehen und sterben,
> denn ihr wißt, daß ihr bereitet seid für den Tag des großen Gerichts,
> für den Tag der Not und der großen Schmach für euren Geist.
> Wehe euch, ihr Verstockten des Herzens, die ihr Böses tut und Blut eßt;
> woher werdet ihr essen und trinken und euch sättigen an den guten (Dingen)?
> Denn von all den guten (Dingen),
> die der Herr, der Höchste, reichlich auf Erden gegeben hat,
> werdet ihr keinen Frieden haben.
> Wehe euch, die ihr ungerechtes Tun liebt - warum hofft ihr auf Gutes für euch? ...
> Wehe euch, die Gottlosigkeiten begehen und Lügenworte preisen und verherrlichen;
> ihr werdet vertilgt werden und kein gutes Leben haben.
> Wehe euch, die die Worte der Wahrheit verdrehen und das ewige Gesetz übertreten
> und sich selbst [für unfehlbar halten] - auf Erden werden sie niedergetreten werden.
> Wehe euch, die ihr das Böse bis zu eurem Nächsten ausbreitet,
> denn ihr werdet in der Hölle getötet werden.
> Wehe euch, die ihr ein Maß der Sünde und des Betrugs schafft,
> und die Verbitterung auf Erden stiften,
> denn dadurch wird es mit ihnen ein Ende nehmen.
> Wehe euch, die ihr Häuser durch die Schwerarbeit anderer baut
> und (deren) gesamtes Baumaterial Ziegel und Steine der Sünde (sind);
> ich sage euch, daß ihr keinen Frieden haben werdet.
> Wehe euch, die ihr [den Grundstein] und das ewige Erbteil ihrer Väter verachtet
> und die dem Geist der Götzengreuel nachfolgen, denn ihr werdet keine Ruhe haben.
> Wehe euch, die da Unrecht tun und die Gewalttat unterstützen
> und ihren Nächsten töten bis zum Tag des großen Gerichts;
> denn es wird eure Herrlichkeit zu Boden gestoßen werden;
> und er wird Unglück in euer Herz bringen, und er wird seinen Zorn erregen,
> und sein Geist wird euch alle mit dem Schwert vertilgen;

und alle Heiligen und Gerechten werden an eure Sünden denken.
Wehe euch Sündern, wenn ihr die Gerechten am Tage (ihrer) großen Bedrängnis peinigt
und sie mit Feuer verbrennt - es wird euch nach euren Werken vergolten werden.
Wehe euch, ihr Verstockten des Herzens,
die ihr unermüdlich bedacht seid, Böses auszudenken:
Angst soll über euch kommen, und es wird keinen geben, der euch hilft.
Wehe euch, ihr Sünder, wegen der Rede eures Mundes
und wegen des Handelns eurer Hände,
die das Werk eurer Gottlosigkeit sind:
Ihr werdet in einem Brand lodernden Feuers brennen....
Und nun schwöre ich euch, den Gerechten, bei dem,
der groß und herrlich an Herrschaft ist, und bei seiner Größe schwöre ich euch.
Denn ich kenne das Geheimnis, und ich habe die Tafeln des Himmels gelesen
und habe das heilige Buch gesehen, und ich habe darin aufgeschrieben
und aufgezeichnet gefunden über sie,
daß alles Gute und die Freude und Ehre für eure Geister,
die in Gerechtigkeit gestorben sind, und (daß) euch viel Gutes gegeben wird
als Ausgleich für eure Mühe und (daß) euer Los besser ist als das Los der Lebenden.
Und die Geister, die in Gerechtigkeit gestorben sind,
werden leben, und ihre Geister werden sich freuen und werden nicht vertilgt werden,
auch nicht ihr Gedächtnis vor dem Angesicht des Großen für alle ewigen Generationen.
Und jetzt fürchtet ihre Schmähung nicht.
(aus äthHen 98 - 103; Text nach S. Uhlig, JSHRZ)

In diesen Kreisen wurde auch die Vorstellung vom gewaltsamen Geschick der von Gott gesandten Propheten weitergegeben: Immer schon hatte Israel dem Werben Gottes widerstanden und seine Propheten abgelehnt und getötet (Neh 9,26). Als Boten Gottes verstanden sich auch die apokalyptischen Bußprediger dieser Kreise (vgl. Jub 1,12, äthHen 89,51). Im Lichte der Vorstellung vom gewaltsamen Geschick aller Propheten in Israel deuteten sie ihr eigenes Ablehnungs- und Verwerfungsgeschick.
Andere Kreise pflegten die Armenfrömmigkeit des alttestamentlichen Psalters weiter. Als "Arme" und "Schwache" im Lande wußten sie sich Gott besonders nahe. Ihre Hoffnung war auf Jahwe allein gerichtet. Hier hatte sich die Vorstellung vom notwendigen Leiden des Gerechten (s. dazu Kap. VI.3) entwickelt: "Der Gerechte muß viel leiden, doch allem wird der Herr ihn entreißen" (Ps 34,20; vgl. 37,39f; 119,71.87.109.141.143). Ein regelrechtes Martyrium eines "Gerechten" wird in Weish 2,12-20; 5,1-7 erzählt. In äthHen 102 - 104 wendet eine apokalyptische Gruppe diese Vorstellung auf das eigene Geschick an.

Fürchtet euch nicht, ihr Seelen der Gerechten, und hofft,
die ihr in Gerechtigkeit gestorben seid.
Und seid nicht traurig, weil eure Seele mit Kummer in das Totenreich hinabfährt
und euer Leib während eures Lebens nicht gefunden hat,
(was) eurer Tugend entsprechend (gewesen) wäre,
sondern nun an dem Tage, an dem ihr Sünder geworden seid
und an dem Tag des Strafgerichtes (?)
Und wenn ihr sterben werdet, sagen die Sünder über euch:
'Wie wir sterben, sterben die Gerechten,
und welchen Nutzen hatten sie von ihren Werken?
Siehe, sie sterben wie wir in Kummer und Finsternis,
und welchen Vorzug haben sie uns gegenüber?
Von nun an sind wir ihnen gleich.
Und wie werden sie sich erheben, und was werden sie in Ewigkeit sehen?
Denn siehe, sie sind gestorben, und von nun an bis in Ewigkeit
werden sie das Licht nicht sehen.'

Ich sage euch, ihr Sünder, euch reicht es nicht aus,
zu essen, zu trinken, zu rauben, zu sündigen,
Menschen nackt auszuziehen, Besitz hinzuzugewinnen und gute Tage zu sehen.
Ihr habt die Gerechten gesehen, wie ihr Ende war.
Denn keine Gewalttat fand sich bis zu ihrem Tode bei ihnen. ...
Sagt nicht über die Gerechten und Guten, die am Leben waren:
'In den Tagen der Not haben wir uns (mit) schwerer Mühe abgeplagt
und haben alle Not gesehen, und viele Übel trafen uns,
und wir wurden aufgerieben und sind wenig geworden, und unser Geist ist schwach.
Wir sind umgebracht worden, und wir haben niemand gefunden,
der uns nur mit dem Wort beigestanden hätte; wir wurden gequält und vertilgt,
und wir haben nicht gehofft, das Leben zu sehen Tag um Tag.
Wir hofften, das Haupt zu sein, und sind zum Schwanz geworden;
wir plagten uns beim Arbeiten ab und hatten keinen Erfolg für unsere Mühe;
wir wurden zum Fraß für die Sünder, und die Ungerechten drückten uns mit ihrem Joch.
Die erreichten die Herrschaft über uns, die uns haßten und die uns schlugen;
und denen, die uns haßten, beugten wir unseren Nacken,
aber sie hatten kein Erbarmen mit uns.
Wir versuchten, vor ihnen zu entkommen, um zu flüchten und Ruhe zu haben,
aber wir fanden keinen (Ort), wohin wir fliehen und uns vor ihnen retten konnten.
Und wir beklagten uns in unserer Not bei den Herrschern und schrieen über die,
die uns verschlangen, aber sie achteten nicht auf unsere Klage,
und sie wollten nicht auf unsere Stimme hören.
Und sie halfen denen, die uns beraubten und verschlangen,
und denen, die uns dezimierten, und sie verheimlichten ihre Gewalttat
und nahmen das Joch derer nicht von uns, die uns verschlangen,
uns zerstreuten und uns mordeten, und sie verheimlichten unsere Ermordung
und dachten nicht daran, daß sie ihre Hände gegen uns erhoben hatten.'
Ich schwöre euch, daß die Engel im Himmel euer zum Guten gedenken werden
vor der Herrlichkeit des Großen; und eure Namen werden aufgeschrieben
vor der Herrlichkeit des Großen.
Hofft, denn zuerst (hattet) ihr Schmach durch Unglück und Not,
aber jetzt werdet ihr leuchten wie das Licht des Himmels,
ihr werdet scheinen, und das Tor des Himmels wird für euch geöffnet werden.
Und mit eurem Geschrei schreit nach Gericht, und es wird erscheinen,
denn von den Herrschern wird Rechenschaft gefordert (für) all eure Bedrängnis
und von all jenen, die denen geholfen haben, die euch beraubten.
Hofft und gebt eure Hoffnung nicht auf,
denn ihr werdet große Freude haben wie die Engel im Himmel.
Was werdet ihr (dann) tun müssen? Ihr müßt euch nicht verbergen
an dem Tag des großen Gerichts, und ihr werdet nicht als Sünder erachtet werden;
und das ewige Gericht wird für alle ewigen Generationen fern von euch sein.
Und nun fürchtet euch nicht, ihr Gerechten, wenn ihr die Sünder stark werden
und (mit) ihrem Weg Glück haben seht, habt keine Gemeinschaft mit ihnen,
sondern haltet euch von ihrer Gewalttat fern,
denn ihr sollt Gemeinschaft mit den Guten des Himmels haben.
(aus äthHen 102 - 104)

Wieder andere Kreise pflegten die besondere Endzeiterwartung der "Bilderreden" des äthHen. Diese kennen keine davidische Messiasgestalt, sondern ein präexistentes Himmelswesen "wie ein Menschensohn", dem von Gott die Vollmacht zum endzeitlichen Gericht übergeben worden ist. Dieser "Menschensohn" steht in engster Verbindung zu Gott. Das wird mit Kategorien der Weisheit und des Geistes zum Ausdruck gebracht (s. dazu Kap. VI.2).
In diesem Zusammenhang ist auch auf die durch Johannes den Täufer ausgelöste Bewegung zu verweisen. Johannes war als eschatologischer Bußprediger im Jordangebiet aufgetreten und hatte ganz Israel zur Umkehr aufgerufen, damit es aus dem drohenden Zorngericht Gottes gerettet würde. Wirksames Zeichen

der Errettung war die Taufe, die Johannes spendete (Mt 3,1-12parr). Jesus selbst ist aus der Täuferbewegung hervorgegangen, ebenso ein Teil der Jesusjünger (vgl. Joh 1,35ff). Nach dem Martyrium des Täufers hat die von ihm ausgelöste Bewegung als Sondergruppe des Judentums weiterbestanden. Sie trat zunehmend in Konkurrenz zur Urgemeinde. Wie schon zu Lebzeiten Jesu sind auch nach Ostern zahlreiche Täuferjünger zur Jesusbewegung übergetreten (s. dazu Kap. XIII.4).
Wir müssen uns diese Vielfalt des Frühjudentums vor Augen halten, um eine Vorstellung darüber zu entwickeln, welche Einflüsse auf die Urgemeinde eingewirkt haben durch Personen, die als Angehörige frühjüdischer Gruppen der christlichen Gemeinschaft beitraten. Sie alle waren Menschen, die Gott suchten, voller religiöser Fragen. Ihr Leben war bis in den Alltag hinein davon bewegt. In der Botschaft Jesu und der nachösterlichen Jünger fanden sie eine Antwort auf ihre Lebensfragen, die alle bisherigen Antworten als überholt und ungenügend erwies. Darum schlossen sie sich an. Dabei ließen sie aber ihre Frömmigkeit und ihr Denken nicht einfach hinter sich, sondern brachten es in den Prozeß der urchristlichen Glaubensreflexion ein.

6. Die "Zeloten"

Literatur: BAUMBACH, G., Zeloten und Sikarier: ThLZ 90 (1965) 727-740; DERS., Die Zeloten - ihre geschichtliche und religionspolitische Bedeutung: BiLi 41 (1968) 2-25; DERS., Einheit und Vielfalt der jüdischen Freiheitsbewegung im 1. Jh.n.Chr.: EvTh 45 (1985) 93-107; DERS., Das Freiheitsverständnis in der zelotischen Bewegung, in: FS L. Rost, Berlin 1967, 11-18; BETZ, O., Stadt und Gegen-Stadt. Ein Kapitel zelotischer Theologie, in: Ders., Jesus. Der Messias Israels, Tübingen 1987, 25-38; HENGEL, M., Die Zeloten, Leiden 1961; DERS., Zeloten und Sikarier, in: FS O. Michel, Göttingen 1974, 175-196.

Sicher gab es keinen unter den Hörern Jesu und der Jünger, der nicht auf irgendeine Weise bereits mit der Bewegung und Botschaft der "Zeloten" konfrontiert worden war. Einige der Jesusjünger könnten sogar ehemalige zelotische Freiheitskämpfer gewesen sein (vgl. Lk 6,15f). Ihre Botschaft war einfach und zupackend formuliert. Für viele machten sie wirklich ernst mit dem alttestamentlichen und frühjüdisch-apokalyptischen Gedanken, daß Israel keinen anderen König habe als Jahwe. Aber Israel sollte tatkräftig daran mitwirken, Gottes Königsherrschaft auf Erden herbeizukämpfen. Was andere apokalyptische Gruppen in endzeitliche Visionen und apokalyptische Phantasien "verdrängt" hatten, das wagten die "Zeloten" zu fordern und zu tun. Sie wollten den Kampf gegen des Weltreich Rom aufnehmen im sicheren apokalyptischen Wissen darum, daß Rom nur die letzte der gottfeindlichen Weltmächte im Geschichtsplan Gottes sein konnte, deren Sturz bei Gott bereits beschlossene Sache war. Danach würde die endzeitlich-ewige Herrschaft Gottes und Israels anbrechen. Ziel der "Zeloten" war es, Gottes und Israels Herrschaft durch aktiven Kampf herbeizuführen. Gott selbst würde diesen Krieg siegreich beenden. Die im Kampf gefallenen Märtyrer würde er zu neuem Leben auferwecken. Darum brauchten die "Zeloten" auf das eigene Leben nicht zu achten und kämpften mit unvergleichlichem Mut und fanatischer Todesverachtung. Vorerst jedoch war dieser große Krieg noch keine Wirklichkeit. Die "Zeloten" mußten für die Bereitschaft

dazu werben. Aber in vielen blutigen Einzelaktionen gegen römisches Militär und kollaborierende Volksgenossen unterstrichen sie ihr Programm. Gerade im verarmten Volk hatten sie mit ihrer radikalen, politischen Botschaft Erfolg. Die Stadtbevölkerung Jerusalems stand dagegen ihren Bestrebungen lange reserviert gegenüber, bis auch sie beim Beginn des jüdischen Krieges auf ihre Seite gerissen wurde. Als "heiligen Rest" verstanden sich die "Zeloten" nicht. Ihre Endzeiterwartung betraf Israel als Ganzes, als Nation. Dementsprechend erhofften sie auch einen Messiaskönig aus Davids Geschlecht, unter dem Israel als heiliges Gottesvolk die Weltherrschaft erringen würde.
Jesus und seine Jünger mußten Stellung nehmen zum Programm der "Zeloten". Jesus hatte ja ebenfalls die eschatologische Herrschaft Gottes zum Zentralanliegen seiner Botschaft gemacht, mit dem Unterschied allerdings, daß nicht Krieg und Terror gegen Menschen das endzeitliche Kommen der Basileia beschleunigen können. Bis zum Untergang der "Zeloten" im jüdischen Krieg waren die Verkünder der Jesusbotschaft stets mit den revolutionär-theologischen Parolen dieser Freiheitskämpfer konfrontiert. Diese lehnten sie nicht aus pragmatisch-politischen, sondern aus theologischen Gründen ab. Sie riefen zum Frieden und zur Feindesliebe auf (s. dazu Kap. XI und XIII.3).

7. Hellenistische Juden

Literatur: AMIR, Y., Die hellenistische Gestalt des Judentums bei Philo von Alexandrien, Neukirchen 1983; BARTLETT, J.R., Jews in the Hellenistic World, Cambridge 1985; CHRISTIANSEN, I., Die Technik der allegorischen Auslegungswissenschaft bei Philon von Alexandrien, Tübingen 1969; DELLING, G., Die Bewältigung der Diasporasituation durch das hellenistische Judentum, Göttingen 1987; HEGERMANN, H., Die Vorstellung vom Schöpfungsmittler im hellenistischen Judentum und Urchristentum, Berlin 1961; DERS., Das griechischsprechende Judentum, in: Maier, J./Schreiner, J. (Hg), Literatur und Religion des Frühjudentums, Würzburg 1973, 328-352; HENGEL, M., Judentum und Hellenismus, Tübingen [2]1973; DERS., Jesus als messianischer Lehrer der Weisheit und die Anfänge der Christologie, in: Sagesse et Religion (Colloques de Strasbourg, Octobre 1976), Paris 1979, 147-188; DERS., Juden, Griechen und Barbaren, Stuttgart 1976; KÜCHLER, M., Frühjüdische Weisheitstraditionen, Fribourg/Göttingen 1979; MACK, B.L., Logos und Sophia, Göttingen 1973; PREUSS, H.D., Einführung in die alttestamentliche Weisheitsliteratur, Stuttgart 1987; v. RAD, G., Weisheit in Israel, Neukirchen-Vluyn 1970; SCHIMANOWSKI, G., Weisheit und Messias, Tübingen 1985; WENSCHKEWITZ, H., Die Spiritualisierung der Kultusbegriffe: Angelos 4 (1932) 70-230; ZENGER, E., Die späte Weisheit und das Gesetz, in: Maier, J./Schreiner, J.(Hg), Literatur und Religion des Frühjudentums, Würzburg 1973, 43-56.

7.1. Hellenistische Juden in Jerusalem

Schon unter den Hörern des irdischen Jesus, sicher aber unter denen der Jünger nach Ostern waren auch hellenistische Juden, die aus der Diaspora stammten. Für die nachösterliche Verkündigung bezeugt dies die Apostelgeschichte. Für die Jesusverkündigung darf man es als wahrscheinlich annehmen. Die jüdische Diaspora begann schon an den Grenzen Judäas und Galiläas, und hellenistische Juden gab es auch in den hellenistischen Städten Palästinas.

In den letzten drei vorchristlichen Jahrhunderten hatte sich das Judentum weltweit ausgebreitet. Das jüdische Mutterland konnte seinen Bevölkerungsüberschuß nicht ernähren, und ausländische Könige und Fürsten siedelten gerne jüdische Auswanderer an. Sie wiesen ihnen eigene, mit Privilegien und Sonderrechten ausgestattete Stadtviertel und Siedlungsgebiete zu. In "Babylonien" war ohnehin seit dem Exil eine stattliche jüdische Kolonie ansässig geblieben. Aber auch nach Ägypten und Syrien waren Juden ausgewandert bzw. zur Ansiedlung angeworben worden. Insgesamt lebten wahrscheinlich 70 Prozent der 6 - 8 Millionen Juden im Ausland. Hier wohnten sie als Landsmannschaften in geschlossenen Siedlungen oder Stadtvierteln beisammen. Die Sprache der ursprünglichen Heimat, das Aramäische oder Hebräische, beherrschten nur noch wenige von ihnen. Ihre Muttersprache wurde das Koinegriechisch.

Auch in Palästina gab es hellenistische Juden. Wahrscheinlich sprachen hier mehr Juden, als wir uns gemeinhin vorstellen, neben dem Aramäischen auch die griechische Sprache. In den aristokratischen Familien herrschten ohnehin griechische Bildung und Lebensart vor. Ihre Söhne gingen zum Studium ins Ausland.

"Jerusalem war seit der Ptolemäerzeit eine Stadt, in der in steigendem Maße Griechisch gesprochen wurde. Die makkabäische Erhebung hat daran wenig geändert. In neutestamentlicher Zeit zwischen Herodes und der Zerstörung 70 n. Chr. muß sie nach Ausweis der griechischen Inschriften sogar eine beträchtliche, Griechisch als Muttersprache sprechende Minderheit besessen haben. Diese bestand nicht nur aus Rückwanderern aus der Diaspora, sondern umfaßte auch Kreise der einheimischen Aristokratie. Damit stoßen wir auf jenen Typus, von dem je und je die stärksten politischen, kulturellen und religiösen Impulse ausgegangen sind, den Juden, der sich mit gleichem Geschick in beiden Kultur- und Sprachbereichen - dem angestammten jüdisch-aramäischen und dem fremden griechischen - bewegte." (Hengel, Judentum 193)[1]

Hinzu kam, daß Jerusalem eine Pilgerstadt war, in die zu den jüdischen Hochfesten Hunderttausende jüdischer Pilger aus aller Welt strömten. Sie war das kultische Zentrum des Weltjudentums. Es war der Wunsch jedes frommen Juden auch in der Diaspora, zumindest einmal im Leben am Tempelkult in der "heiligen Stadt" teilzunehmen und im Tempel Gott anzubeten (vgl. Apg 2,9f). Darüber hinaus gab es zahlreiche Diasporajuden, die ihre Existenz in der Diaspora aufgegeben und ihren Wohnsitz nach Jerusalem verlegt hatten.

Die Zahl solcher Rückwanderer muß groß gewesen sein. Das geht aus der Tatsache hervor, daß Jerusalem zur Zeit der Urgemeinde mehrere Synagogen "hellenistischer Juden" hatte. Apg 6,9 berichtet von theologischen Auseinandersetzungen des Stephanus mit Mitgliedern "der Synagoge der Libertiner, der Cyrenäer und der Alexandriner" (vgl. Apg 2,5; 24,12). "Wahrscheinlich bedeutet der Ausdruck 'Synagoge' hier nicht blos das Gebäude, sondern deutet auch an, daß diese Juden sich in Jerusalem zu landsmannschaftlichen Verbänden zusammengeschlossen hatten." (Weiß, Urchristentum 120) Die Zahl der aus Alexandrien und der Cyrenaika stammenden Rückkehrer nach Jerusalem muß also groß genug gewesen sein, um eigene Synagogengemeinschaften zu gründen. Ebenso die Zahl der freigelassenen Juden, wie der Ausdruck "Libertiner" interpretiert werden muß. Dabei handelt es sich um Juden, die infolge von Kriegsereignissen im zweiten und ersten vorchristlichen Jahrhundert oder aufgrund wirtschaftlicher Zusammenbrüche als Sklaven verschleppt und verkauft worden waren. Später wurden sie oder ihre Söhne freigekauft oder durch Amnestie freigelassen und siedelten sich wieder in Jerusalem an. Daß neben den genannten Synagogengemeinschaften hellenistischer Juden noch weitere existierten, ist wahrscheinlich. In Apg 6,9 werden auch "hellenistische Juden" aus Kilikien und Asien aufgezählt.
Der Zusammenschluß zu Synagogengemeinschaften bedeutet natürlich, daß diese hellenistischen

---

[1] "Die Differenzierung zwischen 'palästinischem' und 'hellenistischem' Judentum, die zu den grundlegenden heuristischen Prinzipien der neutestamentlichen Wissenschaft gehört, wird durch diesen Tatbestand erschwert und erweist sich im ganzen als nicht mehr ausreichend. Man wird damit zu rechnen haben, daß einzelne Gruppen auch im jüdischen Palästina zweisprachig aufgewachsen sind und so genau an der Grenzscheide zweier Kulturen standen. Dieses Problem stellt sich dabei nicht nur für Jerusalem, sondern auch für das mit den phönizischen Städten seit jeher besonders verbundene Galiläa, und es ist durchaus zu fragen, ob die Zweisprachigkeit nicht bis in den unmittelbaren Jüngerkreis Jesu selbst hineinging. Immerhin trugen zwei der Zwölf, Andreas und Philippos, griechische Namen (Mk 3,18), und der Bruder des Andreas, Simon Kephas-Petros, unternahm später weite Missionsreisen unter der nur Griechisch sprechenden jüdischen Diaspora." (Hengel, Judentum 149f)

Juden auch eigene Gottesdienstversammlungen abhielten. Dabei wurde die Schrift sicher in griechischer Sprache, also in der für die Diaspora angefertigten griechischen Übersetzung des Alten Testamentes, der "Septuaginta", gelesen.

Dies wirft nun auch ein Licht auf die sprachlichen Verhältnisse in Jerusalem. Die Umgangssprache der alteingesessenen Bevölkerung war natürlich Aramäisch, die Gottesdienst- und Kultsprache Hebräisch. Die römische Besatzungsmacht sprach Latein und Koine-Griechisch. Die zahlreichen Jerusalemheimkehrer aus der Diaspora sprachen als Muttersprache Griechisch. Auch ihre Gottesdienste in ihren Synagogen hielten sie in griechischer Sprache ab. Es dürfte zwar sowohl in der eingesessenen Bevölkerung als auch unter den Rückwanderern zahlreiche Personen gegeben haben, die sowohl Griechisch als auch Aramäisch beherrschten. Unter den Diasporajuden mag es sogar manche gegeben haben, die zweisprachig aufgewachsen waren. Aber Zweisprachigkeit unter den hellenistischen Juden kann nicht generell vorausgesetzt werden. Unter der Judenschaft Jerusalems gab es also trotz ihrer ethnischen Einheit Sprachprobleme. In ihren Synagogen bildeten die hellenistischen Juden ein eigenes Geistesleben aus und pflegten die im "hellenistischen Judentum" entwickelten religiösen Anschauungen und Traditionen.

Die Motive der aus der Diaspora stammenden hellenistischen Juden für ihre "Heimkehr" nach Jerusalem waren wohl vorwiegend religiöser Natur. Wegen der für Handel und Verkehr abgelegenen Lage Jerusalems dürften dafür wirtschaftliche oder kaufmännische Gründe kaum eine Rolle gespielt haben. Der einzige wirtschaftliche Faktor Jerusalems von Bedeutung war der Tempel. Doch lagen die für die Instandhaltung des Tempels und für den Vollzug der Kultopfer notwendigen handwerklichen und händlerischen Unternehmen fest in der Hand der Priesteraristokratie. Die Versorgung der Pilgermassen mit Dienstleistungen aller Art dürfte Domäne der eingesessenen Jerusalemer Handwerks- und Dienstleistungsbetriebe gewesen sein. Wirtschaftlich und kulturell konnte Jerusalem auf die Diasporajuden, die zumeist in den kulturell hochstehenden hellenistischen Großstädten gelebt hatten, wenig anziehend wirken. Was sie nach Jerusalem zog, war die religiöse Tradition dieser Stadt, vor allem der Tempel mit dem Allerheiligsten, in dem Jahwe bzw. seine Schechina oder "Weisheit" wohnten. In der Nähe dieses heiligen Ortes wollte man leben, hier die heiligen Schriften studieren und hier begraben werden. Viel sentimentaler Idealismus, in der Fremde doppelt wirksame heilige Sehnsucht und religiöser Eifer mögen häufig eine Rolle gespielt haben bei dem Entschluß, seine Existenz in der Diaspora aufzugeben und nach Jerusalem überzusiedeln. Man darf zumindest die Frage stellen, ob die in Jerusalem angetroffene Realität der frommen und idealistischen Erwartung immer entsprochen hat. "Die Realitäten der 'heiligen Stadt' mochten jedoch für einen Rückkehrer so enttäuschend gewesen sein wie das Rom der Renaissance für den Rompilger Martin Luther." (Hengel)
Die "Heimkehr" nach Jerusalem war sicher nur einer relativ kleinen religiösen Elite des Diasporajudentums möglich. Sie setzte auch Wohlstand oder gar Vermögen voraus, da Jerusalem wirtschaftlich kaum Möglichkeiten zum Aufbau einer neuen Existenz ohne den Einsatz eigenen Kapitals bot. Die kleine unverdächtige Notiz Mk 15,21 vermittelt uns einen Einblick. Der hellenistische Jude Simon von Kyrene, dessen beide Söhne Alexander und Rufus der Urgemeinde bekannt waren, ihr vielleicht angehörten, kehrt am Karfreitag von seinem Acker nach Jerusalem zurück. Hat er sich durch Ankauf von Land in Jerusalem eine neue Existenz geschaffen? Die Mehrheit der nach Jerusalem heimgekehrten Diasporajuden dürfte in wirtschaftlich gesicherten Verhältnissen gelebt haben. Auch der Bau eigener Synagogen und die Einrichtung eigener Synagogengottesdienste weisen darauf hin, daß die hellenistische Judenschaft Jerusalems insgesamt eher wohlhabend und vermögend war. Dies schließt nicht aus, daß etwa durch den Tod des Familienoberhauptes oder durch Vermögensverfall und Ruin auch unter den hellenistischen Juden in Jerusalem Notfälle auftraten, insbesondere unter Witwen und Hinterbliebenen. Apg 6,1ff berichtet von solcher Not. Wir müssen später darauf eingehen (s. Kap. VII).

7.2. Das geistige Milieu des hellenistischen Judentums

Das geistige und soziale Milieu des hellenistischen Judentums der Diaspora, durch das die "Heimkehrer" nach Jerusalem in Denken und Empfinden grundlegend geprägt waren, war bestimmt durch die ständige geistige Auseinandersetzung mit der hellenistischen Kultur, Philosophie und Bildung. Der Hellenismus war seit dem 3. Jh. v.Chr. eine die ganze zivilisierte Welt umfassende Geistes- und Bildungsbewegung geworden. Griechisch war Weltsprache, griechische Kultur, Philosophie und Bildung waren das Ideal von Kultur, Philosophie und Bildung schlechthin. Die Ausbreitung hellenistischen Geistes und hellenistischer Lebensart hatte selbst vor Palästina nicht halt gemacht. Im ganzen überwog hier aber konservativ altjüdischer Geist und eine Ablehnung hellenistischer Lebensart und Philosophie. Darin waren sich besonders die Kreise der "Frommen" einig. Sie suchten, so wenig wie möglich damit in Berührung zu kommen.
Von der Situation der Juden in Palästina unterschied sich die des Diasporajudentums in jeder Hinsicht. Dieses lebte, wenn auch in eigenen Gemeinschaften, mit der hellenistischen Bevölkerung zusammen. Um als eigenständige ethnische und religiöse Gruppe bestehen zu können, ohne aufgesogen oder aber in ein totales Ghetto abgedrängt zu werden, mußte es versuchen, sich und seine Eigenart der Umwelt verständlich zu machen und sich mit hellenistischem Geist und Lebensgefühl auseinanderzusetzen. Schwer genug wirkten sich die religiösen und ethnischen Bindungen für den Einzelnen aus, die ihm Mischehen verboten und nur beschränkte Teilnahme am öffentlichen Leben gestatteten. Mißtrauen und Verdächtigungen, auch Spott und Intoleranz gegenüber Juden waren die Folge. Gewalttätige Übergriffe bis hin zu mörderischen Pogromen ereigneten sich immer wieder. Andererseits löste die jüdische Religion großes Interesse vor allem unter den gebildeten Schichten aus. Ihr klarer Monotheismus und die hohe Ethik wirkten anziehend. Das ehrwürdige Alter der Heiligen Schrift wies die jüdische Religion als überlegen aus. Durch ihre Übersetzung ins Griechische wurde sie für die Gebildeten zugänglich.

"Dem hochgreifenden Sendungsbewußtsein des griechischsprechenden Judentums entsprach eine bemerkenswerte positive Resonanz in seiner nichtjüdischen Umgebung. Von der Übernahme einzelner, eindrücklicher Gebräuche bis zum vollständigen Übertritt gab es die verschiedensten Formen der Annäherung an das Judentum. In großer Zahl traten männliche Nichtjuden durch die Annahme der Beschneidung zum Judentum über; noch größer war die Zahl der übergetretenen Frauen, da bei ihnen der Beschneidungsritus entfiel. Diese voll übergetretenen Heiden hießen Proselyten, 'Hinzugekommene'. Sie sind in Alexandria vollberechtigte und voll verpflichtete Glieder des jüdischen Volkes, aus ihrem alten Familien- und Volksverband dagegen ausgeschieden. Mögen die Gründe für den Übertritt oft auch wirtschaftlicher oder sozialer Art gewesen sein - man trat einer weltweiten, fest zusammengeschlossenen Bruderschaft bei -, die eigentliche Ausstrahlung des Judentums war zweifellos religiöser Art. Was hellenistische Menschen auch an den anderen orientalischen Religionen oder auch an den griechischen Mysterien anzog, eine persönliche Bindung an die Gottheit, ein sittlicher und sozialer Halt in der Kultgenossenschaft, eine Hoffnung auf Freiheit von den Schicksalsmächten, das fand er hier in höherem Maße. Zahlreicher als die Proselyten scheinen in der Zeit der Apostel die 'Gottesfürchtigen' gewesen zu sein. Ihr Anschluß an die Synagoge war insofern partiell, als sie sich nicht der Beschneidung unterzogen und nur ausgewählte Ritualgebote beobachteten. Andererseits war dieser Anschluß in der Sache total, wenn sie sich, wie der Name zeigt, von aller heidnischen Götterverehrung abgewandt hatten, um fortan allein dem wahren, lebendigen Gott zu dienen." (Hegermann, Judentum 349f)

In der geistigen Auseinandersetzung versuchte das hellenistische Judentum nachzuweisen, daß im Mosegesetz das allgemeine "vernünftige" Sittengesetz aufgrund göttlicher Offenbarung fixiert und daß im Alten Testament bereits alle Weisheit der heidnischen Philosophen vorweggenommen war, ja daß diese von Mose und dem Alten Testament gelernt hatten. Dieser Nachweis gelang nicht ohne manch gewaltsame Idealisierung, Symbolisierung und Allegorisierung. Die allegorische Interpretation der Heiligen Schrift wurde vor allem in Ägypten zur gültigen Auslegungsmethode.

"Der erste philosophisch gebildete hellenistisch-jüdische Schriftsteller, der uns bekannt wird, ist Aristobulos. Die von ihm erhaltenen Fragmente gehörten einer Lehrschrift an, die sich an Ptolemaios VI. (181 bis 145 v.Chr.) wendet. Aristobul tritt als Philosoph und Mitglied einer philosophischen Schule (hairesis) auf, der 'Schule' derjenigen Juden, die sich der wahren Philosophie des Mose, Salomo usw. anschließen. Er ist bekümmert über jüdische Zeitgenossen, die 'allein am Buchstaben kleben' und so den Mosetexten zu Unrecht mythische und banal-menschliche Aussagen entnehmen. Solche sieht er von den griechischen Weisen übertroffen. Denn Pythagoras und Orpheus ließen sich von Mose tiefe Einsichten vermitteln; nicht anders Sokrates und Platon, die nach Aristobuls Meinung die Tora schon in einer älteren Teilübersetzung ins Griechische kannten. Aus der Feder eines wirklich gebildeten hellenistischen Juden mag das überraschen. Doch muß man die Gestalt der zeitgenössischen Philosophie bedenken. Sie war zunehmend religiös bestimmt; ihr vornehmlicher Inhalt waren Gotteserkenntnis und Gottesverehrung, und das mit deutlicher Tendenz zum Monotheismus. Damit war sie für das Verständnis eines Juden unterwegs zu Mose, anders gesagt, zum besseren Teil schon von Mose bestimmt." (Hegermann, Judentum 341f)

Die Allegorisierung half dem Diasporajudentum auch über eigene Schwierigkeiten beim Verständnis und bei der Beachtung des Gesetzes hinweg. Insbesondere die auf den Kult bezogenen Gebote mußten fernab vom Tempel nicht praktikabel, gar unsinnig erscheinen. Darum wurde nach dem geistigen und moralischen Sinn dieser Gebote geforscht. Dies hatte zur Folge, daß der wörtliche Sinn des Gebotes und dessen Praktizierung oft gänzlich abgelehnt oder vernachlässigt wurden. Es gab die Tendenz, das Ritualgesetz durch allegorische Deutung zu verinnerlichen und aus ihm Bestimmungen über das Verhalten der frommen Seele zu entnehmen. Der große alexandrinische jüdische Philosoph Philo, ein Zeitgenosse Jesu und der Urgemeinde, polemisiert gegen solche Tendenzen im hellenistischen Judentum (de migr. Abr. 87-92), obwohl nach Ausweis seiner Schriften auch für ihn "eine radikale Verinnerlichung alles Kultischen unter Streichung der äußeren Riten nicht undenkbar" erscheint (Wenschkewitz 70). Sein einfaches und axiomatisches Argument ist, daß der Kultus und die auf ihn bezogenen Ritualgebote von Gott eingesetzt und darum vernünftig und vollkommen sind.

Seine Polemik beweist, daß im hellenistischen Judentum eine Allegorisierung und Spiritualisierung der kultbezogenen Riten des Gesetzes möglich war, sei es, um diesen schwerverständlichen Vorschriften ihre Anstößigkeit zu nehmen, sei es, um so den praktischen Schwierigkeiten ihres Vollzugs fern vom Tempelkult auszuweichen.

Zusammenfassend kann festgehalten werden, "daß sich in bezug auf das Herzstück der jüdischen Religion, das Torahverständnis, unter hellenistischem Einfluß ein bedeutsamer Wandel vollzog, mitbedingt durch die soziale und rechtliche Situation der Diaspora in den Auseinandersetzungen um das Bürgerrecht. Aus hellenistischer Sicht stammte eine Rechtsordnung von einem menschlichen Gesetzgeber, bestand teils aus ehrwürdiger Tradition ('Sitte der Väter'), teils aus einsichtigen Gesetzen. Darüber hinaus unterschied man jedoch zwischen menschlich gesetztem oder tradiertem Recht und Brauch und dem ungeschriebenen natürlichen Vernunftgesetz, das allein auch als göttliches Gesetz betrachtet wurde. Die Anwendung dieser Ansichten auf die Torah hätte auf längere Sicht schwerwiegende Folgen gehabt. Nicht nur, daß die Einheit der Torah und ihrer Wertung gefährdet war, indem dem Vernunftgesetz, das man vor allem im Dekalog sehen wollte, ein höherer Rang zuerkannt wurde. Die Autorität aller nicht einsichtigen Gebote und Verbote war infragegestellt, soweit sie nicht anstandslos in die Rubrik 'Sitte der Väter' fielen. Man fühlte sich daher genötigt, für die Gebote Begründungen anzugeben, rationalisierend, symbolisierend, ja da und dort auch allegorisierend, um dem Vorwurf zu entgehen, unsinnige und dem menschlichen Zusammenleben hinderliche Vorschriften zu beobachten. Eine gewisse Entwertung der uneinsichtigen rituellen Gebote war nach der Anerkennung eines besonderen Ranges für die Vernunftsgebote freilich trotz aller symbolistischen Bemühungen nicht zu vermeiden, wenn auch nur in dem Sinne, daß eine Formalisierung eintrat. Man hielt an der Praxis fest, obschon man an der religiösen Motivation manchmal irre geworden war. Die Torah wurde in dieser Hinsicht zum nomos, geriet damit in die Nähe der Wertung, die ihr in der antiken Umwelt zuteil und dann mit Paulus infolge seiner Christologie auch im frühen Christentum herrschend wurde." (Maier, Geschichte 86)

Auch bezüglich des Tempels und seines Kultes konnte im hellenistischen Judentum eine neue Haltung aufkommen. Der Diasporajude fühlte sich dem Tempel eng verbunden. Dies kam in der Zahlung der jährlichen Tempelsteuer zum Ausdruck. Es bestand auch das ungebrochene Verlangen des frommen Diasporajuden, wenigstens einmal im Leben Jerusalem und den Tempel zu besuchen. Doch galt diese Sehnsucht mehr dem heiligen Ort, an den Jahwe seine Anwesenheit gebunden hatte, als dem dort stattfindenden blutigen Opferdienst. Dieser blieb in seinem Ansehen zwar bestehen, aber "nicht durch sich selbst, sondern infolge der Autorität des Gesetzes. Die Satzungen des Kultus waren und blieben ein Teil des großen und unbegreiflichen göttlichen Willens, wie er im Gesetz ausgeprägt war. Der Kult war nicht mehr Fundament und Stütze der Frömmigkeit, sondern die gesetzliche Frömmigkeit stützte nun ihrerseits den Kult. Schon der Sirazide empfiehlt, nachdem er als die besten Opfer, die der Mensch darbringen kann, das Halten der Gebote, Mildtätigkeit und Gerechtigkeit hingestellt hat, dann erst das Opfer mit der Begründung: 'Erscheint vor dem Angesicht des Herrn nicht mit leeren Händen, denn alles das ist nötig um des Gebotes willen' 35(32),6f. Echt jüdisch ist demgemäß auch der Ausspruch II Hen 45,3f...: 'Der Herr Gott bedarf nicht Brot noch Licht oder Opfertiere oder Rinder, sondern damit prüft er das Herz des Menschen'" (Bousset 117). Die große Mehrheit der hellenistischen Juden kannte den Tempelkult nicht aus eigener Anschauung, sondern nur aus dem Studium der Heiligen Schrift. Ihr regelmäßiger Gottesdienst fand in der Synagoge statt. Durch die Diasporasituation bedingt war so ein neuer Gottesdienst ohne Opfer, ohne Priester und von reinerer, geistigerer Haltung entstanden. Selbst die nach Jerusalem zurückgekehrten Diasporajuden verzichteten auf diese Form des Gottesdienstes nicht. All dies drückt noch keine generelle Kritik oder Ablehnung des Tempelkultes aus, wohl aber, daß vor allem aufgeklärte Kreise des hellenistischen Judentums eine kritische Haltung dem Tempelkult gegenüber entwickeln konnten. Sie wurde aus Ehrfurcht vor dem im Gesetz fixierten Gotteswillen, durch den der Tempelkult befohlen war, zurückgehalten oder gar unterdrückt und bedurfte offenbar erst des äußeren Anstoßes, um wirksam zu werden.

Diese Haltung spiegelt sich auch bei Philo wieder. Er vergeistigt den Opferbegriff, indem er Gebet und inneren Gottesdienst der Seele dem Opfer vorordnet. Dem Räucheropfer weist er einen größeren Wert zu als jedem blutigen Opfer. "Er behauptet, daß auch die kleinste Menge Weihrauch von der Hand eines frommen Mannes der Gottheit als größere Ehrung gilt, denn Tausende von Tieren, die ein nicht Tugendhafter schlachten mag: 'Ich meine nämlich: So viel wertvoller das Gold ist, als die ersten besten Steine, so viel heiliger der innere Tempelraum ist als der Vorhof, um so viel höher steht der durch Räucherwerk dargebrachte Dank über dem blutigen Opfer' (de spec. leg. I, 275)." (Wenschkewitz) Der wahre Tempel ist ihm einerseits die "geistige Seele", der

Priester in diesem Heiligtum der "wahrhafte Mensch". Andererseits erscheint bei ihm der ganze Kosmos als Tempel Gottes (de spec. leg.I 66), neben dem es noch ein irdisches, mit Händen gemachtes (χειρόκμητον) Heiligtum gibt. Er wertet dieses irdische Heiligtum nicht ab, polemisiert sogar gegen solche, die seiner Meinung nach Tempel und Kult nicht genügend Ehrfurcht entgegenbringen. Doch spürt man eine Gebrochenheit in der Haltung und Argumentation Philos. Für ihn kann der ganze Opferkult "bestehen bleiben mit seinem Tempel und seinem festgeschlossenen Priesterstand, denn er ist von Gott verordnet und befohlen ... Was Philo an den Tempel und seinen Kultus band, war nicht eine aus dem Wesen seiner Frömmigkeit und seines Denkens sich ergebende Nötigung, sondern eine traditionelle Bindung." (Wenschkewitz 86f)

7.3. "Weisheits"-Spekulationen

Das hellenistische Judentum war es auch, das die Ansätze der Weisheitstheologie des hebräischen Alten Testaments spekulativ weiterführte. In Ijob 28 begegnet in einem großen Lied erstmals die "Weisheit" im Alten Testament. Hier ist noch deutlich, daß ein fremder Mythos übernommen worden ist. Die "Weisheit" (חכמה/σοφία) erscheint als eine "himmlische, präexistente, neben Gott bestehende eigenständige Größe an einer festliegenden, aber nur Gott zugänglich gewordenen Stelle" (Fohrer, ThWNT VII 490). Noch wird sie nicht als personifizierte Kraft Gottes oder Hypostase vorgestellt, "sondern als etwas Dingliches, nach der man wie nach anderen Dingen (Bodenschätzen: Hi 28,1-19) sucht und das wie diese örtlich festliegt" (ebd.).

> Die Weisheit aber, wo kommt sie her, und wo ist der Ort der Einsicht?
> Verhüllt ist sie vor aller Lebenden Auge, verborgen vor den Vögeln des Himmels.
> Abgrund und Tod sagen: Unser Ohr vernahm von ihr nur ein Raunen.
> Gott ist es, der den Weg zu ihr weiß, und nur er kennt ihren Ort.
> Denn er blickt bis hin zu den Enden der Erde;
> was unter dem All des Himmels ist, sieht er.
> Als er dem Wind sein Gewicht schuf und die Wasser nach Maß bestimmte,
> als er dem Regen das Gesetz schuf und einen Weg dem Donnergewölk,
> damals hat er sie gesehen und gezählt, sie festgestellt und erforscht.
> (Ijob 28,20-27; Texte nach der Einheitsübersetzung)

"Der verborgenen Weisheit, deren rätselhafte Gestalt erstmals hier zu belegen ist, wird ein Ort zugeschrieben, der jenseits einer vom Menschen überschreitbaren Grenze liegt. Dem Ort entspricht ferner ein Weg, der aber auch dem Menschen unzugänglich bleibt. Die Grenze, hinter der der Ort der Weisheit liegt, ist die der Welt selbst, sei es die Welt des Schemas Himmel-Erde-Unterwelt oder die der beiden Reiche der Lebenden und der Toten. Die Welt ist also zur Kategorie der menschlichen Begrenztheit geworden. Damit ist aber die Pointe des Gedichtes noch nicht erschöpft. Der Verneinung wird eine Bejahung gegenübergestellt: 'Gott war es, der ihren Weg ersah.' Diese Aussage soll die Frage nach der Weisheit beantworten: Es gibt die Weisheit. Mag sie auch dem Menschen versagt bleiben, sie hat doch ihren Ort und Weg, die Gott völlig bekannt sind. Derjenige Gott, der sie kennt, ist der Schöpfer... Es begegnet also in der Sprache der Mythologie der Gedanke von der Transzendenz Gottes. Die Weisheit gehört nicht zur Welt, sie befindet sich vielmehr bei Gott vor bzw. bei der Schöpfung und bleibt dem Menschen unzugänglich... Die Verborgenheit der Weisheit drückt die Begrenztheit des forschenden Menschen aus, das von Gott Erkanntsein aber die Möglichkeit der 'Offenbarung'. Natürlich wird das Verhältnis Gottes zur Welt und den Menschen, d.h. das 'Wie' der Offenbarung dabei verschiedenartig aufgefaßt" (Mack 22f)

Im Buch der Sprüche erscheint die "Weisheit" dann als personale Größe neben Gott. Gott gewinnt sie nicht, sondern hat sie erschaffen, vor der gesammten übrigen Schöpfung. So wird die "Weisheit" zu einem Mittelwesen zwischen Gott und Welt. Die besondere Nähe der "Weisheit" zu Gott kommt darin zum Ausdruck, daß sie Gottes "geliebtes Kind", seine "Freude" genannt wird. Ihr Bezug zur übrigen Schöpfung wird darin angedeutet, daß sie "spielend" an der Schöpfung Anteil nimmt und Freude daran hat, "bei den Menschen zu sein".

Der Herr hat mich geschaffen im Anfang seiner Wege, vor seinen Werken in der Urzeit;
in frühester Zeit wurde ich gebildet, am Anfang, beim Ursprung der Erde.
Als die Urmeere noch nicht waren, wurde ich geboren,
als es die Quellen noch nicht gab, die wasserreichen.
Ehe die Berge eingesenkt wurden, vor den Hügeln wurde ich geboren.
Noch hatte er die Erde nicht gemacht und die Fluren und alle Schollen des Festlandes.
Als er den Himmel baute, war ich dabei, als er den Erdkreis abmaß über den Wassern,
als er droben die Wolken befestigte und Quellen strömen ließ aus dem Urmeer,
als er dem Meer seine Satzung gab
und die Wasser nicht seinen Befehl übertreten durften,
als er die Fundamente der Erde abmaß, da war ich als geliebtes Kind bei ihm.
Ich war seine Freude Tag für Tag und spielte vor ihm allezeit.
Ich spielte auf seinem Erdenrund, und meine Freude war es, bei den Menschen zu sein.
(Spr 8,22-31 vgl. 4,6-9; 7,4; 9,1-6)

Im Buch Jesus Sirach stehen wir vor dem Höhepunkt der Rezeption mythologischer "Weisheits"-Spekulationen in Palästina. Auf der einen Seite wird die "Weisheit" als der übrigen Schöpfung von Urbeginn an vorgeordnete, also präexistente und personhafte Größe gesehen, auf der anderen wird gerade diese Personhaftigkeit zugunsten des monotheistischen Jahweglaubens entschlossen zurückgedrängt. Die "Weisheit" ist Gottes Maß und Plan bei der Schöpfung (1,1-9), sie ist Gottes offenbarende Selbstkundgabe (24,3), und so kann Jesus Sirach sie mit der Tora identifizieren: "All dies gilt vom Bundesbuch des höchsten Gottes, vom Gesetz, das Mose uns anbefahl als Erbbesitz für die Gemeinde Jakobs" (24,23; vgl. Bar 3,37; 4,1). Hinter den von Jesus Sirach aufgenommenen Stoffen schimmern aber die weitergehenden "Weisheits"-Spekulationen noch deutlich durch.

Alle Weisheit stammt vom Herrn, und ewig ist sie bei ihm.
Den Sand des Meeres, die Tropfen des Regens
und die Tage der Vorzeit, wer hat sie gezählt?
Die Höhe des Himmels, die Breite der Erde
und die Tiefe des Meeres, wer hat sie gemessen?
Früher als sie alle ist die Weisheit erschaffen,
von Ewigkeit her die verständige Einsicht.
Die Wurzel der Weisheit - wem wurde sie enthüllt,
ihre Pläne - wer hat sie durchschaut?
Nur einer ist weise, höchst ehrfurchtgebietend:
der auf seinem Thron sitzt, der Herr.
Er hat sie geschaffen, geschaut und gezählt,
sie ausgegossen über all seine Werke.
Den Menschen ist sie unterschiedlich zugeteilt;
er spendet sie denen, die ihn fürchten.
Anfang der Weisheit ist die Gottesfurcht,
den Glaubenden ist sie angeboren.
Bei den Frommen hat sie einen dauernden Wohnsitz,
und bei ihren Nachkommen wird sie bleiben.
(Sir 1,1-15; vgl. 14,20-27)

Ich ging aus dem Mund des Höchsten hervor,
und wie Nebel umhüllte ich die Erde.
Ich wohnte in den Höhen, auf einer Wolkensäule stand mein Thron.
Den Kreis des Himmels umschritt ich allein,
in der Tiefe des Abgrunds ging ich umher.
Über die Fluten des Meeres und über alles Land,
über alle Völker und Nationen hatte ich Macht.
Bei ihnen allen suchte ich einen Ort der Ruhe,

ein Volk, in dessen Land ich wohnen könnte.
Da gab der Schöpfer des Alls mir Befehl;
er, der mich schuf, wußte für mein Zelt eine Ruhestätte.
Er sprach: In Jakob sollst du wohnen,
in Israel sollst du deinen Erbbesitz haben.
Vor der Zeit, am Anfang, hat er mich erschaffen,
und bis in Ewigkeit vergehe ich nicht.
Ich tat vor ihm Dienst im heiligen Zelt
und wurde dann auf dem Sion eingesetzt.
In der Stadt, die er ebenso liebt wie mich,
fand ich Ruhe, Jerusalem wurde mein Machtbereich.
Ich faßte Wurzel bei einem ruhmreichen Volk,
im Eigentum des Herrn, in seinem Erbbesitz.
Wie eine Zeder auf dem Libanon wuchs ich empor,
wie ein wilder Ölbaum auf dem Hermongebirge.
Wie eine Palme in En-Gedi wuchs ich empor,
wie Oleandersträucher in Jericho,
wie ein prächtiger Ölbaum in der Schefela,
wie eine Platane am Wasser wuchs ich empor.
Wie Zimt und duftendes Gewürzrohr,
wie beste Myrrhe strömte ich Wohlgeruch aus,
wie Galbanum, Onyx und Stakte,
wie Weihrauchwolken im heiligen Zelt.
Ich breitete wie eine Terebinthe meine Zweige aus,
und meine Zweige waren voll Pracht und Anmut.
Wie ein Weinstock trieb ich schöne Ranken,
meine Blüten wurden zu prächtiger und reicher Frucht.
Kommt zu mir, die ihr mich begehrt,
sättigt euch an meinen Früchten!
An mich zu denken ist süßer als Honig,
mich zu besitzen ist besser als Wabenhonig.
[Mein Andenken reicht bis zu den fernsten Generationen.]
Wer mich genießt, den hungert noch [nach mir],
wer mich trinkt, den dürstet noch [nach mir].
Wer auf mich hört, wird nicht zuschanden,
wer mir dient, fällt nicht in Sünde.
[Wer mich ans Licht hebt, hat ewiges Leben.]" (Sir 24,3-22; vgl. 51,25f)

Sehr schön faßt G. v.Rad (212f) die Funktion der bisher besprochenen Weisheitstexte zusammen:

"Hier liegt das Problem: ein Ich, das sicher nicht Jahwe selbst ist, das aber doch die Menschen ultimativ zu sich ruft! Welcher Prophet hätte es für sich in Anspruch genommen, die Menschen zu sich zu rufen! Und wer, außer Jahwe, kann dem Menschen sagen: wer mich findet, findet das Leben (Prov 3, 18; 8,35; 9,6; Sir 4,12)? Wer sich diesem Ruf nicht öffnet, ist verloren. Und schließlich: diese rettende Stimme steht den Menschen nicht beliebig zur Verfügung; er kann sie sich in Ungehorsam verscherzen, dann wird sie sich ihm verweigern (Prov 1,24-27). In unseren hier behandelten Texten aber - so kann man zunächst nur mit Entschiedenheit feststellen - redet nicht Jahwe. Das ist deshalb verwirrend, weil es sich in diesen Texten um die Stilform einer göttlichen Selbstoffenbarung handelt. Offenbar liegt hier die Sache erheblich anders als bei den Propheten, die sich ja keineswegs im Ichstil an ihre Hörer gewandt haben. Nur gelegentlich erscheint das prophetische Ich mehr am Rand ihrer Botschaften, die als Gottesrede stilisiert sind. Neu an unseren Texten ist also dies, daß sich ein Offenbarungsträger in das Gespräch zwischen Jahwe und Israel einschaltet, der sich so noch nicht hat vernehmen lassen. Seine Rede geht in einem sehr anspruchsvollen Ichstil einher; aber er ist ja auch mehr als der größte der Propheten: er ist das Schöpfungsgeheimnis der Welt selbst. Nach der Meinung der Lehrer konnte sich Jahwe neben Priestern und Propheten noch eines ganz anderen Mediums bedienen, um die Menschen zu erreichen, nämlich der aus der Schöpfung ergehenden Stimme der Urordnung, und diesem Offenbarungsmittler galt das besondere Interesse der Weisen."

Mit dem Buch "Weisheit Salomos" betreten wir unmittelbar den Raum des hellenistischen Judentums. Hier hat der Prozeß der Personifizierung der "Weisheit" als einer himmlisch-präexistenten Größe seinen Höhepunkt erreicht. Die Weisheit war dabei, als Gott die Welt schuf (9,9). Sie ist in das Wissen Gottes eingeweiht (8,4). Sie lebt mit Gott zusammen (8,3) und ist Gottes Throngenossin (9,4). Gott ist zwar der Künstler, der die Welt geschaffen hat (13,1), aber die "Weisheit" wird zur Schöpfungsmittlerin (9,1). Sie "wird hier fast zur Gefahr für den 'orthodoxen' Jahweglauben" (Zenger 48). Ihr Ursprung und Wesen wird in dem hymnischen Stück Weish 7,25-8,1 eindrucksvoll beschrieben.

> Sie ist ein Hauch der Kraft Gottes
> und reiner Ausfluß der Herrlichkeit des Allherrschers;
> darum fällt kein Schatten auf sie.
> Sie ist der Widerschein des ewigen Lichtes,
> der ungetrübte Spiegel von Gottes Kraft,
> das Bild seiner Vollkommenheit.
> Sie ist nur eine und vermag doch alles;
> ohne sich zu ändern, erneuert sie alles.
> Von Geschlecht zu Geschlecht tritt sie in heilige Seelen ein
> und schafft Freunde Gottes und Propheten;
> denn Gott liebt nur den, der mit der Weisheit zusammenwohnt.
> Sie ist schöner als die Sonne und übertrifft jedes Sternbild.
> Sie ist strahlender als das Licht;
> denn diesem folgt die Nacht, doch über die Weisheit siegt keine Schlechtigkeit.
> Machtvoll entfaltet sie ihre Kraft von einem Ende zum andern
> und durchwaltet voll Güte das All.

"Hier wird die σοφία also in ihrem Wesen als Offenbarer gekennzeichnet. Dementsprechend hat die durch sie vermittelte Erkenntnis unmittelbaren Offenbarungscharakter." (Wilckens, ThWNT VII 500) Die "Weisheit" wird geradezu mit dem "Geist" Gottes austauschbar. Sie rüstet die "Freunde Gottes und Propheten" aus (7,27). "Auf der Grundlage der ständigen Sendung der Weisheit in die Welt durch Gott und der Inspiration der Frommen durch die Weisheit wird die Heilsgeschichte mit den Männern Gottes von Adam an dargestellt. Die Weisheit wird dort das die Offenbarungsgeschichte entfaltende Medium der Wirksamkeit Gottes und erscheint als die Macht, die die Frommen aus allerlei Gefahren errettet." (Schimanowski 77) So ist die "Weisheit" geradezu "die dem Menschen zugewandte Seite der Tätigkeit Gottes selbst" (ebd. 81). Es fehlt im Weisheitsbuch völlig die Aussage, die "Weisheit" sei ein Geschöpf Gottes (vgl. Spr 8,22; Sir 1,4). Dennoch ist völlig deutlich, "daß sie ein von Gott abgeleitetes und ihm streng untergeordnetes Wesen ist" (ebd. 82; vgl. 9,1-4).
Diese Reflexionen über die göttliche "Weisheit" haben im hellenistischen Judentum weitergewirkt. Bei Aristobul und Philo sind sie nachzuweisen. Philo verbindet die "Weisheits"-Spekulationen mit dem philosophischen Gedanken vom weltdurchwaltenden göttlichen "Logos". Dadurch wird aber zugleich deutlich, daß er den mythologischen Hintergrund der "Weisheits"-Aussagen nur als Bild aufgreift. Eine göttliche Person oder Hypostase ist die "Weisheit" bzw. der "Logos" für ihn wie für das gesamte Judentum nicht. Mit der "Weisheit" ist Gott selbst gemeint, insofern er sich als Schöpfer und Offenbarer der Welt zuwendet. Seine Transzendenz bleibt so gewahrt.

Auch die apokalyptischen Gruppen haben über die "Weisheit" spekuliert. Für die Apokalyptiker des äthHen ist wichtig, daß die Weisheit wegen der Sünde und Bosheit des Menschen in der gegenwärtigen Geschichte nicht anzutreffen ist, aber bei Gott für die Endzeit bereitsteht (äthHen 42). Aus ihren Brunnen wird die Gemeinde der Frommen jetzt schon gespeist. Von Bedeutung ist weiter, daß die "Weisheit" eng mit dem himmlischen "Menschensohn" zusammengehört. Er gilt als ihr Träger (s. dazu Kap. VI.2).

Es wird klar, welch starke Impulse die urchristliche Botschaft bei einer unmittelbaren Begegnung mit Hörern aus dem Bereich des "hellenistischen Judentums" empfangen konnte. In vieler Hinsicht war hier der christologischen Reflexion der Urgemeinde vorgearbeitet worden. Hellenistische Judenchristen haben Anschauungen und Denkweisen des hellenistischen Judentums in die urchristliche Überlieferung eingebracht.

Kapitel IV.
Zusammensetzung und Organisation der Urgemeinde

Literatur: v.CAMPENHAUSEN, H., Kirchliches Amt und geistliche Vollmacht in den ersten drei Jahrhunderten, Tübingen 1963; CULLMANN, O., Petrus, Zürich [2]1960; DREXHAGE, H.-J., Wirtschaft und Handel in den frühchristlichen Gemeinden (1.-3. Jh.n.Chr.): RQ 76 (1981) 1-72; KÄSEMANN, E., Zum Thema der urchristlichen Apokalyptik, in: Ders., Exegetische Versuche und Besinnungen II, Göttingen [2]1965, 105-131; KERTELGE, K. (Hg), Das kirchliche Amt im Neuen Testament (WdF 439), Darmstadt 1977; DERS., Gemeinde und Amt im Neuen Testament, München 1972; KLEIN, G., Die zwölf Apostel, Göttingen 1961; KRAFT, H., Die Anfänge des geistlichen Amtes: ThLZ 100 (1975) 82-98; KÜMMEL, W.G., Das Urchristentum II. Arbeiten zu Spezialproblemen. d) Ämter und Amtsverständnis: ThR 52 (1987) 111-154; LOHMEYER, E., Soziale Fragen im Urchristentum, Leipzig 1921 (Nachdruck Darmstadt 1973); PRATSCHER, W., Der Herrenbruder Jakobus und sein Kreis: EvTh 47 (1987) 228-244; RADL, W., Das "Apostelkonzil" und seine Nachgeschichte, dargestellt am Weg des Barnabas: TThQ 162 (1982) 45-61; ROLOFF, J., Art. Apostel/Apostolat/Apostolizität I: Neues Testament, in: TRE III, 430-445; SCHMITHALS, W., Das Kirchliche Apostelamt, Göttingen 1961; SCHÜRMANN, H., "... und Lehrer" - Die geistliche Eigenart des Lehrdienstes und sein Verhältnis zu anderen geistlichen Diensten im neutestamentlichen Zeitalter, in: Ders., Orientierung am Neuen Testament, Düsseldorf 1978, 116-156; SCHWEIZER, E., Gemeinde und Gemeindeordnung im Neuen Testament, Zürich 1959; ZIMMERMANN, A.F., Die urchristlichen Lehrer, Tübingen 1984.

1. Unbehelligtes Wirken der Jesusjünger

Lukas berichtet in Apg 2,41 von einem gewaltigen Erfolg der Jesusjünger in Jerusalem: 3000 Menschen wurden nach der Pfingstpredigt des Petrus getauft. Die Gemeinde in Jerusalem wuchs täglich (Apg 2,47). Nach Apg 4,4 kamen noch einmal 5000 zur Gemeinde. Nach Apg 5,14 traten ihr "Scharen" von Männern und Frauen bei. Auch wenn wenig wahrscheinlich ist, daß diese spektakulären Zahlenangaben zutreffen, so ist es dennoch nicht unglaubhaft, daß die Predigt der Jünger Erfolg hatte. Diese haben gewiß öffentlich gepredigt, wohl auch in den Höfen und Hallen des Tempels. Ihre Predigt hat wahrscheinlich keine Massenbekehrungen ausgelöst. In der Regel dürften sich Einzelne oder Familien der Gemeinde angeschlossen haben. Eine Massenbewegung mit messianischem Charakter, wie die Apostelgeschichte sie nahelegt, hätte in der damaligen politisch zugespitzten Situation wohl eine Reaktion der Römer ausgelöst und sich auch in der Überlieferung der Urgemeinde deutlicher niederschlagen müssen. Die Urgemeinde blieb aber längere Zeit unbehelligt, entgegen der Darstellung der Apostelgeschichte. Die in Apg 8,1-3 vermerkte Verfolgung betraf jedenfalls nur einen Teil der Gemeinde und hatte ihre besonderen Gründe (s. dazu Kap. VII).

Das unbehelligte Wirken der Jünger ist an sich erstaunlich, weil Jesus, auf den sie sich beriefen, einige Wochen zuvor in Jerusalem durch das Zusammenwirken jüdischer und römischer Behörden als Messiasprätendent öffentlich hingerichtet worden war. Hierzu muß zunächst die konkrete politische Situation bedacht werden. Durch den Einfluß des Kaiserberaters Sejan war die römische Politik bis 31 n.Chr. stark antijüdisch geprägt. Möglicherweise ist Jesus auch ein Opfer dieser politischen Konstellation geworden. Die führenden Priesterkreise waren angesichts der antijüdischen Einstellung Roms darauf bedacht, jedes Risiko eines politischen oder militärischen Eingreifens der Römer so gering wie möglich zu halten. Deshalb schalteten sie Jesus aus, da die durch ihn ausgelöste Bewegung die Gefahr einer römischen Intervention hätte heraufbeschwören können. Die Anhänger des gekreuzigten Jesus stellten dagegen keine politische Gefahr dar, auch wenn sie Jesu Auferweckung und Einsetzung zum Messias verkündeten. In den Augen der Priesteraristokratie und wohl auch der Römer war aus der gefährlichen Jesusbewegung eine politisch ungefährliche eschatologische Sondergruppe des Judentums geworden. Da die Sadduzäer ohnehin nicht an die Auferstehung von den Toten glaubten, konnten sie die Gruppe der Jesusanhänger als eine Schar fehlgeleiteter Apokalyptiker ansehen, solange diese nicht die Grundlagen des Judentums, Tempel und Gesetz, in Frage stellten.

Das Phänomen der unbehelligten Urgemeinde erklärt sich aber auch daraus, daß es zur damaligen Zeit ein einheitliches Judentum nicht gab. Erst nach der Katastrophe des Jahres 70 n.Chr. bildete sich ein jüdisches "Lehramt" aus, das eine Art Schultheologie entwickelte und theologische Abweichler disziplinierte. Dabei setzte sich eine Denkrichtung unter mehreren durch, der Pharisäismus. Jetzt erst wurden die "Christen" als Häretiker gekennzeichnet und aus der Synagoge ausgeschlossen. Zur Zeit Jesu und der Urgemeinde dagegen zerfiel das Judentum in zahlreiche Gruppierungen und Konventikel, in denen insbesondere bezüglich der Endzeit unterschiedlichste Anschauungen und Erwartungen gepflegt wurden. Auch die Urgemeinde mußte, solange sie nicht den grundlegenden jüdischen Konsens, die Anerkennung des Gesetzes, verließ, ebenfalls als Sonderform des Judentums gelten. Weder die Proklamation des auferstandenen Jesus als Messias noch die glühende Naherwartung der kommenden Basileia und der Parusie waren Gründe, sie mißtrauisch oder feindlich zu observieren oder gar zu verfolgen. Die summarische Darstellung in Apg 2,46f beschreibt daher die soziologische Situation der Urgemeinde sicher zutreffend: Die Gemeinde lebte als Sondergruppe im Verband des Judentums, ohne dessen Grundlagen grundsätzlich aufzugeben.

2. Die Zusammensetzung der Urgemeinde

Vertrauen verdient die Darstellung der Apostelgeschichte jedenfalls darin, daß die Predigt der Jesusjünger in Jerusalem Erfolg hatte. Die Jesusbewegung wuchs. Zahlreiche Juden aus allen Schichten und Gruppierungen schlossen sich ihr an. Darunter sicher auch viele "Fromme" aus jenen Konventikeln und Kreisen, in denen Frömmigkeit, Tradition und Literatur des Frühjudentums beheimatet waren und gepflegt wurden. Die eschatologische Botschaft Jesu und seiner Jünger griff ihr Hauptanliegen authentisch auf: die Erwartung eines endzeitlichen Handelns Gottes. Mit diesen "Frommen" strömten auch Denkmuster und Vorstellungen der Apokalyptik in die theologische Reflexion der Urgemeinde ein. Jesus selbst und die Jünger dürften aber schon vorher mit ihnen vertraut gewesen sein. Als ehemalige Täuferjünger gehörten sie geistesgeschichtlich der apokalyptischen Bewegung an, die zahlreiche Erscheinungsformen hatte. So ist die Urgemeinde als eschatologische Bewegung der frühjüdischen Apokalyptik zuzuordnen, und die Apokalyptik wurde "die Mutter der christlichen Theologie" (E. Käsemann).

Ein apokalyptisch denkender Jude, der Christ wurde, konnte Apokalyptiker bleiben. Denn Apokalyptik war ja kein Bekenntnis, sondern eine Form des eschatologischen Denkens und Hoffens, ein religiöser Welt- und Lebensentwurf angesichts einer auf Untergang und Gericht zulaufenden Weltgeschichte. Freilich war für den christlichen Apokalyptiker das erwartete Eschaton in Jesus bereits angebrochen und setzte sich nun mit Macht durch. Im Wirken und Geschick Jesu war die zuvor noch ungeklärte, offene eschatologische Erwartung erfüllt. Darum konnte das Jesusereignis mit Hilfe apokalyptischer Denkmuster und Überlieferungen interpretiert werden. Diese Interpretation setzte nun bald in der jungen Jesusbewegung ein. Aus den Kreisen apokalyptisch denkender Juden, die sich zu Jesus bekannten, dürften daher der Urgemeinde die ersten Theologen erwachsen sein. Sie durchdachten ihre Überlieferung im Lichte der Jesusbotschaft und des Jesusereignisses neu und formulierten aus dieser Reflexion erste Ansätze urchristlicher Christologie.

Aber auch Mitglieder der pharisäischen Gemeinschaft nahmen die Jesusbotschaft an. Prominentestes Beispiel dafür ist Paulus. Doch dürfte er nicht der einzige gewesen sein (vgl. Apg 15,5). Den Pharisäismus zeichnete nicht in erster Linie eine gemeinsame Glaubensüberzeugung aus - diese deckte sich weitgehend mit der des eschatologisch denkenden Frühjudentums -, sondern eine gemeinsame, an einer bestimmten Gesetzesauslegung orientierte Lebenspraxis. So gab es Pharisäer, die streng apokalyptisch, sogar zelotisch dachten, und solche, deren eschatologische Hoffnung weniger drängend war. Wer als Pharisäer Christ wurde, brauchte ebenfalls nicht aufzuhören, Pharisäer zu sein. In Fragen der Toraobservanz konnte er weiterhin dem pharisäischen Ideal verpflichtet bleiben. Viele Konflikte der späteren Zeit der Urgemeinde sind nur zu verstehen aus der historischen Tatsache, daß es in ihr Christen pharisäischer Observanz gegeben hat. Das Ideal des Pharisäers war die Beschäftigung mit der Heiligen Schrift und die ganzheitliche Ausrichtung des Alltags an der Tora. Schriftgelehrsamkeit und Torastudium zeichneten einen Pharisäer aus. Mit Pharisäern, die Christen wurden, wurde auch pharisäische Schriftgelehrsamkeit und Gesetzesauslegung dem jungen Christentum vermittelt.
Auch "Zeloten" schlossen sich der Jesusbewegung an. Mindestens ein Mitglied der "Zwölf" war ein ehemaliger "Zelot" (Lk 6,15). Auch der Beiname "Donnersöhne" für die Zebedaiden Johannes und Jakobus (Mk 3,17) könnte auf eine zelotische Vergangenheit hinweisen. Jesu Botschaft von der nahen Basileia Gottes griff die eschatologische Erwartung der "Zeloten" auf, auch wenn Jesus ihre Haltung ablehnte, durch Krieg gegen Rom der Basileia Gottes nachzuhelfen. In der Nachfolge Jesu vor und nach Ostern mußten daher "Zeloten", die sich der Jesusbewegung anschlossen, diesem zelotischen Aktivismus abschwören. Sie blieben nicht "Zeloten". Aber ihre Hoffnungen und Ideale brachten sie in die Urgemeinde ein, ebenso ihr soziales Engagement für Entrechtete und Verarmte.
Wie bereits angedeutet, sind wohl auch Essener der urchristlichen Jesusgemeinde beigetreten. In Apg 6,7 hören wir, daß eine große Menge Priester "dem Glauben gehorsam wurden". Um welche Priester kann es sich dabei gehandelt haben? Um Vertreter der sadduzäischen Richtung gewiß nicht, weil diese die allgemeine Totenerweckung bestritten und eine antieschatologische Haltung einnahmen. Sie hatten gar keinen Sensus für die eschatologische Basileiabotschaft und für die Verkündigung der Auferweckung Jesu. Es kann sich also nur um eschatologisch denkende Priester gehandelt haben. Diese finden wir in den apokalyptischen Konventikeln und vor allem in den Gemeinschaften der Essener. Wenn auf dem Südwesthügel Jerusalems tatsächlich eine Essenersiedlung existierte, liegt eine Begegnung der Urgemeinde mit dieser Gemeinschaft ohnehin nahe.

Selbstverständnis und Praxis der Urgemeinde haben Analogien und Parallelen in der Qumrangemeinde (s. Kap. V), die nur zum Teil aus der gemeinsamen Verwurzelung im eschatologischen Frühjudentum erklärt werden können. Doch weder Jesus noch die Jünger waren unmittelbar von Qumran bzw. anderen essenischen Gemeinschaften abhängig. So lassen sich die Parallelen am besten als partielles Einwirken essenischer Vorstellungen und Praktiken auf die christliche Gemeinschaft erklären. Konvertierte Essener brachten sie mit. Darauf weist auch hin, daß essenische Einflüsse auf das Urchristentum im Verlauf der Geschichte eher zunehmen und nicht, wie im umgekehrten Fall zu erwarten wäre, abnehmen.

Essener, die zum Christentum übertraten, waren in der Tat Konvertiten. Die

Mitgliedschaft in der einen Gemeinschaft schloß die in der anderen aus. Die Gemeinde der Essener verstand sich ja als "neuer Bund" und als exklusive Heilsgemeinde eines "heiligen Restes" aus Israel. Ihr Lehrer galt ihr als letzter Prophet Gottes. Wer als Essener Christ wurde, mußte seine essenische Vergangenheit als Irrtum hinter sich lassen, konnte den Lehrer von Qumran nicht mehr als letzten Boten Gottes vor dem Eschaton ansehen, die Gemeinde von Qumran nicht mehr als rettende Heilsgemeinde. Nun mußte er von Jesus und von der Jesusgemeinde so denken. Insofern mußte das Verhältnis der Jesusgemeinde zur Essenergemeinde immer dialektisch sein. Der sachlichen und theologischen Nähe entsprach in gleichem Maß ein entscheidender Unterschied und Gegensatz. Beides drückt sich außer in der Bedeutung, die die Urgemeinde dem Wirken und Geschick Jesu zuerkannte, am deutlichsten in der christlichen Heilsperspektive aus. Verstand sich die Gemeinde der Essener als exklusiver "heiliger Rest" aus Israel, so zielte die Botschaft Jesu und der Jesusjünger auf die Gewinnung ganz Israels und mehr und mehr der universalen Menschheit.
Die Jesusjünger sprachen wie schon Jesus selbst nicht nur die "Frommen" und "Gerechten" in Israel an, nicht nur die theoretisch und praktisch in der Toraobservanz Bewanderten und Geübten, sondern auch diejenigen, die sich nicht zu den Frommen in Israel rechnen konnten. Wer immer die Botschaft Jesu annahm, wurde aufgenommen. Das Besondere der sich bildenden Urgemeinde war, daß sie Menschen aus allen sozialen Schichten und geistigen Milieus zu einer neuen Bruderschaft in sich vereinigte. Neben den "Frommen" auch "Sünder", neben Begüterten auch Arme und sozial Deklassierte. Aber diese Unterschiede galten in ihr nicht mehr. Sie waren aufgehoben durch die Initiative Gottes in Jesus zur Rettung ganz Israels, die sich in der Predigt der Jesusjünger und in ihrer Gemeinschaft fortsetzte.

3. Die christlichen "Hellenisten"

Literatur: HENGEL, M., Zwischen Jesus und Paulus: ZThK 72 (1975) 151-206; DERS., Der stellvertretende Sühnetod Jesu. Ein Beitrag zur Entstehung des urchristlichen Kerygmas: Communio 9 (1980) 1-25. 135-147; LARSSON, E., Die Hellenisten und die Urgemeinde: NTS 33 (1987) 205-225; NEUDORFER, H.W., Der Stephanuskreis in der Forschungsgeschichte seit F. C. Bauer, Gießen 1983; PESCH, R./GERHART, E./SCHILLING, F., "Hellenisten" und "Hebräer": BZ 23 (1979) 87-92; SCHNEIDER, G., Stephanus, Hellenisten und Samaria, in: Ders., Lukas, Theologie der Heilsgeschichte, Bonn 1985, 227-252; WALTER, N., Apostelgeschichte 6.1 und die Anfänge der Urgemeinde in Jerusalem: NTS 29 (1983) 370-393; WEISER, A., Zur Gesetzes- und Tempelkritik der "Hellenisten", in: QD 108, Freiburg 1986, 146-168; WILCKENS, U., Jesusüberlieferung und Christuskerygma - zwei Wege urchristlicher Überlieferungsgeschichte: ThViat 10 (1965/66) 310-339.

Wir haben oben religiöse und geistige Strömungen im "hellenistischen Judentum" der Diaspora aufgezeigt (s. Kap. III.7). Daß hier eine distanzierte und kritische Beurteilung des Tempelkultes und seiner Riten vorkam, ist unbestreitbar. Wie stark solche Tendenzen waren, kann hier offen bleiben. Sie dürften eher in "aufgeklärten" oder liberalen Kreisen des "hellenistischen Judentums" anzutreffen gewesen sein. Für uns ist jedoch die Frage entscheidend, ob die nach Jerusalem heimgekehrten "hellenistischen Juden" mit solchen Gedanken und Vorstellungen in Berührung gekommen waren und sie weiterhin pflegten.

Im allgemeinen wird man die Diasporaheimkehrer in Jerusalem eher als konservativ und besonders kult- und toraeifrig ansehen müssen. Wer die finanziellen, psychologischen und körperlichen Belastungen auf sich nahm, seine wahrscheinlich wirtschaftlich und sozial gesicherte Existenz in der Diaspora aufzugeben, um aus Liebe zur heiligen Stadt und zum Tempel nach Jerusalem zu ziehen, dem wird niemand eine besondere Vorliebe für kult- und tempelkritische Gedankengänge zutrauen. Wenn andererseits die Jerusalemer Diasporajuden vermutlich vorwiegend aus wohlhabenden und deshalb gebildeten Kreisen des "hellenistischen Judentums" stammten, darf man wohl voraussetzen, daß ihnen die oben aufgezeigten Gedanken zumindest bekannt waren, auch wenn sie sie nicht teilten. Undenkbar ist es nicht, daß viele Jerusalemheimkehrer von gespaltenen Gefühlen bewegt wurden. Einerseits bejahten sie von Herzen den Tempelkult und seine Riten, andererseits aber mußten sie in Jerusalem erleben, wie äußerlich und ohne Spiritualität der Kult und seine Riten vollzogen wurden. War ihnen in ihrem Idealismus der Tempel als heiliger Ort der göttlichen Gegenwart erschienen, so mußten sie täglich erleben, wie eine unheilige Priesterschaft den Tempel zur eigenen Bereicherung und zu äußerlichem Kultbetrieb mißbrauchte. Das Wort Mk 11,17: "Steht nicht geschrieben: Mein Haus soll heißen ein Bethaus für alle Völker? Ihr aber habt es zu einer Räuberhöhle gemacht" könnte durchaus die Gedanken und Enttäuschungen vieler "hellenistischer Juden" in Jerusalem wiedergeben. Solche Enttäuschung kann zwei Reaktionen auslösen: besonderen Eifer für Tempel und Kult oder kritische Distanz gegenüber beidem.
Noch erwägen wir nur Möglichkeiten und behaupten nicht, die "hellenistischen Juden" in Jerusalem hätten eine kritische Haltung dem Tempel und seinem Kult gegenüber eingenommen oder aufgrund ihrer hellenistischen Prägung einnehmen müssen. Eine weitere Möglichkeit, die bedacht werden muß, ist die eines Generationenkonflikts in der "hellenistischen Judenschaft" Jerusalems. Mochten die Väter, die die Heimkehr nach Jerusalem betrieben hatten, eher konservativ und eifrig für Tempel und Kult gewesen sein, so brauchte dies auf die jüngere Generation nicht in gleichem Maß zuzutreffen. Sie könnte durchaus eine kritischere, liberalere Haltung eingenommen haben.
Schließlich muß auch in Rechnung gestellt werden, daß während der jüdischen Hochfeste Tausende von Diasporajuden Jerusalem besuchten und sicher mit den in Jerusalem wohnenden Diasporajuden in Kontakt traten. Sie brachten nicht nur Nachrichten über politische oder gesellschaftliche Ereignisse und Entwicklungen in der Diaspora mit, sondern auch neue Gedanken theologischer und philosophischer Natur.

Unsere obigen Erwägungen stehen durchaus nicht auf schwankendem Boden, denn wir besitzen historisch ernstzunehmende Nachrichten, daß "hellenistische Juden" in Jerusalem um die Heilsbedeutung des Tempels, seines Kultes und um die Gültigkeit der kultbezogenen Riten und Gebote gerungen und gestritten haben. Die Apostelgeschichte liefert uns Hinweise auf solche Auseinandersetzungen, wobei allerdings die eine Seite in diesem Streit "hellenistischer Juden" bereits der Urgemeinde angehörte.

Die ersten fünf Kapitel der Apostelgeschichte zeichnen ein harmonisches Bild vom Leben der Urgemeinde: Die "Apostel" sind die alleinigen Führer der christlichen Gemeinde. Diese hat gewaltigen Zulauf (2,41; 4,4; 5,14); und genießt große Hochachtung beim Volk (5,13). Alle sind "ein Herz und eine Seele" (2,44; 4,32) und haben alles gemeinsam (2,44ff; 4,32). Keiner leidet Not (4,34f). Die Gemeinde nimmt am Opferkult im Tempel teil (2,46). Ihr einziger Gegner ist die Jerusalemer Priesteraristokratie (Sadduzäer). Ein Pharisäer dagegen (Gamaliel: 5,43ff) setzt sich im Synhedrium für sie ein.
In Apg 6 ändert sich das Bild plötzlich und grundlegend: Neben die "Zwölf" treten die "Sieben". Vom Zuwachs der Gemeinde wird nur vage und zurückhaltend gesprochen (6,1: "als die Zahl der Jünger zunahm"; 6,7: "die Zahl der Jünger in Jerusalem mehrte sich stark"). Die Hochachtung im Volk ist heftigen Disputen mit Leuten aus "der Synagoge der Freigelassenen usw..." (6,9f) gewichen. Es kommt zur Tötung des Stephanus (6,11ff; 7,54-58) und zu pogromartigen Ausschreitungen gegen Christen (8,1), ja zur Flucht von Christen aus Jerusalem (8,1). Sogar unter den Christen selbst kommt es zu einem Streit (γογγυσμός) zwischen zwei Gruppen ("Hellenisten"/"Hebräer"). Statt der Gütergemeinschaft gibt es eine tägliche Armenversorgung, bei der die hellenistischen Witwen "übergangen" bzw. "übersehen" wurden. Stephanus kritisiert Tempel und Gesetz (6,14; 7,48ff). Die Gegner der Christen bzw. der "Hellenisten" sind Angehörige hellenistischer Synagogen in Jerusalem (vgl. 6,9f).
Diese divergierende Darstellung geht auf Lukas und die von ihm verwendeten Quellen zurück. Lukas ist an einem harmonischen Bild der Urgemeinde interessiert. Er hat auch in Apg 6,1-8,4

diese Harmonie durchzuhalten versucht. Dennoch schimmert gerade hier immer wieder durch, daß die historische Wirklichkeit anders aussah. Weil Lukas jedoch seine Quellen stilistisch und inhaltlich stark überarbeitet hat, ist es schwierig, diese historische Wirklichkeit genau zu rekonstruieren.

Wir wenden uns hier nur dem Abschnitt Apg 6,1-6[1] zu. Der Bericht über das Martyrium des Stephanus und über die Flucht der "Hellenisten" aus Jerusalem (Apg 6,8-8,3) soll uns erst später beschäftigen (s. Kap. VII).

> 1 In diesen Tagen aber, da die Zahl der Jünger stark zunahm, gab es ein Murren der Hellenisten gegen die Hebräer, ihre Witwen würden bei der täglichen Almosenverteilung übersehen. 2 Da riefen die Zwölf die Schar der Jünger zusammen und sprachen: "Es geht nicht an, daß wir das Wort Gottes vernachlässigen und den Tischdienst besorgen. 3 Seht euch darum, liebe Brüder, nach sieben Männern aus eurer Mitte um, die ein gutes Zeugnis haben und die voll des Geistes und der Weisheit sind; die wollen wir für diese Aufgabe bestellen. 4 Wir aber wollen uns ganz dem Gebet und dem Dienst des Wortes widmen." 5 Der Vorschlag gefiel der ganzen Versammlung. So wählten sie den Stephanus, einen Mann voll Glaubens und Heiligen Geistes, ferner Philippus, Prochorus, Nikanor, Timon, Parmenas und Nikolaus, einen Proselyten aus Antiochien. 6 Diese stellten sie den Aposteln vor, und sie legten ihnen unter Gebet die Hände auf.

Die Darstellung des Lukas in Apg 6,1-6 enthält Ungereimtheiten, die hinter den jetzigen Text zurückfragen lassen. Nach Lukas kommt es zu einem Streit zwischen verschiedenen Gruppen der Gemeinde, der im Grunde recht harmlos ist und sich auch ausräumen läßt. Bei der "täglichen Versorgung" der Witwen sind die hellenistischen Witwen "übersehen" worden. Dies konnte eintreten, weil die "Zwölf" mit der Doppelaufgabe "Diakonie" und "Verkündigung" überlastet waren. Daher wird nun die Gemeindeorganisation erweitert. Die "Zwölf" konzentrieren sich in Zukunft auf den "Dienst am Wort". Für den "Tischdienst", d.h. für die Armenfürsorge, werden sieben Männer ausgewählt und durch die Apostel eingesetzt.
Gegen diese Darstellung läßt sich fragen: Warum sind nur die hellenistischen Witwen "übersehen" worden? Lebten sie bereits abseits von der Gemeinde? Alle aus dem Kreis der "Sieben" tragen hellenistische Namen, einer ist sogar ein Proselyt aus Antiochien. Warum wählte man nur "Hellenisten" und nicht, wie doch die Sache der Armenfürsorge der Jerusalemer Gemeinde gefordert hätte, einen gemischten Kreis? Was wir im weiteren Verlauf der Apostelgeschichte von Stephanus und Philippus als Repräsentanten des Siebenerkreises hören, entspricht nicht dem, wozu sie in Apg 6,3f ausgesondert worden sind. Stephanus zeichnet sich im folgenden nicht durch eine außerordentliche caritative Tätigkeit aus, sondern durch große "Wundertaten und Geisteskraft". Er ist nicht "Diakon", sondern ein charismatisch begabter christlicher Verkündiger (6,8ff). Von Philippus erzählt Apg 8 gleiches.
Die Wirksamkeit des Stephanus führt dann im weiteren Verlauf der Darstellung zum ersten christlichen Martyrium und zur ersten Christenverfolgung. Nach Lukas ist die gesamte Gemeinde (mit Ausnahme der Apostel!) von der Verfolgung betroffen. Aber das dürfte nicht der historischen Wirklichkeit entsprechen. Bezeichnend ist ja, daß Lukas nur von flüchtigen "Hellenisten" außerhalb Jerusalems zu berichten weiß (Apg 8; 11,19ff). Ein Blick auf die Verfolgung der Christen durch Paulus rundet das Bild ab. Die Apostelgeschichte bringt ihn mit der Lynchung des Stephanus zusammen. Aber wen verfolgte Paulus bis nach Damaskus hin? Warum verhaftete er nicht die Apostel als die Führer der christlichen Gemeinde? Nach Gal 1,13f kämpfte er mit der Verfolgung der Gemeinde für die "Überlieferung der Väter". Also richtete sich seine Wut offenbar gegen solche Christen, die mit den "Überlieferungen der Väter" gebrochen hatten bzw. sich von ihnen emanzipierten. Das taten aber keineswegs alle Judenchristen in Jerusalem, sondern nur die "Hellenisten".

---

[1] Daß Lukas in Apg 6,1-6 auf eine Quelle zurückgreift, ergibt sich schon aus einigen sprachlichen Beobachtungen: Die Begriffe "Hellenisten" (vgl. nur noch Apg 9,29) und "Hebräer" tauchen in 6,1 erst- bzw. einmalig auf. Der Begriff μαθηταί findet sich Apg 1-5 noch nicht. Die Begriffe γογγυσμός und παραθεωρεῖν (6,1) sind unlukanisch, ebenso καθημερινός (nur hier im NT). Die "tägliche" Armen/Witwenversorgung widerspricht der idealen Gütergemeinschaft von 2,45; 4,32ff. Auch die Nennung der "Zwölf" in 6,2 ist auffallend, Lukas spricht sonst von den "Aposteln".

Als historisches Faktum können wir der lukanischen Darstellung entnehmen, daß es in der Urgemeinde von Anfang an zwei Gruppen gab: "Hellenisten" und "Hebräer". Wer aber sind die "Hellenisten" und wer die "Hebräer"? Die Forschung ist sich inzwischen darüber einig, daß mit "Hellenisten" keine "Griechen" (d.h. Heiden) gemeint sind, die in Jerusalem lebten, aber auch keine Juden, die "hellenistisch", d.h. hellenistischer Kultur angepaßt lebten, vielmehr Juden, deren Muttersprache Griechisch war. Die "Hellenisten" waren also Leute, die aus der Diaspora nach Jerusalem übergesiedelt waren. Unwahrscheinlich ist, daß sie durchweg das Aramäische beherrschten. Entsprechend handelte es sich bei den "Hebräern" um Judenchristen, deren Muttersprache Aramäisch war. Unter ihnen gab es sicher eine nicht geringe Zahl, die auch Griechisch als Fremdsprache sprachen, vor allem aus Galiläa, das ringsum von hellenistischem Sprachgebiet umgeben und mit hellenistischen Städten durchsetzt war. Es gab also unter den Mitgliedern der Urgemeinde wie in Jerusalem überhaupt Sprachunterschiede. M. Hengel sieht darin und nicht in dogmatischen Unterschieden den eigentlichen Grund, warum sich in Jerusalem zwei relativ selbständige christliche Gruppen oder besser Gemeinden ausbildeten. Die theologischen Verschiedenheiten beider Gruppen entwickelten sich wohl erst zu Differenzen, als beide Gruppen sich nach dem Auszug der "Hellenisten" aus Jerusalem verselbständigten.

"Die sprachliche Verschiedenheit der Gemeinde mußte notwendig und rasch zu einer Spaltung des Gottesdienstes führen, da wenigstens ein beträchtlicher Teil der 'Hellenisten' dem aramäischen Gottesdienst der 'Hebräer' nur bruchstückhaft oder gar nicht folgen konnte ... Das Gebet, die prophetische Rede, die Auslegung der Schrift und die Erinnerung an das Wort Jesu mußten - bei aller enthusiastischen Formlosigkeit des Gottesdienstes - doch für alle verständlich sein. Da aber innerhalb der christlichen Gemeinde in den Anfängen die konkrete Gemeinschaft im Gottesdienst und nicht die äußere Organisation konstitutiv war, bedeutete die - notwendige und folgerichtige - Abhaltung von Gottesdiensten in griechischer Sprache die Konstituierung einer neuen, zweiten 'Gemeinde' in Jerusalem." (Hengel, ZThK 177)

Dies hatte notwendig auch soziologische Konsequenzen. Die beiden Gruppen bzw. Gemeinden standen in einem gewissen Konkurrenzverhältnis zueinander. Es könnte schon aufgrund der Sprachverschiedenheiten zu Mißverständnissen und Spannungen zwischen ihnen gekommen sein. Gab es die Apg 6,1f vorausgesetzte tägliche Armenfürsorge in der Urgemeinde tatsächlich - das Judentum kannte nur eine wöchentliche Armenspeisung -, die dann ursprünglich wohl durch die "Hebräer" organisiert worden war, dann ist es durchaus denkbar, daß eines Tages die hellenistischen Witwen "übersehen" wurden. Möglicherweise schwangen dabei Vorbehalte mit, weil die hellenistischen Judenchristen einigen "Hebräern" suspekt zu werden begannen. Doch darf diese Argumentation nicht überzogen werden, zumindest nicht für die Frühzeit der Jerusalemer Urgemeinde. Wahrscheinlicher ist, daß das "Übersehen" der hellenistischen Witwen eine Folge der zunehmenden Eigenständigkeit der "hellenistischen" Gemeinde war, die eine Neuorganisation auch der sozialen Dienste erforderlich machte. Die aramäisch-sprechende Gemeinde überließ den "Hellenisten" nicht nur die Verkündigung unter den hellenistischen Juden in Jerusalem (vgl. Apg 6,9f), sondern auch die Organisation der Caritas in diesem Feld. Ein Grund dafür könnte die relativ gute wirtschaftliche Situation der hellenistischen Juden Jerusalems gewesen sein.

Als Ergebnis können wir festhalten: Die Jerusalemer Urgemeinde hatte einen aramäisch-sprechenden und einen griechisch-sprechenden Gemeindeteil. Diese Aufgliederung ergab sich wahrscheinlich zwangsläufig aus den soziologischen Gegebenheiten des Jerusalemer Judentums. Von zwei Jerusalemer Urgemeinden kann man allerdings nicht sprechen, wenn auch die Sprachverschiedenheiten die Kommunikation erschwerte und die "Hellenisten" bald durchaus eigene theologische Akzente setzten. Dennoch darf man nicht vergessen: Auch der "hellenistische" Gemeindeteil erwuchs aus der Missionspredigt der Jesusjünger, die Jerusalem zum Forum ihrer Bekehrungspredigt gewählt hatten, um ganz Israel, also auch das "hellenistische" Judentum anzusprechen. Vielleicht haben sogar einzelne "hellenistische" Juden bereits dem Jüngerkreis Jesu angehört, die nach Ostern Jesu Botschaft besonders den "hellenistischen" Juden in Jerusalem zu vermitteln suchten.

Die Bedeutung dieser "hellenistischen" Gruppe für die Entwicklung der Urgemeinde kann gar nicht hoch genug eingeschätzt werden. In ihr wurden theologische und christologische Ansätze und Vorstellungen entwickelt, die das Christentum für eine Mission auch unter den Heiden öffneten. Das gesamte paulinische Missionswerk ist ohne diese Gruppe und ihr Wirken nicht denkbar. Die "Hellenisten" waren es auch, die schon früh die Jesusüberlieferung ins Griechische übertrugen und damit Jesu Botschaft der griechischen Welt aufschlossen.

"Die Hellenisten in Jerusalem, die die urchristliche Botschaft (und die Jesustradition) erstmalig in die griechische Sprachform umgossen, wirkten in vieler Hinsicht sprachschöpferisch. Ihnen verdanken wir vermutlich die neue, spezifisch christliche Bedeutung von εὐαγγέλιον, εὐαγγελίζεσθαι; ἀπόστολος; ἐκκλησία; κοινωνία; χάρις; πίστις; ἀποκάλυψις usw. oder auch das sprachlich so rätselhafte, da determinierte ὁ υἱὸς τοῦ ἀνθρώπου (statt dem υἱὸς ἀνθρώπου der LXX). Man wird diese hermeneutisch bedeutungsvolle und wirksame Übertragungstätigkeit als eine Frucht der enthusiastischen Geisterfahrung der frühesten Gemeinde betrachten dürfen. Die neue Botschaft sollte auch den zum Teil nur griechischsprechenden Juden und Gottesfürchtigen in Jerusalem, dem Küstengebiet Palästinas und den Städten Phöniziens und Syriens, ja der Diaspora überhaupt, verkündigt werden." (Hengel, Communio 21f)

4. Organisation und Leitung der Urgemeinde

Über Organisationsformen und Leitungsstrukturen der Urgemeinde wissen wir wenig. Im ältesten nachösterlichen Jüngerkreis, der unmittelbar aus der Jesusbewegung hervorgegangen ist, dürften Organisations- und Leitungsfragen keine Rolle gespielt haben. Das gilt auch für die Jesusanhänger, die am Zug nach Jerusalem nicht teilgenommen hatten, sondern in ihren Heimatorten in Galiläa/Judäa geblieben waren. Anders war die Situation in der Stadt Jerusalem. Deren soziologische Bedingungen haben auch auf die Urgemeinde eingewirkt. Nachdem diese eine bestimmte Größe erreicht hatte, kam hier als Versammlungsort für die gesamte Gemeinde naturgemäß nur das Tempelareal mit seinen Höfen und Hallen in Frage. Von den "Hellenisten" könnten auch die Synagogen der "hellenistischen" Juden in Jerusalem zu Versammlungen und Gottesdiensten in Anspruch genommen worden sein. In Apg 2,46 hören wir, daß die Urgemeinde zum "Brotbrechen" täglich in den "Häusern" zusammenkam. Diese Mahlgemeinschaften werden zwar mehr Personen umfaßt haben, als die jeweilige Hausgemeinschaft zählte. Wegen der räumlichen Verhältnisse dürften aber kaum mehr als zwanzig bis dreißig Personen an ihnen teilgenommen haben. Es muß also in der Gesamtgemeinde Jerusalems zahlreiche Untergliederungen ("Hauskirchen") gegeben haben. Dabei werden die "Hellenisten" schon aus Sprachgründen eigene Zirkel gebildet haben. Solch tägliche oder auch nur häufige Treffen erforderten naturgemäß eine gewisse Organisation und zumindest eine Person, die sie leitete. Beides könnte gewählten Männern bzw. dem jeweiligen Hausvorstand übertragen worden sein.

4.1. Simon Petrus

Der erste Mann der Jerusalemer Urgemeinde war Simon Petrus. Er war durch die erste Erscheinung des Auferstandenen ausgezeichnet worden und hatte danach den engsten Kreis der Jesusjünger wieder zusammengerufen. Auf diese Initiative des Simon im Dienste des Auferstandenen verweist das Petruswort Lk 22,31f (s. Kap. I.4). So wird auch sein Beiname "Fels" (kepha/Petros) verständlich. Die Führungsstellung des Simon in der Urgemeinde wird in dem berühmten Petrus-Wort Mt 16,18f[1] betont hervorgehoben.

> ...ich aber sage dir: Du bist Petrus, und auf diesen Felsen
> werde ich meine Kirche bauen,
> und die "Pforten der Hölle" werden sie nicht überwinden.
> Dir werde ich die "Schlüssel des Himmelreiches" geben;
> was immer du auf Erden "binden" wirst, wird auch im Himmel "gebunden" sein,
> was immer du auf Erden "lösen" wirst, wird auch im Himmel "gelöst" sein.[2]

Das Wort knüpft an der Tatsache an, daß der durch die Ersterscheinung des Auferstandenen ausgezeichnete Jünger Simon den Beinamen kepha/Petros trug. Der Beiname ist "Amtsbezeichnung" und drückt die Funktion des Petrus in der Urgemeinde aus. Seinem Träger wird verheißen, daß er das Fundament der Kirche Jesu, der neuen und eschatologischen Heilsgemeinde sein wird. Sie wird von den "Pforten der Hölle", d.h. von den satanischen Mächten, nicht überwunden werden. Zugleich wird ihm die "Binde- und Lösegewalt" gegeben, d.h., "allein Petrus... vermag mit himmlischer Kompetenz zu entscheiden, was verboten und was erlaubt ist. Er ist in Fragen der rechten Lehre und Praxis der mit himmlischer Vollmacht Entscheidende" (H. Thyen).
Das Wort drückt zugleich das Selbstbewußtsein der Gemeinde aus (vgl. Mt 18,18). Sie ist die gegenwärtige, eschatologische Gemeinde Jesu, die allen Stürmen der Endzeit trotzen wird. In ihr hat Gott sein Volk neu gesammelt und als seine Bundesversammlung konstituiert (s. Kap. V.3). In der Hand ihres obersten Repräsentanten liegen nun die Schlüssel der noch ausstehenden Basileia. Er allein entscheidet über die richtige Auslegung der Tora und damit darüber, wie man "in die Basileia eingeht". Das Petrus-Wort enthält somit einen polemischen Akzent gegenüber jüdischen Lehrinstanzen (vgl. Mt 23,13).

Das Wort ist sehr alt. Aber es liegt kein Wort des irdischen Jesus vor. Hier spricht der Auferstandene durch den Mund eines urchristlichen Propheten. Se-

---

[1] BETZ, O., Felsenmann und Felsengemeinde: ZNW 48 (1957) 49-77; BULTMANN, R., Die Frage nach der Echtheit von Mt 16,17-19, in: Ders., Exegetica, Tübingen 1967, 255-277; HAHN, F., Die Petrusverheißung Mt 16,18f, in: WdF 439, Darmstadt 1977, 543-563; SCHNACKENBURG, R., Das Vollmachtswort vom Binden und Lösen, traditionsgeschichtlich gesehen, in: FS F. Mußner, Freiburg 1981, 141-157; THYEN, H., Studien zur Sündenvergebung im Neuen Testament und seinen alttestamentlichen und jüdischen Voraussetzungen, Göttingen 1970, 255ff; VÖGTLE, A., Messiasbekenntnis und Petrusverheißung, in: Ders., Das Evangelium und die Evangelien, Düsseldorf 1971, 137-170; DERS., Zum Problem der Herkunft von "Mt 16,17-19", in: FS J. Schmid, Freiburg 1973, 372-393.

[2] Es handelt sich um ein ursprünglich isoliert überliefertes Wort, das Matthäus mit 16,13-16 (= Mk 8,28-29) durch V.17 sekundär verbunden hat. Möglicherweise ist dieses Jesuswort ursprünglich Teil einer großen Szene gewesen, etwa einer Protophanieerzählung (Thyen; Vögtle); doch muß das offenbleiben.

mitischer Ursprung des Wortes ist sicher, wie allein aus dem im Griechischen durch den Genuswechsel Πέτρος-πέτρα gestörten Wortspiel hervorgeht. Im Aramäischen stand hier jeweils kepha. Auch das Bildmaterial des Wortes ("Pforten der Hölle"; "Schlüssel der Basileia"), die Terminologie "binden/lösen" und die Qumranparallelen (1QH VI 24f; VIII 7f) weisen in judenchristliches Entstehungsmilieu.
Die besondere Ausrichtung des Wortes in V.19 macht es wahrscheinlich, daß es seinen "Sitz im Leben" in Gesetzesdebatten der Gemeinde hatte. Die Entscheidung darüber, wie die Tora in der Urgemeinde zu gelten hatte, wird hier für Petrus als ihren obersten Repräsentanten reklamiert.[1]

4.2. Die "Zwölf"

Petrus war nicht der alleinige Leiter der Jerusalemer Urgemeinde, er war der Erste unter den "Zwölf". Daß die "Zwölf" in der Jerusalemer Gemeinde Leitungsfunktionen hatten, ist wohl sicher, auch wenn sie diese Funktion nur kurze Zeit ausgeübt haben. Solange sie in Jerusalem anwesend waren, haben sie als Kollegium die Gesamtgemeinde geleitet. Petrus war ihr "Vorsitzender".

Die Entstehung der "Zwölf" stellt ein immer noch ungeklärtes historisches Problem dar. Ist dieser Kreis durch den irdischen Jesus eingesetzt worden? Dann hätte Petrus aufgrund der Ersterscheinung diesen engsten Jüngerkreis Jesu erneut zusammengerufen. Durch eine eigene Erscheinung des Auferstandenen (1 Kor 15,5) wäre er dann restituiert worden. Oder ist dieser Kreis eine nachösterliche Größe, durch Petrus zusammengerufen und durch den Auferstandenen konstituiert und gesandt, um demonstrativ in Jerusalem vor dem Forum ganz Israels die Auferweckung Jesu und seine Botschaft von der nahen Basileia zu verkünden mit dem Anspruch, das ganze "Zwölf-Stämme-Volk" Israel zur Umkehr zu rufen?
Daß die "Zwölf" Zeichenfunktion hatten und als festgefügter Kreis demonstrieren sollten, daß die Umkehrpredigt ganz Israel und nicht nur einem "heiligen Rest" galt, ist nicht zu bezweifeln. Diese Funktion können die "Zwölf" nur als Gruppe ausgeübt haben. Sie müssen daher geschlossen aufgetreten sein und gemeinsam gewirkt haben. Als Ort solchen Wirkens kommt eigentlich nur Jerusalem in Frage, das zumindest an den Festtagen Pilger aus allen Stämmen Israels beherbergte. Eine gemeinsame Mission der "Zwölf" außerhalb Jerusalems ist dagegen eher unwahrscheinlich, ob zu Lebzeiten Jesu oder nach Ostern. Die "Zwölf" waren also eine an Jerusalem gebundene Größe. Wenn Jesus selbst den Zwölferkreis eingesetzt hat, dann anläßlich seines letzten Jerusalemaufenthaltes, um durch sie seinen Anspruch an Israel zu unterstreichen und zu demonstrieren.
Bemerkenswert ist die Tatsache, daß in der gesamten Tradition der "Verräter" Judas Iskarioth den "Zwölf" zugerechnet wird. Das könnte für die Entstehung des Zwölferkreises zu Lebzeiten Jesu sprechen. Dagegen kann eingewendet werden, daß die alte Überlieferung 1 Kor 15,5 von der Erscheinung des Auferstandenen vor den "Zwölf" spricht, obwohl Judas Iskarioth nach der Darstellung der Evangelien zu diesem Zeitpunkt bereits nicht mehr diesem Kreis angehörte. Nun berichtet Apg 1,15-26 über eine Ergänzung des Zwölferkreises. Matthias nimmt durch Los die

---

[1] Käsemann, von Campenhausen und Thyen halten das Wort für relativ spät. Es sei nicht zu Lebzeiten des Petrus und nicht in Jerusalem entstanden, weil Petrus die Rolle, die ihm hier zugeschrieben wird, tatsächlich niemals gespielt habe. Eher sei an Antiochien als Entstehungsort zu denken. Das Wort reflektiere die dortige Auseinandersetzung zwischen Petrus und Paulus (vgl. Gal 2,11ff) und gehe auf die Parteigänger des Petrus zurück, die ihm allein den Primat in den Entscheidungen über die richtige Lehre und Praxis zubilligten. Gegen diese Auffassung spricht, daß die aramäische Urfassung des Wortes noch durchschimmert. Somit gehört es in die Jerusalemer Urgemeinde. Hier dürfte es auch, etwa durch die "Hellenisten", ins Griechische übertragen worden sein. Daß Petrus die Rolle, die das Wort ihm zuschreibt, in Wirklichkeit nie gespielt habe, trifft schwerlich zu. Das Gegenteil ist historisch plausibel: Das Wort spiegelt die Rolle des Petrus in der Anfangszeit der Urgemeinde. Später traten andere "Amtsträger" neben ihn als Folge der zahlenmäßigen und regionalen Ausdehnung der Urgemeinde, ohne daß der "Primat" des Petrus bestritten worden wäre.

Stelle des Judas Iskarioth ein. Dieser Bericht beruht wahrscheinlich auf alter Tradition. Kann aber diese Nachwahl noch vor der in 1 Kor 15,5 erwähnten Erscheinung des Auferstandenen vor den "Zwölf" stattgefunden haben? Dagegen spricht, daß in allen Namenslisten, die wir haben, Judas Iskarioth und nicht Matthias als Mitglied des Zwölferkreises aufgeführt wird. Wir stehen vor einem völligen Dunkel. Es muß zumindest mit der Möglichkeit gerechnet werden, daß Judas Iskarioth auch nach Ostern einige Zeit den "Zwölf" angehörte und erst in nachösterlicher Zeit zum Apostaten wurde und die Gemeinde verließ. Dieser "Verrat" des Judas am "Menschensohn" und an der Gemeinde könnte dann von den Evangelisten in die Zeit der Passion Jesu zurückverlegt worden sein. So kann die Frage, ob der Zwölferkreis auf den irdischen Jesus zurückgeht oder nach Ostern konstituiert wurde, auch durch Hinweis auf Judas Iskarioth nicht eindeutig entschieden werden. Sie muß offenbleiben. Es spricht aber meines Erachtens mehr dafür, daß dieser Kreis nachösterlich ist und durch die Erscheinung des Auferstandenen (1 Kor 15,5) konstituiert wurde.
Große Schwierigkeiten bei der Beurteilung von Funktion und Wirken der "Zwölf" bereitet auch die Tatsache, daß diese Gruppe offenbar nur sehr kurz bestand. In Gal 1,18 berichtet Paulus, daß er bei seinem ersten Besuch in Jerusalem, etwa drei Jahre nach seiner Bekehrung und somit etwa fünf Jahre nach dem hier zur Diskussion stehenden Zeitpunkt in Jerusalem nur Petrus und den Herrenbruder Jakobus angetroffen hat. Offenbar waren die "Zwölf" zu dieser Zeit bereits nicht mehr als leitendes Gremium in Jerusalem anwesend. Vierzehn Jahre später legte Paulus auf dem Apostelkonzil den führenden Männern in Jerusalem sein Evangelium vor (Gal 2,1ff). Als die "Säulenmänner" bezeichnet er Petrus, Johannes und den Herrenbruder Jakobus (Gal 2,9). Daraus ist zu schließen, daß die "Zwölf" zur Zeit des Apostelkonzils (49 n. Chr.) keine Rolle mehr spielten.
Eine Erklärung dieser Tatsache ist nur möglich, wenn plausibel gemacht werden kann, welcher äußere oder innere Grund schon bald zur Auflösung dieser Gruppe geführt haben könnte. Im Vorgriff auf die spätere Entwicklung der Jerusalemer Urgemeinde möchte ich bereits hier den Versuch einer Erklärung dieser schwierigen Frage machen. Die "Zwölf" verkörperten in sich ein Programm und einen Anspruch. Ihr Anspruch zielte auf ganz Israel. Das Programm war, das endzeitliche Gottesvolk in seinen zwölf Stämmen zu repräsentieren. Dieser Anspruch wurde im Zentrum Israels erhoben, und dieses Programm sollte sich in der heiligen Stadt eschatologisch erfüllen. Hier erwartete die Urgemeinde das Hereinbrechen der Basileia Gottes, das Erscheinen des Menschensohnes und die eschatologische Restitution des Zwölf-Stämme-Volkes Israel. Hier im Zentrum Israels sollten sich die Eschata vollenden und das zerstreute Israel und die Völker von Gott zur Teilnahme an seinem Heil zusammengeführt werden.
Zu einer solchen Erwartung passen die "Zwölf" als leitendes Kollegium des sich in der Urgemeinde sammelnden Gottesvolkes. Jedoch ist diese Erwartung sehr bald durch ein einschneidendes Ereignis zerbrochen und überholt worden. Apg 6-8 schildert den Tod des Stephanus und die daran anschließende Verfolgung der "Hellenisten". Der hellenistische Teil der Jerusalemer Gemeinde mußte aus Jerusalem fliehen. Die flüchtigen "Hellenisten" begannen mit der Mission in Samarien und in der umliegenden Diaspora bis hinauf nach Antiochien. Diese zentrifugale Mission, die die christliche Botschaft von Jerusalem aus in die Welt hinaustrug, wurde durch das Ereignis der Verfolgung ausgelöst. Sie bedeutete zugleich einen Bruch mit der bis dahin vorherrschenden Enderwartung der Urgemeinde, in der Jerusalem als Zentrum eine beherrschende Rolle spielte. Der Kreis der "Zwölf" mußte sich auflösen. Dies war eine historische und heilsgeschichtliche Notwendigkeit. Die Jerusalemer Urgemeinde hat wahrscheinlich nach dem einschneidenden Ereignis der Flucht der "Hellenisten" aus Jerusalem die ursprünglich auf Jerusalem konzentrierte Enderwartung mehr und mehr aufgegeben. Von Petrus hören wir, daß er schon bald in Palästina und den Küstenstädten missionierte. Später treffen wir ihn in Antiochien an (Gal 2,11ff). Auch die Israelmission in Palästina/Syrien durch wandernde Propheten, von der wir später noch hören werden, könnte durch die Hellenistenverfolgung ausgelöst worden sein. In dieser neuen und doppelten Missionsbewegung der Urgemeinde dürfte der eigentliche Grund zu sehen sein, warum die "Zwölf" ihre stabilitas loci aufgaben. Der Anspruch, ganz Israel zur Umkehr zu rufen, wurde dadurch nicht aufgegeben. Aber er war nicht mehr in Jerusalem durchzusetzen, weil Jerusalem und seine Führer sich diesem Anspruch widersetzt und die Boten Jesu verfolgt hatten. Darum mußte die Botschaft nun zum verstreuten Israel hinausgetragen werden. Wir müssen annehmen, daß auch die Mitglieder des Zwölferkreises nun als Boten Jesu Jerusalem verlassen haben. Bis auf wenige Ausnahmen und unsichere Nachrichten aus späterer Zeit verliert sich ihre Spur im Dunkel.

Ursprünglich waren die "Zwölf" aber die Repräsentanten und Leiter der Jerusalemer Urgemeinde. In ihrem Kollegium werden die Geschicke der Gemeinde beraten worden sein, sie werden die notwendigen Entscheidungen in Fragen der

Lehre und Organisation gefällt haben. In ihren Händen lag die Leitung der Gesamtgemeinde, also sowohl des aramäisch-sprechenden als auch des "hellenistischen" Gemeindeteils. Ob die Urgemeinde gar in zwölf Abteilungen oder "Stämme" gegliedert war, denen je einer aus dem Kreis der "Zwölf" vorstand, wie vorgeschlagen worden ist, kann hier offenbleiben. Das ist möglich, aber schwerlich nachzuweisen.

Die Namen der "Zwölf" sind in Listen überliefert worden. Vier verschiedene Fassungen liegen uns vor (Mk 3,16-19; Lk 6,14ff/Mt 10,2ff; Apg 1,13f). Sie stimmen weder in der literarischen Gestaltung noch im Umfang, noch in der Anordnung der Namen, noch in den Namen selbst miteinander überein.[1]
Die vier Fassungen lassen sich auf zwei Grundfassungen zurückführen: Mk 3,16-19 und die Fassung der Quelle Q, die noch hinter Mt/Lk/Apg durchschimmert. Die Q-Fassung dürfte größere Ursprünglichkeit besitzen.[2] Sie bietet lediglich einen Katalog von Namen. In ihr wird festgehalten, wer zum Gremium der "Zwölf" gehört hat.

Als Repräsentanten des eschatologischen "Zwölf-Stämme-Volkes" haben die "Zwölf" auch eine eschatologische Funktion. Diese wird ihnen in dem alten Wort Mt 19,28 par[3] verheißen:

> Amen ich sage euch, [die ihr mir nachgefolgt seid,]
> bei der Neugestaltung (der Welt),
> wenn der Menschensohn auf dem Thron seiner Herrlichkeit sitzt,
> werdet auch ihr auf zwölf Thronen sitzen und die zwölf Stämme Israels richten.

Das Logion[4] blickt auf die im Eschaton erwartete Neugestaltung der Welt aus. Dann wird auch das "Zwölf-Stämme-Volk" Israel erneuert, und die "Zwölf" werden zusammen mit dem kommenden "Menschensohn" über die zwölf Stämme Israels richten, d.h. herrschen.
Das Logion richtet sich nicht an Adressaten außerhalb der Gemeinde und ist keine Gerichtsdrohung gegen Israel, sondern legitimiert die "Zwölf" im Blick auf ihre zukünftige eschatologische Aufgabe. Im Blick darauf sind sie die gegen-

---

[1] Gestaltung: Matthäus/Apostelgeschichte haben ab dem fünften Namen eine paarweise Anordnung; Markus/Lukas reihen alle Namen durch "und" aneinander.
Umfang: Die Apostelgeschichte bietet nur elf Namen, entsprechend der in 1,1ff dargestellten Situation; Markus/Matthäus bieten Zusätze und Beinamen bei einzelnen Mitgliedern des Zwölferkreises.
Anordnung der Namen: Lukas/Matthäus führen Andreas nach Petrus auf, Markus/Apostelgeschichte nach Johannes. In der Apostelgeschichte steht Thomas nach Philippus, bei Matthäus nach Bartholomäus, bei Markus/Lukas nach Matthäus.
Unterschiedliche Namen: Apostelgeschichte/Lukas nennen an elfter Stelle einen "Judas, Sohn des Jakobus" und lassen dafür Thaddäus aus. Markus/Matthäus nennen dagegen an zehnter Stelle einen Thaddäus.

[2] Charakteristisch für die Mk 3,16-19 zugrundeliegende Tradition ist, daß die Schöpfung des Zwölferkreises durch Jesus erzählt, das Zwölfergremium also ins Leben Jesu zurückdatiert und seine Autorität auf den irdischen Jesus zurückgeführt wird. Die Ausformung der Markusfassung als Erzählung, die Spitzenstellung der drei "wichtigsten" Personen und die Zusätze zu einzelnen Namen erweisen diese Fassung als traditionsgeschichtlich jünger als die Q-Fassung.
Die unsichere Bezeugung der Namen der dem Kreis der "Zwölf" angehörenden Personen in diesen "Listen" könnte durch die nur kurze Wirksamkeit der "Zwölf" als Kollegium verursacht sein. Gleichwohl bezeugen die "Listen" die große Bedeutung, die dieser Kreis in der Urgemeinde hatte. Die "Listen" gehen mit Sicherheit auf eine Jerusalemer Überlieferung zurück.

[3] BROER, I., Das Ringen der Gemeinde um Israel, in: FS A. Vögtle, Freiburg 1975, 148-165.

[4] Das οἱ ἀκολουθήσαντες μοί in 19,28a dürfte redaktionell sein. Es greift Mt 19,27 auf und läßt V.28 als Lohnverheißung für die Jünger verstehen. Ursprünglich ist Mt 19,28 aber keine Lohnverheißung, sondern Umschreibung der eschatologischen Richterfunktion der "Zwölf". Möglicherweise hat οἱ ἀκολουθήσαντες ein ursprüngliches ὑμεῖς οἱ δώδεκα verdrängt.

wärtigen Repräsentanten des endzeitlichen Israel, das sich in der Jesusgemeinde versammelt. Eine Heidenmission kommt hier noch nicht in den Blick. Aus diesem Grund und wegen der Tatsache, daß der Zwölferkreis sich schon bald aufgelöst hat, steht das hohe Alter des Logions und seine Herkunft aus Jerusalem fest. Daß wir in Mt 19,28 kein echtes Jesuswort vor uns haben, wird heute fast allgemein vertreten. Hier spricht ein urchristlicher Prophet im Namen des Auferstandenen.

4.3. Weitere Amts- und Funktionsträger

Weiteren Einblick in die Organisation der Jerusalemer Urgemeinde gewinnen wir durch den Bericht Apg 6,1-6. Geschildert wird die Einsetzung der "Sieben".

Bereits oben haben wir darauf hingewiesen, daß dieser Bericht Spannungen und historische Ungereimtheiten enthält und offenbar von Lukas überarbeitet wurde. So bleibt z.B. unklar, warum zu den "Sieben" nur "hellenistische" Judenchristen gehörten, wenn ihre Aufgabe tatsächlich die Entlastung der "Zwölf" beim Tischdienst war. Dann würde man einen gemischten Kreis erwarten. Im weiteren Verlauf der Darstellung werden von den "Sieben" auch ganz andere Tätigkeiten berichtet. Stephanus, das Haupt der Gruppe, ein Mann "voll Glauben und Heiligem Geist", tritt als wundermächtiger und prophetischer Missionar und Verkündiger auf (Apg 6,8ff). Gleiches wird nach der Vertreibung dieser Gruppe aus Jerusalem auch von anderen Mitgliedern ausgesagt. Philippus wirkt als charismatischer Wundermissionar in Samaria, bei Gaza und schließlich in Cäsarea. Apg 21,8 wird er als "Evangelist" bezeichnet. Apg 11,19 berichtet von der Verkündigungstätigkeit der Männer aus dem Kreis um Stephanus in Phönizien, Zypern und Antiochien.

Die "Sieben" waren charismatische Missionare, die unter den "hellenistischen" Juden in Jerusalem wirkten. Sie waren wahrscheinlich das Leitungskollegium der "hellenistischen" Judenchristen, das gebildet wurde, als sich dieser Teil der Jerusalemer Gemeinde mehr und mehr verselbständigte. Jüdische Synagogengemeinden hatten zumeist einen "Vorstand" aus sieben Männern. Daß die "Sieben" in Konkurrenz zu den "Zwölf" standen, ist unwahrscheinlich. Wegen des mit den "Zwölf" verbundenen eschatologischen Programms kann eine Konkurrenz gar nicht gedacht werden. Die "Zwölf" repräsentierten und leiteten die Gesamtgemeinde, die "Sieben" waren die Führer eines Teils der Urgemeinde. Wie bei den "Zwölf" werden auch ihre Namen in einer Liste überliefert (Apg 6,5).

Neben den "Zwölf" und den "Sieben" hat es in der Urgemeinde noch eine Reihe von "Ämtern" und Funktionen gegeben. Die Mehrzahl ihrer Träger ist uns unbekannt. Nur einige von ihnen treten im NT aus dem Dunkel der Anonymität heraus und gewinnen für uns Konturen. Zuerst sind die "Apostel" zu nennen. Paulus setzt für Jerusalem einen festen und geschlossenen Kreis von "Aposteln" voraus. Zu diesem gehörten auch Petrus und Jakobus der Herrenbruder (Gal 1,19), ebenso die "Zwölf". Aber er muß noch erheblich größer gewesen sein. In 1 Kor 15,7 erwähnt Paulus eine Erscheinung des Auferstandenen vor "Jakobus, danach vor allen Aposteln".

Wie groß die Zahl der "Apostel" aber tatsächlich war, wissen wir nicht. Weil es jedoch schwer denkbar ist, daß es Erscheinungszeugen unterschiedlicher Bedeutung und Würde gab, wird man vermuten können, daß auch jene "mehr als fünfhundert Brüder", denen der Auferweckte erschienen war (1 Kor 15,6), alle als "Apostel" galten. Dann würde hier in einer anderen Tradition vom gleichen Ereignis gesprochen wie in 1 Kor 15,7.
Paulus beansprucht wegen der ihm zuteil gewordenen Berufungserscheinung, ein "Apostel" zu sein, obwohl er nicht zum Jüngerkreis des irdischen Jesus gehört hatte. Er weiß aber darum, daß er

eine Ausnahme und der letzte Erscheinungsempfänger und "Apostel" war (1 Kor 15,8ff). Wahrscheinlich war sein Anspruch, zu den "Aposteln" zu gehören, von jeher umstritten. Man könnte aus seinem Zeugnis schließen, daß im übrigen nur solche Erscheinungszeugen "Apostel" waren, die bereits dem irdischen Jesus nachgefolgt waren, oder daß es außer Paulus keinen Erscheinungszeugen gab, der nicht Jünger des irdischen Jesus gewesen war. Es ist jedenfalls auffällig, daß keiner aus dem Kreis der "Hellenisten" und der "Sieben" als "Apostel" bezeichnet wird.

Muß man den Kreis der "Apostel" als so groß annehmen, dann war ihr Wirken nicht auf Jerusalem beschränkt. Sie führten wohl nach Ostern in ganz Israel die Basileiaverkündigung Jesu weiter.
Auch Jakobus der Herrenbruder gehörte zu den "Aposteln"[1]. Nach 1 Kor 15,7 ist er wie Petrus einer Einzelerscheinung des Auferstandenen gewürdigt worden. Noch tritt er in Jerusalem nicht in den Vordergrund. Zum Kreis der "Zwölf" gehörte er nicht. Aber daraus darf nicht geschlossen werden, daß er erst später zur Jerusalemer Urgemeinde stieß. Nach der Ausweisung der "Hellenisten" aus Jerusalem tritt er voll ins Licht der Geschichte als Leiter des zurückbleibenden Gemeindeteils der aramäisch-sprechenden Judenchristen. Doch könnte er von Anfang an die führende Funktion in diesem Teil der Urgemeinde innegehabt haben, vielleicht als Vorsitzender eines Kollegiums von Jerusalemer "Aposteln" (vgl. 1 Kor 15,7), die für den aramäisch-sprechenden Gemeindeteil zuständig waren. Jakobus und sein Kreis wären dann das Pendant zu Stephanus und den "Sieben", und die "Zwölf" könnten das übergeordnete Gremium der Gesamtgemeinde gewesen sein, dem sowohl Jakobus und sein Kreis als auch die "Sieben" unterstanden.

Eine bedeutende Persönlichkeit der Jerusalemer Urgemeinde war Josef Barnabas. Er stammte aus Zypern und war Levit (Apg 4,36). Er war also ein hellenistischer, griechisch-sprechender Jude. Doch war er aufgrund seiner Funktionen beim Tempeldienst des Hebräischen/Aramäischen mächtig. Er gehörte nicht zum Kreis der "Sieben", stand den "Hellenisten" aber offenbar nahe. Von ihm wird berichtet, daß er ein Grundstück bei Jerusalem verkaufte und den Erlös der Gemeinde zur Verfügung stellte. Diese Notiz ist wegen ihrer Nüchternheit unverdächtig und dürfte auf alte Erinnerung zurückgehen, zumal sie der in Apg 2,47 vorausgesetzten allgemeinen Gütergemeinschaft insofern widerspricht, als sie die Tat des Barnabas besonders hervorhebt. Aufgrund seiner Zweisprachigkeit war Barnabas sicher ein wichtiger Mittler zwischen den beiden Gemeindeteilen. In Apg 11,22ff wird berichtet, daß er die durch die "Hellenisten" gegründete hellenistisch-judenchristliche Gemeinde von Antiochien im Auftrag Jerusalems inspizierte. Nach 13,1 gehörte er selbst an erster Stelle dem Leitungsgremium dieser Gemeinde an. Er holte Paulus nach Antiochien (11,25f) und führte ihn in die Gemeinde ein. Mit Paulus zusammen unternahm er von Antiochien aus eine Missionsreise, auf der auch gottesfürchtige Heiden getauft wurden, ohne auf das Gesetz und die Beschneidung verpflichtet zu werden. Beim Apostelkonzil 48/49 n.Chr. vertrat er die antiochenische Gemeinde und ihr Missionsprogramm in Jerusalem.

[1] PRATSCHER, W., Der Herrenbruder Jakobus und die Jakobustradition, Göttingen 1987; SCHMITHALS, W., Paulus und Jakobus, Göttingen 1963.

Die Apostelgeschichte und ihre Traditionen, aber auch Paulus sprechen voll Hochschätzung von Barnabas. Da er an der Lösung schwieriger Grundsatzfragen der gesetzesfreien Heidenmission entscheidend beteiligt war, werden wir annehmen dürfen, daß er in Jerusalem und später in Antiochien als bedeutender theologischer Denker hervorgetreten ist. Wir besitzen kein schriftliches Zeugnis von ihm, und doch könnte seine Theologie in zahlreiche Überlieferungen und urchristliche Formeln Eingang gefunden haben.

Barnabas war offenbar kein "Apostel". Erst für seine Tätigkeit als Abgesandter der Antiochenischen Gemeinde wird ihm der Titel "Apostel" gegeben (Apg 14,4.14, vgl. 13,1-3). Es liegt hier aber ein anderer Apostelbegriff vor als bei den "Aposteln" Jerusalems. Dort war der Apostolat gebunden an eine Erscheinung des Auferstandenen. In Antiochien wurden die durch die Gemeinde Ausgesandten "Apostel" genannt. In einer Gemeindeversammlung wurden sie durch den Heiligen Geist zu Missionaren bestellt. Wenn Barnabas kein "Apostel" im Sinne des Jerusalemer Apostolats war und weder zu den "Zwölf" noch zu den "Sieben" gehörte, so muß man fragen, welche Funktion er in Jerusalem ausgeübt hat. Vielleicht war er hier als "Prophet" und Lehrer tätig. Als solcher zählt er später zu den leitenden Persönlichkeiten der Antiochenischen Gemeinde (Apg 13,1). Als Levit besaß er eine theologische Ausbildung. Er beherrschte die Heilige Schrift und die frühjüdische Tradition.

Noch bildete sich in der Urgemeinde kein eigenes Amt des "Lehrers" aus, so wenig wie ein Amt des "Priesters". Dies brauchte deshalb nicht zu geschehen, weil die Urgemeinde an den entsprechenden Funktionen des Judentums partizipierte. "Schriftgelehrte", die der christlichen Gemeinschaft beitraten, blieben auch in ihr "Schriftgelehrte". Sie legten weiterhin die Schrift nach ihren erprobten exegetischen Regeln aus und betrieben so Theologie. Es gab also in der Urgemeinde die Funktion des "Lehrers" (Rabbi), ohne daß sie eigens hätte eingeführt werden müssen. Erst später und im heidenchristlichen Raum wurde dies nötig. In diesem Sinne war der Levit Barnabas als ausgebildeter jüdischer Theologe ein urchristlicher "Lehrer". Auch Priester, die zum Glauben kamen, blieben Priester. Sie übten ihre über den eigentlichen Tempelkult hinausreichenden Funktionen der Schrift- und Toraauslegung und der Belehrung nun innerhalb der Urgemeinde aus. Auch dafür mußten weder Amt noch Funktion neu eingerichtet werden.

Zusammenfassend können wir festhalten: Eine feste Ämterstruktur hat die Urgemeinde selbst noch nicht entwickelt. Wo in ihr Ämter und Funktionen von einzelnen Personen wahrgenommen wurden, wurden sie auf eine Berufung durch den Auferstandenen oder auf das Wirken des Heiligen Geistes zurückgeführt. Sie sind charismatisch bestimmt. Über die Sicherung des Fortbestandes dieser Ämter und Funktionen ist in den Anfängen der Urgemeinde noch nicht nachgedacht worden. Dazu bestand keine Notwendigkeit, weil man den Hereinbruch der Eschata in unmittelbarer Nähe erwartete. Weder die "Zwölf" noch die "Sieben" noch die "Apostel" überhaupt hatten Nachfolger. Erst in der zweiten christlichen Generation stellte sich das Problem organisierter Gemeindeämter und der Amtssukzession.

Kapitel V.
Das Selbstverständnis der Urgemeinde und ihr Gottesdienst

1. Das Selbstverständnis

Literatur: ASTING, R., Die Heiligkeit im Urchristentum, Göttingen 1930; DAHL, N.A., Das Volk Gottes, Darmstadt 1963; GRÄSSER, E., Die Naherwartung Jesu, Stuttgart 1973; HAINZ, J., Ekklesia. Strukturen paulinischer Gemeinde-Theologie und Gemeinde-Ordnung, Regensburg 1972; DERS., Gemeinschaft zwischen Paulus und Jerusalem (Gal 2,9f), in: FS F. Mußner, Freiburg 1981, 30-42; DERS., Koinonia. "Kirche" als Gemeinschaft bei Paulus, Regensburg 1982; HENGEL, M., Der stellvertretende Sühnetod Jesu. Ein Beitrag zur Entstehung des urchristlichen Kerygmas: Communio 9 (1980) 1-25.135-147; KÄSEMANN, E., Die Anfänge christlicher Theologie, in: Ders., Exegetische Versuche und Besinnungen II, Göttingen ²1965, 82-104; DERS., Zum Thema der urchristlichen Apokalyptik, ebd. 105-131; KÜMMEL, W.G., Kirchenbegriff und Geschichtsbewußtsein in der Urgemeinde und bei Jesus, Göttingen ²1968; MERKLEIN, H., Die Ekklesia Gottes. Der Kirchenbegriff bei Paulus und in Jerusalem: BZ 23 (1979) 48-70; MÜLLER, K., Jesu Naherwartung und die Anfänge der Kirche, in: Ders. (Hg), Die Aktion Jesu und die Reaktion der Kirche, Würzburg 1972, 9-29; PFAMMATTER, J., Die Kirche als Bau, Rom 1960; ROST, L., Die Vorstufen von Kirche und Synagoge im Alten Testament, Stuttgart 1938; SCHMITHALS, W., Jesus und die Apokalyptik, in: FS H. Conzelmann, Tübingen 1975, 59-86; SCHRAGE, W., "Ekklesia" und "Synagoge": ZThK 60 (1963) 178-202; SCHWEIZER, E., Gemeinde und Gemeindeordnung im Neuen Testament, Zürich ²1969; VIELHAUER, P., Oikodome, in: Ders., Oikodome. Aufsätze zum Neuen Testament 2, München 1979, 1-168; ZELLER, D., Das Logion Mt 8,11f/Lk 13,28f und das Motiv der "Völkerwallfahrt": BZ 15 (1971) 222-237; 16 (1972) 84-93.

Aus unseren bisherigen Ausführungen ergeben sich Antworten auf die Frage nach dem Selbstverständnis der Urgemeinde. Anstoß zu ihrer Sammlung und Konstituierung waren die Begegnungen einzelner Jesusjünger und ganzer Gruppen von ihnen mit dem Auferweckten. Die Auferweckung Jesu war für sie der Anbruch der Endzeit, für die die allgemeine Auferweckung der Toten erwartet wurde. Paulus nennt Jesus darum den "Erstling der Entschlafenen" (1 Kor 15,20). In Kol 1,18 und Apk 1,5 wird Jesus "Erstgeborener von den Toten" genannt. Die Auferweckung Jesu wurde als eine Wirkung des heiligen und heilenden Gottesgeistes verstanden (vgl. Röm 1,4). Seine Ausgießung wurde für die Endzeit erwartet (Joel 3,1f).

Die Erscheinungen des Auferweckten waren nicht nur Kundgabe des Auferweckungshandelns Gottes an Jesus, sondern zugleich Sendung und Beauftragung ihrer Empfänger durch den Auferweckten. Petrus, die "Zwölf", Jakobus, die "Apostel", später auch Paulus, empfingen durch sie ihren besonderen Auftrag. Sie wurden zu Gesandten des Auferstandenen an Israel bzw. an die Heiden bestellt. Auch bei den Erscheinungen wirkte der Gottesgeist mit: Die Erscheinungszeugen empfingen ihn und wurden so zu charismatischen Missionaren. Durch sie sprach der Gottesgeist, in ihren Taten wirkte er.

Die gesamte Urgemeinde verstand sich als Stiftung des Auferweckten, als endzeitliche Versammlung der Basileiaanwärter. Durch Gottes Geist leitete der Erhöhte vom Himmel her seine Gemeinde. Prophetie und Wunderkräfte wirkten in ihr, enthusiastische Ekstase und charismatische Heilungskräfte begleiteten ihr Leben und ihre Verkündigung. Die Überlieferung schreibt charismatische Kräfte nicht nur den Auferstehungszeugen zu. Auch Stephanus und Philippus aus dem Kreis der "Sieben" sind Charismatiker. Ein Großteil der synoptischen Überlieferung wäre nicht denkbar ohne die Annahme eines ganzen Standes charismatischer Propheten, durch die der Auferstandene sprach (s. dazu Kap. IX). Der Pfingstbericht Apg 2 fängt das Erscheinungsbild der Urgemeinde sicher treffend ein.

"Diese ersten Tage, Wochen und Monate der Jüngerschar nach Ostern darf man sich wohl kaum als das meditative Beisammensein eines quietistischen Zirkels mit esoterisch-mystischen Erfahrungen vorstellen; was sie erlebten, müßte eher mit der Gewalt einer traditionelle Konventionen und bürgerliche Sicherheiten sprengenden Explosion verglichen werden. Hier brach eine neue, unerhörte, den Alltag der palästinischen Fischer, Bauern und Handwerker radikal transzendierende Erfahrung auf. Man lebte gewissermaßen in der enthusiastischen Gewißheit des geöffneten Himmels und des hereinbrechenden Gottesreichs. Nicht umsonst waren die Auferstehungserscheinungen mit der endzeitlichen Erfahrung des Geistes verbunden, der mit der Kraft himmlischen Feuers verglichen wurde. Das heißt zugleich: Die sich neu formierende erste nachösterliche Jesusgemeinde verstand diese Ereignisse als den Anfang des Weltendes und als den Anbruch der Gottesherrschaft." (Hengel 142)

Die Urgemeinde hat die Botschaft Jesu von der nahe herbeigekommenen Basileia Gottes aufgenommen und weiterverkündet. Sie hat dabei Jesu Person zur nahen Basileia in Beziehung gesetzt. Schon Jesus hatte sein Wirken als den Anfang der Basileia angesehen (vgl. Lk 11,20), deren endgültige Vollendung unaufhaltsam herbeidrängte. An dieser Sicht hat die Urgemeinde festgehalten. Nun wurde durch seine Auferweckung machtvoll bestätigt, daß in Jesu Person und Wirken die Basileia schon anfanghaft verwirklicht war. Jesu Abwesenheit konnte nur vorübergehend sein. Bei der Vollendung der Basileia würde er wieder mit der Jüngerschar vereint sein (Mk 14,25). In dieser Zwischenzeit aber sollte ganz Israel durch die Jünger zur Umkehr gerufen werden.
Die Frist war kurz und würde bald durch die Ankunft Jesu als "Messias/Menschensohn" beendet sein. Dann würde er der Richter sein und entscheiden, wer in die Basileia eingeht. Die Vollendung der Basileia wurde nach Ostern also mit der Parusie Jesu und dem Endgericht verbunden. Zwar wirkte die Basileia schon in die Gegenwart hinein in den wunderbaren Taten des Gottesgeistes. So konnte die Gegenwart in gewissem Sinn bereits als Anfang der Endzeit verstanden werden. Deren Vollendung aber stand noch aus. Die Gegenwart war die der Vollendung unmittelbar vorausliegende Zeit und damit die letzte Periode der Geschichte. So konnte sich die Urgemeinde in wirklichem Sinn als die bereits eingesetzte Erbin der Basileia verstehen. Sie allein war von Gott dazu auserwählt, die Basileia zu empfangen.

1.1. Die Naherwartung

Die eschatologische Erwartung der Urgemeinde war gleichwohl echte Zukunftserwartung. Aber diese Zukunft stand so unmittelbar und andrängend nahe bevor, daß ihre Wirkungen schon zu spüren waren und die Gegenwart bereits bestimmten. Die zukünftige "neue Zeit" hatte sich bereits in die "alte Zeit" hineingeschoben. Die alte Weltzeit verging, die neue hatte bereits angefangen. Ende und Anfang der beiden Zeiten überlappten sich. Neben die zeitliche Dimension trat die räumliche. Im Himmel war der Auferweckte bereits zum Messias einge-

setzt worden. Als der Erhöhte stand er bereit, rettend und richtend zu kommen und die Basileia Gottes zu vollenden. In der so von der Zukunft bestimmten Gegenwart mußte sich entscheiden, was die Zukunft dem Einzelnen bringen würde, Heil oder Gericht. Die Gegenwart war Entscheidungszeit, Frist zur Umkehr und Hinwendung zum kommenden Heil.
Kennzeichen der Urgemeinde war also eine unmittelbare und drängende Naherwartung der Heilsvollendung. Diese wurde wie bei Jesus als Herrschaftsantritt Gottes erwartet, nun aber mit der Erwartung der "Parusie" des Erhöhten verbunden. Die Naherwartung war real und konkret. Die gegenwärtige Generation noch sollte die Vollendung erleben (Mk 13,30). Wochen und Monate, höchstens wenige Jahre waren die Zeiträume, in denen die Urgemeinde dachte (s. dazu Kap. XII.1).
In zahlreichen Überlieferungen tritt uns diese Naherwartung entgegen. Nur im Horizont solcher Naherwartung werden die Heilszusagen der "Seligpreisungen" verständlich. Das Schicksal der "Armen, Hungernden, Weinenden" wird sich wirklich in allernächster Zukunft wenden. Auch der Zug der Jesusjünger nach Jerusalem und ihre Verkündigung dort sind von der Naherwartung bestimmt. Ebenso die Mission der charismatischen Wundermissionare in Israel. Die Boten Jesu werden bei ihrer Mission mit den Städten Israels nicht fertig werden, bevor das Ende hereinbricht (Mt 10,23). Schon bald mußte man aber erfahren, daß sich Todesfälle ereigneten. Nicht alle aus der gegenwärtigen Generation erlebten also bei Lebzeiten den Anbruch der Basileia. In Mk 9,1 wird diese Erfahrung ausgedrückt. Doch zeigt gerade dieses Logion auch an, daß die Mitglieder der Urgemeinde in der Regel nicht mit dem persönlichen Tod vor der Heilsvollendung rechneten (s. unten). Die Naherwartung war nicht nur ein Phänomen der ersten Jahre. Paulus hat an ihr sein Leben lang festgehalten. Aus ihr erklärt sich seine rastlose Weltmission. Auch er mußte sich dem Problem stellen, daß Christen starben, und die sich damit aufdrängende theologische Frage nach der Teilhabe der Gestorbenen an der Parusie lösen (1 Thess 4,13ff; s. dazu Kap. XII.1 und XIV.4).

Die Naherwartung der Urgemeinde war kein analogieloses Phänomen. Im Lauf der mehr als zweihundertjährigen Geschichte der frühjüdischen Apokalyptik hatte es immer wieder Zeiten akuter Naherwartung gegeben. Zur Zeit Jesu und der Urgemeinde finden wir sie bei Johannes dem Täufer und bei den "Zeloten", ebenso in der Qumrangemeinde. Hier wird sogar wie in der Urgemeinde trotz des grundsätzlichen Festhaltens an der Ausständigkeit des eschatologischen Heils behauptet, daß es in der Gemeinschaft von Qumran bereits angebrochen sei. Ihre Mitglieder hatten die eschatologischen Heilsgüter der von Gott geschenkten Gerechtigkeit und des Heiligen Geistes bereits empfangen. Die unmittelbare Naherwartung, die Erfahrung der gnadenhaften Vergebung und des wirkenden Gottesgeistes verbinden also die Urgemeinde mit Qumran. Freilich ist in ihr die Nähe des Eschatons aufs höchste gesteigert. Auferweckung und Erhöhung Jesu zeigen ihr die bereits wirklich erfolgte Äonenwende an. Die Heilsvollendung steht unmittelbar bevor. Die Urgemeinde ist also ohne Frage eine apokalyptische Gruppe.
Ist die Urgemeinde damit hinter die "Eschatologie" Jesu zurückgefallen? Hat sie diese reapokalyptisiert? Hatte Jesus die Apokalyptik längst überwunden und hinter sich gelassen? Hat diese dann das Denken der Urgemeinde neu bestimmt und geprägt, und ist sie so zur "Mutter der christlichen Theologie" geworden? Das ist die Auffassung von E. Käsemann: "Die Dinge liegen doch wohl so, daß Jesus zwar von der apokalyptisch bestimmten Täuferbotschaft ausging, seine eigene Predigt aber nicht konstitutiv durch die Apokalyptik geprägt war, sondern die Unmittelbarkeit des nahen Gottes verkündigte. Wer diesen Schritt tat, kann nach meiner Überzeugung nicht auf den kommenden Menschensohn, die Wiederherstellung des Zwölfstämmevolkes im messianischen Reich und den damit verbundenen Anbruch der Parusie gewartet haben, um die Nähe Gottes zu erfahren. Beides vereinen zu müssen, hieße für mich, gar nichts mehr verstehen zu können.

Sinnvoll und brennend scheint mir das historische und interpretatorische Problem erst zu werden, wenn man sieht, daß Ostern und der Geistempfang die Urchristenheit veranlaßten, die Predigt Jesu vom nahen Gott erneut apokalyptisch zu beantworten und in gewisser Weise abzulösen... Die Apokalyptik ist - da man die Predigt Jesu nicht eigentlich als Theologie bezeichnen kann - die Mutter aller christlichen Theologie gewesen." (Käsemann II 99f)
Alles hängt natürlich daran, ob Jesus tatsächlich in der von Käsemann dargestellten Weise "die Unmittelbarkeit des nahen Gottes" verkündigte und ob solche Verkündigung ein Argument gegen die Apokalyptik ist. Muß nicht gerade dies als der innerste Impuls aller Apokalyptik angesehen werden, den Menschen so vor Gott zu stellen, daß Gott als der Herr der Zukunft und der Gegenwart, also als der nahende und nahe Gott anerkannt wird, und ihn angesichts dieser Nähe Gottes zur Entscheidung, zur Umkehr und zu einem Leben nach dem Heiligkeitswillen Gottes aufzurufen? Was anderes tat denn Johannes der Täufer? Könnte sich Jesus durch seine Verkündigung nicht gerade als wirklicher Erbe apokalyptischen Denkens erweisen? Jesus hat die Basileia Gottes als eine real ausstehende Größe gedacht, deren Anfang in seinem Wirken zwar gesetzt war, deren Vollendung aber von einer zeitlich gedachten Zukunft erwartet werden mußte. Daß die nachösterliche Gemeinde neben die Naherwartung der kommenden Basileia Gottes auch die Naherwartung der Parusie stellte, ist doch nur ein Hinweis auf die Anfänge ihrer christologischen Reflexion. Das Jesusgeschehen mußte mit dem von Jesus selbst verkündeten eschatologischen Geschehen engstens verknüpft werden.
E. Käsemanns Verdienst ist es, auf die Bedeutung der Apokalyptik bei der Entstehung und Entwicklung der urchristlichen Theologie eindringlich aufmerksam gemacht zu haben. Meines Erachtens irrt er nicht bezüglich der Urgemeinde, wohl aber bezüglich Jesus. Jesu Botschaft ist durchaus in dem Sinne apokalyptisch, als er die Vollendung der Basileia Gottes, deren Anfang er setzte, von der nahen Zukunft erwartete. Zwischen der "Eschatologie" Jesu und der der Urgemeinde ist keine qualitative Differenz zu erkennen.
Dies gilt auch gegen P. Hoffmann: "Zweifellos teilte Jesus die apokalyptische Naherwartung seiner Zeit, charakteristisch scheint mir jedoch für ihn zu sein, daß er seine Gegenwart und sein Wirken in ihr bereits als Teil des Endzeitgeschehens verstand. Jesus war im Rahmen der (apokalyptischen) Zukunftserwartung von der Gegenwart des Eschaton entscheidend bestimmt. Kennzeichen der urchristlichen Erwartung dagegen ist eine Re-Apokalyptisierung, insofern nun im Wissen um den beginnenden Anbruch des Reiches das (unmittelbar bevorstehende) Kommen des Menschensohnes Jesus erwartet und so die Zukunftskomponente in der apokalyptischen Erwartung wieder stärker akzentuiert wird. Die Gegenwart wird nun als die dem Ende vorausgehende letzte Periode der Geschichte begriffen. Im Zusammenhang mit dieser Zukunftserwartung gewinnt nun auch die Mahnung zur Wachsamkeit, die Aussage der Ungewißheit des Zeitpunktes der Parusie des Menschensohnes oder die Rede von ihrer Plötzlichkeit eine eigene Funktion." (Hoffmann 45f)
Daß Jesus entscheidend von der "Gegenwart des Eschatons" bestimmt war, scheint mir so kaum zuzutreffen. Seine Aussagen über die Anfänge der Basileia in seinem Wirken sind von den Zukunftsaussagen nicht zu trennen. Die Basileia Gottes war für ihn ein dynamisches Geschehen, dessen Anfang bereits gemacht, dessen Ende aber noch ausstehende Zukunft war. Nicht ohne Grund drückte er seine eschatologischen Anschauungen mit Hilfe der Saatmetaphorik aus. Auch seine Deutung der Exorzismen zeigt an, daß er sein Wirken in dem Sinne mit dem Kommen der Basileia Gottes in Verbindung gebracht hat, daß diese in dem dynamischen Prozeß der Basileia ihr Ankommen gerade punktuell anzeigen, nicht aber ihr Ankommen in Vollendung. Ohne Zweifel war für Jesus sein Wirken bereits der Anfang der Basileia, es war die Aussaat. Ihre Vollendung aber und das Gericht, an dem Jesus ja festgehalten hat, standen auch für ihn zeitlich noch aus.

Meines Erachtens wirkte die gespannte Eschatologie Jesu ungebrochen in der Urgemeinde weiter. Aber nach Ostern mußten Person und Geschick Jesu in sie eingebracht werden. Auferweckung und Erhöhung des Gekreuzigten verstärkten in diesem Zusammenhang die Aussage Jesu vom bereits in der Gegenwart sich auswirkenden Eschaton, die Erwartung der Parusie Jesu als "Messias/Menschensohn" aber ergänzte Jesu eigene Erwartung der zukünftigen Vollendung der Basileia Gottes und des göttlichen Gerichts. Jesu Person und Wirken wurden so nach Ostern in seine eigene eschatologische Botschaft integriert, insofern er nun als der Erhöhte zum Garanten der bereits gegenwärtig wirksamen Basileia wurde, als der Kommende aber zum Garanten ihrer Vollendung in der Zukunft.

1.2. Das Selbstverständnis der Urgemeinde

Von Außenstehenden wurde die Jesusgemeinde als ein Sonderweg im Judentum beurteilt, vergleichbar den anderen Gruppen und Konventikeln dieser Zeit. Sie selbst verstand sich als die eschatologische Heilsgemeinde, als die Heilserbin, als endzeitliches Gottesvolk. Sie allein war die Gemeinschaft der Teilhaber an der Basileia. Ihre "zwölf" Führer würden in der Heilszeit das eschatologische Zwölf-Stämme-Volk Israel richten (Mt 19,28; s. Kap. IV.4).
Die Urgemeinde verstand sich aber nicht als den "heiligen Rest" aus Israel. Noch hatte sie die Hoffnung nicht aufgegeben, ganz Israel für die Basileia Gottes gewinnen zu können. So war sie sich bewußt, der zahlenmäßig noch kleine und geringe Anfang des eschatologischen Israels zu sein, dem Gott sich in Treue gegenüber seinem Bund neu und vergebend zugewendet hatte.
Auch das Motiv vom "neuen Bund" (vgl. Jer 31,31) stand sicher nicht am Anfang der urgemeindlichen Ekklesiologie. Traditionsgeschichtlich begegnet es erstmals in dem Abendmahlstext 1 Kor 11,24f, wo der Tod Jesu als Sühnopfer gedeutet wird (s. Abschn. 2.5). "Neuer Bund" bezieht sich hier zunächst auf den "erneuerten Bund", also auf das neue Heilsangebot Gottes an sein "altes" Bundesvolk. Gott hatte jetzt seine Treue dem sündigen und untreuen Israel erwiesen (Röm 3,25f; s. Kap. VI.3). Der Gedanke vom "neuen", universalen Bund, der auch die Heiden einschloß, konnte hier folgerichtig anknüpfen. Doch bis dahin war noch ein längerer Weg zu gehen. Zunächst läßt sich nur sagen, daß sich die Urgemeinde als legitime Erbin des alten Bundesvolkes verstand.
Dieses Verständnis kam auch in dem Zug der Jünger Jesu von Galiläa nach Jerusalem zum Ausdruck. Ebenso in der Jerusalemer Institution der "Zwölf", die den Anspruch der Urgemeinde zum Ausdruck brachte, ganz Israel zu repräsentieren und zu gewinnen.

"In dieser Umsiedlung wird...deutlich...: die Urgemeinde will wie Jesu Jüngerkreis Israel sein, nichts anderes. Sie läßt sich nicht abdrängen in die Stellung einer galiläischen Sekte. Dort wären die Jünger vermutlich unangefochten geblieben und hätten erst noch Heimat und Beruf wiedergefunden. Aber darin wird nun auch die andere Seite dieses Tatbestandes deutlich: die Urgemeinde lernt immer besser, sich als das Israel zu verstehen. Ihr 'gehört' Jerusalem, ihr der Tempel. Sie weiß ja ein Handeln Gottes hinter sich, das größer ist als die Rettung aus Ägypten, die doch Israel ins Leben rief. Zeigt also das Verbleiben in Tempel und Synagoge, daß die Urgemeinde keine Revolutionspartei ist, sondern Israel bleiben will, so ihre Ansiedlung in Jerusalem, daß sie sich als das neue, das Israel der Endzeit versteht." (Schweizer 31)

Die Jünger Jesu setzten seine Umkehrpredigt fort. Ihr Wirken "im Namen Jesu" war das letzte Angebot Gottes an sein Bundesvolk. Dieses Angebot galt nach wie vor und ohne Vorbedingung für ganz Israel. Gott war bereit, die Sündenvergangenheit Israels aufzuheben und seinem Volk neue Heilszukunft zu schenken, wenn Israel seinem Ruf folgte.
Wer sich von der Umkehrpredigt treffen ließ, mußte nach Ostern freilich auch Stellung nehmen zu Person und Wirken Jesu. Er mußte Gottes Handeln am Gekreuzigten in der Auferweckung Recht geben und Jesus anerkennen als den eschatologischen, letzten Boten Gottes, dessen Botschaft die Jünger weiterverkündeten.
Hier liegen nun freilich die inneren Gründe dafür, warum sich die Urgemeinde

mehr und mehr als "Gemeinde", als "Kirche" verstehen mußte. Sie stand als das wahre, eschatologische Gottesvolk der geschichtlichen jüdischen Nation gegenüber. Zwar galt Gottes neue Heilszuwendung allen in Israel, aber doch nicht ohne die Entscheidung des Einzelnen. Denn Israel war als Ganzes von Gottes Bund abgefallen. Gottes neue Heilszusage galt darum nur dem, der bereit war, sich von seiner sündigen Vergangenheit abzuwenden und zu Gott umzukehren. Diese Forderung betraf alle, auch die "Frommen" und "Gerechten". Weil Jesu Wirken und Geschick das eschatologische Geschehen eröffnet hatten, mußten alle anderen Bußbewegungen des Frühjudentums auf dieses eschatologische Handeln Gottes in Jesus hinführen, wenn sie nicht ihr Ziel verfehlen wollten. Nicht in Qumran, nicht im Pharisäismus, nicht in der Bußbewegung Johannes des Täufers hatte Gott sein endzeitliches Heilsangebot an sein Volk ergehen lassen, sondern einzig im Wirken Jesu von Nazareth. Wer dieses Heilsangebot ergreifen wollte, mußte sich daher zu Jesus, dem von Israel Verworfenen, von Gott aber in der Auferweckung Gerechtfertigten und Erhöhten, bekennen. Die Zusage des neuen Heils galt also nur dem aus Israel, der dieses Bekenntnis vollzog. Trotz ihres Anspruchs, das wahre, eschatologische Israel zu repräsentieren, mußte daher die Urgemeinde von außen betrachtet als messianische Sekte und Sondergruppe im Judentum erscheinen, der man durch Vollzug eines bestimmten Bekenntnisses beitrat. Das Selbstverständnis der Urgemeinde aber mußte sich in dem Maße dahingehend wandeln, eine neue heilsgeschichtliche Größe, eben "Kirche" neben Israel als Nation zu sein, in dem sich das vorfindliche Israel dem Bußruf Jesu und seiner Boten verschloß.
Es war noch ein langer Weg, bis die Urgemeinde diesen Schritt vollzog und sich als vom vorfindlichen Israel geschiedene Gemeinde verstehen lernte. Das sich langsam abzeichnende endgültige Scheitern ihrer Israelmission und der gleichzeitige Erfolg der universalen Völkermission führten Schritt für Schritt dieses neue Selbstverständnis herauf. In der Zeit ihrer Anfänge aber verblieb die Urgemeinde noch ganz innerhalb des Judentums. Dessen heilige Schriften, seine Tora, sein Tempel waren selbstverständliches Eigentum der Urgemeinde. Sie repräsentierte Israel als eschatologische Größe, sie war das wahre Gottesvolk als "heilige Versammlung Gottes" (qahal Jahwe).

"Der Gottesvolkgedanke des Alten Testaments bildet also das Leitbild der frühesten Ekklesiologie. Der wunderwirkende Geist, der seit Ostern empfangen wird, kennzeichnet jedoch die Gegenwart als nicht bloß historische Folge, sondern als endzeitliche Vollendung des alttestamentlichen Bundes, als den zugleich schon sichtbaren und noch verborgenen Anbruch der Gottesherrschaft auf Erden. Deshalb leiten Apostel, die als Pfeiler des himmlischen Gottesbaues gelten, und neu erstandene Propheten die Gemeinden kraft himmlischen Rechtes. Sie tuen es, indem sie im Rückgriff auf alttestamentliche Weisungen oder in Antithese zum jüdischen Nomos und zur rabbinischen Auslegung Gottes Willen vom jüngsten Tage proklamieren und so im messianischen Bunde bewahren." (Käsemann, II 112)

Ganz selbstverständlich übernahm die Urgemeinde die Selbstbezeichnungen des alttestamentlichen Gottesvolkes und wendete sie auf sich selbst und ihre Mitglieder an. Paulus nennt die Jerusalemer Gemeinde "die Heiligen" (Röm 15,25f. 31; 1 Kor 16,1; 2 Kor 8,4; 9,1.12). Es ist sicher, daß sich die ersten Christen selbst so bezeichneten. "Heilige" waren sie nicht aufgrund besonderer Leistungen, sondern weil sie Jesus gefolgt waren und von Gott selbst durch die Sendung des Geistes zu Erben der Basileia gemacht worden waren. Auch die Be-

zeichnung "die Auserwählten" dürfte die Urgemeinde auf sich angewendet haben. Wir finden sie in Mk 13,20.22.27 zur Kennzeichnung ihrer Mitglieder. Diese Selbstbezeichnung ist geprägt durch das Bewußtsein, das endzeitliche Gottesvolk zu repräsentieren.
Schon sehr früh hat die Urgemeinde auf sich auch die Bezeichnung "Ekklesia (Gottes)" angewendet (vgl. Mk 16,18; 18,18). Paulus sagt, daß er die "Ekklesia Gottes" verfolgt hat (Phil 3,6; Gal 1,13; 1 Kor 15,9). "Ekklesia Gottes" ist die Übersetzung der hebräischen Bezeichnung qahal Jahwe, mit der im Alten Testament Israel gekennzeichnet wird, insofern es sich als Gottesvolk zum Kult versammelte. Wenn sich die Urgemeinde so nannte, so zeigt auch dies ihr Selbstverständnis an, die Versammlung der Heilserben zu sein, und zugleich ihren Anspruch, ganz Israel in diese Versammlung zu rufen. Die Verwendung der Bezeichnung "Ekklesia Gottes" zeigt für sich genommen noch keine Distanzierung der Urgemeinde vom vorfindlichen Israel an. Eher umgekehrt: Israel wird aufgefordert, sich als erneuertes Gottesvolk in der Urgemeinde zu versammeln. Darum kann nun auch betont von der "Ekklesia Jesu" (Mt 16,18) gesprochen werden. Die Urgemeinde ist die durch Jesus als den Messias aufgerufene Versammlung der Heilserben Gottes.
Nun kann man allerdings fragen, ob nicht in der Wahl des griechischen Terminus "Ekklesia" als Übersetzung von qahal Jahwe schon der Gedanke einer Distanzierung vom konkreten Israel anklingt. Es ist kaum zu bezweifeln, daß die "Hellenisten" die hebräische bzw. aramäische Bezeichnung mit "Ekklesia" wiedergaben. Sie haben diesen Begriff offenbar auch auf den von ihnen repräsentierten Teil der Jerusalemer Urgemeinde angewendet. Das legt der Sprachgebrauch bei Paulus nahe, der ja nur die "Hellenisten" und nicht die gesamte Urgemeinde verfolgt hat. Der Terminus "Ekklesia" bezeichnete in der Profangräzität zunächst die gesetzgebende Versammlung der Vollbürger einer Polis auf der Agora und schließlich jede Art von Volksversammlung. Die Septuaginta verwendete diesen Terminus zur Übersetzung des hebräischen qahal. Allerdings ist ihr Sprachgebrauch nicht einheitlich, weil sie qahal auch mit "Synagoge" wiedergeben kann. Die Frage ist nun, ob in der einheitlichen Verwendung von "Ekklesia" durch die "Hellenisten" ein programmatischer Gedanke mitschwingt, der eine bewußte Distanzierung vom bekehrungsunwilligen Israel zum Ausdruck bringen sollte. Die Wahl dieses Ausdrucks kann ja durch den Sprachgebrauch der Septuaginta allein nicht erklärt werden, weil dann nicht begründet werden könnte, warum die "Hellenisten" auf die Selbstbezeichnung "Synagoge" verzichteten.

"Das hervorstechendste Merkmal und theologische Zentrum der Synagoge ist aber der soteriologisch und ethisch konstitutive Bezug auf das Gesetz. Ohne das Gesetz gäbe es keine Synagoge (vgl. Lev r 11). Die Synagoge ist zwar auch Schule, Lehrhaus, Bethaus, ja auch Gasthaus und Rathaus der jüdischen Gemeinde, zuerst und zuletzt aber ist sie das Haus des Gesetzes, der Ort der Tora und Halacha. Die Synagoge ist darum mit Recht zum Symbol der jüdischen Gesetzes- und Traditionsreligion geworden, ohne daß man hier zwischen Palästina und der Diaspora zu differenzieren braucht. Für das rabbinische ebenso wie das hellenistische Judentum steht und fällt das Synagogeninstitut mit der Beziehung auf νόμος und παράδοσις." (Schrage 196)

Wir haben bereits angedeutet (s. dazu Kap. IV.3) und werden dies noch weiter ausführen, daß innerhalb der Gruppe der "Hellenisten" schon sehr früh Kritik an der Gesetzesauslegung und am Tempelkult des Judentums offen zum

Ausdruck kam. Das eschatologisch verstandene Jesusgeschehen beinhaltete für sie auch einen Bruch mit dem "alten" Israel und einen Umbruch zu etwas völlig Neuem. Hier konnte sich nun das Motiv vom "neuen Bund" theologisch wirksam entfalten (1 Kor 11,24f). Das Jesusgeschehen konnte als ein die Sinaioffenbarung überbietendes Offenbarungsgeschehen verstanden werden. Dann könnte in der Wahl des Begriffs "Ekklesia" dieser neue kritische Ansatz einen frühen Ausdruck gefunden haben, der auch eine Diskontinuität zum "alten" Israel feststellte.

"Jedenfalls scheinen gerade diese 'Hellenisten' mit ihrer Gesetzeskritik und ihrer von nomistischen Kautelen freien Heidenmission für die Wahl des Begriffs ἐκκλησία verantwortlich zu sein, zumal man weit und breit niemanden anders kennt, der vor Paulus dafür in Frage kommen könnte. ... Hier aber, bei den 'Hellenisten', hatte man sich für ἐκκλησία entschieden, und diese Wahl war primär eben nicht durch das heilsgeschichtliche Interesse und das Bewußtsein einer Kontinuität und Solidarität mit Israel motiviert, sondern durch das Bewußtsein einer Diskontinuität gegenüber einer durch das Gesetz gekennzeichneten Vergangenheit." (Schrage 199f)

Schon sehr früh hat die Urgemeinde auf sich auch das Bild eines befestigten Gebäudes bzw. des Tempels angewendet. In Mt 16,18 wird die Vorstellung verwendet, die "Ekklesia Jesu" sei ein fester, heiliger und geistiger Bau, der auf dem "Felsen" Simon errichtet wird (s. dazu Kap. IV.4). Die höllischen Mächte können ihn nicht einnehmen. Im Hintergrund steht das alte Bild vom "Haus Israel", ebenso die Vorstellung eines aus lebendigen Menschen erbauten Tempels, wie sie auch in Qumran entwickelt worden ist (vgl. 1 QS VIII 4-10; 1 QH VI 26; 1 Qflor I 2-7). Wenn der Auferstandene in Mk 12,10f als der "Eckstein" bezeichnet wird (vgl. Ps 118,22), dann steht wahrscheinlich die Erwartung eines eschatologischen Tempels im Hintergrund, die von Jes 28,16 ausging und in äthHen 90,28f; 91,13; 93,7; Jub 1,17; 4 Qflor I 3ff weiterwirkte. In Mk 14,58 wird die Gemeinde ein neuer, geistiger Tempel genannt, den der Auferweckte aufgebaut hat. Für die Endzeit wurde das Erscheinen eines "himmlischen" Tempels erwartet (TLevi 5,1; Sap 9,8). Diese Erwartung hat sich im lebendigen "Tempel" Gemeinde erfüllt. Die christlichen "Hellenisten" haben diese Vorstellung aufgegriffen (1 Kor 3,16) und daraus das Ende des konkreten Jerusalemer Tempels und seines Kultes gefolgert (s. Kap. VII.4). Es steht auch hinter dem Bild von den drei "Säulen", das man später auf die leitenden Männer der Urgemeinde angewendet hat (vgl. Gal 2,9). Der Tempel ist der Ort der Anwesenheit Gottes unter den Menschen und seiner wirklichen Anbetung. Beides hat die Urgemeinde von sich aussagen wollen, als sie das Bild vom Tempel auf sich anwendete.

2. Das Gemeinschaftsleben

Literatur: ALAND, K., Zur Vorgeschichte der christlichen Taufe, in: FS O. Cullmann, Tübingen 1972, 1-14; BAUER, W., Der Wortgottesdienst der ältesten Christen, in: Ders., Aufsätze und kleine Schriften, Tübingen 1967, 155-209; BORNKAMM, G., Herrenmahl und Kirche bei Paulus, in: Ders., Studien zu Antike und Urchristentum II, München [2]1963, 138-176; v.CAMPENHAUSEN, H., Die Entstehung der christlichen Bibel, Tübingen 1968; COPPENS, J., Vom christlichen Verständnis des Alten Testaments, Leuven 1952; FELD, H., Das Verständnis des Abendmahls, Darmstadt 1976; FIEDLER, P., Probleme der Abendmahlforschung: ALW 24 (1984) 190-223; HAHN, F., Das Problem "Schrift und Tradition" im Urchristentum, in: EvTh 30 (1970), 449-468; DERS., Der urchristliche Gottesdienst, Stuttgart 1970; JEREMIAS, J., Die Abendmahlsworte

Jesu, Göttingen [4]1967; JORISSEN, H., Die Begründung der Eucharistie im nachösterlichen Offenbarungsgeschehen, in: FS W. Kreck, München 1973, 206-228; KÄSEMANN, E., Amt und Gemeinde im Neuen Testament, in: Ders., Exegetische Versuche und Besinnungen I, Göttingen [2]1967, 109-134; DERS., Anliegen und Eigenart der paulinischen Abendmahlslehre, ebd., 11-34; KLAUCK, H.J., Hausgemeinde und Hauskirche im frühen Christentum, Stuttgart 1981; DERS., Gütergemeinschaft in der klassischen Antike, in Qumran und im Neuen Testament: RdQ 11 (1982) 47-79; DERS., Herrenmahl und hellenistischer Kult, Münster 1982; KUHN, K.G., Über den ursprünglichen Sinn des Abendmahles und sein Verhältnis zu den Gemeinschaftsmahlen der Sektenschrift: EvTh 10 (1950/51) 508-527; LIETZMANN, H., Messe und Herrenmahl, Berlin [3]1955 (Nachdruck 1967); LOHMEYER, E., Vom urchristlichen Abendmahl: ThR NF 9 (1937) 168-227. 237-312; 10 (1938) 81-99; MARXSEN, W., Das Abendmahl als christologisches Problem, Gütersloh 1963; MERKLEIN, H., Erwägungen zur Überlieferungsgeschichte der neutestamentlichen Abendmahlstraditionen: BZ 21 (1977) 88-101. 235-244; PATSCH, H., Abendmahl und historischer Jesus, Stuttgart 1972; PESCH, R., Das Abendmahl und Jesu Todesverständnis, Freiburg 1978; POKORNY, P., Die Entstehung der Christologie, Stuttgart 1984, 148ff; RIESNER, R., Essener und Urkirche in Jerusalem: BiKi 40 (1985) 64-76; DERS., Formen gemeinsamen Lebens im Neuen Testament und heute, Gießen 1977; SANDVIK, B., Das Kommen des Herrn beim Abendmahl im Neuen Testament, Zürich 1970; SCHÜRMANN, H., Die geistliche Eigenart des Lehrdienstes und sein Verhältnis zu anderen geistlichen Diensten im neutestamentlichen Zeitalter, in: Ders., Exegetische Aufsätze III, Düsseldorf 1978, 116-156; STUHLMACHER, P., Das neutestamentliche Zeugnis vom Herrenmahl: ZThK 84 (1987) 1-35; VERMES, G., Die Schriftauslegung in Qumran in ihrem historischen Rahmen, in: WdF 410, Darmstadt 1981, 185-200; ZIMMERMANN, H., Die Sammelberichte der Apostelgeschichte: BZ 5 (1961) 71-82.

2.1. Hausversammlungen

Im Bewußtsein, die eschatologische Gemeinde Gottes und des Messias Jesus zu sein, versammelte sich die Urgemeinde nach Ausweis der Apostelgeschichte zu täglichem Gottesdienst "in den Häusern" (Apg 2,46). Wir haben oben vermutet, daß sich die Jerusalemer Urgemeinde aus praktischen Gründen in Hausgemeinschaften gliederte. Auch die "Hellenisten" haben wahrscheinlich von Anfang an eigene Hausversammlungen organisiert. Wieviele solcher christlicher Hausgemeinschaften in Jerusalem existierten und wie groß sie waren, wissen wir nicht. Letzteres dürfte vor allem von den räumlichen Gegebenheiten der verfügbaren Häuser abhängig gewesen sein. Doch war Jerusalem als Pilgerstadt darauf eingerichtet, größeren Pilgergruppen Raum zur Feier von Festmahlzeiten zu geben. Wir dürfen daher vermuten, daß auch den Christen solche Räumlichkeiten zur Verfügung standen. Darauf weist auch die kleine Erzählung Mk 14,12-16[1] hin.

> [12]Und am ersten Tage [der Ungesäuerten Brote], an dem man das Osterlamm schlachtete, [sprechen seine Jünger zu ihm: "2Wo willst Du, daß wir hingehen und Vorbereitungen treffen, damit Du das Osterlamm essen kannst?" [13]Da] sendet er zwei seiner Jünger aus und sagt ihnen: "Geht in die Stadt, da wird euch ein Mann begegnen, der einen Wasserkrug trägt; dem geht nach, [14]und wo er hineingeht, da sagt zu dem Hausherrn: Der Meister läßt sagen: Wo ist meine Unterkunft, wo ich das Osterlamm mit meinen Jüngern essen kann? [15]Da wird er euch ein großes Obergemach zeigen, das mit Polstern versehen bereitsteht, und dort richtet für uns her." Und die Jünger gingen fort und kamen in die Stadt und fanden es [so], wie er ihnen gesagt hatte, und bereiteten das Osterlamm.

[1] Die Erzählung ist eine ursprünglich isolierte Überlieferung, die erst von Markus in den Passionsbericht eingefügt worden ist. Auf ihn geht die mit V.12b konkurrierende Zeitangabe V.12a zurück sowie die Eröffnung der eigentlichen Erzählhandlung durch die Initiative der Jünger (V.12cd). Ursprünglich setzte die Erzählung mit V.13 ein; voraus ging wahrscheinlich eine kurze Einleitung, die eine Zeitangabe (V.12b) und eine Ortsangabe enthielt, denn der Standort der Erzählung ist außerhalb Jerusalems (vgl. V.13).

Im Mittelpunkt des Interesses dieser nach festem Schema (vgl. Mk 11,1ff; 1Sam 10,1ff) erzählten Geschichte steht der Raum, in dem Jesus mit seinen Jüngern ein Paschamahl gegessen hat. Jesus befähigt durch sein charismatisch-wunderbares Vorauswissen die zwei ausgesandten Jünger, diesen Raum zu finden und vorzubereiten. Er erhält durch die wunderbaren Umstände seiner "Auserwählung" eine besondere Weihe. Die Urgemeinde, in der diese Legende überliefert wurde, kannte noch den Raum, in dem Jesus mit seinen Jüngern gegessen hatte, sie verehrte ihn und nutzte ihn vielleicht als Versammlungsraum (vgl. Apg 1,13).

Der Tempel dürfte indessen für das Gemeinschaftsleben der Urgemeinde keine große Bedeutung gehabt haben. Zwar ist der Tempelbezirk von ihr wohl zu Zwecken der Gemeindevollversammlung und zur Missionspredigt benutzt worden (Apg 3,1). Aber die eigenen gottesdienstlichen Versammlungen "in den Häusern" sprechen dagegen, daß die Urgemeinde am Tempelkult teilnahm. Natürlich verlor der Tempel als Gebets- und Kultstätte des Judentums nicht grundsätzlich seine Bedeutung für die einzelnen Mitglieder der Gemeinde. So könnten einzelne Jesusanhänger regelmäßig am Tempelgebet und am Opferkult teilgenommen haben (Apg 2,46). Dafür dürften traditionelle Bindungen an jüdische Frömmigkeitsformen ausschlaggebend gewesen sein. Doch wäre die Entstehung eines vom Tempelkult unabhängigen christlichen Gottesdienstes nicht begreiflich, wenn Tempelgebet und Tempelkult tragende Säulen des Gemeinschaftslebens der Urgemeinde gewesen wären. Diese dürfte zum Tempel und seinem Kult ein ähnliches Verhältnis gehabt haben wie die Qumran-Essener. Sie lehnten Tempel und Tempelkult nicht grundsätzlich ab, hielten sich jedoch für die eigentlichen Herren des Tempels. Am aktuellen Tempelkult nahmen sie nicht teil, sondern lehnten ihn als unrein und unwirksam ab, weil er durch eine unheilige Priesterschaft vollzogen wurde. Ähnlich könnte die Urgemeinde zum Tempel gestanden haben. Der dort vollzogene Kult war längst unwirksam, Israels Sündenvergangenheit zu sühnen. Gott hatte vielmehr seine neue Heilszusage an Jesu Wirken gebunden. Solch distanzierte Haltung gegenüber dem aktuellen Opferkult im Tempel hatte freilich im Frühjudentum bereits eine lange Tradition. Doch äußerte sich hier keine grundsätzliche Kritik an Tempel und Kult, sondern zumeist ein eschatologischer Vorbehalt gegen einen unheiligen Kultvollzug (s. Kap. VII.3).

2.2. Die Gütergemeinschaft

Das Gemeinschaftsleben der Urgemeinde beschränkte sich nicht auf die täglichen Zusammenkünfte "in den Häusern". Diese waren vielmehr der höchste Ausdruck einer umfassenderen Lebensgemeinschaft, welche die ersten Christen vollzogen. Sie bildeten eine wirkliche Gemeinschaft von "Schwestern" und "Brüdern", die gemeinsam den "neuen Weg" gingen (Apg 9,2), den Jesus durch seine Botschaft und Weisung eröffnet hatte. In zwei summarischen Notizen hat Lukas die Lebensgemeinschaft der Urgemeinde beschrieben.

> [44]... Und alle, die gläubig geworden waren, hielten zusammen, und sie hatten alles gemeinsam, [45]und ihre Besitztümer und ihr Habe verkauften sie und verteilten den Erlös unter alle, je nachdem einer bedürftig war. [46]Jeden Tag verharrten sie einmütig im Tempel und brachen das Brot in den Häusern. Sie nahmen Speise zu sich in Jubel und Einfalt des Herzens. [47]Sie lobten Gott und waren beliebt beim ganzen Volke. Der Herr aber fügte täglich solche hinzu, die gerettet werden wollten. (Apg 2,44-47)
>
> [32]Die Menge der Gläubigen aber war ein Herz und eine Seele, und keiner nannte etwas von dem, was er besaß, sein eigen, sondern sie hatten alles gemeinsam. [33]Und mit großer Kraft gaben die Apostel Zeugnis von der Auferstehung des Herrn Jesus, und große Gnade ruhte auf ihnen allen. [34]So gab es denn auch keinen Bedürftigen unter ihnen. Denn alle, die im Besitz von Grundstücken oder Häusern waren, verkauften sie, brachten den Erlös von dem Verkauften [35]und legten ihn den Aposteln zu Füßen. Einem jeden aber wurde zugeteilt, je nachdem er bedürftig war. (Apg 4,32-35)

Es braucht nicht bestritten zu werden, daß die beiden Summarien ein idealisiertes Bild von der Lebensgemeinschaft der Urgemeinde zeichnen. Lukas stellt die Gemeinde als Verwirklichung der in antiker Philosophie häufig anzutreffenden Sozialutopien eines idealen Gemeinwesens dar. Schon die Spannungen innerhalb der Darstellung zeigen, daß hier nicht einfachhin die historische Wirklichkeit von Lukas nachgezeichnet wird. Verschiedene Intentionen kreuzen sich. Aufs Ganze gesehen laufen die beiden Notizen darauf hinaus, daß diejenigen Mitglieder der Urgemeinde, die "Güter und Grundstücke" besaßen, diese verkauften und den Erlös den Aposteln "zu Füßen legten". Nun würde man erwarten, daß alle Mitglieder der Urgemeinde aus diesem Kapital gleichmäßig versorgt wurden. Wir hören aber, daß der Erlös "nach Bedürftigkeit" zur Verteilung kam (2,45; 4,35). Es gab also auch nach diesen Verkaufs- und Schenkungsaktionen weiterhin solche, die "bedürftig" waren, und andere, die nicht auf diese Unterstützung angewiesen waren. Die Feststellung, daß es in der Gemeinde "keinen Bedürftigen" mehr gab, ist also das Ergebnis einer gezielten Aktion zum Ausgleich des sozialen Gefälles in der Gemeinde, nicht aber der von Anfang an herrschende Zustand in ihr.
Wenn Lukas weiterhin sagt, daß die Gemeinde täglich zum "Brotbrechen" in den "Häusern" zusammentraf (2,46), so wird man fragen müssen, wem diese Häuser denn gehörten. Die plausibelste Antwort dürfte sein, daß es nach wie vor "Hausbesitzer" in der Gemeinde gab, die ihre Wohnhäuser zur gemeinsamen Nutzung zur Verfügung stellten. Diese müssen zum Teil recht stattlich gewesen sein, wenn in ihnen größere Gruppen gemeinschaftliche Mahlzeiten abhalten konnten. Das legt nun auch die Notiz Apg 12,12 nahe, wo das "Haus der Maria" genannt wird, das sogar einen Hof besaß. Von seiner Besitzerin war es offenbar keineswegs verkauft worden. Sie nutzte es vielmehr für einen offenbar großen Hausstand selbst, zu dem zumindest eine Magd als Hausgesinde gehörte (12,13), und stellte es der Gemeinde als Versammlungsort zur Verfügung.
Auf den gleichen Sachverhalt weist nun auch Apg 4,32 hin. Danach gab es nach wie vor "Besitzende" in der Gemeinde, die aber die Nutzung ihres Eigentums allen ermöglichten. Sie pochten nicht auf Eigentum, sondern stellten es zur Verfügung, aber gerade nicht so, daß sie es verkauften und den Erlös in eine gemeinsame Kasse gaben, sondern so, daß sie andere partizipieren ließen.
Die von Lukas in den beiden Summarien verarbeiteten Notizen legen also entgegen der lukanischen Tendenz gerade nicht die Annahme nahe, daß in der Urgemeinde regelmäßig aller Besitz zu Geld gemacht wurde und alle aus einer Kasse lebten. Wohl aber dürften sie belegen, wie in der Urgemeinde das soziale Gefälle durch tätige Liebe vor allem der Besitzenden ausgeglichen wurde, so daß es tatsächlich keinen mehr gab, der Not leiden mußte. Einen Fall mißlungenen sozialen Ausgleichs schildert dagegen Apg 6,1-6. Hier wird von einem Mißstand berichtet, der bei der täglichen Versorgung der Bedürftigen eingetreten ist. Die armen Witwen der "Hellenisten" sind bei der täglichen Versorgung "übersehen" worden, offenbar über längere Zeit. Durch Einsetzung der "Sieben" wird nach Lukas dieser Mißstand beseitigt (s. dazu Kap. VII). Bei der von Lukas in Apg 2 und 4 dargestellten idealen Gütergemeinschaft hätte er gar nicht auftreten können. Die Notiz ist deshalb unverdächtig. Sie zeigt einerseits, wie die Urgemeinde den sozialen Ausgleich regelte. Die Bedürftigen wurden

durch die Besitzenden mitversorgt. Allerdings weist die Organisation nach 6,1-6 Lücken auf. Die Notiz warnt aber andererseits auch davor, die Darstellung der Summarien zu pressen. Auch Lukas dürfte die Spannung von 6,1-6 zu dem Idealbild der Summarien nicht entgangen sein.
Wahrscheinlich wollte Lukas Einzelnachrichten über besonders großzügige Verzichtsaktionen einzelner Jünger auf eine breitere Basis stellen. Er wußte, daß Petrus und die "Zwölf" tatsächlich auf Besitz und Beruf verzichtet hatten (Lk 5,11). Petrus besaß in der Tat kein "Gold und Silber" (Apg 3,6). Auch über Josef Barnabas weiß Lukas, daß er "einen Acker besaß, diesen verkaufte und das Geld den Aposteln brachte und ihnen zu Füßen legte" (Apg 4,36f). Auch diese Notiz ist historisch unverdächtig. Zu Ehren des Barnabas hat man offenbar noch in späterer Zeit dieses Beispiel selbstlosen Besitzverzichts erwähnt. Doch zeigt dies eben auch an, daß seine Aktion nicht als selbstverständliche Pflicht all derer angesehen wurde, die Äcker oder Häuser besaßen. Barnabas trat vielmehr durch diesen Verzicht zu jenen urchristlichen Wandermissionaren hinzu, die frei von persönlichem Besitz allein der Jesusverkündigung dienten. In den Summarien will Lukas also wohl zum Ausdruck bringen, daß Barnabas nicht der einzige war, der diesen radikalen Schritt vollzogen hat. Hierzu gehörten auch Petrus und die "Zwölf", aber ebenso die "Sieben" und vor allem die große Zahl der wandernden Missionare, die außerhalb Jerusalems tätig waren (s. dazu Kap. X).
Von diesen Überlegungen her fällt auch Licht auf die dunkle und schwierige Erzählung Apg 5,1-11.

> [1]Ein Mann aber, namens Hananias, verkaufte mit Sapphira, seiner Frau, ein Gut, [2]legte aber mit Wissen seiner Frau etwas von dem Erlös für sich beiseite; er brachte einen Teil und legte ihn den Aposteln zu Füßen. [3]Da sprach Petrus: "Hananias, warum hat der Satan dein Herz erfüllt, daß du den Heiligen Geist belogst und von dem Erlös für das Grundstück zurückbehieltest? [4]Blieb es nicht dir, wenn es unverkauft blieb, und blieb nicht nach dem Verkauf der Erlös zu deiner Verfügung? Warum hast du dir diese Tat erdacht? [5]Nicht Menschen hast du belogen, sondern Gott." Als aber Hananias diese Worte vernahm, fiel er und gab den Geist auf. Und große Furcht kam über alle, die es hörten. [6]Die jungen Männer aber erhoben sich, hüllten ihn ein, trugen ihn hinaus und begruben ihn. [7]Nach Verlauf von etwa drei Stunden kam auch seine Frau herein, ohne zu wissen, was geschehen war. [8]Petrus aber sprach zu ihr: "Sage mir, habt ihr das Grundstück um soviel verkauft?" Sie aber sagte: "Ja, um soviel." [9]Da sprach Petrus zu ihr: "Warum habt ihr euch miteinander verabredet, den Geist des Herrn zu versuchen? Siehe, die Füße derer, die deinen Mann begruben, sind vor der Türe, und sie werden dich hinaustragen." [10]Da fiel sie plötzlich vor seinen Füßen nieder und gab den Geist auf. Da traten die jungen Männer ein und fanden sie tot; sie trugen sie hinaus und bestatteten sie neben ihrem Mann. [11]Und große Furcht kam über die ganze Gemeinde und über alle, die davon hörten.

Es ist deutlich, daß die Eheleute das Besondere und nicht von allen Geforderte taten, als sie ihren Besitz verkauften und den Erlös "den Aposteln zu Füßen" legten. Petrus stellt in V.4 ausdrücklich fest, daß sie dazu nicht verpflichtet waren. Besitz und Erlös hätten sie behalten können. Warum haben sie sich dennoch zum Besitzverzicht entschlossen und worin bestand ihre Schuld? Wollte Hananias sich im Einverständnis mit seiner Frau durch Besitzverzicht ganz dem Dienst der Verkündigung widmen und Wandermissionar werden? Dagegen spricht nicht, daß er verheiratet war und blieb. Auch andere Wandermissionare führten auf ihren Missionsreisen Ehefrauen mit sich (1 Kor 9,5). Die Schuld

beider bestand dann darin, daß sie den Besitzverzicht nur mit halbem Herzen und nicht radikal vollzogen haben. So haben sie Gott und den Heiligen Geist zu hintergehen versucht. Bei dieser Deutung könnten auch die in 5,6.10 erwähnten "jungen Männer" deutlichere Konturen gewinnen. Sind damit Jesusjünger gemeint, die durch radikalen Besitzverzicht in die "vollkommene" Jesusnachfolge eingetreten waren (vgl. Mk 10,17-22), als wandernde Boten Jesu in einer besonderen Beziehung zum Erhöhten standen und "Geistträger" waren?
Wir müssen diese Fragen auf sich beruhen lassen. Die Erzählung Apg 5,1-11 zeigt jedenfalls, daß der Verkauf des Eigentums nicht von allen Mitgliedern der Urgemeinde vollzogen und auch nicht verlangt wurde. Er blieb die Ausnahme, wenngleich dies wahrscheinlich auch häufiger vorgekommen ist, als Lukas "historisch" belegen kann. Insofern hat er zu Recht die Einzelnotizen, die ihm vorlagen (vgl. 4,36f; 5,1-11), ausgeweitet.
Zusammenfassend können wir festhalten, daß es die in den beiden Summarien von Lukas beschriebene soziale Solidargemeinschaft in der Urgemeinde tatsächlich gegeben hat, auch wenn sie nach Form und Organisation nicht einfachhin dem idealen Typos folgte, den Lukas darstellt. Sicher hatte die Gemeinde Mitglieder, die Häuser, Land und Kapital besaßen. Sie wurden nicht "enteignet". Sie stellten ihre Häuser als Versammlungsorte zur Verfügung und leisteten aus ihrem Vermögen einen erheblichen Beitrag zum Ausgleich des sozialen Gefälles in der Gemeinde. Es gab aber auch Besitzende, die auf ihren Besitz oder ihr Erbe radikal verzichteten, ihn verkauften und den Erlös spendeten. Wahrscheinlich stellten sich diese Jesusjünger dadurch als Wandermissionare in den besonderen Dienst der urchristlichen Verkündigung. Es dürfte somit tatsächlich eine Art "gemeinsamer Kasse" bestanden haben, die dazu diente, das Sozialgefälle in der Gemeinde auszugleichen, etwaige soziale Notfälle wie Verschuldung, Freikauf usw. aufzufangen und vielleicht sogar wirkliche Gemeinschaftsaufgaben wie etwa den Ankauf von Begräbnisplätzen zu finanzieren. Besonders groß dürfte das Spendenkapital der Urgemeinde allerdings nie gewesen sein. Sie war sicher im wirklichen Sinn arm. Auf dem Apostelkonzil (48/49 n.Chr.) wurde wegen akuter Hungersnot und großer wirtschaftlicher Schwierigkeiten in Palästina und Jerusalem eine "Kollekte" beschlossen, ein umfangreiches Hilfsprogramm, an dem sich auch die heidenchristlichen Gemeinden des Paulus beteiligten.

Die Essener kannten ebenfalls ein organisiertes Gemeinschaftsleben, bei dem auch der Besitz des einzelnen Mitglieds herangezogen wurde. Auch hier können wir zwei Weisen der Inanspruchnahme unterscheiden. Die verheirateten Mitglieder der über das ganze Land verstreuten Essenersiedlungen verfügten über privaten Besitz und privates Vermögen (CD IX 14ff.22). Sie besaßen Häuser (CD XI 7-11) und Äcker und beschäftigten sogar Sklaven und Tagelöhner (CD XI 12; XII 10). Aber sie leisteten monatliche Zahlungen in eine Gemeinschaftskasse, die von einem "Aufseher" verwaltet wurde (CD XIV 12-16). Wer in die Gemeinde aufgenommen wurde, hatte Angaben über seine Vermögensverhältnisse zu machen. Falsche Angaben wurden bestraft (CD XIV 20f). Aus der Gemeinschaftskasse sollten Bedürftige unterstützt werden: "Davon soll man den Waisen geben, und davon soll man den Elenden und Armen unterstützen; und weiterhin für den Greis[, der im Sterben liegt,] und für den Mann, der heimatlos ist, und für denjenigen, der in ein fremdes Volk gefangen weggeführt wird, und für die Jungfrau, die keinen Löser hat..." (CD XIV 14ff).
Diese Praxis könnte die Lebens- und Gütergemeinschaft der Urgemeinde zumindest befruchtet haben. Auch in Jerusalem gab es eine Essenersiedlung, mit der die Urgemeinde in Berührung gekommen sein könnte. Und daß unter den neubekehrten Christen auch Essener waren, haben wir bereits gesehen.
Für Qumran galt allerdings eine radikalere Regel. Wer dieser "Mönchsgemeinschaft" beitreten wollte, hatte seinen Besitz oder sein Vermögen in den Gemeinschaftsbesitz einzubringen. Nach

einjährigem "Noviziat" mußte der Bewerber "seinen Besitz und seine Einkünfte übergeben in die Hand des Mannes, der die Aufsicht führt über die Einkünfte der vielen." Dieser hatte es "auf Rechnung" anzuschreiben, "aber er darf es nicht für die vielen ausgeben" (1 QS VI 19f). Im Falle der Ablehnung des Bewerbers nach dem zweiten Noviziatsjahr konnte das vorläufig eingezogene Vermögen somit wieder ausgezahlt werden. Erst nach endgültiger Aufnahme in die Gemeinschaft ging es in den Gemeinschaftsbesitz über. Unwissentlich falsche Angaben über die eigenen Vermögensverhältnisse wurden mit Ausschluß vom Gemeinschaftsleben und Kürzung der Essensration für ein Jahr bestraft (1 QS VI 24f). Eine bewußte Falschangabe, für die sich keine Sanktion findet, wurde sicher mit Totalausschluß aus der Gemeinschaft geahndet.
Daß diese Praxis der Qumrangemeinschaft den Hintergrund für den radikalen Besitzverzicht in der Urgemeinde gebildet hat und konkret hinter dem Strafgericht über Hananias und Sapphira (Apg 5,1-11) steht, ist aber eher unwahrscheinlich. Der radikale Besitzverzicht, wie er in der Urgemeinde vorgekommen ist, war nicht vorgeschrieben, sondern freiwillig. Er dürfte sein Vorbild im Lebensstil des irdischen Jesus und seines Jüngerkreises gehabt haben. Nur wer diesen Lebensstil nach Ostern radikal nachvollziehen und sich ganz in den Dienst der Jesusverkündigung stellen wollte, mußte so handeln, wie schon die Jünger des irdischen Jesus gehandelt hatten. Er mußte auf seinen Besitz, nun zugunsten der nachösterlichen Jesusgemeinschaft, verzichten und trat so in den "Dienst" des Erhöhten als sein "begeisterter" Bote.

2.3. Die Form der Zusammenkünfte "in den Häusern"

Über den Ablauf der täglichen Zusammenkünfte der Jesusjünger "in den Häusern" wissen wir wenig. Sicher ist, daß sie dabei gemeinsam Mahl hielten (s. dazu Abschn. 2.5). Daß sie dabei auch gemeinsam beteten, ist wohl selbstverständlich. Ebenso wird man annehmen dürfen, daß bei diesen Zusammenkünften die "Heiligen Schriften" gelesen und ausgelegt, Fragen der Lebenspraxis und der Torahalacha geregelt wurden (vgl. Mt 18,18) und theologische und christologische Reflexionen hier ihren Ort hatten. Die Zusammenkünfte dienten also auch der Entwicklung und Pflege einer Tradition. Schwerlich werden sie in ihrem Ablauf und ihren Einzelelementen einheitlich geregelt gewesen sein. Liturgische Formulare sind erst später entwickelt worden. Vielmehr waren sie geprägt durch das freie Wirken des heiligen Gottesgeistes. Ekstatische und prophetische Rede zeichneten sie aus.

"Nur so begreift man die Entstehung vieler in der Vollmacht des Erhöhten und in der Ich-Form gesprochener Logien, die die Gemeinde unterschiedslos mit den vorösterlichen Herrenworten vereinigen konnte, und nur so begreift man die ausgesprochene charismatische Gemeindeordnung der Anfangszeit." (Hahn 42)

Die vorherrschende Stimmung dieser Versammlungen war ein eschatologischer Enthusiasmus. Hier wurde sich die Urgemeinde ihrer Erwählung als eschatologische Gemeinschaft aktuell bewußt und nahm in "eschatologischem Jubel" (Apg 2,46) den bevorstehenden Anbruch der Endzeit vorweg.
So wenig wir über diese Versammlungen auch wissen, sie können nicht gänzlich formlos gewesen sein. Dafür sprechen schon ganz allgemeine soziologische Erwägungen. Bereits das Zusammentreffen "in den Häusern" erforderte ein Mindestmaß an Organisation. Ebenso ihr Charakter als Gemeinschaftsmahl, das der Sättigung diente. Dieses Gemeinschaftsmahl folgte einem bestimmten Ritus, wie schon seine Bezeichnung "Brotbrechen" anzeigt. Zumindest einer aus der versammelten Hausgemeinschaft mußte dem Mahl vorstehen und es durch das Brechen und Austeilen des Brotes eröffnen. Dieser Ritus war wie bei jeder jüdischen Mahlzeit mit einem Segensgebet verbunden. Aber auch Schriftauslegung und Toraweisung erforderten das Einhalten gewisser Strukturen. Wo

schriftgelehrter Sachverstand anwesend war, wird diesem ganz von selbst auch Autorität zugestanden worden sein. So sehr wir mit dem freien Wirken des Gottesgeistes bei diesen Versammlungen rechnen müssen und diese für ekstatisch-prophetische Wirkungen offen waren, es mußten gerade deswegen auch nüchterne Ordnungskriterien entwickelt werden. Ein prophetisches Wort mußte von allen verstanden und zu anderen Worten in Beziehung gesetzt, Widersprüche mußten durch Reflexion und Deutung ausgeglichen werden. Hier dürften die Ansätze für die Ausbildung von Funktionen und Diensten in der Urgemeinde liegen, auch wenn man anfangs noch nicht von "Ämtern" sprechen kann.

Ein Blick auf die Gemeinschaft der Essener ist auch hier lehrreich. Auch sie war in kleine Einheiten gegliedert, die sich zu gemeinsamen gottesdienstlich-sakralen Mahlzeiten trafen. Die Versammlungen wurden von einem Vorsteher geleitet (vgl. 1 QS VI 2-13; 1 QSa). In ihnen wurde die "Heilige Schrift" ausgelegt und Torahalacha betrieben. Dafür sollte in der Versammlung von mindestens zehn Männern ein schriftgelehrter Priester zuständig sein, der nicht mit dem "Vorsteher" identisch war (CD XII 23ff). Vermutlich waren die Versammlungen der Urgemeinde ähnlich gestaltet. Wir haben oben darauf hingewiesen, daß auch schriftgelehrte Pharisäer und Essener der Jesusgemeinschaft beigetreten sind. Zumindest sie brachten die Voraussetzungen mit, als Schriftausleger und "Theologen" in den Versammlungen zu wirken.

Wir müssen für die erste Zeit der Urgemeinde mit einer Vielfalt der Formen und Inhalte der Versammlungen rechnen. Vielleicht ist gerade dadurch überhaupt die Vielfalt der frühen Christologie und der urchristlichen Tradition zu begreifen. Die Gemeindeversammlungen "in den Häusern" wurden eben auch geprägt durch die konkreten Personen, die hier zusammentrafen, und durch ihren unterschiedlichen geistigen und geistlichen Hintergrund. So mag in der einen Hausgemeinschaft pharisäische Schriftgelehrsamkeit den Ton angegeben, in einer anderen apokalyptisches Denken Stimmung und Reflexion beeinflußt haben. In den Häusern der "Hellenisten" herrschten Denktraditionen des hellenistischen Judentums vor.

Beim gemeinsamen Gebet in den Versammlungen wußte sich die Urgemeinde unter die Verheißung Mt 18,19-20[1] gestellt:

> [19]Wenn zwei von euch auf Erden eins werden, daß sie um irgend etwas beten wollen, so wird es ihnen von meinem Vater im Himmel zuteil werden. [20]Denn wo zwei oder drei in meinem Namen versammelt sind, da bin ich mitten unter ihnen.

Die Verheißung (V.19) gilt dem gemeinsamen Bittgebet. Das gemeinsame Gebet wird absolut erhört. Denn wo sich die kleinste Gemeinschaft von Jüngern Jesu "auf seinen Namen hin" versammelt, da ist der Erhöhte selbst in ihrer Mitte. V.20 ist die christliche Fassung eines jüdischen Wortes: "Aber wenn zwei zusammensitzen und sich mit Toraworten beschäftigen, so ist die Schechina (= Gott) unter ihnen" (Aboth 3,2). Die Stelle der Schechina nimmt hier der himmlische Messias ein: Er selbst ist der Vermittler der Bitten seiner Jünger an Gott. Hier spricht der Auferstandene durch den Mund eines urchristlichen Propheten. Die Entstehung des Logions in der aramäisch-sprechenden Urgemeinde dürfte

---

[1] LONA, H.W., "In meinem Namen versammelt". Mt 18,20 und liturgisches Handeln: ALW 27 (1985) 373-404; PESCH, R., "Wo zwei oder drei versammelt sind auf meinem Namen hin..." (Mt 18,20). Zur Ekklesiologie eines Wortes Jesu, in: FS W. Pesch, Stuttgart 1988, 227-243; TRILLING, W., Das Wahre Israel, München [3]1964.

durch die Nähe zu Aboth 3,2 gesichert sein. In ihm kommt wohl eine Distanzierung vom jüdischen Gottesdienstverständnis zum Ausdruck, "denn einerseits ist damit die Gegenwart des Auferstandenen an die Stelle der kultischen Gegenwart Gottes im Tempel getreten, und andererseits ist die für jeden jüdischen Gottesdienst erforderliche Mindestzahl von zehn Personen preisgegeben" (Hahn 42).

An Gebetsformularen der Urgemeinde kennen wir nur das "Vaterunser". Möglich ist, daß das "Achtzehnbittengebet" zumindest zeitweise auch von der Urgemeinde beim gemeinsamen Gebet benutzt wurde. Mit Ausnahme der erst später hinzugefügten zwölften "Bitte" enthielt dieses Gebet nichts, was nicht auch Christen beten konnten, war es doch vor allem ein Gebet der messianischen Hoffnung. Von Anfang an aber war das "Vaterunser" (Lk 11,2-4)[1] das Hauptgebet der Christen. Das bezeugt auch Paulus, wenn er die Christen als solche bezeichnet, die Abba sagen (Röm 8,15f; Gal 4,6).

> 2 Wenn ihr betet, so sprecht:
> Vater, geheiligt werde dein Name,
> es komme dein Reich,
> 3 das Brot für morgen gib uns heute,
> 4 und vergib uns unsere Schuld;
> denn auch wir vergeben jedem,
> der unser Schuldner ist,
> und führe uns nicht in Versuchung.[2]

Das Gebet wendet sich an den Gott Israels. Aber es ist schlicht und knapp. Es vermeidet heilsgeschichtliche Rückblicke und ausschmückende Gottesbezeichnungen. Die Beter dürfen zu Gott Abba sagen. Das ist Familiensprache, aber nicht unbedingt Kleinkindersprache. Sie stehen Gott als Söhne und Töchter,

---

[1] JEREMIAS, J., Neutestamentliche Theologie, Gütersloh 1971, 188-196; DERS., Das Vater-Unser im Licht der neueren Forschung, in: Ders., Abba, Göttingen 1966, 152-171; LOHFINK, G., Der präexistente Heilsplan. Sinn und Hintergrund der dritten Vaterunserbitte, in: FS R.Schnackenburg, Freiburg 1989, 110-133; SCHÜRMANN, H., Das Gebet des Herrn, Freiburg 1958; VÖGTLE, A., Der "eschatologische" Bezug der Wir-Bitten des Vaterunser, in: FS W.G. Kümmel, Göttingen [2]1978, 344-362; DERS., Das Vaterunser - ein Gebet für Juden und Christen?, in: Brocke, M./Petuchowski, J.J./Strolz, W. (Hg), Das Vaterunser. Gemeinsames im Beten von Juden und Christen, Freiburg 1974, 165-195.

[2] Das "Vaterunser" liegt in einer kürzeren (Lukas) und in einer längeren Fassung (Matthäus/Did 8,2) vor. In der kürzeren Fassung fehlen die Attribute bei der Anrede, die ganze dritte (γενηθήτω τὸ θέλημά σου, ὡς ἐν οὐρανῷ καὶ ἐπὶ γῆς) und die siebte Bitte (ἀλλα ῥῦσαι ἡμᾶς ἀπὸ τοῦ πονηροῦ) der Matthäusfassung. Entscheidend ist, daß die Lukasfassung vollständig in der Matthäusfassung enthalten ist.
"Da liturgische Texte die Tendenz haben, sich anzureichern, und der kürzere Wortlaut hier gewöhnlich der ältere ist, dürften die Überschüsse des Matthäus Erweiterungen darstellen" (J. Jeremias). Jedenfalls ist es undenkbar, daß man ein ursprünglich längeres Gebet Jesu später gekürzt hat. Die Erweiterungen in der Matthäusfassung sind aber nicht redaktionell, sondern vormatthäisch: Mt gibt das Gebet wieder, wie es in seiner Gemeinde gebetet wurde.
Ist die Lukasfassung hinsichtlich des Umfangs ursprünglicher, so die Matthäusfassung hinsichtlich des Wortlautes, da sich aus ihr der zugrundeliegende aramäische Wortlaut rekonstruieren läßt, während die Lukasfassung gräzisiert ist.
So muß es in der dritten Bitte ursprünglich heißen: δὸς ἡμῖν σήμερον statt δίδου ἡμῖν τὸ καθ' ἡμέραν. In der vierten Bitte ist ὀφειλήματα ursprünglicher als ἁμαρτίας. Lk 11,4 ist gräzisiert. Daß auch in Lk 11,4 einmal ὀφειλήματα stand, beweist das folgende τῷ ὀφειλοντί. Hinter ὀφειλήματα steht wohl der aramäische Ausdruck hoba, der sowohl "Geldschuld" als auch "Sünde" bezeichnen kann. Schließlich ist der Aorist ἀφήκαμεν in Mt 6,12 ursprünglicher als das Präsens ἀφίομεν in Lk 11,4, weil es der schwierigere Text ist.

nicht als "Untertanen" gegenüber. Er ist ihnen nahe und wohlgesonnen. Darum brauchen sie bei seiner Anrede keine unterwürfige, demutsvolle Sprache zu sprechen.
Die beiden ersten Bitten sind formal und inhaltlich parallel. In ihnen wird der Herrschaftsantritt Gottes erfleht. Die Bitte: "Es komme deine Basileia" ist ohne Zweifel eschatologisch zu verstehen. Die Basileia ist eine Gabe der nahen Zukunft. Mit ihr wird Gott sein ewiges Königtum endgültig durchsetzen. Zu beachten ist, daß diese Bitte der anderen erst nachfolgt: "Geheiligt werde dein Name." Wo Gottes Name "geheiligt" wird, wird seine Herrschaft und sein Königtum anerkannt. Ist auch diese Bitte eschatologisch gemeint? Wird um Gottes endgültiges Eingreifen zur Durchsetzung der Heiligung seines Namens gebetet? Oder ist auch daran gedacht, daß Gott bereits hier und jetzt in der Gegenwart der Beter die Heiligung seines Namens durchsetzen soll? Und ist das Passiv notwendig ein theologisches Passiv? Wird nicht auch durch denjenigen, der mit diesem Gebet betet, Gottes Name "geheiligt", seine Herrschaft anerkannt? Freilich sagen die Beter nicht: "wir heiligen deinen Namen" oder: "wir werden dafür sorgen, daß er geheiligt wird". Vielmehr wird Gott aufgerufen, dies selbst in die Hand zu nehmen. Gott soll dafür sorgen, daß die Menschen seinen Namen heiligen, sich seiner Herrschaft unterwerfen, und das bedeutet zuletzt: seinem Willen gehorchen. Sosehr Gottes Herrschaftsantritt ganz Gottes eigene Aktivität ist und als eschatologisches Ereignis erfleht werden muß, sowenig ist die Mitwirkung des Menschen dabei ausgeschlossen. Wo Menschen jetzt schon den Namen Gottes heiligen, seine Herrschaft anerkennen, seinen Willen tun, da ist Gottes Basileia schon anfanghaft und verborgen da.

Die beiden ersten Bitten haben im jüdischen Qaddischgebet eine Parallele (s.dazu Kap. III.2). Dieses Gebet ist wahrscheinlich schon zur Zeit Jesu im Synagogengottesdienst verwendet worden. Das "Vaterunser" erweist sich also als ein "jüdisches" Gebet: Das spezifische Anliegen Jesu und der Urgemeinde wird im Denkhorizont des Judentums formuliert.

Diese spezifischen Anliegen kommen in den Wir-Bitten zum Tragen. Der Sinn der ersten Wir-Bitte ist bis heute unsicher und umstritten, weil das Adjektiv ἐπιούσιος nur noch einmal und unsicher belegt ist. Es ist wahrscheinlich von ἡ ἐπιοῦσα ("der kommende Tag": "morgen") abgeleitet. Dann lautet die Bitte: "Das Brot für morgen gib uns heute!"

J. Jeremias versteht auch diese Bitte eschatologisch. Er vermutet als aramäisches Äquivalent mahar, das sowohl "morgen" als auch "zukünftig" bedeuten kann. Das "zukünftige Brot", das für "heute" erbeten wird, sei das Brot, das beim eschatologischen Freudenmahl gegessen wird (vgl. Mk 14,25; Mt 8,11f; Lk 22,30). Die Brotbitte des "Vaterunsers" erflehe den sofortigen ("heute") Anbruch des eschatologischen Freudenmahles. Diese Deutung bleibt möglich. Wir werden unten sehen, daß die Urgemeinde ihr gemeinschaftliches "Brotbrechen" in sehnsüchtiger Erwartung und als zeichenhafte Vorwegnahme des endzeitlichen Mahles vollzogen hat. Dennoch ist diese Deutung unwahrscheinlich, zumal sie das "Vaterunser" ganz an die tägliche Mahlsituation bindet. Hier mag das Gebet in der Urgemeinde tatsächlich seinen "Sitz im Leben" gehabt haben, doch ist dies für den irdischen Jesus schwerlich anzunehmen.

Eine andere Deutung ist plausibler: Die Bitte um das Brot für morgen "gehört in eine Situation sozialer Bedrängnis, in der die Nahrung für den folgenden Tag nicht einfach selbstverständlich vorhanden ist. 'Brot' als wichtigstes Nahrungsmittel kann semitisch als pars pro toto für 'Nahrung' überhaupt stehen... Man

kann etwa an die Situation eines Tagelöhners denken, der noch nicht weiß, ob er am folgenden Tag wieder Arbeit findet, wovon er mit seiner Familie leben kann. 'Brot für morgen' enthält zugleich eine Begrenzung: Es geht um das Überlebenkönnen, nicht um Reichtümer" (Luz, Mt 347). Mit der Brotbitte vollziehen die Beter in wirklichem Sinn die Weisung Jesu, nicht mehr die Sorge um die tägliche Nahrung über sich herrschen zu lassen (vgl. Lk 12,22ff; s. dazu Kap. X.3). Ihre einzige Sorge soll die Basileia Gottes sein, wie sie in den beiden ersten Bitten des Gebetes zum Ausdruck kommt.
Auch die zweite Wir-Bitte sperrt sich gegen eine eschatologische Deutung. Durch den Nachsatz wird Gottes Vergebung an die tatsächlich bereits vollzogene Vergebung unter den Betern gebunden. Das ist sachlich und theologisch höchst bedeutsam. Die Beter wissen, daß Gottes Vergebung nicht zu haben ist, ohne daß sie selbst zur Vergebung bereit sind (vgl. Mk 11,25; Mt 18,23-35). Die Betenden versichern, daß sie einander vergeben haben. So können sie um Gottes hier und jetzt ergehende Sündenvergebung bitten.
Auch die dritte Wir-Bitte ist schwerlich eschatologisch zu verstehen. Die "Versuchung" ist nicht die endzeitliche Drangsal. Eher drückt sich hier die Sorge der Betenden aus, in der Versuchung zur Sünde nicht widerstehen zu können. Sie leben ja noch nicht in der Basileia und können aus der soeben erflehten Vergebung Gottes wieder herausfallen, etwa durch unversöhnliches Verhalten gegenüber ihren Nächsten. Darum bitten sie um Bewahrung und Vollendung ihres gegenwärtigen Standes vor Gott, wie er im bisherigen Gebet zum Ausdruck kam. In diesem Sinn hat die Bitte freilich eine eschatologische Dimension und leitet den Gedanken zu den beiden Eingangsbitten zurück.

Paulus (1 Kor 16,22f) und die Didache (10,6) haben uns einen kurzen Gebetsruf der Urgemeinde überliefert: "maranatha". In Apk 22,20f findet er sich in griechischer Übersetzung: ἔρχου κύριε Ἰησοῦ. Hier ist der Ruf eindeutig imperativisch: "Komm, Herr Jesus!" Die aramäische Fassung "maranatha" kann aber auch übersetzt werden: "Unser Herr ist gekommen!"
Welcher Sinn ist ursprünglich? In 1 Kor 16,22f und Did 10,6 steht "maranatha" im Kontext von Eucharistieaussagen. Dieser fordert zumindest in Did 10,6 eindeutig den imperativischen Sinn. 1 Kor 11,26b; Mk 14,25 zeigen uns, daß die Urgemeinde ihre Gemeinschaftsmähler in Erwartung des kommenden Jesus feierte. Darum ist es ganz unwahrscheinlich, daß "maranatha" die Präsenz des Erhöhten bei der Eucharistie feststellen will. Es muß vielmehr als Ruf um die baldige Parusie Jesu verstanden werden.
"Maranatha" ist also Gebetsruf, wendet sich jedoch nicht an Gott, sondern an den in den Himmel erhöhten Jesus. Dies bedeutet nicht, daß der Auferstandene schon als "göttliche Person" verehrt wurde, zeigt aber, daß die Urgemeinde ihm eine himmlische Hoheitsfunktion zugeschrieben hat, die er als Erhöhter bereits wahrnahm und die sich auf die irdische Gemeinde seiner Bekenner bezog. Diese sprechen ihn als "mare" (Herr) bzw. "marana" (unser Herr) an. Die Anrede "mare" hat (im Gegensatz zu Adonai, mit dem die jüdische Synagoge das Tetragramm יהוה wiedergab) ursprünglich keinen religiösen Beiklang. Es ist eine profane Höflichkeitsanrede, speziell für höhere Beamte. Vielleicht ist bereits der irdische Jesus so angeredet worden (vgl. Mt 8,8; Mk 7,28). Zumindest wurde er schon sehr früh in der Urgemeinde so bezeichnet, wie die Wen-

dungen "Bruder des Herrn" und "Worte des Herrn" beweisen. Wenn die Urgemeinde den Erhöhten mit "mare" bzw. "marana" anspricht und ihn zur baldigen Parusie aufruft, dann ist "mare" bzw. "marana" bereits zu einem christologischen Titel geworden.

Der Erhöhte ist das Gegenüber der Gemeinde. Vom Himmel her leitet er sie durch den Heiligen Geist und durch Propheten, die "in seinem Namen" handeln und sprechen. Deswegen kann die Gemeinde ihn im Gebet anrufen. Sie erwartet in Kürze seine Parusie. Wenn sie mit ihm vereint sein wird, dann bricht die Basileia endgültig an. Das alles bedeutet: Der Erhöhte und die Gemeinde gehören zusammen. Er vertritt sie jetzt schon am Thron Gottes. Die irdisch im Gebet versammelte Gemeinde weiß, daß sie im Erhöhten eine himmlische Entsprechung hat.

Der Gebetsruf "maranatha" gehört in die aramäisch-sprechende Urgemeinde. Er drückt ihr eschatologisches Bewußtsein und ihre angespannte Naherwartung aus. Sein "Sitz im Leben" dürften die Gemeindeversammlungen sein, in denen die Christen sehnsuchtsvoll nach der Vereinigung mit ihrem "Herrn" ausblickten und seine Parusie herbeiwünschten. Damit war der Gedanke nicht ausgeschaltet, daß der Kommende auch als Richter erscheinen werde. Doch betrifft seine Richterfunktion nicht die Gemeinde selbst, sondern diejenigen, die sich nicht zu ihm bekannt hatten (vgl. Lk 12,8f).

2.4. Die Schriftauslegung der Urgemeinde

Ganz selbstverständlich galten der Urgemeinde die "Heiligen Schriften" Israels als heilig. Sie besaß noch keine eigenen Schriften. Auch als die ersten eigenen gottesdienstlichen Überlieferungen in der Urgemeinde verfaßt worden waren, etwa die Passionsgeschichte oder Lieder und Bekenntnisse, ersetzten diese nicht die "Heiligen Schriften", sondern traten neben sie. Allerdings müssen wir beachten, daß zur Zeit der Urgemeinde der Kanon "Heiliger Schriften" noch nicht festgelegt war, auch nicht im zeitgenössischen Judentum. Es könnten daher auch Bücher in der Urgemeinde Geltung besessen haben, die später nicht in den jüdischen Kanon aufgenommen wurden, zum Beispiel der äthHen bzw. dessen Bilderreden (s. dazu Kap. III).

In den Versammlungen der Urgemeinde wurden die "Heiligen Schriften" gelesen und in aktualisierender Auslegung interpretiert. Dabei galten offenbar nicht nur die Prophetenbücher, sondern auch die Psalmen, das Deuteronomium und die weisheitlichen Bücher als prophetisch. Ihre "Weissagungen" gingen in der Gegenwart in Erfüllung. Weil die Urgemeinde das Wirken Jesu, seine Auferweckung und ihre eigene geistgeprägte Gegenwart als den Anfang des Eschatons verstand, konnte sie die "Heiligen Schriften" als Ansagen dieser Ereignisse auslegen. Sie redeten von Jesus, seinem Wirken und Geschick und von dem durch ihn in Gang gesetzten endzeitlichen Geschehen.

Solch aktualisierende "eschatologische" Schriftauslegung ging natürlich nicht ohne Gewaltsamkeiten gegenüber dem Text vor sich. Das eschatologische Ereignis bildete den Horizont für das Verständnis des Textes. Auf dieses hin befragte man ihn. Man war überzeugt, daß der Text vom "Christus" sprach, auch wenn der Wortsinn dem nicht entsprach. Das ganze AT bildete den Bezugsrahmen für die nun einsetzende theologische und christologische Reflexion der Urgemeinde. Einzelne Passagen der "Heiligen Schriften" sind offenbar wieder und wieder vom Jesusereignis her gelesen und interpretiert worden. Die ganze sich in der Folge ausbildende christologische Überlieferung der Urgemeinde ist letztlich schriftgelehrte Auslegung des AT und anderer "Heiliger Schriften" des Frühjudentums. "Mutter aller Theologie ist die urchristliche Schriftauslegung." (Schürmann 125)

Eine analoge aktualisierende Anwendung der alttestamentlichen Schriften ist auch in Qumran anzutreffen. Diese eschatologische Gemeinschaft, die sich als "Neuer Bund" verstand, interpretierte sie in gleicher Weise wie die Urgemeinde: In der Essenergemeinde und ihrer Geschichte waren sie in Erfüllung gegangen. Auch hier wurden die Psalmen als prophetische Weissagungen verstanden (vgl. 4 Qp Ps 37). In den Qumranschriften sind auch Zusammenstellungen wichtiger alttestamentlicher Schriftstellen belegt (4 QTest; 4 Qflor). Solche Sammlungen hat man seit langem auch für das frühe Christentum vermutet. Durch die Qumranschriften wird ihre Existenz wahrscheinlicher, wenn sie vielleicht auch noch nicht in der ältesten Urgemeinde vorhanden waren, sondern erst allmählich erarbeitet wurden. Aber schon Paulus könnte solche Zusammenstellungen benutzt haben.

In den "Heiligen Schriften" fand die Urgemeinde Hinweise auf Jesu Auferweckung und auf seine himmlische Einsetzung zum "Messias/Menschensohn". Mit ihrer Hilfe lernte sie das verborgene Wirken und das dunkle Todesgeschick des Irdischen verstehen. Die Schriften deuteten ihr auch die eigene eschatologische Gegenwart und Zukunft. Auch die furchtbare Erfahrung der späten Urgemeinde, daß die Mehrheit des jüdischen Volkes sich der Verkündigung der Boten Jesu verstockt versagte, war in den Schriften vorgezeichnet.
Im folgenden soll eine Auswahl alttestamentlicher Texte aufgeführt werden, die nachweislich bei der Traditionsbildung der Urgemeinde eine bedeutende Rolle gespielt haben, weil sie mehr oder weniger deutlich oder häufig zitiert werden.
Eine wichtige Rolle hat die Weissagung vom Kommen eines endzeitlichen Propheten wie Mose gespielt, die in Dtn 18,15.18f ausgesprochen ist. Die Erzählung Mk 9,2-8 scheint geradezu eine Explikation dieses Textes zu sein (s. Kap. I).

> [15]Einen Propheten wie mich wird dir der Herr, dein Gott,
> aus deiner Mitte, unter deinen Brüdern, erstehen lassen.
> Auf ihn sollt ihr hören...
> [18]Einen Propheten wie dich will ich ihnen
> mitten unter ihren Brüdern erstehen lassen.
> [19]Ich will ihm meine Worte in den Mund legen,
> und er wird ihnen alles sagen, was ich ihm auftrage.
> (Dtn 18,15.18f)

Die Auferweckung bzw. Erhöhung Jesu und seine Einsetzung zum himmlischen Messias hat die Urgemeinde in mehreren Texten belegt gefunden.

> [9]Darum freut sich mein Herz und frohlockt meine Seele;
> auch mein Leib wird wohnen in Sicherheit.
> [10]Denn du gibst mich nicht der Unterwelt preis;
> du läßt deinen Frommen das Grab nicht schauen.
> [11]Du zeigst mir den Pfad zum Leben.
> Vor deinem Angesicht herrscht Freude in Fülle,
> zu deiner Rechten Wonne für alle Zeit.
> (Ps 16,9-11)

> [7]Den Beschluß des Herrn will ich kundtun.
> Er sprach zu mir: "Mein Sohn bist du. Heute habe ich dich gezeugt.
> [8]Fordere von mir, und ich gebe dir die Völker zum Erbe,

die Enden der Erde zum Eigentum.
9 Du wirst sie zerschlagen mit eiserner Keule.
Wie Krüge aus Ton wirst du sie zertrümmern." (Ps 2,7-9)

1 So spricht der Herr zu meinem Herrn:
Setze dich mir zur Rechten, und ich lege dir deine Feinde als Schemel unter die Füße.
2 Vom Sion strecke der Herr das Zepter seiner Macht aus:
"Herrsche inmitten deiner Feinde!"
3 Dein ist die Herrschaft am Tage deiner Macht,
(wenn du erscheinst) in heiligem Schmuck;
ich habe dich gezeugt noch vor dem Morgenstern,
wie den Tau in der Frühe.
4 Der Herr hat geschworen, und nie wird's ihn reuen:
"Du bist Priester auf ewig nach der Ordnung Melchisedeks." (Ps 110)

1 Dann wird der Gerechte voll Zuversicht dastehen
vor denen, die ihn bedrängt und seine Mühen verachtet haben.
2 Wenn sie ihn sehen, packt sie entsetzliche Furcht,
und sie geraten außer sich über seine unerwartete Rettung.
3 Jetzt denken sie anders; seufzend und voll Angst sagen sie zueinander:
4 Dieser war es, den wir einst verlachten,
verspotteten und verhöhnten, wir Toren.
Sein Leben hielten wir für Wahnsinn und sein Ende für ehrlos.
5 Jetzt zählt er zu den Söhnen Gottes,
bei den Heiligen hat er sein Erbteil. (Weish 5,1-5)

15 Frohlocken und Jubel erschallt in den Zelten der Gerechten:
"Die Rechte des Herrn wirkt mit Macht!
16 Die Rechte des Herrn ist erhoben, die Rechte des Herrn wirkt mit Macht!"
17 Ich werde nicht sterben, sondern leben,
um die Taten des Herrn zu verkünden.
18 Der Herr hat mich hart gezüchtigt,
doch er hat mich nicht dem Tod übergeben.
19 Öffnet mir die Tore zur Gerechtigkeit,
damit ich eintrete, um dem Herrn zu danken.
20 Das ist das Tor zum Herrn, nur Gerechte treten hier ein.
21 Ich danke dir, daß du mich erhört hast;
du bist für mich zum Retter geworden.
22 Der Stein, den die Bauleute verwarfen,
er ist zum Eckstein geworden.
23 Das hat der Herr vollbracht, vor unseren Augen geschah dieses Wunder.
24 Dies ist der Tag, den der Herr gemacht hat;
wir wollen jubeln und uns an ihm freuen...
26 Gesegnet sei er, der kommt im Namen des Herrn.
Wir segnen euch, vom Haus des Herrn her.
27 Gott, der Herr, erleuchte uns.
Mit Zweigen in den Händen schließt euch zusammen zum Reigen,
bis zu den Hörnern des Altars!
28 Du bist mein Gott, dir will ich danken;
mein Gott, dich will ich rühmen. (Ps 118,15-24.26-28)

Auch für den zunächst unbegreiflichen Verbrechertod Jesu am Kreuz hat die Urgemeinde Erklärungen in den prophetischen Schriften des AT, insbesondere in den Psalmen gesucht. Sie hat dabei zurückgegriffen auf die geprägte Vorstellung vom notwendigen "Leiden des Gerechten", wie sie in Ps 34,20 vorliegt: "Der Gerechte muß viel leiden, doch allem wird der Herr ihn entreißen." Nachweislich haben die in diesen Vorstellungskreis gehörenden Psalmen den ältesten Passionsbericht der Urgemeinde geprägt (s. Kap. VI.3).

2 Mein Gott, mein Gott, warum hast du mich verlassen,
bist fern meinem Schreien, den Worten meiner Klage?
3 Mein Gott, ich rufe bei Tag, doch du gibst keine Antwort;
ich rufe bei Nacht und finde doch keine Ruhe. ...
7 Ich aber bin ein Wurm und kein Mensch,
der Leute Spott, vom Volk verachtet.
8 Alle, die mich sehen, verlachen mich,
verziehen die Lippen, schütteln den Kopf:
9 "Er wälzte die Last auf den Herrn, der soll ihn befreien!
Der reiße ihn heraus, wenn er an ihm Gefallen hat." ...
16 Meine Kehle ist trocken wie eine Scherbe,
Die Zunge klebt mir am Gaumen, du legst mich in den Staub des Todes.
17 Viele Hunde umlagern mich, eine Rotte von Bösen umkreist mich.
Sie durchbohren mir die Hände und Füße.
18 Man kann all meine Knochen zählen; sie gaffen und weiden sich an mir.
19 Sie verteilen unter sich meine Kleider und werfen das Los um mein Gewand.
20 Du aber, Herr, halte dich nicht fern! Du, meine Stärke, eile mir zu Hilfe!
21 Entreiße mein Leben dem Schwert, mein einziges Gut aus der Gewalt der Hunde!
22 Rette mich vor dem Rachen des Löwen, vor den Hörnern der Büffel rette mich Armen!
(Ps 22,1-9.16-22)

10 Herr, sei mir gnädig, denn mir ist angst;
vor Gram zerfallen mir Auge, Seele und Leib.
11 In Kummer schwindet mein Leben dahin, meine Jahre verrinnen im Seufzen.
Meine Kraft ist ermattet im Elend, meine Glieder sind zerfallen
12 Zum Spott geworden bin ich all meinen Feinden,
ein Hohn den Nachbarn, ein Schrecken den Freunden;
wer mich auf der Straße sieht, der flieht vor mir.
13 Ich bin dem Gedächtnis entschwunden wie ein Toter,
bin geworden wie ein zerbrochenes Gefäß.
14 Ich höre das Zischeln der Menge - Grauen ringsum.
Sie sinnen darauf, mir das Leben zu rauben. (Ps 31,10-14)

5 Ich sagte: Herr, sei mir gnädig, heile mich;
denn ich habe gegen dich gesündigt.
6 Meine Feinde reden böse über mich:
"Wann stirbt er endlich, und wann vergeht sein Name?"
7 Besucht mich jemand, so kommen seine Worte aus falschem Herzen.
8 Im Haß gegen mich sind sich alle einig;
sie tuscheln über mich und sinnen auf Unheil:
9 "Verderben hat sich über ihn ergossen;
wer einmal daliegt, steht nicht mehr auf."
10 Auch mein Freund, dem ich vertraute,
der mein Brot aß, hat gegen mich geprahlt. (Ps 41,5-10)

8 Denn deinetwegen erleide ich Schmach,
und Schande bedeckt mein Gesicht.
9 Entfremdet bin ich den eigenen Brüdern,
den Söhnen meiner Mutter wurde ich fremd. ...
20 Du kennst meine Schmach und meine Schande.
Dir stehen meine Widersacher alle vor Augen.
21 Die Schande bricht mir das Herz, ganz krank bin ich vor Schmach;
umsonst habe ich auf Mitleid gewartet, auf einen Tröster, doch ich habe keinen gefunden.
22 Sie gaben mir Gift zu essen, für den Durst reichten sie mir Essig. (Ps 69,8-10.20-22)

12 Laßt uns dem Gerechten auflauern!
Er ist uns unbequem und steht unserem Tun im Weg.
Er wirft uns Vergehen gegen das Gesetz vor
und beschuldigt uns des Verrats an unserer Erziehung.
13 Er rühmt sich, die Erkenntnis Gottes zu besitzen,
und nennt sich einen Knecht des Herrn.
14 Er ist unserer Gesinnung ein lebendiger Vorwurf,
schon sein Anblick ist uns lästig;
15 denn er führt ein Leben, das dem der andern nicht gleicht,
und seine Wege sind grundverschieden.
16 Als falsche Münze gelten wir ihm;

von unseren Wegen hält er sich fern wie von Unrat.
Das Ende der Gerechten preist er glücklich
und prahlt, Gott sei sein Vater.
[17]Wir wollen sehen, ob seine Worte wahr sind,
und prüfen, wie es mit ihm ausgeht.
[18]Ist der Gerechte wirklich Sohn Gottes,
dann nimmt sich Gott seiner an
und entreißt ihn der Hand seiner Gegner.
[19]Roh und grausam wollen wir mit ihm verfahren,
um seine Sanftmut kennenzulernen, seine Geduld zu erproben.
[20]Zu einem ehrlosen Tod wollen wir ihn verurteilen;
er behauptet ja, es werde ihm Hilfe gewährt. (Weish 2,12-20)

Ich aber wehrte mich nicht und wich nicht zurück.
[6]Ich hielt meinen Rücken denen hin, die mich schlugen,
und denen, die mir den Bart ausrissen, meine Wangen.
[7]Mein Gesicht verbarg ich nicht vor Schmähungen und Speichel. (Jes 50,6)

Auch das Lied vom leidenden Gottesknecht dürfte von Anfang an im Blickfeld der Urgemeinde gestanden haben. Auffällig ist allerdings, daß der älteste Passionsbericht der Urgemeinde nicht darauf Bezug nimmt. Gleichwohl hat es nachweislich Einfluß auf die älteste Traditions- und Bekenntnisbildung gehabt, allerdings nicht in seiner hebräischen Fassung, der eine merkwürdige und rätselhafte Wirkungsgeschichte im späteren Judentum beschieden war, sondern in der Fassung der LXX. Es könnten die "Hellenisten" gewesen sein, die diesen Text zuerst aufgegriffen und von ihm her ein neues, soteriologisches Verständnis des Todes Jesu entwickelt haben.

[3]Er wurde verachtet und von den Menschen gemieden,
ein Mann voller Schmerzen, mit Krankheit vertraut.
Wie einer, vor dem man das Gesicht verhüllt,
war er verachtet; wir schätzten ihn nicht.
[4]Aber er hat unsere Krankheit getragen und unsere Schmerzen auf sich geladen.
Wir meinten, er sei von Gott geschlagen, von ihm getroffen und gebeugt.
[5]Doch er wurde durchbohrt wegen (LXX: διά) unserer Verbrechen,
wegen unserer Sünden (διὰ τας ἁμαρτίας ἡμῶν) zermalmt.
Zu unserem Heil lag die Strafe auf ihm, durch seine Wunden sind wir geheilt.
[6]Wir hatten uns alle verirrt wie Schafe, jeder ging für sich seinen Weg.
Doch der Herr lud auf ihn die Schuld von uns allen.
[7]Er wurde mißhandelt und niedergedrückt, aber er tat seinen Mund nicht auf.
Wie ein Lamm, das man zum Schlachten führt,
und wie ein Schaf angesichts seiner Scherer, so tat auch er seinen Mund nicht auf.
[8]Durch Haft und Gericht wurde er dahingerafft, doch wen kümmerte sein Geschick?
Er wurde vom Land der Lebenden abgeschnitten
und wegen der Verbrechen seines Volkes zu Tode getroffen.
[9]Bei den Ruchlosen gab man ihm sein Grab, bei den Verbrechern seine Ruhestätte,
obwohl er kein Unrecht getan hat und kein trügerisches Wort in seinem Mund war.
[10]Doch der Herr fand Gefallen an seinem zerschlagenen [Knecht],
er rettete den, der sein Leben als Sühnopfer hingab.
Er wird Nachkommen sehen und lange leben.
Der Plan des Herrn wird durch ihn gelingen.
[11]Nachdem er so vieles ertrug, erblickt er das Licht.
Er sättigt sich an Erkenntnis.
Mein Knecht, der gerechte, macht die vielen gerecht; er lädt ihre Schuld auf sich.
[12]Deshalb gebe ich ihm seinen Anteil unter den Großen,
und mit den Mächtigen teilt er die Beute,
weil er sein Leben dem Tod preisgab und sich unter die Verbrecher rechnen ließ.
Denn er trug die Sünden von vielen und trat für die Schuldigen ein. (Jes 53,3-12)

Die großen Weissagungen einer messianischen Heilszeit im Jesajabuch haben die Urgemeinde angeregt, das Bild ihres Messias Jesus und seines zurückliegenden und zukünftigen Wirkens zu formen und die eigene Erwählung als neues Israel zu begreifen.

1Das Volk, das im Dunkeln lebt, sieht ein helles Licht;
über denen, die im Land der Finsternis wohnen, strahlt ein Licht auf.
2Du erregst lauten Jubel und schenkst große Freude.
Man freut sich in deiner Nähe, wie man sich freut bei der Ernte,
wie man jubelt, wenn Beute verteilt wird.
3Denn wie am Tag von Midian zerbrichst du das drückende Joch,
das Tragholz auf unserer Schulter und den Stock des Treibers.
4Jeder Stiefel, der dröhnend daherstampft,
jeder Mantel, der mit Blut befleckt ist,
wird verbrannt, wird ein Fraß des Feuers.
5Denn uns ist ein Kind geboren, ein Sohn ist uns geschenkt.
Die Herrschaft liegt auf seiner Schulter;
man nennt ihn: Wunderbarer Ratgeber, Starker Gott,
Vater in Ewigkeit, Fürst des Friedens.
6Seine Herrschaft ist groß, und der Friede hat kein Ende.
Auf dem Thron Davids herrscht er über sein Reich;
er festigt und stützt es durch Recht und Gerechtigkeit, jetzt und für alle Zeiten.
Der leidenschaftliche Eifer des Herrn der Heere wird das vollbringen. (Jes 9,1-6)

1Doch aus dem Baumstumpf Isais wächst ein Reis hervor,
ein junger Trieb aus seinen Wurzeln bringt Frucht.
2Der Geist des Herrn läßt sich nieder auf ihm:
der Geist der Weisheit und Einsicht, der Geist des Rates und der Stärke,
der Geist der Erkenntnis und der Gottesfurcht.
3Er richtet nicht nach dem Augenschein,
und nicht nur nach dem Hörensagen entscheidet er,
4sondern er richtet die Hilflosen gerecht
und entscheidet für die Armen des Landes, wie es recht ist ...
10An jenem Tag wird es der Sproß aus der Wurzel Isais sein,
der dasteht als Zeichen für die Nationen; die Völker suchen ihn auf;
sein Wohnsitz ist prächtig.
11An jenem Tag wird der Herr seine Hand von neuem erheben,
um den übriggebliebenen Rest seines Volkes zurückzugewinnen,
von Assur und Ägypten, von Patros und Kusch,
von Elam, Schinar und Hamat und von den Inseln des Meeres.
12Er stellt für die Völker ein Zeichen auf,
um die Versprengten Israels wieder zu sammeln,
um die Zerstreuten Judas zusammenzuführen von den vier Enden der Erde.
(Jes 11,1-4.10-12)

1Seht, das ist mein Knecht, den ich stütze;
das ist mein Erwählter, an ihm finde ich Gefallen.
Ich habe meinen Geist auf ihn gelegt, er bringt den Völkern das Recht.
2Er schreit nicht und lärmt nicht und läßt seine Stimme nicht auf der Straße erschallen.
3Das geknickte Rohr zerbricht er nicht, und den glimmenden Docht löscht er nicht aus;
ja, er bringt wirklich das Recht.
4Er wird nicht müde und bricht nicht zusammen,
bis er auf der Erde das Recht begründet hat.
Auf seine Gesetze warten die Inseln.
5So spricht Gott, der Herr, der den Himmel erschaffen und ausgespannt hat,
der die Erde gemacht hat und alles, was auf ihr wächst,
der den Menschen auf der Erde Atem verleiht
und allen, die auf ihr leben, den Geist:
6Ich, der Herr, habe dich aus Gerechtigkeit gerufen,
ich fasse dich an der Hand. Ich habe dich geschaffen und dazu bestimmt,

der Bund für mein Volk und das Licht für die Völker zu sein:
[7]blinde Augen zu öffnen, Gefangene aus dem Kerker zu holen
und alle, die im Dunkel sitzen, aus ihrer Haft zu befreien. (Jes 42,1-7)

[1]Der Geist Gottes, des Herrn, ruht auf mir; denn der Herr hat mich gesalbt.
Er hat mich gesandt, damit ich den Armen eine frohe Botschaft bringe
und alle heile, deren Herz zerbrochen ist,
damit ich den Gefangenen die Entlassung verkünde und den Gefesselten die Befreiung,
[2]damit ich ein Gnadenjahr des Herrn ausrufe, einen Tag der Vergeltung unseres Gottes,
damit ich alle Trauernden tröste,
[3]die Trauernden Sions erfreue, ihnen Schmuck bringe anstelle von Schmutz,
Freudenöl statt Trauergewand, Jubel statt Verzweiflung ...
[8]Denn ich, der Herr, liebe das Recht, ich hasse Verbrechen und Raub.
Ich bin treu und gebe ihnen den Lohn, ich schließe mit ihnen einen ewigen Bund.
[9]Ihre Nachkommen werden bei allen Nationen bekannt sein
und ihre Kinder in allen Völkern.
Jeder, der sie sieht, wird erkennen: Das sind die Nachkommen, die der Herr gesegnet hat.
(Jes 61,1-3.8-9)

Auch die in Kapitel III.7 angeführten Weisheitstexte spielten eine bedeutende Rolle für die christologische Reflexion der Urgemeinde.

Andere alttestamentliche Weissagungen erfüllten sich jetzt in der Gemeinde. In ihr wirkte der Joel 3,1-2 für die Endzeit verheißene Gottesgeist, sie verstand sich als Repräsentantin des Jer 31,31-34 verheißenen "neuen Bundes".

[1]Danach aber wird es geschehen, daß ich meinen Geist ausgießen über alles Fleisch.
Eure Söhne und Töchter werden Propheten sein,
eure Alten werden Träume haben, und eure jungen Männer haben Visionen.
[2]Auch über eure Knechte und Mägde werde ich meinen Geist ausgießen in jenen Tagen.
(Joel 3,1-2)

[31]Seht, es werden Tage kommen - Spruch des Herrn -,
in denen ich mit dem Haus Israel und mit dem Haus Juda
einen neuen Bund schließen werde,
[32]nicht wie der Bund war, den ich mit euren Vätern geschlossen habe,
als ich sie bei der Hand nahm, um sie aus Ägypten herauszuführen.
Diesen meinen Bund haben sie gebrochen,
obwohl ich ihr Gebieter war - Spruch des Herrn.
[33]Denn das wird der Bund sein,
den ich nach diesen Tagen mit dem Haus Israel schließe - Spruch des Herrn:
Ich lege mein Gesetz in sie hinein und schreibe es auf ihr Herz.
Ich werde ihr Gott sein, und sie werden mein Volk sein.
[34]Keiner wird mehr den anderen belehren, man wird nicht zueinander sagen:
Erkennt den Herrn!, sondern sie alle, klein und groß,
werden mich erkennen - Spruch des Herrn.
Denn ich verzeihe ihnen die Schuld, an ihre Sünde denke ich nicht mehr. (Jer 31,31-34)

Die Erwartung der Urgemeinde in Jerusalem war auf die endzeitliche Völkerwallfahrt zum Sion ausgerichtet:

[2]Am Ende der Tage wird es geschehen: Der Berg mit dem Haus des Herrn
steht fest gegründet als höchster der Berge; er überragt alle Hügel.
Zu ihm strömen alle Völker.
[3]Viele Nationen machen sich auf den Weg; sie sagen:
Kommt, wir ziehen hinauf zum Berg des Herrn und zum Haus des Gottes Jakobs.
Er zeige uns seine Wege, auf seinen Pfaden wollen wir gehen.
Denn vom Sion kommt die Weisung des Herrn, aus Jerusalem sein Wort.

4Er spricht Recht im Streit der Völker, er weist viele Nationen zurecht.
Dann schmieden sie Pflugscharen aus ihren Schwertern
und Winzermesser aus ihren Lanzen.
Man zieht nicht mehr das Schwert, Volk gegen Volk,
und übt nicht mehr für den Krieg. (Jes 2,2-4)

1Am Ende der Tage wird es geschehen:
Der Berg mit dem Haus des Herrn steht fest gegründet als höchster der Berge;
er überragt alle Hügel. Zu ihm strömen die Völker.
2Viele Nationen machen sich auf den Weg. Sie sagen:
Kommt, wir ziehen hinauf zum Berg des Herrn und zum Haus des Gottes Jakobs.
Er zeige uns seine Wege, auf seinen Pfaden wollen wir gehen.
Denn vom Sion kommt die Weisung, aus Jerusalem kommt das Wort des Herrn.
3Er spricht Recht im Streit der Völker,
er weist mächtige Nationen zurecht [bis in die Ferne].
Dann schmieden sie Pflugscharen
aus ihren Schwertern und Winzermesser aus ihren Lanzen.
Man zieht nicht mehr das Schwert, Volk gegen Volk, und übt nicht mehr den Krieg.
4Jeder sitzt unter seinem Weinstock und unter seinem Feigenbaum,
und niemand schreckt ihn auf. Ja, der Mund des Herrn der Heere hat gesprochen.
5Denn alle Völker gehen ihren Weg, jedes ruft den Namen seines Gottes an;
wir aber gehen unseren Weg im Namen Jahwes, unseres Gottes, für immer und ewig.
(Mi 4,1-5)

1Auf, werde licht, denn es kommt dein Licht,
und die Herrlichkeit des Herrn geht leuchtend auf über dir.
2Denn siehe, Finsternis bedeckte die Erde
und Dunkel die Völker, doch über dir geht leuchtend der Herr auf,
seine Herrlichkeit erscheint über dir.
3Völker wandern zu deinem Licht und Könige zu deinem strahlenden Glanz.
4Blick auf und schau umher: Sie alle versammeln sich und kommen zu dir.
Deine Söhne kommen von fern, deine Töchter trägt man auf den Armen herbei.
5Du wirst es sehen, und du wirst strahlen,
dein Herz bebt vor Freude und öffnet sich weit.
Denn der Reichtum des Meeres strömt dir zu, die Schätze der Völker kommen zu dir.
(Jes 60,1-5; vgl. Jes 62; Sach 2,15; 8,20ff)

Auch für das sich abzeichnende Versagen einer Mehrheit des jüdischen Volkes gegenüber dem letzten Ruf zur Umkehr fand die Urgemeinde im AT eine Erklärung. Hierfür konnte sie auf geprägte Vorstellungen der deuteronomistischen Bußprediger zurückgreifen.

1Ich will ein Lied singen von meinem geliebten Freund,
ein Lied vom Weinberg meines Liebsten.
Mein Freund hatte einen Weinberg auf einer fruchtbaren Höhe.
2Er grub ihn um und entfernte die Steine und bepflanzte ihn mit den edelsten Reben.
Er baute mitten darin einen Turm und hieb eine Kelter darin aus.
Dann hoffte er, daß der Weinberg süße Trauben brächte,
doch er brachte nur saure Beeren.
3Nun sprecht Urteil, Jerusalems Bürger und ihr Männer von Juda,
im Streit zwischen mir und dem Weinberg!
4Was konnte ich noch für meinen Weinberg tun, das ich nicht für ihn tat?
Warum hoffte ich denn auf süße Trauben? Warum brachte er nur saure Beeren?
5Jetzt aber will ich euch kundtun, was ich mit meinem Weinberg mache:
Ich entferne seine schützende Hecke; so wird er zur Weide.
Seine Mauer reiße ich ein; dann wird er zertrampelt.
6Zu Ödland will ich ihn machen. Man soll seine Reben nicht schneiden
und soll ihn nicht hacken; Dornen und Disteln werden dort wuchern.
Ich verbiete den Wolken, ihm Regen zu spenden.

[7]Ja, der Weinberg des Herrn der Heere ist das Haus Israel,
und die Männer von Juda sind die Reben, die er zu seiner Freude gepflanzt hat.
Er hoffte auf Rechtspruch - doch siehe da: Rechtsbruch,
und auf Gerechtigkeit - doch siehe da: Der Rechtlose schreit. (Jes 5,1-7)

[18]Ihr, die ihr taub seid, hört, ihr Blinden, blickt auf und seht her!
[19]Wer ist so blind wie mein Knecht und so taub wie der Bote, den ich sende?
Wer ist so blind wie mein Vertrauter und so taub wie der Knecht des Herrn?
[20]Vieles sieht er, aber er beachtet es nicht; die Ohren hat er offen und hört doch nicht.
(Jes 42,18-20)

[1]Ich wäre zu erreichen gewesen für die, die nicht nach mir fragten,
ich wäre zu finden gewesen für die, die nicht nach mir suchten.
Ich sagte zu einem Volk, das meinen Namen nicht anrief:
Hier bin ich, hier bin ich.
[2]Den ganzen Tag streckte ich meine Hände aus nach dem abtrünnigen Volk,
das einen Weg ging, der nicht gut war, nach seinen eigenen Plänen,
[3]nach einem Volk, das in seinem Trotz mich ständig ärgert. ...
[13]Darum - so spricht Gott, der Herr:
Meine Knechte sollen essen, doch ihr leidet Hunger.
Meine Knechte sollen trinken, doch ihr leidet Durst.
Meine Knechte sollen sich freuen, doch ihr müßt euch schämen.
[14]Meine Knechte sollen aus Herzenslust jubeln, doch ihr werdet schreien vor Herzeleid
und heulen vor Verzweiflung. (Jes 65,1-3.13-14a)

Wir haben eine mehr oder weniger zufällige Auswahl alttestamentlicher Texte vorgeführt, die die Urgemeinde beschäftigt und bei der Ausbildung einer eigenen Überlieferung angeregt haben. Zahlreiche weitere Texte und frühjüdische Überlieferungen werden uns im Laufe unserer Untersuchungen noch begegnen, mit denen sich die Gemeinde auseinandersetzen mußte. An dieser Stelle sollte nur darauf hingewiesen werden, wie sehr die "Heiligen Schriften" im Interesse der Urgemeinde standen. Die Beschäftigung mit ihnen hatte ihren Ort in den Versammlungen der Gemeinde. Vielleicht hat sich schon bald auch ein Kreis von christlichen "Schriftgelehrten" und "Lehrern" herausgebildet, die von Bildung und Schulung her in der Lage waren, das Heilshandeln Gottes in Jesus durch die "Heiligen Schriften" zu interpretieren. Sie könnten aus Kreisen der Apokalyptiker, der Pharisäer oder der Essener zur Jesusgemeinschaft gestoßen sein und neben ihrem geschulten Denken auch noch die Traditionen und theologischen Denkweisen dieser Kreise in die Jesusgemeinde eingebracht haben. Man braucht sie sich nicht als trockene "Exegeten" oder "Dogmatiker" vorzustellen. Auch sie werden am prophetischen Charisma der Urgemeinde teilgehabt haben. Durch sie dürften die ersten eigenen Traditionen und Bekenntnisformeln entwickelt worden sein, die zur Keimzelle einer urchristlichen Theologie wurden. Einzelne uns bekannte Persönlichkeiten können ohne weiteres diesem Kreis zugeordnet werden, so gewiß Joseph Barnabas und Stephanus aus dem Kreis der "Hellenisten". Die meisten jedoch bleiben für uns anonym.

2.5. Das Gemeinschaftsmahl

Wichtigster Bestandteil der Gemeindeversammlungen "in den Häusern" war das gemeinsame Mahl. Es war ein wirkliches Sättigungsmahl und entsprechend den Lebensumständen der damaligen Zeit oft die einzige sättigende Mahlzeit am

Tag. Noch in der heidenchristlichen Gemeinde von Korinth wurde diese Praxis geübt. Dort ist es aber zu erheblichen Mißständen gekommen, die Paulus heftig anprangert (vgl. 1 Kor 11). Sosehr die Zusammenkünfte der Urgemeinde religiöse Feiern waren, sie haben "von Anfang an auch dem Zweck gedient - entsprechend dem Gebot gegenseitiger Liebe -, die Armen und Unbemittelten, Waisen und Witwen zu speisen. Von dem Mahl geht die erste christliche Liebestätigkeit aus." (Lohmeyer 82) Jedoch erschöpfte sich die tägliche Mahlzeit nicht darin, Sättigungsmahl zu sein. "Es ist eine Vereinigung der Jünger Jesu als solcher; damit ist sie kein alltägliches Mahl mehr, sondern hat einen idealen Charakter; es drückt sich der gemeinsame Besitz an religiösen und ethischen Überzeugungen darin aus." (Weiß, Urchristentum 41) Der besondere Charakter der Mahlzeit kommt auch in ihrer Bezeichnung zum Ausdruck. Apg 2,42.46 wird sie "das Brotbrechen" genannt. Mit dem Ritus des "Brotbrechens" eröffnete zwar jeder jüdische Hausvater das gemeinsame Mahl, doch wird keine jüdische Mahlzeit nach diesem Ritus benannt. Nun spielt das Brechen des Brotes auch in der Brotvermehrungsgeschichte Mk 6,41 und in der Emmauserzählung Lk 24,30f eine besondere Rolle. Dort haftet die Vorstellung vom nicht ausgehenden Brot an diesem Ritus, hier wird er zum Erkennungszeichen des Auferstandenen. Beide Erzählungen verweisen darauf, daß dieser Ritus bei den Gemeindemahlzeiten eine besondere Bedeutung hatte, woraus ihre Benennung als "das Brotbrechen" verständlich wird.
Aus 1 Kor 11 läßt sich ein Bild gewinnen, wie die Mahlzeiten vonstatten gingen. Wahrscheinlich brachten die Mahlteilnehmer, je nach Vermögen, bereits zubereitete Speisen mit, die dann von allen gemeinsam verzehrt wurden. Arme und Bedürftige wurden durch den "Überfluß" reicher Mitglieder der Versammlung miternährt. So verwirklichte sich in diesen Versammlungen die Seligpreisung Jesu: "Selig die Hungernden, denn sie werden satt werden. Selig die Weinenden, denn sie werden jubeln!"

Eines der umstrittensten Probleme neutestamentlicher Exegese ist die Frage, ob das urchristliche Gemeinschaftsmahl unmittelbar vom "letzten Abendmahl" Jesu abgeleitet worden ist und ob in ihm von Anfang an und überall in der Weise des Todes Jesu gedacht wurde, wie dies die beiden Abendmahlstraditionen 1 Kor 11,23-26 und Mk 14,22-24 voraussetzen. Eng mit dieser Problematik verbunden ist die andere, wie Jesus selbst das "letzte Mahl" mit seinen Jüngern gedeutet und ob er es zu seinem Tod in Beziehung gesetzt hat. Es steht außer Zweifel, daß Jesus bei seinem Aufenthalt in Jerusalem mit seinen Jüngern bewußt ein letztes gemeinsames Mahl gehalten hat. Dieses Mahl war geprägt von der unmittelbaren Erwartung der Basileia Gottes, wie sie in dem Logion Mk 14,25 zum Ausdruck kommt. Möglicherweise hat Jesus mit der realen Möglichkeit seines Sterbens noch vor Anbruch der Basileia gerechnet und dies anläßlich dieses Mahles seinen Jüngern gegenüber geäußert. Den Ritus des "Brotbrechens" zur Eröffnung der Mahlzeit könnte er dazu benutzt haben, um symbolisch auf sein bevorstehendes Sterben hinzuweisen. Doch können wir den genauen Sinn einer solchen möglichen Handlung Jesu und die vielleicht bei ihr gesprochenen Worte nicht mehr rekonstruieren. Der Einsetzungsbericht Mk 14,22-24 hilft hier nicht weiter. Er ist traditionsgeschichtlich jung. Ältere Überlieferung vermittelt uns zwar Paulus in 1 Kor 11,23-25, doch hat er sie erst in Damaskus oder in Antiochien kennengelernt. Dort muß sie nicht entstanden sein. Die Jerusalemer "Hellenisten" könnten sie nach Damaskus bzw. Antiochien mitgebracht haben. Doch würde dies wiederum nur Rückschlüsse auf das Verständnis des Gemeindemahls bei den "Hellenisten" zulassen, weil die beiden Gemeindeteile "Hebräer" und "Hellenisten" sich theologisch unterschiedlich entwickelten (s. dazu Kap. VI und VII). So bleibt es jedenfalls unsicher, wenn nicht gar zweifelhaft, ob in 1 Kor 11,23-25 das älteste und in der gesamten Urgemeinde gültige Verständnis der Mahlfeiern widergespiegelt wird. Wäre dies so, dann könnte der besondere Typ des eucharistischen Mahles, wie ihn die Didache (9,1 - 10,6) überliefert und wie er in späteren judenchristlichen Gemeinden Geltung hatte, weder seiner Entstehung noch seiner Geltung nach erklärt werden. Hier finden wir noch Elemente, die auch die gottesdienstlichen

Feiern der ältesten Urgemeinde bestimmt haben: eschatologische Hochstimmung und drängende Erwartung der Parusie Jesu (Did 10,6), die Bezeichnung "das Brotbrechen" (Did 14,1), den Charakter als Sättigungsmahl (Did 10,1). Der Gebetsruf "maranatha" hat hier wie dort wohl die Mahlfeier beendet. "Von einem Gedächtnis des Todes Jesu, von seinem Leib und Bundesblut, von der Erinnerung an das letzte Mahl in der Nacht des Verrates, ist keine Rede. Wir haben also einen Typ des Herrenmahls vor uns, der sich nicht auf jene bei Mk und Paulus erhaltene Tradition bezieht." (Lietzmann 238) Dieser Eucharistietyp ist traditionsgeschichtlich nur zu erklären, wenn er auf früheste Ursprünge zurückgeht und von anderen theologiegeschichtlichen Entwicklungen unberührt geblieben ist.

In der Tat haben wir Grund anzunehmen, daß das Gemeinschaftsmahl der Urgemeinde von gleicher Art war wie die in Did 9,1 - 10,6 geschilderte "Eucharistiefeier". Zu ihm fand sich die endzeitliche Heilsgemeinde in eschatologischer Hochstimmung zusammen (Apg 2,46). Der Gebetsruf "maranatha" beendete die Feier. Die Feiernden blickten voraus auf das für die Endzeit erwartete messianische Freudenmahl. Damit schlossen sie sich der Haltung Jesu bei seinem letzten gemeinsamen Mahl mit seinen Jüngern an. Auch dieses hatte ja eschatologischen Charakter (Mk 14,25). Aber die Urgemeinde setzte mit ihren täglichen Mahlzeiten nicht nur dieses eine letzte Mahl Jesu mit seinen Jüngern fort, sondern sie gedachte auch der anderen Gemeinschaftsmähler mit dem irdischen Jesus, in denen dieser die Mahlgemeinschaft der kommenden Basileia vorweggenommen hatte. Die Erzählung von der "wunderbaren Brotvermehrung" (Mk 6,34-44)[1] blickt auf solche Mahlzeiten zu Jesu Lebzeiten zurück. Ihr "Sitz im Leben" aber ist das urchristliche Gemeinschaftsmahl.

> 34 Und als er ausstieg, sah er eine große Menge; und er wurde von Mitleid mit ihnen ergriffen; denn sie waren wie Schafe, die keinen Hirten haben. [Und er begann, sie über vieles zu belehren]. 35 Und als es schon spät geworden war, traten seine Jünger zu ihm und sprachen: "Einsam ist die Gegend, und schon ist es spät; 36 entlaß sie, damit sie in die umliegenden Gehöfte und Dörfer gehen und sich etwas zu essen kaufen." [37 Er aber entgegnete ihnen und sprach: "Gebt ihr ihnen zu essen!]" Und sie sprechen zu ihm: "Sollen wir weggehen und Brot kaufen für zweihundert Denare und ihnen zu essen geben?" 38 Er aber sagt ihnen: "Wieviel Brote habt ihr? Geht, seht nach!" Und sie stellen fest und melden: "Fünf, und zwei Fische." 39 Da gebot er ihnen, sie sollten alle in einzelne Mahlgemeinschaften sich lagern lassen auf dem grünen Gras. 40 Und sie lagerten sich in Gruppen zu je hundert und je fünfzig. 41 Und er nahm die fünf Brote und die zwei Fische, blickte zum Himmel auf, sprach den Segen und brach die Brote und gab sie den Jüngern, daß sie ihnen vorsetzten. Auch die zwei Fische ließ er an alle verteilen. 42 Und sie aßen alle und wurden satt. 43 Und sie hoben die Brocken auf, zwölf Körbe voll, auch von den Fischen. 44 Es waren aber derer, die die Brote gegessen hatten, fünftausend Männer.[2]

Die Erzählung ist formal der Elischageschichte 2 Kön 4,42-44 nachgebildet. Sie berührt sich mit ihr im Aufbau und in zahlreichen Einzelzügen. Das Wunder ist gegenüber 2 Kön 4,42-44 erheblich gesteigert, wie schon die Zahlenangaben deutlich machen. In Jesus ist ein Größerer am Werk als Elischa, der als der größte Wundertäter des Alten Testaments galt.
Die Erzählung enthält aber noch zahlreiche Erzählzüge, die nicht aus 2 Kön 4,42-44, wohl aber aus dem übrigen AT oder aus frühjüdischen Vorstellungen abgeleitet werden können: Im Hintergrund

---

[1] HEISING, A., Die Botschaft der Brotvermehrung, Stuttgart 1966; SCHENKE, L., Die wunderbare Brotvermehrung, Würzburg 1983.

[2] Markus hat die Erzählung als isolierte Einzelüberlieferung vorgefunden und zur Einbindung in den Kontext seines Evangeliums mit einem Rahmen versehen. Dieser umfaßt V.30-33. Auch V.34 ist redaktionell überarbeitet durch die Erwähnung der "Lehre Jesu" (V.34c). In V.35-37 dürfte Markus einige Umstellungen vorgenommen haben (vgl. Mk 8,1-9; Joh 6,1-14), um den ihm wichtigen Satz V.37a einzufügen.

von V.34, der von Jesu "Erbarmen" mit dem Volk spricht, stehen alttestamentliche Aussagen, die Gottes Erbarmen und die Mannaspeisung verbinden (vgl. Hos 13,4-6; Ps 107,4-9; 78,18-23; Dtn 8,1-5.16). Durch V.34 wird Jesus als Hirte der Volksmenge qualifiziert. Im AT ist zunächst Gott der Hirte seines Volkes (Ps 23). Seine Hirtensorge ist immer auch Nahrungsfürsorge. Dementsprechend findet sich das Hirtenmotiv oft in Verbindung mit der wunderbaren Mannaspeisung Israels in der Wüste (Hos 13,4-6; Ps 78,18-32. 52). Gott hat aber auch Mose oder David als Hirten des Volkes eingesetzt (Num 27,15-17; Ps 78,70-72). In der Endzeit wird er sein hirtenloses Volk selbst führen und weiden (Ez 34,6. 11-14) und den Messias zum endzeitlichen Hirten bestellen (Ez 34,23-31). Die Erwähnung des einsamen, "wüsten" Ortes in V.35 läßt an die Wüstenspeisung Israels zurückdenken (Ex 16). Die Erwähnung des "grünen Grases" in V.39 hängt mit dem Hirtenmotiv zusammen und dürfte direkter Anklang an Ps 23,2 sein. Die Lagerung der Volksmenge in Tischgemeinschaften zu je 50 und 100 (V.39f) erinnert an die Lagerordnung Israels während der Zeit des Exodus (Ex 18,13ff). Im zeitgenössischen Judentum wird diese Lagerordnung als Tischordnung beim eschatologischen Messiasmahl erwartet und bei den Mahlzeiten der Qumrangemeinde bereits verwirklicht (vgl. 1 QSa 1 f; 1 QS 2,21f; 1 QM 4,3ff).

Die Speisungserzählung ist also voller Anspielungen auf den Exodus und auf das erwartete endzeitliche Messiasmahl. Zugleich ist für sie konstitutiv, daß Jesu Speisung das große Prophetenwunder des Elischa überbietet.
Im Hintergrund der Erzählung steht die jüdische Hoffnung, daß Gott in der Endzeit einen Heilbringer senden wird, der die Züge des Mose tragen (Dtn 18,15.18) und alle Propheten überragen wird. Von diesem "Messias mit Mosefunktion" erwartete man einen neuen Exodus und die Wiederholung der Wunder des Exodus (syrBar 29,8). Ein jüdischer Text lautet: "Wie der erste Erlöser (Mose) das Manna herabkommen ließ, denn es heißt: 'Siehe, ich lasse euch Brot vom Himmel regnen', so läßt auch der letzte Erlöser das Manna herabkommen, denn es heißt: 'Weizenbrot wird auf der Erde liegen'." (Qoh r 1,28) Vor dem Hintergrund dieser Erwartung verkündet die Speisungsgeschichte, daß im Wirken Jesu die Heilserwartung Israels in Erfüllung gegangen ist. Er ist dieser endzeitliche Hirte Israels, den Gott senden wollte. Er sättigte das Volk in der Wüste wie einst Mose beim Exodus. Er hat bereits das eschatologische Messiasmahl vollzogen. Er ist der erwartete "neue Mose", der Messias, der größer als alle Propheten ist.
Die Erzählung sagt zugleich etwas aus über das Selbstverständnis und die Praxis der überliefernden Gemeinde. Sie versteht sich als die mahlfeiernde Messiasgemeinde. Das durch Jesus in der Wüstenspeisung begonnene eschatologische Messiasmahl setzt sich in ihrer Mitte im gemeinsamen "Brotbrechen" fort, bis es seine endgültige Erfüllung finden wird in der Basileia (Mk 14,25). Dieses Verständnis wird auch durch die Erwähnung der "zwölf Körbe" mit übriggebliebenen Brocken nahegelegt, die am Ende der Erzählung erwähnt werden (V.44). Die "zwölf Körbe" weisen in die Gegenwart der erzählenden Gemeinde. Sie lebt jetzt von dem Überfluß, den Jesus zur Verfügung gestellt hat. In ihren Mahlfeiern, in denen sich die Gemeindemitglieder ihre "Vorräte" teilen und alle satt werden, setzt sich das Jesusgeschehen fort.
Die Erzählung hat ihren "Sitz im Leben" in den täglichen Versammlungen der Urgemeinde. Hier wurde sie erzählt, um das Jesusgeschehen präsent werden zu lassen und das konkrete Gemeinschaftsmahl der zusammengekommenen Jesusjünger zu deuten. Zugleich aber richtete sie den Blick der Mahlgemeinschaft auf das noch ausstehende eschatologische Mahl in der Basileia Gottes aus.
Auch die älteste Osterüberlieferung zeigt uns, woran die Urgemeinde dachte, wenn sie zum "Brotbrechen" zusammentraf. Der in Joh 21,1-14 zugrundeliegen-

de Erscheinungsbericht schildert, wie der Auferstandene selbst die frühere Mahlgemeinschaft mit den Jüngern neu begründet. Er teilt ihnen wie bei der Speisung Brot und Fisch aus.
Auch der alte Bericht von der Erscheinung des Auferstandenen in Emmaus Lk 24,13-35[1] ist hier zu nennen.

> [28]So kamen sie in die Nähe des Dorfes, wohin sie gingen, und er tat so, als wollte er weitergehen. [29]Da luden sie ihn dringend ein und sprachen: "Bleibe bei uns, denn es geht gegen Abend, und der Tag geht schon zur Neige." Und er ging hinein, um bei ihnen zu bleiben. [30]Und es geschah, als er mit ihnen zu Tische lag, nahm er das Brot, sprach den Segen, brach und gab ihnen. [31]Da wurden ihre Augen aufgetan, und sie erkannten ihn. Er aber verschwand vor ihnen. [32]Und sie sprachen zueinander: "Brannte nicht unser Herz in uns, als er auf dem Wege mit uns redete [und uns die Schrift aufschloß]?" [33]In derselben Stunde machten sie sich auf und kehrten nach Jerusalem zurück.[2]

Die Erzählung läßt sich als Kultlegende begreifen: Der Auferstandene selbst weist die Jünger in den "Ritus" des Herrenmahles ein. Anschaulich belehrt sie darüber, daß der Auferstandene beim "Brotbrechen" unsichtbar in der Mitte der feiernden Gemeinde anwesend ist.

Das Gemeinschaftsmahl war geprägt vom allgemeinen eschatologischen Bewußtsein der Urgemeinde: Seit Jesu Wirken ist das Eschaton angebrochen und geheimnisvoll gegenwärtig, aber seine Vollendung steht noch aus. Im täglichen Gemeinschaftsmahl realisierte die Urgemeinde diese gespannte Eschatologie. Das Wirken Jesu wird in ihm präsent. Der in den Himmel erhöhte Jesus ist selbst geheimnisvoll beim Mahl anwesend. Dieses ist zugleich Antizipation des zukünftigen eschatologischen Basileiamahls. Darum wird es in eschatologischem Jubel vollzogen. Aber es ist noch nicht das endzeitliche Mahl selbst. Dieses wird erst von der nahen Zukunft erwartet.
Dieser Vorbehalt könnte ganz konkret durch Verzicht auf den Weingenuß zum Ausdruck gekommen sein. Weder die Speisungserzählungen noch die Emmausgeschichte erwähnen den Weinbecher. Das Logion Mk 14,25 könnte darauf hinweisen, daß die Urgemeinde zumindest teilweise und zeitweise auf Wein als Bestandteil ihrer Mahlzeiten verzichtet hat.

> Wahrlich, ich sage euch, ich werde nicht mehr trinken von dem Gewächs des Weinstocks bis zu dem Tage, da ich es neu im Reiche Gottes trinke.

Das Logion kann unmöglich die ursprüngliche Fortsetzung von 14,22-24 sein. Vielleicht ist es ein Fragment eines verlorenen Abendmahlberichtes (vgl. Lk 22,15-18). Es ist durchweg semitisch geprägt. Jesus verheißt in ihm der Jüngerschar eine neue und endgültige Mahlgemeinschaft in der Basileia Gottes. Bis dahin wird er "vom Gewächs des Weinstocks" nicht mehr trinken. Möglicherweise begründet das Logion die Praxis bestimmter Kreise der Urgemeinde, bis

---

[1] BETZ, H.D., Ursprung und Wesen christlichen Glaubens nach der Emmauslegende (Lk 24,13-32): ZThK 66 (1969) 7-21; WANKE, J., Die Emmauserzählung, Leipzig 1973.

[2] Lukas hat diesen Erscheinungsbericht umfangreich umgestaltet. Die ursprüngliche Fassung läßt sich nur noch vermuten, nicht rekonstruieren. Lukanisch ist das gesamte "Gespräch auf dem Wege" (V.14.17-27). Dementsprechend muß zumindest V.32c ebenfalls redaktionell sein. Auch die Einfügung der Erzählung in den Kontext und die Betonung Jerusalems gehen auf den Evangelisten zurück (V.13.33.34).

zur Vollendung der Basileia bei ihren Gemeinschaftsmählern auf Wein zu verzichten. Noch in der alten Kirche treffen wir auf Gemeinden und Konventikel, die die "Eucharistie" ohne Wein gefeiert haben.

Noch in der frühen Jerusalemer Urgemeinde ist wahrscheinlich in den Kreisen der "Hellenisten" ein neues Verständnis des Gemeinschaftsmahls entwickelt worden.[1] Die "Hellenisten" haben als erste über die Heilsbedeutung des Kreuzestodes Jesu nachgedacht und ihn mit Kategorien der Bundestheologie und der Sühnopfervorstellungen gedeutet (s. dazu Kap. VI.3). Wurde der Kreuzestod Jesu als Sühnopfer begriffen, das Sündenvergebung und Bundeserneuerung bewirkt hat, dann konnte die Mahlfeier der Gemeinde zu dem Ort werden, wo diese Frucht des Kreuzestodes Jesu den Mahlteilnehmern "sakramental" mitgeteilt wurde. Dieses neue Verständnis war dadurch ermöglicht, daß die Mahlfeier stets auch in Erinnerung an Jesu letztes Mahl vor seinem Tod begangen wurde, bei dem Jesus auf sein Martyrium hingewiesen haben könnte. Das "letzte Abendmahl" Jesu trat nun ausschließlich in den Blick. Es wurde verstanden als "Stiftung" Jesu (1 Kor 11,23.26). Die Mahlfeier der Gemeinde wiederholte dieses "letzte Abendmahl" zum Gedächtnis des Todes Jesu. Daß dabei die eschatologische Hochspannung nicht nachließ, zeigt der "eschatologische Ausblick" in 1 Kor 11,26 noch deutlich an.

Die Entwicklung dieses neuen Verständnisses des Gemeindemahls ging mit der der Christologie Hand in Hand. In dem Maße, wie der Kreuzestod Jesu als Ort der Sühne für die vergangenen Sünden und als Erneuerung des durch die Untreue Israels gebrochenen Bundes verstanden wurde, konnte auch das neue Verständnis des Gemeinschaftsmahls wachsen. Aber dieses Verständnis stand nicht am Anfang der Entwicklung.
Am Anfang stand vielmehr die Praxis der Urgemeinde, sich als Gemeinschaft der kommenden Basileia zum täglichen gemeinsamen Mahl zu versammeln, das eschatologischen Charakter hatte und das Mahl der Endzeit antizipierte. Zugleich blickte es zurück auf die Mahlgemeinschaft der Jünger mit Jesus während seines irdischen Wirkens. Auch das letzte Mahl Jesu war in diesen Rückblick einbezogen, freilich als das letzte Mahl in einer umfassenderen Lebenspraxis der vorösterlichen Jesusbewegung. Das eschatologisch verstandene Gemeinschaftsmahl der Urgemeinde bot aber Raum zu weiterer Ausdeutung, die mit der nach Ostern fortschreitenden Deutung von Person und Wirken Jesu selbst einherging.
Anders würde die Mahlpraxis der Urgemeinde historisch unverständlich. Weil die oben skizzierten eschatologischen Gemeinschaftsmähler von Anfang an praktiziert wurden und noch in der Didache belegt sind, müßte man sonst annehmen, die Urgemeinde hätte daneben von Anfang an noch ein sakramental verstandenes Mahl gefeiert. Ist das für ein und dieselbe Gemeinschaft historisch plausibel? H. Lietzmann, der die These von den zwei urchristlichen Mahltypen geprägt hat, hat darum beide auf verschiedene Gemeinden, die judenchristliche und die hellenistische, verteilt. Seine These ist dahingehend zu modifizieren, daß sich aus dem eschatologischen Gemeindemahl durch Hinzutreten neuer Deutungskategorien das sakramental verstandene "eucharistische Mahl" entwickelt hat, wahrscheinlich noch in der Jerusalemer Urgemeinde selbst, allerdings in den Kreisen der hellenistischen Judenchristen. Diese haben aber an der eschatologischen Ausrichtung des Mahles grundsätzlich festgehalten (1 Kor 11,26).

Die beiden "Einsetzungsberichte" Mk 14,22-24 und 1 Kor 11,23-26 können wir an dieser Stelle nur mit Vorbehalten heranziehen. Der Bericht des Markusevangeliums stammt mit Sicherheit nicht aus der Jerusalemer Urgemeinde, auch wenn dies heute immer noch zum Teil vehement vertreten wird. Er muß als

[1] Um der Einheitlichkeit der Sache willen müssen wir hier vorgreifen. Die Einheitlichkeit der Darstellung wird dadurch etwas gestört. Das Folgende könnte auch nach Kap. VI stehen.

traditionsgeschichtlich jung beurteilt werden. Wir haben in ihm den Anamnesetext vor uns, der die Eucharistiefeier der markinischen Gemeinde begleitet hat. Deutlich hat liturgische Praxis auf ihn eingewirkt. Die Teilnehmer an der Gemeindefeier werden aufgefordert, wie die Jünger das gedeutete Brot "zu nehmen" (λάβετε). Ausdrücklich wird gesagt, daß alle aus dem von Jesus dargereichten Kelch tranken, noch bevor sein Inhalt gedeutet wird. Hinter beidem schimmert der Ritus durch, der durch die Gemeinde vollzogen wird. Die beiden Deuteworte sind nach dem Gesetz liturgischer Parallelisierung aneinander angeglichen: τοῦτό ἐστιν τὸ σῶμά μου/τοῦτό ἐστιν τὸ αἷμά μου. Gedeutet werden das Brot und der Becherinhalt, also der Wein. Das Brot ist der Leib Jesu, der Wein sein Blut, das als "Bundesblut" gekennzeichnet wird (Ex 24, 8). Der in Jesu Blut geschlossene "Bund" kommt aber nicht nur Israel zugute, sondern, wie ὑπέρ πολλῶν (Jes 53?) deutlich macht, den "Vielen", das heißt Juden und Heiden. Die hier zum Ausdruck kommende Sicht des Todes Jesu als Stiftung eines universalen Bundes stellt eine spätere Reflexionsstufe dar. Die späte Formung dieses Textes geht auch daraus hervor, daß in Mk 14,24 die für Juden horrende Aufforderung zum Blutgenuß klar ausgesprochen wird. Daß diese Aufforderung in judenchristlichem Milieu undenkbar sei, Mk 14,22-24 somit in heidenchristliches Milieu weise, wird man jedoch nicht sagen dürfen. Das Markusevangelium richtet sich vielmehr an eine aus Juden- und Heidenchristen gemischte Gemeinde, und der Blutgenuß wird auch in Joh 6,53ff von judenchristlichen Lesern gefordert. Hingegen muß angenommen werden, daß die Anstößigkeit dieser Aufforderung für die Judenchristen im Rahmen einer umfassenderen christologischen und sakramentalen Deutung des eucharistischen Ritus längst gemildert war. Tatsächlich wurde ja beim eucharistischen Mahl auch nicht Blut, sondern Wein getrunken.
Der von Paulus in 1 Kor 11,23-26 gebotene "Einsetzungsbericht" ist in jeder Hinsicht traditionsgeschichtlich älter als Mk 14,22-24.

> [23]Ich nämlich habe von dem Herrn empfangen, was ich euch überliefert habe: Der Herr Jesus nahm in der Nacht, in der er verraten wurde, Brot, [24]sagte Dank, brach und sprach; "Das ist mein Leib, der für euch. Tut dies zu meinem Gedächtnis!" [25]In gleicher Weise nahm er nach dem Mahle auch den Kelch, indem er sprach: "Dieser Kelch ist der Neue Bund in meinem Blut; tut dies, sooft immer ihr trinkt, zu meinem Gedächtnis." [26]Denn sooft immer ihr dieses Brot eßt und den Kelch trinkt, verkündet ihr den Tod des Herrn, bis er kommt.

Die Deuteworte sind hier noch nicht parallelisiert. Die Bemerkung 11,25a macht sogar deutlich, daß beide Worte in der Mahlfeier eine je selbständige Funktion hatten und weit auseinanderstanden. Brotgestus und Brotwort leiteten das Gemeindemahl ein, Bechergestus und Becherwort schlossen es ab. Zwischen beiden Handlungen fand das Gemeinschaftsmahl als Sättigungsmahl statt. Seine eschatologische Stimmung hat sich erhalten (11,26). Die beiden Deuteworte, die in der konkreten Feier durch das eigentliche Mahl getrennt waren, sind je in sich verständlich und ergeben je für sich einen vollständigen Sinn. Das Brotwort 11,24 deutet das "gebrochene" Brot auf den zur stellvertretenden Sühne in den Tod gegebenen Leib Jesu. Der Gedanke stellvertretender Sühne liegt hier vor (ὑπὲρ ὑμῶν). Noch ist diese Sühne nicht explizit als universale Sühne (ὑπὲρ πολλῶν) verstanden. Allerdings ist die Formulierung 1 Kor 11,24 zweifellos offen für diesen Gedanken und von Paulus so verstanden worden. Das Becher-

wort 11,25b deutet den kreisenden Becher - nicht seinen Inhalt(!) - und die durch ihn hergestellte Gemeinschaft als den "neuen Bund" in Jesu Blut. Hier wird zweifellos und unbestritten auf Jes 31,31ff angespielt. Der "neue Bund" ist der erneuerte Bund. Jesu Tod war der Ort der Bundeserneuerung, er ist Versöhnungsopfer (vgl. Röm 3,25f; s. dazu Kap. VI.3). Es geht hier ursprünglich noch nicht wie in Mk 14,24 um einen "die Vielen", also Juden und Heiden umfassenden zweiten "Bund", sondern um die Erneuerung des Bundes Gottes mit seinem Volk, auch wenn der Gedanke der Öffnung dieses Bundes auf die Heiden hin sehr bald hinzugetreten ist. Der Bezug zum Sinaibund ist jedenfalls hier nicht völlig aufgegeben (vgl. Röm 3,25). Wichtig ist auch, daß sich der Gedanke vom "Blutgenuß" in 1 Kor 11,25b nicht findet.
Paulus selbst legt diese Überlieferung 1 Kor 10,16 ekklesiologisch aus: Das "gebrochene" und gemeinsam verzehrte Brot bewirkt Gemeinschaft mit dem "Soma" Christi, der Kelch Teilhabe am Blut Christi, d.h. an seinem Tod und dessen Wirkung, dem "erneuerten Bund". Dieses Verständnis dürfte bereits vor Paulus mit dem "Einsetzungsbericht" 1 Kor 11,23-26 verbunden gewesen sein. In der so verstandenen Mahlfeier konstituierte sich die durch Jesu Lebenshingabe ermöglichte und begründete Jesusgemeinde als eschatologisch erneuerter Bund. Durch das Essen des Brotes und das Trinken aus dem Becher gewinnt sie Anteil an Jesu in den Tod gegebenen Leib, an seinem im Tod vergossenen Blut und an dem, was dieser Tod bewirkte.
Wie weit läßt sich die Überlieferung 1 Kor 11,23-26 zurückführen? Paulus selbst weist darauf hin, daß er sie und die nach ihr vollzogene Gemeindepraxis nicht nur bereits bei seinem Missionswirken in Korinth eingeführt, sondern selbst übernommen hat (11,23). Daß er sie "vom Herrn" empfangen hat, bedeutet allerdings nicht, daß sie auf den historischen Jesus zurückgeht. Diesen kannte Paulus ja auch gar nicht. Er hat sie als "kirchliche" Tradition übernommen, die aber als Wort des Erhöhten galt. Faktisch hat Paulus die Überlieferung in Antiochien bzw. in Damaskus kennengelernt, wo er selbst ins Christentum eingewiesen wurde (s. dazu Kap. XIV.). Beide Gemeinden hängen mit den Jerusalemer "Hellenisten" zusammen. 1 Kor 11,23-26 gibt das neue Verständnis des urchristlichen Gemeinschaftsmahles der "Hellenisten" wieder. Die Tradition könnte also schon in Jerusalem in ihren Kreisen entstanden sein. Doch ist dies keineswegs sicher. Aber zumindest die Grundmotive des neuen Verständnisses des Gemeindemahles sind von den "Hellenisten" sicher noch in Jerusalem entwickelt worden. In Damaskus bzw. Antiochien könnten sie dann weiter ausgeprägt und fixiert worden sein.
Ob und in welchem Umfang das neue Verständnis des Gemeinschaftsmahles auch die Mahlfeiern des aramäisch-sprechenden Gemeindeteils in Jerusalem beeinflußt hat, können wir schwer sagen. Durch die Vertreibung der "Hellenisten" aus Jerusalem könnte ein Bruch eingetreten sein, der die Rückwirkung des von ihnen entwickelten Eucharistieverständnisses auf die übrige Urgemeinde behinderte, zumindest verzögert haben könnte.

2.6. Die Taufe

Ein gottesdienstlicher Akt eigener Art muß die urchristliche Taufe gewesen sein. Da sie durch Untertauchen, nach Möglichkeit in fließendem Wasser, voll-

zogen wurde, kann sie nicht vor oder während der täglichen Gottesdienste der Christen stattgefunden haben. Die Urgemeinde hat die Taufpraxis von Johannes dem Täufer übernommen. Mit diesem teilte sie auch die Anschauung vom Charakter und von der Wirkung der Taufe. Sie galt als ein eschatologisches "Sakrament", durch das dem, der umkehrte und seine Sünden bekannte, die Sünden der Vergangenheit erlassen wurden. So war er vor dem kommenden Gottesgericht sicher. Für die Übernahme der Taufe spielte in der Urgemeinde sicher die Erinnerung daran eine große Rolle, daß Jesus selbst sich von Johannes hatte taufen lassen. Auch ein Teil des engsten Jüngerkreises Jesu ist aus der Bußbewegung des Täufers hervorgegangen (vgl. Joh 1,29ff). Wahrscheinlich hat sogar Jesus selbst zumindest zeitweise die Taufe des Johannes praktiziert (vgl. Joh 3,22.26; 4,2).
In der Urgemeinde war die Taufe als "Sakrament" der Sündenvergebung zugleich Initiationsritus. In ihr, die "auf den Namen Jesu" vollzogen wurde, wurde der Täufling dem Messias Jesus übereignet und in die messianische Gemeinde aufgenommen. Dem entspricht, daß mit der Taufe die Mitteilung des Heiligen Geistes verbunden wurde. Hier liegt der entscheidende Unterschied der Anschauung der Urgemeinde über die Wirkung der Taufe zur Johannestaufe.

Mit dem Tod Jesu ist die Taufe zunächst nicht in Verbindung gebracht worden (vgl. Röm 6,1ff). Dies konnte erst erfolgen, nachdem der Kreuzestod als stellvertretendes Sühnopfer gedeutet wurde. Den entscheidenden Anstoß dazu haben die "Hellenisten" gegeben (s. dazu Kap. VI.3).

Lukas hat uns am Ende der Pfingstpredigt des Petrus eine sehr alte Taufformel überliefert.

> [Petrus aber sprach zu ihnen:] "Tut Buße, und ein jeder von euch lasse sich taufen auf den Namen Jesu Christi zur Nachlassung eurer Sünden, und ihr werdet die Gabe des Heiligen Geistes empfangen." (Apg 2,38)

Ihr Alter wird schon daraus ersichtlich, daß sie eingliedrig ist (vgl. 1 Kor 1,13.15 "auf den Namen Jesu"). In der ältesten Zeit wird also der Täufling durch die Aussprechung des Namens Jesu über ihm zum unverlierbaren Eigentum des kommenden Messias. Er tritt unter seinen Schutz und wird sakramental versiegelt im Blick auf das kommende Weltgericht: seine Sünden werden vergeben. Die Taufe war Überstellung des Täuflings an den kommenden Messias. Durch ihn erhält er auch die Gabe des Heiligen Geistes.
Zur Taufe gehörte auch das Bekenntnis des Täuflings. Ein solches Glaubensbekenntnis enthält die sekundäre Glosse Apg 8,37. In ihr könnte sich alte Tradition erhalten haben, zumindest in V.37b: "Ich glaube: Jesus ist der 'Sohn Gottes'." Jesus wird hier als Messias bekannt (vgl. Röm 1,3f). In Hebr 4,14 wird an dieses Bekenntnis der Christen erinnert. Reflexe dieses Taufbekenntnisses sind wohl auch 1 Joh 2,22; 4,15; 5,5, allerdings polemisch gegen Häretiker gewendet. Die unten ausführlich zu besprechende Bekenntnisformel Röm 1,3f könnte ebenfalls ein altes Glaubensbekenntnis im Rahmen der Tauffeier gewesen sein (s. dazu Kap. VI.2).

Kapitel VI.
Die christologischen Anschauungen der ältesten Urgemeinde

Literatur: BOUSSET, W., Kyrios Christos, Göttingen [5]1965; CULLMANN, O., Die Christologie des Neuen Testaments, Tübingen [5]1975; HAHN, F., Christologische Hoheitstitel, Göttingen [4]1974; HENGEL, M., Jesus als messianischer Lehrer der Weisheit und die Anfänge der Christologie, in: Sagesse et religion. Colloque de Strasbourg, Paris 1979, 147-188; v. IERSEL, B.M.F., "Der Sohn" in den synoptischen Jesusworten, Leiden 1961; KRAMER, W., Christos Kyrios Gottessohn, Zürich 1963; NEUFELD, V.H., The Earliest Christian Confessions, Leiden 1963; POKORNY, P., Die Entstehung der Christologie, Stuttgart 1985; SCHWEIZER, E., Erniedrigung und Erhöhung bei Jesus und seinen Nachfolgern, Zürich 1955; DERS., in: TRE XVI, 671-726; WENGST, K., Christologische Formeln und Lieder des Urchristentums, Gütersloh [3]1973.

1. Methodische Vorüberlegungen

Literatur: BALZ, H.R., Methodische Probleme der neutestamentlichen Christologie, Neukirchen 1967; BERGER, K., Zum traditionsgeschichtlichen Hintergrund christologischer Hoheitstitel: NTS 17 (1970/71) 391-425; DERS., Die königlichen Messiastraditionen des Neuen Testaments: NTS 20 (1973/74) 1-44; DERS., Zum Problem der Messianität Jesu: ZThK 71 (1974) 1-30; BRAUN, H., Der Sinn der neutestamentlichen Christologie: ZThK 54 (1957) 341-377; DAUTZENBERG, G., Psalm 110 im Neuen Testament, in: Liturgie und Dichtung (hg. v. H. Becker u. R. Kaczynski), St. Ottilien 1983, 141-171; HENGEL, M., Der Sohn Gottes, Tübingen [2]1977; DERS., Christologie und neutestamentliche Chronologie, in: FS O. Cullmann, Tübingen 1972, 43-69; RISTOW, H./MATTHIAE, K. (Hg), Der historische Jesus und der kerygmatische Christus, Berlin [2]1961; THÜSING, W., Erhöhungsvorstellung und Parusieerwartung in der ältesten nachösterlichen Christologie, Stuttgart 1969; VIELHAUER, Ph., Ein Weg zur neutestamentlichen Christologie, in: Ders., Aufsätze zum Neuen Testament, München 1965, 141-199; VÖGTLE, A./PESCH, R., Wie kam es zum Osterglauben? Düsseldorf 1975

1.1. Anknüpfung an Jesus?

Jesus hat sich nicht selbst verkündigt. Er hat die nahe herbeigekommene und mit Macht andrängende Basileia Gottes angesagt und ganz Israel zur Entscheidung für sie aufgerufen.

Freilich war er mehr als nur ein Bote der Basileia. Er setzte mit seinem Wirken ihren Anfang (Mk 4,3-8). In seinen Exorzismen brach sie herein (Lk 11,20). In ihnen vollzog sich auf Erden der bereits im Himmel entschiedene Sieg gegen den Satan (Lk 10,18). Darum hat Jesus die Augenzeugen seines Wirkens seliggepriesen (Mt 13,16f). Sie sahen, was die Könige und Propheten sehnlichst zu sehen sich gewünscht hatten. Jesus wußte von sich, daß er mehr war als Salomon (Lk 11,31), mehr als der Prophet Jona (Lk 11,32), mehr als Johannes der Täufer (Mt 11,11). Er war sich bewußt, der letzte entscheidende Bote Gottes zu sein. Seine Botschaft war die alles entscheidende Botschaft. Wer sie annahm, trat damit bereits in das Kraftfeld der herannahenden Basileia Gottes ein.

Die Annahme der Botschaft Jesu implizierte also eine Stellungnahme zu Jesus. Wer sie annahm, konnte ihn selbst nicht ablehnen. Allerdings war diese Stellungnahme zu Jesus vor Ostern noch nicht explizit und mußte es nicht sein. Sie war eingeschlossen in die Annahme seiner Botschaft und drückte sich darum auch nicht in der Zuerkennung eines christologischen Titels aus. Zwar dürfte Jesus zu seinen Lebzeiten als prophetische Gestalt angesehen worden sein (Mk 6,14f; 8,27ff). Vielleicht sind an ihn sogar messianische Erwartungen herangetragen worden (Mk 11,1-10; Joh 6,15). Doch bleibt dies unsicher. Als historische Tatsache steht aber fest, daß Jesus von den Römern als Messiasprätendent gekreuzigt worden ist (Mk 15,26). Doch besagt dies nur, daß die Römer Jesus als politisch gefährlichen "messianischen" Anführer beurteilt haben, keineswegs, daß er selbst beanspruchte, der Messias zu sein. Sonst wäre es völlig unerklärlich, warum die älteste christologische Anschauung der Urgemeinde nicht lautete: Der Messias ist schon gekommen!, sondern: Jesus ist seit seiner Auferweckung von Gott zum "Sohn Gottes" (Messias) eingesetzt worden (Röm 1,3f).

Wahrscheinlich hat Jesus überhaupt keine Messiaserwartung gepredigt. Seine Basileiabotschaft duldete keine messianische Mittlergestalt. Wenn Gott selbst in Kürze seine Königsherrschaft über Israel aufrichtete, dann war ein messianischer König aus Davids Geschlecht ohnehin fehl am Platz. Darin stimmte Jesus mit bestimmten Kreisen des eschatologisch denkenden Frühjudentums überein. Umstritten bleibt auch, ob Jesus die in manchen apokalyptischen Kreisen gepflegte Erwartung eines himmlischen "Menschensohns" geteilt hat. Daß er sich selbst mit dem "Menschensohn" identifiziert hat, ist ganz unwahrscheinlich. Der "Menschensohn" war ein himmlisches Wesen mit menschlichem Aussehen, sein erwartetes "Kommen" bezog sich keineswegs auf ein irdisches In-Erscheinung-Treten, sondern umschrieb seine endzeitliche Funktion als Richter an Gottes Statt. Wenn Jesus überhaupt mit einem himmlischen "Menschensohn" gerechnet hat, dann muß er diesen "Menschensohn" als eine von sich unterschiedene Gestalt angesehen haben (vgl. Lk 12,8f). Da für Jesus der Anfang der Basileia Gottes schon gemacht war, ist es auch unwahrscheinlich, daß er die Vorstellung vom eschatologischen Propheten, der vor der Endzeit auftreten sollte (Dtn 18,15ff; Mal 3,23f), auf sich angewendet hat.

Damit tritt nun das Problem klar hervor. In denkbar kürzester Zeit hat die Urgemeinde nach Ostern die unterschiedlichsten "messianischen" Erwartungen und Titel auf Jesus bezogen und ihn als "Messias/Sohn Gottes", als "Menschensohn", als "Herrn/Kyrios" bekannt. Wodurch war sie dazu legitimiert, wenn Jesus selbst keinen dieser Titel beansprucht hatte? In welchem Sinn kann die christologische Verkündigung nach Ostern wirklich als Fortsetzung der Verkündigung Jesu gelten? Oder hat die Urgemeinde eine neue Botschaft geformt, als sie aus dem Verkünder der Basileia den "verkündigten Christus" machte?

Diese Frage nach der Kontinuität zwischen Jesu eigener Botschaft und der urchristlichen Verkündigung hat man mit Hilfe der Unterscheidung von "impliziter" und "expliziter Christologie" zu beantworten versucht. Dieser Versuch ist hilfreich, er darf aber nicht mißbraucht werden. Seine Lösung ist: Die nachösterliche Christusverkündigung expliziert den in Jesu Wirken mitgegebenen impliziten Anspruch, der entscheidende letzte Bote Gottes zu sein. Sie reflektiert und formuliert in geistgewirkter Interpretation, daß in Botschaft und Wirken Jesu das eschatologische Heilsangebot Gottes erfolgt ist. Nicht der "Lehrer der Gerechtigkeit" von Qumran, nicht Johannes der Täufer oder ein noch zu erwartender endzeitlicher Prophet und Heilbringer, sondern Jesus hat als endzeitlicher Bote Gottes die entscheidende Botschaft Gottes gebracht und das angekündigte Heil Gottes in seinem Wirken in Gang gesetzt.
Gerade weil die Jünger nach Kreuz und Auferstehung die Lebensbotschaft Jesu weitertrugen, mußten sie eine "explizite" Christologie entwickeln. Mit ihr machten sie deutlich, daß Anspruch und Auszeichnung Jesu, Gottes entscheidender Bote zu sein, nicht einfach auf sie selbst übergegangen waren. Sie verkündeten vielmehr nur "im Namen Jesu", als seine Boten. Damit die Botschaft als Jesu Botschaft weiterverkündet werden konnte, mußte die Legitimität Jesu als des letzten, entscheidenden Boten Gottes explizit verdeutlicht werden.
Vor zwei Mißverständnissen ist in diesem Zusammenhang zu warnen. Zum einen darf das Schema von "impliziter" und "expliziter" Christologie nicht in Jesu Bewußtsein eingetragen werden. Daß Jesus mehr von sich wußte, als er seinen Hörern oder seinen Jüngern gesagt oder geoffenbart hätte, wäre eine höchst fatale Annahme. Zum anderen aber ist die "explizite" Christologie nicht nur eine logische Explikation des Jesusgeschehens mit Hilfe menschlicher Reflexion. Sie ist in der Ur-

gemeinde als geistgewirkte Interpretation, also ganz und gar als Tat Gottes verstanden worden. Sie setzt die Auferweckung als das beglaubigende und rechtfertigende Handeln Gottes an dem gekreuzigten Jesus voraus. Die "explizite" Christologie der nachösterlichen Gemeinde blickt somit auf ein neues, eschatologisches Handeln Gottes an Jesus zurück, das zur Verkündigung Jesu noch hinzutrat.

1.2. Die Auferweckung Jesu als christologisches Urdatum

Das Leben Jesu hatte am Kreuz geendet, ohne daß die von ihm angesagte Basileia Gottes hereingebrochen war. War damit seine Botschaft widerlegt? Hatte Gott selbst seinen Anspruch zurückgewiesen? Hatte er gar Jesus verworfen (Dtn 21,23)?

Auch wenn Jesus zuletzt mit seinem Märtyrertod rechnete und sich ihm nicht entziehen wollte, auch wenn er ihn im Lichte der deuteronomistischen Prophetenaussage verstand, nach der Israel schon immer Gottes Boten abgelehnt und getötet hat (vgl. Neh 9,26; Jub 1,12; Lk 13,32f; 13,34f; 11,49ff), auch wenn er diese Sicht seinen Jüngern vermittelte, das Faktum seines Todes mußte seinen Anspruch zumindest in der Öffentlichkeit in Frage stellen.

In ihren Begegnungen mit dem Auferstandenen dagegen erfuhren die Jünger, daß Gott den Gekreuzigten gerechtfertigt hatte. Diese eschatologische Rechtfertigungstat Gottes am Gekreuzigten verkündeten sie von Anfang an als Auferweckung Jesu von den Toten und als seine Erhöhung zu Gott. Gott hatte Botschaft und Wirken Jesu dadurch bestätigt, daß er den Boten bestätigte, und nicht dadurch, daß er nach Jesu Tod die Basileia als Heil und Gericht endgültig anbrechen ließ. Damit hatte er dem ungehorsamen Israel eine neue, allerletzte Frist zur Umkehr eingeräumt.

Da die Auferweckung der Toten im Frühjudentum für die Endzeit erwartet wurde und als rechtfertigende Tat Gottes an den Gerechten galt, behaupteten die Jünger mit ihrer Verkündigung der Auferweckung Jesu den Eintritt eines bisher nicht dagewesenen eschatologischen Geschehens. Jesus war der einzige Gerechte, der bereits in die von Gott endzeitlich heraufgeführte Heilssphäre eingetreten war. Wo im jüdischen Denken mit der Entrückung heiliger Männer gerechnet wurde, liegt dagegen lediglich die Anschauung vor, daß diese Männer bis zur Endzeit aufbewahrt werden. Die Ansage der Auferweckung Jesu besagt demgegenüber viel mehr.

Nach dem rechtfertigenden Urteil Gottes über Jesus mußte nun jeder, der die Botschaft annahm, auch ein explizites Bekenntnis zum Boten selbst ablegen. Dem Bekenntnis Gottes zu Jesus mußte er Recht geben. So ist in der Auferweckungsbotschaft schon die gesamte Christologie in nuce enthalten. In ihr war das Entscheidende über Jesus schon ausgesagt, auch ohne einen einzigen christologischen Titel. Die "Kontrastformel" (Apg 4,10; s. Kap. II.1) enthält insofern eine eminent christologische Botschaft. Was folgte, war Entfaltung und Deutung.

Macht man sich dies klar, so sind Vielfalt und Verschiedenheit der in der Folge auf Jesus angewendeten Titel und Anschauungen eigentlich kein Problem mehr. Man hat gemeint, von der Vielfalt der Titel und Anschauungen und von ihrer religionsgeschichtlichen Verschiedenheit her auf verschiedene christologische Konzeptionen in der Urgemeinde schließen zu müssen. Verschiedene Gruppen oder gar Gemeinden in ihr hätten unterschiedliche christologische Konzepte entwickelt. Die "Menschensohn"-Christologie sei in Galiläa beheimatet gewesen, die Messias-Christologie dagegen in Jerusalem, die Kyrios-Christologie aber erst in den hellenistischen Gemeinden Syriens. Bedenkt man jedoch, daß mit diesen drei Konzeptionen noch keineswegs alle christologischen Anschauungen, die in der Überlieferung der Urgemeinde belegt sind, aufgezählt sind, so wird deutlich, wie geschichtsfern solche Rekonstruktionen sind. Am Anfang können nicht eine christologische Vielfalt und verschiedene "Konfessionen" gestanden haben, sondern eine

differenzierte Einheit. Gewiß waren in der Urgemeinde, vermittelt durch die Herkunft ihrer Mitglieder aus den verschiedensten Lebensbereichen und Gruppierungen des Judentums, unterschiedliche Heilbringererwartungen präsent. Auf den Auferstandenen angewendet, ergaben sie aber nicht unterschiedliche Christologien, die nebeneinander standen oder sich gar gegenseitig ausschlossen. Sie ergaben vielmehr differenzierte christologische Aussagen, die zusammengedacht werden konnten, weil sie in Jesus, dem von Gott bestätigten letzten Gottesboten, ihre Mitte hatten.
Die Kategorien zur Deutung der Person Jesu waren in der frühjüdischen Tradition vorgegeben. Die christologische Reflexion der Urgemeinde ging aber nicht so vor, daß man danach fragte, ob Jesus nun der Messias oder der "Menschensohn" oder der endzeitliche Prophet oder die inkarnierte "Weisheit" sei. Ein solches Definitionsverfahren hätte in der Tat zu unterschiedlichen, sich mehr oder weniger ausschließenden Christologien führen müssen. Ein Christustitel wäre zu Lasten eines anderen betont oder zugunsten eines anderen abgestoßen worden. Das Gegenteil jedoch ist der Fall: Viele christologische Deutungsversuche stehen nebeneinander, ohne daß sich ihre Vertreter gegenseitig bekämpft hätten.
Die christologische Reflexion der Urgemeinde folgte vielmehr einem anderen Verfahren. Sie definierte nicht, wer Jesus war. Dies stand ihr vielmehr durch seine Auferweckung und Erhöhung fest. Sie identifizierte ihn mit den Heilbringererwartungen der frühjüdischen Überlieferung. Ihre Christologie war Antwort auf die Frage: Wer ist es, von dem die Tradition dieses oder jenes aussagt? Wer ist der erwartete Messias? Wer der himmlische "Menschensohn"? Wer der endzeitliche "Prophet wie Mose"? Wer ist die geheimnisvolle "Weisheit", von der die Weisheitsschriften sprechen? Immer lautete die Antwort: All diese Erwartungen sind in Jesus erfüllt! All dies ist Jesus!
Das Schriftverständnis der Urgemeinde, auf das wir oben hingewiesen haben (Kap. V.2), erleichterte diese Identifikationen. Die heiligen Schriften, auch die nicht in den späteren Kanon aufgenommenen apokalyptischen Schriften, wurden eschatologisch verstanden. Jetzt waren sie in Erfüllung gegangen. Also sprachen sie von Jesus, von seiner Person und seinem Wirken und von der Gegenwart der Gemeinde. Kein christologischer Titel, keine Heilserwartung wurde so von vornherein verabsolutiert oder abgewiesen. In Jesus war alles erfüllt. Wohl aber wurde der wirkliche Sinn der Verheißungen und Erwartungen nun erst richtig verstanden. Die nationalpolitische Dimension der jüdischen Messiaserwartung z.B. wurde zurückgewiesen, die Menschensohnerwartung durch Einbeziehung des irdischen Wirkens Jesu erweitert. Hier konnte spekulatives, systematisierendes Denken in der Urgemeinde ansetzen, Verbindungen ziehen und Bezüge herstellen.

1.3. Auferweckung und Erhöhung

Es hat keine Phase der christologischen Reflexion der Urgemeinde gegeben, in der die Auferweckung Jesu nicht zugleich als seine "Erhöhung" zu Gott angesehen wurde. Beide Kategorien standen von Anfang an nebeneinander, wenn sie auch jeweils einen anderen Aspekt des Ostergeschehens hervorhoben. Die "Auferweckung" betonte die Identität des Auferstandenen mit dem Irdischen und Gekreuzigten, die "Erhöhung" verwies auf das Ziel des Auferweckungshandelns Gottes an Jesus.

F. Hahn hat allerdings bestritten, daß es in der ältesten Zeit der Urgemeinde eine qualifizierte Erhöhungsvorstellung gegeben hätte. Diese sei erst durch das hellenistische Judenchristentum entwickelt worden. Am Anfang habe vielmehr die Vorstellung gestanden, Jesus sei durch seine Auferweckung in den Himmel entrückt worden und befinde sich dort in einer Art Zwischenzustand oder Wartestellung, um in Kürze sein eschatologisches Amt als "Messias/Menschensohn" anzutreten. Hahn hat auf dieser Hypothese seine gesamte Darstellung der Entwicklung der urchristlichen Christologie aufgebaut. Dagegen ist festzuhalten, daß die zweifellos komplexe und differenzierte christologische Überlieferung der ältesten Zeit sich nicht in ein solches Entwicklungsschema pressen läßt. Die Überlieferungen und Anschauungen der Urgemeinde, die eine qualifizierte Erhöhungsvorstellung widerspiegeln, sind auch für ihren aramäisch-sprechenden Teil bezeugt und so alt, daß für Hahns Hypothese weder Zeit noch Ort bleiben.

"Erhöhung" im qualifizierten Sinne bringt zum Ausdruck, daß der Auferweckte von Gott in den Himmel entrückt, dort in ein endzeitliches Amt eingesetzt worden ist, dieses jetzt schon wahrnimmt und als solcher Amtsträger bei der Parusie in Erscheinung treten wird. Schon die Erscheinungen des Auferweckten dürften von den Zeugen im Lichte der Erhöhungsvorstellung verstanden worden sein, insofern der Auferweckte ihnen nicht nur als passives Objekt von Gott sichtbar gemacht wurde, sondern als aktiv Handelnder, der die Zeugen als seine Boten sandte (s. Kap. I). Auch bei den Gemeinschaftsmählern wußte die Urgemeinde den Auferweckten geheimnisvoll in ihrer Mitte und rief ihn mit dem Gebetsruf "maranatha" um die baldige Parusie an (s. Kap. V. 2).

"Mit ihrem eschatologischen Flehruf 'marana-tha' wandte sich die Urgemeinde nach kaum zu bestreitender Auffassung nicht an Jahwe selbst, sondern an den erhöhten Jesus. Das war vom Standpunkt jüdischer Heilserwartungen ein unerhörter Schritt. Trotz der apokalyptischen Vorstellung der Präexistenz des 'Menschensohnes' war man offenbar nicht auf den Gedanken gekommen, diesen anzureden und um sein Kommen zu bitten. Das Novum des 'Unser Herr, komm!' dürfte sich in der Tat nur aus dem Novum des Glaubens an den Messias Jesus erklären lassen. In dem Glauben, daß Gott durch die Auferweckung und Erhöhung des als Messiasprätendent hingerichteten und erledigten Jesus diesen in Wirklichkeit endgültig als 'den Messias' bestätigte und bestellte, war der Glaube an die Befähigung des Erhöhten zu eschatologischem Handeln als Heilbringer und Richter impliziert. Unter dieser und nur unter dieser Voraussetzung konnte sich die Urgemeinde sinnvollerweise mit dem 'Unser Herr, komm!' unmittelbar an den erhöhten Jesus wenden." (Vögtle 120f)
Aus dem Gebetsruf "maranatha" geht also hervor, daß der Auferstandene bereits jetzt als "himmlischer Herr" der Gemeinde eine Hoheitsstellung innehatte. Er war nicht nur in die himmlische Welt bis zu seinem erneuten Erscheinen entrückt, sondern er wirkte schon jetzt als Herr der Gemeinde. So konnte er um Beistand und Fürbitte angerufen werden. In der Verkündigung und den Krafttaten seiner Jüngergemeinde war er selbst geheimnisvoll am Werk. Durch den Mund seiner Apostel und geistbegabter Propheten leitete er die Gemeinde und sprach zu ihr.

Überragende Bedeutung bei der Ausformulierung der Erhöhungsaussage hatte Ps 110,1, der schon früh in eschatologischer Schriftdeutung als Verheißung an Jesus verstanden wurde. Mit seiner Hilfe wurde die Auferweckung als Inthronisation des Auferweckten zur Rechten Gottes gedeutet, also als Einsetzung in eine überragende himmlische Machtstellung bei Gott. Doch ist die urchristliche Vorstellung von der Erhöhung des Auferweckten nicht erst aus Ps 110,1 abgeleitet. Aber die in diesem Psalm vorliegende Inthronisationsaussage könnte die Brücke gebildet haben, um auf den Auferweckten die Hoheitstitel und Funktionen zu übertragen, die das Frühjudentum den eschatologischen Heilbringergestalten zuerkannte.
Ähnliche Bedeutung für die christologische Reflexion des Auferweckungsgeschehens kam den alttestamentlichen Verheißungen 2 Sam 7,14 und Ps 2,7 zu, die ebenfalls als in Jesus erfüllt verstanden wurden. Mit diesen Texten wurde die Auferweckung als Einsetzung Jesu in die Messiaswürde gedeutet (vgl. Apg 2,36).

1.4. Die einheitliche Entwicklung der Christologie

Die den christologischen Titeln zugrundeliegenden Anschauungen und eschatologischen Erwartungen sind religions- bzw. traditionsgeschichtlich streng zu unterscheiden. Sie wurden in unterschiedlichen geistigen Milieus des Frühjudentums entwickelt und in seinen verschiedensten Kreisen gepflegt, je für sich als Ausdruck einer spezifischen Heilserwartung. Doch hatte bereits im Frühjudentum zur Zeit der Urgemeinde eine Vermischung der ursprünglich verschiedenen Heilsbringergestalten eingesetzt. Der erwartete endzeitliche Prophet konnte ebenso messianische Züge tragen wie der "Menschensohn". Es gilt auch zu bedenken, daß diese verschiedenen Endzeitgestalten in der frühjüdischen Überlieferung nirgends nebeneinander oder miteinander agieren. Deshalb mußten sie zu ihrer Unterscheidung keine individuellen Züge tragen. Sie sind vielmehr jede für sich Personifizierungen spezifischer Endzeiterwartungen, mit je eigenem Profil zwar, aber auch offen für Züge der anderen. Eine geschlossene Messias- oder Menschensohndogmatik gab es im zeitgenössischen Judentum ohnehin nicht. Hier herrschten keine einheitlichen Vorstellungen und Erwartungen, sondern eine weitgespannte Vielfalt. "Deshalb verbietet sich auch jeder Versuch, nach einer festen Definition der verschiedenen Bezeichnungen des endzeitlichen Heilbringers zu suchen und von daher eine Lehre der verschiedenen Messiasanschauungen aufzustellen." (Balz 111)

Der Urgemeinde stand bei ihrer christologischen Reflexion ein religions- und motivgeschichtlich differenziertes, aber vielfach bereits vermischtes Ensemble von Heilbringervorstellungen zur Verfügung, mit dem sich die Bedeutung des Auferstandenen aussagen ließ.

Daher ist es problematisch, die Darstellung der urchristlichen Christologie an den auf Jesus übertragenen Titeln zu orientieren, wie es vielfach geschieht. Dieses Vorgehen bietet zwar den Vorteil einer systematischen Ordnung. Doch erweist sich der Vorteil zugleich als Mangel. Die vielfachen Brechungen und Vermischungen der jüdischen Heilbringererwartungen werden ausgeblendet. Noch gravierender ist, daß auf diese Weise der Eindruck einer ungeheuren Vielfalt und Differenziertheit der frühen Christologie erweckt wird, die es so nie gegeben hat. Zwar ist es wichtig, sich über die traditions- und motivgeschichtliche Herkunft der Titel und Anschauungen Rechenschaft zu geben. Sie sind durch Christen vermittelt worden, die aus den verschiedenen Gruppen des Frühjudentums stammten. Man muß sich aber davor hüten, daraus gleichzeitig Gruppen der Urgemeinde mit konkurrierender Christologie zu konstruieren. In der Urgemeinde hat es weder eine in sich geschlossene "Messiaschristologie" oder "Menschensohnchristologie" gegeben noch Kreise, die Jesus nur unter den mit den Titeln "Messias" oder "Menschensohn" verbundenen Heilbringererwartungen gesehen hätten. Und wenn von den "Hellenisten" tatsächlich neue Anstöße für die Christologie ausgingen, wie wir noch sehen werden, so brauchen diese von der übrigen Gemeinde nicht abgelehnt worden zu sein, sondern sind früher oder später rezipiert worden.

In diesem Zusammenhang ist auch zu bedenken, daß die Entwicklung und Entfaltung der Christologie der Urgemeinde sich in einem erstaunlich kurzen Zeitraum vollzogen hat. Wahrscheinlich war sie in ihren Hauptzügen bereits entfaltet, noch bevor die "Hellenisten" Jerusalem verlassen mußten. Sogar der Gedanke der Präexistenz Jesu ist, wenn auch in einer noch vorläufigen Weise, im Anschluß an die Sophia-Spekulationen des hellenistischen Judentums bereits in Jerusalem entwickelt worden. Es steht also kein genügend großer Zeitraum zur Verfügung, um sich die Entwicklung der Christologie der Urgemeinde in aufeinanderfolgenden Phasen vorzustellen, etwa so, daß zur frühesten apokalyptischen Erwartung des kommenden "Menschensohnes" später die "Erhöhungschristologie" hinzutrat und dieser dann in einer weiteren Phase die "Präexistenzchristologie" folgte.

M. Hengel hat auf dieses Zeitproblem aufmerksam gemacht: "Zwischen dem Tode Jesu und der voll entfalteten Christologie, wie sie uns in den frühesten christlichen Dokumenten, den paulinischen Briefen, begegnet, besteht ein zeitlicher Zwischenraum, der im Blick auf die darin geschehene Entwicklung als erstaunlich kurz bezeichnet werden muß. Bei genauerer Betrachtung verkürzt sich diese Frist, die für die christologische Entwicklung bis hin zu Paulus zur Verfügung stand, noch mehr. Der früheste Brief an die Gemeinde in Thessalonich wurde - zu Beginn der Wirksamkeit des Paulus in Korinth - etwa am Anfang des Jahres 50 n.Chr. geschrieben, der letzte, an die Römer, vermutlich im Winter 56/57 n.Chr. wieder von Korinth aus. Da jedoch Paulus in seinen Briefen keinerlei Entwicklung seiner christologischen Grundanschauungen zeigt und außerdem die von ihm verwendeten christologischen Titel, Formeln und Anschauungen in den von ihm angeschriebenen Gemeinden grundsätzlich als bekannt voraussetzt, sie also schon auf seine gemeindegründende Missionsverkündigung zurückgehen, muß man annehmen, daß die paulinische Christologie bereits gegen Ende der vierziger Jahre vor Beginn der großen Missionsreisen in den

Westen in allen wesentlichen Zügen voll ausgebildet vorlag. Das heißt, es stehen für die Entwicklung der urchristlichen Christologie bis hin zu ihrem frühesten greifbaren Vertreter, Paulus, weniger als zwanzig Jahre zur Verfügung. Diese 'Zeitnot' in der christologischen Traditionsbildung innerhalb der Urgemeinde verschärft sich, wenn wir aufgrund von Gal 1 und 2 noch 14-16 Jahre weiter zurück nach der Bekehrung des Paulus zwischen 32 und 34 n.Chr. fragen: Jetzt sind es nur noch 2-4 Jahre, die uns von den gemeindegründenden Ereignissen des Todes und der Auferstehung Jesu trennen." (Hengel, in: FS Cullmann 45)

Es verbietet sich also, die Entfaltung der Christologie ins Schema eines zeitlichen Nacheinanders zu pressen und auf verschiedene Phasen der Entwicklung der Urgemeinde zu verteilen. Wir haben bereits gesehen, daß die Anfänge des hellenistischen Judenchristentums, zu dem später Paulus als hervorgehobener Missionar und Theologe stoßen wird, in Jerusalem liegen. Die Entwicklung des aramäisch-sprechenden Judenchristentums und des hellenistischen Judenchristentums läuft somit in den entscheidenden Anfängen parallel. Trotz aller Unterschiede der geistigen Herkunft und der Denkansätze waren beide Gemeindeteile in ihrer Theologie und Christologie nicht grundsätzlich voneinander geschieden. Gestalten wie Barnabas, Philippus, aber auch Petrus und unbekannte andere sind die Garanten des geistigen und theologischen Austauschs zwischen den Gemeindeteilen in Jerusalem. Natürlich müssen wir damit rechnen, daß in den Kreisen und Gruppen der Jerusalemer Urgemeinde beim geistgewirkten Nachdenken über die Bedeutung und Funktion Jesu im Heilsgeschehen unterschiedliche Akzente gesetzt wurden. Eine einheitliche Schultheologie oder ein Lehramt gab es ja nicht. Doch bedeutet dies nicht, daß sich die verschiedenen christologischen Ansätze gegenseitig ausschlossen.

"Daß, wie heute immer wieder behauptet wird, am Anfang eine Vielzahl von sich gegenseitig ausschließenden und konkurrierenden 'Christologien' stand, ist extrem unwahrscheinlich. Die früheste Gemeinde hat - wenn man so will - christologisch 'experimentiert', jedoch gerade nicht in konventikelhafter Exklusivität, sondern in der Bereitschaft, Neues aufzunehmen und dadurch die Würde des Christus 'anzureichern'. Die Vielzahl von christologischen Titeln bedeutete nicht eine Vielzahl von sich ausschließenden 'Christologien', sondern eine akkumulative Verherrlichung Jesu. Sie müssen unter dem Blickwinkel der 'Vielfalt der Annäherungsweisen' gesehen werden, die für mythisches Denken typisch ist. Dies gilt gerade für die expansive Frühphase." (Hengel, ebd. 60)
Zur Erklärung der Entfaltung der Christologie der Urgemeinde läßt sich also das früher beliebte Schema: "Judenchristentum/hellenistisches Judenchristentum/Heidenchristentum" nicht halten. Dieses mußte mit relativ isolierten Gemeinden und mit recht langen zeitlichen Entwicklungsphasen rechnen.
Um die ungeheuer rasche christologische Entwicklung der ersten Jahre zu verstehen, verweist M. Hengel noch auf andere Faktoren. "Hier wäre 1. die gottesdienstliche Trennung zwischen den aramäisch und griechisch sprechenden Gemeindegruppen in Jerusalem zu erwähnen, die sich schon sehr früh, etwa 31/32 n.Chr. ereignet haben muß. 2. Wenig später erfolgte die Ermordung des Stephanus und die Zerschlagung des griechisch sprechenden Gemeindeteils, etwa 32/33. 3. Eine weitere Stufe bildet die Bekehrung des Paulus, etwa 32/34. 4. Fast gleichzeitig beginnt die erste 'Heidenmission' der vertriebenen 'Hellenisten', zunächst bei den samaritanischen 'Halbjuden', dann auch im palästinisch-phönizischen Küstengebiet und darüber hinaus bis hin in die syrischen Metropolen Damaskus und Antiochien, etwa 33/35. Diese ersten 4-5 Jahre sind so durch eine ungeheuer rasche Folge der Ereignisse bestimmt. Nur sie kann man im vollen Sinne des Wortes die 'vorpaulinische Zeit' nennen. Die Frage wäre: Gilt diese fast 'explosionsartige' missionarische Expansion am Anfang der urchristlichen Geschichte nicht auch für die Entwicklung der Christologie? Es spricht vieles dafür, daß diesen ersten 4-5 Jahren bis hin zur Bekehrung des Paulus und zum Beginn der aus Juden und Heiden gemischten Gemeinde in Antiochien innerhalb des weiteren Rahmens der etwa 18 Jahre bis zum Apostelkonzil wieder eine ganz besondere Bedeutung zukommt: Der Messias Jesus, der den ehemaligen Pharisäer und Gelehrtenschüler bezwang, so daß dieser für ihn an Stelle des Gesetzes zum alleinigen Heilsweg für alle Menschen werden konnte, muß schon klare christologische Konturen besessen haben. Die sühnende Heilsbedeutung des Todes Jesu wird dabei deutlich formuliert gewesen sein; weiter legt Gal 1,15f nahe,

daß der Titel 'Sohn Gottes' bereits selbstverständlich war und daß der Anspruch der Heilsmittlerschaft des Christus Jesus einen alle Menschen betreffenden, d.h. kosmischen Rahmen besaß." (ebd. 61f)

1.5. Unser Vorgehen

Wenn wir nachfolgend die Entfaltung der Christologie nachzeichnen, so wollen wir uns weniger an den Titeln ausrichten. Vielmehr soll sie festgemacht werden an den vermutlich ältesten Überlieferungen des NT, in denen zur Person und Funktion Jesu Stellung genommen wird. Dabei können die Kriterien "früher"/ "später", "primär"/"sekundär" nur sehr eingeschränkt angewendet werden, bedenkt man den kurzen Zeitraum, in dem sich die christologische Reflexion vollzog. Traditionsgeschichtliche Überlegungen müssen zu Rate gezogen werden. Wichtig ist vor allem, nach dem geistigen und religiösen Milieu zu fragen, in dem bestimmte Vorstellungen ihren Nährboden hatten. Dies dürfte hilfreich sein, um das besondere Profil der christologischen Anschauungen der "Hellenisten" zu bestimmen. Doch darf dies eben nicht dazu führen, ihre Christologie von jener der übrigen Urgemeinde zu isolieren oder jeglichen Einfluß ihrer christologischen Anschauungen auf die übrige Urgemeinde zu leugnen.

2. Jesu Einsetzung zum himmlischen "Menschensohn" und Messias

2.1. Die frühjüdischen Erwartungen

Literatur: BENTZEN, A., King and Messiah, Oxford [2]1970; BERGER, K., Die königlichen Messiastraditionen des Neuen Testaments: NTS 20 (1973/74) 1-44; BITTNER, W., Gott - Menschensohn - Davidssohn. Eine Untersuchung zur Traditionsgeschichte von Daniel 7,13f.: FZPhTh 32 (1985) 343-372; BOUSSET, W., Die Religion des Judentums im späthellenistischen Zeitalter, Tübingen [4]1966; GESE, H., Der Messias, in: Ders., Zur biblischen Theologie, München 1977, 128-151; DERS., Natus ex virgine, in: Ders., Vom Sinai zum Zion, München 1974, 130-146; DERS., Die Weisheit, der Menschensohn und die Ursprünge der Christologie als konsequente Entfaltung der biblischen Theologie: SEA 44 (1979) 77-114; KEARNS, R., Vorfragen zur Christologie II, Tübingen 1980; DERS., Das Traditionsgefüge um den Menschensohn, Tübingen 1986; MEYER, R., Der Prophet aus Galiläa, Darmstadt 1970 (Leipzig 1940); MÜLLER, K., Beobachtungen zur Entwicklung der Menschensohnvorstellung in den Bilderreden des Henoch und im Buche Daniel, in: FS H.M. Biedermann, Würzburg 1971, 253-261; DERS., Menschensohn und Messias: BZ 16 (1972) 161-187; 17 (1973) 52-66; DERS., Der Menschensohn im Danielzyklus, in: FS A. Vögtle, Freiburg 1975, 37-80; MÜLLER, M., Der Ausdruck "Menschensohn" in den Evangelien, Leiden 1984; MÜLLER, U.B., Messias und Menschensohn in jüdischen Apokalypsen und in der Offenbarung des Johannes, Gütersloh 1972; RUPPERT, L., Erhöhungsvorstellungen im Alten Testament: BZ 22 (1978) 199-220; SCHIMANOWSKI, G., Weisheit und Messias, Tübingen 1985, 107ff; SCHNACKENBURG, R., Die Erwartung des "Propheten" nach dem Neuen Testament und den Qumran-Texten, in: Studia Evangelica II, Berlin 1959, 622-639; SCHUBERT, K. (Hg), Vom Messias zum Christus. Die Fülle der Zeit in religionsgeschichtlicher und theologischer Sicht, Freiburg 1969; DERS., Die Messiaslehre in den Texten von Chirbet Qumran, in: WdF 410, Darmstadt 1981, 341-364; SJÖBERG, E., Der Menschensohn im äthiopischen Henochbuch, Lund 1946; THEISOHN, J., Der auserwählte Richter. Untersuchungen zum traditionsgeschichtlichen Ort der Menschensohngestalt des Äthiopischen Henoch, Tübingen 1975; TÖDT, H.E., Der Menschensohn in der synoptischen Überlieferung, Gütersloh 1959; VOLZ, P., Die Eschatologie der jüdischen Gemeinde im neutestamentlichen Zeitalter, Tübingen 1934; v.d. WOUDE, A.S., Die messianischen Vorstellungen der Gemeinde von Qumran, Assen 1957.

Eine einheitlich geprägte Messiaserwartung, ein Messiasdogma, gab es im Frühjudentum zur Zeit der Urgemeinde nicht. Wir treffen vielmehr ein Ensemble endzeitlicher Vorstellungen und "messianischer" Erwartungen an, die unabhängig voneinander entstanden waren und überliefert wurden, die sich aber im Laufe der Zeit aneinander angeglichen und zum Teil vermischt hatten. In den verschiedenen Kreisen und Gruppen des eschatologisch-denkenden Frühjudentums wurden diese unterschiedlichen Erwartungen gepflegt. In der Urgemeinde liefen sie zusammen und prägten die christologische Reflexion. Vermittelt wurden sie von einzelnen Trägern dieser Erwartungen, die Mitglieder der "messianischen" Jesusbewegung wurden.

Zunächst einmal ist festzuhalten, daß die Erwartung eines endzeitlichen Heilbringers für die frühjüdische Eschatologie keineswegs konstitutiv war. In verschiedenen apokalyptischen Traditionen scheint eine "messianische" Gestalt gefehlt oder keine Rolle gespielt zu haben (vgl. äthHen 38,4; 93,1-10; 91,12-17; AssMos 10,1ff; PsSal 2,32-37 [s. Kap. III]). Dies trifft auch auf die Eschatologie Johannes des Täufers zu. Er hat die unmittelbare Nähe Gottes, des Richters, angekündigt. Johannes ist dann allerdings von seinen Anhängern "messianisch" gedeutet worden als der "endzeitliche Prophet" nach Mal 3,23f. Auch Jesus hat keinen "messianischen" Heilbringer erwartet, sondern das nahe Kommen Gottes zur Aufrichtung der Basileia angesagt.
In bestimmten Kreisen wurde im Anschluß an Dtn 18,15.18 ein endzeitlicher "Prophet wie Mose", in anderen wiederum im Anschluß an Mal 3,23f die Rückkehr des entrückten Elias erwartet. Diese endzeitliche Prophetenerwartung liegt auch 1 Makk 4,46; 14,41 zugrunde. Dort werden mit ihr Vorbehalte gegen die Ansprüche der Makkabäer bzw. Hasmonäer zum Ausdruck gebracht. In der Eschatologie der Samaritaner ist der "Prophet wie Mose" die dominierende endzeitliche Heilbringergestalt, in Qumran steht der eschatologische Prophet neben den beiden Messiassen aus Aaron und Israel (1 QS 9,11; 4 QTest 5-8).
In Qumran begegnet also die Erwartung zweier Messiasse, eines königlichen "Messias aus Israel" und eines hohenpriesterlichen "Messias aus Aaron". Der hohepriesterliche Messias ist dem königlichen Messias eindeutig überlegen und übergeordnet (1 QSa II 11-21; vgl. TJuda 21,2ff). Diese Erwartung ist aber älter als Qumran (vgl. Num 24,17; Sach 4,11ff; TLevi 4,2-6; 18,2ff; TJuda 21,1f; TRuben 16,8) und dürfte vor allem in Kreisen zadokidischer Priester entwickelt und gepflegt worden sein.
Die Erwartung eines eschatologischen Messiaskönigs aus dem Geschlecht Davids war im Frühjudentum keineswegs dominant. Ihre alttestamentliche Grundlage ist die Natanweissagung 2 Sam 7,11-16. In ihr wird der Sohn Davids von Gott als "Sohn" angenommen (V.14; vgl. Ps 89,4f.20-38). Diese Vorstellung ist im Inthronisationsritual des davidischen Königtums aufgegriffen und im Anklang an ägyptische Vorstellungen als göttliche Zeugung bzw. Adoption verstanden worden: "Mein Sohn bist du, heute habe ich dich gezeugt" (Ps 2,7). Die eschatologische Erwartung eines davidischen Messiaskönigs ist wohl erst nach dem Exil formuliert (Hag 2,21ff; Sach 9,9f) und in der Krise der hasmonäischen Dynastie, als diese von den Pharisäern als Usurpatoren des an David gebundenen Königtums abgelehnt wurden, entfaltet worden. Danach ist sie nicht mehr verstummt und fand während des als Fremdherrschaft empfundenen Königtums Herodes d.Gr. und seiner Nachfolger immer neue Nahrung. Klassischen Ausdruck hat sie in dem auf pharisäische Kreise zurückgehenden PsSal 17 (vgl. PsSal 18,4-9; s. Kap. III.4) gefunden. Der erwartete "Messias" (17,32) ist nach diesem Text eine irdische Königsgestalt. Er soll die Fremdherrschaft und die Sünder aus Israel beseitigen, aber nicht aus eigener militärischer Kraft, sondern allein durch Gottes Hand (17,33f). Dann soll er ein heiliges und gesetzestreues Gottesvolk herstellen und in stellvertretender Wahrnehmung des allein Gott zustehenden Königtums regieren (17,1-4.46).
Wir wenden uns nun der "Menschensohn"-Vorstellung zu. Grundtexte für sie sind Dan 7,9-14 und die Bilderreden des äthHen (46,1-48,7; 62,5.7.9.14; 63,11; 69,26-29; 70-71). Die Vision 4 Esra 13,1-13 ist wohl erst im ersten nachchristlichen Jahrhundert entstanden. Sie zeigt das Fortleben und die Weiterentwicklung der Menschensohnvorstellung im Judentum parallel zu ihrer christlichen Verwendung.
Wie K. Müller gezeigt hat, muß äthHen 46,1-48,7 als ursprünglich eigenständige Überlieferung angesehen werden. Dieser Text bildet als "Grundvision" den traditionsgeschichtlich ältesten Bestandteil der "Menschensohn"-Vorstellung.

(46)[1]Und ich sah dort einen, der ein Haupt der Tage hatte,
und sein Haupt war wie Wolle so weiß,

und bei ihm war ein anderer,
dessen Gestalt wie das Aussehen eines Menschen war,
und sein Angesicht voller Güte wie das von einem der heiligen Engel.
2 Und ich fragte einen der Engel,
den, der mit mir ging und mir alle Geheimnisse zeigte,
nach jenem Menschensohn, wer er sei, woher er stamme
und weshalb er zu dem Haupt der Tage ginge.
3 Und er antwortete und sprach zu mir:
"Dies ist der Menschensohn, der die Gerechtigkeit hat
und bei dem die Gerechtigkeit wohnt,
der alle Schätze des Verborgenen offenbart,
denn der Herr der Geister hat ihn erwählt, und sein Los ist unübertrefflich
durch die Gerechtigkeit vor dem Herrn der Geister in Ewigkeit.
4 Und dieser Menschensohn, den du gesehen hast,
wird die Könige und die Mächtigen hochreißen von ihren Ruhelagern
und die Starken von ihren Thronen;
er wird die Zügel der Starken lösen und die Zähne der Sünder zerschlagen.
5 Er wird die Könige von ihren Thronen und aus ihren Reichen verstoßen,
weil sie ihn weder erhöhen noch ihn preisen,
noch demütig anerkennen, woher sie das Reich erhalten haben.
6 Und das Angesicht der Starken wird er verstoßen, und sie werden voller Scham sein;
und Finsternis wird ihre Wohnung und Würmer werden ihr Ruhelager sein,
und sie können nicht hoffen, daß sie von ihrem Lager aufstehen werden,
denn sie erhöhen nicht den Namen des Herrn der Geister.
7 Und diese sind es, die die Sterne des Himmels richten,
und die, die ihre Hand gegen den Höchsten emporrecken und das Festland niedertreten
und darauf wohnen, und alle ihre Werke offenbaren Ungerechtigkeit,
und all ihre Werke sind Ungerechtigkeit;
und ihre Macht stützt sich auf ihren Reichtum,
und ihr Glaube gilt den Göttern, die sie mit ihren Händen gemacht haben,
und sie verleugnen den Namen des Herrn der Geister.
8 Und sie verfolgen die Häuser seiner Gemeindeversammlung und die Gläubigen,
die im Namen des Herrn der Geister aufbewahrt sind.
(47) 1 Und in jenen Tagen wird das Gebet der Gerechten
und das Blut der Gerechten von der Erde aufsteigen vor den Herrn der Geister.
2 In diesen Tagen werden die Heiligen, die oben in den Himmeln wohnen,
gemeinsam mit einer Stimme Fürbitte halten, beten, preisen, danken
und rühmen den Namen des Herrn der Geister wegen des Blutes der Gerechten,
das vergossen worden ist, und wegen des Gebetes der Gerechten -
daß es nicht vergeblich sein möge - vor dem Herrn der Geister,
daß für sie Gericht gehalten werde und ihre Geduld nicht ewig währen muß.
3 In jenen Tagen sah ich das Haupt der Tage,
wie es sich auf den Thron seiner Herrlichkeit setzte
und die Bücher der Lebenden vor ihm geöffnet wurden
und sein ganzes Heer, das oben in den Himmeln und rings um ihn ist, vor ihm stand.
4 Die Herzen der Heiligen wurden voll von Freude,
weil die Zahl der Gerechtigkeit erreicht
und das Gebet der Gerechten erhört und das Blut der Gerechten
vor dem Herrn der Geister zurückgefordert ist.
(48) 1 An jenem Ort sah ich die Quelle der Gerechtigkeit, die unerschöpflich war,
und ringsum umgaben sie viele Quellen der Weisheit;
und alle Durstigen tranken von ihnen und wurden voll Weisheit,
und ihre Wohnungen waren bei den Gerechten und Heiligen und Auserwählten.
2 Und in dieser Stunde wurde jener Menschensohn
in Gegenwart des Herrn der Geister genannt, und sein Name vor dem Haupt der Tage.
3 Und bevor die Sonne und die beiden Tierkreis-Zeichen geschaffen wurden,
bevor die Sterne des Himmels geschaffen wurden,
ist sein Name vor dem Herrn der Geister genannt.

[4]Und er wird für die Gerechten ein Stab sein,
damit sie sich auf ihn stützen und nicht fallen,
und er wird das Licht der Völker und die Hoffnung derer sein,
die in ihrem Herzen Kummer haben.
[5]Alle, die auf dem Festland wohnen, werden vor ihm niederfallen und ihn anbeten,
und sie werden preisen, rühmen und lobsingen den Namen des Herrn.
[6]Und darum ist er erwählt worden und verborgen vor ihm, ehe der Äon geschaffen wurde,
und bis in Ewigkeit wird er sein.
[7]Und die Weisheit des Herrn der Geister hat ihn offenbart
den Heiligen und Gerechten,
denn er hat das Los der Gerechten bewahrt,
weil sie diese Welt der Ungerechtigkeit gehaßt
und abgewiesen haben und all ihre Werke und Wege gehaßt haben
im Namen des Herrn der Geister - denn in seinem Namen werden sie gerettet,
und er wird der Rächer für ihr Leben sein.

Der "Menschensohn" dieser Überlieferung ist ein präexistentes, himmlisches Wesen, "dessen Gestalt wie das Aussehen eines Menschen" ist (46,1). Er ist Träger der Gerechtigkeit, womit schon auf sein Amt als eschatologischer Richter verwiesen wird (46,3). Er wird als "Offenbarer aller Schätze des Verborgenen" bezeichnet (46,3). Nach 48,7 sind diese wohl der noch verborgene Lohn für die Gerechten. Er ist der seit Ewigkeit durch den "Herrn der Geister" Erwählte (46,3), der die Könige und Mächtigen der Erde vernichten (46,4-8) und die von ihnen unterdrückten Gerechten rächen wird (47,1-3). In 48,2f.6 wird seine Präexistenz vor der Schöpfung ausgesagt. Vom Herrn der Geister wurde er erwählt und berufen, "eine Stütze und ein Stab für die Gerechten, ein Licht der Völker und die Hoffnung der Betrübten" zu sein (48,4ff). Seine himmlische Hoheit kommt darin zum Ausdruck, daß alle Menschen, "die das Festland bewohnen", "vor ihm niederfallen und (ihn) anbeten werden" (48,5).
Die Vision Dan 7,9-14 weist nur wenige wörtliche Übereinstimmungen mit den Bilderreden des äthHen auf. Die Unterschiede sind dagegen beträchtlich: Die Aussagen in Dan 7 sind nicht in Prosa, sondern in gebundener Sprache formuliert; nach Dan 7,13f tritt der "Menschensohn" erst nach dem vollzogenen Gericht auf den Plan, gilt also nicht selbst als der eschatologische Richter; von einem "Kommen" des Menschensohnes "mit den Wolken des Himmels" (Dan 7,13) wissen die Bilderreden nichts; schließlich fehlt die in Dan 7,14 geschilderte Herrschaftsübereignung über die ganze Welt in den Bilderreden völlig.
Daraus ist mit K. Müller zu schließen, daß Dan 7,9-14 und die "Grundvision" der Bilderreden voneinander unabhängige Ausformungen einer bereits vor der abschließenden Redaktion des Danielbuches im Jahr 164 v.Chr. schriftlich fixierten "Menschensohn"-Überlieferung sind. Der Text äthHen 46,1-48,7 aber hat die ursprüngliche Sinngebung dieser vorgegebenen "Menschensohn"-Vorstellung besser bewahrt. Denn in Dan 7 zeigt sich die Tendenz, den geheimnisvollen "Menschensohn" mit einer anderen Größe zu identifizieren. Nach 7,18.22.27 ist der "Menschensohn" der himmlische Repräsentant und Doppelgänger des "Volkes der Heiligen des Höchsten". Wenn diesem "Menschensohn" ewige Macht und Herrschaft gegeben wird (7,14), so wird damit die alte nationale Hoffnung auf Restitution des davidischen Großreiches aufgenommen. Dieses ewige Reich des "Volkes der Heiligen des Höchsten" steht nach Meinung des Verfassers des Danielbuches unmittelbar bevor. In der himmlischen Szene ist die Übertragung der Herrschaft an den "Menschensohn" bereits erfolgt (7,14), und "die Rede vom 'Kommen' des Menschensohnes 'mit den Wolken des Himmels' (Dan 7,13b) erweckt den Eindruck, als habe dieser den Bereich der Transzendenz bereits verlassen" (K. Müller). Die erwartete Weltherrschaft Israels steht also unmittelbar bevor.[1]

---

[1] Die Menschensohnaussagen der dritten Bilderrede des äthHen (vgl. 62,5.7.9.14; 63,11; 69,26-29) zeigen die Tendenz, die Gestalt des "Menschensohnes" mit der ganz anderen Endzeitgestalt des "Auserwählten" zu identifizieren. "Schon die Benennung ändert sich charakteristisch. Nirgends kommt der Name 'Menschensohn' in ähnlich unerläuterter Prägnanz zur Sprache, wie dies innerhalb der Grundvision der Fall ist. Die äthiopische Version vermeidet die in 46,1-47,4; 48,2-7 geläufige Wendung: walda sabe = 'Menschensohn' und setzt an ihre Stelle walda be'esi = 'Sohn des Mannes' (62,5; 69, 29) oder mit Vorliebe die komplizierte Wortfolge: walda eguala emma' chejaw = 'Sohn der Nachkommenschaft der Mutter der Lebendigen' (62,7.9.14; 63,11; 69,26.27). Die neue Nomenklatur will bedacht sein. Nach den Vorstellungen der Grundvision war der 'Menschensohn' ein genuin himmlisches Wesen, dessen geheimnisvolle Hoheit durch streng verhaltene Umschreibungen zum Ausdruck kam: sein 'Antlitz war wie das Aussehen eines Menschen und sein Ant-

Noch weiter geht schließlich der spätere Redaktor der Bilderreden, der in 48,10 den "Menschensohn" mit dem "Messias" nationalen Zuschnitts identifiziert. Und in äthHen 70-71 wird gar der in den Himmel entrückte Seher Henoch zum "Menschensohn" erhoben. In all diesen Identifikationsversuchen bekunden weisheitlich orientierte Kreise des apokalyptischen Frühjudentums, die sich auf Henoch, den Weisen und Gerechten der Vorzeit, beriefen, ihr Interesse an der geheimnisvollen Gestalt des "Menschensohnes". Es zeigt sich darin, wie sehr man bemüht war, diese Gestalt eines präexistenten himmlischen Retters und Richters in die übrigen Endzeitvorstellungen der Zeit zu integrieren. Dies macht nun noch einmal in späterer Zeit auch 4 Esra 13,1-13 deutlich. Hier hat der "Menschensohn" weitgehend die klassischen Funktionen des irdisch-nationalen Befreiers Israels, des Messias, angenommen.
Die voneinander unabhängigen "Menschensohn"-Spekulationen im äthHen und Dan 7 zeigen, daß die Beschäftigung mit der Gestalt des "Menschensohnes" im Frühjudentum auf breiter Front erfolgt sein muß. Wir müssen sogar damit rechnen, daß zur Zeit der Urgemeinde verschiedene "Menschensohn"-Vorstellungen parallel zueinander umliefen.

2.2. Die Identifizierung Jesu mit dem Messias und "Menschensohn"

Die Urgemeinde hat den Auferweckten mit dem erwarteten Messias aus Davids Geschlecht und dem transzendenten "Menschensohn" identifiziert. Sie konnte dabei auf die im Frühjudentum bereits vollzogene Annäherung der beiden endzeitlichen Gestalten "Menschensohn" und Messias zurückgreifen. Die Auferweckung galt ihr als Akt der Einsetzung Jesu in sein eschatologisches Amt. Dabei wollte die Urgemeinde nicht den Auferstandenen einmal als den erwarteten Messias definieren, ein anderes Mal als den apokalyptischen "Menschensohn". Ihr Ausgangspunkt war vielmehr die Gottestat der Auferweckung Jesu. Durch sie war Jesus in den Himmel erhöht worden, wo er nun als transzendente, himmlische Gestalt lebte. Auf ihn wendete die Urgemeinde die frühjüdischen Heilbringererwartungen an. Nun war deutlich geworden, daß er jener geheimnisvolle "Menschensohn" der apokalyptischen Erwartung war, daß er und nur er der messianische König war, den Israel für die Endzeit erhoffte.
Wo die Urgemeinde in der Titulatur unterscheidet, scheint sie dem Auferstandenen verschiedene Rollen zuweisen zu wollen. Mit "Menschensohn" wird seine zukünftige Funktion umschrieben, sein Kommen zum Gericht und zur Rettung der Auserwählten. Die Messiastitulatur dagegen war geeignet, die himmlische Funktion des Auferstandenen zu umschreiben, seine Erhöhung, Vollmacht und sein Herrscheramt. Insbesondere der aus Ps 2,7 abgeleitete Mes-

---

litz war voll Anmut gleichwie eines von den heiligen Engeln' (46,1)... Bei dem 'Menschensohn' in 46,1-47,4; 48,2-7 handelt es sich gar nicht um ein Exemplar der Gattung Mensch. Demgegenüber bringen die Benennungen der dritten Bilderrede: 'Sohn des Mannes' und 'Sohn der Nachkommenschaft der Mutter der Lebendigen' eine Konkretisierung der gemeinten Gestalt des endzeitlichen Strafrichters, welche keinen Zweifel an dessen menschlich-irdischer Herkunft zu erlauben scheint... Dieser 'Auserwählte' ist im Gegensatz zum 'Menschensohn' aus 46,1-47,4; 48,2-7 keine präexistente himmlische Größe. Nirgends heißt es von ihm, daß er mit 'dem betagten Haupte wandle', d.h. daß er schon vor seinem Auftreten als endzeitlicher Strafrichter bei Gott im Himmel weile. Nach 51,3 hat er die 'Weisheit' nicht aus der Kraft eigenen Wesens inne, sondern er erhält sie vom 'Herrn der Geister', durch den er auch 'verherrlicht' wird. Es kann nicht ernsthaft bezweifelt werden, daß der 'Auserwählte' eine Gestalt verkörpert, welche dem irdisch-nationalen Messiasbild des Judentums ungleich näher steht als der 'Menschensohn' der Grundvision. Zieht man zudem in Betracht, daß im Munde eines Juden mit der 'Mutter der Lebendigen' nur Eva gemeint sein kann und daß ausschließlich in solchen Zusammenhängen der dritten Bilderrede, welche sich auf das Eschaton beziehen, von dem 'Sohn der Nachkommenschaft der Mutter der Lebendigen' die Rede ist, so drängt sich die Annahme förmlich auf, daß hier unter anderem mit Hilfe einer Anspielung auf das sogenannte Protoevangelium aus Gn 3,15 eine den Juden der vorchristlichen Zeit durchaus geläufige (Gn 3,15, Neofiti I, Fragmententargum, Pseudojonathan) messianische Interpretation des wesensverschiedenen, himmlischen 'Menschensohnes' der Tradition unternommen wurde." (Müller: BZ 16, 167ff)

siastitel "Sohn Gottes" konnte diesen Aspekt schön zum Ausdruck bringen.

Es ist darum gar nicht verwunderlich, daß wir nirgends in der neutestamentlichen Überlieferung eine Prädikation: "Jesus ist der Menschensohn!" finden und daß keine Überlieferung die Einsetzung des Auferweckten zum "Menschensohn" zum Thema hat. Eine eigenständige, isoliert auf die "Menschensohn"-Vorstellung Bezug nehmende Bekenntnis- und Traditionsbildung ist nach dem Gesagten gar nicht zu erwarten. Ebensowenig eine Anrede des Erhöhten mit "Menschensohn". Wenn der Erhöhte mit dem messianischen Titel "Sohn Gottes" bezeichnet wird, so kann darin die "Menschensohn"-Vorstellung mitschwingen. Gleiches gilt für die Anrede "Unser Herr" (marana). "Menschensohn" war somit im strengen Sinne gar kein christologischer Titel der Urgemeinde. Vielmehr wurde die apokalyptische "Menschensohn"-Vorstellung herangezogen, um die endzeitliche Funktion des Auferweckten und zu Gott Erhöhten zu umschreiben.
Schon bald wird "Menschensohn" zur geheimnisvoll verdeckenden Selbstbezeichnung des irdischen Jesus (Mk 2,10.28; 7,34; 9,58). Auch diese ist nicht titular gebraucht, sondern löst die Frage aus: "Wer ist dieser geheimnisvolle Menschensohn?" und: "Woher kommt er?" Wie es möglich wurde, den irdischen Jesus sich mit "Menschensohn" bezeichnen zu lassen, obwohl diese Figur von Haus aus ein präexistentes himmlisches Wesen war, ist eine andere Frage. Wahrscheinlich setzt die Anwendung dieser Bezeichnung auf den irdischen Jesus bereits den Gedanken der Präexistenz und der Inkarnation voraus (s. dazu Kap. VI.4).

Das älteste erhaltene Menschensohnwort ist Lk 12,8f parr[1].

> Jeder, der sich zu mir vor den Menschen bekennt,
> zu dem wird sich auch der Menschensohn vor den Engeln Gottes bekennen.
> Und wer mich vor den Menschen verleugnet,
> den wird auch der Menschensohn vor den Engeln Gottes verleugnen.[2]

---

[1] KÜMMEL, W.G., Das Verhalten Jesu gegenüber und das Verhalten des Menschensohns. Mk 8,38par und Lk 12,3fpar Mt 10,32f, in: FS A. Vögtle, Freiburg 1975, 210-224; DERS., Jesus - Der Menschensohn? in: Sitzungsberichte der wiss. Gesellschaft an der J.W. Goethe-Universität Frankfurt/M, Frankfurt 1984; MERKLEIN, H., Jesu Botschaft von der Gottesherrschaft, Stuttgart ^{2}1984, 162ff; PESCH, R., Über die Autorität Jesu. Eine Rückfrage anhand des Bekenner- und Verleugnerspruchs Lk 12,8fpar, in: FS H. Schürmann, Freiburg 1978 25-57; SCHENK, W., Der Einfluß der Logienquelle auf das Markusevangelium: ZNW 70 (1979) 146f; TÖDT, H.E., Der Menschensohn in der synoptischen Überlieferung, Gütersloh ^{2}1963, 37ff.50ff; VIELHAUER, Ph., Aufsätze zum Neuen Testament, München 1965, 92-137; VÖGTLE, A., Eine überholte "Menschensohn"-Hypothese?, in: FS E. Lohse, Bielefeld 1989, 70-95, bes. 87f; vgl. auch die Literatur zu Kap. VI.

[2] Das Wort ist vierfach überliefert. Seine ursprüngliche Fassung ist aus Lk 12,8f und Mt 10,32f zu rekonstruieren. Lk ist darin ursprünglicher, daß er in den beiden Teilen des Wortes zwischen "ich" und "Menschensohn" unterscheidet. Mt ist darin ursprünglicher, daß er den Parallelismus der beiden Teile bewahrt.
Die Fassung Mk 8,38/Lk 9,26 bietet nur den zweiten Teil und ist deutlich sekundär: ἐπαισχύνεσθαι ist eine gräzisierte Fassung des semitischen ὁμολογεῖν/ἀρνεῖσθαι; καὶ τοὺς ἐμοὺς λόγους ist markinischer Einschub; ἐν τῇ γενεᾷ ... und der ὅταν - Satz sind sekundäre Zufügungen.
Charakteristisch für das Wort ist, daß es zwischen Jesus und dem "Menschensohn" zu unterscheiden scheint. Gerade darum wird es von vielen Forschern für authentisch gehalten (so Kümmel; Hahn; Schweizer; Tödt; Colpe; Polag; Pesch; Schnackenburg; Merklein u.a.): Hätte die Urgemeinde dieses Wort gebildet, so wäre diese Unterscheidung nicht zu erklären, weil sie Jesus und den "Menschensohn" identifiziert habe. Diese Position muß in Kauf nehmen, daß Jesus einen "Menschensohn" erwartete, der von ihm unterschieden war. Aber die Argumentation ist auch in sich nicht schlüssig. Die Urgemeinde hat das Logion in der jetzigen Form überliefert und gleichwohl die Differenzierung aufrechterhalten. Diese ist dann durchaus angemessen, wenn verschiedene Funktionen bzw. Stadien der Wirksamkeit ein und derselben Person unterschieden werden sollen: Jesus, der letzte Bote Gottes, der jetzt im Himmel erhöht ist (= ich), und Jesus, der bald zum Gericht kommen wird (= "Menschensohn"). Andere Forscher halten den Spruch für kein echtes Jesuswort, sondern für ein urchristliches Prophetenwort: gerade im Munde Jesu werde es unverständlich (so Bultmann; Conzelmann; Käsemann; Vielhauer; Vögtle; Haenchen; Lohse; Lührmann; Hoffmann; Schulz; Schenk u.a.). Meines Erachtens haben diese Forscher recht. Entscheidend für diese Argumentation ist aber nicht, ob Jesus überhaupt vom "Menschensohn" gesprochen hat, sondern ob er die Annahme seiner Botschaft an ein Bekenntnis zu sich selbst geknüpft hat, wie es das Wort voraussetzt.

Inhalt und Intention des Wortes entsprechen der Verkündigungssituation der frühen Urgemeinde. Wie oben bereits gesagt, erforderte die Annahme ihrer Botschaft nach Ostern zugleich eine explizite Stellungnahme zu Jesus, in dessen Namen die Jünger wirkten. Vor Ostern war eine solche Stellungnahme nicht gefordert, höchstens implizit in der Zustimmung zu Jesu Botschaft enthalten. Daher dürfte das Wort nachösterliche Bildung sein.
Das Wort ist ein parallel gebauter Doppelspruch, der eine Entsprechung zwischen dem gegenwärtigen Bekenntnis der Menschen zu Jesus und dem zukünftigen Verhalten des "Menschensohn"-Richters zu ihnen verheißend und drohend ansagt. Auf dem zweiten Teil aber liegt der Ton. Darum ist das Wort als Drohwort zu charakterisieren. Der Form nach liegt ein "Satz heiligen Rechtes" vor (s. dazu Kap. X.1): Wer sich gegenwärtig vor dem Forum der Menschen zu Jesus "bekennt", zu dem wird sich der "Menschensohn" Jesus beim Endgericht vor Gott "bekennen". Wer Jesus gegenwärtig vor den Menschen "verleugnet", d.h. ihn als Gottes endzeitlichen Boten ablehnt oder die Zugehörigkeit zu ihm abstreitet, den wird auch der "Menschensohn" Jesus beim Gericht "verleugnen", d.h. verurteilen. Der "Menschensohn" hat hier wie in äthHen 46,4ff; 47,4.7 die Doppelfunktion des Retters der Seinen (vgl. 1 Thess 1,10) und des Richters seiner Feinde.
Das Wort stammt aus dem palästinischen Judenchristentum. Seine Sprache weist in semitisches Milieu. Sprecher des Wortes sind urchristliche Propheten. Folgt man der These E. Käsemanns, daß solche Propheten als Verkünder heiligen Rechts Leitungsfunktionen in den palästinischen Gemeinden außerhalb Jerusalems innehatten, dann könnte der Spruch außerhalb Jerusalems formuliert und verwendet worden sein.

Entgegen der öfter ausgesprochenen Vermutung setzt das Wort noch keine Verfolgungssituation voraus, wohl aber, daß die Verkündigung von der Auferweckung und Erhöhung Jesu auf Unglauben stieß. Das Logion betont, daß das Heil der herannahenden Basileia nicht an Jesus vorbei erlangt werden kann. Explizites Bekennen zu Jesus ist gefordert. Dieses Bekenntnis darf nicht aufgehoben werden. Wenn der Erhöhte als "Menschensohn" in Erscheinung tritt, also bei seiner Parusie, ist es dafür zu spät. Das Wort könnte sich gegen die Auffassung richten, daß Gott den Messias bei seinem endzeitlichen Kommen vor ganz Israel offenbaren und eindeutig legitimieren wird. Es behauptet demgegenüber, daß diese Offenbarung bereits vor den Erscheinungszeugen erfolgt ist. Darum ist die Annahme ihrer Botschaft nun verbunden mit einer expliziten Stellungnahme zu Jesus. Wer dieses Bekenntnis nicht hier und heute ablegt, für den wird Jesus zum eschatologischen Richter (vgl. Lk 11,29f; s. dazu Kap. XIII.6). Das Wort nimmt vor allem die zukünftige Rolle Jesu in den Blick. Heil und Unheil werden von ihm im Gericht festgestellt, aber sie entscheiden sich schon hier und jetzt.
Das Wort argumentiert mit der unmittelbaren Nähe des "Menschensohns". Nur jetzt ist noch Zeit zur Umkehr und zum Bekenntnis. Ein Aufschieben der Entscheidung führt zur Ablehnung im Gericht. Es fügt sich also nahtlos in die Grundstimmung der Urgemeinde ein, die glaubte, in der dem Einbruch der Heilszeit unmittelbar vorausgehenden Zeit zu leben.

Im ersten Thessalonicherbrief hat Paulus am Ende des Proömiums eine alte Traditionsformel verwendet (1 Thess 1,9f[1]), die zwar nicht den Menschensohntitel enthält, aber doch in den Vorstellungsbereich vom "Menschensohn" hinein-

---

[1] HOLTZ, T., "Euer Glaube an Gott". Zu Form und Inhalt 1.Thess. 1,9f, in: FS H. Schürmann, Freiburg 1978, 459-488; MERKLEIN, H., Die Auferweckung Jesu und die Anfänge der Christologie: ZNW 72 (1981) 1-27; vgl. die Literatur zu Kap. VI.

gehört.[1] Paulus erinnert die Leser daran, daß sie sich von den Götzen abgewandt haben, um nun dem lebendigen und wahren Gott zu dienen und

> seinen Sohn aus den Himmeln zu erwarten,
> - den er von den Toten auferweckt hat -,
> Jesus, der uns aus dem kommenden Zorn herausreißen wird.

Das Fragment drückt die Erwartung aus, daß Jesus als "Sohn Gottes" vom Himmel her erscheint, um "uns" aus dem kommenden Zorngericht zu erlösen.

Die Motive des "Kommens vom Himmel" und des kommenden Zorngerichts zeigen an, daß die apokalyptische "Menschensohn"-Vorstellung im Hintergrund steht, aber bereits mit der Messiaserwartung ("Sohn Gottes") verschmolzen ist.
Die Herkunft der Wendung aus dem frühen Judenchristentum wird allgemein angenommen. Sie dürfte in der Urgemeinde entstanden sein. Zu Paulus gelangte die formelhafte Wendung wohl durch Vermittlung der "Hellenisten". Sie wäre dann ein eindrucksvoller Beweis der ursprünglichen Einheit der christologischen Traditionsbildung der Urgemeinde.
Daß der "Sitz im Leben" der formelhaften Wendung die urchristliche Heidenmission war, wie behauptet worden ist, ist sehr fraglich. V.9 darf zur Bestimmung des "Sitzes im Leben" jedenfalls nicht herangezogen werden. Zu beachten ist, daß die Wendung offensichtlich trösten will. Sie versichert, daß die Gemeinde Jesu am bald kommenden Tage des Gerichts nichts befürchten muß, weil der Richter selbst sie erretten wird.

Alte Tradition liegt wahrscheinlich auch in Apg 3,20f[2] vor. Petrus fordert hier seine Hörer zu Umkehr und Buße auf,

> ... damit die Zeiten der Erquickung kommen vom Angesicht des Herrn
> und er den euch zuvorbestimmten Gesalbten sende, Jesus,
> den der Himmel aufnehmen muß bis zu der Zeit der Wiederherstellung von allem,
> wovon Gott gesprochen hat durch den Mund seiner heiligen Propheten
> von Uranfang an.

Dieser Satz macht einen archaischen Eindruck: Der Erhöhungsgedanke scheint zu fehlen und die Vorstellung der "Entrückung" vorzuherrschen. Über eine gegenwärtige, himmlische Funktion des Messias wird nichts gesagt. Der Ton liegt ganz auf den Endereignissen.

Die Wendung greift Motive auf, die im AT und Frühjudentum mit der Elia-Überlieferung verbunden waren (vgl. Mal 3,23f): Elia, der in den Himmel entrückt wurde, wird vor der Endzeit wiederkommen, um "alles wiederherzustellen" (vgl. Mk 9,11ff).
Daß Apg 3,20f eine alte Tradition zitiert, ist trotz mancher Einwände wahrscheinlich.[3] Diese spricht in apokalyptischer Redeweise von der den eschatologischen Wehen folgenden Heilszeit als

---

[1] Daß Paulus hier Tradition zitiert, zeigt schon der Wechsel von der 2. Pers. Plural (V.9) in die 1. Pers. Plural (V.10). Vermutlich enthält nur V.10 traditionelle Elemente. Die geprägte Auferstehungsaussage V.10b (zur "Kontrastformel" vgl. Kap. II.1) ist allerdings von Paulus sekundär eingeschoben worden.

[2] WILCKENS, U., Die Missionsreden der Apostelgeschichte, Neukirchen-Vluyn ^{3}1974, 152-155; vgl. die Literatur zu Kap. VI.

[3] Bauernfeind hält Apg 3,20f für ein notdürftig christianisiertes Traditionsstück aus Täuferkreisen. Diese deuteten Johannes den Täufer als wiedergekommenen Elias. Wilckens nimmt an, daß 3,20f das Bruchstück einer jüdischen Eliasspekulation ist, das sekundär verchristlicht wurde. Hahn dagegen meint, daß kein festgeprägter Elia-Text, sondern eine alte, originär christliche Tradition vorliegt, die lediglich zwei Einzelmotive ("Entrückung"; "Wiederherstellung von allem") aus der Elia-Tradition aufgenommen hatte. Lediglich V.21b sei lukanisch, der Rest sehr alt.
Die Annahme eines alten Traditionsstücks in Apg 3,20f wird bestritten von Conzelmann, Haenchen, Vielhauer und Lohfink. Sie sehen 3,20f als lukanisch an. Lukas habe lediglich alte Vorstellungen und Motive verwendet.

von einem schon im Himmel bereitgehaltenen Heilsgut (V.20a), sodann von der Parusie (V.20b): "Die Funktion des wiederkommenden Jesus ist aber die des messianischen Königs; als solcher ist er von Gott im voraus erwählt. Auch er steht im Himmel, wie die Heilsgüter der neuen Welt, bereit, und Gott wird ihn dereinst 'senden'." (Hahn) Apg 3, 20f fügt sich also gut in den Vorstellungskreis von Jesus als dem himmlischen "Menschensohn/Messias" ein.
Mit W. Thüsing ist aber daran festzuhalten, daß Apg 3,20f sich durchaus mit der Erhöhungsvorstellung verträgt und "der 'vom Himmel aufgenommene' Auferstandene keineswegs untätig wartet, sondern auf seine Parusie hin wirkt." Auch dieses alte Traditionsstück schließt die Vorstellung nicht aus, daß der Auferstandene bereits in sein endzeitliches Amt eingesetzt worden ist. An der Identität des himmlischen Heilbringers mit dem irdischen Jesus besteht dabei kein Zweifel, aber der irdische Jesus wird nicht näher qualifiziert. Allein Stellung und Funktion Jesu seit seiner Aufnahme in den Himmel werden in den Blick genommen.

Der kommende Heilbringer ist in den bisher besprochenen Traditionen kein anderer als der irdische Jesus, der durch die Auferweckung zum himmlischen "Messias/Menschensohn" eingesetzt wurde. War der erwartete Heilbringer für die frühjüdische Erwartung kaum mehr als eine abstrakte Idee, eine "ungreifbare und unbestimmte Figur", so trägt er für die Urgemeinde die Züge Jesu. "Damit war er aus dem Reiche der Phantasie in die Wirklichkeit eingetreten. Es ist auch unter dem eschatologischen Gesichtspunkt ein ungeheurer Schritt vorwärts, daß diese Menschen nicht mehr auf irgendeinen Messias warten, sondern daß sie bereits wissen, wer es sein wird." (Weiß, Urchristentum 25f) Ihn können sie als "unser Herr" (marana) anrufen. In ihm haben sie einen Fürsprecher und Retter bei der bevorstehenden Umwandlung der Welt.
Alle Gedanken der ersten Gemeinde waren auf den unmittelbar bevorstehenden Anbruch der Endzeit ausgerichtet, bei dem der Auferstandene eine entscheidende Rolle spielen würde. Dazu war er in der Auferweckung von Gott eingesetzt worden. Noch spielte das Leben und Wirken des irdischen Jesus in den christologischen Reflexionen keine Rolle. Die älteste Anschauung war vielmehr die, daß Jesus seit seiner Auferweckung von Gott zum "Messias/Menschensohn" eingesetzt worden ist und nun im Himmel auf sein Kommen hin wirkt. Diese Anschauung hat Lukas auch in Apg 2,36 bewahrt, wenn er in Anlehnung an älteste Tradition Petrus sprechen läßt: "Mit Sicherheit erkenne nun das ganze Haus Israel, daß Gott diesen Jesus, den ihr gekreuzigt habt, zum Herrn und Messias gemacht hat."

In Röm 1,3f[1] verwendet Paulus eine alte Traditionsformel, die diesen Gedanken klar ausspricht. Sie läßt sich aus dem Kontext herauslösen und einigermaßen sicher im Wortlaut rekonstruieren.[2]

---

[1] HENGEL, M., Der Sohn Gottes, Tübingen ²1977, 93ff; LINNEMANN, E., Tradition und Interpretation in Röm 1,3f: EvTh 31 (1971) 264-275; SCHWEIZER, E., Röm 1,3f und der Gegensatz von Fleisch und Geist vor und bei Paulus, in: Ders., Neotestamentica, Zürich 1963, 180-189; THEOBALD, M., "Dem Juden zuerst und auch den Heiden". Die paulinische Auslegung der Glaubensformel Röm 1,3f, in: FS F. Mußner, Freiburg 1981, 376-393; vgl. auch die Literatur zu Kap. VI.

[2] Folgende Kriterien sprechen dafür, daß Paulus an dieser Stelle eine traditionelle Formel verwendet hat:
a) περὶ υἱοῦ αὐτοῦ in V.3a nimmt V.4a alles Gewicht: V.4a sagt, daß Jesus "seit der Auferstehung von den Toten" zum Gottessohn eingesetzt wurde. Paulus aber spricht in V.3a vom Präexistenten. Beide Anschauungen sind unvereinbar. Bereits durch diese Spannung ist die Verwendung von Tradition in Röm 1,3 nahegelegt. Weitere Beobachtungen bestätigen diesen Schluß.
b) Der Partizipialstil in V.3b.4a ist charakteristisch für urchristliche Hymnen und Formeln.
c) Der antithetische Parallelismus (V.3b/4a) ist ebenfalls Kennzeichen zahlreicher urchristlicher Hymnen und

[...Jesus,]
der dem Fleisch nach aus Davids Samen geworden ist,
der dem Geist der Heiligkeit nach als Sohn Gottes eingesetzt worden ist [in Macht[1]]
seit Auferstehung von den Toten.

Die Formel besteht aus zwei parallelen Zeilen. Die erste Zeile charakterisiert Jesus hinsichtlich seiner irdischen Existenz: Er ist als Nachkomme Davids geboren. Die zweite Zeile kennzeichnet ihn hinsichtlich seiner himmlischen Existenz: Er ist zum "Sohn Gottes" eingesetzt seit der Auferstehung von den Toten. Die zweite Zeile überbietet die erste Zeile und trägt den Ton.
Die erste Zeile sagt aus, was Jesus aufgrund und seit seiner Geburt gewesen ist. Er war von davidischer Abstammung, ein "Sohn Davids". Er hat somit die Voraussetzungen erfüllt, die an den kommenden Messias gestellt wurden (vgl. 2 Sam 7,11ff; PsSal 17,21ff). Die erste Zeile ist aber noch kein Messiasbekenntnis. Sie sagt nicht: Jesus war seit Geburt der Messias, "der Sohn Davids". Vielmehr ist sie ganz auf die zweite Zeile hin ausgerichtet und sagt dann: Jesus war designierter Messias, und zwar während seiner irdischen Existenz.
Die zweite Zeile stellt fest, daß Jesus vom Zeitpunkt der Auferstehung an zum "Sohn Gottes" eingesetzt worden ist. Die über der irdischen Existenz Jesu liegende Verheißung ist durch Gott eingelöst worden. Das bedeutet aber: Jesus ist zu etwas bestellt worden, was er vorher nicht war. Die Formel kennt also keine Präexistenz Jesu. "Sohn Gottes" ist hier Messiastitel (vgl. Ps 2,7; 2 Sam 7,14; 4 Qflor I 10-12). Gott hat Jesus, der schon während seiner irdischen Existenz für dieses Amt designiert war, seit der Auferstehung von den Toten zum endzeitlichen Messiaskönig eingesetzt. Die Formel unterscheidet in Jesu Existenz zwei Zeitabschnitte: seine irdische Existenz und seine himmlische Existenz. Betont wird das zeitliche Nacheinander herausgestellt.
"Seit Auferstehung von den Toten" gibt den Zeitpunkt der Einsetzung Jesu zum Messias an. Gemeint ist sicher nicht, daß "Auferstehung" und "Einsetzung" zwei verschiedene Akte waren. Sie fielen vielmehr zusammen. Auferstehung wird verstanden als Erhöhung. Sie ist hier nicht wie in der Kontrastformel dem Tod Jesu zugeordnet, sondern der neuen Funktion, die Jesus nun bekleidet.
Auch die irdische Existenz Jesu ist von seiner neuen himmlischen Funktion her deutlich qualifiziert. Sie bildet zwar ein Vorstadium, aber auf den Irdischen fällt bereits das Licht seiner Würde, die er seit der Auferstehung innehat. Auch sein irdisches Wirken ist in diesem Licht zu sehen und zu würdigen.
Vielleicht klingt in der Formel, vor allem in ihrer ersten Zeile, ein kritischer Unterton an. Indem sie die Einsetzung Jesu zum Messiaskönig seit der Aufer-

Formeln (vgl. 1 Tim 3,16).
d) Die Voranstellung der Verben ist typisch semitisch und läßt auf eine semitische Vorlage schließen.
e) Die Vorstellung der "Davidsohnschaft" (V.3b) findet sich bei Paulus sonst nicht.
f) Unpaulinisches Vokabular: ὁρίζειν; πνεῦμα ἁγιωσύνης.
g) Die Antithese κατὰ σάρκα/κατὰ πνεῦμα ἁγ. ist unpaulinisch, weil neutral verwendet. Für Paulus bezeichnet der Gegensatz "Fleisch - Geist" immer den Unterschied zwischen dem sündigen Menschen und seinem Handeln und dem heiligen Gott und seinem Handeln. Dagegen findet sich die Antithese im selben Sinne wie in Röm 1,3f auch in 1 Tim 3,16 und in 1 Petr 3,18, beides ebenfalls traditionelle Christusbekenntnisse.

[1] Paulus hat wahrscheinlich ἐν δυνάμει eingeschoben. Damit hat er die seiner Präexistenzchristologie widersprechende Aussage V.4b in seinem Sinne modifiziert.

stehung datiert und den irdischen Jesus "nur" als designierten Messias betrachtet, wird die Messiaserwartung entpolitisiert. In der irdisch-politischen Sphäre wollte Gott sie nicht erfüllen. Damit rückt die Formel bewußt von der nationalpolitischen Messiaserwartung ab.
Die Formel dürfte in der Jerusalemer Urgemeinde entstanden sein. Das Interesse an der Abstammung Jesu könnte darauf hinweisen. "Sitz im Leben" war wahrscheinlich die Tauffeier. Die Feierlichkeit der Sprache und der Bekenntnischarakter der Formel verweisen darauf. Die Taufe war der Ort, an dem sich Empfang der "Gottessohnschaft" und des Geistes auch für den Christen verbanden. Das Christusgeschehen wird geradezu zum Modell für den in der Taufe am Christen vollzogenen Heilsvorgang.

3. Die Einbeziehung des irdischen Wirkens Jesu in die christologische Reflexion

3.1. Das Todesgeschick des Messias Jesus

Literatur: FRIEDRICH, G., Die Verkündigung des Todes Jesu im Neuen Testament, Neukirchen [2]1985; KLAPPERT, B.(Hg), Diskussion um Kreuz und Auferstehung, Wuppertal [3]1968; OBERLINNER, L., Todeserwartung und Todesgewißheit Jesu, Stuttgart 1980; SCHELKLE, K.H., Die Passion Jesu in der Verkündigung des Neuen Testaments, Heidelberg 1949; SCHWEIZER, E., Erniedrigung und Erhöhung bei Jesus und seinen Nachfolgern, Zürich [2]1962; VÖGTLE, A., Der verkündende und verkündigte Jesus "Christus", in: Sauer, J., Wer ist Jesus Christus?, Freiburg 1977, 27-93; DERS., Todesankündigungen und Todesverständnis Jesu, in: QD 74, Freiburg 1976, 51-113.

Von Röm 1,3f war es nur ein kleiner Schritt dahin, auch Person und Wirken des irdischen Jesus im Licht seiner messianischen Würde zu sehen. Machtvoll stand die charismatische Gestalt Jesu den Jüngern noch vor Augen. So begannen sie schon bald, Jesu irdisches Wirken als messianisches Heilswirken darzustellen. Dem stand jedoch ein Faktum mächtig entgegen, das schwerwiegendste Argument gegen den "Messias" Jesus überhaupt: sein Tod am Kreuz. Gewiß war durch die Auferweckung der Kreuzesanstoß grundsätzlich überwunden. Doch sagte sie noch nichts über den Sinn des Todes Jesu aus. Warum war dieser Tod geschehen? Gehörte er zu Gottes Heilsplan?
Antworten auf diese Fragen lagen in der Urgemeinde nicht von Anfang an bereit. Sie sind erst in längerem theologischem Nachsinnen gefunden worden. Das schrittweise Ringen der Urgemeinde um dieses dunkle Geheimnis, warum Gottes erwählter Messias hingerichtet wurde und am Kreuz starb, kann in der Überlieferung der Urgemeinde noch deutlich abgelesen werden.
Weder die "Kontrastformel" noch die alte Formel Röm 1,3f machen eine Aussage über den heilsgeschichtlichen Sinn des Todes Jesu. Dennoch ist es schwer vorzustellen, daß die frühe Urgemeinde den Tod Jesu nicht theologisch hätte einordnen können (s. Kap. I.2). Wahrscheinlich hat sie ihn zunächst im Lichte der deuteronomistischen Tradition vom gewaltsamen Geschick aller Propheten gedeutet (vgl. Neh 9,26; Jub 1,12). Diese alte Anschauung hat in der Urgemeinde nachgewirkt. Sie liegt in Lk 11,49; 13,34; Mk 12,1ff (Mt 22,6); Apg 7,52; 1 Thess 2,15 vor. Sie könnte auch hinter der Tötungsaussage der "Kontrast-

formel" stehen. An Jesus hat das halsstarrige Israel gehandelt, wie es an allen Propheten und Boten Gottes gehandelt hat. Jesu Todesgeschick konnte so als ein aus der Unbußfertigkeit Israels "notwendig" folgendes Geschick gesehen werden. Erlösende Kraft wird in dieser Deutung dem Leiden und Sterben Jesu aber noch nicht zugesprochen. Auch die älteste Passionsgeschichte Mk 14,32-15,47[1] gibt noch keine soteriologische Deutung des Todes Jesu.

Im Folgenden stütze ich mich auf meine literarkritische und traditionsgeschichtliche Analyse der ältesten Passionsgeschichte. Diese umfaßte meines Erachtens den Abschnitt Mk 14,32-15,47. Innerhalb dieses Textes lassen sich sekundäre Zusätze erweisen, die auf die "Hellenisten" der Jerusalemer Urgemeinde zurückgehen könnten. Es sind dies die Textstücke Mk 14, 57-59; 14,62b; 15,6-16a; 15,29b-31a; 15,33.38. Sieht man von diesen sekundären Zusätzen ab, so zeigt der Text eine einheitliche Form und Aussageintention.

Vor allem ist auf die verwendeten christologischen Titel zu achten. Auf die Frage des Hohenpriesters hin bekennt sich Jesus in 14,61.62a dazu, der "Christos, der Sohn des Hochgelobten" zu sein. Aufgrund dieses Bekenntnisses, also als Messias, wird er zum Tode verurteilt. Parallel dazu steht 15,2. Auf die Frage des Pilatus bekennt sich Jesus dazu, der "König der Juden" zu sein. In der ursprünglichen Fassung der Passionsgeschichte scheint Jesus daraufhin von Pilatus zum Kreuzestod verurteilt worden zu sein (vgl. 15,15b). Von den Soldaten wird er als "König der Juden" verhöhnt (15,18). Der Kreuzestitulus bezeichnet seine Schuld: "König der Juden" (15,26). Als Messias ist Jesus also gekreuzigt worden. Diesen Titel aufgreifend, lästern auch die Vorübergehenden den Gekreuzigten: "Der Christos, der König Israels" (15,32). Schließlich bekennt der Hauptmann unter dem Kreuz vom gestorbenen Jesus: "Dieser war Sohn Gottes." Auch hier klingt im Munde des Heiden der Messiastitel an.
Durchweg wird Jesus als "Messias" bezeichnet. Diese Bezeichnung ist im Munde der Gegner natürlich Spott und Hohn. Der gläubige Hörer aber weiß, daß sie zutrifft. Jesus, der Verurteilte und Gekreuzigte, ist der "Messias"!
Wie kann die Urgemeinde diese Behauptung durchhalten? Hier ist nun auf eine andere Besonderheit der Passionsgeschichte einzugehen. Sie stellt das Leiden und Sterben Jesu in den Farben und mit Worten jener Psalmen dar, die vom Leidensgeschick des Gerechten sprechen. Daß der Gerechte leiden muß, war für fromme Kreise des Frühjudentums geradezu ein Dogma geworden (Ps 34,20). Viele Fromme richteten ihr Leben nach diesem Frömmigkeitsideal vom "leidenden Gerechten" aus.

---

[1] BERTRAM, G., Die Leidensgeschichte Jesu und der Christuskult, Göttingen 1922; DORMEYER, D., Die Passion Jesu als Verhaltensmodell, Münster 1974; ERNST, J., Die Passionserzählung des Markus und die Aporien der Forschung, in: Theologie und Glaube 70 (1980) 160-180; GESE, H., Psalm 22 und das Neue Testament: ZThK 65 (1968) 1-22; GNILKA, J., Die Verhandlungen vor dem Synhedrion und vor Pilatus nach Markus 14,53-15,5, in: EKK Vorarbeiten 2, Neukirchen 1970, 5-21; DERS., Der Prozeß Jesu nach den Berichten des Markus und Matthäus mit einer Rekonstruktion des historischen Verlaufs, in: QD 112, Freiburg 1981, 11-40; LIMBECK, M., Redaktion und Theologie des Passionsberichtes nach den Synoptikern, Darmstadt 1981; LOHSE, E., Die alttestamentlichen Bezüge im neutestamentlichen Zeugnis vom Tode Jesu Christi, in: Ders. u.a., Zur Bedeutung des Todes Jesu, Gütersloh 1967, 97-112; MAURER, C., Knecht Gottes und Sohn Gottes im Passionsbericht des Markusevangeliums: ZThK 50 (1953) 1-38; MOHR, T.A., Markus- und Johannespassion, Zürich 1982; RUPPERT, L., Jesus als der leidende Gerechte?, Stuttgart 1972; SCHENK, W., Der Passionsbericht nach Markus, Gütersloh 1974; SCHENKE, L., Der gekreuzigte Christus, Stuttgart 1974; SCHILLE, G., Das Leiden des Herrn: ZThK 52 (1955) 161-205; SCHNEIDER, G., Das Problem einer vorkanonischen Passionserzählung: BZ 16 (1972) 222-244; THEISSEN, G., Lokalkolorit und Zeitgeschichte in den Evangelien, Freiburg (Schweiz)/Göttingen 1989, 177-211.

Die Darstellung der Passion des "Messias" Jesus benutzt Anklänge und Farben jener Psalmen, nicht ausdrückliche Zitate.[1] Jesu Schicksal wird so im Lichte des Geschicks des "leidenden Gerechten" gesehen. Auch der "Messias", der Gerechte schlechthin, mußte leiden und verworfen werden, wie die zahllosen Gerechten vor ihm. Sein Leidens- und Verwerfungsschicksal entsprach also dem Willen Gottes. Durch die Auferweckung hat sich Gott aber zu seinem Gerechten, dem "Messias", bekannt (vgl. Weish 2,10-20; 5,1-5).
Die Passionsgeschichte stellt den ersten Versuch dar, das Schicksal Jesu theologisch zu deuten und zu bewältigen. Sie ist in der Jerusalemer Urgemeinde, die den Passionsereignissen zeitlich nahestand, entstanden. Ihr "Sitz im Leben" dürfte der Gottesdienst gewesen sein, in dem sie als deutende Schilderung des Leidens und Sterbens des "Messias" Jesus erzählt worden ist.
Die Passionsgeschichte hat schon sehr früh eine Überarbeitung durch die Jerusalemer "Hellenisten" erfahren. Sie gaben der Erzählung eine apologetisch-polemische Ausrichtung und setzen in ihr neue christologische Akzente. Wahrscheinlich erfolgte die Überarbeitung im Zuge der Übersetzung der aramäisch verfaßten Passionsgeschichte ins Griechische, also noch in der Jerusalemer Phase der "Hellenisten". Dafür spricht, daß die neuen Akzente im Vergleich zu anderen, jüngeren Traditionen der "Hellenisten" noch wenig entwickelt erscheinen.

Die apologetisch-polemische Ausrichtung der Überarbeitung kommt am deutlichsten in der Barabbas-Szene (15,6-15a) zum Ausdruck, die nachträglich in die Verhandlungsszene vor Pilatus eingefügt worden ist. Sie stellt Pilatus als Opfer der Machenschaften der Hohenpriester dar, die Jesus "aus Neid" ausgeliefert haben (15,10) und die Freilassungsabsicht des Pilatus durch Aufwiegelung des Volkes konterkarierten.

> Zum [Oster-]Fest aber begnadigte er ihnen gewöhnlich einen Gefangenen, den sie sich erbaten. Da war nun einer namens Barabbas mit den Aufrührern im Gefängnis; sie hatten bei einem Aufruhr einen Mord begangen. Nun zog das Volk hinaus und fing an zu bitten, er möge tun, wie er es ihnen immer tat. Pilatus aber antwortete ihnen: "Wollt ihr, daß ich euch den König der Juden freigebe?" Er hatte nämlich erkannt, daß die Hohenpriester ihn aus Neid überliefert hatten. Die Hohenpriester aber hetzten die Menge auf, daß er ihnen lieber den Barabbas freigeben solle. Pilatus aber nahm nochmals das Wort und sprach zu ihnen: "Was soll ich denn mit dem machen, den ihr den König der Juden nennt?" Sie schrien ihm entgegen: "Kreuzige ihn!" Pilatus aber wollte dem Volk Genüge tun und gab ihnen den Barabbas frei...

Durch diese Szene wird eine scharfe Polemik gegen die offiziellen Vertreter des jüdischen Volkes in die Passionserzählung eingebracht. Sie haben aus Haß und Neid den Messias verworfen und das Volk dazu gebracht, seine Kreuzigung zu fordern. So wird ihr Anspruch, legitime Führer des Gottesvolkes zu sein, als verwirkt zurückgewiesen (vgl. Apg 7,51-53).
Diese Polemik gegen die Führer des Volkes wirkt in weiteren Einfügungen nach. Ausdrücklich gehören die Hohenpriester zu denen, die den Gekreuzigten gehässig verspotten (15,31). Ihnen wird daher in 14,62 das Gericht durch denjenigen angekündigt, den sie verurteilt haben.

Wichtiger für unsere Fragestellung sind die christologischen Akzente, die die "Hellenisten" der Passionsgeschichte zusätzlich gegeben haben. Der Tod Jesu wird von ihnen als eschatologisches Ereignis interpretiert, in dem sich Gericht

---

[1] Vgl. Mk 14,33 = Ps 31,10f; 69,4; Mk 14,34 = Ps 42,6.12; 43,5; Mk 14,61a; 15,5 = Ps 38,13ff; 39,10; Mk 14,56; 15,3 = Ps 27,1; 35,11; 109,2f; 119,69; Mk 14,55.56; 15,15b = Ps 37,32; 70,2f; Mk 15,24 = Ps 22,19; Mk 15,29a = Ps 22,8; Mk 15,30 = Ps 22,9; Mk 5,29f = Ps 31,12.19; 109,25; 119,51; Mk 15,34 = Ps 22,2.

und Heil ereigneten. In diese Richtung weist der sekundäre Vers 15,33.

> Als die sechste Stunde gekommen war,
> kam eine Finsternis über die ganze Erde bis zur neunten Stunde.

Dieser Vers läßt die alttestamentliche Vorstellung anklingen, daß der Gerichtstag Jahwes ein Tag der Finsternis und der Trauer sein wird (Am 5,18; Joel 2,2.10; 3,4 [LXX]; 4,15 [LXX]; Zef 1,15; Jes 13,10). Unmittelbar scheint auf Am 8,9 angespielt zu sein:

> An jenem Tage wird es geschehen, spricht Gott der Herr,
> da lasse ich die Sonne untergehen am Mittag
> und bringe Finsternis über die Erde am hellichten Tag.

Der Einschub 15,33 deutet also an, daß sich im Kreuzestod Jesu das Gericht vollzogen hat. In welcher Weise dies geschehen ist, muß an den anderen Interpretamenten der "Hellenisten" abgelesen werden.
Der Gerichtsgedanke spielt auch in 14,62b eine entscheidende Rolle. Den Richtern Jesu wird selbst das Gericht angesagt:

> Und: Ihr werdet den Menschensohn sehen, sitzend zur Rechten der Kraft (Ps 110,1)
> und kommend mit den Wolken des Himmels (Dan 7,13).

Christologisch ist 14,62b zusammen mit 14,61f bedeutsam, weil hier Jesus hinsichtlich seiner irdischen Existenz, seiner Erhöhung und seiner endzeitlichen Funktion als "Messias/Menschensohn" bezeichnet wird. Der von den irdischen Richtern verworfene Messias wird von Gott "zu seiner Rechten" erhöht werden und als Richter in Erscheinung treten. Da dieses Wort die Richter Jesu anspricht ("ihr werdet sehen"), hat es drohenden Charakter und muß als Ankündigung des Gerichts über sie interpretiert werden. Die apologetisch-polemische Intention dieses Einschubs ist deutlich: Gott wird den Gekreuzigten erhöhen und zum endzeitlichen Richter einsetzen, der seine Gegner verurteilen wird (Lk 12,9). Der Zusammenhang mit dem in 15,33 vorliegenden Gerichtsgedanken ist ebenfalls deutlich: Mit der Verurteilung und dem Tod Jesu nimmt das Gericht an den jüdischen Autoritäten seinen Lauf.
Daß der Tod Jesu eschatologisch Gericht und Heil heraufführt, kommt sodann in solchen Einfügungen zum Ausdruck, die den alten und neuen Tempel zum Thema haben. Im Verhör vor dem Hohen Rat findet sich folgende kleine Zwischenszene, die als sekundärer Einschub erwiesen werden kann (14,57-59):

> Einige nun standen auf und sagten falsch gegen ihn aus:
> Wir haben ihn sagen hören: Ich werde diesen Tempel auflösen,
> diesen von Händen gebauten, und innerhalb dreier Tage einen neuen,
> nicht von Händen gemachten aufbauen.
> Aber auch so war ihr Zeugnis nicht gleich.

Auf diese Szene nimmt später die erste Verspottungsszene unter dem Kreuz Bezug (15,29b). Die Einfügung der Zwischenszene 14,57-59 und die Verdoppelung der Verspottungsszenen wurden von den Bearbeitern der Passionsgeschichte vorgenommen, um das "Tempelwort" Jesu einzubringen. Zwar wird es falschen Zeugen in den Mund gelegt. Damit soll aber nicht zum Ausdruck gebracht werden, daß es an sich falsch ist, sondern nur, daß es von den Zeugen und Richtern falsch verstanden und gedeutet wurde (vgl. Apg 6,13f). Natürlich weiß der Leser, daß dieses Wort, richtig verstanden, zutrifft und im Kreuzesgeschehen und in der Auferweckung Jesu in Erfüllung gegangen ist.

Der Tod Jesu bedeutete die Auflösung des "mit Händen gebauten Tempels". Das macht schließlich der Hinweis auf das Zerreißen des Vorhangs im Inneren des Tempels bei Jesu Tod (15,38) deutlich, ebenfalls ein sekundärer Einschub. Der Tod Jesu ist das Ende des Tempelkultes. Der Tempelvorhang, der das "Allerheiligste" verbarg, hat keine Funktion mehr, weil Gott den Tempel verlassen hat (vgl. Lk 13,35). An seine Stelle ist "innerhalb dreier Tage", also seit der Auferweckung Jesu, ein "neuer, nicht mit Händen gemachter Tempel" errichtet worden: der geistige Tempel der Jesusgemeinschaft.

Das in 14,58 überlieferte Tempellogion Jesu ist in Kreisen der "Hellenisten" ausgeprägt worden. In hellenistischem Milieu ist der Gegensatz "mit Händen gemacht/nicht mit Händen gemacht" beheimatet (vgl. Apg 7,48; s. dazu Kap. VII.4). So drückt das Logion die theologische Vorstellung der "Hellenisten" aus, daß der Tod Jesu ein eschatologisches Geschehen war, in dem Gericht und Heil begründet sind.
Wir haben oben schon darauf verwiesen (s. Kap. V.2), daß die "Hellenisten" die Gemeinschaftsmähler als "sakramentales" Gedächtnis des Kreuzestodes Jesu verstanden haben, in dem Gott den "neuen Bund" heraufgeführt hat (1 Kor 11,23f). Weiter unten werden wir die älteste soteriologische Deutung des Kreuzestodes besprechen, die ebenfalls auf die "Hellenisten" zurückgeht (Röm 3,24ff). Gegenüber diesen entwickelteren Vorstellungen wirken die Ergänzungen zur Passionsgeschichte noch einfach. Sie dürften am Anfang ihres Nachdenkens über die Heilsbedeutung des Todes Jesu gestanden haben.

Auch der Titel "Menschensohn" ist schon bald auf den irdischen Jesus übertragen worden. Nun war der "Menschensohn" in der frühjüdischen Tradition eine genuin himmlische Gestalt. Der Menschensohntitel konnte darum auf den irdischen Jesus nur übertragen werden, wenn in irgendeiner Weise ein Herabsteigen des "Menschensohnes" Jesus aus der himmlischen Sphäre in die irdische Existenz mitgedacht wurde. Mit der Übertragung dieses Titels auf den irdischen Jesus war somit die Tür zur Ausformung der Präexistenzchristologie bereits geöffnet. Doch muß diese Frage hier noch zurückgestellt werden (s. Abschn. 4). In Mk 8,31[1] liegt eine alte Überlieferung vor, die eine Antwort auf die Frage zu geben versucht, warum der "Menschensohn" Jesus leiden und sterben mußte.[2]

> Es muß[te] sein, daß der Menschensohn viel leidet
> [und verworfen wird von den Ältesten und den Hohenpriestern und Schriftgelehrten]
> und getötet wird und nach drei Tagen aufersteht.

---

[1] HOFFMANN, P., Mk 8,31. Zur Herkunft und markinischen Rezeption einer alten Überlieferung, in: FS J. Schmid, Freiburg 1973, 170-205.

[2] Das Wort läßt sich leicht aus seinem Kontext herauslösen: V.31a und 32b sind sekundärer Rahmen des Evangelisten, der 8,31 als Antwort Jesu auf das Petrusbekenntnis 8,27ff auffaßt. Auch in das Wort selbst hat der Evangelist eingegriffen: Die Nennung der Gruppe der "Ältesten, Hohenpriester und Schriftgelehrten" geht auf ihn zurück; sie stört wegen der Knappheit der sonstigen Formulierung. Dann ist die Abfolge der drei Verben. "viel leiden", "verworfen werden", "getötet werden" zwar glatter als im jetzigen Text, doch passen auch diese Verben nicht recht zusammen. Die beiden letzten nehmen direkt Bezug auf Jesu Passion. Was besagt dann aber πολλὰ παθεῖν? Im Rahmen des Passionsgeschehens müßte es eigentlich nach der Verwerfungsaussage stehen. Diese spielt auf Ps 118,22 an. Der Verwerfungsgedanke kommt auch Mk 9,12 und 12,10f vor, und zwar jeweils redaktionell. Außerdem nimmt ἀποδοκιμασθῆναι auf einen ganz bestimmten Zug der Passionsgeschichte Bezug: 14,61ff; 15,31f. Πολλὰ παθεῖν ist demgegenüber allgemeiner und bezeichnet die Passion insgesamt. Wahrscheinlich ist das polemisch verstandene Verwerfungsmotiv redaktionell in das Wort eingefügt. Dieses hat ursprünglich nur davon gesprochen, daß der "Menschensohn" "viel leiden" und "getötet werden" muß.

Das Wort spricht von der Notwendigkeit (δεῖ)[1] des Leidens und Sterbens des "Menschensohnes". Vielfach hat man gemeint, die Notwendigkeit des Leidens werde hier aus der Schrift begründet. Aber es wird auf keine Schriftstelle verwiesen!

δεῖ ist terminus technicus der Apokalyptik. Apokalyptisches Denken drückt damit aus, daß das Endgeschehen nach Gottes vorherbestimmtem Plan abläuft (vgl. Dan 2,28 LXX; Mk 13,7.10; Apk 1,1; 4,1; 22,6). Das Geschick Jesu wird also mit apokalyptischen Kategorien gedeutet: Leiden, Sterben und die Auferstehung nach "drei Tagen" waren notwendige Ereignisse, die dem endzeitlichen Kommen des "Menschensohnes" vorausgehen mußten. Sie gehörten zum endzeitlichen Plan Gottes. Die Apokalyptik betont, daß vor dem Eschaton eine große Drangsal hereinbrechen wird. Diese hat mit dem Leiden und Sterben des "Menschensohnes" bereits begonnen.
Das Traditionswort identifiziert den irdischen Jesus mit dem "Menschensohn": Der "Leidende und Getötete" ist der kommende Richter (vgl. Mk 14,62). Durch seine Auferstehung "nach drei Tagen" ist er in das himmlische Richteramt eingesetzt worden.
Wegen des δεῖ (ἔδει) und des griechischen Terminus für "leiden" (πάσχειν), zu dem es im Semitischen keine wirkliche Entsprechung gibt, muß das Wort zumindest in einer Griechisch sprechenden Gemeinde entstanden sein. Hierfür kommt die Gemeinde der "Hellenisten" in Jerusalem infrage. Das Wort muß sehr alt sein, weil sich in ihm noch keine soteriologische Deutung des Todes Jesu findet. Sein "Sitz im Leben" könnte die urchristliche Apologetik gegen jüdische Polemik sein, die sich auf Dtn 21,23 stützte. Gegen diese behauptet das Wort, daß Leiden und Sterben Jesu dem endzeitlichen Plan Gottes entsprachen.

Die "Hellenisten" sind auf dem Weg hin zu einer soteriologischen Deutung des Todes Jesu rasch vorangeschritten. Die Aussage einer heilstiftenden Wirkung des Kreuzestodes Jesu fand schon bald Aufnahme in ihre Abendmahlsüberlieferung, wie wir oben gesehen haben (s. Kap. V.2). Ein weiteres Zeugnis dafür ist die soteriologische Formel Röm 3,24-26[2], die Paulus im Römerbrief zitiert.[3] Sie ist ein urchristliches Glaubensdokument von größter Bedeutsamkeit

---

[1] Im Markusevangelium ist das Wort Jesus in den Mund gelegt, aber es ist kein authentisches Jesuswort, sondern Gemeindebildung. Vielleicht war es ursprünglich im Aorist ἔδει formuliert.

[2] BULTMANN, R., Theologie des Neuen Testaments, Tübingen ⁹1984, 49; DELLING, G., Der Kreuzestod Jesu in der urchristlichen Verkündigung, Göttingen 1972, 25; FRIEDRICH, G., Die Verkündigung des Todes Jesu im Neuen Testament, Neukirchen ²1985; GESE, H., Zur biblischen Theologie, München 1977, 105f; GUBLER, M.L., Die frühesten Deutungen des Todes Jesu, Fribourg 1977; HENGEL, M., Der stellvertretende Sühnetod Jesu. Ein Beitrag zur Entstehung des urchristlichen Kerygmas: Communio 9 (1980) 1-25. 135-147; JANOWSKI, B., Auslösung des verwirkten Lebens: ZThK 79 (1982) 25-59; KÄSEMANN, E., Zum Verständnis von Röm 3,24-26, in: Ders., Exegetische Versuche und Besinnungen I, Göttingen 1960, 96-101; KERTELGE, K., "Rechtfertigung" bei Paulus, Münster 1967, 48ff; KÜMMEL, W.G., πάρεσις und ἔνδειξις. Ein Beitrag zum Verständnis der paulinischen Rechtfertigungslehre, in: Ders., Gesammelte Aufsätze, Marburg 1965, 260-270; SCHRAGE, W., Das Verständnis des Todes Jesu Christi im Neuen Testament, in: Ders. u.a. (Hg), Das Kreuz Jesu Christi als Grund des Heils, Gütersloh 1967, 49-89; STUHLMACHER, P., Zur neueren Exegese von Röm 3,24-26, in: FS W.G. Kümmel, Göttingen 1978, 315-334; DERS., Sühne oder Versöhnung ?, in: FS E. Schweizer, Göttingen 1983, 291-317; THYEN, H., Studien zur Sündenvergebung, Göttingen 1970, 163-172; WEGENAST, K., Das Verständnis der Tradition bei Paulus und den Deuteropaulinen, Neukirchen 1962, 76ff; WENGST, K., Christologische Formeln und Lieder des Urchristentums, Gütersloh 1972, 87-90; ZELLER, D., Sühne und Langmut. Eine Traditionsgeschichte von Röm 3,24-26: ThPh 43 (1968) 51-75.

[3] Dafür sprechen mehrere Gründe:
1. In V.24f finden sich unpaulinische Begriffe und Gedanken. So begegnet der Begriff ἱλαστήριον nur hier bei Paulus. Nicht charakteristisch für Paulus sind auch die Begriffe πάρεσις, προγεγονότα ἁμαρτήματα, προτίθεσθαι (= öffentlich hinstellen). Vom αἷμα Christi spricht Paulus nur noch in Röm 5,9 (hier klingt aber 3,24f an) und in 1 Kor 10,16; 11,25.27 (dort benutzt und kommentiert Paulus ebenfalls Tradition).

und Wirkung für die Entwicklung der Theologie der Urgemeinde.
Das von Paulus benutzte Traditionsstück könnte folgenden Wortlaut gehabt haben:

[δικαιούμενοι διὰ τῆς ἀπολυτρώσεως τῆς ἐν χριστῷ Ἰησοῦ,]
ὅν προέθετο ὁ θεὸς ἱλαστήριον ἐν τῷ αἵματι αὐτοῦ,
εἰς ἔνδειξιν τῆς δικαιοσύνης αὐτοῦ
διὰ τὴν πάρεσιν τῶν προγεγονότων ἁμαρτημάτων
ἐν τῇ ἀνοχῇ τοῦ θεοῦ.

[(Sie wurden) gerechtfertigt durch die Erlösung in Christus Jesus.]
den Gott öffentlich hingestellt hat als "Sühnemal" in seinem Blut,
zum Erweis seiner Gerechtigkeit
um des Erlasses der vorher geschehenen Sünden willen,
in der Geduld Gottes.

Die Formel enthält drei theologische Hauptaussagen, die eng miteinander zusammenhängen. Die Eingangswendung blickt auf die Gegenwart derer, die diese Glaubensformel aussprechen. Ihr Stand als "Gerechtfertigte" vor Gott ist im Christusgeschehen begründet. Dieses wird als die eschatologische Tat der "Erlösung" verstanden, die der "Messias" Jesus gewirkt hat. Jetzt ist erfüllt, worauf Israel gehofft hat (vgl. Ps 110,9; 129,7; Lk 1,68f). Die "Erlösung" ist Gegenwart und nicht mehr nur ein Gegenstand endzeitlicher Hoffnung. Die zweite Zeile der Formel identifiziert das eschatologische Erlösungsgeschehen mit dem Tod des "Messias" am Kreuz. Darin hat Gott selbst die Sühnehandlung vollzogen.

Umstritten ist die Bedeutung des Begriffs "Sühnemal" (ἱλαστήριον). Man hat diesen Begriff adjektivisch verstanden (vgl. 4 Makk 17,21f) und vorgeschlagen, das Wort "Opfer" zu ergänzen. Die

---

2. Die V.23 begonnene Satzkonstruktion wird jäh abgebrochen. "Insbesondere bleibt das betonte πάντες ohne jede Entsprechung in V.24, welche die Antithese eigentlich erfordern würde. Die Annahme eines vorliegenden Zitates behebt diesen Anstoß." (Käsemann 96)

3. ἀπολύτρωσις ist in V.24 auf die Gegenwart bezogen; in Röm 8,23 wird es aber von Paulus der eschatologischen Zukunft vorbehalten.

4. Der relativische Anschluß in V.25 ist fester hymnischer Stil (vgl. Röm 4,25; 8,34; Phil 2,6; Kol 1,15.18; 1 Tim 3,16; 1 Petr 2,22ff).

5. In 3,25 stört διὰ πίστεως den direkten Bezug von ἐν τῷ αὐτοῦ αἵματι auf ἱλαστήριον. Das deutet auf einen paulinischen Einschub in einen geprägten Text hin.

6. Das Verhältnis der beiden unverkennbar parallel formulierten Sätze V.25b.26 (εἰς ἔνδειξιν τῆς δικαιοσύνης αὐτοῦ ...; πρὸς τὴν ἔνδειξιν τῆς δικαιοσύνης αὐτοῦ) ist nicht spannungslos. "Zweifellos ist V.26b nicht so V.25 entgegengesetzt, als wäre eine erste Bekundung von Gottes Gerechtigkeit in der Vergangenheit durch eine neue überboten. Vielmehr wird ein und dieselbe Offenbarung der Gerechtigkeit nach verschiedenen Dimensionen ausgelegt." (Zeller 72) Wenn V.25b und V.26 vom gleichen Verfasser stammten, dann wäre V.25b ein störender und sinnloser Zwischenschub. Anders dagegen, "wenn Paulus in V.26 ein vorausgegangenes Zitat kommentiert. Das gleiche eschatologische Geschehen ist in unseren Versen eben von verschiedenen Standpunkten aus betrachtet" (Käsemann 98). V.26 muß dann als paulinische Nachbildung des vorgegebenen V.25b angesehen werden.

7. Das wird bestätigt durch die Beobachtung, daß in V.26a die Verwendung von δικαιοσύνη dem paulinischen Sprachgebrauch entspricht und das universale eschatologische Heilshandeln Gottes bedeutet (vgl. Röm 1,17; 3,21). In V.25b dagegen bezeichnet δικαιοσύνη die Bundestreue Gottes, die sich in der im Tod Jesu erfolgten Vergebung der vordem begangenen Sünden des Bundesvolkes Israel erwiesen hat.

8. Unpaulinisch ist in V.25b auch die Wendung διὰ τὴν πάρεσιν τῶν προγεγονότων ἁμαρτημάτων. Paulus gebraucht den Plural "Sünden" sonst nur in Abhängigkeit von Tradition (vgl. 1 Kor 15,3; Gal 1,4). Für ihn charakteristisch ist die Redeweise von der ἁμαρτία als einer Macht (vgl. u.a. Röm 3,9.20; 5,12.13.20.21).

Bedeutung wäre dann, Gott habe im Kreuzestod Jesu das "Sühneopfer" vollzogen. Dagegen spricht aber der übrige Wortlaut der Formel. Soll wirklich ausgesagt werden, Gott habe sich selbst ein Opfer dargebracht? Oder man hat den Ausdruck ganz allgemein mit "Sühnemittel" wiedergegeben. Doch bleibt diese Deutung wegen ihrer "abstrakten Blässe" (W. Büchsel) unbefriedigend.
Älter als diese abstrakte Deutung ist jene, nach der in Röm 3,25 Christus ganz konkret mit der "kapporet", dem Aufsatz auf der Bundeslade (vgl. Ex 25,16ff), identifiziert wird. Diese "kapporet" wird in der Septuaginta mit τὸ ἱλαστήριον bezeichnet, ebenso bei Philo und in Hebr 9,5.
Die mit zwei Cheruben besetzte "kapporet" war die Stätte der göttlichen Gegenwart im Tempel (Ex 25,22; Lev 16,2.13) und der göttlichen Offenbarung (Ex 25,22; Num 7,89). Eine besondere Bedeutung als Sühnestätte hatte die "kapporet" am großen Versöhnungstag (vgl. Lev 16). Zweimal bespritzte der Hohepriester sie an diesem Tag je siebenmal mit Sündopferblut: "So schaffe er Sühne für das Heiligtum wegen der Unreinheit der Israeliten und wegen all der Übertretungen, mit denen sie sich versündigt haben... So soll er sich und seinem Hause und der ganzen Gemeinde Israels Sühne schaffen" (Lev 16,16.17). Deshalb war die "kapporet" das "Heiligste im Allerheiligsten". Sie war der Nerv des rituellen Opferdienstes im Tempel, dessen Sinn die Entsühnung Israels von seinen Verfehlungen war. Jahwe war dabei nicht Empfänger der Sühne, sondern er selbst handelte sühnend im Hohenpriester.
Auch nach Verlust der Bundeslade wurde dieser Ritus weiter vollzogen. An die Stelle der verlorenen "kapporet" trat jener Ort im Allerheiligsten, an dem die Bundeslade einmal stand ("Grundstein").

Wenn zutrifft, daß in Röm 3,25 Jesus Christus mit der "kapporet" identifiziert wird, dann dürfte die Formel auf den entscheidenden Ritus des großen Versöhnungstages anspielen. In Anspielung an Lev 16 und in Überbietung dieses Textes sagt sie dann aus, daß Gott selbst den gekreuzigten Christus als die wahre "kapporet" "öffentlich aufgestellt" (προέθετο) und an ihm mit seinem eigenen Blut ein für allemal die Sühne vollzogen hat.

Gegen diese Deutung sind zahlreiche Einwände erhoben worden[1], doch können sie nicht überzeugen. Für sie spricht jedoch ein traditionsgeschichtliches Argument. Die Zusätze zur ursprünglichen Passionsgeschichte, auf die wir oben hingewiesen haben, deuten den Tod Jesu als "Auflösung" des alten, "von Händen gemachten" Tempels und seines Kultes (Mk 14,58; 15,29; 15,38). Der alte Tempel verliert mit dem Tod Jesu seine Funktion. An seine Stelle tritt ein neuer, "nicht von Händen gemachter", d.h. geistiger Tempel. Beim Tod Jesu ist der Tempelvorhang zerrissen (Mk 15,38), der das Allerheiligste vom Heiligtum trennte und Bundeslade und "kapporet" verbarg (vgl. Ex 26,31ff; Lev 16,12.15). Das Zerreißen des Tempelvorhangs bedeutet, daß er nun keine Funktion mehr hat. Das Allerheiligste des Tempels braucht nicht mehr abgeschirmt zu werden, denn es ist seit dem Tod Jesu nicht mehr der Ort der Anwesenheit Jahwes und nicht mehr

---

[1] a) Die überwiegend heidenchristliche Gemeinde von Rom könne eine solche Anspielung auf die alttestamentliche "kapporet" kaum verstanden haben. Dieses Argument erledigt sich, wenn in Röm 3,25 eine judenchristliche Traditionsformel vorliegt. Außerdem waren die Heidenchristen in Rom wohl "Gottesfürchtige", also Kenner des "Gesetzes" und somit mit Lev 16 vertraut.
b) Es sei eine merkwürdige Vorstellung, daß Christus als "kapporet" mit seinem eigenen Blut besprengt worden sei. Dieses Argument übersieht, daß Röm 3,25 den alttestamentlichen Ritus überhöhen will. Der Sühneritus des großen Versöhnungstages ist im gekreuzigten Christus eschatologisch erfüllt worden. Der Ritus umfaßte die Schlachtung der Opfertiere und die Besprengung der "kapporet" mit ihrem Blut. Beide Vorgänge, Opfer und Besprengung, sind im gekreuzigten Christus vereinigt.
c) Damit erledigt sich zugleich der Einwand, in Röm 3,25 komme es nicht auf eine "Stätte", sondern auf ein Geschehen an. Mit ἱλαστήριον ἐν τῷ αὐτοῦ αἵματι soll gerade das am Gekreuzigten vollzogene Geschehen der eschatologischen Sühne in den Blick kommen.
d) Das προέθετο mit seinem Öffentlichkeitsakzent passe schlecht zu der im Allerheiligsten verborgenen "kapporet". Wieder gilt das oben Gesagte: Röm 3,25 will den alttestamentlichen Ritus eschatologisch überhöhen. Der Gekreuzigte ist die wahre "kapporet", die "nicht im Dunkel eines unzugänglichen Allerheiligsten" verborgen, sondern von Gott öffentlich aufgestellt worden ist.
e) Bei der Deutung auf die "kapporet" sei der Artikel zu erwarten. Christus soll aber nicht mit der alttestamentlichen "kapporet" identifiziert, sondern als die neue, eschatologische "kapporet" dargestellt werden.

die Sühnestätte zur Vergebung der Sünden Israels. Der alte Tempel hat seine entscheidenden Funktionen verloren. Diese sind auf den Gekreuzigten übergegangen und in seinem Kreuzestod eschatologisch erfüllt. Ist diese Auslegung von Mk 14,58; 15,38 richtig, dann besteht eine enge sachliche Verbindung zu Röm 3,25. Das Verständnis des Todes Jesu liegt hier auf der gleichen Linie. Im Tod Jesu sind die Funktionen des alten Tempels eschatologisch überholt. Der Gekreuzigte ist die wahre "kapporet", an der Gott die Sühne vollzogen hat. Der Tod Jesu war der endzeitliche Versöhnungstag. Ein Versöhnungsritus im Tempel ist von nun an nicht mehr nötig.

Den Abschluß der Formel bildet eine in sich dreifach gegliederte Aussage (V.25b). Sie gibt den "Zweck" der Sühnehandlung am "Messias" an: Gott hat in ihr seine "Bundestreue" konkret erwiesen, indem er die gegen den Bund gerichteten Sünden vergeben und sich so als langmütig und geduldig gezeigt hat. Von V.25b her wird deutlich, daß auch V.24 vom Bundesgedanken her verstanden werden muß. "Gerechtgemachte" sind die Sprecher dieser Formel deshalb, weil sie trotz ihrer Sünden wieder in das rechte Bundesverhältnis eingesetzt worden sind. Sie sind das erneuerte Bundesvolk Israel.

CD II,4f; 1 QS XI,12ff; 4 Esr 8,31-36 zeigen, daß auch das Frühjudentum die Erneuerung des Bundes von Gottes langmütiger Vergebung und Sühne gewährender "Bundestreue" erwartete. "Was unseren Text von dieser jüdischen Anschauung unterscheidet, ist einzig seine Ausrichtung auf ein eschatologisch-einmaliges Gotteshandeln. In Jesu Tod hat sich allein und wirklich ereignet, was der jüdische Fromme erhofft und erbittet ... Die Aussagen von V.24f kreisen faktisch also um das Motiv des erneuerten Bundes. Von da aus wird das Gewicht verständlich, das auf dem Moment vollbrachter Sühne ruht." (Käsemann 98f)

In Röm 3,24f macht die Urgemeinde deutlich, daß Jesu Kreuzestod die durch Gottes langmütige Bundestreue heraufgeführte eschatologische Erneuerung des Bundes war. Durch das Kreuzesgeschehen hat Gott den alljährlichen großen Versöhnungsritus im Tempel eschatologisch überholt. Nun ist Versöhnung nicht mehr an den Tempelkult gebunden. Mittler der Versöhnung ist der Gekreuzigte. Durch ihn, d.h. durch Glauben und Anschluß an den gekreuzigten Messias wird den Menschen Versöhnung zuteil. Damit wird die alte Bundesvorstellung grundsätzlich geöffnet. Das Versöhnungsgeschehen im Kreuz Jesu war nicht im Allerheiligsten des Tempels verborgen, sondern öffentlich. Das Kreuz als eschatologisches Heilsmittel auch für die Heiden kommt zumindest implizit in den Blick. Konsequent konnte aus solcher theologischen Deutung des Todes Jesu die Ablehnung der weiter andauernden Bedeutung von Gesetz und Tempel als Heilsmittel und die Zuwendung der Urgemeinde zu den Heiden folgen.
Die Formel dürfte aus den Kreisen der "Hellenisten" stammen. Sie haben den Tod Jesu als das Ende des Tempelkultes gedeutet (vgl. Mk 14,58; 15,29b; 15,38). Durch den Auferstandenen ist ein "neuer Tempel" gebaut worden. Röm 3,24f ordnet sich in diese Deutung ein: Der Gekreuzigte ist die wahre, eschatologische "kapporet", an der öffentlich die Sühne für die begangenen Sünden durch Gott vollzogen worden ist. Der Sühneritus des großen Versöhnungstages hat im Kreuzestod Jesu seine Funktion verloren. Die durch Gottes Sühnetat "Gerechtgemachten" aber sammeln sich als das erneuerte Bundesvolk in der christlichen Gemeinde.
"Sitz im Leben" des Traditionsstückes war vielleicht die Abendmahlsfeier, denn die Nähe von Röm 3,24f zu 1 Kor 11,23f ist offenkundig (s. Kap. V.2).

3.2. Das irdische Wirken des (verborgenen) Messias

Nachdem die Urgemeinde das Sterben Jesu als ein notwendiges und sündenvergebendes Heilsgeschehen verstehen gelernt hatte, war es nur noch ein Schritt dahin, das gesamte irdische Wirken Jesu als messianisches Heilswirken zu begreifen. Freilich mußte man sich die messianische Würde Jesu als eine während seines irdischen Lebens verborgene denken. Erst seit der Auferweckung war Jesus endgültig und vollmächtig zum "Messias" eingesetzt worden (Röm 1,3f). Unvorstellbar schien es aber, daß Jesu Würde nicht schon zu seinen Lebzeiten mächtig aufgeleuchtet war. Rückblickend konnte das gesamte Leben Jesu als messianisches Wirken dargestellt werden. So entstanden zahlreiche Wundererzählungen, in denen Fakten und Erfahrungen aus der Zeit des irdischen Wirkens Jesu im Lichte des Osterglaubens dargestellt wurden (s. Kap. VIII). In den Taten Jesu war seine Messiaswürde von einzelnen auch wahrgenommen worden, den meisten aber verborgen geblieben.
Diese Darstellung bedurfte noch nicht der Präexistenzvorstellung und der Inkarnationsaussage. In den hier zu besprechenden Überlieferungsstücken weist nichts auf sie hin. Ein einfacheres Vorstellungsschema stand wahrscheinlich anfangs im Hintergrund.

"Hier wirkt wohl ein alttestamentliches Vorbild ein, oder wenigstens liegt eine lehrreiche alttestamentliche Parallele vor. Wie Saul und David (1. Sam. 10,1f.; 16,13) durch den Propheten Samuel zum Königtume gesalbt sind, beträchtliche Zeit, ehe sie dann wirklich König wurden, wie sie eine Zeitlang unerkannt im Volke umhergingen, obwohl mit höheren göttlichen Kräften ausgerüstet und wunderbar von Gott geschützt und gestärkt, so war es auch mit Jesus. Er war der heimliche König Israels, von Gott erwählt und geweiht, vom Volke nicht erkannt oder doch nur von Wenigen, wie von den Geistern der Besessenen, die eben aus einer höheren Welt stammen (Mk 1,24; 5,7), von den Jüngern, die ihn eben besser kannten als das Volk und darum eher zum Glauben an ihn kamen, auch besondere Offenbarungen empfingen (Mk 8,29; 9,1ff.), von einzelnen Menschen, wie dem Hauptmann unter dem Kreuz (Mk 15,39), die zur Beschämung der Juden dienen mögen." (Weiß, Urchristentum 88)

Auch das Messiasbild aus Jes 11,1-5; 42,1f dürfte auf die Darstellung eingewirkt haben. Danach war der Messias Träger des Geistes Gottes. Im Licht dieser Weissagungen, verbunden mit Jes 35,5-6, wird nun das irdische Wirken Jesu dargestellt, seine verborgene Messiaswürde aufgezeigt. Als erste Überlieferung muß an dieser Stelle die Erzählung Mk 1,(9.)10-13[1] besprochen werden.

> [[9]Und es geschah in jenen Tagen, da kam Jesus von Nazareth in Galiläa und ließ sich im Jordan von Johannes taufen.] [10]Und sogleich, [da er aus dem Wasser heraufstieg], sah er, wie sich der Himmel spaltete und der Geist gleich einer Taube auf ihn herabkam. [11]Und eine Stimme erscholl aus dem Himmel: "Du bist mein geliebter Sohn; an dir habe ich mein Wohlgefallen gefunden." [12]Alsbald treibt ihn der Geist hinaus in die Wüste. [13]Und er war in der Wüste vierzig Tage lang [versucht vom Satan]. Und er war bei den wilden Tieren, und die Engel dienten ihm.

Die Erzählung wirft schwierige traditionsgeschichtliche Fragen auf. Haben wir es in 1,10-13

---

[1] HORSTMANN, M., Studien zur markinischen Christologie, Münster 1969, 68.91.98; LENTZEN-DEIS, F., Die Taufe Jesu nach den Synoptikern, Frankfurt 1970; THEOBALD, M., Gottessohn und Menschensohn. Zur polaren Struktur der Christologie im Markusevangelium, SNTU 13 (1988), 37-79; VÖGTLE, A., Die sogenannte Taufperikope Mk 1,9-11. Zur Problematik der Herkunft und des ursprünglichen Sinnes, in: EKK Vorarbeiten 4, Zürich/Köln 1972, 105-139; vgl. auch die Literatur zu Kap. VI.

ursprünglich überhaupt mit einer Taufgeschichte zu tun? Auffällig ist, wie eigenartig losgelöst "Vision" und "Audition" Jesu in V.10f vom eigentlichen Taufgeschehen sind. Sie ereignen sich nicht während der Taufe, wie man erwartet, sondern nach ihr. Es wird auch nicht der Taufvorgang durch sie gedeutet. Sie erscheinen als eigenständige Ereignisse. Warum wird dann die Taufe Jesu überhaupt noch erzählt? Und warum sieht nur Jesus die himmlischen Ereignisse? Die Taufe Jesu gehörte vielleicht ursprünglich gar nicht zum Traditionsstück, und V.9 ist gänzlich redaktionell. Dieses Urteil wird dadurch gestützt, daß V.12f unmittelbar V.10f fortsetzt. Der in V.10 auf Jesus herabgekommene Geist treibt ihn in die Wüste. V.10-13 stellen also einen ursprünglichen Erzählzusammenhang dar.[1]

Das ursprüngliche Traditionsstück 1,10-13 stellt ein kleines Kompendium urchristlicher Christologie dar. Es erzählt, wie der Gottesgeist aus dem Himmel auf Jesus herabkam, wie Jesus von Gott als "einziger Sohn" proklamiert wurde, vom Heiligen Geist in die Wüste geführt wurde und dort die heilige Zeit von vierzig Tagen mit den "wilden" Tieren verbrachte und wie himmlische Wesen ihm dienten.
Wichtigstes Element des Traditionsstücks ist die Gottesstimme V.11. Sie greift in ihrem ersten Teil Ps 2,7 auf. Jedoch fehlt die Adoptionsformel. Jesus wird von Gott als messianischer König proklamiert. Alle weiteren Elemente des Textes dienen der Unterstützung dieser zentralen Aussage.
Der zweite Teil der Gottesstimme zitiert Jes 42,1: Als "Messias" ist Jesus der geistbegabte Gottesknecht. Durch seinen 40tägigen Wüstenaufenthalt und durch das Motiv der "dienenden Engel" wird er als endzeitlicher Prophet dargestellt (vgl. 1 Kön 19,4-8). Er ist der "gerechte" Adam (vgl. Jub 3,9; TNapht 8,4).
Wichtig ist, daß durchgehend ein göttliches Geschehen an Jesus dargestellt wird. Der Text will also schildern, wie Jesus von Gott in seine endzeitliche Würde als Messias eingesetzt wurde. "Die Legende erzählt Jesu Weihe zum Messias." (Bultmann) Diese erfolgte nicht - wie in Röm 1,3f - bei seiner Auferweckung, sondern während seiner irdischen Wirksamkeit. Ein Zeitpunkt wird allerdings nicht genannt. Aber es ist anzunehmen, daß der Beginn des öffentlichen Wirkens Jesu dargestellt werden soll.
Die Erzählung dürfte (in einer aramäischen Urfassung) auf die älteste Urgemeinde zurückgehen. Sie ist durchgehend von palästinisch-jüdischem Kolorit geprägt. Ihre jetzige griechische Fassung ist sekundär. Darauf weist auch das absolute τὸ πνεῦμα hin. Für jüdisches Denken wäre es unerhört, so vom Gottesgeist zu sprechen.

Die Kindheitshaggada Mt 2,1-23[2] bezeichnet schon den Neugeborenen als "König der Juden", verlegt also die Messianität Jesu noch weiter nach vorne.[3] Die

[1] Allerdings hat der Evangelist in V.13 eingegriffen und πειραζόμενος ὑπὸ του Σατανᾳ eingeschoben. Das Partizip fällt sprachlich aus dem Rahmen. Ursprünglich sollte nicht erzählt werden, daß Jesus während 40 Tagen in der Wüste vom Satan versucht wurde, sondern daß er 40 Tage in der Wüste war.

[2] DIBELIUS, M., Jungfrauengeburt und Krippenkind, in: Ders., Botschaft und Geschichte I, Tübingen 1953, 1-78; VÖGTLE, A., Messias und Gottessohn, Düsseldorf 1971; vgl. auch die Literatur zu Kap VI.

[3] Matthäus hat diese Erzählung der Tradition entnommen und sie durch Einfügung der Reflexionszitate bearbeitet.

Überlieferung ist alt.[1] Ihre literarische Form ist den jüdischen Kindheitsüberlieferungen über die großen Männer Israels (Noach, Abraham, Isaak, Jakob, Mose, Simson u.a.) vergleichbar.

"Diese Kindheitshaggadot, die für jüdisches Empfinden ja Bestandteil des Offenbarungswortes waren, entsprangen vor allem der Absicht, die außerordentliche Bedeutung des betreffenden Gottesmannes und sein späteres Schicksal im voraus ankündigen zu lassen. Nun galt Jesus den Christen als die überbietende Erfüllung aller Gottesmänner...; und von Anfang an lag dem Christentum daran, den Christusglauben als Erfüllung der Schrift zu interpretieren. Warum sollte aber speziell das judenchristlich orientierte Urchristentum mit der Zeit nicht auf den Gedanken gekommen sein, sich der Schrift in ihrer ganzen Dimension, also auch der haggadischen Hagiographie des Judentums zu bedienen?... Sobald man daran interessiert war, die Davidssohn-Qualität, also die Messianität Jesu, nicht nur von seiner Abstammung von David, sondern auch von seiner Geburt in 'der Stadt Davids' ... her zu begründen, konnte die Existenz alttestamentlich-jüdischer Überlieferungen vom besonderen Walten der göttlichen Vorsehung im Geburts- und Kindheitsschicksal großer Gottesmänner die christliche Reflexion ansprechen und... Mt 2 konzipieren lassen." (Vögtle 30)

Die Kindheitshaggada sagt ursprünglich aus: "Jesus wurde durch seine Geburt in dem prophetisch vorgesehenen Bethlehem und danach durch die Wiederholung der dem Mose widerfahrenen Verfolgung und Errettung ... als der verheißene Messias, als der neue Mose, 'der zweite Befreier' erwiesen." (Vögtle 62)
Der besondere literarische Charakter der Kindheitshaggada läßt auf ihre Entstehung und Verwendung im palästinischen Judenchristentum (Bethlehem) schließen. Ein antijerusalemischer Affekt ist unüberhörbar. Ihr "Sitz im Leben" dürfte die apologetische, schriftgelehrte Reflexion urchristlicher Kreise gewesen sein.

Jene urchristlichen Kreise, in denen die Aussage Röm 1,3: "dem Fleische nach geboren aus dem Samen Davids" entwickelt worden war und von der Geburt des Messiaskindes in der "Stadt Davids" erzählt wurde (Mt 2), dürften auch am Nachweis der tatsächlichen Abstammung Jesu von David interessiert gewesen sein. Hier werden daher die beiden überlieferten Abstammungslisten (Genealogien: Mt 1,2-17; Lk 3,23-38)[2] eine wichtige Rolle gespielt haben.[3]
In ihrer vorliegenden griechischen Fassung, in der die Namen der LXX benutzt sind, gehen die Stammbäume auf die Arbeit eines Schriftgelehrten der hellenistisch-judenchristlichen Gemeinde zurück. Sie führen Jesu Abstammung auf Abraham (so Mt) bzw. Adam (so Lk) zurück und stellen so stärker den Gedanken der Erwählung durch Gott (so Mt) bzw. einer typologischen Entsprechung Jesus/Adam heraus.
Ursprünglich dürften die Genealogien aber nur bis David (so Mt) bzw. bis zum Davididen Serubabel (so Lk) gereicht haben und sagen dann die natürliche Abstammung Jesu aus davidischem Geschlecht aus. Damit ist die urchristliche Verkündigung von Jesus dem "Messias" genealogisch eindrucksvoll untermauert.
Schon die Verschiedenheit der beiden Stammbäume spricht dagegen, daß es sich bei ihnen um echte Familientraditionen handelt, wenn auch manches dafür spricht, daß die Familie Jesu sich

---

[1] Das zeigt sich auch darin, daß in ihr die Jungfrauengeburt nicht vorausgesetzt wird. Traditionsgeschichtlich muß die Frage offenbleiben, ob die Magiergeschichte 2,1-12 einmal unabhängig von 2,13-23 existierte und noch älter ist (so Bultmann; Dibelius; Hahn). A. Vögtle jedoch hält 2,1-23 für eine unzerreißbare Einheit, die erzählt, was geschah, nachdem der Messias in Bethlehem geboren war.

[2] BURGER, C., Jesus als Davidsohn, Göttingen 1970, 91ff.116ff; VÖGTLE, A., Die Genealogie Mt 1,2-16 und die matthäische Kindheitsgeschichte, in: Ders., Das Evangelium und die Evangelien, Düsseldorf 1971, 57-102.

[3] Matthäus und Lukas bieten je einen formal und inhaltlich unterschiedlichen Stammbaum Jesu (Matthäus: aufsteigende Genealogie; Lukas: absteigende Genealogie).

ihrer Zugehörigkeit zum Geschlecht Davids bewußt war. Wir haben es vielmehr wohl mit Überlieferungen theologisch-apologetischer Abzweckung zu tun: Jesu Davidsohnschaft soll erwiesen werden.
Offen bleibt die Frage, ob die Stammbäume - wie Röm 1,3f - nur feststellen sollen, daß Jesus die natürlichen Voraussetzungen zu seiner Einsetzung zum Messias seit der Auferstehung erfüllte, oder ob sie Jesus als Messias seit seiner Geburt verkündigen wollen.
Im Kern dürften die beiden Genealogien ältestes palästinisches Traditionsgut sein. Ihr "Sitz im Leben" ist die schriftgelehrte Absicherung der Verkündigung von Jesus, dem "Messias".

Wurde erst einmal der irdische Jesus als "Messias" angesehen und sein Wirken als messianisch, dann konnte das Bedürfnis entstehen nachzuweisen, daß die Messiaswürde Jesu zumindest von der kleinen Schar seiner Jünger bereits zu seinen Lebzeiten erkannt worden war. Dies scheint der Zweck der in Mk 8,27-29[1] bewahrten Überlieferung vom Messiasbekenntnis zu sein.[2]

> [27]Und es zogen Jesus und seine Jünger weg in die Ortschaften von Cäsarea Philippi. Und unterwegs fragte er seine Jünger und sprach zu ihnen: "Für wen halten mich die Leute?" [28]Sie aber antworteten ihm: "Für Johannes den Täufer und andere für Elias, wieder andere für einen aus den Propheten." [29]Da fragte er sie: "Ihr aber, für wen haltet ihr mich?" Es antwortet aber Petrus und sagt ihm: "Du bist der Messias."[3]

Nur die Jünger bzw. Petrus haben Jesus als "Messias" erkannt, nicht dagegen das Volk. Das Volk sah in Jesus nur eine prophetische Gestalt am Werk: Elias redivivus (Mal 3,23) oder einen der Propheten (Dtn 18,15.18). Der einzig zutreffende Titel für Jesus aber ist der Messiastitel. Vielleicht soll mit dem Stück auch der Anteil der Jünger Jesu, speziell des Petrus, an der Entstehung des Messiasglaubens zum Ausdruck gebracht werden.
Das Stück ist eine nachösterliche Gemeindebildung. Jede Rekonstruktion seines historischen Hintergrunds bleibt reine Spekulation. Daß die Jünger während des Erdenlebens Jesu bestimmte Erwartungen an Jesus gerichtet haben, reicht ja als historischer Grund für die Entstehung der Überlieferung kaum aus. Dieser ist vielmehr der nachösterliche Messiasglaube, der in die Zeit vor Ostern zurückdatiert wird.

---

[1] DINKLER, E., Petrusbekenntnis und Satanswort. Das Problem der Messianität Jesu, in: FS R. Bultmann, Tübingen 1964, 127-155; ERNST, J., Petrusbekenntnis - Leidensankündigung - Satanswort (Mk 8,27-33). Tradition und Redaktion: Cath 32 (1978) 46-73; KLEIN, H., Das Bekenntnis des Petrus und die Anfänge des Christusglaubens im Urchristentum: EvTh 47 (1987) 176-192; PESCH, R., Das Messiasbekenntnis des Petrus (Mk 8,27-30): BZ 17 (1973) 178-195; VÖGTLE, A., Messiasbekenntnis und Petrusverheißung, in: Ders., Das Evangelium und die Evangelien, Düsseldorf 1971, 137-170; vgl. auch die Literatur zu Kap. VI.

[2] Aus dem Kontext läßt sich die Erzählung leicht herauslösen: Mit 8,31f gehört sie ursprünglich nicht zusammen, wie der Wechsel zwischen χριστός und ὁ υἱὸς τοῦ ἀνθρώπου beweist. In V.27 fallen die doppelte Erwähnung der Jünger (V.27a/27b) und die doppelte Ortsangabe (εἰς τὰς κώμας Καισαρείας τῆς Φιλίππου/ἐν τῇ ὁδῷ) auf. Beides geht auf die Redaktion des Markus zurück. Nur die Ortsangabe in V.27a gehört zur ursprünglichen Tradition. In V.30 wird das Stück durch ein typisch markinisches Schweigegebot abgeschlossen (vgl. Mk 3,12; 5,43; 7,36). V.30 ist also redaktionell.

[3] Häufig ist angenommen worden, daß die Erzählung in dieser Form nicht isoliert habe existieren können. Bultmann rechnet mit einer Fortsetzung, in der "eine Stellungnahme Jesu zu dem von ihm provozierten Bekenntnis ... erzählt gewesen sein muß" (vgl. Mt 16,17-19). Doch diese Annahme ist unnötig; dem Stück geht es um die richtige Einschätzung Jesu durch die Jünger im Gegensatz zur falschen Beurteilung Jesu durch das Volk. Auch der (nachösterliche) Hörer erkennt, daß das Petrusbekenntnis richtig ist. Eine Stellungnahme Jesu ist daher auf der Ebene der Erzählung nicht nötig; V.29b stellt den Höhepunkt des Stückes dar. Eine andere Fortsetzung vermuten Hahn, Dinkler und Klein. Sie sehen V.33 als ursprüngliche Reaktion Jesu auf das Petrusbekenntnis an: Jesus lehne den Messiastitel ab. Aber dieses Urteil beruht auf der falschen traditionsgeschichtlichen Voraussetzung, die älteste Christologie habe den Messiastitel nicht auf Jesus angewandt. Wir gehen dagegen davon aus, daß in Mk 8,27-29 ein in sich gerundetes, abgeschlossenes Traditionsstück vorliegt.

Das Stück ist im jüdisch-palästinischen Milieu beheimatet. Es dürfte zum ältesten urchristlichen Traditionsgut gehören. Ob es in Jerusalem entstanden ist, muß unsicher bleiben. Falls die einleitende Ortsnotiz alt ist, wofür die Wahrscheinlichkeit spricht, könnte die Erzählung in galiläischen/nordpalästinischen Kreisen der Urgemeinde entstanden und überliefert worden sein.

Es war eine theologische Leistung der Urgemeinde von großer Tragweite, den irdischen Jesus trotz seines Scheiterns am Kreuz als "Messias" zu verkünden. Wir können uns heute nur noch schwer klarmachen, welcher Glaubenskraft, welcher Offenheit für Gottes neues Handeln und welcher Bereitschaft, seinem Finger zu folgen, es bedurfte, um den irdischen und gekreuzigten Jesus als "Messias" zu verkünden. Dies bedeutete eine Umkehr aller Werte, die Aufgabe aller gewohnten religiösen Vorstellungen. Wie Paulus in 1 Kor 1,23 sagt, war die Verkündigung des Gekreuzigten "für die Juden ein Skandal, für die Heiden aber eine Torheit".

Daß die Urgemeinde den Tod Jesu im Glauben an Gottes Tat positiv als das notwendige Geschick auch des "Messias" sehen und bewerten lernte, ist ihre große Glaubenstat. Hier ist sie theologisch neue Wege gegangen und hat die ausgetretenen Pfade des religiösen Denkens verlassen. In Jesus und in seinem Geschick hat sie erfahren, daß Gott anders wirkt und handelt, als menschliche Weisheit und Religiosität es sich vorstellen. Im Glauben hat sie zu diesem Weg Gottes ja gesagt. Im Judentum war der Gedanke an ein Sterben des "Messias" nicht vorbereitet. Als Sieger dachte man ihn, der Israel endgültig zur Herrschaft führen sollte. Diese Phantasie eines national-politischen Messiasreiches, dem alle Völker zu dienen hätten, ist durch die Urgemeinde aufgegeben worden.

Die Einbeziehung des Wirkens und Geschicks des irdischen Jesus in die christologische Reflexion war die theologisch notwendige Ergänzung der Erwartung der Urgemeinde, daß der in den Himmel erhöhte "Messias/Menschensohn" bald als endzeitlicher Heilbringer kommen werde. Ohne sie wäre die Urgemeinde zur apokalyptischen Sekte geworden, die das Heil ganz von der Zukunft erwartete. Die theologische Reflexion über den irdischen Jesus und sein Geschick aber ließ die Gemeinde innewerden, daß Gott bereits im irdischen "Messias" Jesus sein Heil heraufgeführt hatte, daß Jesu Sterben selbst Heilscharakter besaß. Der erste Gedanke ist stärker in der aramäisch-sprechenden Gemeinde verfolgt worden. Die meisten Überlieferungen über das messianische Wirken Jesu auf Erden in Wort und Tat sind hier entstanden und tradiert worden. Dagegen ist der Gedanke an Jesu Tod als Heilsereignis im Kreis der "Hellenisten" entwickelt und später in den hellenistisch-judenchristlichen Gemeinden zu Ende gedacht worden. Die theologischen Formeln und Bekenntnisse, die Jesu Tod als Sühneopfer und stellvertretendes Sterben für die Sünden "aller" verstehen, sind hier formuliert worden (s. Kap. XIV.2).

4. Nachdenken über die Präexistenz Jesu

Literatur: CHRIST, F., Jesus Sophia, Zürich 1970; HAMERTON-KELLY, R.G., Preexistence, Wisdom and the Son of Man, Cambridge 1973; HENGEL, M., Jesus als messianischer Lehrer der Weisheit und die Anfänge der Christologie, in: Sagesse et Religion (Colloque de Strasbourgh, Octobre 1976), Paris 1979, 147-188; MERKLEIN, H., Zur Entstehung der urchristlichen Aussage vom präexistenten Sohn Gottes, in: QD 87, Freiburg 1979, 54-63; NOCK, A.D., Early Gentile Christianity and its Hellenistic Background, in: Ders., Essays on Religion and the Ancient World, Oxford 1986, 49-133; SCHIMANOWSKY, G., Weisheit und Messias, Tübingen 1985; SCHNEIDER, G., Christologische Präexistenzaussagen im Neuen Testament: Communio 6 (1977) 21-30; SCHWEIZER, E., Zur Herkunft der Präexistenzvorstellung bei Paulus, in: Ders., Neotestamentica, Zürich/Stuttgart 1963, 105-110; DERS., Aufnahme und Korrektur jüdischer Sophiatheologie im Neuen Testament, ebd. 110-121; WINDISCH, H., Die göttliche Weisheit der Juden und die paulinische Christologie, in: FS G. Henrici, Leipzig 1914, 220-234.

4.1. "Menschensohn" und "Weisheit" als präexistente Größen

Die Übertragung von Titel und Funktion des "Menschensohns" auf Jesus ist von größter Bedeutung für die Entwicklung der Christologie der Urgemeinde. Der "Menschensohn" war zumindest in einer Linie der apokalyptischen Tradition eine "himmlische Gestalt". Er gehörte zum Hofstaat Gottes. Von ihm heißt es in äthHen 46,1: "Bei ihm (Gott) war ein anderer, dessen Antlitz wie das Aussehen eines Menschen war und sein Antlitz war voll Anmut gleichwie eines von den heiligen Engeln". Und in 48,3 wird von ihm gesagt: "Bevor die Sohne und die (Tierkreis)zeichen geschaffen, und bevor die Sterne des Himmels gemacht wurden, wurde sein Name vor dem Herrn der Geister genannt" (vgl. 48,6). Der "Menschensohn" existierte also bereits vor der Schöpfung.[1]

Wenn die Urgemeinde den "Menschensohn"-Titel aus dieser apokalyptischen Überlieferung geschöpft hat, "so bedeutet seine Übertragung auf Jesus, daß er eine Sonderstellung allen übrigen Menschen gegenüber einnimmt, als 'der' Menschensohn oder Mensch, dessen Heimat und Herrschaftsbereich im Himmel ist, dessen Wesen ihn auf den Himmel verweist. Strenggenommen ist auch die Präexistenz mit diesem Namen gegeben; wenn Jesus 'der Menschensohn' war, so muß er nicht nur zum Himmel erhöht werden - er muß auch aus dem Himmel stammen, wo ihn der Seher der Vorzeit, Henoch, unter den Fittichen des 'Herrn der Geister' geschaut hat (38,6.7). Ob und wie weit in der Urgemeinde diese Folgerungen bereits gezogen sind, ist nicht zu erkennen. Was wir behaupten, ist nur, daß die Anwendung dieses bedeutsamen Namens auf Jesus ein prinzipiell wichtiger Schritt ist - es liegt in ihm eine weitertreibende Macht." (Weiß, Urchristentum 93)

Durch die Übertragung des Titels "Menschensohn" auf Jesus konnte folgende Gedankenkette entstehen: Der "himmlische Menschensohn" Jesus ist auf Erden erschienen; er wurde abgelehnt (vgl. Lk 9,58; 18,8) und mußte leiden und sterben (Mk 8,31); nach seiner Auferweckung wurde er zum "Menschensohn"-Richter eingesetzt. Als dieser wird er in Kürze in Erscheinung treten. Mit der Übertragung des Titels "Menschensohn" auf den irdischen Jesus kam also bereits implizit die Präexistenz Jesu in den Blick.

Darüber hinaus ist zu bedenken, daß im Frühjudentum "Menschensohn" und "Weisheit"/Sophia

---

[1] Vom messianischen König kann ähnlich gesprochen werden (vgl. Mi 5,1-3; Ps 72,5.17; Ps 110,3 [LXX]). Aber der "Messias" ist eindeutig ein Mensch und eine geschichtliche Gestalt (vgl. PsSal 17). Wie alle zukünftigen Heilsgüter steht aber auch er schon in der himmlischen Sphäre bei Gott bereit.

nahe beieinanderstehen. Es ist die "Weisheit", durch die der "Menschensohn" den "Heiligen und Gerechten" geoffenbart wird (äthHen 48,7). Der "Menschensohn" ist selbst Träger der "Weisheit" (49,3; vgl. Jes 11,1-2), in seiner Nähe sind "viele Brunnen der Weisheit" (48,1; vgl. 49,1). Man hat die Sophia und den "Menschensohn" Doppelgänger genannt (H. Windisch) bzw. den "Menschensohn" geradezu als apokalyptisierte und mythologisierte Sophia bezeichnet (F. Christ). Es ist hier auf jene Sophiatexte und Spekulationen insbesondere des hellenistischen Judentums zurückzuverweisen, die wir oben bereits herangezogen haben, um die geistige Herkunft der "Hellenisten" zu kennzeichnen (s. Kap. III.7). In ihnen wird die "Weisheit" als eine "himmlische Person" angesehen, die bereits vor der Schöpfung der Welt bei Gott existierte (Spr 8,22-31; Sir 24,3ff; Weish 9,9). Wie der "Menschensohn" ewige Macht und Herrlichkeit von Gott her besitzt (äthHen 49,2; 49,4) und die verborgenen Geheimnisse Gottes offenbart (46,3), so ist auch die "Weisheit" ein "Hauch der Kraft Gottes", "Ausfluß der Herrlichkeit des Allmächtigen", "Abglanz des ewigen Lichts", "Spiegel des göttlichen Wirkens" und "Abbild seiner Güte" (Weish 7,25ff).
Von der "Weisheit" wird ausdrücklich gesagt, sie sei aus dem Himmel auf die Erde herabgestiegen, um sich einen Ruheplatz zu suchen (Sir 24,7). Nach Sir 24,8-11 hat Gott ihr Israel "zum Erbteil" gegeben. Der Tempel, der Sionberg und Jerusalem sind ihr Sitz, an dem sie Gott dient. In äthHen 42,1-2 finden wir eine andere, wahrscheinlich ältere Anschauung. Danach hat die "Weisheit" auf Erden keinen Platz gefunden, wo sie wohnen konnte und ist darum in den Himmel zurückgekehrt.

> Die Weisheit fand keinen Platz, wo sie wohnen konnte, da hatte sie eine Wohnung in den Himmeln. Die Weisheit ging aus, um unter den Menschenkindern zu wohnen, und sie fand keine Wohnung; die Weisheit kehrte an ihren Ort zurück und nahm ihren Sitz unter den Engeln. (Übers. Uhlig, JSHRZ)

Ob diese Anschauung auf einen altorientalischen Mythos zurückgeht, bleibt unsicher. Die Identifizierung der "Weisheit" mit der Tora (Sir 24,23; syrBar 4,1) und ihre Bindung an Jerusalem und Tempel ist in jedem Fall eine jüngere Deutung. Doch beweist sie, daß auch in Kreisen des an den Tempel gebundenen palästinischen Judentums Sophiaspekulationen gepflegt wurden. Vielleicht waren es gerade solche Spekulationen, die viele hellenistische Diasporajuden nach Jerusalem übersiedeln ließen. Jerusalem und Tempel als Sitz der "Weisheit" mußten auf hellenistische Juden große Anziehungskraft ausüben.

4.2. "Jesus Sophia"

Sicher ist, daß die christlichen "Hellenisten" durch weisheitliches Denken geprägt waren (vgl. nur die Weisheitsterminologie in Apg 6,3.10; 7,10.22). Gerade in diesem Denken aber lag "ein Großteil der präexistenz-christologisch relevanten Begriffe und Vorstellungen bereit" (Merklein). Es dürften die "Hellenisten" gewesen sein, die Attribute der "Weisheit" auf Jesus übertrugen. Sie haben Jesus als Verkörperung der "Weisheit" angesehen und bekannt.

"Damit war die Idee der Präexistenzchristologie geboren, und die grundsätzlichen Möglichkeiten ihrer weiteren, sicher noch einige Zeit erfordernden Ausgestaltung waren vorgegeben. Daß mit der Idee von der Verkörperung der präexistenten Weisheit in Jesus auch eine Sprachkategorie gefunden war, die das Unverrechenbare und Unerfaßbare im Wirken und Auftreten des irdischen Jesus zu artikulieren vermochte, steht außer Frage. Religions- und traditionsgeschichtlich aber dürfte sich die Präexistenzchristologie als eine Transformation der an Tempel und Tora orientierten Weisheitsspekulationen des hellenistischen Judentums Jerusalems aufgrund des Bekenntnisses zur Heilsbedeutsamkeit des Todes Jesu darstellen." (Merklein 53f)

Die beiden Logien Lk 13,34-35par und Lk 11,49-51par sind die ältesten Reflexe der Vorstellung von Jesus als "Weisheit Gottes".[1] Es sind Worte der "Weis-

---

[1] Bultmann nimmt an, daß beide Logien ursprünglich eine Einheit bildeten (vgl. Mt 23,34-36.37-39). Dagegen spricht aber, daß beide Worte gattungsmäßig in sich geschlossen sind und Lk 11,49f in die Zukunft voraus (ἀποστελώ/ἀποκτεινοῦσιν/διώξουσιν), Lk 13,34f dagegen auf die Vergangenheit

heit" aus Jesu Mund (Lk 11,49). Könnte in Lk 11,49-51 Jesus noch als "Bote der Weisheit" gelten, so wird aus Lk 13,34f deutlich, daß er bereits mit der präexistenten "Weisheit" selbst identifiziert wird. Beide Logien setzen eine Situation voraus, in der noch auf den Tod Jesu als unmittelbar zurückliegendes Ereignis verwiesen werden kann. Sein Tod wird im Lichte des Verwerfungsgeschicks aller von Gott bzw. der "Weisheit" zu Israel gesandten Propheten gedeutet, wie es die deuteronomistische Gerichtspredigt herausgestellt hatte. Israel hat sich immer schon dem Werben Gottes bzw. seiner "Weisheit" verschlossen und seine bzw. ihre Boten abgelehnt und getötet. Beide Logien scheinen außerdem bereits darauf zurückzublicken, daß auch die Jesusboten abgelehnt und getötet werden. Unwahrscheinlich ist aber, daß hier auf das endgültige Scheitern ihrer Israelmission verwiesen wird, wie es sich zu Beginn des jüdischen Kriegs 66 n.Chr. abzeichnete (s. dazu Kap. XIII.6). Die Logien müssen sehr viel früher entstanden sein. Wahrscheinlich spiegeln sich in ihnen die Erfahrungen der "Hellenisten" bei ihrer Israelmission. Diese wurden schon bald nach Jesu Tod Opfer einer heftigen Verfolgung, in deren Verlauf Stephanus "gesteinigt" (Lk 13,34[1]) und die gesamte Gruppe aus Jerusalem vertrieben wurde (s. Kap. VII u. VIII). So spricht historisch und traditionsgeschichtlich manches dafür, die

---

zurückblickt (ποσάκις ἠθέλησα).

[1] HOFFMANN, P., Studien zur Theologie der Logienquelle, Münster 1972, 171-180; STECK, O.H., Israel und das gewaltsame Geschick der Propheten, Neukirchen 1967, 45ff.227ff; WILCKENS, U., in: ThWNT VII, 515f; ZELLER, D., Entrückung zur Ankunft als Menschensohn, in: FS J. Dupont (Lectio Divina 123), Paris o.J., 513-530; vgl. auch die Literatur zu Abschn. 4. Die lukanische Fassung des Logions ist ursprünglicher; Matthäus hat leicht geändert. Bultmann, Haenchen, Steck und Merklein halten Lk 13,34f - wie auch Lk 11,49f - für ein ursprünglich jüdisches Überlieferungsstück, das von der christlichen Tradition aufgegriffen und durch Anfügung von V.35b verchristlicht wurde.
Folgende Gründe werden für diese Annahme angeführt:
- V.34-35a paßt nicht in den Mund Jesu und blickt auf einen größeren Zeitraum als den des Lebens Jesu zurück. "Das Subjekt dieser Geschichtsreflexion muß ein übergeschichtliches Subjekt sein." (Bultmann)
- In dem Wort fehlen typisch christliche Aussageelemente.
- Das Wort (einschließlich V.35b) ist "aus dem Zusammenhang des Mythos von der göttlichen Weisheit zu verstehen, die, nachdem sie vergebens auf Erden geweilt hat und die Menschen zu sich gerufen hat, von der Erde Abschied nimmt, so daß man jetzt vergebens nach ihr ausschaut. Sie weissagt hier, daß sie verborgen bleiben wird bis zur Ankunft des Messias" (Bultmann; vgl. Sir 24; äthHen 42).
Sprecher des Wortes ist danach die "göttliche Weisheit", der nach Sir 24 von Gott Israel/Jerusalem als Bleibe zugewiesen wurde. Aber Jerusalem und seine Einwohner haben sich dem Werben der "Weisheit" verschlossen. Darin zeigt sich wieder, daß Jerusalem die Stadt der Prophetenmörder ist.
V.35a kündigt der Stadt bzw. dem Tempel das Gericht an: Gott wird Tempel und Stadt verlassen. "Diese Fassung des Drohwortes bringt somit die Erwartung der Zerstörung Jerusalems zum Ausdruck; in ihr werden überhaupt konkreter Anlaß und treibendes Motiv für die Bildung des Wortes erkennbar." (Steck) In V.35b - wenn er zur ursprünglichen Tradition gehört - wird darüber hinaus noch gesagt, daß die "Weisheit" nicht mehr gesehen wird, bis der Menschensohn sein eschatologisches Amt antritt und als solcher begrüßt wird. "Der Trägerkreis des Jerusalemwortes sähe demnach in der erwarteten Zerstörung Jerusalems ein Gericht über das Gottesvolk hereinbrechen, das auch im Endgericht nicht revidiert wird." (Steck) Steck stellt allerdings selbst die Frage, ob ein so horrendes Gerichtswort, "das dem eigenen Volk alle Zukunft nimmt", in jüdischer Tradition möglich und vorstellbar sei. Er hilft sich mit der Überlegung, daß es "unter dem unmittelbaren Eindruck der bevorstehenden Katastrophe Jerusalems gesprochen sein muß", also um 70 n.Chr. Die Schwierigkeiten, die diese traditionsgeschichtliche Einordnung von Lk 13,34f macht, hat Steck selbst aufgezeigt. Auch die zeitliche Einordnung des Logions in die Situation um das Jahr 70 n.Chr. dürfte unzutreffend sein. Das Logion spricht nicht von der "Zerstörung" des Tempels oder Jerusalems, sondern davon, daß Gott bzw. die "Weisheit" Tempel und Stadt verläßt (vgl. äthHen 89,55). Die Aussage V.35 hat also eine Parallele im Tempellogion der Passionsgeschichte (Mk 14,58) und im Hinweis auf das Zerreißen des Tempelvorhangs bei Jesu Tod (Mk 15,38). Die Auslegung des Wortes ist somit viel einfacher, wenn man es als genuin christliche Bildung ansieht. Ein echtes Jesuswort ist es allerdings nicht. Wir haben ein urchristliches Prophetenwort vor uns, in dem der Erhöhte als Gottes "Weisheit" spricht.

Logien und die in ihnen vertretene Sophia-Christologie den "Hellenisten" zuzuschreiben.

> Jerusalem, Jerusalem, du tötest die Propheten
> und steinigst die, welche zu dir gesandt sind.
> Wie oft wollte ich deine Kinder versammeln,
> wie eine Henne ihre Jungen unter ihre Flügel schart,
> aber ihr habt nicht gewollt.
> Siehe, euer Haus wird zu euerm Unheil verlassen.
> Ich sage euch aber: Ihr werdet mich nicht mehr sehen,
> bis die Zeit kommt, da ihr sagt:
> Gepriesen sei, der im Namen des Herrn kommt. (Lk 13,34f)
> (Rekonstruktion von D. Zeller)

Jesus wird hier mit der "Weisheit" Gottes identifiziert (vgl. Sir 24,8ff; äthHen 42). In Jerusalem wollte er sich niederlassen und Jerusalems Kinder sammeln, aber die alte "Prophetenmörderin" hat auch ihn wie die Propheten und Gesandten vor ihm abgelehnt. Nun steht ihr nur noch das Gericht bevor. Stadt und Tempel sind nicht mehr Aufenthaltsort der "Weisheit" Gottes. Jesus, die "Weisheit", ist der Stadt entrissen bis zu seiner Wiederkehr als himmlischer "Menschensohn/Richter".[1]

Durch die Ablehnung von "Jesus Sophia" hat sich Jerusalem erneut als Stadt der Prophetenmörder erwiesen. Kein Gesandter Gottes, kein Prophet ist in ihr je angenommen und gehört worden. Da das Logion aus nachösterlicher Sicht gesprochen ist, kann es auch die Erfahrung der Jünger, speziell der "Hellenisten", mit Jerusalem reflektieren. Durch das Wirken dieser "Boten der Weisheit" hat Jesus auch nach Ostern um Jerusalems Kinder geworben. Aber auch diese Boten sind von Jerusalem abgelehnt und "gesteinigt" worden. "Sitz im Leben" des Logions könnte daher die Situation der "Hellenisten" nach der Ermordung des Stephanus sein. Sie verlassen Jerusalem und drohen der Stadt das endgültige Gericht durch den kommenden "Menschensohn" an.

Die Einordnung des Todes Jesu in den Traditionszusammenhang der deuteronomistischen Prophetenaussage weist für viele Forscher auf ein noch frühes Verständnis des Todes Jesu hin. Der Tod Jesu wird noch nicht soteriologisch gedeutet. "Vielmehr verstand man ihn von der jüdischen Überlieferung her als das dem Boten, ja jedem Boten der Weisheit gemäße Geschick. Man wußte, in dem bevorstehenden Gericht wird es geahndet werden. Zu einer soteriologischen Deutung des Todes kam es in diesem Verstehenshorizont nicht; denn Jesu Tod wurde noch nicht isoliert als der Sonderfall gesehen, der einer besonderen Deutung bedurfte. Jesu Geschick lag

---

[1] Zeller will in dem Logion das Nachwirken einer alten Vorstellung erkennen, die den Osterglauben als "Entrückung" zum Ausdruck brachte. Diese Vorstellung beruht auf der atl. und frühjüdischen Anschauung von der "Entrückung" großer Gottesmänner in den Himmel (Gen 5,24: Henoch; 2 Kön 2,11f: Elija; Dtn 34,6: Mose?). Für die messianische Zeit wurde ihr Wiedererscheinen erwartet (Mal 3,23f; 4 Esra 6,26). Der Ausdruck "ihr werdet mich nicht mehr sehen" (Lk 13,35) umschreibe die "Entrückung" Jesu zu Gott, wobei hier die "Entrückung" zugleich als Wiederbelebung verstanden sei, also ganz nahe zur Auferweckungsvorstellung stehe. Traditionsgeschichtlich habe die Entrückungsvorstellung eine größere Affinität zur Menschensohnerwartung als die Auferweckungsaussage. In äthHen 70f wird jedenfalls der in den Himmel entrückte Henoch zum "Menschensohn" eingesetzt. In Lk 13,34f spreche der in den Himmel entrückte, zum "Menschensohn" eingesetzte Jesus und kündige Jerusalem und seinen Bewohnern ein schreckliches "Wieder-Sehen" zum Gericht an.
Ob es in der frühen Christologie der Urgemeinde neben der Auferweckungsaussage eine eigenständige Entrückungsaussage gab, scheint mir aber unsicher. Eher dürften die unterschiedlichen frühjüdischen Kategorien in der Gemeinde, wie so oft, nebeneinander und ineinander verschränkt verwendet worden sein. Wir können ihre traditionsgeschichtliche Herkunft aus dem Frühjudentum beschreiben, dürfen diese aber nicht in jedem Fall als Hinweis auf unterscheidbare Traditionsschichten in der Urgemeinde auswerten.

vielmehr auf einer Linie mit dem Geschick aller Boten der Weisheit, der Propheten vor ihm und der (von ihm ausgesandten) Jünger nach ihm." (Hoffmann 188)
Vielleicht hat Jesus selbst sein Martyrium aus diesem Verstehenshorizont gedeutet. Auch die alte "Kontrastformel" (s. Kap. II.1) und die älteste Passionsgeschichte (s. Abschn. 3.1) bezeugen ein analoges Verständnis des Todes Jesu. Aber das Logion Lk 13,34f dürfte in diesem Zusammenhang überfordert sein, weil die positive Bedeutung des Todes Jesu gar nicht im Horizont dieses gegen Israel gerichteten Gerichtswortes liegt. Aus dem Verschweigen zu schließen, daß eine soteriologische Sicht des Todes Jesu im Umfeld des Logions noch nicht entwickelt worden sei, dürfte den Text überinterpretieren. Tatsächlich haben die "Hellenisten" noch in Jerusalem Jesu Tod als Sühnetod verstanden. Gleichzeitig mit ihrer Sicht des Todes Jesu konnten aber auch andere Deutungen in der Urgemeinde bestehen bleiben (vgl. z.B. Mk 8,31). Außerdem trifft es nicht ganz zu, daß nach Lk 13,34f der Tod Jesu auf eine Linie mit dem Geschick aller Propheten gestellt wird. In Jesu Todesschicksal erfüllt sich das Unrecht Jerusalems, denn in ihm ist nicht ein Prophet und Gesandter wie die anderen verworfen worden, sondern der letzte Bote Gottes, die auf Erden Wohnung suchende "Weisheit Gottes" selbst. Das ist eine qualitativ neue Dimension. Darum bleibt Jerusalem nun nichts anderes mehr als das Gericht. Mit Jesu Tod und Erhöhung hat dieses Gericht schon begonnen. Gott bzw. seine "Weisheit" haben Stadt und Tempel verlassen.

Mit Lk 13,34f gehört eng das Logion Lk 11,49-51 par[1] zusammen. Wie man auch immer das Logion traditionsgeschichtlich beurteilt, im Rahmen der Überlieferung der Urgemeinde wird hier natürlich Jesus mit der sprechenden "Weisheit" identifiziert. Dann aber wird hier implizit die Präexistenz Jesu ausgesagt. Wie er als präexistente "Weisheit" "Propheten und Gesandte" zu Israel gesandt hat, so sendet er als der Erhöhte weiterhin Boten zu ihm.

> Deshalb hat auch die Weisheit Gottes gesagt:
> Ich werde Propheten und Gesandte zu ihnen senden,
> und einige von ihnen werden sie töten und verfolgen,
> damit an diesem Geschlecht das Blut aller Propheten gerächt wird,
> das von Grundlegung der Welt an vergossen wurde,
> [vom Blut Abels bis zum Blut des Secharja, der zwischen Altar und Tempelhaus umkam.]
> Ja, ich sage euch, es wird an diesem Geschlecht gerächt werden.
> (Rekonstruktion von D. Zeller).

Dieses Gerichtswort geht schwerlich auf Jesus zurück, sondern ist ein "fiktiv uraltes Wort" der göttlichen "Weisheit", das in der Gegenwart des Sprechers sich zu erfüllen droht. Es geht darum, "die gegenwärtige Generation in ihrer Tat- und Schuldkontinuität mit der vergangenen Geschichte Israels darzustellen" (P. Hoffmann). Israels Schuld hat sich darin gezeigt, daß es die zu ihm gesandten Boten der "Weisheit" abgelehnt und verworfen hat. Darum sagt das Logion dem verstockten Israel das Gericht an. Das Blut aller Boten der Weisheit wird von "diesem Geschlecht" zurückgefordert werden. Im Vordergrund der Aussage steht das Geschick der von der "Weisheit" Jesus Gesandten. Ihr Blut wird gerächt, ihr Tod im Gericht gesühnt werden (vgl. äthHen 95,7; 98,9).
Träger des Logions könnten wiederum die "Hellenisten" gewesen sein. Sie haben als erste urchristliche Missionsgruppe die Ablehnung Israels erfahren. Ihr Anführer Stephanus wurde "getötet", die Gruppe selbst "verfolgt" (11,49). Viel-

---

[1] HOFFMANN, P., Studien zur Theologie der Logienquelle, Münster 1972, 164ff; KLEIN, G., Die Verfolgung der Apostel. Lk 11,49, in: FS O. Cullmann, Zürich 1972, 113-124; MEYER, R., Der Prophet aus Galiläa, Darmstadt 1970, 48ff; vgl. auch die Literatur zu Abschn. 4.
Die lukanische Fassung ist die ursprüngliche. Matthäus hat das Wort als Jesuswort stilisiert und es in eine Darstellung der christlichen Verkündigung in Israel (vgl. V.34b) umgestaltet. Lediglich die Aufzählung προφήτας καὶ σοφοὺς καὶ γραμματεῖς könnte gegenüber der lukanischen Aufzählung προφήτας καὶ ἀποστόλους Anspruch auf größere Ursprünglichkeit haben (so Klein).

leicht ist das Logion aber auch später ergänzt worden, falls V.51a auf Ereignisse während des Jüdischen Krieges Bezug nimmt (vgl. Josephus, Bell 4,334ff).
In diesem Zusammenhang ist auch der Überlieferungskomplex Lk 7,31-35par zu betrachten. Hier herrscht dieselbe Sicht vor wie in Lk 11,49-51: Johannes der Täufer und Jesus, der "Menschensohn", kamen als Gesandte der "Weisheit" zu Israel (vgl. Weish 7,27; 10,16), wurden aber abgelehnt. Interessant ist, daß wir in diesem Stück einerseits eine offene Gleichsetzung des irdischen Jesus mit dem "Menschensohn" finden und andererseits eine verdeckte mit der "Weisheit" (V.34/35).

> 31 Wem soll ich die Menschen dieses Geschlechts vergleichen? Und wem sind sie ähnlich? 32 Sie gleichen Kindern, die auf dem Markt sitzen und einander zurufen und sagen: "Wir haben euch die Flöte geblasen, und ihr habt nicht getanzt; wir haben Klagelieder gesungen, und ihr habt nicht geweint." 33 Denn Johannes der Täufer ist gekommen, aß kein Brot und trank keinen Wein, und ihr sagt: "Er hat einen Dämon." 34 Es ist der Menschensohn gekommen, er ißt und trinkt, und ihr sagt: "Siehe, ein Fresser und Weinsäufer, ein Freund der Zöllner und Sünder." 35 Und es wurde die Weisheit von all ihren Kindern gerechtfertigt.

Das Stück ist in der vorliegenden Fassung eine polemische Anklage gegen Israel, das sich dem Wirken des Johannes und Jesu gegenüber verschlossen hat wie launische Kinder, die zu nichts Lust haben. "Diesem Geschlecht" bleibt darum nur noch das Gericht. Nur die "Kinder der Weisheit", die dem Ruf des Täufers und des "Menschensohnes" gefolgt sind, bleiben vom Gericht verschont (V.35). In ihnen wird die "Weisheit" gerechtfertigt. Diese "Kinder der Weisheit" sind in der urchristlichen Gemeinde versammelt. Diese messianische Gemeinde ist die Anwärterin auf das endzeitliche Heil.

Dieses Stück kann als Beleg für die Identifikation Jesu mit der "Weisheit" angeführt werden, auch wenn sie noch nicht explizit vollzogen wird. Es ist vermutet worden, hier werde das endgültige Scheitern der Israelmission der judenchristlichen Gemeinde reflektiert. Die Aufnahme der Überlieferung in die Quelle Q belegt in der Tat, daß sich auch die Erfahrungen der Trägergruppe von Q mit Israel hier spiegeln. Doch könnte das Stück ursprünglich aus Kreisen der "Hellenisten" stammen, die sich nach dem Scheitern ihrer Missionsbemühungen von Jerusalem abwandten und Samaritaner und Heiden in die christliche Mission einbezogen. Sie haben als erste aus der Erfahrung der Verweigerung Israels die Konsequenz gezogen, daß nun das natürliche Israel als Heilsgemeinschaft durch eine "neue" Gemeinde abgelöst worden ist. Zu den "Kindern der Weisheit" von V.35 gehörten dann nicht nur Judenchristen, sondern auch bekehrte Samaritaner und Heiden (s. dazu Kap. VIII).

Auch das "Winzergleichnis" Mk 12,1-9[1] gehört in diesen Zusammenhang. In der Form einer heilsgeschichtlichen Allegorie schildert es das ständige Versagen der Führer Israels gegenüber den Boten Gottes bis hin zur Verwerfung und Tötung des letzten Boten Jesus, der die vor ihm gesandten weit übertrifft, weil er der "einzige Sohn" ist.

> 1 Und er fing an, in Gleichnissen zu ihnen zu reden: "Ein Mann pflanzte einen Weinberg an, umgab ihn mit einem Zaun, grub eine Kelter, baute einen Turm, verpachtete ihn an Winzer und verreiste. 2 Zur Zeit schickte er zu den Winzern einen Knecht, um von den Winzern von den Früchten des Weinberges zu holen. 3 Aber diese ergriffen ihn, schlugen ihn und schickten ihn davon mit leeren Händen. 4 Und wieder schickte er zu ihnen einen anderen Knecht; doch auch den

---

[1] BLANK, J., Die Sendung des Sohnes, in: FS R. Schnackenburg, Freiburg 1974, 11-41; STECK, O.H., Israel und das gewaltsame Geschick der Propheten, Neukirchen 1967, 269-273.

mißhandelten und beschimpften sie. [5]Und er schickte einen anderen; den töteten sie, ja noch viele andere, die einen schlugen, die andern töteten sie. [6]Noch hatte er einen einzigen, seinen geliebten Sohn. Den sandte er als letzten zu ihnen, da er dachte: 'Vor meinem Sohne werden sie sich scheuen.' [7]Doch jene Winzer sagten zueinander: 'Das ist der Erbe; kommt, wir wollen ihn umbringen, und das Erbe wird unser sein.' [8]Und sie ergriffen ihn, töteten ihn und warfen ihn aus dem Weinberg hinaus. [9]Was wird nun der Herr des Weinbergs tun? Kommen wird er und die Winzer vernichten und den Weinberg anderen geben."

Im Gleichnis ist der Präexistenzgedanke klar enthalten, denn mit dem "einzigen Sohn" ist der präexistente Gottessohn gemeint. Vermittelt ist diese Anschauung durch weisheitliches Denken. Die "Weisheit" konnte "Tochter Gottes" genannt werden (Philo). So lag es nahe, nachdem Jesus mit der "Weisheit" identifiziert worden war, auf ihn die Bezeichnung "der Sohn" anzuwenden. Daß die Vorstellung vom "Sohn" auch im Messiastitel "Sohn Gottes" und im Titel "Menschensohn" enthalten war, wirkte dabei nicht störend, sondern eher spekulativ anregend. Das Gleichnis steht deutlich an der Schwelle zur Heidenmission, die zuerst von den "Hellenisten" nach ihrem Auszug aus Jerusalem aufgenommen wurde. Dies wird aus Mk 12,9 deutlich: Dem halsstarrigen Israel und seinen Führern wird der Untergang angesagt. Der "Weinberg" wird "anderen" übergeben werden. Es liegt also nahe, das Gleichnis den "Hellenisten" in Jerusalem zuzuordnen und als seinen "Sitz im Leben" die durch ihre Flucht ausgelöste Gerichtsdrohung dieser Gruppe gegen das der sich Botschaft verweigernde Gesamtisrael und seine Führern anzusehen.

Im Gleichnis deuten die "Hellenisten" das Jesusgeschehen durch die deuteronomistische Prophetenaussage und verstehen Jesus selbst im Licht weisheitlichen Denkens als präexistenten "Sohn". Die Aussagen von Jesus dem "Sohn" und von der "Sendung des Sohnes" können also bereits in Jerusalem entstanden sein. Sie wurden dann durch das hellenistische Judenchristentum auf breiter Basis weiterentwickelt (s. dazu Kap. XIV.4).

"Jedenfalls setzt Paulus sie bereits voraus. Im übrigen ist eine Entstehung in Jerusalem selbst nicht unwahrscheinlich, wenn man die Aussage vom messianischen Sohn Gottes - wie M. Hengel annimmt - für die aramäisch sprechende Urgemeinde voraussetzen darf. Diese Bezeichnung könnte geradezu der Katalysator gewesen sein, um die im Lichte der Weisheit verstandene Sendung Jesu als Sendung des Sohnes zu artikulieren. Allerdings handelt es sich auch dann nicht um eine Weiterführung der messianischen Christologie (gegen Hengel), sondern um eine Präzisierung des der Präexistenzvorstellung immanent und unabhängig innewohnenden Bedeutungsgehaltes." (Merklein 61)

Ein sehr altes Logion, in dem Jesus mit der "Weisheit" identifiziert wird, ist auch Mt 11,27par[1]:

> Alles ist mir von meinem Vater übergeben,
> und niemand erkennt den Sohn, nur der Vater,
> und niemand erkennt den Vater, nur der Sohn
> und der, dem es der Sohn offenbaren will.
> (Rekonstruktion von D. Zeller)

Das Wort besteht aus vier Zeilen. Zeile 1 ist Überschrift. Die Zeilen 2-4 exemplifizieren die in der ersten gemachte Aussage und bestimmen somit ihren Sinn. In der ersten Zeile geht es dann nicht um eine Bevollmächtigung Jesu schlechthin, sondern um die Übergabe der "Erkenntnis des Vaters" an ihn durch Gott

---

[1] HOFFMANN, P., Studien zur Theologie der Logienquelle, Münster 1972, 104-142; POLAG, A., Die Christologie der Logienquelle, Neukirchen 1977, 160-162; ZELLER, D., Kommentar zur Logienquelle, Stuttgart 1984, 54f; vgl. auch die Literatur zu Kap. VI und zu Abschn. 4.
In Q stellt dieses Offenbarungswort die christologische Begründung von Mt 11,25f/Lk 10,21 dar. Ursprünglich ist es aber isoliert überliefert worden.

selbst. "Übergeben" ist hier Traditionsterminus (vgl. 1 Kor 15,1ff). "Es geht wohl nicht um eine generelle Gotteserkenntnis, sondern um die Einsicht in die Pläne des endzeitlich handelnden Gottes, um das Kommen seines Reiches." (D. Zeller) Die zweite Zeile sagt, daß der Vater allein Stellung und Aufgabe kennt, die "der Sohn" in den Plänen Gottes hat. Nach der dritten Zeile hat niemand Einsicht in die geheimen Pläne Gottes außer "dem Sohn" (vgl. äthHen 46,3). Daraus folgt als Höhepunkt die vierte Zeile: "Der Sohn" allein kann die Einsicht in Gottes Plan vermitteln. Er ist der exklusive Offenbarer des Vaters. Aber er vermittelt diese Erkenntnis nur, wem er will.

"Jedes einzelne Moment des Gedankens von Vers 27bc läßt sich auf die Weisheitstradition zurückführen (vgl. Mt 11,25): 'Niemand kennt den Sohn' entspricht dem demütigen Bekenntnis, daß niemand die Weisheit kennt (Hi 18,1-22; Sir 1,6; Bar 3,15-31, vgl. Prov 30,1ff; Koh 7,24f), '... als nur der Vater' entspricht der Einsicht, daß Gott allein die Weisheit kennt (Hi 28, 23-27; Sir 1,8; Bar 3,32; 1 Hen 63,2; 84,3, vgl. Prov 8,22-30; Sir 1,1.4.9; 24,3f.5f.9; Sap 7,25ff). '... und den Vater erkennt niemand als nur der Sohn' entspricht der Aussage, daß die Weisheit von Gott einzigartige Kenntnis hat (Prov 8,12; Sap 7,25ff; 8,3f; 8f; 9,4.9.11, vgl. Sap 2,13.16.18 und 7,21, vgl. J 1,18).
Jesus der Sohn tritt also auch hier eindeutig als die Weisheit auf. Jesus Sophia verkörpert den Gegenstand der Erkenntnis, von der 27b spricht, den Inhalt der Gnosis durch den Vater. Er ist die Weisheit. Zugleich erscheint aber Jesus Sophia in 27c als Träger der Weisheit. Der Sohn kennt den Vater, d.h. als der Sohn, dem alles von seinem Vater übergeben worden ist, hat Jesus Sophia vollkommene Kenntnis des Vaters. Er besitzt alle Gnosis, als deren Gegenstand sich der Vater selbst in seiner Weisheit darbietet." (Christ 89)

Sprecher des Wortes ist Jesus. Aber es ist nicht der Irdische, sondern der Auferstandene, der hier über sich redet. Wir haben also ein nachösterliches Christologumenon vor uns. Der Auferstandene spricht durch einen urchristlichen Propheten.

Jesus wird als "der Sohn" bezeichnet, der in einem exklusiven Verhältnis zum Vater steht. In diesem besonderen Verhältnis ist begründet, daß er allein und kein anderer der Offenbarer des Vaters ist.
Der Titel "der Sohn" ist traditionsgeschichtlich von "Sohn Gottes" (Röm 1,3f) streng zu scheiden. F. Hahn leitet ihn aus dem Selbstverständnis des irdischen Jesus ab (vgl. das für Jesus charakteristische 'Abba'). Aber kann Jesu eigenes Gottesverhältnis unmittelbar zum christologischen Titel "der Sohn" geführt haben? Eher ist möglich, daß die Übertragung des Titels "Menschensohn" auf den Auferstandenen den Titel "der Sohn" nach sich gezogen hat (Hoffmann). In äthHen werden dem "Menschensohn" Attribute der "Weisheit" zugeordnet. In jedem Fall wurde es erst durch Vermittlung weisheitlicher Denkkategorien möglich, von Jesus als "dem Sohn" zu sprechen.

Aufs Ganze gesehen geht es dem Logion um eine Qualifizierung Jesu als exklusiven Offenbarer Gottes. Die vierte Zeile läßt aber zugleich als Abzweckung des Logions erkennen, bestimmte Personen oder eine Gruppe als Empfänger der Offenbarung Jesu herauszustellen und so in besonderer Weise zu legitimieren. Die Boten Jesu verstehen sich als Schüler der "Weisheit" Jesus, den einzigen Offenbarer Gottes.

Immer wieder wird der "johanneische" Charakter dieses Logions betont. Es wirkt in Sprache und Denkansatz wie ein Fremdkörper in der Tradition der Quelle Q. So ist seine traditionsgeschichtliche Einordnung nach wie vor umstritten. Öfter wird es auch als sekundärer Zusatz einer späten Redaktionsstufe der Logienquelle angesehen. Aber in welcher Zeit und wo könnte das Logion dann entstanden sein? Trotz mancher Bedenken ist es auf die frühe Jerusalemer Urgemeinde zurückzuführen. Hier waren speziell die "Hellenisten" von "weisheitlichem" Denken geprägt. In ihrer Christologie tritt schon früh Jesus als die "Weisheit" an die Stelle von "Tempel" und "Gesetz". Jesus als der exklusive Offenbarer des Vaters verkündet und interpretiert authentisch den in der Tora niedergelegten Gotteswillen (s. dazu Kap. VII).

Eine traditionsgeschichtliche Zuordnung des Logions zu den Jerusalemer "Hellenisten" kann sowohl seine spätere Aufnahme in die Quelle Q als auch seinen "johanneischen" Charakter erklären. Die Israelmissionare der Q-Gruppe haben später dieses Logion aufgegriffen und zur Legitimation ihrer weiteren Mission verwendet. Die "Hellenisten" aber haben es nach ihrer Vertreibung aus Jerusalem mitgenommen. Da sie auch das "johanneische" Christentum beeinflußt haben (vgl. Joh 4,37f; s. Kap. VIII), könnten sie dieses Logion als ältesten Ansatzpunkt "johanneischer" Christologie an das "johanneische" Christentum vermittelt haben.

Zuletzt ist hier noch Mt 11,28-30 anzuführen:

> Kommt alle zu mir, die ihr mühselig seid und beladen;
> Ich will euch erquicken!
> Nehmt mein Joch auf euch und lernt von mir!
> Denn sanftmütig bin ich und demütig von Herzen.
> Dann werdet ihr Ruhe finden für eure Seelen.
> Denn mein Joch ist sanft, und meine Bürde ist leicht.

Hier spricht Jesus als die göttliche "Weisheit". Die Verwandtschaft des Rufes in Form und Inhalt mit den Abschnitten des Sirachbuches, in denen die "Weisheit" ihre Jünger zu sich ruft, ist so stark, daß man Mt 11,28-30 als "Zitat" aus Sirach oder einer unbekannten "Weisheitsschrift" angesehen hat, das Jesus in den Mund gelegt worden sei (vgl. Sir 6,23-31; 24,19-22; 51,23-28). Doch kann der Heilandsruf durchaus eine originale urchristliche Überlieferung sein. Er gehört in den Rahmen der "Weisheitschristologie", die wir nachgezeichnet haben. Jesus "ruft zu sich wie die zu sich einladende Weisheit. Er wirbt für sich als das Gesetz, indem er sich selbst als Joch und Last anbietet, gleich wie die Weisheit, die als Gesetz auftritt" (F. Christ; vgl. Sir 24,23; Bar 4,1f). Er ist Hermeneut des Gotteswillens. Seine Torainterpretation ist im Gegensatz zu einer anderen Halacha kein schweres Joch (vgl. Lk 11,46). Die "Mühseligen" und "Beladenen", die Jesus hier zu sich ruft, sind die vom Joch zeitgenössischer, etwa pharisäischer Torahalacha Bedrückten.

Als Träger des Logions kommen nicht nur die "Hellenisten" in Frage. Sie sind durch Einbeziehung "weisheitlichen" Denkens in die christologische Reflexion gewiß früher und entschiedener als andere zu theologisch neuen Ufern aufgebrochen. Aber auch die aramäisch-sprechende Gemeinde hat Jesus als den endzeitlichen Offenbarer des Gotteswillens verstanden (s. Kap. VII.2). So weisen wir dieses Wort besser der Urgemeinde als Ganzem zu.

Wir schließen unsere Überlegungen über die Christologie der Urgemeinde ab. Trotz des sehr kurzen Zeitraums von etwa 3-4 Jahren zwischen dem Osterereignis und dem Auszug der "Hellenisten" aus Jerusalem haben wir eine ungeheuer rasche und vielgestaltige Entwicklung der christologischen Ansätze und Entwürfe festgestellt. Vieles hat sich parallel und unabhängig voneinander entwickelt. Vieles scheinbar Unvereinbare ist nebeneinander gedacht worden. Es hat keine Christologie gegeben, die mit einem der in der frühjüdischen Tradition bereitliegenden Heilbringertitel ausgekommen wäre. "Messias" und "Menschensohn" waren austauschbar. Für sich genommen beleuchteten sie verschiedene Aspekte des Christusereignisses oder stellten Jesus in unterschiedlichen Funktionen dar. Es hat auch keine Christologie gegeben, die nur auf die nahe Ankunft des "Messias/Menschensohnes" blickte. Die gegenwärtige Machtstellung des Auferstandenen bei Gott und sein vergangenes irdisches Heilswirken wurden in der Urgemeinde von Anfang an mitbedacht. Wer will bei dem vorgegebenen Zeitraum weniger Jahre traditionsgeschichtlich differenzieren? Ähnliches gilt für den Gedanken der Präexistenz. Daß er schon in Jerusalem von den "Hellenisten" auf der Basis "weisheitlichen" Denkens gedacht worden ist, scheint sicher zu sein. Über dieses konnte er auch dem aramäisch-sprechenden Gemeindeteil vermittelt werden. Jedenfalls wird nirgends deutlich, daß aramäischsprechende Judenchristen den Gedanken der Präexistenz verwarfen. So schließen wir mit der Feststellung, daß die Grundlagen der gesamten Christologie bereits in der frühen Jerusalemer Urgemeinde gelegt worden sind. Alles weitere war Entfaltung.

Kapitel VII.
Die Stellung der Urgemeinde zu Gesetz und Tempel

Literatur: BANKS, R., Jesus and the Law in the Synoptic Tradition, Cambridge 1975; BERGER, K., Die Gesetzesauslegung Jesu, Neukirchen 1972; BRAUN, H., Spätjüdisch-häretischer und frühchristlicher Radikalismus, 2 Bde., Tübingen 1969; DAUTZENBERG, G., Gesetzeskritik und Gesetzesgehorsam in der Jesustradition, in: QD 108, Freiburg 1986, 46-70; GÄRTNER, B., The Temple and the Community in Qumran and the New Testament, Cambridge 1965; HENGEL, M., Jesus und die Thora: Theologische Beiträge 9 (1978) 152-172; HÜBNER, H., Das Gesetz in der synoptischen Tradition, Witten 1973; LIMBECK, M., Von der Ohnmacht des Rechts. Zur Gesetzeskritik des Neuen Testaments, Düsseldorf 1972; MERKLEIN, H., Gottesherrschaft als Handlungsprinzip, Würzburg 1978, 72-107; MÜLLER, K., Gesetz und Gesetzeserfüllung im Frühjudentum, in: QD 108, Freiburg 1986, 11-27; MÜLLER, U.B., Zur Rezeption gesetzeskritischer Jesusüberlieferung im frühen Christentum: NTS 27 (1981) 158-185; RÄISÄNEN, H., Paul and the Law, Tübingen 1983; SANDERS, E.P., Jesus and Judaism, London 1985; SMEND, R./LUZ, U., Gesetz, Stuttgart 1981; vgl. auch die Literatur zu Kap. III, IV und VI.

In Apg 6,8 - 8,1 berichtet Lukas von Auseinandersetzungen des "Hellenisten" Stephanus mit Mitgliedern der Synagogen hellenistischer Juden in Jerusalem, in deren Verlauf es zur Anklage gegen Stephanus, zu seiner Verurteilung und zu seiner Hinrichtung kam. Ausgelöst wurden sie durch die öffentliche Verkündigung des Stephanus, die gegen den Tempel und die Tora gerichtet war (Apg 6,13f). Das jüdische Vorgehen blieb nicht auf Stephanus beschränkt, sondern betraf nach Lukas die ganze Gemeinde, die aus Jerusalem fliehen mußte, "ausgenommen die Apostel" (Apg 8,1f).
Diese Darstellung enthält einige literarische und historische Probleme. Auf sie wollen wir erst weiter unten (Abschn. 4) eingehen. Nur ein Zug des Berichtes soll hier schon als Ausgangspunkt unserer Überlegungen herangezogen werden. Trotz Apg 8,1f waren von der Verfolgung tatsächlich nur die "Hellenisten" betroffen, nicht aber die Gesamtgemeinde. Auch Lukas setzt dies in seiner weiteren Darstellung voraus. Einerseits hält er fest, daß die (zwölf) Apostel in Jerusalem blieben, andererseits berichtet er in 8,4ff; 11,19f nur von "Hellenisten" auf der Flucht. Hier ergibt sich nun ein Problem. Einerseits lebte die aramäischsprechende Urgemeinde unbehelligt als Sondersekte im Verband des Judentums. Ihre eschatologische Verkündigung vom nahen Gottesreich und ihre Proklamation des Auferstandenen als Messias waren offenbar kein Grund, gegen sie vorzugehen. Andererseits wurden Stephanus und die "Hellenisten" aufgrund ihrer Verkündigung, insbesondere wegen ihrer Position zu Tempel und Tora, getötet und verfolgt. Nahmen also die "Hellenisten" und die aramäischsprechende Urgemeinde in diesem Punkt unterschiedliche Positionen ein? Bevor wir dieser Frage nachgehen, sollen einige Hinweise zur Bedeutung von Tempel und "Gesetz" im Frühjudentum gegeben werden.

1. Tempel und Gesetz im Frühjudentum

1.1. Tempel und Tempelkult

Nach dem Exil war von den Persern in Jerusalem und Judäa ein theokratisch verfaßter Tempelstaat errichtet worden. Seine Grundlage war die Tora als "Grundgesetz", seine Aufgabe der Vollzug des in der Tora angeordneten Gottesdienstes. Die im Tempel amtierenden Priester mit dem Hohenpriester an der Spitze trugen nicht nur die Verantwortung für den Kult, sondern waren lange Zeit und immer wieder auch die politischen Repräsentanten dieses jüdischen Gemeinwesens. Sie interpretierten es als "Gottesstaat", der nach Gottes eigener Willenskundgabe eingerichtet war und funktionierte. Er repräsentierte das im Exil geläuterte "Rest-Israel". Die Priester überwachten die Einhaltung des "Gesetzes", sie sanktionierten Übertretungen und vollzogen die entsühnenden Opferhandlungen, durch die das Gemeinwesen immer wieder geheiligt wurde. Nach ihrer Auffassung war in dieser Gemeinde die Herrschaft Gottes bereits realisiert. Sie lehnten es ab, den von ihnen verwalteten "Gottesstaat" durch eschatologische Zukunftsutopien in Frage oder unter Vorbehalt stellen zu lassen. Ebenso waren sie bestrebt, den Tempelstaat durch geschickte Politik unter kluger Einschätzung der weltpolitischen Machtverhältnisse in seiner Existenz zu sichern. Darum suchten sie zur Zeit Jesu und der Urgemeinde auch mit der Weltmacht Rom zusammenzuarbeiten und sorgfältig jede Provokation Roms durch eschatologische Hitzköpfe zu verhindern. Dabei ging es ihnen nicht nur um die Absicherung ihrer eigenen Machtstellung, sondern insbesondere um die Sicherung und Stabilisierung des von ihnen als "Gottesstaat" idealisierten jüdischen Gemeinwesens und seiner kultischen Vollzüge.
Allerdings war diese Sicht des konkreten jüdischen Gemeinwesens als bereits verwirklichter "Gottesstaat" nie unumstritten. Seit der Gründung der nachexilischen Gemeinde gab es eine innerjüdische Opposition dagegen, die den Gedanken einer realisierten Theokratie aus eschatologischen Vorbehalten ablehnte. In dem armseligen Tempelstaat auf dem Sion war Gottes Königtum über Israel noch längst nicht manifest geworden. Dieses wurde vollkommener und universaler gedacht und als das notwenige Ende aller weltlichen Herrschaft und Macht angesehen. Gottes Herrschaft würde den Weltmächten ein Ende setzen und alle Gottesfeinde vernichten. Darum war es reine Hybris, den kleinen Tempelstaat in Judäa als Realisierung von Gottes Herrschaft auszugeben, den Tempeldienst als den reinen Gottesdienst zu propagieren und die moralisch in jeder Hinsicht unzulängliche jüdische Gemeinde als das "heilige" Gottesvolk hinzustellen. Die Kultopfer im Tempel wurden vielmehr als unrein beurteilt (vgl. äthHen 89,73f; 93,9f). Dem Denken dieser oppositionellen "Frommen" galten Frömmigkeit und Demut mehr als blutige Opfer, wurden doch auch in der himmlischen Liturgie keine blutigen Opfer dargebracht (TLev 3,6). Gleichwohl haben diese Kreise keine grundsätzliche Kritik am Tempel und seinem Kult geübt. Doch meldeten sie gegen beides eschatologische Vorbehalte an, die soweit gehen konnten, daß der konkrete Tempelkult für viele "Fromme" völlig gleichgültig wurde.

Es ist jedenfalls ein höchst bedeutsamer Umstand, daß offenbar nicht schon die Jerusalemer Kultreform im Jahr 170-167 v.Chr. zum Aufstand der "Frommen" führte. Die Einführung eines neuen Ritus und die baulichen Veränderungen im Tempel haben wahrscheinlich die "Frommen" nicht im Kern ihrer Frömmigkeit betroffen. Erst als diese Reform durch Maßnahmen ergänzt wurde, die ihnen die Ausübung ihrer Tora-Frömmigkeit verbieten und sie zur Teilnahme am neuen Kult zwingen sollten, brach der Aufstand los. Hier zeigt sich, daß der ohnehin als unrein beurteilte Tempelkult offenbar die Gemüter der "Frommen" nicht mehr stark bewegen konnte. Den "wahren" Gottesdienst vollzog bis zur endzeitlichen Einrichtung eines "neuen" Tempels der einzelne "Fromme" durch seine vollkommene Toraerfüllung. Vermutlich nach der Einsetzung des Makkabäers Jonatan zum Hohenpriester (152 v.Chr.) kam es zum Tempelschisma, bei dem eine größere Gruppe eschatologisch gesinnter zadokidischer Priester den Tempel verließ und nach einer wahrscheinlich längeren Flucht am "Toten Meer" die Klostergemeinschaft von Qumran gründete. Sie lehnte den vom "Frevelpriester" Jonatan und seinem Priesteranhang in Jerusalem vollzogenen Kult ab, begriff ihre Gemeinschaft als "geistigen" Tempel, ihr Gemeinschaftsleben als Kultersatz und erwartete in der Endzeit einen neuen Tempel durch Gott (11 QTempel 29,9f). Ob in diesem die Tieropfer fortgesetzt werden sollten, bleibt unsicher. Dagegen spricht, daß der in Qumran erwartete Priester-Messias nicht Opfer darbringen sollte, sondern ein Gesetzesforscher und Liturge sein würde (1 QSb 4,25ff; vgl. TLevi 2,10; 4,2ff).

Auch in Kreisen der Pharisäer dürfte seit der Spaltung der Chasidim der Tempelkult als unrein beurteilt worden sein, zumindest unter starkem Vorbehalt gestanden haben. Das kann schon daraus abgeleitet werden, daß die Pharisäer die hasmonäischen Priesterfürsten entschieden ablehnten und ihre Unmoral scharf geißelten (PsSal 2,3ff; 2,15ff; 4,1-5; 8,7-13; 17,5f; AssMos 5,1-6,1). Die Vorbehalte mögen sich zur Zeit Herodes d.Gr. und der römischen Oberherrschaft abgeschwächt haben, weil legitime Hohepriester ins Amt gelangten. Aber sie haben wohl stets nachgewirkt. Die Zerstörung des Tempels im jüdischen Krieg wurde sicher auch in Kreisen der Pharisäer als göttliche Strafe für den unheiligen Kult angesehen. Die Einstellung des Tempelopfers im Jahr 70 n.Chr. hat jedenfalls keine grundlegende Identitätskrise des Judentums ausgelöst. Der konkrete Opferkult wurde schon zuvor von vielen "Frommen" nur noch deshalb akzeptiert, weil Gott ihn in der Tora geboten hatte.

Welche Schwierigkeiten das weit vom Zentralheiligtum entfernte und durch philosophische Mythen- und Religionskritik aufgeklärte hellenistische Diasporajudentum mit dem blutigen Opferkult hatte, haben wir bereits aufgezeigt (s. Kap. III.7). Auch Johannes der Täufer hat eine kritische Haltung gegen den Tempelkult eingenommen und ihm keinerlei sündenvergebende Wirkungen mehr zugestanden. Einzige Rettungsmöglichkeit des sündigen Israel vor dem Zorngericht Gottes war nach ihm seine Taufe zur Vergebung der Sünden und die vollkommene Erfüllung des heiligen Gotteswillens.

Allerdings hat trotz zahlreicher Vorbehalte gegen den konkreten Tempelkult offenbar keine frühjüdische Gruppe den von Gott befohlenen Kult für abgeschafft und den Tempel für erledigt erklärt. Man erwartete seine Reinigung und eschatologische Erneuerung. Die Zerstörung des Tempels im Jahr 70 n.Chr. und die Einstellung des Kultes konnten als gerechtes Strafgericht Gottes angenommen werden. Die persönliche Frömmigkeit des praktizierenden Juden hatte sich längst vom Vollzug des Tempelkultes abgekoppelt. Ein moralisches Leben nach dem Gebot Gottes galt als der wahre und gottgefällige Gottesdienst. Daß das Judentum trotz aller Vorbehalte nicht grundsätzlich am Tempel und seinem Kult rüttelte, hing auch mit seinem Toraverständnis zusammen. Die Tora galt als Einheit, aus der kein Teil herausgebrochen werden durfte. Nur im hellenistischen Judentum sind Ansätze dafür zu finden, in der Tora zwischen wichtigeren und unwichtigeren Geboten zu unterscheiden. Doch zielten diese Unterscheidungen nicht auf die Abschaffung der weniger wichtigen Gebote. Sie wollten Prioritäten setzen und so dem konkreten Lebensvollzug der jüdischen Gemeinden fernab vom Tempel dienen.

1.2. Das Gesetz im Frühjudentum

Auf das "Gesetz", das den auf dem Sinai geoffenbarten Gotteswillen enthielt, wußten sich im Frühjudentum alle jüdischen Gruppen verpflichtet. Wie aber kann dieses "Gesetz" inhaltlich und formal bestimmt werden? Neuere Untersuchungen zum "Gesetz" im Frühjudentum haben unsere Kenntnis über das geltende "Gesetz" zur Zeit Jesu und der Urgemeinde als äußerst lückenhaft erwiesen. Was als "Gesetz" galt, war jedenfalls nicht einfachhin mit der Tora identisch, wie sie im Pentateuch niedergelegt war. Weder das geltende "Gesetz" als Rechtsgrundlage des jüdischen Gemeinwesens ("Grundgesetz") noch das in den einzelnen Gruppen des Frühjudentums als gültig anerkannte und praktizierte "Gesetz" stimmten inhaltlich oder umfangmäßig mit der Tora voll überein.

Was als Gottes "Gesetz" im Frühjudentum galt und anerkannt war, läßt sich nicht in jedem Fall aus der Tora erheben. Es lassen sich z.B. gesetzliche Überlieferungen nachweisen, die der Tora sogar widersprechen. Hierzu gehört die in 1 Makk 2,41 bezeugte Sabbathalacha, die als erlaubt ansieht, sich am Sabbat zu verteidigen. Aus dem Sabbatgebot der Tora läßt sie sich nicht ableiten. Sie wird von Josephus aber als bis in seine Gegenwart hinein anerkannte und gültige Auslegung bezeugt (Ant 14,63; Bell 1,146), war aber noch zur Zeit der Makkabäer keineswegs allgemein anerkannt (vgl. 1 Makk 2,29-38). Noch in neutestamentlicher Zeit dürfte sie von den Essenern abgelehnt worden sein.
Es gibt auch gesetzliche Überlieferungen im Frühjudentum, die in der Tora gar nicht vorkamen oder weit über sie hinausgingen. Hierzu kann auf jene Apokalyptikerkreise hinter dem äthHen verwiesen werden, für die die gesamte göttliche Weltordnung verpflichtenden Charakter hatte (vgl. äthHen 72-82). Ihr mußte der Mensch gerecht werden. Auch zahlreiche gesetzliche Ordnungen in der Qumrangemeinde gehen über die Tora hinaus und sind aus ihr nicht zu begründen. Tora und geltendes "Gesetz" sind somit im Frühjudentum keineswegs identisch. Die Tora ist nicht einmal jeweils mit Sicherheit als Begründungskriterium für aktuelle Halacha auszumachen. Sie allein reichte "in der Überzeugung aller frühjüdischen Richtungen ... niemals aus, um das zu gewährleisten, was sie immer wieder verheißt: ein im authentischen jüdischen Sinne gelingendes Leben." (K. Müller 17)

Zur Tora trat im gesamten Frühjudentum immer die Halacha hinzu. Die Halacha beanspruchte und gewann sogar die gleiche Dignität wie die Tora selbst. Tora und Halacha gemeinsam ergaben das, was als "Gesetz" galt und praktiziert wurde. Selbst die die Tora hütenden Priesterkreise benötigten zu ihrer Anwendung im Alltag eine Halacha. Nur kennen wir diese und ihren Umfang nicht. Die Halacha der Qumrangemeinde dagegen ist uns durch glückliche Umstände zum Teil erhalten geblieben (vgl. 1 QS; CD; 11 QTempel), ebenso die Halacha verwandter apokalyptischer Kreise (vgl. Jub). Auch Josephus gibt uns einen Einblick in zeitgenössische Halacha (Ant 4), ebenso Philo hinsichtlich der Gesetzesauslegung des alexandrinischen Judentums.
Wie ist dieses Phänomen zu erklären, daß im Frühjudentum der Halacha der gleiche Offenbarungswert zuerkannt wurde wie der Tora vom Sinai selbst, obwohl beide zeitlich so weit voneinander entfernt waren, oft sogar im Widerspruch zueinander stehen konnten? K. Müller weist darauf hin, "daß das Frühjudentum in allen seinen Parteiungen die Offenbarung am Sinai nicht als eine einmalige Vorgegebenheit mit ein für allemal festumgrenzten Aussagen begriff. Sondern man sah die Offenbarung der Tora zutiefst angewiesen auf den Vorgang menschlicher Vermittlung, der es erst zuwege bringen konnte, daß die Tora in den konkreten geschichtlichen Verhältnissen anwendbar wurde. Diesem theologischen Grundwissen zufolge konnte die Tora in der Besonderheit ihres

Anfangs mit Mose am Sinai noch gar nicht eigentlich ergriffen werden, sondern sie bedurfte in der Gestalt der Tradition einer unaufhörlichen Beziehung auf die sich wandelnden Zeiten und deren Anforderungen, um sich überhaupt vernehmbar und sinnträchtig dem Gehorsam des gläubigen Juden darzubieten... Erst in der Verdichtung des Wortes Gottes zu den unendlichen Möglichkeiten der Halacha gewinnt die Einmaligkeit der Offenbarung ihre die Generationen fördernde und gestaltende Dauer." (Müller 24f)

In der Tempelrolle von Qumran z.B. "spricht Gott zu Mose in der Ichform und offenbart ihm auf diesem Wege nur zum Teil bekannte, mehrheitlich völlig neue, im Pentateuch nicht einmal in Aussicht genommene Gesetze. Halacha und Tora werden absolut gleich gestellt. Und das eben nicht bloß in der Tempelrolle und in der Sicht der Essener. Sondern man wird davon ausgehen müssen, daß in diesem grundlegenden Vorverständnis von Offenbarung unter den frühjüdischen Gruppierungen das Gemeinsame größer war als das Trennende" (ebd.).

Vor diesem Hintergrund wird der erbitterte Kampf um die rechte Halacha bei vorgegebenem Wortlaut der Tora im Frühjudentum verständlich. Auch die Priesterkaste der Sadduzäer hatte an diesem grundlegenden Verständnis der Sinaioffenbarung teil. Auch sie folgte ja einer bestimmten Halacha. Die Auslegung der Pharisäer dagegen wurde von ihnen verworfen, ebenso von den Qumranessenern. Ihnen galten die Pharisäer als Leute, "die nach Glattem suchen". Johannes der Täufer dürfte die Auslegung und Praxis des geoffenbarten Gotteswillens im zeitgenössischen Judentum insgesamt als unzureichend zurückgewiesen haben, wenn er keinem eine Heilschance vor Gott einräumte. So ist im Frühjudentum heftig um die rechte Halacha gerungen worden, und die Antworten dürften so zahlreich gewesen sein wie die Gruppierungen selbst.
Nicht einmal die Pharisäer waren vor 70 n.Chr. in dieser Hinsicht geschlossen. Auch sie hatten kein einheitliches Gesetzesverständnis. Verschiedene Richtungen unter ihnen bekämpften sich zum Teil gewalttätig. Sie sind uns nach ihren Schulhäuptern als "Schammaiten" und "Hilleliten" bekannt. Waren die einen in ihrer Halacha radikale Rigoristen, so die anderen eine Art "Liebespharisäer", die eine weiten Kreisen erschwingliche Gesetzesobservanz anstrebten.

1.3. Die Stellung Jesu zu Gesetz und Tempel

Die Stellung Jesu zu Gesetz und Tempel braucht hier nicht ausführlich behandelt zu werden. Sie dürfte den Rahmen des Frühjudentums nicht gesprengt haben. Dagegen spricht der historische und der traditionsgeschichtliche Befund. Es ist schlechterdings unwahrscheinlich, daß Jesus in souveräner Freiheit Tora und Kult außer Kraft gesetzt, provokativ den Sabbat gebrochen und bewußt an Kultordnung und Tora, den Grundlagen des jüdischen Gemeinwesens, gerüttelt hat, wie immer wieder behauptet wird. Aber für Jesus kann alles das und noch mehr gelten, was für das Frühjudentum insgesamt gilt. Die göttliche Autorität der Tora stand ihm ohne Zweifel fest. Er teilte auch die frühjüdische Anschauung, daß die Tora der Auslegung bedarf. Er hat die Tora nicht abgeschafft, sondern authentisch ausgelegt. Daß seine Halacha dabei den Wortlaut der Tora überstieg, aus ihr oft gar nicht entnommen werden, ja im Widerspruch zu ihr stehen konnte, hebt diese Feststellungen nicht auf.
Welchen anderen Sinn hätten die Hörer dem Ruf Jesu auch entnehmen sollen, als zum heiligen Gotteswillen umzukehren, allerdings zum Gotteswillen, wie ihn

Jesus in letzter Radikalität und Verschärfung aus der Tora entwickelte. Auch für Jesus galt, was andere frühjüdische Gruppen beanspruchten: in vollgültiger Weise den Sinn der Tora zu offenbaren und für konkrete Praxis anwendbar zu machen.

Damit mußte Jesus notwendig in eine Auseinandersetzung mit Vertretern anderer Gruppen, insbesondere mit Pharisäern geraten. Ihre Halacha, zumindest ihre Ausweitung der kultisch-rituellen Tora auch auf Laien, hat er gewiß abgelehnt. Daß zwischen ihm und einzelnen Pharisäern halachische Dispute um Fragen der Sabbatbeobachtung oder ritueller Reinheit stattgefunden haben, ist nur natürlich. Doch ist hier die Vielfalt der Positionen unter den Pharisäern mitzubedenken. Jesus könnte mit verschiedenen Pharisäern sehr verschieden disputiert haben, mit Vertretern der rigoristischen Richtung schärfer und polemischer als mit Vertretern des "sanften" Pharisäismus. Dabei wird er die Pharisäer auf ihre spezifische Gefährdung hingewiesen haben, durch ihr Programm eine religiöse Klassenbildung in Israel festzuschreiben (s. dazu. Kap. III.4).

Umgekehrt werden die Pharisäer an Jesus kritisiert haben, daß er sich mit "Unreinen" und "Sündern" einließ. Diese Kritik wird aber historisch erst verständlich, wenn sie Jesus nicht rundweg als Gesetzesbrecher ablehnten, sondern ihn in mancher Hinsicht als "einen der ihren" ansahen. Nur dann konnte sein Umgang mit "Sündern" sie betroffen machen. Gerade weil sie Jesus ernstnahmen, waren sie durch sein unrituelles Verhalten und durch seine Heilszusage auch an die "Sünder" und "Unreinen" schockiert. Ihr spezifisches Ideal eines rituell heiligen Israel war durch Jesus in Frage gestellt.

Mögen die Debatten und Auseinandersetzungen in der Sache heftig gewesen sein, sie haben doch den Rahmen frühjüdischer Halacha-Auseinandersetzungen gewiß nicht gesprengt. Jesus hat die Tora weder ganz noch partiell für erledigt erklärt, sondern stand auf ihrem Boden. Wenn er Kritik übte, dann nicht an der Tora selbst, sondern an ihrer Interpretation und Praxis durch die verschiedenen Kreise des Frühjudentums. Er bekämpfte eine äußerliche Erfüllung der Tora, einen äußeren Ritualismus und Legalismus. Demgegenüber forderte er eine ganzheitliche Erfüllung des heiligen Gotteswillens, die nach der Intention des Toragebotes fragte. Damit dürfte er auch Zustimmung unter Pharisäern gefunden haben.

Die halachischen Auseinandersetzungen mit Pharisäern haben beim Prozeß Jesu keine Rolle gespielt. Die Pharisäer haben Jesus auch nicht von Anfang an mit Haß und Todfeindschaft verfolgt. Die von den Evangelien erzählten scharfen Auseinandersetzungen zwischen Jesus und den Pharisäern spiegeln vielmehr die Spannungen zwischen der jungen christlichen Kirche und den pharisäischen Rabbinen wider, die nach 70 n.Chr. zu Repräsentanten und Wächtern des "orthodoxen" Judentums wurden.

Jesu Stellung zum Jerusalemer Kult dürfte von den gleichen Vorbehalten geprägt gewesen sein, wie sie zahlreiche "Fromme" seiner Zeit hatten. Jesu Vorbehalt war eschatologisch geprägt. In der kommenden Basileia würde der Tempelkult keine Rolle mehr spielen. Schon jetzt hatte er keine sündenvergebende Wirkung mehr. Diesem Vorbehalt dürfte er in einem nicht mehr zu rekonstruierenden Tempelwort Ausdruck gegeben haben (vgl. Mk 13,2; 14,58; Jo 2, 19; Apg 6,14). Daß er aber die Aufhebung des Tempelkultes oder den Abbruch

des Tempels gefordert hätte, ist völlig unwahrscheinlich, weil er auch in dieser Hinsicht mit Gottes endzeitlichem Handeln rechnete.
Unsicher bleibt auch, ob seine öffentlich geäußerte Haltung zum Tempel ihm den Tod einbrachte. Als ca. 30 Jahre später ein "Prophet" über Jahre hin in Jerusalem das eschatologische "Wehe" über Stadt und Tempel ausrief, brachte ihm dieses Vergehen zwar ein scharfes Verhör und die Strafe der Auspeitschung ein, nicht aber das Todesurteil (vgl. Josephus, Bell 6,300-309). Möglicherweise war die Stimmung in der Tempelhierarchie und im Synedrium gegen Jesus wegen seiner Haltung zum Tempel äußerst gereizt. Dennoch dürfte die Anklage gegen ihn vor Pilatus einem nüchternen politischen Kalkül entsprungen sein. Die antijüdische Einstellung der römischen Politik, die der Kaiserberater Sejan von Rom aus steuerte und deren Vollstrecker vor Ort Pilatus war, ließ die politisch Verantwortlichen des Judentums kein Risiko eingehen. Darum wurde Jesus von ihnen als falscher Messiasprätendent und damit als akute Gefahr für das Gemeinwohl ergriffen, verurteilt und der römischen Justiz überstellt.

"Es ist weniger wichtig, ob jüdische oder römische Instanzen mehr Grund dazu hatten, Jesus zu beseitigen. Entscheidend ist, daß alle an der politischen und sozialen Ruhe interessierten Instanzen genügend Gründe hatten, um gegen ihn Schritte zu unternehmen. Auch wenn Jesus kein politischer Revolutionär war, so konnte seine Bewegung doch schnell politisch relevant werden. In jedem Fall sollte man vorsichtig sein, seinen religiösen Gegnern die Infamie zu unterstellen, man habe ihn politisch denunziert, sachlicher Grund seiner Hinrichtung sei in Wirklichkeit seine Einstellung zum Gesetz gewesen." (Theißen, Wundergeschichten 243 A.42)

Anders wäre es historisch auch nicht verständlich zu machen, warum die Jünger Jesu nach Ostern unbehelligt blieben und Jesu Verkündigung weiterführen konnten. Wäre Jesu Stellung zu "Gesetz" und Tempel Anlaß für seine Verurteilung gewesen, so wären Jüngerschaft und Urgemeinde sicher schärfer beobachtet und kontrolliert worden.

1.4. Rückfall hinter Jesus?

Stephanus und die "Hellenisten" sind dagegen nach Apg 6,11-14 gerade wegen ihrer Haltung zu Gesetz und Tempel verfolgt worden. Oft ist diese Tatsache dahingehend ausgewertet worden, daß die "Hellenisten" sich an der Haltung Jesu orientierten, während die aramäischen Judenchristen "im Blick auf das Gesetz zurückhaltender, man könnte auch sagen konservativer" (Hengel) waren. Diese Auffassung ist äußerst problematisch, zumal in ihr der Vorbehalt, ja Vorwurf gegen die aramäischen Judenchristen der ersten Zeit mitschwingt, sie hätten die Haltung Jesu nicht konsequent durchgehalten, sondern aus Rücksicht auf das Judentum aufgegeben. Es gibt aber keinen Grund, der aramäischen Urgemeinde einen solchen Rückfall hinter Jesus zu unterstellen.
Zwar zeigt die Überlieferungsgeschichte der "Antithesen", der Streitgespräche oder anderer Tora-Logien, daß die ursprüngliche Position Jesu später abgewandelt worden ist. Durch Zusätze und Modifikationen wurde sie entschärft oder zurückgenommen. Doch sind diese Überlieferungen in ihrer Urgestalt gleichwohl Überlieferungsmaterial der gesamten Urgemeinde. Sie bezeugen die Haltung der gesamten Urgemeinde zum Fragenkomplex Tora und Kult, die sich an der Position Jesu orientierte. Keinesfalls sind diese Traditionen ursprünglich nur im Kreis der "Hellenisten" überliefert worden. Man darf in dieser Frage

nicht in den Fehler verfallen, die spätere Entwicklung des palästinischen Judenchristentums und insbesondere seine Vorbehalte gegen das gesetzesfreie Evangelium der hellenistisch-judenchristlichen Gemeinde von Antiochien und des Paulus in die Frühzeit der Urgemeinde hineinzulesen.
Vielmehr müssen wir davon ausgehen, daß die Jerusalemer Urgemeinde als Ganzes an der Haltung Jesu zur Tora und zur rituellen Praxis festgehalten hat. Aus der Tatsache, daß die aramäisch-sprechenden Judenchristen von der Verfolgung Apg 8,1 nicht betroffen waren, können wir dann nicht schließen, sie hätten Jesu Haltung zur Tora und zum Kult aufgegeben oder verleugnet. Vielmehr ist umgekehrt zu fragen, ob nicht die "Hellenisten" bereits in Jerusalem hinsichtlich der Geltung von Tora und Tempel einen Schritt vollzogen haben, der sie über die Haltung Jesu und der übrigen Urgemeinde hinausführte und in scharfen Gegensatz zum Judentum brachte, weil er als grundsätzliche Ablehnung des Tempelkultes und als Revision der Tora angesehen werden mußte. Dieser Frage ist weiter unten nachzugehen.

2. Die Tora in der Überlieferung der Urgemeinde

Bei der Besprechung jener Überlieferungen, aus denen die Haltung der gesamten Urgemeinde zur Tora und zur rituellen Praxis hervorgeht, sind zunächst die "Antithesen" von Mt 5,21-48[1] heranzuziehen.

Das Aufbauschema dieser Antithesen ist gleich: Im Vordersatz (These) wird ein Dekaloggebot oder eine alttestamentliche Toraweisung zitiert. Im Nachsatz (Antithese) wird dann der eigene Standpunkt vertreten: "Ich aber sage euch".
Formale Beobachtungen lassen eine Unterscheidung in "echte" und "unechte" Antithesen zu:
1. Die "Antithesen" 5,21-22, 5,27-28 und 5,33-37 sind Sondergut des Matthäus. Die "Antithesen" 5,31-32, 5,38-42 und 5,43-47 haben Parallelen im Lukas- und Markusevangelium, jedoch nicht in antithetischer Form.[2]
2. Die zuerst genannten Sondergut-"Antithesen" stimmen darin überein, daß "sie die These in Form eines Verbotes bringen (οὐ φονεύσεις, οὐ μοιχεύσεις, οὐκ ἐπιορκήσεις) und daß dieses Verbot nicht abgelehnt, sondern überboten wird" (Bultmann). In den übrigen "Antithesen" bietet die jeweilige These kein Verbot, sondern eine Anweisung bzw. eine Konzession (5,31), die dann nicht nur überboten, sondern abgelehnt und umgestoßen wird. Die Sondergut-"Antithesen" sind also gekennzeichnet durch eine radikale Überbietung der Torabestimmung, die übrigen "Antithesen" dagegen scheinbar durch ihre Aufhebung. Die Sondergut-"Antithesen" halten am Gebot/Verbot fest und verschärfen es noch. Das ist in den übrigen "Antithesen" nicht in gleicher Weise

[1] BROER, I., Die Antithesen und der Evangelist Mattäus: BZ 19 (1975) 50-63; DAUTZENBERG, G., Ist das Schwurverbot Mt 5,33-37; Jak 5,12 ein Beispiel für die Torakritik Jesu?: BZ 25 (1981) 47-66; DIETZFELBINGER, Ch., Die Antithesen der Bergpredigt im Verständnis des Matthäus: ZNW 70 (1979) 1-15; KÄSEMANN, E., Das Problem des historischen Jesus, in: Ders., Exegetische Versuche und Besinnungen I, Göttingen 1967, 187-214, bes. 206f; LOHSE, E., "Ich aber sage euch", in: FS J. Jeremias, Göttingen 1970, 189-203; MERKLEIN, H., Die Gottesherrschaft als Handlungsprinzip, Würzburg 1978; DERS., Jesu Botschaft von der Gottesherrschaft, Stuttgart 1983, 104ff; SCHNACKENBURG, R., Die sittliche Botschaft des Neuen Testaments 1: Von Jesus zur Urkirche, Freiburg 1986, 102-105; SCHRAGE, W., Ethik des Neuen Testaments, Göttingen 1982; SCHULZ, S., Neutestamentliche Ethik, Zürich 1987; STRECKER, G., Die Antithesen der Bergpredigt (Mt 5,21-48par): ZNW 69 (1978) 36-72; DERS., Die Bergpredigt, Göttingen 1984, 64-99; vgl. auch die Literatur zu Kap. VII.

[2] Zu Mt 5,31f vgl. Mk 10,11f/Lk 16,18; zu Mt 5,38-42 vgl. Lk 6,29-30; zu Mt 5,43-47 vgl. Lk 6,27f.32-36.

der Fall.[1]

3. In den Sondergut-"Antithesen" ist die jeweilige Antithese ohne die These unverständlich. In den übrigen "Antithesen" ist die Antithese dagegen auch ohne die These verständlich.

Diese Beobachtungen lassen den Schluß zu, daß die "Antithesen" 5,31-32.38-42.43-48 sekundäre Nachbildungen der "echten" "Antithesen" 5,21-22.27-28.33-37 sind. Ihre Gestaltung geht auf Matthäus zurück, wobei dieser aber, wie die Parallelen beweisen, altes Traditionsgut verwendet hat. Die "echten" "Antithesen" dagegen sind auch ihrer Form nach vormatthäisch und sehr alt. Im Grundbestand können sie auf Jesus selbst zurückgehen. Aber auch sie sind im Prozeß der Traditionsgeschichte oder durch den Evangelisten sekundär erweitert und ergänzt worden.

Zur Antithesenformel "es ist gesagt worden ..., ich aber sage euch" lassen sich jüdische Analogien aufzeigen (vgl. äthHen 94,1.3.10; 99,13; 102,9; TRub 1,7), deren Tragfähigkeit allerdings nur begrenzt ist. Sie enthalten zwar die Formel "ich aber sage euch ...", doch ist diese nicht einem Toragebot gegenübergestellt. Weiter führen schon Aussagen späterer Rabbinen, in denen halachische Auslegungen eines Toragebotes durch verschiedene Gelehrte einander antithetisch gegenübergestellt werden. Hier wird aber nicht die eigene Auslegung dem Toragebot selbst gegenübergestellt. Das ist in den "Antithesen" der Fall: Das Toragebot erging an die "Alten", Jesu Überlieferung richtet sich an die mit "euch" angesprochene Gemeinschaft. Aber die "Antithesen" heben das an die "Alten" ergangene Toragebot nicht auf. Natürlich gilt weiterhin: "Du sollst nicht töten, ehebrechen, falsch schwören!" Das Toragebot wird vielmehr ausgeweitet: "nicht einmal zürnen, nicht einmal lüstern blicken, überhaupt nicht schwören". Das Ziel der "Antithesen" ist also, das wirklich von der Tora Gemeinte in den Blick zu bringen. Nicht erst der Mord als zur Tat verdichtete Aggression, sondern die Aggression selbst, nicht erst der Ehebruch als Tat der lüsternen Begierde, sondern die Lüsternheit selbst, nicht erst der falsche Eid als Tat der Unwahrhaftigkeit, sondern die Unwahrhaftigkeit selbst sind durch die Tora verboten.

Deutlich wird darin, daß die "Antithesen" an dem für das gesamte Frühjudentum vor 70 n.Chr. vorauszusetzenden Verständnis der Sinaioffenbarung als eines nicht abgeschlossenen Prozesses göttlicher Willenskundgabe partizipieren (s.o.). Dieses kam darin zum Ausdruck, daß als gültiges göttliches "Gesetz" auch angesehen und praktiziert werden konnte, was in der Tora keinen Anhaltspunkt hatte oder ihren Wortlaut überstieg. Nicht nur in Qumran tritt uns dieses Verständnis entgegen, dort jedoch in besonders deutlicher Weise. Die Gemeinde von Qumran verstand z.B. ihre Tempelrolle als "direkte Offenbarung Gottes am Sinai" (Luz; vgl. 11 QTempel 2; 54,6f), und aus dem Munde des "Lehrers der Gerechtigkeit" ist uns eine den neutestamentlichen Antithesen vergleichbare Formulierung erhalten.

Natürlich lassen sich die "Antithesen" für die Frage nach Jesu Selbstverständnis auswerten. Doch ist hier äußerste Behutsamkeit geboten. Wir haben gesehen, daß der in den "Antithesen" zum Ausdruck kommende Anspruch nicht schlechthin analogielos ist. Auf dem Hintergrund des auf Offenbarungsfortsetzung hin offenen Verständnisses des Sinaigeschehens im Frühjudentum kann man vielleicht noch sagen, daß Jesus sich "faktisch über Moses gestellt" (Käsemann) hat. Aber welche Folgerungen will man daraus ziehen? Daß die "Antithesen" für frühjüdisches Empfinden wirklich "ein Eingriff in göttliche Prärogative" (Merklein) waren, dürfte schwerlich zutreffen. Es sei denn, jeder Anspruch, Gottes Weisung gültig zu proklamieren, müßte als solcher Eingriff gelten. Das ist aber weder in Qumran noch in anderen frühjüdischen Gruppen so empfunden worden. Hier ist, angefangen beim Deuteronomium, die Sinaioffenbarung mit Anspruch auf göttliche Gültigkeit immer wieder ergänzt worden (vgl. Jub; AssMos). Wenn die späteren Rabbinen nur noch die Autorität des Mose anerkannten, dann dürfte darin bereits eine Abwehr des offeneren Offenbarungsverständnisses des Frühjudentums vor 70 n.Chr. zum Ausdruck kommen.

Die Urgemeinde berief sich auf Jesus als den eschatologischen Offenbarer des wirklich in der Tora intendierten heiligen Gotteswillens. Sie stellte ihn, den Gott durch die Auferweckung bestätigt hatte, über Mose, zumindest neben ihn (Mk 9,2-8; vgl. Dtn 18,15.18; Jub 1,2f). Seine Weisung galt

[1] Daß der Evangelist Matthäus aber nicht wirklich an eine "Aufhebung" der Tora gedacht haben kann, liegt nach Mt 5,17-20 auf der Hand. Doch kann die Frage nach der einheitlichen Interpretation der "Antithesen" durch Matthäus hier offenbleiben.

ihr als authentische Fortsetzung der Sinaioffenbarung.

Wir wenden uns nun den einzelnen "Antithesen" zu.

> [21]Ihr habt gehört: Zu den Alten wurde gesagt: Du sollst nicht töten. Wer aber tötet, soll dem Gericht verfallen sein. [22]Ich aber sage euch: Jeder, der seinem Bruder zürnt, soll dem Gericht verfallen sein. Wer aber zu seinem Bruder sagt: "Du Dummkopf!", soll dem Hohen Rat verfallen sein. Wer aber sagt: "Du Narr!", soll der Feuerhölle verfallen sein. (Mt 5,21-22)[1]

Κρίσις ist hier das göttliche Strafgericht, das sich irdisch und eschatologisch vollzieht (vgl. V.21). Man könnte meinen, in 5,22 würde das menschliche Verhalten kasuistisch geregelt. Doch dieser Eindruck ist falsch. Zwischen den beiden beleidigenden Schimpfwörtern raka und μωρός besteht kein qualitativer Unterschied. Dann aber liegt in der überraschenden Androhung V.22c keine Steigerung vor. Sie trägt vielmehr alles Gewicht. Nicht mildere Verurteilung hat der zu erwarten, der "nur" das Ansehen des Bruders durch öffentliche Beleidigung schädigt, ihn aber nicht gleich umbringt, sondern ebenso die "Feuerhölle" wie der Mörder. Die Überraschung des Hörers durch die Entfaltung von V.22a in V.22b.c ist geplant.

Beachtlich ist, daß die Antithese V.21f durchgehend als Rechtssatz formuliert ist (πᾶς; ὅς ἄν). Nicht nur das Dekaloggebot, auch die weitergehende Weisung Jesu ist ein Rechtssatz, der eschatologisch gültiges Recht formuliert. Nach dieser Rechtsordnung wird beim nahen Endgericht geurteilt. Neues eschatologisches Gottesrecht, das über den Wortlaut der Sinaitora hinausgeht, wird hier verbindlich formuliert. Die den "Alten" offenbarte Rechtsordnung hat den eigentlich intendierten heiligen Gotteswillen noch nicht radikal genug enthüllt. Dies geschieht jetzt durch Jesus.
Die Warnung vor dem Zorn und seine scharfe Verurteilung sind dem Frühjudentum durchweg eigen.

"Vom Zorn wird im AT und in den frühjüdischen Schriften, vor allem weisheitlichen, häufig gesprochen. Die Gemeinderegel von Qumran kennt für Zornausbrüche gegenüber Sektenmitgliedern, die die Grundlage der Gemeinschaft zerbrechen, genau definierte Strafen (1 QS 6,25-27; 7,2-5.8f; vgl. 5,25f). Jesu Zeitgenosse Hillel verkörperte im Unterschied zu dem 'zornigen' Schammaj für viele das Ideal des 'sanften', geduldigen, nicht aufbrausenden Juden. In rabbinischen Texten gibt es Aussagen, die Zorn in Extremfällen als so gravierendes Vergehen verstehen, daß es dafür keine menschliche, sondern nur göttliche Strafe gibt. Öffentliche Beschämung des Nächsten ist ein Vergehen, das durch gute Werke nicht aufgewogen werden kann. Im Zorn verläßt einen Weisen seine Weisheit, so daß sogar Mose die Halaka vergessen hat, als er zürnte. In bQid 28a ist eine Baraita im Stil eines Rechtssatzes überliefert, die dem, der zu seinem Nächsten 'Sklave', 'Bastard' und 'Gottloser' sagt, den Bann, die vierzig Geißelhiebe und Rache androht.
Noch wichtiger sind weisheitliche Parallelen, die eine ähnlich 'weite' Auslegung des 5. Gebotes enthalten wie bei Jesus. Von Eliezer ben Hyrkan ist der Satz überliefert: 'Wer seinen Nächsten haßt, siehe, der gehört zu den Blutvergießern.' Schon Sir 34,21f LXX bezeichnete denjenigen, der einem Armen den Lebensunterhalt entzieht, als Mörder. Eine mit Mt 5,22 vergleichbare Reihe enthält sl Hen 44,2f: 'Wer Zorn antut einem jeden Menschen ohne Schaden, ihn wird der große Zorn des Herrn ernten. Wer speit in das Angesicht eines Menschen, Schmach wird ihn ernten am großen Gericht des Herrn'." (Luz, EKK I/1, Neukirchen 1985, 254)

So ist denn hier nicht der Inhalt das eigentlich Neue und Originelle, sondern die Art und Weise, wie dem Inhalt Geltung verschafft wird: nicht in Form der Paränese, sondern des Rechts. Die Sanktion, die nach der Rechtsordnung der "Alten" nur dem Mord galt, gilt im jetzt von Jesus geoffenbarten eschatologi-

---

[1] 5,23f ist ein ursprünglich isoliertes Traditionsstück mit ganz anderer Thematik (Vergebungsbereitschaft); ebenso 5,25f (vgl. Lk 12,57-59). Matthäus hat beide Stücke hinzugefügt.

schen Gottesrecht schon dem "Zorn", also jeglicher, auch der verbalen Aggression gegen den Bruder.
Die "Antithese" schärft verbindlich ein grenzenloses "Wohl-Wollen" gegenüber dem Anderen ein. Die Frage, ob der Zorn auf den Bruder berechtigt oder unberechtigt ist, wird überhaupt nicht gestellt. "Wo durch Zorn (berechtigt oder unberechtigt) die tatsächliche Zuwendung zum Mitmenschen auch nur in ihrer Möglichkeit bedroht wird, trifft den Menschen bereits das Gericht." (Merklein Gottes heiliger Wille beansprucht den Menschen ganz. Auch sein "Inneres", seine Gedanken und seine Gesinnung, die in einer irdischen Rechtsordnung gar nicht erfaßt werden können, sind von Gottes Rechtsordnung beurteilt.

> [27]Ihr habt gehört: Zu den Alten wurde gesagt: Du sollst nicht ehebrechen! [28]Ich aber sage euch: Jeder, der eine Frau lüstern anblickt, hat schon in seinem Herzen mit ihr Ehebruch getrieben. (Mt 5,27-28)[1]

Wieder läßt sich in der Sache beachtliches jüdisches Vergleichsmaterial anführen.[2] Erneut ist als das Entscheidende der "Antithese" die Durchsetzung eines radikaleren Gottesrechts im Gegenüber zur Tora der "Alten" anzusehen. Tenor ist nicht die Paränese: Vor dem lüsternen Blick wird nicht gewarnt. Vielmehr wird festgestellt, daß der lüsterne Blick des Mannes auf eine verheiratete Frau bereits den Tatbestand des in der Tora verbotenen Ehebruchs erfüllt und darum von Gott eschatologisch auch ebenso verurteilt werden wird. Der lüsterne Blick ist in einer irdischen Rechtsordnung nicht justiziabel. Aber der "Antithese" geht es auch nicht um eine irdische Rechtsordnung, sondern um Gottes eschatologisches Recht, das er durchsetzen will und das darum in der Gemeinschaft der Anwärter seiner Basileia bereits gültig sein muß.

> [33]Weiter habt ihr gehört: Zu den Alten wurde gesagt: Du sollst nicht falsch schwören! [Du sollst halten, was du dem Herrn geschworen hast!] [34]Ich aber sage euch: Ihr sollt überhaupt nicht schwören; [nicht bei dem Himmel, denn er ist Gottes Thron; [35]nicht bei der Erde, denn sie ist seiner Füße Schemel; nicht bei Jerusalem, denn es ist die Stadt des großen Königs. [36]Auch bei deinem Haupte sollst du nicht schwören! Denn du kannst ja nicht ein einziges Haar weiß machen oder schwarz.]
> [37]Euer Wort sei vielmehr Ja, (dann) Ja; Nein, (dann) Nein. [Was darüber ist, ist vom Bösen.] (Mt 5,33-37)[3]

---

[1] 5,29f ist durch Stichwortanschluß (βλέπων/ὀφθαλμός) sekundär mit der Antithese verbunden worden (vgl. Mt 18,8-9/Mk 9,43-48).

[2] Vgl. Bill I 298ff; Ijob 24,15; 31,1; Sir 26,9.11; PsSal 4,4f; 1 QS I 6; TRub 3,10; TBenj 8,2; TIs 7,2.

[3] Die Antithese ist uneinheitlich: Zwei Intentionen kreuzen sich. Auf der einen Seite (Mt 5,33.34a.37a) wird das Verbot des Meineids dadurch verschärft, daß jedes Schwören überhaupt verboten wird: "Euer Ja sei ein Ja, euer Nein ein Nein" (= Jak 5,12). Eine Unterscheidung von Worten, die unbedingt wahr sein müssen (Eide), und solchen, die nicht unbedingt wahr zu sein brauchen, ist falsch. "Für alle Worte gilt die Wahrheitsforderung." (Bultmann) Auf der anderen Seite (5,34b-36) "scheint der Gedanke abgelehnt zu werden, daß es Beteuerungen von minder verpflichtender Kraft gibt; es scheint also die Heiligkeit des Eides eingeschärft zu werden wie Mt 23,16-19" (Bultmann).
Diese Beobachtungen werden dadurch unterstützt, daß die drei in V.34b-36 genannten Beispiele nach dem absoluten Schwurverbot eigentlich unnötig sind. Singulär ist auch, daß Jesus mit der Schrift argumentiert (V.34f). Zumindest diese Schriftanwendungen zu "Himmel", "Erde" und "Jerusalem" sind Erweiterungen, dazu noch V.36 ganz, der an V.34f in der jetzigen Fassung ausgerichtet ist. V.37a könnte direkt an V.34a anschließen. Auch V.37b ist sekundär. Zu erwägen ist zudem, ob V.37a ursprünglich wie Jak 5,12b formuliert war, da die jetzige Fassung von V.37 wie eine neue "christliche" Eidesformel wirkt. Die ursprüngliche "Antithese" bestand demnach wohl aus V.33 (ohne: ἀποδώσεις δὲ τῷ κυρίῳ τοὺς ὅρκους σου).34a (evtl. V.34bf, jedoch ohne die Schriftanwendungen).37a (=Jak 5,12b).

Die "Antithese" überbietet das Verbot des Meineids dadurch, daß sie das Schwören überhaupt verbietet. Der Schwur als feierliche Bekräftigung der Wahrheit einer Rede setzt bereits voraus, daß es außerhalb des Schwurs mit der Wahrhaftigkeit eines Redenden nicht weit her zu sein braucht. Der "Antithese" geht es aber um die Wahrhaftigkeit bei jeder Rede, so daß es eines Schwurs gar nicht bedarf. Es geht um die Vertrauenswürdigkeit des Menschen in seinem Umgang mit anderen. "Jeder, der sich auf... rechtliche Positionen zurückzieht und letzte Wahrhaftigkeitsverpflichtung erst dort statuiert, wo das Gebot der Tora eine handfeste Grenze zieht, muß sich von Jesus in vollmächtiger Weise... sagen lassen..., daß jetzt so radikale Wahrhaftigkeit verlangt ist, daß jedes Ja auch wirklich ein Ja und jedes Nein auch wirklich ein Nein ist, so daß der Schwur überhaupt überflüssig ist." (Merklein)

"Im antiken Judentum wie auch im Griechentum und im Hellenismus ist der Eid eine weithin unbestritten geübte Gewohnheit. Andererseits wird in der antiken Literatur geraten, nicht leichtfertig zu schwören. Insbesondere empfiehlt der hellenistische Jude Philo Zurückhaltung bei der Anrufung Gottes als eines Schwurzeugen. Ein absolutes Schwurverbot ist jedoch allein für Jesus belegt. Sein Verbot zu schwören (V.34a) deckt die Unwahrhaftigkeit des Menschen auf, auch ohne daß es durch die Mahnung ergänzt wird, wahrhaftig zu reden. Darin steht es in Einklang mit den übrigen ethischen Radikalismen Jesu. Wie diese ist es durch die Ansage der nahen Gottesherrschaft und durch die eschatologische Autorität Jesu motiviert. Jesus fordert radikale Umkehr: Wer sich dem unbedingten, ursprünglichen Gotteswillen öffnet, der bedarf nicht des Schwures, mag dieser auch in der Tora zugestanden sein." (Strecker 82)

Es geht in der "Antithese" aber nicht nur um die Wahrhaftigkeit des Menschen. Damit wäre das Verbot des Eides nicht ausreichend erklärt. Er wird verboten, weil in ihm der Name Gottes in Anspruch genommen wird. Gottes Name aber muß absolut geheiligt werden. Wo der Mensch, um seine Wahrhaftigkeit unter Beweis zu stellen, den Namen Gottes anzurufen gezwungen ist, wird Gottes Name in Wirklichkeit mißbraucht.[1]

Der Form nach sind die drei "Antithesen" Rechtssätze. Aber es geht in ihnen nicht um Kodifizierung einer neuen Rechtsordnung anstelle der alten. Das schon deshalb nicht, weil sie nur eine Auswahl von Torageboten betreffen und offensichtlich beispielhaft konkretisieren wollen, wie der heilige Gotteswille den Menschen in radikaler Weise fordert. Der Wortlaut der den "Alten" übergebenen Tora könnte verstanden werden, als grenze er den Gotteswillen auf bestimmte Tatbestände ein und beschränke die Zuwendung zum Mitmenschen auf einzelne Regeln und Ordnungen. Jesus deckt dagegen in den "Antithesen" als eigentliche Intention der Tora auf, daß sich der Mensch grenzenlos und total auf Gottes Forderung einzulassen und dem anderen Menschen zuzuwenden hat. Nicht erst bei Mord, Ehebruch und Meineid wird das Recht Gottes verletzt, schon Zorn, lüsterner Blick und jede Unwahrhaftigkeit greifen in sein Recht ein und entsprechen nicht dem Heiligkeitswillen Gottes. Gottes Recht will den Menschen in seinem Kern, in seinen Haltungen und Gesinnungen erreichen und bestimmen.

Nochmals ist die Frage nach der Stellung der "Antithesen" zur Tora zu stellen. Diese wird häufig mit dem Stichwort "Toraverschärfung" umschrieben. Da das Phänomen der Toraverschärfung im Judentum zur Zeit Jesu häufig anzutreffen ist (so in Qumran, aber wohl auch bei den Zeloten), ist hier genauer hinzublicken. Im zeitgenössischen Judentum erfolgte die Toraverschärfung durch Interpretation der Tora selbst, insofern ein Toragebot über seinen klaren Wortlaut hinaus radikalisiert und ausgeweitet wurde. Das Ergebnis war eine radikalisierte Tora. In diesem Punkt unterscheiden sich die "Antithesen" von der zeitgenössisch jüdischen Toraverschärfung nicht grundsätz-

---

[1] Die sekundären Zusätze in V.33.34b-36 dagegen halten wieder am Eid als Rechtseinrichtung fest und schärfen seine Heiligkeit ein, gleichgültig, ob beim Himmel, der Erde oder dem eigenen Haupt geschworen wird. Die Verpflichtung zur Wahrheit beim Eid ist nicht von dem gewählten Garanten des Schwurs abhängig. Jeder Eid ist heilig. Diese Zusätze zeigen an, daß trotz der ursprünglichen "Antithese" in den christlichen Gemeinden später wieder vom Eid Gebrauch gemacht worden ist.

lich. Wie ihre antithetische Formung aber zeigen kann, beziehen sie ihre "Autorität" nicht aus der Tora, sondern von dem, der hier spricht. Es geht in den "Antithesen" also um die Autorität Jesu, insofern er in Anspruch nimmt, die Intention der den "Alten" gesagten Toragebote zu offenbaren. Die Tora wird in den "Antithesen" nicht abgelehnt oder außer Kraft gesetzt. Jesus spricht vielmehr als authentischer Interpret des in der Tora niedergelegten heiligen Gotteswillens. Er bricht den alten Wortlaut der Tora auf und weist autoritativ ihre den ganzen Menschen einfordernde Gültigkeit auf.

Die Urgemeinde nahm die "Antithesen" Jesu auf und tradierte sie weiter. Auch sie lehnte die Tora nicht ab, sondern fühlte sich durch Jesus zur radikalen, auch die Gesinnung einbeziehenden Torabeobachtung aufgerufen. Natürlich begründeten auch die "Hellenisten" aus solcher Jesusüberlieferung ihre weitergehende torakritische Haltung. Für sie stand die Autorität Jesu höher als die Autorität selbst des Mose. Konnten sie doch Jesus als den alle vorherigen Offenbarungsträger überragenden endzeitlichen Offenbarer Gottes sehen, ja als die Sophia Gottes selbst (s. dazu Kap. VI.4).
Die gleiche Haltung der Mosetora gegenüber wird auch aus dem "Streitgespräch" über die Ehescheidung Mk 10,2-9[1] deutlich.

> [2]Da traten Pharisäer hinzu und fragten ihn: "Ist es einem Mann erlaubt, seine Frau zu entlassen?" [Damit wollten sie ihn versuchen. [3]Er aber antwortete ihnen: "Was hat euch Mose geboten?" [4]Sie aber sagten:] "Mose hat gestattet, einen Scheidebrief zu schreiben und zu entlassen." [5]Jesus aber antwortete und sprach zu ihnen: "Wegen eurer Herzenshärte hat er euch dieses Gebot vorgeschrieben. [6]Aber im Anfang der Schöpfung hat Gott sie als Mann und Frau geschaffen. [7]Darum wird ein Mann Vater und Mutter verlassen und seiner Frau anhangen, [8]und die beiden werden ein Fleisch sein. Also sind sie nicht mehr zwei, sondern ein Fleisch. [9]Was nun Gott verbunden hat, soll ein Mensch nicht trennen."[2]

Der Aufbau des Stückes ist ungeschickt. Es fragt sich, ob das Stück in seiner jetzigen Fassung ursprünglich ist:
1. Jesus antwortet auf die Anfrage der Pharisäer zunächst mit einer Gegenfrage (V.3), worauf diese Dtn 24,1-4 als Grundlage der jüdischen Ehescheidungspraxis zitieren. Erst danach folgt die entscheidende Antwort Jesu, die auf das Mosegebot Bezug nimmt, es als "Zugeständnis" wertet und von der Schöpfungsordnung her überbietet.
2. Von Dtn 24,1-4 her ist die grundsätzliche Frage der Pharisäer in V.2 überraschend. Für sie hat das Mosegebot unumstrittene Autorität: Wenn die Tora die Ehescheidung regelt, dann ist es dem Mann erlaubt, seine Frau zu entlassen! Matthäus hat dies wohl richtig empfunden und bei der Pharisäerfrage eingefügt: "aus jedem Grunde". R. Bultmann vermutet daher, daß V.3f ursprünglich ganz in den Mund der Gegner gehörte. Die ursprüngliche Fassung des Streitgespräches kannte dann noch keine Gegenfrage Jesu (V.3), sondern die Gegner führten in ihrer Anfrage zugleich die Autorität des Mose an. Die jetzige Fassung von V.2-4 ist wahrscheinlich vom Evangelisten sekundär verändert worden, um die böse Absicht der Gegner herauszustellen: πειράζοντες αὐτόν.

In seiner Antwort (V.5ff) stellt Jesus dem in der Tora formulierten Mosegebot im Falle einer Scheidung den ursprünglichen Schöpfungswillen Gottes gegenüber: Gott hat den Menschen als Mann und Frau geschaffen (Gen 1,27; 2,24). Er wollte, daß Mann und Frau in der Ehe "ein Leib sind". Was Gott so zusam-

---

[1] BALTENSWEILER, H., Die Ehe im Neuen Testament, Zürich 1967, 43-81; BERGER, K., Die Gesetzesauslegung Jesu, Neukirchen-Vluyn 1972, 508-575; HÜBNER, H., Das Gesetz in der synoptischen Tradition, Witten 1973, 42-67; NIEDERWIMMER, K., Askese und Mysterium, Göttingen 1975; PESCH, R., Freie Treue. Die Christen und die Ehescheidung, Freiburg 1971; WEISS, W., "Eine neue Lehre in Vollmacht", Berlin 1989, 177-202.

[2] Mk 10,1 ist redaktionelle Einleitung zum gesamten Kapitel. V.10ff sind von Markus angefügt; V.11f ist ursprünglich isoliert überliefert worden (vgl. Mt 5,32/Lk 16,18).

mengefügt hat, soll der Mensch nicht trennen.
Jesus argumentiert gegen die Tora (Dtn 24,1-4) mit der Tora (Gen 1,27; 2,24). Wir haben also schriftgelehrte Auseinandersetzung vor uns, die den ursprünglichen Gotteswillen authentisch interpretiert. Das Gebot des Mose wird von Jesus weder aufgehoben noch außer Kraft gesetzt. Aber es wird relativiert. Es ist wegen der Herzenshärte Israels ergangen, ist also ein Zugeständnis und entspricht nicht dem ursprünglichen Gotteswillen. Jesu Kritik richtet sich nicht gegen die Tora, sondern gegen den Menschen, der in seiner Schwäche und Unzulänglichkeit dem Heiligkeitswillen Gottes nicht entsprechen will und kann. Jesus fordert, mit Gottes Heiligkeitswillen ernstzumachen, so daß die Torakonzession leerläuft.
Mk 10,2-9 ist sehr alte urchristliche Überlieferung. Die Urgemeinde hat sich die Forderung Jesu zu eigen gemacht. In ihr wird die Ehescheidung, obwohl von der Tora zugelassen, nicht mehr vollzogen, weil sie dem Schöpfungswillen Gottes widerspricht.
Speziell gegen die pharisäische Gesetzesauslegung in Fragen ritueller Reinheit und der Sabbatbeobachtung sind die "Streitgespräche" Mk 2,15-17.18.19a.23-28; 7,1-8[1] gerichtet.

Die "Streitgespräche" folgen alle der gleichen Erzählstruktur:
1. Eingangs wird ein (für Pharisäer) anstößiges Tun Jesu bzw. der Jünger berichtet.
2. Dagegen wird Einspruch erhoben.
3. Jesus nimmt zu dem Einspruch in einem kurzen, schlagenden Argument Stellung und rechtfertigt das Tun als mit dem Gotteswillen übereinstimmend. Die Antwort Jesu enthält implizit oder explizit eine polemisch anklagende Spitze: Die Toraauslegung der Gegner mißversteht den in der Tora festgelegten Gotteswillen. Die Praxis Jesu entspricht der Intention des Gotteswillens und legt diesen authentisch aus.

Alle Erzählungen verwirklichen diese Struktur in mehr oder weniger reiner Form. Sie berechtigt zu dem Urteil, daß sämtliche Erzählungen Gemeindebildungen sind. Aber hinter allen Stücken dürfte konkrete Erinnerung an Wort und Praxis des irdischen Jesus stehen. Teilweise könnten die Stücke aus einem Jesuswort entwickelt worden sein (Bultmann: "ideale Szenen"). Oder sie reflektieren Jesu tatsächliches Verhalten.
Die Stücke sind in der Jerusalemer, zumindest in der palästinischen Urgemeinde entstanden und hier in den Debatten mit Pharisäern verwendet worden. Eine grundsätzliche Kritik der Tora, insbesondere des Sabbatgebotes, findet sich in ihnen nicht. Kritisiert wird vielmehr eine Auslegung des Gotteswillens, die weder dem eschatologischen Heilswillen Gottes noch seinem Gebot gerecht wird. "Sitz im Leben" der Stücke ist die Auseinandersetzung der Urgemeinde mit Pharisäern um Fragen der richtigen Sabbatbeobachtung und der Frömmigkeit. Daß auch die "Hellenisten" sich bei ihrer Verkündigung dieser "Streitgespräche" bedienten, ist von vornherein wahrscheinlich. Insofern kann Apg 6,9f den "Sitz im Leben" der "Streitgespräche" gut veranschaulichen.

---

[1] ALBERTZ, M., Die synoptischen Streitgespräche, Berlin 1921; DUNN, J.D.G., Mark 2,1-3.6: A Bridge Between Jesus and Paul on the Question of the Law: NTS (1984) 395-415; KUHN, H., Ältere Sammlungen im Markusevangelium, Göttingen 1971; MÜLLER, K., Jesus und die Sadduzäer, in: Merklein, H./Lange, J. (Hg), Biblische Randbemerkungen, Würzburg 1974, 3-24; ROLOFF, J., Das Kerygma und der irdische Jesus, Göttingen 1970; THISSEN, W., Erzählung der Befreiung, Würzburg 1976; WEISS, W., "Eine neue Lehre in Vollmacht", Berlin 1989; vgl. auch die Literatur zu Kap. VII.

[15][Und es geschah, daß er in seinem (Levis) Haus zu Tisch lag, und viele Zöllner und Sünder lagen mit Jesus und seinen Jüngern zusammen zu Tisch. Es waren nämlich viele, die ihm nachfolgten.] [16]Als aber die Schriftgelehrten der Pharisäer sahen, daß er mit den Sündern und Zöllnern aß, sagten sie zu seinen Jüngern: "Was, mit den Zöllnern und Sündern ißt und trinkt er?" [17]Und Jesus hört es und erwidert ihnen: "Nicht die Gesunden brauchen den Arzt, sondern die Kranken. Ich bin nicht gekommen, Gerechte zu berufen, sondern Sünder." (Mk 2,15-17)[1]

Der Beginn der Erzählung (V.15) ist von Markus überarbeitet worden, um sie mit dem Kontext zu verknüpfen. Die einleitende Beschreibung des anstößigen Tuns Jesu steht in V.16a: Jesus hält Tischgemeinschaft mit Zöllnern und Sündern. Dieses Tun Jesu erregt den Anstoß der Pharisäer, die aus Gründen rituel-ler Reinheit jeden Kontakt mit Zöllnern und anderen notorischen Sündern, insbesondere natürlich eine Tischgemeinschaft mit ihnen, ablehnten.

Die Antwort Jesu auf den an die Jünger gerichteten Vorwurf der Pharisäer besteht aus zwei Logien, die ursprünglich unabhängig von der geschilderten Szene und voneinander existiert haben könnten. Hieran wird sichtbar, daß das Stück in der mündlichen Überlieferung erweitert worden ist. In der Forschung wird teilweise V.17b, teiweise V.17a für ursprünglich gehalten. Keine der beiden Antworten trifft die geschilderte Situation genau. Aber das Bildwort V.17a ist in seiner Prägnanz ein schlagendes, unwiderlegbares Argument, während das ἦλθον-Wort V.17b eine christologische Reflexion enthält, die auf Jesu Wirken insgesamt zurückblickt. Daher dürfte V.17a größeren Anspruch auf Ursprünglichkeit haben.

Die Antwort Jesu V.17a hat eine polemische Zuspitzung. Die anklagenden Pharisäer verkennen Gottes eschatologischen Heilswillen: Gott will sich auch den Sündern und Verlorenen zuwenden. Sein Heilswille ist nicht auf die rituelle Elite beschränkt, sondern auf ganz Israel gerichtet. In seiner Tischgemeinschaft mit Zöllnern und Sündern bringt Jesus also Gottes Heilswillen und Vergebungsbereitschaft zum Ausdruck.
In dem Traditionsstück spiegelt sich nicht nur Jesu Verhalten zu solchen Menschen, die von den Pharisäern als "Sünder" angesehen wurden, sondern auch das der Urgemeinde. Sie hat Jesu Botschaft von der bedingungslosen Vergebungsbereitschaft Gottes weiterverkündet und "Sünder" in ihre Reihen aufgenommen. Den Tadel hierfür von pharisäischer Seite weist sie mit dieser kleinen Überlieferung zurück.

[18]Und die Jünger des Johannes [und die Pharisäer] fasteten.[2] Da kommen sie und sagen ihm: "Warum fasten die Jünger des Johannes [und die Jünger der Pharisäer], deine Jünger aber fasten nicht?" [19]Und es sagte ihnen Jesus: "Hochzeitsgäste können doch nicht fasten[, solange der Bräutigam bei ihnen ist? Solange sie den Bräutigam bei sich haben, können sie nicht fasten. [20]Es werden aber Tage kommen, da der Bräutigam von ihnen weggenommen wird; dann, an jenem Tag, werden sie fasten]." (Mk 2,18-20)

Es wird das Verhalten der Jünger angesprochen. Das dürfte darauf hinweisen, daß die Erzählung

---

[1] KOCH, D.A., Jesu Tischgemeinschaft mit Zöllnern und Sündern, in: FS W.Marxsen, Gütersloh 1989, 57-73.

[2] Die einleitende Situationsschilderung ist unklar und offensichtlich unvollständig. Ist mit νηστεύοντες gemeint, daß sich die Johannesjünger allgemein an die jüdische Fastensitte hielten? Dann paßt diese Einleitung nicht zum Stil der übrigen Streitgespräche, die immer von einem konkreten Verhalten ausgehen. Oder sagt die Einleitung, daß die Johannesjünger jetzt gerade fasteten? Unvollständig scheint V.18a deshalb zu sein, weil das beanstandete Verhalten der Jünger Jesu ("Nicht-Fasten") nicht erzählt wird. Es wird erst in der Frage V.18b angesprochen.

eine Praxis der urchristlichen Gemeinde, nämlich ihr Nichtfasten, rechtfertigen will.
Die Antwort Jesu V.19a gibt mit einem schlagenden, unwiderlegbaren Argument eine Rechtfertigung des Nichtfastens der Jünger.[1] Im Bild von den Hochzeitsgästen, mit denen die Jünger verglichen werden, wird zum Ausdruck gebracht, daß jetzt die Heilszeit angebrochen ist. In ihr kann nicht gefastet werden. Sie ist Zeit der Freude und des Jubels. Die polemische Zuspitzung der Überlieferung liegt darin, daß die Johannesjünger, wie ihr Fastenverhalten zeigt, nicht erkennen und anerkennen, daß durch Jesus die eschatologische Zeit heraufgeführt worden ist.
Da das Erzählstück eine nachösterliche Bildung ist, wenngleich durch das Verhalten des irdischen Jesus veranlaßt, kann davon ausgegangen werden, daß die Begründung für das Nichtfasten der Jünger Jesu zumindest noch für die frühe Urgemeinde galt. Diese hat offenbar nicht gefastet, sondern sich täglich "in eschatologischem Jubel" zu gemeinsamen Mahlzeiten getroffen (s. Kap. V.2).

> [23]Und es geschah, daß er am Sabbat durch die Saaten ging, und seine Jünger begannen, als sie ihres Weges gingen, die Ähren abzurupfen. [24]Und die Pharisäer sagten zu ihm: "Siehe, warum tun sie am Sabbat, was nicht erlaubt ist?" [[25]Und er sagt zu ihnen: "Habt ihr nie gelesen, was David tat, als er Mangel litt und hungerte, er selbst und seine Gefährten? [26]Wie er in das Haus Gottes eintrat unter dem Hohenpriester Abiathar und die Schaubrote aß, die niemand außer den Priestern essen darf, und auch seinen Gefährten davon gab?"] [27]Und er sagte ihnen: "Der Sabbat ist um des Menschen willen da und nicht der Mensch um des Sabbats willen. [[28]Deshalb ist der Menschensohn Herr auch über den Sabbat.]" (Mk 2,23-28)

Dargestellt wird, daß die Jünger am Sabbat, offenbar aus Not (V.25), Ähren abreißen und die herausgeriebenen Körner essen. Der Vorwurf der Pharisäer, den sie an Jesus als den für seine Jünger verantwortlichen "Rabbi" richten, beurteilt dies Jüngerverhalten als "Erntearbeit", die am Sabbat verboten ist.

Jesus antwortet auf den Vorwurf mit drei Argumenten (V.25f.27.28); die überflüssige neue Redeeinleitung in V.27 zeigt an, daß in V.25-28 mit sekundären Erweiterungen gerechnet werden muß. Als sekundär ist V.28 zu beurteilen. Das betonte καί macht wahrscheinlich, daß V.28 gebildet wurde, als die Streitgespräche zu einer Sammlung zusammengestellt wurden. Er zieht aus den Streitgesprächen eine christologische Folgerung: "der Menschensohn ist Herr auch über den Sabbat".
V.25f tragen der Situation von V.23 keine Rechnung. Das Sabbatproblem wird nicht unmittelbar angesprochen. In V.25f wird damit argumentiert, daß David verbotene Speisen aß. Oder es ist folgender Schluß intendiert: Wenn David und seine Begleiter sogar ungestraft die heiligen Schaubrote essen durften, weil sie hungerten, dann dürfen Jesu Jünger am Sabbat zumindest Ähren reiben (, um ihren Hunger zu stillen). V.25f sind ein schriftgelehrter Zuwachs. Er korrespondiert mit V.28, insofern auch hier die Vollmacht Jesu im Vordergrund steht.

Die Antwort Jesu in V.27 nimmt unmittelbar zum Sabbat Stellung. Mit einem unwiderlegbaren Argument rechtfertigt sie das Tun der Jünger. Es steht im Einklang mit dem Gotteswillen, weil Gott den Sabbat aus Güte geschaffen hat und nicht zur Verknechtung des Menschen. Der Mensch soll sich am Sabbat "erholen". Wenn dies die göttliche Intention des Sabbatgebotes war, dann braucht es zu seiner Einhaltung keiner Kasuistik. Man braucht kein "Experte" zu sein, um den Sabbat richtig zu halten. Das Wort Jesu hat eine polemische

---

[1] V.19b.20 sind sekundärer Zuwachs. Das eschatologisch begründete Nichtfasten der Jesusjünger ist für V.19b.20 nur auf die Jesuszeit beschränkt ("solange der Bräutigam bei ihnen ist" ...; "wenn er von ihnen genommen ist ..."). Die Erweiterung in V. 19b.20 ist erst in einer späteren Phase der Urgemeinde hinzugefügt worden. Sie ist ein indirektes Zeugnis für das Problem der Parusieverzögerung. Als sich die Gemeinde dieser Verzögerung bewußt wurde und sie bewältigen mußte, wurde ein christologisch motiviertes Fasten in der palästinischen Gemeinde eingeführt.

Zuspitzung: Nicht das Tun der Jünger widerspricht dem Gotteswillen, sondern die pharisäische Sabbatkasuistik.
Mit dieser Erzählung bringt die Urgemeinde auch ihre Vorbehalte gegen pharisäische Sabbatkasuistik und -praxis zum Ausdruck und rechtfertigt ihre Sabbathalacha durch Jesu Interpretation des Willens Gottes. Die besonders von vielen Pharisäern propagierte strenge Sabbatobservanz wird also von der Urgemeinde unter Berufung auf Jesus entspannt. Aber nicht durch eine nur erleichternde Kasuistik, sondern so, daß nach der Intention des Sabbatgebotes gefragt wird. "Um des Menschen willen geschaffen" heißt dann, daß der Mensch leicht und ohne Experte zu sein entscheiden kann, was am Sabbat zu tun und zu lassen ist. Wichtig ist, daß das Sabbatgebot nicht prinzipiell in Frage gestellt wird. Angegriffen wird eine falsche Sabbatobservanz, die Gottes Gebot mißversteht. Die Erzählung bewegt sich vollständig im Rahmen frühjüdischer Auseinandersetzungen um die richtige Beobachtung des Sabbats (vgl. Mt 12,5f.11f; Joh 7,21ff). Daraus ist zu schließen, daß Jesus selbst und in seiner Nachfolge die Urgemeinde den Sabbat grundsätzlich gehalten haben. Keineswegs hat Jesus den Sabbat "provokativ" gebrochen. Seine Sabbathalacha unterschied sich aber von der der Pharisäer und anderer Gruppen des Frühjudentums, und darüber geht hier der Streit. Sie war aber für die Urgemeinde maßgebend und begründete ihre Praxis. Diese verteidigt sie in dem Überlieferungsstück gegen die Einwände pharisäischer und anderer frühjüdischer Kreise.

> [1]Und es versammeln sich bei ihm die Pharisäer [und einige von den Schriftgelehrten, die von Jerusalem gekommen waren]. [2]Und sie bemerkten, daß einige von seinen Jüngern mit unreinen, das heißt ungewaschenen Händen ihre Mahlzeit nahmen. [...] [5]Da fragen ihn die Pharisäer und die Schriftgelehrten: "Warum wandeln Deine Jünger nicht nach der Überlieferung der Alten, sondern halten die Mahlzeit mit unreinen Händen?" [6]Er aber erwiderte ihnen: "Treffend hat Jesaia von euch Heuchlern geweissagt, wie geschrieben steht: 'Dieses Volk ehrt mich mit den Lippen, Ihr Herz aber ist fern von mir. [7]Vergeblich aber ehren sie mich; Was sie lehren, sind Menschensatzungen.' [8]Das Gebot Gottes laßt ihr außer acht, haltet aber die Überlieferung der Menschen." (Mk 7,1-2.5-8)[1]

Der Anlaß zur Streitfrage an Jesus wird in V.2 geschildert. Die Jünger essen, ohne zuvor ihre Hände durch rituelle Waschungen gereinigt zu haben. Daran nehmen die Pharisäer Anstoß und fragen, warum die Jünger sich nicht an die "Überlieferung der Alten" halten.

Ein Toragebot, das die rituelle Reinigung der Hände vor dem Essen für jedermann regelte, gab es nicht. Wohl aber bestand die pharisäische Auffassung, daß die den priesterlichen Dienst im Tempel betreffenden rituellen Gebote allgemein gültige Vorschriften zur Heiligung des Alltags seien. Gegen diese Halacha richtet sich das Überlieferungsstück.
Die Antwort Jesu ist grundsätzlich und stark polemisch. Auf die Pharisäer trifft der Vorwurf des Jesaja zu. Das Halten ritueller Vorschriften ist eine rein äußerliche Gottesverehrung. Wahre Gottesverehrung entspringt dem inneren Menschen. V.8 zieht die scharfe Konsequenz: Die Pharisäer haben Gottes Gebot durch "Menschensatzung" ersetzt.

---

[1] Nach V.8 liegt ein klarer literarischer Einschnitt. Dies zeigt auch die neue Redeeinleitung V.9. Ab V.9 herrscht ein neues Thema vor, und es ändert sich die Terminologie. Während V.1-8 von den παραδώσεις τῶν πρεσβυτέρων bzw. ἀνθρώπων sprechen, formulieren V.9-13: παραδώσεις ὑμῶν. Der Abschnitt V.9-13 bildet eine ursprünglich selbständige literarische Einheit, die sekundär mit V.1-8 verbunden worden ist (s. dazu Kap. XIII.5).
Auch in den V.14-23 liegt eine ursprünglich selbständige Tradition (s. dazu Kap. VIII) vor. Sie wurde redaktionell durch den Evangelisten mit V.1-8 verbunden.

Die Gültigkeit der Tora wird durch Jesu Stellungnahme nicht berührt. In dem Streitgespräch geht es vielmehr um Vorschriften ritueller Art, die nicht verbindliches Gottesgebot für alle waren. Von pharisäischen Kreisen wurden sie als für alle verbindlich erklärt, weil sie Bestandteil der Tora waren. Doch ist dies zur Zeit Jesu und der Urgemeinde keine allgemeingültige Auslegung im Judentum. Das Streitgespräch hat seinen "Sitz im Leben" in Auseinandersetzungen der christlichen Urgemeinde mit Pharisäern um Fragen der allgemeinen Geltung und Verbindlichkeit der auf den priesterlichen Dienst bezogenen rituellen Vorschriften der Tora. Offenbar hat sie in ihren Reihen solche Vorschriften nicht für verbindlich angesehen. Dabei ging es ihr nicht um die an sich sinnvolle Praxis, sich vor dem Essen die Hände zu waschen. Sie bestritt vielmehr, daß solche und ähnliche äußerliche Praktiken schon per se Akte der Gottesverehrung und ihre Unterlassung eine Verletzung des Gotteswillens seien. Um Gott mit dem Herzen verehren zu können, braucht man kein Experte in rituellen Fragen und Rubriken zu sein.
Betrachtet man alle "Streitgespräche" im Blick darauf, was sie uns über die Haltung der Urgemeinde zum Gesetz sagen, so können wir folgendes feststellen: 1. In den "Streitgesprächen" geht es nie grundsätzlich um die Geltung der Tora. Vielmehr wird immer die spezifisch pharisäische Auslegung und Anwendung der Tora im konkreten Lebensvollzug in Frage gestellt. 2. Der pharisäischen Halacha wird entgegengehalten, daß sie nicht dem ursprünglichen Gotteswillen entspricht. Sie wird auch nicht der nahen Basileia gerecht, die auch den "Sündern" und "Unreinen" zukommt. 3. Die Urgemeinde beruft sich in den "Streitgesprächen" auf Jesus als den authentischen Interpreten des in der Tora niedergelegten heiligen Gotteswillens. 4. "Sitz im Leben" der "Streitgespräche" ist die Auseinandersetzung der Urgemeinde mit den Pharisäern und anderen jüdischen Gruppen (Täuferjüngern), die sich in Fragen der Toraauslegung von ihr unterschieden und hierüber mit ihr stritten. Ein polemischer Ton in den "Streitgesprächen" ist nicht zu leugnen, doch ist die Polemik noch nicht so scharf, daß in ihr unüberwindbare Gegensätze zum Ausdruck kämen. Es ist eher wahrscheinlich, daß die Streitgespräche die Gegenposition widerlegen und den Gesprächspartner für die Jesusnachfolge gewinnen wollen.

"In der ältesten Jesusbewegung sind die Pharisäer noch nicht die Repräsentanten des christenfeindlichen Judentums, sie sind nicht die Gegner Jesu. Sie sind Gesprächspartner im Judentum, mit denen die Jesusleute ernsthaft sprechen können und von denen sie offensichtlich annehmen, daß sie ihren Weg verstehen und ihren religiösen Anspruch vielleicht sogar billigen können. Dieses Bild vom Verhältnis der ältesten Jesusbewegung zum Pharisäismus... hat alle historische Wahrscheinlichkeit für sich: Die Pharisäer waren noch nicht die Führer des Judentums und sie versuchten wie die Jesusbewegung, wenn auch auf andere Weise, die Not der Gegenwart Israels theologisch zu bewältigen. Dieses Bild hat auch deshalb historische Wahrscheinlichkeit, weil sich zeigen läßt, daß die Schärfe der Pharisäerpolemik erst in die späten Schichten der synoptischen Tradition gehört. Man sollte dieses dann nicht mehr reale negative Pharisäerbild nicht nach Palästina und in die älteste Jesusbewegung rückprojizieren." (L. Schottroff/W. Stegemann, Jesus 50f)

3. Die Stellung der Urgemeinde zum Tempel

Die Überlieferung Mt 5,23f setzt voraus, daß die Mitglieder der Urgemeinde am Tempelkult teilnahmen. Auch die Apostelgeschichte berichtet, daß die Urgemeinde den Tempel als Gebetsort benutzte (vgl. Apg 2,46). Damit ist aber keineswegs ausgeschlossen, daß die Urgemeinde auch Kritik an den konkreten Zuständen im Tempel geübt hat. In der Erzählung von der "Tempelreinigung" Mk 11,17-18.27-33[1] wird sie massiv vorgetragen. Aber auch diese Überlieferung hält ausdrücklich an der Heiligkeit des Tempels fest und betont seine Rolle als Ort des Gebetes für alle Völker.

> 15Und sie kommen nach Jerusalem. Und er ging in den Tempel und fing an, diejenigen hinauszutreiben, die im Tempel verkauften und kauften, und die Tische der Geldwechsler und die Sitze der Taubenhändler warf er um, 16und er duldete nicht, daß jemand ein Gerät durch den Tempel trug. 17Und er lehrte und sprach zu ihnen: "Steht denn nicht geschrieben: Mein Haus soll ein Bethaus heißen für alle Völker? Ihr aber habt es zu einer Räuberhöhle gemacht." ... [27Und sie kommen wieder nach Jerusalem. Und als er im Tempel umhergeht, treten] die Hohenpriester, die Schriftgelehrten und die Ältesten [an ihn heran und] 28sagen zu ihm: "In welcher Vollmacht tust Du das? Oder wer hat Dir diese Vollmacht gegeben, dies zu tun?" 29Jesus aber erwiderte ihnen: "Ich will an euch eine Gegenfrage richten, und ihr sollt mir Antwort geben, dann will ich euch sagen, in welcher Vollmacht ich das tue. 30War die Taufe des Johannes vom Himmel oder von Menschen? Antwortet mir!" 31Da überlegten sie bei sich: "Sagen wir: Vom Himmel, so wird er sagen: Warum habt ihr ihm denn nicht geglaubt? 32Sollen wir aber sagen: Von Menschen?" - Sie fürchteten das Volk; denn alle hielten dafür, daß Johannes wirklich ein Prophet war. 33So antworteten sie Jesus: "Wir wissen es nicht." Da erwidert Jesus und sagt zu ihnen: "So sage denn auch ich euch nicht, in welcher Vollmacht ich dies tue."

Die in V.15f geschilderte Handlung Jesu wird in V.17 gedeutet.[2] Gegeißelt wird mit diesem Wort das durch den Opferkult bedingte Händlerwesen im Tempelvorhof. Dem steht die Bestimmung des Tempels als Gebetshaus für alle Heidenvölker gegenüber.
Aus V.17 spricht ein eschatologischer Heilsuniversalismus. Er ist Jesus und der Urgemeinde nicht abzusprechen (vgl. Mt 8,11f). Die eschatologische Hoffnung erwartete in der Endzeit eine "Völkerwallfahrt zum Sion", durch die die Heiden zumindest "Zaungäste" des Heils Israels würden (Jes 2,2-4; 25,6-8; Mi 4,1-4; Sach 2,15; äthHen 10,20f; 90,30; TBenj 9,2; TNapht 8,3; 1 QM XII 13ff; 1 QH VI 12).[3] Im Rahmen dieser Konzeption hat die Urgemeinde sich wohl zunächst die Teilhabe der Heiden am endzeitlichen Heil gedacht (s. dazu Kap. XI.4). Auch die "Hellenisten" haben die in dem Überlieferungsstück vorgebrachte

---

[1] Der Abschnitt Mk 11,12-33 ist eine redaktionelle Komposition. Die Feigenbaumszene 11,12-14 und das darauf bezugnehmende Lehrgespräch 11,20-26 hatten ursprünglich nichts mit der Tempelreinigung zu tun. In der dem Evangelisten vorliegenden Tradition dürfte vielmehr V.27-33 unmittelbar an 11,15-17 angeschlossen haben. Redaktionell sind auch die rahmenden Bemerkungen V.15a.19.27a, ebenfalls V.18, der zu V.27b eine Dublette bildet. Wahrscheinlich hatte das ursprüngliche Traditionsstück folgenden Umfang: V.15b-17.27b-33. Bultmann bezweifelt, ob die "Vollmachtsfrage" V.27-33 ursprünglich mit der Tempelszene zusammenhing; sie sei zwar noch vor der markinischen Redaktion, aber gleichwohl sekundär mit dieser verknüpft worden. Er hält 11,15b-17 und 11,27-30(31-33) für ursprünglich eigenständige Traditionen. Dann stellt sich aber die Frage, was überhaupt der Streitpunkt in 11,27-30(31-33) war und worin die Absicht dieser Überlieferung bestand. Wahrscheinlicher ist, daß V.27-33 nie selbständig existierte, sondern auf die Tempelaktion Jesu zurückverweist (vgl. V.28: ἐν ποίᾳ ἐξουσίᾳ ταῦτα ποιεῖς; vgl. auch Joh 2,13-20). Möglich bleibt aber immerhin, daß die Debatte eine sekundäre Erweiterung der ursprünglichen Erzählung von der "Tempelreinigung" ist.

[2] V.17 ist eine Kombination aus Jes 56,7 und Jer 7,11 (LXX).

[3] Vgl. JEREMIAS, J., Jesu Verheißung für die Völker, Stuttgart 1956; ZELLER, D., Das Logion Mt 8,11f/Lk 13,28f und das Motiv der "Völkerwallfahrt": BZ 15 (1971) 222-237; 16 (1972) 84-93.

Kritik an den unheiligen Zuständen im Tempel gewiß geteilt. Wahrscheinlich geht auf sie die griechische Sprachgestalt der Überlieferung zurück. Möglich ist, daß sie es waren, die die Überlieferung um die Debatte (V.27-33) ergänzt haben; in diesen Versen werden die verantwortlichen Hüter des Tempels als heuchlerisch und bösartig hingestellt und Jesu ἐξουσία über den Tempel betont. In seiner ursprünglichen Fassung ist das Traditionsstück aber der gesamten Urgemeinde zuzuschreiben. Die in ihm zum Ausdruck kommende Kritik am konkreten Tempelbetrieb wird von ihr insgesamt geteilt.

Die in Mk 11,15ff erzählte Tempelaktion Jesu bleibt für uns historisch völlig dunkel. Der knappe Bericht läßt keine sicheren Rückschlüsse, höchstens Vermutungen zu. Nimmt man gleichwohl als historisch wahrscheinlich an, Jesus habe gemeinsam mit seinen Jüngern seine Kritik an den Zuständen im Tempel in so handfester Weise zur Geltung gebracht, dann verbietet sich erst recht die Annahme, die Urgemeinde sei nach Ostern hinter Jesu Kritik wieder zurückgefallen und nur die "Hellenisten" hätten sie aufgegriffen und durchgehalten.

Die häufig ausgesprochene Annahme, der aramäisch-sprechende Teil der Urgemeinde habe die Kritik Jesu an der pharisäischen Gesetzesauslegung und an den Zuständen im Tempel nicht aufgegriffen, sondern quasi "verraten" und aus opportunistischen Gründen das besonders hervorgekehrt, was ihn mit dem Judentum verband, ist ein Vorurteil. Es wird begünstigt durch die spätere reservierte Haltung der Jerusalemer Judenchristen gegen die gesetzesfreie Heidenmission der Antiochenischen Gemeinde und des Paulus. Die urchristliche Traditionsbildung jedoch spricht eindeutig dafür, daß die gesamte Urgemeinde die Haltung Jesu zur Tora und zum Tempel aufgenommen und durchgehalten hat. Diese Haltung war eine Konsequenz des von Jesus verkündeten eschatologischen Heils- und Heiligkeitswillens Gottes. Sie enthielt noch keine grundsätzliche Kritik oder Ablehnung der Tora und des Tempelkultes und war offensichtlich in dem breiten Spektrum der religiösen Anschauungen des zeitgenössischen Judentums möglich und tolerabel. Man wird sogar fragen müssen, ob sie sich nicht manchmal auch mit den Intentionen pharisäischer Kreise eng berührte. Dispute und Auseinandersetzungen mit Pharisäern sind damit sowohl für Jesus als auch für die Urgemeinde nicht ausgeschlossen. Die "Streitgespräche" beweisen vielmehr, daß Dispute stattgefunden haben. Doch bewegten sie sich auf der Ebene einer ernsthaften theologischen Kontroverse, die zwar vor Polemik nicht zurückscheute, aber schwerlich Leib und Leben des "Gegners" bedrohte.

4. Die Haltung der "Hellenisten" zu Tora und Tempel

Wir wenden uns nun Apg 6,8-8,1 zu. Hier hören wir, daß Stephanus aufgrund seiner Angriffe gegen Tempel und Gesetz gesteinigt wurde. Die anschließende Verfolgung betraf entgegen der Darstellung der Apostelgeschichte nur die "Hellenisten". Sie wurden aus Jerusalem vertrieben. So stellt sich die Frage, ob sich ihre Haltung zu Tempel und Tora grundsätzlich von der des aramäisch-sprechenden Teils der Urgemeinde unterschied und worin die entscheidende Differenz lag, die zu einer lebensgefährlichen Verfolgung dieser Gruppe durch Jerusalemer Juden führte. Diese Differenz der Auffassungen zwischen den beiden christlichen Gruppen müßte dann auch dem Jerusalemer Judentum bewußt gewesen sein.

Einen ersten Anhaltspunkt zur Beantwortung dieser Fragen bietet die gegen Stephanus vorgebrachte Anklage Apg 6,13f: Stephanus verkünde die eschatologische Ablösung des Tempels (καταλύσει: Futur!) und Änderung der Gebote des Mose (ἀλλάξει: Futur!) durch Jesus. Diese Anklage ist trotz lukanischer Stilisierungen[1] historisch glaubwürdig und spiegelt wider, daß die spezielle christologische Verkündigung des Stephanus (und der "Hellenisten") von den jüdischen Zuhörern als ein blasphemischer Angriff auf Tempel und Gesetz, ja auf Gott und Mose empfunden wurde (Apg 6,11). Sie wurde verstanden als Ablösung des Tempelkultes und als Veränderung des Mosegesetzes durch Jesus.

Bereits oben haben wir auf diesbezügliche Implikationen der Christologie der "Hellenisten" hingewiesen (s. Kap. VI.4). Den "Hellenisten" haben wir die sekundäre Einfügung der Tempelthematik in die Passionsgeschichte zugeschrieben (Mk 14,58; 15,38). In Mk 14,58 wird die durch den Auferstandenen "nach drei Tagen" gegründete christliche Gemeinde als eschatologischer, neuer Tempel dem Jerusalemer Heiligtum gegenübergestellt. Dieses hat im Tod Jesu seine Funktion als Ort der Anwesenheit Gottes verloren (Mk 15,38). In dem Wort der Sophia über Jerusalem (Lk 13,34f), dessen Träger ebenfalls die "Hellenisten" waren, kommt der gleiche Gedanke zum Ausdruck. Die Identifikation Jesu mit der Sophia stellt überhaupt eine Voraussetzung des grundsätzlich neuen Gesetzesverständnisses der "Hellenisten" dar, wie noch gezeigt wird. Die Haltung der "Hellenisten" zum Tempel und seinem Sühnekult läßt sich auch an dem Fragment Röm 3,25f ablesen (s. dazu Kap. VI.3). Hier wird Jesu Tod als endzeitlicher Vollzug des Versöhnungsritus (Lev 16) dargestellt. Gott hat im Tod Jesu das sündige Israel mit sich versöhnt und in seiner Bundestreue den Bund eschatologisch erneuert (vgl. 1 Kor 11,24ff). Folge dieser Deutung des Todes Jesu konnte nur sein, daß es weiterer Versöhnungsriten im Tempel nun nicht mehr bedurfte. Der Tempelkult war im Tod Jesu aufgehoben. Die Gemeinde war nun der Ort, wo der einzelne am endzeitlichen Versöhnungshandeln Gottes im Tod Jesu Anteil gewinnen konnte.

An die Stelle des "mit Händen gemachten" Tempels ist die neue Heilsgemeinde getreten (Mk 14,58). Sie ist der eschatologische neue und geistige Tempel. Das wird auch in der alten Tradition 1 Kor 3,16f deutlich, die Paulus zitiert. Dieser Rechtssatz könnte auf die "Hellenisten" zurückgehen.

> [16Oder wißt ihr nicht, daß] ihr der Tempel Gottes seid
> und daß der Geist Gottes in euch wohnt?
> 17Wenn jemand den Tempel Gottes zugrunde richtet,
> den wird Gott zugrunde richten.
> Denn der Tempel Gottes ist heilig. Solche seid ihr!

Die frühjüdisch-apokalyptische Erwartung eines neuen, geistig-himmlischen Tempels gilt hier als in der Gemeinde verwirklicht (vgl. Mt 16,18f; s. dazu Kap. IV.4). Der Jerusalemer Tempel verliert damit seine Funktion.
Zieht man diese Überlieferungen mit heran, dann wird verständlich, daß die Verkündigung des Stephanus und der "Hellenisten" vom Jerusalemer Judentum als grundsätzlicher Angriff auf den Tempel und seinen Kult verstanden werden konnte. Für jüdisches Verständnis war es dabei unerheblich, ob die "Hellenisten" in dieser Frage differenzierter dachten und wahrscheinlich die Heiligkeit des Tempels als "Gebetsstätte" für alle Völker (Mk 11,17) gar nicht in Frage stellten. Auch könnten sie die gottgewollte Funktion des Opferkultes als Versöhnungsmittel in der Zeit vor Jesus durchaus anerkannt haben. Das Jerusalemer Judentum dagegen sah in ihrer Verkündigung eine der religiösen Grundlagen Israels, den Tempel und seinen Kult, total in Frage gestellt, ja bereits

[1] Lukas hat sie wohl in Angleichung an die Passionserzählung "falschen Zeugen" in den Mund gelegt.

aufgegeben. Diese Herausforderung war nicht mehr tolerierbar.
Eng mit der Stellungnahme der "Hellenisten" zu Tempel und Tempelkult hing ihre Haltung zum Gesetz zusammen. Klar ist: Wer Kult und Ritus als mit Jesus beendet ansah, mußte dem auf den Kult bezogenen Ritualgesetz mehr und mehr die Geltung absprechen. Diese Differenzierung innerhalb der Tora muß tatsächlich von den "Hellenisten" vorgenommen worden sein. Das Judentum hat generell die Tora als eine Einheit begriffen. Dies gilt auch für das hellenistische Judentum. Das in der Diaspora zum Teil nicht anwendbare Ritualgesetz wurde von diesem gerade nicht aufgegeben, sondern mühsam spiritualisiert (s. Kap. III.7). Wenn dagegen die "Hellenisten" mit ihrer Haltung zum Tempelkult implizit wohl die weitere Gültigkeit der rituellen Gebote der Tora verneinten, so mußte dies vom Judentum als grundsätzliche Verneinung der ewigen Gültigkeit der ganzen Tora verstanden werden. Allerdings darf man in die Gesetzesauffassung der "Hellenisten" noch nicht die paulinische Gesetzeskritik hineinlesen. Paulus hat vom Christusereignis her bestritten, daß das Gesetz faktisch überhaupt jemals ein Mittel zur Erlangung des Heils war. Darin könnte der Ansatz der "Hellenisten" konsequent zu Ende gedacht sein, doch ist zweifelhaft, ob die "Hellenisten" diese Reflexionsstufe bereits erreichten.
Der berühmte "Stürmerspruch" Lk 16,16par könnte die Stellung der "Hellenisten" zum Gesetz beleuchten.

> Gesetz und Propheten gehen bis auf Johannes. Von da an wird die Basileia Gottes verkündet, und jeder drängt sich mit Gewalt in sie hinein.

Das Logion spricht der Tora eine heilsgeschichtlich begrenzte Geltung zu, die in der mit Jesus herangekommenen eschatologischen Zeit beendet ist. Die gleiche heilsgeschichtliche Periodisierung könnte auch der Stellungnahme der "Hellenisten" zum Tempelkult zugrunde liegen: Seit Gottes eschatologischem Sühnehandeln im Tod Jesu ist der Tempelkult abgeschafft. Der Tora und dem Tempel wird also nicht jede göttliche Qualität und Bedeutung genommen. Eine andere Haltung wäre wegen der Verbundenheit der "Hellenisten" mit der jüdischen Tradition historisch und psychologisch auch schwer denkbar. Sie haben die begrenzte Gültigkeit der Tora und des Tempels behauptet. Beide sind durch etwas "Neues" abgelöst worden.
Wenn Apg 6,14 die Anklage gegen Stephanus historisch zutreffend wiedergibt, dann wird auch hier deutlich, daß Stephanus die Gültigkeit der Tora nicht generell bestritten hat, sondern eine Änderung, d.h. Neuinterpretation der Tora durch Jesus propagiert haben muß. Die Auffassung der "Hellenisten" muß über die allgemeine urchristliche Anschauung hinausgegangen sein oder diese in besonders zugespitzter Form vertreten haben. Nur so läßt sich die Abwehrreaktion der Jerusalemer Juden gegen Stephanus und die "Hellenisten" erklären.
An dieser Stelle muß nun zurückverwiesen werden auf die oben umrissene Sophia-Christologie der "Hellenisten" (s. Kap. VI.4). Die Identifikation Jesu mit der präexistenten Sophia mußte in Verbindung mit der Interpretation des Todes Jesu als Sühnopfer auch Konsequenzen für die Haltung zur Tora haben. Denn die präexistente, als Throngenossin und Offenbarerin Gottes vorgestellte Sophia war im zeitgenössischen Judentum längst mit Tempel und Tora in Verbindung gebracht worden. Der Tempel war ihr Wohnsitz (Sir 24,8-13), die Tora galt als

ihre irdische Verkörperung (Sir 24,23; Bar 4,1). Die "Hellenisten" verkündeten, daß in Jesus die "Weisheit" Gottes erschienen sei. Als "Weisheit" Gottes war er nicht nur der eschatologische Offenbarer Gottes, sondern auch alleiniger Garant der wahren Erkenntnis des Gotteswillens. Das Jesusgeschehen war für sie die Überbietung der Sinaioffenbarung. Diese war nicht mehr unmittelbar gültig, sondern wurde vom eschatologischen Offenbarungsgeschehen in Jesus übertroffen und empfing von ihm Gültigkeit und Geltung.

"Die Art des Theologisierens speziell der Hellenisten muß also eine Komponente enthalten haben, die ihnen eine grundsätzliche Formulierung der Konsequenz der Aussage von der soteriologischen Bedeutung des Todes Jesu bezüglich der bisherigen jüdischen Heilsmittel ermöglichte, ja sie dazu nötigte. Diese Komponente dürfte im weisheitlichen Denken des hellenistischen Judentums zu suchen sein, das im Falle der hellenistischen Rücksiedler nach Jerusalem und ihres ausgeprägten Eifers für Tora und Tempel vor allen Dingen an einer weisheitlichen Reflexion von Tempel und Tora interessiert war. Ergab sich doch von hier aus die Möglichkeit, die Offenbarungs- und Heilsmittlerfunktion von Tempel und Tora in umfassender, einzigartiger und nicht mehr zu überbietender Weise zu artikulieren. Jede Debatte um Tempel und Tora mußte sich in diesem Milieu auf einem noch grundsätzlicheren Forum bewegen, als dies ohnehin im Judentum schon üblich war. In diesem Denkschema mußte insbesondere das Bekenntnis zur Heilsbedeutsamkeit des Todes Jesu zu einer tiefgreifenden Erschütterung führen. Denn durch die Identifizierung der Tora mit der Weisheit bzw. mit deren Lokalisierung im Tempel war die Heilsmittlerfunktion von Tora bzw. Tempel so exklusiv-umfassend und endgültig, da bereits präexistent und damit ewig, formuliert, daß sie eine Heilsmittlerschaft daneben oder gar darüber hinaus nicht zulassen konnte. In diesem Milieu konnte die Frage nach dem Verhältnis von Heilsmittlerschaft von Tempel bzw. Tora zur Heilsmittlerschaft Jesu nicht aufkommen bzw. mußte, wenn sie aufkam, unweigerlich zur Konfrontation führen. Wenn Jesu Tod das endgültige Heil verkörperte, war nicht mehr der bestehende Tempel der Ort der Erwählung und der Gegenwart Gottes, war nicht mehr die Mose-Tora die Offenbarung Gottes zum Heil der Menschen, sondern Jesus selbst, und zwar in paradoxer Weise gerade in der Niedrigkeit seines Todes. Das Bekenntnis zum Heilstod Jesu mußte unter den weisheitlich orientierten hellenistischen Juden Jerusalems zur Krise führen, sei es, daß man das Bekenntnis übernahm und damit Tora und Tempel kritisch relativierte, sei es, daß man diesem Bekenntnis und seinen Anhängern den Kampf ansagte. Beides ist unter den hellenistischen Juden Jerusalems geschehen." (Merklein, in: QD 87, Freiburg 1979, 53)

Mit ihrer Verkündigung gingen die "Hellenisten" also einen entscheidenden Schritt über die oben dargelegten Anschauungen Jesu und der Urgemeinde zu Tora und Tempel hinaus. Von ihnen wurde die weitere Geltung von Tempelkult und Sinaitora grundsätzlich in Frage gestellt. An deren Stelle war das als eschatologische Offenbarung verstandene Jesusgeschehen getreten, durch das beide "aufgelöst" und "verändert" (Apg 6,14) waren. Die "Hellenisten" haben damit keineswegs die Gesetzeskritik Jesu treuer aufgegriffen und weitergeführt als die aramäisch-sprechende Urgemeinde. Nicht Jesu Haltung bestimmte ihre grundsätzliche Kritik an Tempelkult und Tora, sondern ihr eigenes, spezifisches Verständnis von Jesu Tod und Auferweckung als eines endzeitlichen Sühne- und Offenbarungshandelns Gottes. Ihre kritische Haltung gegenüber Tempel und Tora ist also nicht vom irdischen Jesus abhängig, sondern in seinem Tod und seiner Auferweckung begründet.

Die "Hellenisten" könnten auch im aramäisch-sprechenden Teil der Urgemeinde auf wenig Verständnis gestoßen sein. Die spätere innerkirchliche Entwicklung macht sogar wahrscheinlich, daß die pointierte Christologie der "Hellenisten" und die daraus gezogenen Konsequenzen sehr bald zu internen Kontroversen und Vorbehalten geführt haben. Vielleicht hat die Apg 6,1ff geschilderte Situation, daß die hellenistischen Witwen bei der Armenversorgung "übergangen" wurden, in solchen Vorbehalten ihren eigentlichen Grund. Jedenfalls ziehen sich theologische Differenzen und Kontroversen von nun an wie ein roter Faden durch die Geschichte des Urchristentums. Sie führten zum Apostelkonzil, spitzten sich gegenüber dem Wirken des Paulus zu und lösten schier unüberwindbare Vorbehalte des aramäisch-sprechenden Judenchristentums gegen das hellenistische Judenchristentum aus.

Zur Überlieferung der "Hellenisten" gehörte auch die "Stephanusrede" Apg 7,2-53[1]. Allerdings hat sie eine längere literarische Vorgeschichte und ist nicht in den Kreisen der "Hellenisten" entstanden. Diese haben mit ihr eine Überlieferung des hellenistischen Judentums aufgenommen und überarbeitet.[2]

Die Rede ist in dieser Form natürlich nie von Stephanus gehalten worden. Erst Lukas hat sie in den Zusammenhang des Prozesses gegen Stephanus gestellt und dabei die ursprüngliche Handlungsabfolge Apg 6,14f/7,54ff unterbrochen. Vielleicht war ihm noch bekannt, daß es sich bei der Rede um Überlieferung der "Hellenisten" handelte. Insofern hat er sie zu Recht Stephanus in den Mund gelegt.

Die Rede enthält einerseits eine Reflexion der Heilsgeschichte Israels. Diese wird "in ruhigem Erzählstil in der Form eines Geschichtssummariums zur Sprache" gebracht (A. Weiser). Das AT wird nach der LXX zitiert. Andererseits finden sich mehrfach unvermittelt Passagen in einem kritisch-polemischen Stil, die in der Anklage gegen die Hörer V.51-53 gipfeln. Diese uneinheitliche Gesamtstruktur der Rede läßt eine eindeutige Gattungsbestimmung nicht zu und weist auf die literarische Vorgeschichte der Rede hin. Ein ursprüngliches Summarium der Heilsgeschichte wurde durch sekundäre, polemisch-anklagende Überlagerungen zu einer Gerichts- oder Umkehrpredigt umgestaltet.
Der erste Teil (V.2-16) berichtet in durchgehend ruhigem Erzählstil die Vätergeschichte von Abraham bis Jakob. Der zweite Teil (V.17-44) behandelt die Zeit des Exodus. Im Mittelpunkt steht Mose, der als Retter und Heilsmittler dargestellt wird. Betont werden die "himmlische Schönheit" des Mose (V.20), seine "Weisheit" und charismatische Kraft (V.22). In V.35-39 fällt eine Reihe von relativisch verbundenen Aussagen über Mose auf (τοῦτον; ὅν; οὗτος; ᾧ), die einerseits seine Funktion als Retter und Heilsmittler unterstreichen (V.35b.36.38), andererseits den Ungehorsam "der Väter" gegen ihn feststellen (V.35a.39). In der Mitte aber steht eine auf Jesus bezogene Verheißung des Mose (V.37; vgl. Dtn 18,18), die in der Anklage V.52 später erneut aufgenommen wird.

---

1 DIBELIUS, M., Aufsätze zur Apostelgeschichte, Göttingen ⁴1961· 143ff; DSCHULNIGG, P., Die Rede des Stephanus im Rahmen des Berichtes über sein Martyrium (Apg 6,8 - 8,3): Judaica 44 (1988) 195-214; HAHN, F., Christologische Hoheitstitel, Göttingen ³1966,382ff; KILGALLEN, J., The Stephen Speech, Rom 1976; SCHNEIDER, G., Stephanus, die Hellenisten und Samaria, in: Kremer, J. (Hg), Les actes des apôtres, Louvain 1979, 215-240; SCROGGS, R., The Earliest Hellenistic Christianity, in: Neusner, J. (Hg), Religion in Antiquity, Leiden 1968, 176-206; SIMON, M., St. Stephen and the Hellenists in the Primitive Church, London 1958; STECK, O.H., Israel und das gewaltsame Geschick der Propheten, Neukirchen 1967, 165ff; THYEN, H., Der Stil der jüdisch-hellenistischen Homilie, Göttingen 1955; WILCKENS, U., Die Missionsreden der Apostelgeschichte, Neukirchen ³1974; DERS., Zur Entwicklung des paulinischen Gesetzesverständnisses: NTS 28 (1982) 154-190.

2 Überlieferungsgeschichtlich könnte der "Stephanusrede" eine Synagogenpredigt des hellenistischen Judentums zugrunde liegen, die in einem heilsgeschichtlichen Summarium (vgl. Dtn 6,20-24; 26,5-9; Jos 24,2-13; Neh 9,6-31; Jdt 5,6-18; 1 Makk 2,52-60; Ps 78; 105; 106; 136; Weish 10; Sir 44-50) die Heilsmittlerschaft des Mose beim Empfang des Gesetzes betont und den Tempelbau als Höhepunkt der Heilsgeschichte preist. Dann kann angenommen werden, daß die ursprüngliche Predigt nicht nach V.47 abbrach, sondern die jetzige polemische Überformung in V.48ff die ursprüngliche Fortsetzung ersetzt. Eine Synagogenpredigt mit dieser Tendenz könnte durchaus in Kreisen des hellenistischen Judentums Jerusalems geformt worden sein, entspricht sie doch weitgehend den Anschauungen und der Stimmung dieser nach Jerusalem heimgekehrten Diasporajuden (s. dazu Kap. III.7).

> [35]Diesen Mose, von dem sie nichts wissen wollten, als sie sprachen: "Wer hat dich
> denn zum Herrscher und Richter eingesetzt?" den hat Gott als Herrscher und
> Befreier gesandt durch den Engel, der ihm im Dornbusch erschienen war.
> [36]Dieser hat sie herausgeführt unter Wundern und Zeichen, die er im Lande
> Ägypten und am Roten Meer und vierzig Jahre lang in der Wüste tat. [37]Dieser
> Mose ist es, der zu den Söhnen Israels sprach: "Einen Propheten wie mich wird
> Gott euch aus euren Brüdern erwecken." Dieser ist es, der bei der Versammlung
> in der Wüste der Mittler war zwischen dem Engel, der mit ihm sprach am Berg
> Sinai, und unseren Vätern, der Worte des Lebens empfing, um sie uns zu schen-
> ken. [39]Diesem wollten unsere Väter nicht gehorchen. Nein, sie stießen ihn zu-
> rück, wandten sich in ihren Herzen wieder Ägypten zu."

Die polemisch-kritischen Hinweise auf den Ungehorsam "der Väter" (V.35a.39) und die christologische Verheißung (V.37) lassen sich aus der Rede herausnehmen, ohne daß dadurch eine Sinnstörung eintritt. Gleiches gilt von V.40-43, die mit V.39 eng verbunden sind. In ihnen wird im Zusammenhang mit dem Abfall Israels in der Wüste und unter Aufnahme prophetischer Kritik am Opferkult Aaron als Gegenspieler des Mose aufgebaut.

> [40]Sie sprachen zu Aaron: "Mache uns Götter, die vor uns herziehen sollen! Denn
> dieser Mose, der uns aus Ägypten herausgeführt hat, - wir wissen nicht, was ihm
> zugestoßen ist." [41]Und sie machten in jenen Tagen ein Kalb und brachten diesem
> Götzenbild ein Opfer dar und waren voll Freude über das Machwerk ihrer
> Hände. [42]Da wandte sich Gott ab und ließ zu, daß sie das (Sternen-)Heer des
> Himmels verehrten, wie geschrieben steht im Buch der Propheten:
>
> "Habt ihr denn mir Schlacht- und Brandopfer dargebracht
> vierzig Jahre lang in der Wüste, Haus Israel?
> [43]Das Zelt des Moloch habt ihr mitgeführt und den Stern eures Gottes Rephan,
> Die Bilder, die ihr gemacht habt, um sie anzubeten.
> Noch über Babylon hinaus werde ich euch verbannen."

Der dritte Teil der Rede berichtet über die Stiftshütte und den Tempelbau (V.44-47). Der Tenor ist zunächst positiv. Stiftshütte und Tempelbau gehen auf Gottes Geheiß zurück. Ausdrücklich wird im Zusammenhang der Planung des Tempels durch David von der Gnade gesprochen, die David vor Gott fand. Die Durchführung des Tempelbaus durch Salomon wird dementsprechend ohne Vorbehalt berichtet. Der Ton ändert sich aber in V.48 abrupt und schlägt in scharfe Polemik um: Ein von Menschenhänden erbautes Gebäude kann nicht Wohnung Gottes sein (V.49-50).

> [48]Allein der Höchste wohnt nicht an Stätten, die Menschenhände bauten.
> Sagt doch der Prophet:
> [49]"Der Himmel ist mein Thron; die Erde ist der Schemel meiner Füße.
> Was für ein Haus könnt ihr mir bauen, spricht der Herr,
> Oder was soll meine Ruhestätte sein? [50]Hat nicht meine Hand das alles geschaffen?"

In V.51-53 wird aus den kritisch-polemischen Passagen der Rede (V.35a.37.39. 40-43.48-50) eine scharfe Anklage gegen die Hörer geformt. Sie sind nicht besser als ihre Väter. Wie diese widersetzen sie sich den zu ihnen gesandten Propheten, verfolgen und ermorden sie. Sie haben sogar den durch Mose und die Propheten verheißenen "Gerechten" Jesus getötet. Obwohl ihnen Mose durch Vermittlung von Engeln das Gesetz als "Wort des Lebens" (V.38) übergeben hat, halten sie es nicht und erweisen sich so als "halsstarrig" und als in Wahrheit "Unbeschnittene". Die Anklage gipfelt in dem Vorwurf, sich allezeit dem Heiligen Geist zu widersetzen.

[51]Ihr Halsstarrigen und Unbeschnittenen an Herz und Ohren! Allzeit widerstrebt ihr dem Heiligen Geist, wie eure Väter, so auch ihr. [52]Welchen der Propheten haben eure Väter nicht verfolgt? Getötet haben sie die, die geweissagt haben über das Kommen des Gerechten, dessen Verräter und Mörder ihr jetzt geworden seid, [53]ihr, die ihr das Gesetz auf Verordnung von Engeln hin empfangen habt; aber gehalten habt ihr es nicht.[1]

Es ist sehr wahrscheinlich, daß die "Stephanusrede" in ihrer jetzigen Fassung und polemischen Zuspitzung den "Hellenisten" zuzuschreiben ist. So kann sie herangezogen werden als Beleg ihrer spezifischen Theologie und ihrer Auseinandersetzung mit Israel.

Wegen des traditionsgeschichtlichen Zusammenhangs mit Apg 7,51b könnte auch das Wort Mk 3,28fpar[2] ein Überlieferungsstück der "Hellenisten" sein.

Wahrlich, ich sage euch: Alles wird den Menschenkindern vergeben werden, die Sünden und die Lästerungen, soviel sie auch lästern mögen. Wer aber lästert wider den Heiligen Geist, der erhält keine Vergebung bis in Ewigkeit, sondern ist ewiger Sünde schuldig.[3]

Das Logion ist als "Satz heiligen Rechtes" (ὅς ἄν; ἐάν) stilisiert (s. dazu Kap. X.1). Selbst Gotteslästerungen können den Menschen vergeben werden, Lästerungen gegen den Heiligen Geist dagegen niemals. Das Wort ist gegen solche gerichtet, die die vollmächtige Predigt und die wunderbaren Krafttaten Jesu und seiner Boten nicht als Wirkung des heiligen Gottesgeistes anerkennen wollen (vgl. Lk 11,20). Sie sind ewiger Sünde schuldig.
Hintergrund des Drohwortes könnte die negative Erfahrung der "Hellenisten" sein: Ihre Mission stieß auf Widerstand. Dieser ist gegen den Heiligen Geist gerichtet, denn die "Hellenisten" wußten sich durch Gottes Geist bestimmt. Er kann nur als Zeichen von Böswilligkeit und Verstocktheit verstanden werden (vgl. Did 11,7).
Die "Hellenisten" haben als erste das Scheitern der Jesusbotschaft am Widerstand Israels sehr konkret erfahren. Die Missionsbewegung der aramäisch-

---

[1] Deutlich ist V.51-53 vom deuteronomistischen Geschichtsbild und von der deuteronomistischen Prophetenaussage über die Verwerfung und Ermordung der gottgesandten Propheten durch Israel geprägt. Wir haben oben gezeigt, daß diese deuteronomistische Tradition auch auf Lk 11,49-51; 13,34f; Mk 12,1-9 eingewirkt hat, die wir den "Hellenisten" zugeordnet haben. Daneben finden wir in den polemischen Passagen der "Stephanusrede" eine Tempelkritik, die sich mit dem Tempelwort der Passionsgeschichte (Mk 14,58) berührt, ebenso eine Kritik am Opferkult, die wir gleichfalls, christologisch begründet, im Umfeld der "Hellenisten" ausgemacht haben, und schließlich eine Polemik gegen Israels Gesetzesungehorsam mit dem Vorwurf, sich dem heiligen Gottesgeist zu widersetzen. Auch die beiden letzten Elemente, verbunden mit dem Vorwurf der "Unbeschnittenheit des Herzens", verweisen auf die "Hellenisten" als Trägergruppe dieser Gerichtspredigt des Stephanus.
Daß gerade diese Gruppe in besonderer Weise charismatisch geprägt war und sich als Sprachrohr des heiligen Gottesgeistes verstand, geht aus der Darstellung der Apg und den übrigen Überlieferungen der "Hellenisten" deutlich hervor (vgl. Apg 6,5.8; 7,55; 8,29.39 u.a.).

[2] COLPE, C., Der Spruch von der Lästerung des Geistes, in: FS J. Jeremias, Göttingen 1970, 63-79; SCHENK, W., Der Einfluß der Logienquelle auf das Markusevangelium: ZNW 70 (1979) 141-165, bes. 147f; WANKE, J., "Kommentarworte". Älteste Kommentierungen von Herrenworten: BZ 24 (1980) 208-233, bes. 223f.

[3] Die älteste Fassung des Wortes ist hinter Mk 3,28f zu vermuten. Die Fassung in Q zeigt wegen des Titels "Menschensohn" ein spätes Stadium der Überlieferung an. Allerdings könnte βλασφημήσωσιν; -μήση in Mk 3,28f gegenüber der semitischen Wendung "ein Wort reden gegen ..." in Lk 12,10 sekundär sein.

sprechenden Urgemeinde hat dagegen noch lange fortgedauert. Weil unser Logion auch in der Quelle Q überliefert worden ist (vgl. Mt 12,32; Lk 12,10), muß angenommen werden, daß die hinter Q stehende Gruppe charismatischer Israelmissionare es später aufgegriffen und als Gerichtswort gegen Israel verwendet hat, als sich auch das Scheitern ihrer Israelmission abzeichnete (s. dazu Kap. XIII.6).

Die Verkündigung der "Hellenisten" und deren kritische Implikationen für Tempelkult und Sinaioffenbarung mußten zu scharfen Auseinandersetzungen mit dem Jerusalemer Judentum führen. Davon berichtet Lukas in Apg 6,8-15; 7,54-8,2. Auf diesen Bericht ist nun näher einzugehen.

> [8]Stephanus aber, voll Gnade und Kraft, tat große Wunder und Zeichen unter dem Volk. [9]Nun standen aber einige von denen auf, die zu der sogenannten Synagoge der Libertiner und Kyrenäer und Alexandriner gehörten, und einige von denen aus Kilikien und Asien und stritten mit Stephanus, [10]vermochten aber nicht standzuhalten der Weisheit und dem Geist, mit dem er sprach. [11]Da stifteten sie Leute an, die aussagten: "Wir haben ihn Lästerworte reden hören gegen Mose und Gott." [12]So hetzten sie das Volk auf und die Ältesten und die Schriftgelehrten, überfielen ihn und schleppten ihn gewaltsam vor den Hohen Rat. [13]Da stellten sie falsche Zeugen auf, die aussagten: "Dieser Mensch hört nicht auf, Reden zu führen gegen die heilige Stätte und das Gesetz. [14]So haben wir ihn sagen hören: 'Dieser Jesus von Nazareth wird diese Stätte zerstören und die Bräuche ändern, die uns Moses überliefert hat.'" [15]Alle, die im Hohen Rat saßen, blickten auf ihn, und sie sahen sein Antlitz wie das Antlitz eines Engels. (7)[... [54]Als sie das hörten,] waren sie aufs höchste entrüstet und knirschten mit den Zähnen gegen ihn. [55]Er aber war voll des Heiligen Geistes, schaute unverwandt zum Himmel auf, sah Gottes Herrlichkeit und Jesus stehen zur Rechten Gottes [56]und rief aus: "Siehe, ich sehe den Himmel offen und den Menschensohn zur Rechten Gottes stehen." [57]Da schrien sie mit lauter Stimme auf, hielten sich die Ohren zu und fielen allesamt über ihn her; [58]sie stießen ihn zur Stadt hinaus und steinigten ihn. [Die Zeugen aber legten ihre Kleider zu den Füßen eines jungen Mannes nieder, der Saulus hieß.] [59]So steinigten sie Stephanus, der betete und sprach: "Herr Jesus, nimm meinen Geist auf!" [60]Und in die Knie gesunken, rief er mit lauter Stimme: "Herr, rechne ihnen nicht diese Sünde an!" So sprach er und verschied. [(8)[1]Saulus aber hatte Wohlgefallen an seiner Ermordung.] An jenem Tag aber brach eine große Verfolgung über die Kirche von Jerusalem herein. Alle zerstreuten sich in die Landgebiete von Judäa und Samaria, ausgenommen die Apostel. [2]Den Stephanus aber bestatteten gottesfürchtige Männer und hielten eine große Totenklage um ihn.

Der Großabschnitt Apg 6,1-8,2 ist eine literarische Komposition des Lukas, die sich aber auf alte Überlieferung stützt. Daß die Rede des Stephanus 7,2-53 den noch erkennbaren ursprünglichen literarischen Zusammenhang von Apg 6,8-7,1; 7,(54)55-8,3 unterbricht, wurde bereits festgestellt. Aber auch andere Züge beweisen, daß Lukas hier Tradition benutzt hat:

- "Stephanus steht hier im Mittelpunkt der Verhandlung und Verfolgung. Das entspricht nicht dem eigentlichen Bild und Schema: die Apostel ... hatten bisher diese Stelle inne." (Haenchen)
- Die Initiative zur Bekämpfung der christlichen Gemeinde geht hier nicht wie bisher von der sadduzäischen Priesteraristokratie aus, sondern von hellenistischen Diasporajuden (6,9f).
- Die Zeichen und Wunder des Stephanus (6,8) sind schwerlich ein ausreichender Anklagepunkt. Lukas hat den ursprünglichen Zug, daß Stephanus verkündet hat, offenbar getilgt.
- Der jetzige Bericht setzt ein ordentliches Gerichtsverfahren vor dem Synedrium voraus. Dem widerspricht sowohl die Tatsache als auch die Art und Weise der "Steinigung" des Stephanus. Einerseits besaßen die Juden damals keine Blutgerichtsbarkeit, andererseits hatte eine gerichtliche Steinigung einen anderen Modus. Man stieß den Verurteilten einen Abhang hinab. Überlebte er den Sturz, so ließ einer der Richter einen schweren Stein auf seine Brust fallen und zerstörte so Herz und Lungen. Die Schilderung Apg 7,57ff setzt dagegen die Tötung durch Steinwürfe voraus, offenbar ein Akt von Lynchjustiz durch eine aufgebrachte Menge (vgl. Joh 8,59; 10,31).

Die Forschung ist sich darüber einig, daß die jetzige Gestalt des Berichts auf Lukas zurückgeht. Er hat das Martyrium des Stephanus in Anlehnung an die Passion Jesu geformt. Er läßt die Verhandlung vor dem Synedrium stattfinden, falsche Zeugen die Anklage aussprechen und Stephanus eine große Rede halten. Er hat auch Saulus/Paulus mit dem Mord an Stephanus in Verbindung gebracht (Apg 7,58; 8,1). Bei alledem hat Lukas aber einen Quellenbericht über das Martyrium des Stephanus verwendet, der zunächst über das Wirken des Stephanus in Wort und Tat unter den hellenistischen Juden Jerusalems berichtete (6,8-10) und dann von einem Tumult unter den Hörern sprach (6,11-15), der zur Lynchung des Stephanus durch die aufgebrachte Menge führte (7,55-59). Ein letztes Wort des sterbenden Stephanus (7,59) und ein Hinweis auf seine Bestattung (8,2) schlossen den Bericht wahrscheinlich ab. Der Bericht setzte ursprünglich voraus, daß hellenistische Juden Jerusalems für den Mord an Stephanus verantwortlich waren. Eine genaue Rekonstruktion der von Lukas verwendeten Tradition ist allerdings nicht mehr möglich.
Dieser Martyriumsbericht gehört sicher zum Traditionsgut der "Hellenisten". In ihm bewahrten sie das Andenken an die führende Persönlichkeit ihres Kreises und an ihren ersten Märtyrer auf. Das Gebet des sterbenden Stephanus (7,59) zeigt, daß die "Hellenisten" den erhöhten Herrn im Gebet als κύριος anriefen.

Bei der Tötung des Stephanus durch eine aufgebrachte Volksmenge brauchen nicht nur religiöse Motive eine Rolle gespielt zu haben. Mit dem Tempel und seinem Kult waren viele handfeste materielle Interessen verbunden, denn der Tempel war der bedeutendste wirtschaftliche Faktor Jerusalems.
"Fast alle Jerusalemer waren indirekt vom Tempel abhängig. Viehhändler, Geldwechsler, Gerber und Schuster lebten von ihm. Die Pilger brachten Geld in die Stadt und waren auf Dienstleistungen der Bevölkerung angewiesen. Jerusalems Wirtschaft basierte auf dem religiös motivierten Fremdenverkehr. Ansonsten gab es keine bedeutenden Einnahmequellen. Die Umgebung war nicht sehr fruchtbar. Industrien gab es nicht. Die großen Handelsstraßen liefen entlang der Küste bzw. im ostjordanischen Gebiet. Der Handel wurde ohnehin durch religiöse Vorurteile erschwert. Es gab Importbeschränkungen für heidnische Luxuswaren (Sab 14b; j.Pes. 27d, 54ff; j.Keth 32c, 4ff). Rituelle Tabus hemmten den Viehhandel (ant 12,145f). Sogar der Verkauf landwirtschaftlicher Produkte an Heiden war umstritten (CD 12,8ff). Handeltreibende Berufe wie Eseltreiber, Kamelführer u.ä. wurden diskriminiert (Qid IV, 14,2 vgl. Aristeas § 114). Es fehlte in Jerusalem eine einflußreiche handeltreibende Schicht, die durch ihre Weltoffenheit ein Gegengewicht zu Ethnozentrismus und Xenophobie hätte bilden können. Der Jerusalemer Aristokrat Josephus spricht das deutlich aus: Wir kennen nicht 'den Handel und den dadurch vermittelten Verkehr' (c.Ap. 60). Früher stand Jerusalem wenigstens als Hauptstadt in ständigem Verkehr zur Außenwelt. Seit der Übernahme der Regierungshoheit durch die Römer war jedoch Cäsarea zum Sitz der staatlichen Verwaltungsorgane geworden. In Jerusalem blieben nur die Selbstverwaltungsorgane der Juden. Um so mehr mußte man die religiöse Bedeutung der Stadt betonen. Ohne sie war Jerusalem nicht existenzfähig. Jerusalem war eine Stadt ohne städtische Basis. ... Ein nicht unbedeutender Teil der Bevölkerung war direkt vom Tempel abhängig. Der Tempel zahlte gute Löhne. So erstreikten Tempelarbeiter einmal eine Lohnerhöhung von 100 % (b.Yoma 38a). Auch wurde der Lohn stundenweise ausgezahlt (ant 20,220). Die soziale Bedeutung des Tempels als des größten Arbeitgebers in Jerusalem geht aus dem Tempelbau hervor, der von 20/19 v.Chr. bis 62/64 n.Chr. dauerte. Herodes hatte zu Beginn 11 000 Bauarbeiter eingestellt (ant 11,390). Bei Vollendung der Bauarbeiten waren es nach Josephus 18 000, für die man neue Beschäftigungsmöglichkeiten suchen mußte (ant 20,219f). Die Zunahme der Beschäftigten ist umso erstaunlicher, als die extensiven Arbeiten schon zur Zeit des Herodes abgeschlossen waren. Beschäftigte der Tempel mehr Menschen als unbedingt nötig? Schon bei Herodes hatte der Tempelbau den Charakter eines Arbeitsbeschaffungsprogramms: Er konnte so u.a. 1000 arme Priester beschäftigen und den Tempelschatz wirtschaftlich nutzen... Außerdem bot der Tempel rechtliche Vorteile für die ganze Stadt: Man konnte sich unter Berufung auf die Heiligkeit der Stadt um steuerliche Erleichterungen bemühen. Ein fingierter Erlaß des syrischen Königs Demetrius mit weitgehenden Steuergeschenken zeigt, wohin die Wünsche der Jerusalemer gingen (1 Makk 19,25ff). Zweimal sind Steu-

erleichterungen speziell für Jerusalem bezeugt: Einmal erließ der syrische Legat Vitellius die Umsatzsteuer für die auf dem Jerusalemer Markt verkauften Früchte (ant 18,90), das andere Mal verzichtete Agrippa I. auf eine die Jerusalemer Häuser belastende Vermögenssteuer (ant 19,299). Diese Steuererleichterungen stellten eine Bevorzugung der Stadt vor dem Land dar - eine Prämie für politisches Wohlverhalten." (Theißen, Soziologie 51ff)

Die Verkündigung der "Hellenisten" vom Ende des Tempels und seines Kultes durch Jesus konnte also bei vielen Jerusalemer Juden ganz konkrete Ängste und Sorgen um ihre wirtschaftliche Existenz auslösen. Die Anschauungen der "Hellenisten" dürften ja nicht nur den hellenistischen Juden Jerusalems zur Kenntnis gelangt, sondern vielleicht in verkürzter und undifferenzierter Version in Jerusalem allgemein bekannt geworden sein und Erregung ausgelöst haben, die einerseits religiös, andererseits durchaus materiell motiviert war. Vor solchem Hintergrund würde der Lynchmord an Stephanus historisch durchaus glaubhaft.

Ein Wandel der römischen Judenpolitik könnte das Vorgehen der Jerusalemer Juden gegen Stephanus und die "Hellenisten" begünstigt haben. Bis zur Absetzung des einflußreichen Kaiserberaters Sejan im Jahr 31 n.Chr. war die römische Politik antijüdisch eingestellt. Die harte Haltung des Pilatus gegen jüdische Aufständische ist aus ihr zu erklären. Nach 31 n.Chr. vollzog sich ein Wandel der römischen Judenpolitik. Er fand 32 n.Chr. in einem judenfreundlichen Edikt des Tiberius seinen Ausdruck. Auch Pilatus mußte diesen Kurswechsel mitvollziehen und fiel ihm letztlich politisch zum Opfer. Die Römer berücksichtigten nun in ihrem Verwaltungshandeln stärker die religiösen Gefühle und Empfindlichkeiten der Juden, um Konflikte zu vermeiden und der Aufstandsbewegung den Wind aus den Segeln zu nehmen. Diese neue Situation könnte den Ausgang des Konflikts der "Hellenisten" mit dem Jerusalemer Judentum beschleunigt haben. Zwar war der Mord an Stephanus durch diese politische Konstellation nicht gedeckt, aber die Gefahr einer politischen Verwicklung oder einer strengen juristischen Untersuchung dieses Vorfalls durch die Römer war offenbar gering, zumal der Mord als Tat einer erregten Menge verständlich gemacht werden konnte. Die nachfolgende Vertreibung der "Hellenisten" aus Jerusalem könnte sogar von römischen Stellen gedeckt worden sein. Diese waren sehr daran interessiert, jeden Anlaß für den religiösen Fanatismus der jüdischen Bevölkerung Jerusalems zu beseitigen. Verständlich wird so auch, weshalb die aramäisch-sprechende Urgemeinde weiterhin geduldet wurde. Allerdings setzt dies voraus, daß die Behörden zwischen den Anschauungen der aramäisch-sprechenden Urgemeinde und denen der "Hellenisten" klar unterscheiden und beide Gruppen differenziert behandeln konnten.

Nach dem Tod des Stephanus mußte ein Teil der Urgemeinde Jerusalem fluchtartig verlassen (Apg 8,1). Betroffen war in erster Linie der um seinen führenden Kopf beraubte Kreis der "Sieben". Inwieweit die Verfolgung die hellenistischen Judenchristen insgesamt betraf, können wir nicht sicher sagen. In dieser Situation könnte das Drohwort gegen Jerusalem Lk 13,34f seinen konkreten "Sitz im Leben" haben (s. dazu Kap. VI.4).

Kapitel VIII.
Die Mission der "Hellenisten"

Literatur: DAUTZENBERG, G., Der Wandel der Reich-Gottes-Verkündigung in der urchristlichen Mission, in: QD 87, Freiburg 1979, 11-32; HAHN, F., Das Verständnis der Mission im Neuen Testament, Neukirchen-Vluyn 1963; v. HARNACK, A., Die Mission und Ausbreitung des Christentums in den ersten drei Jahrhunderten, Leipzig [4]1924; KASTING, A., Die Anfänge der urchristlichen Mission, München 1969; LÜDEMANN, G., Paulus, der Heidenapostel I, Göttingen 1980; MÜLLER, U.B., Prophetie und Predigt im Neuen Testament, Gütersloh 1975; THEISSEN, G., Lokalkoloritforschung in den Evangelien: EvTh 45 (1985) 481-499; vgl. auch die Literatur Kap. VI.4 und VII.

Wir wissen nicht, wie groß der Personenkreis war, der von der "Verfolgung" Apg 8,1 betroffen war. Gewiß waren nicht nur die "Sieben" gefährdet, sondern darüber hinaus alle, die im christologischen Bekenntnis mit ihnen übereinstimmten. Angesichts dieser Verkündigung, die Gesetz und Tempel in Frage stellte, konnte die jüdische Behörde nicht untätig bleiben. So ist es durchaus möglich, daß die der "Häresie" verdächtigen hellenistischen Judenchristen durch jüdische Organe verhört wurden, wie Lukas in Apg 8,3 sagt. Saulus/Paulus war daran jedoch nicht beteiligt, wie aus seinem Selbstzeugnis Gal 1,13-23 hervorgeht: Noch drei Jahre nach seiner Bekehrung war er den Christen von Judäa/Jerusalem persönlich unbekannt. Er dürfte also kaum hier als Christenverfolger aufgetreten sein.

Unwahrscheinlich ist, daß die hellenistischen Judenchristen aufgrund der Verfolgung unmittelbar an Leib und Leben bedroht waren. Die Steinigung des Stephanus war ein Akt der Lynchjustiz durch eine aufgebrachte Menge. Die Gefahr, durch eifernde Juden umgebracht zu werden, war zwar gegeben. Die Verfolgung durch die jüdische Behörde aber hatte schwerlich eine Aburteilung der "Hellenisten" zum Ziel. Ihr waren in Kapitalprozeßsachen die Hände gebunden, und sie besaß nicht das Recht, Todesstrafen zu verhängen. So dürften körperliche Züchtigung und vor allem Ausweisung aus Jerusalem die vorwiegenden Maßnahmen gegen die häresieverdächtigen "Hellenisten" gewesen sein.

Viele "Hellenisten" kamen so in die Lage, ihren Christusglauben vor dem Forum jüdischer Gerichtsinstanzen zu bekennen. Das alte Menschensohnlogion Lk 12,8f (s. dazu Kap. VI.2) hat in dieser Bekennersituation einen möglichen "Sitz im Leben". Der Bericht über das Martyrium des Stephanus Apg 7,54-60 liest sich wie eine Illustration zu diesem alten Logion. Stephanus sieht den "Menschensohn" zur Rechten Gottes bereitstehen, um als Zeuge und Bürge für den Bekenner einzutreten (7,56).

Daß auch die Jerusalemer "Hellenisten" Träger der "Menschensohn"-Christologie waren, dürfte nicht nur aufgrund von Apg 7,56 feststehen. Auch das in den ältesten Passionsbericht sekundär eingefügte Menschensohnlogion Mk 14,62, wo wie in Apg 7,56 der aus der Apokalyptik stammende Menschensohntitel (Dan 7,13; äthHen) mit Ps 110,1 kombiniert ist, wird aus ihren Kreisen stammen (s. dazu Kap. VI.3). Wir haben darüber hinaus auch das Logion vom notwendigen Leiden, Sterben und Auferstehen des "Menschensohnes" (Mk 8,31) auf ihr Konto gesetzt (s. dazu Kap. VI.3). Überhaupt werden sie es gewesen sein, die das hebräische "bar nascha" bzw. das aramäische Äquivalent mit dem klar titular verwendeten und messianisch verstandenen griechi-

schen Ausdruck ὁ υἱὸς τοῦ ἀνθρώπου übersetzten und so die im NT völlig einheitliche Verwendung des christologischen Titels "Menschensohn" begründeten. Dieser Titel war für sie stärker als der Titel "Messias" geeignet, ihre spezifische christologische Anschauung zum Ausdruck zu bringen. Die Gestalt des "Menschensohnes" war nach jüdischer Tradition ein himmlisches Wesen, das beim Endgericht in Erscheinung treten sollte. Auf Jesus angewendet, konnte der Titel die Vorstellung der himmlischen Präexistenz Jesu, seines Herabstiegs in die irdische Sphäre (Inkarnation) und seiner Rückkehr in die himmlische Welt an sich ziehen. Wenn darüber hinaus die Jerusalemer "Hellenisten", wie wir oben vermutet haben (s. dazu Kap. VI.4), auf Jesus auch Kategorien der präexistenten "Weisheit" angewendet haben, zu der auch der "Menschensohn" in enger Beziehung stand, dann rundet sich das Bild des spezifischen christologischen Bekenntnisses der "Hellenisten" und ihrer Konsequenzen für Gesetz und Tempel. Die Erscheinungsform der göttlichen "Weisheit" ist für sie nicht mehr die Tora (Sir 24; Bar 4), sondern der "Menschensohn" Jesus, und ihr Sitz ist nicht der Tempel, sondern die Gemeinde als "geistiger Tempel".
In der Situation der Ausweisung der "Hellenisten" aus Jerusalem dürften auch die Weisheitslogien Mt 11,16-19; Lk 11,49ff; 13,34f (s. dazu Kap. VI. 4) ihren "Sitz im Leben" haben. Ihre Träger waren die "Hellenisten". Das wird dadurch nahegelegt, daß sich das darin zum Ausdruck kommende Urteil über den Tempel (Lk 13,35; vgl. Mk 15,38; 14,62) und die Anklage gegen das ungehorsame, mörderische Israel auch im Schlußteil der "Stephanusrede" Apg 7,48-53 finden, die als Überlieferung der "Hellenisten" gelten muß (s. dazu Kap. VII.4).

Wohin sich die "Hellenisten" bei ihrer Flucht wandten, zeigt uns die Apostelgeschichte. Nach Apg 11,19f kamen einige von ihnen "bis nach Phönizien, Zypern und Antiochien" und gründeten in Antiochien eine christliche Gemeinde (s. dazu Kap. XIV). In Apg 8 stellt Lukas einige Nachrichten und Überlieferungen über Philippus zusammen, die uns dieses Mitglied des "Siebener"-Kreises als Missionar in Samarien (8,5ff), im Küstengebiet zwischen Asdod und Gaza (8,26.40) und in der Residenzstadt Cäsarea (8,40; vgl. 21,8f) zeigen. Danach hatte der "Hellenist" Philippus sein Missionsfeld überwiegend in den hellenistischen Städten der Küstenregion. Von Cäsarea aus, der Hauptstadt der römischen Prokuratie Judäa/Samarien, scheint er auch eine planvolle Mission in Samaria betrieben zu haben.

Die Legende Apg 8,26-40[1] feiert ihn als (ersten?) Heidenmissionar.

> [26]Ein Engel des Herrn sprach zu Philippus: "Mach dich auf und wandere gen Süden auf den Weg, der von Jerusalem nach Gaza hinabführt; dieser ist einsam." [27]Da machte er sich auf und ging hin. Und siehe, ein Äthiopier, ein Eunuch, ein Würdenträger der Kandake, der Königin der Äthiopier, der über ihren gesamten Schatz gesetzt war, war nach Jerusalem gekommen, um anzubeten, [28]und befand sich auf dem Heimweg. Er saß auf seinem Wagen und las den Propheten Jesaja. [29]Der Geist aber sprach zu Philippus: "Geh hin und halte dich bei seinem Wagen." [30]Da lief Philippus hin und hörte ihn den Propheten Jesaja lesen. Da sagte er: "Verstehst du denn auch, was du liest?" [31]Der aber sprach: "Wie sollte ich das können, wenn mich niemand anleitet?" Und er bat den Philippus aufzusteigen und sich zu ihm zu setzen. [32]Die Schriftstelle aber, die er las, war folgende: "Wie ein Schaf wurde er zur Schlachtbank geführt, und wie ein Lamm vor dem, der es schert, verstummt, so öffnete er seinen Mund nicht. Dadurch, daß er sich erniedrigte, wurde das Strafgericht über ihn aufgehoben. Seine Nachkommen aber - wer kann sie zählen? Denn von der Erde weggenommen wird sein Leben." [34]Nun wandte sich der Eunuch an Philippus und sprach. "Ich bitte dich, von wem sagt das der Prophet? Von sich selbst oder von einem anderen?" [35]Da öffnete Philippus seinen Mund, und von dieser Schriftstelle ausgehend, verkündete er ihm die Frohbotschaft von Jesus. [36]Wie sie aber so des Weges weiterzogen, kamen sie an ein Wasser, und der Eunuch sagte: "Sieh, hier ist

[1] DINKLER, E., Philippus und der ANHP AIΘIOΨ (Apg 8,26-40). Historische und geographische Bemerkungen zum Missionsablauf nach Lukas, in: FS W.G. Kümmel, Göttingen 1975, 85-95.

Wasser! Was hindert, daß ich getauft werde?" [37Philippus erwiderte: "Wenn du aus ganzem Herzen glaubst, kann es geschehen." Da antwortete jener: "Ich glaube, daß Jesus Christus der Sohn Gottes ist."] 38Und er ließ den Wagen halten, und beide stiegen hinab in das Wasser, Philippus und der Eunuch, und er taufte ihn. 39Als sie aber aus dem Wasser herausstiegen, entrückte der Geist des Herrn Philippus, und der Eunuch sah ihn nicht mehr. So zog er denn freudig seines Weges weiter. 40Philippus aber befand sich in Azot. Er zog umher und verkündete in allen Städten die Frohbotschaft, bis er nach Cäsarea kam.

Lukas teilt in seiner Fassung der Erzählung nicht deutlich mit, daß der äthiopische Finanzminister ein Heide war. Doch ist dies selbstverständliche Voraussetzung, denn als Eunuch konnte er nicht Proselyt werden. Lukas wollte Philippus nicht zum Konkurrenten des Petrus machen (vgl. Apg 10f). Der Stil der Erzählung ist ganz legendenhaft. Philippus wird als geistgeführter Charismatiker dargestellt. Er ist Gottes Werkzeug, durch den der erste Heide dem christlichen Glauben zugeführt wird. Wichtig an dieser kleinen Legende ist auch, daß in ihr (erstmals?) das Lied vom leidenden Gottesknecht (Jes 53) christologisch verwendet wird.
Daß auch die übrigen "Hellenisten" nach ihrer Vertreibung Heidenmission betrieben haben, geht aus Apg 11,20 deutlich hervor. Doch sind die lukanischen Nachrichten über die Mission der "Hellenisten" nur fragmentarisch. Zwei Wundererzählungen des Markusevangeliums können sie ergänzen. Ihre geographischen Notizen sind ernstzunehmen. Formal sind sie als "Gründungslegenden" anzusehen, die beweisen, daß es in Tyrus/Phönizien und in Gerasa/Dekapolis schon früh christliche Gemeinden mit heidenchristlichen Mitgliedern gegeben hat. Beide Erzählungen führen diese christlichen Gemeinden auf Jesus selbst zurück, der - ausnahmsweise (!) - sein Heilswirken auch einzelnen Heiden zugewendet hat. In Mk 7,24-30 wird erzählt, daß Jesus die besessene Tochter einer syrophönizischen Heidin aus dem Gebiet von Tyrus geheilt hat. Mk 5,1-20 berichtet von einer Dämonenbannung Jesu im heidnischen Gebiet von Gerasa. Nach Mk 5,19f wird der Geheilte zum Missionar Jesu im Heidenland. Beide Erzählungen operieren mit bekannten jüdischen "Vorurteilen" gegen Heiden[1], die durch Jesus überwunden werden. In beiden Erzählungen wird Jesus als κύριος bezeichnet (7,28; 5,19), worin der spätere titulare Gebrauch schon anklingt. In 5,7 wird Jesus zudem in "heidnischer" Wendung als υἱὸς τοῦ ϑεοῦ ὑψίστου bekannt. Beide Erzählungen argumentieren mit Jesu eigenem Heilswirken an den Heiden. Sie zeigen damit an, daß die Heidenmission in der Urgemeinde umstritten war (s. dazu Kap. XI.4). Sie wird auf Jesu Initiative zurückgeführt und durch seine Autorität verteidigt.

Wahrscheinlich ist die Gemeinde der Küstenstadt Tyrus von den vertriebenen "Hellenisten" gegründet worden (vgl. Apg 11,19f). Auch Gerasa bzw. die Dekapolis könnte von den "Hellenisten" missioniert worden sein. Überhaupt wird man vermuten dürfen, daß gerade die hellenistischen Städte Galiläas und des syrisch-palästinischen Grenzlandes Ziele der Missionsarbeit der "Hellenisten" waren, z.B. Tiberias, Cäsarea-Philippi, Bethsaida u.a. Hier trafen sie dann mit den charismatischen Jesusboten zusammen, die vornehmlich auf dem Lande in den Dörfern und Siedlungen unter der altisraelitischen Bevölkerung wirkten (s. dazu Kap. X). Von diesen könnten sie die erzählende Jesustradition und Teile der Logientradition übernommen haben, die sie ins Griechische übersetzten und bei ihrer eigenen Missionsarbeit verwendeten. Vielleicht waren es die "Hellenisten", die den Teil der urchristlichen Jesusüberlieferung, die in das Markusevangelium Eingang gefunden hat, an die markinische Gemeinde, die wohl im syrisch/phönikischen Raum beheimatet war, vermittelt haben.
Damaskus dürfte ebenfalls von flüchtenden "Hellenisten" aufgesucht worden sein. Zwar ist es nicht undenkbar, daß in dieser Stadt schon vorher Christen lebten, doch setzt die heftige Verfolgung der christlichen Gemeinde dieser Stadt durch Paulus (vgl. Gal 1,13ff; Apg 9) voraus, daß sie die spezifischen Anschauungen der "Hellenisten" teilte. Höchstwahrscheinlich hat Paulus in Damaskus

1 7,27f: "Hündlein"; 5,5: Unreinheit durch Totenberührung; 5,12ff: Unreinheit durch Schweinezucht.

eine Gruppe der "Hellenisten" bekämpft. Daß er dabei, wie die Apostelgeschichte es darstellt, im Auftrag der Jerusalemer Behörden handelte, ist dagegen wenig wahrscheinlich. Der Einfluß des Jerusalemer Synedriums reichte schwerlich bis Damaskus. Paulus könnte im Auftrag der sehr großen Diasporasynagoge von Damaskus (vgl. Josephus, Bell 2,559f) gegen die dort wirkenden "Hellenisten" tätig geworden sein. Die von den "Hellenisten" geprägte, vielleicht sogar gegründete Gemeinde von Damaskus ist dann seine erste christliche Heimat geworden (Gal 1,17). Sie hat also die Verfolgung doch relativ unbeschadet überstanden. Nach eigener Aussage ist Paulus etwa drei Jahre lang ihr Mitglied gewesen (Gal 1,17), ehe er nach Tarsus in Kilikien ging (Gal 1,21). Von dort holte ihn Barnabas nach Antiochien (Apg 11,25f; Gal 2,1). In Damaskus wurde Paulus getauft und mit der Jesusüberlieferung vertraut gemacht. Die dortige Gemeinde der "Hellenisten" und ihre Christologie waren der geistige Nährboden, aus dem das gesetzesfreie Evangelium des Paulus erwachsen ist. Die Erzählung über die Bekehrung des Paulus in Apg 9,1-25 dürfte aus dieser Gemeinde stammen.
Die Flucht der "Hellenisten" aus Jerusalem hat explosionsartig ihre christologischen und soteriologischen Anschauungen weit über die Grenzen des jüdischen Stammlandes hinausgetragen. Häufig wird angenommen, daß einige "Hellenisten" das Christentum bis nach Alexandrien und Rom brachten. Da wir über die Anfänge der Alexandrinischen und der Römischen Gemeinden keine Nachrichten haben, könnte diese Vermutung durchaus zutreffen.
Es lag in der Konsequenz des theologischen Ansatzes der "Hellenisten", auch (gottesfürchtige) Heiden durch die Taufe in die Heilsgemeinde (ἐκκλησία) aufzunehmen. Wurde der Kreuzestod Jesu als eschatologisches Sühnopfer gedacht, das die Sühnehandlung im Tempel abgelöst hatte, wurde er als die Besiegelung eines "neuen Bundes" angesehen, war in Jesus als der "Sophia" Gottes die endzeitliche Kundgabe, die authentische Interpretation des Willens Gottes erfolgt, dann waren die "Tora der Alten" und die Beschneidung nicht mehr Kennzeichen des neuen Bundesvolkes.

Die Kornelius-Erzählung Apg 10,1-11,18 stellt allerdings Petrus als ersten Heidenmissionar dar. Doch dürfte die Erzählung diesen programmatischen Akzent erst durch die Redaktion des Lukas erhalten haben. Auf ihn gehen insbesondere die Rechtfertigung des Petrus vor der Jerusalemer Gemeinde (11,1-18) und das Kerygma des Petrus (10,34-43) zurück. Lukas ist auch für den Einschub der Vision des Petrus in die Erzählung (10,9b-16; vgl. 10,28) verantwortlich, die mit 10,19f konkurriert, ursprünglich das Problem der rituellen Unterscheidung "reiner" und "unreiner" Speisen betrifft und innerhalb der Erzählung nur im übertragenen Sinn verstanden werden kann. Der Erzählung liegt wahrscheinlich eine alte Ortslegende der Gemeinde von Cäsarea zugrunde, die ihr Christentum auf die Hausgemeinde des gottesfürchtigen Heiden Kornelius zurückführte, den Petrus auf Weisung Gottes getauft hatte, ohne von ihm die Beschneidung zu fordern. Die Erzählung deutet aber mit keinem Wort an, daß Kornelius der erste Heidenchrist war. Wohl bezeugt sie, daß auch Petrus zumindest in diesem Fall ein Heidenmissionar war.

Die Aufnahme gottesfürchtiger Heiden in die Gemeinde ohne Beschneidung, wie sie von den "Hellenisten" vollzogen wurde, war von historischer Bedeutung für die Urgemeinde und ihre Entwicklung hin zur "Kirche". Mag sie zunächst auch nur in Einzelfällen vorgekommen sein (vgl. Apg 8,26-37; 10,1-11,18), so lösten diese Präzedenzfälle doch bald eine Lawine aus (Apg 11,20). Kann man sich vorstellen, daß die Entscheidung dazu zufällig, unreflektiert und ohne theologische Fundierung getroffen wurde? Schon die erste Heidentaufe, durch wen auch immer sie erfolgte, mußte programmatischen Charakter haben. Sie war nicht nur in Christologie und Soteriologie der "Hellenisten" vorbereitet, ihr müssen auch interne theologische Diskussionen und gemeinsame Entscheidungen vorausgegangen sein. Auch für die "Hellenisten" war die Heidenmission keine Selbstverständlichkeit. Sie wußten, daß Gott selbst sie dazu getrieben hatte. Das zeigen manche Topoi der Überlieferung, die die Entscheidung zur Heidenmission begründen. Gottes Geist selbst führt die Missionare (Apg 8, 26ff; 10,19.44); schon Jesus hat einzelnen Heiden sein Heilswirken zugewendet (Mk 5,1-20; 7,24-30); der erste Mann der Kirche, Petrus, hat einen Heiden ohne Forderung der Beschneidung getauft (Apg 10,1ff). So rechtfertigte man diesen Schritt auch durch äußere Autorität. Ausschlaggebend dafür war aber, daß für die "Hellenisten" die Heilsbedeutung von Gesetz/Beschneidung und Tempelkult durch das Christusgeschehen aufgehoben war.

Betroffen von der Aufnahme der Heiden in die neue Heilsgemeinde war nicht nur die Beschneidung. Das Gesetz insgesamt war tangiert, insbesondere die rituellen Gebote, die eine scharfe Grenze zwischen Juden und Heiden zogen. Wo Judenchristen und Heidenchristen in einer Gemeinde zusammenlebten und Mahlgemeinschaft hielten, mußte das Problem der beide Gruppen trennenden Speisegebote gelöst werden. Die gesetzliche Unterscheidung zwischen reinen und unreinen Speisen machte einem Juden praktisch jede Mahlgemeinschaft mit einem Heiden unmöglich. Zwei Lösungsmöglichkeiten für ein Zusammenleben von Juden- und Heidenchristen gab es: 1. Auch der Heidenchrist hält sich an die rituellen Speisevorschriften. Diesen Weg geht das "Aposteldekret" Apg 15, 28f, von dem aber unsicher ist, ab wann und für welchen Bereich es gültig war. 2. Die gesetzliche Unterscheidung von "reinen" und "unreinen" Speisen gilt auch für den Judenchristen nicht mehr, jedenfalls nicht im Umgang mit seinen heidenchristlichen Brüdern. Diese Auffassung scheint die Gemeinde von Antiochien lange vertreten und auch Petrus zeitweise geteilt zu haben (Gal 2,11ff).
Die zweite Möglichkeit dürfte hinter der ursprünglichen Auffassung der "Hellenisten" von der "Veränderung des Gesetzes" stehen (vgl. Apg 6,13f), während der erste Lösungsweg durch den Protest gesetzesstrenger Judenchristen ausgelöst wurde und ein kaum auf Dauer haltbarer Kompromiß war. Zwei Überlieferungen belegen die ursprüngliche Auffassung der "Hellenisten". Zunächst kann die Vision des Petrus Apg 10,9-16 angeführt werden. Nach fast einhelliger Auffassung der Kommentatoren ist diese Vision ein Fremdkörper in der jetzigen Erzählung und ein ursprünglich isoliert überliefertes Stück. Petrus empfängt hier eine Offenbarung Gottes, durch die die rituelle Unterscheidung zwischen "reinen" und "unreinen" Speisen aufgehoben wird. Das Ritualgesetz ist damit abgeschafft.

> [Am andern Tage, da diese auf dem Wege waren und sich der Stadt näherten,] stieg Petrus auf das Dach hinauf, um zu beten; es war um die sechste Stunde. Er wurde hungrig und wollte essen. Während man aber zubereitete, kam eine Verzückung über ihn: er sieht den Himmel offen und etwas herabkommen: wie ein großes Leinentuch, das an den vier Enden zur Erde herabgelassen wurde. Darin waren alle Arten von vierfüßigen und kriechenden Tieren der Erde und Vögeln des Himmels. Und eine Stimme erging an ihn: "Steh auf, Petrus, schlachte und iß!" Doch Petrus sprach: "Um keinen Preis, Herr, denn noch nie habe ich etwas Gemeines und Unreines gegessen." Und die Stimme erging wiederum, zum

zweiten Mal an ihn: "Was Gott gereinigt hat, sollst du nicht unrein nennen!" Das aber geschah dreimal, und dann wurde das Tuch sofort in den Himmel zurückgenommen.

Neben die Petrusvision tritt ein anderes Überlieferungsstück, das hinter Mk 7,14-23 erkennbar wird.[1] Die ursprüngliche Überlieferungseinheit könnte aus 7,15.18b.19a.b.20-23 bestanden haben.

> 15 Nichts, was von außerhalb des Menschen in ihn eingeht, kann ihn unrein machen.
> Nein, was aus dem Menschen herauskommt, das macht den Menschen unrein [...]
> 18 Was von außen in den Menschen eingeht, kann ihn nicht unrein machen,
> 19 denn es kommt nicht in sein Herz, sondern in den Bauch
> und geht in den Abort hinaus. [...]
> 20 Was aus dem Menschen herauskommt, das macht den Menschen unrein,
> 21 denn von innen, aus dem Herzen der Menschen, kommen die bösen Gedanken,
> Unzucht, Diebstahl, Mord, 22 Ehebruch, Habsucht, Bosheit, Arglist,
> Ausschweifung, Neid, Lästerung, Hoffart, Unverstand.
> 23 All dies Böse kommt von innen heraus und macht den Menschen unrein.

Das Stück ist klar aufgebaut und gegliedert: 7,15 bietet die These in einem antithetischen Parallelismus. 7,18b.19a.b begründet den ersten Teil der These, 7,20-23 den zweiten Teil durch einen Lasterkatalog. Das Stück wirkt formal wie ein Rechtssatz. Festgestellt wird, wodurch der Mensch "unrein" wird und aus dem heiligen Bereich Gottes herausfällt: nicht durch Speisen irgendwelcher Art, sondern durch das aus dem Innern des Menschen kommende Böse, das sich in Taten auswirkt. Der Evangelist trifft mit seinem ins Positive gewendeten Kommentar 7,19c den Sinn des negativ formulierten Traditionsstückes durchaus: "damit erklärte er alle Speisen für rein".[2]
Wir haben in Mk 7,15ff ein Wort von grundsätzlicher Bedeutung und Brisanz vor uns. "Wer bestreitet, daß die Unreinheit von außen auf den Menschen eindringt, trifft die Voraussetzungen und den Wortlaut der Tora und die Autorität des Mose selbst." (Käsemann, EVB I 207) Vermutlich haben wir einen theologischen "Lehrsatz" der "Hellenisten" vor uns. Offenbleiben muß aber, ob dieser "Lehrsatz" in allen von den "Hellenisten" gegründeten Gemeinden bekannt war. Vielleicht stammt er aus den Gemeinden des syrisch-phönizischen Raumes, von wo aus er in die markinische Überlieferung einging[3].

Beide Überlieferungsstücke machen deutlich, daß die "Hellenisten" das Ritualgesetz als abgeschafft bzw. überholt ansahen, ebenso wohl alle mit Tempel und Tempelkult zusammenhängenden Torabestimmungen. Dagegen haben sie das Sittengesetz nicht negiert. Sie zogen somit einen Trennungsstrich mitten durch die Tora. Dem Judentum galt indes die Tora als eine unlösbare Einheit. Wenn

---

[1] DAUTZENBERG, G., Gesetzeskritik und Gesetzesgehorsam in der Jesustradition, in: QD 108, Freiburg 1986, 46-70; HÜBNER, H., Das Gesetz bei Paulus, Göttingen 1978; DERS., Mark. VII, 1-23 und das "Jüdisch-Hellenistische" Gesetzesverständnis: NTS 22 (1976) 319-345; KÜMMEL, W.G., Äußere und innere Reinheit des Menschen bei Jesus, in: FS G. Friedrich, Stuttgart 1973, 35-46; LÜHRMANN, D., "...womit er alle Speisen für rein erklärte" (Mk 7,19): WuD 16 (1981) 71-92; McELENEY, N.J., Authenticating Criteria and Mk 7,1-23: CBQ 34 (1972) 431-460; MERKEL, H., Jesus und die Pharisäer: NTS 14 (1967/68) 194-208; DERS., Markus 7,15. Das Jesuswort über die innere Verunreinigung: ZRGG 20 (1968) 340-363; PASCHEN, W., Rein und unrein, München 1970; RÄISÄNEN, H., Zur Herkunft von Markus 7,15, in: Delobel, J. (Hg), Logia, Leuven 1982, 477-484; DERS., Jesus and the Food Laws: JSNT 1 (1982) 79-100. - Der Abschnitt verdankt seine jetzige Fassung im Rahmen von Mk 7 ganz dem Evangelisten. Insbesondere der Wechsel zwischen öffentlicher Rede und geheimer Belehrung (7,14/17) geht auf ihn zurück; ebenso die Aufmerksamkeitsformel 7,16 (vgl. 4,9), der Jüngertadel 7,18a (vgl. 4,13) sowie der Erzählerkommentar 7,19c.

[2] Mit Mk 7,1-8 hat dieses rekonstruierte Überlieferungsstück ursprünglich nichts zu tun. In 7,1-8 geht es um rituelle Waschungen vor dem Essen, in unserer Überlieferung dagegen um die unrein machende Wirkung von Speisen.

[3] Daß Paulus in Gal 2,11ff dieses grundsätzliche Logion nicht zitiert, muß nicht heißen, daß er es nicht kannte. Wohl könnte sein Schweigen bedeuten, daß er es nicht als Jesuswort kannte.

gelegentlich zwischen größeren und kleineren Geboten unterschieden oder nach dem Kern der Tora gefragt wurde, dann nicht in der Absicht, einen Teil der Tora als irrelevant hinzustellen oder gar aufzuheben. Diesen Schritt jedoch vollzogen die "Hellenisten". Durch Gottes neue und universale Heilsinitiative im Tode Jesu mußte die Tora in ihren auf den "alten" Bund bezogenen Geboten als aufgelöst gelten. Gott selbst hatte sie geändert (vgl. Apg 10,9-16). Jesus aber garantierte die neue und authentische Offenbarung des heiligen Gotteswillens (Mt 11,27). Dieser ist in seinem Kern als "Gottes- und Nächstenliebe" zu umschreiben.
Dieser Gedanke kommt in der Überlieferung vom Doppelgebot Mk 12,28-34 par klar zum Ausdruck.[1]

> 28Und es trat einer der Schriftgelehrten[, der ihrem Wortstreit zugehört und erkannt hatte, daß er ihnen treffend geantwortet hatte,] hinzu und fragte ihn: "Welches Gebot ist das erste von allen?" 29Jesus aber erwiderte ihm: "Das erste von allen Geboten ist: Höre, Israel! Der Herr, unser Gott, ist einzig der Herr, 30und du sollst lieben den Herrn, deinen Gott, aus deinem ganzen Herzen und aus deiner ganzen Kraft; das ist das erste Gebot. 31Das zweite ist ihm gleich: Du sollst deinen Nächsten lieben wie dich selbst. Ein anderes Gebot, das größer wäre als diese, gibt es nicht." 32Da sprach zu ihm der Schriftgelehrte: "Trefflich, Meister, gemäß der Wahrheit hast Du gesprochen: Er ist einzig, und außer ihm ist kein anderer - 33und ihn lieben aus ganzem Herzen und aus ganzem Verstand und aus ganzer Seele und aus ganzer Kraft und den Nächsten lieben wie sich selbst, das ist mehr wert als alle Brand- und Schlachtopfer." 34Und da Jesus sah, daß er verständig antwortete, sprach er zu ihm: "Du bist nicht weit von der Basileia Gottes." [Nun wagte keiner mehr, ihn zu fragen.]

Die markinische Fassung dürfte älter als die Q-Fassung sein. Von Markus stammt der Rahmen in V.28a.34b. Das so eingerahmte Traditionsstück enthält traditionsgeschichtlich unterscheidbare Elemente. V.32-33 wirkt wie ein Kommentar zu V.29-31 und läßt eine Akzentverschiebung erkennen. Während in V.29-31 die beiden wichtigsten Toragebote unter allen anderen genannt werden, faßt V.33 beide Gebote zu einem Doppelgebot zusammen und erklärt es zur Summe der Tora. An diesem einen Gebot der "Gottes- und Nächstenliebe" ist die gesamte Tora mit ihren zahlreichen Einzelgeboten zu messen. Das "Doppelgebot" erscheint somit als das Kriterium der Torakritik in der urchristlichen Gemeinde, wie sie zuerst von den "Hellenisten" betrieben wurde (vgl. Röm 13,8ff).
Die kleine Debatte wird durch Jesu Zustimmung zu der Interpretation des Schriftgelehrten in V.34a abgeschlossen. Literarisch muß das Stück daher als einheitlich beurteilt werden. Die weitergehende Interpretation V.32f trägt dabei den Ton. In der Tatsache, daß nicht Jesus selbst, sondern der verständnisvolle Schriftgelehrte die weitergehende Interpretation gibt, Jesus ihr aber zustimmt, könnte das Bewußtsein der "Hellenisten" mitschwingen, mit ihrer Torakritik im Sinne Jesu weiter vorangeschritten zu sein.

Das Überlieferungsstück ist nur im Milieu des hellenistischen Judentums verständlich und wird daher auf die "Hellenisten" zurückgehen. Es liegt hier ein begrenzter Torabegriff vor, der die Kulttora nicht mehr umfaßt.

---

[1] BERGER, K., Die Gesetzesauslegung Jesu, Neukirchen-Vluyn 1972, 177ff; BORNKAMM, G., Das Doppelgebot der Liebe, in: Ders., Gesammelte Aufsätze III, München 1968, 37-45; DERS., Wandlungen im alt- und neutestamentlichen Gesetzesverständnis, in: Ders., Gesammelte Aufsätze IV, München 1971, 73-119, bes. 92-94; BURCHARD, C., Das doppelte Liebesgebot in der frühen christlichen Überlieferung, in: FS J. Jeremias, Göttingen 1970, 39-62; HÜBNER, H., Das Gesetz bei Paulus, Göttingen 1978; LIMBECK, M., Von der Ohnmacht des Rechts, Düsseldorf 1972, 77ff; MERKLEIN, H., Die Gottesherrschaft als Handlungsprinzip, Würzburg 1978; NISSEN, A., Gott und der Nächste im antiken Judentum, Tübingen 1974; SCHRAGE, W., Ethik des Neuen Testaments, Göttingen 1982.

Die von den "Hellenisten" aus ihrem Verständnis des Kreuzestodes Jesu gezogenen Konsequenzen, die zur gesetzesfreien Heidenmission führten, sind von den Jerusalemer Judenchristen keineswegs einhellig befürwortet worden. Zwar sollte man vermeiden, zwischen "Hellenisten" und aramäisch-sprechenden Judenchristen eine grundsätzliche und lange schwelende Kontroverse anzunehmen, dennoch zeigt die Überlieferung, daß zumindest verschiedene Gruppierungen der aramäisch-sprechenden Urgemeinde heftig gegen die Gesetzesanschauungen und die Missionspraxis der "Hellenisten" opponiert haben (s. dazu Kap. XI. 4). Die erzwungene Trennung der beiden Teile der Urgemeinde, die Weiterentwicklung der spezifischen Anschauungen der "Hellenisten" außerhalb Jerusalems, die Notwendigkeit, daß die in Jerusalem zurückbleibenden Judenchristen aus Gründen des Überlebens zunehmend gezwungen waren, sich als gesetzestreue Sondergruppe des Judentums darzustellen und sich von den "Häretikern" zu distanzieren, dazu noch eine steigende Zahl von bekehrten Pharisäern in der Urgemeinde, all diese Faktoren führten dazu, daß die Opposition gegen das Wirken der "Hellenisten" bzw. der von ihnen gegründeten Gemeinden in Jerusalem zunahm.
Aber auch die "Hellenisten" haben von ihrer "entwickelteren" Christologie her bestimmte christologische Ansätze des palästinischen Judenchristentums hinterfragt. Auf solch innerchristliche Auseinandersetzung um Fragen der Christologie könnte das Traditionsstück Mk 12,35-37[1] verweisen.

> [[35]Und Jesus ergriff das Wort und sprach, als er im Tempel lehrte:] "Wie können die Schriftgelehrten behaupten, daß der Messias der Sohn Davids ist? [36]David selbst sagte doch im Heiligen Geist: 'Es sprach der Herr zu meinem Herrn: Setze dich zu meiner Rechten, bis ich deine Feinde als Schemel unter deine Füße lege.' [37]David selbst also nennt ihn 'Herr', woher (πόθεν) ist er dann sein Sohn?" [Und die große Menge hörte ihm mit Freuden zu.]

Es liegt eine schriftgelehrte christologische Argumentation vor, die die Frage der "Davidsohnschaft des Messias" für christologisch irrelevant erweisen will[2]. Eine Kennzeichnung des Christus als "Sohn Davids" kann in keinem Fall seine Würde umfassend umschreiben. Vielmehr hat David als geistgeführter, prophetischer Dichter von Psalm 110 den Messias als "seinen Herrn" anerkannt. Bevor dieser "Davids Sohn" wurde, war er bereits "sein Herr".

Da die Urgemeinde schon früh die Abstammung Jesu aus Davids Geschlecht offenbar unbestritten behaupten konnte (Röm 1,3f), kann der Sinn des Traditionsstücks nicht darin bestehen, die von der jüdischen Messiasdogmatik geforderte "Davidsohnschaft" des Messias zu widerlegen, um an Jesu Messianität festhalten zu können. Eher könnte in ihm gegen eine christologische Überbewertung der faktischen Abstammung Jesu aus dem Geschlecht Davids Front gemacht sein, wie sie hinter dem genealogischen Katalog Mt 1,2-16 und Teilen der Kindheitsüberlieferung (vgl. Mt 2,1-12; Lk 2,1-20) sichtbar wird (s. dazu Kap. VI.3). Das Stück erklärt sich traditionsgeschichtlich am leichtesten als Überlieferung aus Kreisen der "Hellenisten" bzw. der von ihnen gegründeten Gemeinden. Die Basis der Argumentation ist die christologische Interpretation von Ps 110, der fast vollständig nach der LXX zitiert wird, und die Überbietung des Titels "Davidssohn" durch den titularen Gebrauch von κύριος. Auch die Praexistenzvorstellung konnte bereits im Hintergrund

---

[1] BURGER, C., Jesus als Davidsohn, Göttingen 1970, 52ff; MUBISO MBA MUNDLA, J.-G., Jesus und die Führer Israels, Münster 1984; SUHL, A., Der Davidsohn im Matthäusevangelium: ZNW 59 (1968) 57-81; WREDE, W., Jesus als Davidsohn, in: Ders., Vorträge und Studien, Tübingen 1907, 147-177.

[2] Die Rahmung des Stückes (V.35a.37b) geht auf den Evangelisten zurück. Es muß darum fraglich bleiben, ob es ursprünglich als Jesuswort formuliert war.

stehen. Das schwierige πόθεν in V.37a würde dann überraschenden Sinn gewinnen: "Sohn Davids" wird der Messias/Kyrios durch seinen inkarnatorischen Abstieg aus der himmlischen Sphäre.

Die aus Jerusalem geflohenen "Hellenisten" sind das historische Bindeglied zwischen der Jerusalemer Urgemeinde und Paulus. Auf sie ist Paulus nicht nur in Damaskus, sondern später auch in Antiochien getroffen. Da sie die gesamte palästinisch-syrische Küstenregion missioniert haben, kommen sie auch als Vermittler der Jesusüberlieferung an die Gemeinden des Markus in Frage. Ihre missionarische Wirkung ist damit aber noch nicht erschöpft. Wahrscheinlich stellen sie auch das historische Bindeglied zum "johanneischen" Christentum dar (s. unten), das in späterer Zeit isoliert von den übrigen palästinischen und hellenistischen Gemeinden eine eigenständige Entwicklung durchgemacht hat.[1] Auch dieses Christentum verdankt wahrscheinlich den "Hellenisten" wesentliche Impulse.

Der Nachweis einer Verbindung der "Hellenisten" zum "johanneischen" Christentum ist allerdings schwierig und dürfte über das Stadium einer Hypothese nicht hinauskommen. Denn die "johanneischen" Gemeinden waren offenbar vielfältigen jüdischen Einflüssen ausgesetzt und keineswegs von einer einzigen Strömung abhängig. Hinzu kommt, daß das Schrifttum dieser Gemeinden frühestens um 90 n.Chr. in seiner Endfassung entstanden ist. Zu den "johanneischen" Gemeinden dürften zahlreiche hellenistische Judenchristen gehört haben, die ursprünglich in Judäa/Jerusalem beheimatet waren. Das Johannesevangelium, das in einem semitisierenden Griechisch abgefaßt worden ist, läßt nämlich in vielen seiner aufgenommenen Überlieferungen (Wundererzählungen; Passionsbericht) eine bessere Ortskenntnis Palästinas und Jerusalems erkennen als die Synoptiker. In der Gemeinde finden wir aber auch zahlreiche ehemalige Täuferjünger (vgl. Joh 1,19ff), darunter die bedeutendste Autorität der Gemeinde, den "geliebten Jünger". Aber auch christianisierte Samaritaner gehören den Gemeinden an (Joh 4).
Nach der sehr plausiblen Hypothese von K. Wengst waren die "johanneischen" Gemeinden im nördlichen Ostjordanland, im Herrschaftsgebiet Agrippas II., zu Hause, und zwar in den Landschaften Gaulanitis, Batanäa, Trachonitis. Diese Landschaften hatten eine aus Juden und Heiden gemischte Bevölkerung und waren ein Sammelbecken "heterodoxer" jüdischer Gruppen. Auch die Täuferjünger dürften sich nach dem Tod Johannes des Täufers in dieses abgelegene Bergland zurückgezogen haben. Für die samaritanischen Mitglieder der Gemeinde kann gleichfalls vorausgesetzt werden, daß sie aus ihrer ursprünglichen Heimat Samaria hierher gezogen waren. Wahrscheinlich haben sich die "johanneischen" Gemeinden im Zuge der pharisäischen Reorganisation des Judentums nach dem Fall Jerusalems 70 n.Chr. nicht lange im Ostjordanland halten können, sondern mußten nach heftigen Auseinandersetzungen mit der mächtig erstarkenden pharisäischen Orthodoxie von dort auswandern. Sie könnten sich in Kleinasien neu angesiedelt haben. Die spätere kirchliche Überlieferung bringt das "johanneische" Christentum mit Ephesus in Verbindung.
Welche Verbindung hatten die "Hellenisten" zu diesen abgelegenen "johanneischen" Gemeinden? Das Johannesevangelium scheint darauf in der dunklen Stelle Joh 4,37f eine Antwort zu geben.

> [37]Denn hier ist das Wort wahr: "Ein anderer ist's, der sät, und ein anderer, der erntet." [38]Ich habe euch gesandt zu ernten, was euch keine Mühe gekostet hat. Andere haben sich gemüht, und ihr seid in ihre Mühe eingetreten.

---

[1] BUCHANAN, G.W., The Samaritan Origin of the Gospel of John, in: Neusner, J. (Hg), Religions in Antiquity, Leiden 1968, 149-175; CULLMANN, O., Samarien und die Anfänge der christlichen Mission, in: Ders., Vorträge und Aufsätze 1925-1962, Tübingen 1966, 323-240; DERS., Das Rätsel des Johannesevangeliums im Licht der Handschriftenfunde, ebd., 260-291; DERS., Der johanneische Kreis, Tübingen 1975; DERS., Von Jesus zum Stephanuskreis und zum Johannesevangelium, in: FS W.G. Kümmel, Göttingen 1978, 44-56; KLAUCK, H.-J., Gemeinde ohne Amt? Erfahrungen mit der Kirche in den johanneischen Schriften: BZ 29 (1985) 193-220; MARTYN, J.L., History and Theology in the Fourth Gospel, New York ²1979; REIM, G., Zur Lokalisierung der johanneischen Gemeinde: BZ 32 (1988) 72-86; SCROGGS, R., The Earliest Hellenistic Christianity, in: Neusner, J. (Hg), Religions in Antiquity, Leiden 1968, 176-206; WENGST, K., Bedrängte Gemeinde und verherrlichter Christus, Neukirchen 1981; ZELLER, D., Paulus und Johannes. Methodischer Vergleich im Interesse einer neutestamentlichen Theologie: BZ 27 (1983) 167-182.

O. Cullmann vermutet, daß hier mit den "anderen", die von den Jesusjüngern unterschieden werden, die "Hellenisten" gemeint sind, die als erste in Samaria bzw. unter Samaritanern missioniert haben. Was jene säten, haben die johanneischen Gemeinden später "geerntet". In Joh 4,38 könnte also die Erinnerung an die Anfänge der samaritanischen Christenheit wachgehalten sein, für die die "Hellenisten" verantwortlich waren. Die Verbindung der "Hellenisten" zum "johanneischen" Christentum könnte daher durch samaritanische Christen vermittelt sein, die sich später den "johanneischen" Gemeinden anschlossen. Dagegen kann das "johanneische" Christentum in seiner spezifischen Ausprägung und Zusammensetzung, wie es uns in den johanneischen Schriften begegnet, schwerlich auf die "Hellenisten" zurückgeführt werden.

Die Erinnerung an die erste Samariamission, wie sie in Joh 4,37f durchschimmert, begegnet auch in Apg 8,5-25[1]. Hier wird die ursprünglich von den "Zwölf" in Jerusalem unabhängige Mission des "Hellenisten" Philippus in Samarien nachträglich durch Petrus und Johannes aus dem Zwölferkreis sanktioniert (8,14-17). Diese Darstellung, die als problematische Konsequenz mit sich führt, daß der Taufe des Philippus das Entscheidende, die Geistbegabung, fehlt, geht auf Lukas und seine Tendenz zurück, die entscheidenden Impulse zur Heidenmission auf Petrus und die Jerusalemer Apostel zurückzuführen. Vielleicht war Lukas aber auch noch bekannt, daß nicht nur die "Hellenisten" (Philippus) in Samarien missionarisch gewirkt haben, sondern auch Vertreter der "Zwölf" (vgl. Joh 4,38). Dieser historischen Tatsache könnte er mit der Darstellung Apg 8,5-25 Rechnung tragen wollen.

Umstritten ist, ob Lukas bei seiner Darstellung eine einzelne Philippus-Überlieferung verwendet hat und diese erweiterte oder ob er zwei selbständige Traditionen kannte. Auffällig ist, daß Philippus ab 8,13 unvermittelt aus der Darstellung verschwindet und ab 8,18 an seine Stelle Petrus und Johannes treten. Weiterhin auffällig ist, daß der "Zauberer" Simon in 8,13 von der Wunderkraft des Philippus fasziniert ist, in 8,19 aber den beiden Aposteln die Gabe der Geistverleihung abkaufen will. Dabei entspricht 8,19 deutlich dem auf Lukas zurückgehenden Kontext 8,14-18. Gleichwohl dürfte die wahrscheinlichste Lösung dieser Erzählspannungen immer noch sein, daß Lukas in 8,5-25 eine alte Erzählung von der ersten Samariamission und der Überwindung des Simon Magus durch Philippus verwendet hat, die ursprünglich erzählte, daß Simon dem Philippus seine Wunderkraft abkaufen wollte (so Haenchen). Unwahrscheinlich ist, daß in 8,5-25 zwei Philippusgeschichten verarbeitet sind (so Conzelmann), am unwahrscheinlichsten, daß Lukas hier zwei Paralleltraditionen von der Überwindung des Magiers Simon einmal durch Philippus, einmal durch Simon Petrus miteinander kombiniert hat (so Hahn).

Daß der "Hellenist" Philippus, vielleicht von Cäsarea aus, eine Samariamission initiierte, erscheint als sicher. Hier könnte es auch zu einer frühen Begegnung des jungen Christentums mit den Anfängen gnostischer Anschauungen gekommen sein, wenn der historische Simon Magus tatsächlich der "Vater der Gnosis" war. Doch bleibt dies sehr unsicher und ist höchst unwahrscheinlich. Bei den Samaritanern, die ethnisch Israeliten waren und somit zu den "verlorenen Söhnen des Hauses Israel" gehörten, konnte die Mission der "Hellenisten" auf fruchtbaren Boden fallen. Auch sie lehnten den Tempelkult in Jerusalem ab und hatten auf dem Garizim ihren Ort der Gottesanbetung (Joh 4,20-24). Dieses Heiligtum war bereits seit mehr als 150 Jahren zerstört, so daß dort kein Opferkult mehr stattfand. Auch die Torakritik der "Hellenisten" konnte hier nachvollzogen werden, da die Samaritaner nur den Pentateuch anerkannten und

---

[1] BEYSCHLAG, K., Simon Magus und die christliche Gnosis, Tübingen 1974, 7f.99-106; HAENCHEN, E., Simon Magus in der Apostelgeschichte, in: Tröger, K.W. (Hg), Gnosis und Neues Testament, Berlin 1973, 267-280 ; KOCH, D. A., Geistbesitz, Geistverleihung und Wundermacht. Erwägungen zur Tradition und zur lukanischen Redaktion in Act 8,5-25: ZNW 77 (1986) 64-82.

die pharisäische Halacha verwarfen. Als messianische Gestalt erwarteten sie keinen königlichen Messias, sondern ein präexistentes himmlisches Wesen (Taheb), wahrscheinlich den Dtn 18,18f verheißenen "Propheten wie Mose" (vgl. Apg 7,37).
Aber auch eine Samaritanermission durch Mitglieder aus dem Kreis der "Zwölf" erscheint als durchaus wahrscheinlich. Vielleicht war der Zebedaide Johannes für sie zuständig. Er gehörte jenem Leitungsgremium der "drei Säulen" an, das Paulus in Gal 2,9 erwähnt und das wohl nach der Auflösung des Kreises der "Zwölf" die Leitung der Urgemeinde innehatte. Wir können vermuten, daß innerhalb dieses Kollegiums die Zuständigkeiten für das Judenchristentum in gewisser Weise aufgeteilt waren. So war gewiß der Herrenbruder Jakobus für das Judenchristentum Jerusalems und Judäas zuständig. Petrus, der in Cäsarea, später auch in Antiochien anzutreffen ist, könnte das Judenchristentum der westlichen Diaspora vertreten haben. Die dritte "Säule", der Zebedaide Johannes, könnte dann für das Judenchristentum der "verlorenen Stämme Israels" in Samarien und im Ostjordanland zuständig gewesen sein. Die "drei Säulen" leiteten also die gesamte judenchristliche Kirche. Später trat Paulus als Verantwortlicher für das Heidenchristentum neben sie (Gal 2,9).

Auch in der kleinen Überlieferung Lk 9,51ff werden die Zebedaiden mit Samarien in Verbindung gebracht. Ihre Drohung gegen das unbußfertige samaritanische Dorf wird von Jesus zurückgewiesen. Wird damit auf die spätere Wirksamkeit der Zebedaiden bzw. des Johannes in Samarien angespielt? Auch in Lk 10,30ff und Lk 17,11-19 werden die Samaritaner von Jesus in Schutz genommen und Vertretern des "wahren" Judentums gegenübergestellt. In diesen Stücken spiegelt sich einerseits die Haltung Jesu wider, der die jüdischen Vorurteile gegen die Samaritaner nicht geteilt (vgl. Joh 4), sondern bekämpft hat, andererseits weisen sie darauf hin, wie in der Urgemeinde um eine positive Einstellung zu den Samaritanern gerungen worden ist.

Es sollen hier noch einige Beobachtungen zur "johanneischen" Überlieferung angefügt werden, die sich in mancher Hinsicht mit den Anschauungen berührt, die wir für die "Hellenisten" geltend gemacht haben. Traditionsgeschichtlich könnte sie als eigenständige Weiterentwicklung der christologischen und soteriologischen Ansätze der "Hellenisten" gelten. Da auch die Antiochenische Gemeinde eine Gründung der "Hellenisten" ist, erhält die Beobachtung einer gewissen parallelen Entwicklung der christologischen Aussagen hier und im "johanneischen" Christentum ein besonderes Gewicht für die Bestimmung des christologischen Profils der "Hellenisten".

1. Wir haben oben (Kap. VI.4) das Logion Mt 11,27 als Ausdruck der spezifischen Christologie der "Hellenisten" verstanden. Es ist zugleich geradezu eine Kurzformel der "johanneischen" Christologie (vgl. Joh 3,35; 1,18; 6,45f u.ö.).
2. Auch die Präexistenz-Christologie ist maßgeblich von den "Hellenisten" entwickelt worden (s. dazu Kap. VI.4). Die Identifizierung Jesu mit dem präexistenten, himmlischen "Menschensohn" könnte dabei der Ausgangspunkt gewesen sein. Durch die Übertragung von Attributen der göttlichen "Weisheit" auf Jesus wurde sie entfaltet. Die Bezeichnung Jesu als ὁ υἱός (Mt 11,27; Mk 12,1-9; Mk 13,32) hat hier ihren Haftpunkt. Im "johanneischen" Christentum begegnet die gleiche Struktur der Präexistenzchristologie. Absolutes ὁ υἱός ist ihr dominierendes Kennzeichen (Joh 3,35f; 5,19ff; 6,40; 8,30f u.ö.). Der Titel "Menschensohn" wird häufig auf den irdischen Jesus angewendet und kennzeichnet ihn als präexistentes, himmlisches Wesen, das nach seinem Abstieg auf die Erde wieder in die himmlische Welt "erhöht" wird (Joh 1,51; 3,13f; 6,62; 8,28; 12,23; 13,31 u.ö.). Die endzeitliche Funktion des "Menschensohnes" als Richter wird nur Joh 5,27 (vgl. aber 5,23f mit Mk 13,24ff; 1 Thess 4,16f) zum Ausdruck gebracht. Daß auch in der "johanneischen" Christologie Jesus mit der "göttlichen Weisheit" identifiziert wird, belegt der Logostitel (Joh 1,1).
3. Nach Ausweis der von Paulus in seinen Briefen zitierten christologischen Formeln und Anschau-

ungen, wurde die Präexistenzchristologie der "Hellenisten" in der Gemeinde von Antiochien charakteristisch weiterentwickelt. In der "Sendungsformel" (s. dazu Kap. XIV) wird der Abstieg des präexistenten "Sohnes" auf seine "Sendung" durch Gott zurückgeführt (Gal 4,4: ἐξαπέστειλεν ὁ θεὸς τὸν υἱὸν αὐτοῦ; Röm 8,3: ὁ θεὸς τὸν ἑαυτοῦ υἱὸν πέμψας ...). In der "Hingabeformel" wird das Kreuzesgeschehen einerseits als "Dahingabe" des Sohnes durch Gott gesehen (Röm 4,25: παρεδόθη ...; 8,32: ... παρέδωκεν αὐτόν), andererseits als liebende "Selbsthingabe" des "Sohnes" beschrieben (Gal 1,4: ... τοῦ δόντος ἑαυτόν ...; 2,20: ... τοῦ ἀγαπήσαντος με καὶ παραδόντος ἑαυτόν ...). In gleicher Weise wird in den "johanneischen" Gemeinden das Jesusgeschehen als "Sendung" (ἀποστέλλειν/πέμπειν) des "Sohnes" durch Gott (Joh 3,17.34; 6,39; 7,17 u.ö.) und mit den Kategorien der "Hingabe" (Joh 3, 16) und "Selbsthingabe" (Joh 10,11.15.17) beschrieben. In Mk 12,1-9 (und 8,31) könnten beide Aussagereihen bereits in der frühen Überlieferung der "Hellenisten" vorbereitet sein.

4. In 1 Kor 8,6b ist die Anschauung von der Schöpfungsmittlerschaft Christi bei Paulus erstmals literarisch belegt. Sie ist ihm ohne Zweifel durch frühjüdische Weisheitsaussagen vermittelt. Wahrscheinlich hat Paulus diese christologische Anschauung nicht selbst entwickelt, sondern der Gemeindechristologie von Antiochien entnommen (vgl. auch Kol 1,15ff). Im gleichen traditionsgeschichtlichen Umfeld findet sich auch in der "johanneischen" Christologie diese Anschauung (Joh 1,3). Denkbar ist, daß sie in beiden Bereichen aus der gleichen Wurzel der "Weisheitschristologie" unabhängig voneinander entwickelt wurde.

5. Besonders bemerkenswert ist, daß die für die "Hellenisten" charakteristische Kritik an Gesetz und Tempel auch in der "johanneischen" Überlieferung begegnet. Das auf die "Hellenisten" zurückgehende Tempelwort Mk 14,58 (s. dazu Kap. VI.3) findet sich neu gewendet in Joh 2,19. Wie bereits angeführt, wird in Joh 4,21ff die gleiche Anschauung über die eschatologische Ablösung des Jerusalemer Tempels sichtbar wie in Mk 15,38; Lk 13,34f; Apg 7,48f; 1 Kor 3,16. Überhaupt sind die Anklänge "johanneischer" Aussagen an die Stephanusrede zu beachten. Die dort erkennbare Mose-Christus-Typologie scheint im Johannesevangelium nachzuwirken (Joh 6,30ff; 1,17; 3,13ff), die dort anzutreffende Klage über Israels Ungehorsam gegenüber Mose und dem Gesetz (Apg 7,35-40.53) hat in Joh 7,19 eine Parallele und wirkt in der Aussage über Mose als Ankläger Israels (Joh 5,45) nach. Auch die Rückführung der Tora auf das eine Gebot der Gottes- und Nächstenliebe (Mk 12,28-34) findet im neuen Gebot Jesu (Joh 15,10ff) eine Parallele.

6. Weitere Merkmale können noch angeführt werden, für die eine traditionsgeschichtliche Vermittlung durch die "Hellenisten" zumindest möglich ist. Auch für das "johanneische" Christentum ist ein die "Heiden" einschließender Heilsuniversalismus kennzeichnend, der im Tod Jesu gründet (Joh 10,16; 11,50ff; 12,32). Weiterhin sind einige "johanneische" Logien traditionsgeschichtlich offenbar unmittelbar von synoptischen Logien abhängig (Joh 12,25 = Mk 8,35; Joh 12,26 = Mk 8,34; Joh 13,16 = Mt 10,24par; Joh 13,20 = Mt 10, 40par; Joh 15,18 = Mt 10,22). Waren die "Hellenisten" die Vermittler dieser Logien? Trifft dies auch auf die "Licht/Finsternis"-Metaphorik zu, die im Bereich des "johanneischen" Christentums wie in der von Paulus repräsentierten Überlieferung sowohl christologisch (Joh 1,5.9; 8,12; 12,46; 2 Kor 4,6) als auch ethisch angewendet wird (Joh 3,20f; 12,35f; 2 Kor 6,14; 1 Thess 5,5; Eph 5,8)? Könnten die voneinander unabhängigen Reflexionen über die "Abrahamskindschaft" in Joh 8,31-41 und Gal 3,6ff; Röm 3,11; 4,11ff; 9,7ff eine gemeinsame Wurzel in der Theologie der "Hellenisten" haben? Wahrscheinlich haben die "Hellenisten" nach ihrer Vertreibung aus Jerusalem unter Aufnahme von authentischen Jesuslogien Israel das Gericht angekündigt und dabei das unbußfertige Israel mit den bußbereiten Heiden konfrontiert (vgl. Mt 8,11f; 11,21ff; Lk 11,31f). In diese Gerichtspredigt gehört auch das Drohwort gegen die aus der Abrahamskindschaft abgeleitete Heilssicherheit Israels Mt 3,7ff hinein, das als Täuferwort in die christliche Überlieferung aufgenommen wurde.

Insgesamt kann von diesen Beobachtungen her, zusammen mit den Notizen über die Samariamission der "Hellenisten" in Apg 8 und Joh 4,35ff, eine frühe Verbindung der "johanneischen" Gemeinden mit den "Hellenisten" als sicher gelten. Sie könnte durch christliche Samaritaner vermittelt sein, die dem sich herausbildenden "johanneischen" Christentum nahekamen. Philippus war aber wohl nicht im Ostjordanland tätig. Er scheint mit Cäsarea fest verbunden zu sein. Ob andere "Hellenisten" dem "johanneischen" Christentum auf Dauer angehörten, wissen wir nicht. Ihre Verbindung mit ihm könnte auch nur kürzere Zeit bestanden haben. Dies würde die eigenständige Weiterentwicklung der "johanneischen" Christologie gut erklären.

Kapitel IX.
Christliche Gruppen außerhalb Jerusalems

Literatur: BAUER, W., Jesus der Galiläer, in: FS A. Jülicher, Tübingen 1927, 16-34; BÖCHER, O., Dämonenfurcht und Dämonenabwehr, Stuttgart 1970; BÖSEN, W., Galiläa als Lebensraum und Wirkungsfeld Jesu, Freiburg 1985; EBERTZ, M.N., Das Charisma des Gekreuzigten. Zur Soziologie der Jesusbewegung, Tübingen 1987; KLAUK, H.J., Hausgemeinde und Hauskirche im frühen Christentum, Stuttgart 1981; LOHMEYER, E., Galiläa und Jerusalem, Göttingen 1936; DERS., Soziale Fragen im Urchristentum, Darmstadt 1973 (1921); MÜLLER, U.B., Zur Rezeption gesetzeskritischer Jesusüberlieferung im frühen Christentum: NTS 27 (1981) 175ff; SCHILLE, G., Die urchristliche Kollegialmission, Zürich 1967; DERS., Das vorsynoptische Judenchristentum, Stuttgart 1970; STEGEMANN, W./SCHOTTROFF, L., Jesus von Nazareth - Hoffnung der Armen, Stuttgart ^{2}1981; STENGER, W., "Gebt dem Kaiser, was des Kaisers ist...". Eine sozialgeschichtliche Untersuchung zur Besteuerung Palästinas in neutestamentlicher Zeit, Frankfurt 1988; THEISSEN, G., Urchristliche Wundergeschichten, Gütersloh 1974; DERS., Soziologie der Jesusbewegung, München 1977; DERS., Lokalkolorit und Zeitgeschichte in den Evangelien, Freiburg (Schweiz)/Göttingen 1989; VOGLER, W., Die Bedeutung der urchristlichen Hausgemeinde für die Ausbreitung des Evangeliums: ThLZ 107 (1982) 785-794.

Die Anfänge der Urgemeinde vollzogen sich in Galiläa. Dort fanden die ersten Erscheinungen des Auferstandenen statt (s. dazu Kap. I). An dem auf Jesu Todespascha folgenden Pfingstfest zogen Petrus und die "Zwölf" nach Jerusalem hinauf, um im Zentrum Israels die Botschaft Jesu weiter zu verkünden und den Auferstandenen als "Messias/Menschensohn" zu proklamieren. Es haben sich keineswegs alle Jesusjünger Galiläas und Judäas an diesem Zug beteiligt, wahrscheinlich nicht einmal alle, die durch eine Erscheinung des Auferstandenen zu seinen "Aposteln" und Boten eingesetzt worden waren. Der größere Teil der Jesusanhänger blieb vielmehr in Galiläa, andere in Judäa. Sie lebten nach wie vor in ihrem sozialen und beruflichen Umfeld und bildeten auf örtlicher Ebene kleine christliche Gruppen oder Hausgemeinschaften.

Schon Jesus hatte sich bei seiner Wandermission auf ortsansässige Sympathisanten und Anhänger stützen können. In ihren "Häusern" hatte er Aufnahme gefunden (vgl. Mk 1,29ff; 14,3ff; Lk 10,38ff) und war von ihnen materiell unterstützt worden (Lk 8,2f). "Solche sympathisierenden Familien waren wohl der Kern späterer Ortsgemeinden." (Theißen, Soziologie 21)

Wir wissen wenig über die kleinen Christengemeinschaften vor Ort. Weder läßt sich Sicheres über ihre Zahl aussagen, noch darüber, wie dicht das Geflecht solcher Orts- oder Hausgemeinschaften in Galiläa und Judäa gewesen ist. Daß sie aber von Anfang an existierten und als Sauerteig im sozialen Umfeld wirkten (vgl. Mt 13,33), steht außer Zweifel. Dazu paßt auch, daß in der Apostelgeschichte an keiner Stelle eine Mission Galiläas erwähnt wird, weder im Missionsprogramm Apg 1,8 noch bei der Aufzählung der Landschaften, in die sich die "Hellenisten" nach ihrer Vertreibung zerstreuten. Vielmehr werden in Apg 9,31 galiläische Christengemeinschaften einfach vorausgesetzt, ebenso christliche Jüngerkreise in Lydda und Joppe (Apg 9,32ff.36ff).

Auch die Formgeschichte lehrt uns, mit christlichen Orts- und Hausgemeinschaften in Galiläa und Judäa zu rechnen. Besonders die neutestamentlichen Erzähltraditionen erweisen sich durch festhaftende Ortsnotizen in vielen Fällen als Lokaltraditionen. Hat man früher zumeist angenommen, die Ortsangaben seien später hinzugefügt worden, so ist die Forschung heute eher geneigt, sie als ursprünglich anzusehen. Aber auch wo Ortsangaben fehlen oder sekundär zugewachsen sind, erweist das besondere Kolorit der Erzählungen, daß diese im ländlichen Milieu Galiläas oder Judäas entstanden sein müssen. So haften die Erzählungen Mk 1,29-31 und Lk 7,1-10par (vgl. Joh 4,46-53) an Kapharnaum, vielleicht auch Mk 1,23-27. Nach Bethsaida weist wohl die kleine Doppelüberlieferung Mk 8,21-26; 7,32-37. Am galiläischen See und im Milieu kleiner Fischer spielen die Erzählungen Mk 1,16-20; 4,35-41; 6,45-51; Lk 5,4-11 (Joh 21,1ff). Lk 7,11-17 ist mit dem Ort Nain, Joh 2,1-12 mit Kana verbunden. Chorazin (vgl. Lk 10,13f) und Nazareth (Mk 6,1ff) spielen in der Überlieferung eine negative Rolle, ebenso eine Stadt der Dekapolis (Mk 5,1-20). Ob Caesarea Philippi fest mit dem Messiasbekenntnis des Petrus Mk 8,27-29 verbunden war, muß offenbleiben, ist aber möglich. Aber auch judäische Orte spielen eine Rolle in der Tradition. Besonders ragt hier Bethanien heraus, wo die Erzählungen Mk 14,3-9; Lk 10,38-42; Joh 11 beheimatet sind. Jericho ist mit den Erzählungen Mk 10,46-52 und Lk 19,1-10 verbunden. Die Ortschaft Emmaus wird in Lk 24,13-33 erwähnt. Es kann kaum bezweifelt werden, daß in diesen Erzählungen Erinnerungen an Jesu Wirken oder an Erscheinungen des Auferstandenen an den genannten Orten gepflegt und aufbewahrt wurden und an ihnen zunächst auch hafteten. Zugleich geben uns diese Lokaltraditionen Auskunft über jene ortsansässigen Jesusanhänger, die diese Erinnerungen weitererzählt haben. Sie waren ihre Gestalter und Träger. Erst später haben sich die Stücke von ihren Haftorten gelöst, wurden auch andernorts erzählt und sind in das Ganze der urchristlichen Überlieferung eingegangen.

Galiläa und Judäa waren also überzogen von einem Netz von Ortschaften und Siedlungen, in denen Menschen lebten und arbeiteten, die Jesu Botschaft von der nahen Basileia Gottes gehört und angenommen hatten und ihn aufgrund der Botschaft von seiner Auferweckung als den kommenden "Messias/Menschensohn" erwarteten. Diese Jesusjünger waren nicht erst nach Ostern durch eine Jerusalemer Mission gewonnen worden, sondern sie verdankten ihre Jüngerschaft dem irdischen Jesus selbst oder christlichen Wandermissionaren, die auf dem Lande operierten (s. dazu Kap. X). Jerusalem war selbstverständlich der Vorort auch dieser kleinen Jesusgemeinden. Untereinander hatten sie vielleicht nur geringen Kontakt, jedoch ist undenkbar, daß sie nicht in Kontakt mit den Jerusalemer Jüngern standen, sei es durch die regelmäßigen Wallfahrten nach Jerusalem, sei es durch Boten der Jerusalemer Urgemeinde.
Die kleinen christlichen Orts- und Hausgemeinschaften lebten und wirkten im Verband des Judentums. Sie dachten nicht daran, sich von ihren jüdischen Mitbürgern abzusondern. Sie waren auch keine "pietistischen Zirkel", die in esoterischen Zusammenkünften ihren besonderen Glauben an die Nähe der Basileia Gottes pflegten. Schon der Charakter der in diesen Gemeinschaften entwickelten und gepflegten Jesustradition warnt vor solchen Schlüssen. Sie enthält nicht nur erbauliche Erinnerungen, sondern ist im Gegenteil Missionstradition. Den Gemeinschaften gehörten auch nicht nur ortsansässige Christen mit ihren Familien an, sondern ebenso prophetische Wandermissionare, die die Jesusbotschaft weitertrugen. Diese Wanderpropheten, die ohne Bindung an Familie, Heimat und Besitz eine konsequente Jesusnachfolge vorlebten, prägten das Erscheinungsbild der christlichen Gruppen in Galiläa und Judäa in besonderer Weise. Von Zeit zu Zeit waren sie in den verstreuten christlichen Gemeinschaften anwesend, predigten und lehrten, ehe sie zu einer anderen christlichen Gruppe weiterzogen.
Von den christlichen Gemeinschaften Galiläas und Judäas gingen von Anfang an starke missionarische Impulse aus, die auf Israel gerichtet waren. Diese

kleinen Jüngergruppen wußten sich als das "Salz der Erde", als das "Licht der Welt", als die "Stadt auf dem Berge" (Mt 5,13ff). An eine organisierte Missionsarbeit muß dabei nicht gedacht werden. Entsprechend den obigen Bildworten strahlten Jesusbotschaft und Christusglaube von diesen Gemeinschaften in die dörfliche Nachbarschaft und in die benachbarten Orte und Weiler aus.

Daß die missionarischen Impulse der galiläischen Jesusgruppen auch auf die hellenistischen Städte in und um Galiläa mit mehrheitlich heidnischer Bevölkerung zielten, ist eher unwahrscheinlich. Wir haben oben vermutet, daß es wohl die "Hellenisten" waren, die nach ihrer Vertreibung aus Jerusalem gezielt die Mission auch unter den Samaritanern und in den hellenistischen Städten der Küstenregion und im Lande aufgenommen haben (s. Kap. VIII).

Die galiläischen Jesusjünger waren kulturell und religiös eher konservativ. Sie gehörten mehrheitlich der jüdischen Landbevölkerung an, ihre Umgangssprache war Aramäisch. Als Landarbeiter, Fischer und kleine Handwerker gehörten sie zur sozialen und kulturellen Unterschicht. Menschen höherer Bildung waren in den jüdischen Siedlungen und Kleinstädten Galiläas selten. Jüdische Schriftgelehrte fand man hier kaum.
Stärker noch als die Juden in Judäa und Jerusalem litt die jüdische Bevölkerung Galiläas darunter, eine politisch und kulturell unterdrückte Minderheit im eigenen Lande zu sein. Vom jüdischen Stammland Judäa mit der Tempelstadt Jerusalem war sie durch das halbheidnische Samarien getrennt. Ein Ring hellenistischer Städte umgab sie. Aber auch im Land selbst wuchsen immer neue Städte empor, in denen ethnisch und religiös "Fremde" angesiedelt wurden: Sepphoris, Tiberias, Bethsaida. Hier wohnten heidnische Regierungsbeamte, Händler und Militärs, wohl auch die Großgrundbesitzer. Symbole des Heidentums, Tempel und Standbilder beherrschten ihr Stadtbild. Schon dadurch wurden die Städte für die jüdische Landbevölkerung zu Symbolen der Unterdrükkung. Sie vermied es auch nach Möglichkeit, sie zu betreten. Symbole der Unterdrückung gab es aber auch auf dem Lande. Heidnische Tempel und prächtige Landhäuser im hellenistischen Stil entstanden hier. An den großen Handelsstraßen, die das Land durchzogen, standen Zollhäuser und Militärposten der fremden Mächte, die Israels Land beherrschten.
Der Landbesitz war weitgehend in der Hand weniger Großgrundbesitzer vereinigt. Schon Herodes d.Gr. hatte seine Günstlinge mit Land beschenkt. Seine Nachfolger setzten dies fort. Die Finanzierung ihrer orientalischen Hofhaltung, ihrer Paläste, ihrer Stadtgründungen und ihres an Rom zu leistenden Tributs mußte über Steuer und Zölle gesichert werden. Deren Last wurde unerträglich und zwang immer mehr Menschen zum Verkauf ihres Ackers oder sonstigen Besitzes. Eine allgemeine Verelendung der Landbevölkerung war die Folge. Die Großgrundbesitzer aber kauften das Land auf und verfügten darüber hinaus über ein wachsendes Potential billigster Arbeitskräfte. "Wer hat, dem wird dazugegeben werden, und wer nicht hat, dem wird auch das wenige noch, das er hat, genommen werden" (Mk 4,25): Diese bittere Erfahrung mußten viele am eigenen Leibe machen.
Galiläa war ein Land voller sozialer und kultureller Spannungen und mit einem riesigen Konfliktpotential. Hier hatte die jüdische Aufstandsbewegung ihren Ausgangspunkt genommen. Galiläische Freischärler hatten schon gegen Herodes den Großen gekämpft. Ihre Organisation lebte im Untergrund weiter und erhielt ständigen Zulauf aus der unterdrückten Bevölkerung, bis während des

jüdischen Krieges Vespasian systematisch den galiläischen Widerstand brach.

Wir müssen annehmen, daß auch die Jünger in Galiläa von diesen Verhältnissen in ihrem Denken und Empfinden geprägt waren. Gewiß, sie folgten Jesu Aufruf zur Versöhnung und Feindesliebe und hatten, seinem Beispiel und seiner Botschaft folgend, dem zelotischen Ideal, Gottes Königsherrschaft durch "heiligen Krieg" herbeizukämpfen, eine Abfuhr erteilt. Dennoch fällt es schwer, sich vorzustellen, daß von ihnen die Initiative zur Mission in den hellenistischen Städten der Umgebung ausgegangen sein soll.
Freilich muß bedacht werden, daß die politisch-kulturelle Situation in Galiläa auch zahlreiche Möglichkeiten einer Berührung und Begegnung zwischen Juden und Heiden mit sich brachte.

"Für einen Interessierten war es von den geographischen Verhältnissen her allerdings leicht, auch über Tiberias und Sepphoris hinaus in engeren Kontakt mit dem hellenistischen Kultur- und Geistesleben zu kommen. Hellenistische Städte umgaben Galiläa wie ein Ring. Besonders zwischen Galiläa und der Dekapolis herrschte ein reger Reiseverkehr. Hippos am Südostufer des Sees Genezareth und das nicht weit davon entfernte Gadara waren Zentren hellenistischer Bildung." (Riesner, Jesus als Lehrer 207)

Solche Begegnungen konnten zum Abbau jüdischer Vorurteile gegenüber Heiden führen. Auch der Heide konnte als Mitmensch erfahren werden. Seine Frömmigkeit und seine Sittlichkeit wurden konkret erlebt und forderten Hochachtung. Feindbilder konnten so hinterfragt und als Klischee erkannt werden. Zahlreiche neutestamentliche Überlieferungen atmen solche Erfahrungen (vgl. Lk 7,1-10par). Hinzu kam die Begegnung mit Heiden, die dem Judentum wohlwollend, ja freundlich gegenüberstanden. Die jüdische Religion zog sie an (vgl. Lk 7,5). So konnte auch der fromme Heide als ein Kind Gottes angesehen werden, nicht nur als Feind und Unterdrücker. Seine Frömmigkeit und Sittlichkeit konnten als Ansporn für den Juden gelten.

Die ständige Berührung mit dem Heidentum im täglichen Umgang hat in Galiläa sicher auch zu einer weniger rigoristischen Handhabung der rituellen Abgrenzungsvorschriften geführt, zumal der Einfluß der Pharisäer hier gering war. Berührungsängste konnten durch Gewöhnung abgebaut, Tabus in solchem Umfeld leichter durchbrochen werden. Jesu unrituelles Verhalten und seine Unvoreingenommenheit auch Heiden gegenüber könnten dadurch geschichtlich mitbestimmt worden sein. Er war ja ein Sohn Galiläas. In unmittelbarer Nachbarschaft seines Heimatortes Nazareth lag die halbheidnische hellenistische Stadt Sepphoris. Seine Haltung hat gewiß auch auf die galiläischen Jesusjünger abgefärbt. Und doch dürften solche Unvoreingenommenheit und solch unrituelle Praxis nicht unmittelbar eine Mission in den hellenistischen Städten und unter frommen Heiden ausgelöst haben. Völlig gleichgültig waren die traditionellen Schranken zwischen Juden und Heiden den galiläischen Jesusjüngern auch nach Ostern ja keineswegs. Ihre ambivalente Haltung gegenüber dem heidnischen Mitmenschen einerseits und der heidnischen Umwelt andererseits kommt in der Erzählung vom "Gerasenischen Besessenen" (Mk 5,1-20) beredt zum Ausdruck. Sie dürfte in galiläischen Jesusgruppen entstanden und tradiert worden sein. Ihre Perspektive ist jüdisch, ihre Szene aber spielt im Heidenland. Voll Verachtung wird das unreine Heidentum dargestellt, das sich in Grabhöhlen und an Schweinen verunreinigt. Mit unverhohlener Schadenfreude wird der Absturz der Schweineherde erzählt. Doch der Geheilte selbst, als Besessener zuvor Prototyp des unreinen, von Dämonen beherrschten Heiden, genießt volle Symphatie. Er wird zum Jünger und Boten Jesu (5,19).

Jesu Botschaft, aber auch die Verkündigung seiner Boten nach Ostern hatten für die galiläischen Jesusanhänger eine wahrhaft befreiende Wirkung. Ohne revolutionären Kampf und ohne daß sich die politisch-soziale Lage noch geändert hätte, waren sie befreit worden. Trotz aller dämonischen Negativität

ihrer Welt und ihres Lebens konnten sie wieder den gütigen und liebenden Vatergott erkennen, der entschlossen war, ihr Leben zum Positiven zu wenden, und damit hier und jetzt schon begann. Aus diesem Glauben heraus lebten sie schon jetzt so, als sei die Basileia bereits anfanghaft da. In ihren solidarischen Gemeinschaften lebten sie in selbstloser Hilfsbereitschaft ein Leben ohne verzehrende Sorge um das tägliche Brot. Hungernde wurden hier satt, Trauernde fröhlich. Kranke waren hier geborgen, Fremde aufgenommen. Sie praktizierten in ihren Gemeinschaften versöhntes, brüderliches Miteinander. In solchem Tun erwies sich die von Jesus verkündete nahe Basileia nicht als Illusion, sondern als eine bereits anbrechende Realität, die frei machte von der einschnürenden Existenzangst, von Haß und Wut gegen die mächtigen und menschenverachtenden Vernichter des Lebens.
An ihrer Umwelt aber erlebten die Jesusjünger nach wie vor, in welch ungeheurem Ausmaß die politischen und sozialen Strukturen die Menschen zerstörten, ihnen Lebenssinn und Lebenswillen raubten, sie zu Außenseitern der Gesellschaft machten, sei es als revolutionäre Illusionisten oder als defaitistische Bettler oder als physisch und psychisch Kranke und Besessene.

Die menschliche Psyche neigt dazu, soziale Konflikte auf irrationale Ebenen zu verdrängen. Dies gilt auch für Gruppen und Schichten. Flucht in irrationale Vorstellungen und Verhaltensweisen ist die Folge. Utopien oder Ideologien blühen auf. Sie besitzen noch rationale Elemente. In Kulten, Magie, Dämonen- und Hexenglauben überwiegt dagegen die Irrationalität. Politische Unterdrükkung und soziale Not können als Wirkungen dämonischer Mächte interpretiert werden, denen der Einzelne machtlos ausgeliefert ist. Wer ohnmächtig römischer Gewalt ausgeliefert ist, kann die Römer und ihre Helfer dämonisieren. Wer zu arm ist, um auf Heilung durch ärztliche Kunst hoffen zu können, kann dazu neigen, die ärztliche Kunst ohnehin als zwecklos anzusehen, weil die Krankheit auf einen Dämon zurückgeht. Wer unlösbaren inneren und sozialen Konflikten gegenübersteht, kann sich selbst und sein soziales Umfeld als Kampfplatz dämonischer Mächte empfinden, die ihn "besetzt" haben.
"'Besessenheit' gibt es gewiß in allen Schichten. Was die urchristliche Bewegung angeht, so wird sie jedoch durch ein massenhaftes Auftreten dieses Phänomens begleitet, wenn man den Evangelien und der Apg Glauben schenken darf. Es ist, als hätte sich damals eine 'besonders starke Welle von Dämonismus über die Welt Palästinas ergossen'. Nicht nur Jesus trat erfolgreich als Exorzist auf. Das ganze Urchristentum ist eine exorzistische Bewegung, deren Charismatiker und Missionare ihrem Selbstverständnis nach Exorzisten sind (Mk 3,15; Lk 10,17ff). Nicht die Besessenheit als solche, wohl aber ihr massenhaftes Auftreten, könnte schichtspezifisch bedingt sein: In einer Gesellschaft, die ihre Probleme in mythischer Sprache zum Ausdruck bringt, können unter Druck und Zwang stehende Gruppen ihre Situation als Bedrohung durch Dämonen interpretieren. Symptome der Besessenheit können sozial erlernt sein. Werden diese Symptome als Ausdrucksformen unlösbarer Konflikte akzeptiert, werden Möglichkeiten in Aussicht gestellt, die so zum Ausdruck gebrachten Probleme exorzistisch zu lösen, so können sie zur öffentlichen Sprache werden, derer sich viele mit Erfolg bedienen. Mit den Exorzisten wächst daher gewöhnlich auch die zu exorzisierende Besessenheit." (Theißen, Wundergeschichten 247f)

Hilfe und Befreiung kann dann nur von außen kommen, durch ein Wunder. Wunder sind die Domäne Gottes oder charismatischer Gottesmänner, die zu Gott in einer besonderen Beziehung stehen. Hier haben nun die urchristlichen Wundererzählungen ihre soziale und religiöse Funktion.[1] Sie sprechen die in-

---

[1] BULTMANN, R., Die Geschichte der synoptischen Tradition, Göttingen [9]1979; GLOECKNER, R., Neutestamentliche Wundergeschichten und das Lob der Wundertaten Gottes in den Psalmen, Mainz 1983; KOCH, D. A., Die Bedeutung der Wundererzählungen für die Christologie des Markusevangeliums, Berlin 1975; ROLOFF, J., Das Kerygma und der irdische Jesus, Göttingen 1970; SCHENKE, L., Die Wundererzählungen des Markusevangeliums, Stuttgart 1974; WEINREICH, O., Antike Heilungswunder, Gießen 1909 (photomech. Nachdr. Berlin 1969); ZELLER, D., Wunder und Bekenntnis. Zum Sitz im Leben urchristlicher

neren und sozialen Konflikte, Ängste und Zwänge der Hörer konkret an und verheißen Rettung durch Jesus. Die Erzählungen selbst sind zugleich bereits eine Form der Konfliktlösung und Befreiung. Sie verweisen nicht nur auf eine neue, befreiende Realität, sie führen diese Realität bereits herauf. Sie sind wirksame Heilszusage für denjenigen, der sich ihrer Botschaft öffnet. G. Theißen nennt sie treffend "symbolische Handlungen".

"Urchristliche Wundergeschichten haben eine soziale Intention; und diese Intention kann nicht besser als durch die Glaubensformel beschrieben werden: 'Dein Glaube hat dich gerettet'. Sie verheißen Rettung, Heil, Erlösung. Die angesprochenen Menschen sollen dazu bewegt werden, sich der Gemeinde anzuschließen, die dem Unheil entronnen ist. Im Unterschied zu Paränese, Hymnen, Kultformeln und Briefen - also Formen mit primär gemeindeinterner Funktion - wenden sie sich nach außen. Sie haben eine missionarische Intention ... Wundergeschichten konnten an die Stelle von Wundern treten." (Theißen, Wundergeschichten 257)

In den galiläischen Jesusgruppen, in denen die Wundererzählungen entstanden und missionarisch erzählt wurden, waren die erzählten negativen Erfahrungen ja bereits überwunden, die Ängste aufgehoben, die Zwänge beseitigt. In ihr bestand der Sozialkonflikt zwischen Arm und Reich nicht mehr. In ihrer solidarischen Gemeinschaft mußte keiner wegen Erwerbslosigkeit hungern, wurde kein Kranker abgeschoben. In ihren Versammlungen war jeder als "Bruder" angenommen, lösten sich die durch tiefe Entfremdung in den sozialen Beziehungen ausgelösten Identitätskrisen von selbst.

"Denn Krankheit ist ja nicht nur ein physisches und ökonomisches Problem, sondern ein soziales. Man denke an die Angst vor Isolierung, vor dem Aufgegebenwerden durch andere Menschen, vor dem Zur-Last-Fallen. Hier versicherten die Wundergeschichten auch noch dem aussichtslos Erkrankten, daß man ihn nicht aufgeben werde - auch wenn er langjährig siech war (Joh 5,1ff). Waren die stellvertretend Bittenden in den Wundergeschichten nicht wie Gemeindeglieder, die für den Kranken eintraten? Waren sie nicht bereit, dafür auch Widerstände zu überwinden - auch den inneren Widerstand gegen die Distanzierung von den aussichtslos Erkrankten? Man muß die Therapien auf dem Hintergrund der sie erzählenden Gemeinschaft sehen, als kollektive symbolische Handlungen, mit denen man der Not entgegenwirkte und sich Kraft gab, ihr im alltäglichen Leben nicht nur durch 'symbolische' Handlungen entgegenwirken zu können." (Theißen, ebd. 249)

"Die meisten neutestamentlichen Wundererzählungen sind in Galiläa lokalisiert. Unbestreitbar ist, daß insgesamt hier der Ausgangspunkt der Wunderüberlieferung ist" (Theißen, ebd. 245). Auch lassen die Erzählungen ihre Prägung im ländlichen Milieu zum Teil noch deutlich erkennen. Die Mehrzahl von ihnen dürfte also in den galiläischen Gruppen der Jesusjünger entstanden und tradiert worden sein.

Zur historischen Rekonstruktion des Wirkens Jesu sind die Wundererzählungen ungeeignet. In keinem Fall läßt sich auch nur mit historischer Wahrscheinlichkeit aus der Erzählung unmittelbar auf ein historisches Faktum schließen. Dennoch wären die Erzählungen überlieferungsgeschichtlich nicht denkbar, wenn das in ihnen vermittelte Bild Jesu als Wunderheiler und Exorzist nicht historisch wäre. Doch kann dieses Bild auch auf andere Weise genügend abgesichert werden. "Zweifellos hat Jesus Wunder getan, Kranke geheilt und Dämonen ausgetrieben. Die Wundergeschichten geben diese historischen Ereignisse jedoch in einer gesteigerten Gestalt wieder." (Theißen, ebd. 274) Die Erzählungen stellen nach Ostern und auf dem Hintergrund alttestamentlich-jüdischer und gemeinantiker Heilserwartungen Wirken und Bedeutung Jesu dar. "Urchristliche Wundergeschichten sind durch den historischen Jesus provozierte symbolische Handlungen, in denen die historische Gestalt über alle Maßen hinaus gesteigert wird... Im Rahmen der gattungsspezifischen Struktur der Wundergeschichten wird Jesus in neuem Licht gesehen. Er erscheint als

---

Wundergeschichten: BZ 25 (1981) 204-222.

die wunderhaft gesteigerte Gestalt des historischen Jesus." (Theißen, ebd. 279) Somit sind die Wundergeschichten "ihrem Selbstverständnis nach... Zeugnisse eines einzigartigen, vergangenen Geschehens. Sie haben eine 'historische Intention'. Sie sind sich der Einzigartigkeit der erzählten Wunder bewußt." (Theißen, ebd. 273)

Das eigentliche Interesse der Wundererzählungen und ihre Funktion im Leben der galiläischen Jesusgruppen läßt sich bereits an ihrer Struktur ablesen. Zumeist wird die Reaktion der Menschen auf das Wunder Jesu ausführlich dargestellt, häufig durch eine Akklamation (Mk 2,12; 1,27; 4,41; 7,37; Lk 7,16). Wir müssen damit rechnen, daß weitere Akklamationen redaktionell getilgt worden sind. In diesen Akklamationen wird die Absicht der Erzählungen unmittelbar greifbar: "Das lobende Volk und die bekennenden Jünger warten darauf, daß sich der Leser neben sie stellt und in ihr Lob einstimmt. Alle Wundergeschichten wollen eine Stellungnahme zum Wundertäter provozieren; sie sprechen damit Hörer und Leser an." (Theißen, ebd.168) "Die angesprochenen Menschen sollen dazu bewegt werden, sich der Gemeinde anzuschließen, die dem Unheil entflohen ist." (Theißen, ebd. 257)
"Sitz im Leben" der Wundererzählungen ist also die Mission. "Die Wundererzähler sind missionarisch tätig" (ebd.). Die Hörer der Erzählungen sind Menschen, die noch für Jesus und die Gemeinde gewonnen werden sollen. Ihnen wollen die Erzählungen vor Augen stellen, daß Jesus wirklich der endzeitliche Heilbringer ist, durch den die erwarteten Heilsgüter bereits geschenkt worden sind.

Theißen meint, die Wundererzählungen seien nicht selbst Inhalt der Missionsverkündigung gewesen, sondern im "Vorfeld der Mission", nämlich "vor und nach dem Auftritt urchristlicher Missionare erzählt (worden). Sie schufen jenes Klima hochgespannter Erwartungen, ohne das sich Wundercharisma nicht hätte entfalten können" (Theißen, ebd. 260). Er begründet dieses Urteil damit, daß die urchristlichen Missionare selbst Wundertäter waren und darum nicht zugleich auch Wundererzähler hätten sein können. Sicher ist, daß die urchristliche Mission von wunderbaren Taten begleitet war. Aber sie dürften nicht die Regel, sondern die Ausnahme gewesen sein. Nicht jeder Wandermissionar war auch ein Wundertäter. Und die kerygmatisch-christologische Pointierung der Wundererzählungen bei gleichzeitiger Zurückhaltung in der erzählerischen Ausgestaltung spricht eher dafür, daß viele Wundererzählungen nicht nur das Auftreten der Wandermissionare vorbereiteten, sondern direkt Gegenstand ihrer Verkündigung waren.

Eine "einfache" Heilungserzählung liegt in Mk 1,29-31[1] vor.

> 29Und sogleich[, als sie aus der Synagoge hinausgegangen waren,] kamen sie in das Haus des Simon [und des Andreas mit Jakobus und Johannes.] 30Die Schwiegermutter des Simon aber lag am Fieber darnieder, und sogleich sprachen sie mit ihm über sie. 31Und er trat hinzu und richtete sie auf, indem er sie bei der Hand nahm; und es verließ sie das Fieber auf der Stelle, und sie bediente sie.

Der Evangelist hat die Erzählung seinem Kontext dadurch angepaßt, daß er neben Simon Petrus noch die drei erstberufenen Jünger erwähnt (vgl. 1,16-20). Ursprünglich erzählte die Geschichte, wie Jesus in Kapharnaum im Haus des Simon dessen Schwiegermutter vom Fieber geheilt hat.

Die Erzählung ist fest mit Kapharnaum verbunden und eine echte Lokaltradition. Ohne Zweifel will sie an eine wirkliche Begebenheit aus der Zeit des irdischen Wirkens Jesu erinnern. Ihre Absicht ist dann vielleicht, dem "Haus des Simon" in Kapharnaum eine besondere Weihe zu geben. Wahrscheinlich war es

---

[1] PESCH, R., Die neuere Exegese - Verlust oder Gewinn, Freiburg 1970, 143-175.

nach Ostern der Mittelpunkt der in Kapharnaum lebenden Jünger.
Kerygmatische Absichten verfolgen die beiden Heilungsberichte Mk 8,22-26 und 7,32-37. Sie gleichen sich in Aufbau, Charakter und Intention wie "Zwillinge". Wahrscheinlich haben sie in der Überlieferung stets ein Paar gebildet, und zwar in der Reihenfolge 8,22-26; 7,32-37. Der akklamierende "Chorschluß" 7,37 galt ursprünglich beiden berichteten Heilungen Jesu.[1]

> (8)[22]Und sie kommen nach Bethsaida. Da bringen sie ihm einen Blinden und bitten ihn, er möge ihn berühren. [23]Da nahm er den Blinden bei der Hand und führte ihn vor das Dorf hinaus. Dann spie er auf seine Augen, legte ihm die Hände auf und fragte ihn, ob er etwas sehe. [24]Da blickte er auf und sprach: "Ich sehe die Menschen; denn wie Bäume sehe ich solche, die umhergehen." [25]Dann legte er ihm wieder die Hände auf seine Augen; da sah er scharf und war wiederhergestellt; nun sah er alles deutlich. [26]Und er schickte ihn nach Hause [und sagte: "Geh nicht in das Dorf hinein und sage es niemand in dem Dorf!"]

> (7)[32]Und sie bringen ihm einen Taubstummen und bitten ihn, er möge ihm die Hand auflegen. [33]Und er nahm ihn vom Volke weg beiseite, legte seine Finger in dessen Ohren, spuckte aus und berührte seine Zunge; [34]dann sah er zum Himmel auf, seufzte und sprach zu ihm: "Effatha!", das ist: "Öffne dich!" [35]Und sofort öffneten sich seine Ohren, und das Band seiner Zunge ward gelöst, und er sprach richtig. [...] [37]Und über die Maßen erstaunten sie und sprachen: "Trefflich hat er alles gemacht, Taube macht er hören und Stumme reden."

Die Doppelerzählung stellt dar, daß in Jesu Wirken die Endzeitverheißung Jes 35,5 erfüllt wurde. Mehr noch: "Alles hat er gut gemacht!" Hier klingt Gen 1,31 an. Jesus erwies sich durch seine Heilungen nicht nur als Bringer der eschatologischen Heilszeit. Er handelte sogar in der Vollmacht und Kraft des Schöpfergottes.
Die Schlußakklamation zieht aus dem Wirken Jesu heilsgeschichtliche Folgerungen und wirbt zugleich um Zustimmung: In Jesu Wirken war die verheißene Endzeit bereits angebrochen. "Sitz im Leben" der Doppelerzählung ist also die Israelmission.
In Mk 5,21-43 hat der Evangelist zwei Wundererzählungen ineinander verschränkt, die ursprünglich isoliert überliefert wurden.

Er hat die Erzählung über die Heilung der Frau mit dem Blutfluß (5,25-34) in die Erzählung über die Auferweckung der Tochter des Jairus (5,21-24.35-43) an passender Stelle eingeschoben.[2] Diese Geschichte erzählt, wie Jesus in höchster Not zu einem sterbenden Mädchen gerufen wird, das dann aber, bevor er das Haus des Jairus erreicht hat, bereits gestorben ist. Daß die Verknüpfung beider Erzählungen künstlich ist, zeigt sich auch daran, daß die jeweiligen Szenerien nicht zusammenpassen. Die Heilungsgeschichte (5,25-34) setzt voraus, daß Jesus sich inmitten einer Menge befindet, die ihn umdrängt, so daß es unwillkürlich zu Berührungen mit Jesus kommt (5,31). In dieser Situation kann sich die durch Blutfluß unreine Frau durch eine bewußte, aber heimliche Berührung Jesu ihre Heilung "erschleichen". Die Erzählung von der Totenerweckung bezieht dagegen ihre dramatische Zuspitzung aus der Tatsache, daß Jesus offenbar trotz größter Eile scheinbar "zu spät" kommt, um das kranke Mädchen zu "heilen". Statt der Heilung vollbringt er

[1] Markus hat die beiden Erzählungen getrennt angeordnet. Der Schweigebefehl 7,36 geht auf ihn zurück, ebenso die Bemerkung über seine Nichtbefolgung. So kann der ursprüngliche "Chorschluß" wieder anschließen. Markus hat wohl auch das Motiv des Wundergeheimnisses in 7,33 redaktionell verstärkt. Gleiches gilt für 8,23. In 8,26b ist sodann der Befehl, nicht in das Dorf hineinzugehen, der in Spannung zu V.26a steht, dem Evangelisten zuzuschreiben.

[2] Der Evangelist hat durch 5,21 die Verbindung mit dem Kontext und durch 5,24fin: "und sie umdrängten ihn" die Verknüpfung der beiden Erzählungen hergestellt. Auf ihn geht auch die Erwähnung der drei Jünger zurück, die Jesus begleiten dürfen (5,37), sowie der Schweigebefehl (5,43a).

nun das größere Wunder der Totenerweckung. Hierzu will schwerlich passen, daß eine Volksmenge trotz der Not des Vaters Jesus den Weg nicht freigibt und daß Jesus sich derart "aufhalten" läßt. Im Sinne des Markus erweist sich darin natürlich die Überlegenheit Jesu.

> [[21]Und als Jesus im Boot wieder an das andere Ufer hinübergefahren war, da strömte viel Volk bei ihm zusammen. Und er war am See.] [22]Da kommt einer von den Synagogenvorstehern namens Jairus, und als er ihn sieht, fällt er ihm zu Füßen [23]und bittet ihn flehentlich: "Mein Töchterchen liegt in den letzten Zügen; komm doch und leg ihr die Hände auf, damit sie gesund wird und am Leben bleibt." [24]Und er ging mit ihm, und viel Volk folgte ihm[, und sie umdrängten ihn.] [25]Und eine Frau, die seit zwölf Jahren an Blutfluß litt [26]und viel ausgestanden hatte von zahlreichen Ärzten und ihr ganzes Vermögen aufgewendet, aber keinen Nutzen gehabt hatte - es war nur immer noch schlimmer geworden -, [27]die hatte von Jesus gehört und kam unter der Menge von hinten heran und berührte sein Gewand. [28]Denn sie dachte: "Wenn ich auch nur sein Gewand berühre, werde ich gesund werden." [29]Und sofort versiegte der Quell ihres Blutes, und sie spürte es am Körper, daß sie von ihrem Leiden geheilt war. [30]Und sofort erkannte Jesus an sich, daß eine Kraft von ihm ausgegangen war, und er wandte sich in der Menge um und fragte: "Wer hat mein Gewand berührt?" [31]Da erwiderten ihm seine Jünger: "Du siehst, wie die Menge dich drängt, und fragst: 'Wer hat mich berührt?'" [32]Und er blickte ringsum, die zu sehen, die es getan hatte. [33]Die Frau aber, voll Furcht zitternd, weil sie wußte, was an ihr geschehen war, kam, fiel vor ihm nieder und sagte ihm die ganze Wahrheit. [34]Er aber sprach zu ihr: "Tochter, dein Glaube hat dir geholfen! Geh hin im Frieden und sei geheilt von deiner Plage!" [35][Während er noch spricht,] kommen Leute aus dem Hause des Synagogenvorstehers und sagen: "Deine Tochter ist gestorben; wozu bemühst du noch den Meister?" [36]Jesus aber, der diese Meldung mitgehört hat, spricht zu dem Synagogenvorsteher: "Fürchte dich nicht, glaube nur!" [[37]Und er ließ niemand mitgehen als nur den Petrus und Jakobus und Johannes, den Bruder des Jakobus.] [38]Und sie kommen an das Haus des Synagogenvorstehers, und er vernimmt den Lärm und wie sie laut weinen und wehklagen. [39]Und er tritt ein und spricht zu ihnen: "Was lärmt und weint ihr? Das Kind ist nicht gestorben, sondern schläft." [40]Da verlachten sie ihn. Er aber schafft alle hinaus, nimmt Vater und Mutter des Kindes und seine Begleiter mit und tritt ein, wo das Kind lag. [41]Und er faßt die Hand des Kindes und spricht zu ihm: "Talitha kum", das heißt übersetzt: "Mädchen, ich sage dir, steh auf!" [42]Sofort stand das Mädchen auf und ging umher; es war zwölf Jahre alt. Da waren sie sogleich außer sich vor großem Staunen. [43]Und er [gebot ihnen streng, daß niemand davon erfahre, und] sagte, man solle ihm zu essen geben.

Die Heilungserzählung wird eröffnet durch die Krankheitsgeschichte der Frau. An ihr hat alle ärztliche Kunst versagt. Die Ärzte haben nur ihr ganzes Vermögen kassiert. Krasser können Resignation und Hoffnungslosigkeit eines heillos Kranken nicht ausgedrückt werden. Strahlender kann aber auch Jesu "Kraft" zu heilen nicht dargestellt werden. Schon die Berührung seines Gewandes bringt Heilung. Daß die Frau sich die Heilung heimlich "erschleichen" will, hat darin ihren Grund, daß sie als unrein galt. So wagt sie offenbar nicht, Jesus um eine heilende Berührung zu bitten. Die "heimliche" Heilung der Frau wird von Jesus demonstrativ öffentlich bestätigt. Der Glaube, daß Jesus über die "Kraft" Gottes verfügt, hat die Frau gerettet.
Durch das Schlußwort Jesu an die geheilte Frau wird die Erzählung auf den nachösterlichen Hörer hin geöffnet. Er vermag ebenso, durch den Glauben mit der "göttlichen Kraft" Jesu in Kontakt zu kommen. Auch diese Erzählung hat ihren "Sitz im Leben" in der Missionsverkündigung der Jesusboten, die begleitet ist von Heilungen und Wundern "in Jesu Namen" (vgl. Apg 3,6; 6,8; 9,17f; 9,32-35; 14,8-10 u.a.).

Die Geschichte von der Auferweckung der Tochter des Jairus ist gut und dramatisch erzählt. Jesus wird zu einer Todkranken gerufen und kommt dann zu einer Gestorbenen (vgl. Joh 11). Der Hörer erlebt die Not des Vaters geradezu mit, der nichts anderes mehr für seine Tochter tun kann, als an Jesu Macht zu glauben. Diese Situation war den meisten Hörern gewiß vertraut. Der frühe Tod von Kindern war ja eine Erfahrung des menschlichen Daseins, die in der Antike fast alle Familien traf (vgl. 2 Sam 12,15-23). Als ihnen die Leute aus dem Haus des Jairus entgegenkommen und den inzwischen eingetretenen Tod des Mädchens melden, scheint alles Hoffen umsonst gewesen zu sein. Jesu Macht endet aber nicht vor dem Tod. Er kann auch ihn überwinden. Er ist der endzeitliche Heilbringer, weil er wie Elia Tote erwecken kann (vgl. 1 Kön 17,17-24).
Vor dem Hintergrund der Botschaft von der Auferweckung Jesu erhält diese Erzählung ihre Dynamik auch für den nachösterlichen Hörer. Denn Jesu todüberwindende Macht hält an. Auch von seinen Boten werden Totenerweckungen erzählt (Apg 9,36-42; 20,9-12).
Die Erzählung atmet alttestamentlichen Geist und palästinisches Kolorit. Ihre Absicht ist, dem Hörer zu versichern, daß Jesus der endzeitliche Heilbringer ist, der in der gleichen Kraft gewirkt hat, die auch in Elia am Werk war (1 Kön 17,24). Ihr "Sitz im Leben" ist die nachösterliche Missionspredigt unter palästinischen Juden.
Fest mit der Stadt Jericho verbunden ist die Heilungsgeschichte Mk 10,46-52.[1]

> 46 Und sie kommen nach Jericho. [Und als er mit seinen Jüngern und vielem Volk aus Jericho herauszog,] saß da am Wege ein blinder Bettler, Bartimäus, der Sohn des Timäus. 47 Und als er hörte, daß es Jesus von Nazareth war, fing er an, laut zu rufen: "Sohn Davids, Jesus, erbarme Dich meiner!" [48 Viele fuhren ihn an, er solle schweigen. Er aber schrie nur noch viel lauter: "Sohn Davids, erbarme Dich meiner!"] 49 Da blieb Jesus stehen und sprach: "Ruft ihn her!" Da rufen sie den Blinden und sagen zu ihm: "Sei getrost, steh auf, er ruft dich!" 50 Er aber warf seinen Mantel ab, sprang auf und ging zu Jesus. 51 Jesus nahm das Wort und sprach zu ihm: "Was willst du, daß ich dir tun soll?" Der Blinde aber sprach zu ihm: "Rabbuni, ich möchte sehen können!" 52 Da sprach Jesus zu ihm: "Geh hin, dein Glaube hat dir geholfen!" Und sofort konnte er sehen [und folgte ihm auf dem Wege.]

Die Ortsgebundenheit der Erzählung und ihr Wissen um den Namen des Geheilten weisen darauf hin, daß hier eine Lokaltradition vorliegt. Ihre Absicht ist, Propaganda für Jesus zu machen. Seine Person und sein Wirken stehen im Mittelpunkt. Wie Gott selbst wird er um Erbarmen angerufen (vgl. Ps 6,2; 9,13; 40,5.11; 122,3). Sein Wirken hat endzeitliche Qualität, denn "Blindenheilung ist ein klares messianisches Zeichen" (Lohmeyer). Der Erzähler hat die Verheißungen Jes 29,18 und 35,5 im Sinn. In ihrem Licht stellt er Jesus als endzeitlichen "Messias" ("Sohn Davids") dar. Diese Erkenntnis, die der Blinde herausschreit, läßt sich nicht unterdrücken (10,48) und wird sich durchsetzen.

---

[1] BURGER, Ch., Jesus als Davidsohn, Göttingen 1970, 42ff. - Redaktionell ist die jetzige Fassung von V.46. Der Evangelist hat die ursprüngliche Einleitung so umgestaltet, daß die Heilung nach dem Verlassen Jerichos "auf dem Weg" nach Jerusalem (vgl. V.32.52) geschieht. Ursprünglich spielte die Erzählung wohl in den Straßen Jerichos. Auf Markus geht auch der jetzige Abschluß der Erzählung (V.52) zurück, der ihren ursprünglichen Schluß ersetzt. Auch die Verdoppelung des Rufes in V.48 könnte redaktionell sein: Der Evangelist betont damit den "Glauben" des Blinden (vgl. V.52).

Gerade dieser Erzählzug weist darauf hin, daß der "Sitz im Leben" der Erzählung die werbende Auseinandersetzung mit Juden über die heilsgeschichtliche Qualität Jesu war. Auch dieses Stück war also ursprünglich für die Israelmission bestimmt. Es zeigt auch an, wie die aramäisch-sprechende Urgemeinde schon früh begann, Jesu irdisches Wirken im Lichte seiner zunächst endzeitlich aufgefaßten Messiaswürde zu sehen (s. dazu Kap. VI.3). In Jesus sind die endzeitlichen und messianischen Erwartungen Israels erfüllt. Diesen Glauben an den "Messias" Jesus sucht die Gemeinde im Medium der Erzählung ihren jüdischen Hörern nahezubringen. Daß dabei, etwa in Jericho, der Geheilte selbst eine besondere missionarische Rolle gespielt hat, ist jedenfalls möglich. Daß sein Name noch bekannt ist, könnte dafür sprechen.
Als letzte Heilungsgeschichte soll hier Mk 2,1-12[1] besprochen werden.

> [[1]Und als er nach Verlauf von einigen Tagen wieder nach Kapharnaum hineinging, hörte man, daß er zu Hause sei. [2]Da strömten viele zusammen, daß nicht einmal der Platz vor der Tür ausreichte, und er predigte ihnen das Wort.] [3]Da kommen sie und bringen zu ihm einen Gelähmten, getragen von vieren. [4]Doch da sie ihn wegen der Menge nicht zu ihm heranbringen können, decken sie das Dach ab, wo er war, indem sie es durchbrachen, und lassen die Bahre hinab, auf der der Gelähmte lag. [5]Und da Jesus ihren Glauben sieht, sagt er zu dem Gelähmten: "Sohn, vergeben sind deine Sünden." [6]Es saßen aber einige von den Schriftgelehrten dort, und die dachten bei sich: [7]"Wie kann der so reden? Er lästert. Wer kann Sünden vergeben außer Gott allein?" [8]Und sofort erkennt Jesus in seinem Geist, daß sie so bei sich denken, und sagt zu ihnen: "Was denkt ihr solches in euren Herzen? [9]Was ist leichter - dem Gelähmten zu sagen: Vergeben sind deine Sünden, oder zu sagen: Steh auf, nimm deine Bahre und geh umher? [10]Damit ihr aber wißt, daß der Menschensohn Macht hat, auf Erden Sünden zu vergeben," - spricht er zu dem Gelähmten - [11]"ich sage dir: Steh auf, nimm deine Bahre und geh in dein Haus!" [12]Und er stand auf, und sofort nahm er seine Bahre und ging vor allen hinaus, so daß alle außer sich gerieten und Gott priesen und sprachen: "So etwas haben wir noch nicht gesehen!"

Die Einleitung der Erzählung dürfte in ihrer jetzigen Form auf Markus zurückgehen. Er knüpft damit an den Kontext an und verbindet das Motiv der "Lehre" Jesu mit seinem Wunderwirken. Es muß aber bedacht werden, daß die Erzählung die Anwesenheit Jesu in einem Haus voraussetzt und schon einen Grund genannt haben könnte, warum die Träger den ungewöhnlichen Weg über das Dach des Hauses nehmen, um den Kranken vor Jesus zu bringen. Markus hat also bei der Formulierung der Einleitung vorgegebene Erzählstrukturen aufgegriffen. Eine genaue Scheidung ist nicht mehr möglich.
Die dem Evangelisten vorgegebene Erzählung hat bereits eine längere Traditionsgeschichte hinter sich. Darauf weisen schon die miteinander konkurrierenden Beschreibungen der Demontage des Daches durch die Träger des Gelähmten hin (2,4). Ἀνεστέγασαν τήν στεγήν und ἐξορύξαντες setzen unterschiedliche Dachkonstruktionen voraus. Das "Abdecken" weist auf ein westliches Ziegeldach, das "Durchbrechen" auf ein semitisches Lehmdach hin. Hier wird sehr schön erkennbar, daß die in palästinischem Milieu entstandene Tradition später auch außerhalb Palästinas überliefert und den kulturellen Voraussetzungen der neuen Hörer angepaßt wurde.
Als sekundäre Erweiterung der ursprünglich kürzeren Erzählung muß auch V.6-10 gelten. Sicherer Hinweis darauf ist die nachträgliche Einführung der Schriftgelehrten in die Erzählung (V.6), deren Nennung eigentlich in die Einleitung gehört, aber auch der Bruch der grammatischen Konstruktion in V.10. Jedenfalls könnte V.11 unmittelbar V.5 fortsetzen. Wahrscheinlich umfaßte die älteste Fassung der Erzählung neben der nicht mehr erhaltenen Einleitung V.3-5.11-12.

---

[1] JAHNOW, H., Das Abdecken des Daches Mc 2,4; Lc 5,19: ZNW 24 (1925) 155-158; KERTELGE, K., Die Vollmacht des Menschensohns zur Sündenvergebung (MK 2,10), in: FS J. Schmid, Freiburg 1973, 205-213; KUHN, H.W., Ältere Sammlungen im Markusevangelium, Göttingen 1971, 53-98; MAISCH, I., Die Heilung des Gelähmten, Stuttgart 1971.

Heimat der ursprünglichen Erzählung ist wegen ihres besonderen Kolorits ohne Zweifel Palästina. Ihre Intention wird vom Chorschluß V.12b her deutlich. In missionarisch-werbender Absicht will sie die Überlegenheit und Einzigartigkeit Jesu darstellen. Er wird nicht nur als Wundertäter gezeichnet, sondern sein heilendes Wirken wird durch die Vergebungszusage in V.5b theologisch umfassender gedeutet. In Jesus begegnet Gottes sündenvergebende Barmherzigkeit. Durch sein Wirken ist nicht nur das Leid des Menschen beseitigt worden, sondern auch seine Ursache und die aller Negativität des menschlichen Daseins: die Sünde. Hier öffnet die Erzählung Perspektiven für den Hörer. Sie sagt ihm im Namen Jesu Vergebung der Sünden zu.

Auch diese Erzählung, so erweist der Chorschluß, hat ihren "Sitz im Leben" in der Missionsverkündigung der Jesusboten. Diese ist Bußruf und Lossprechung von den Sünden zugleich. Sie vermittelt nicht nur ein Wissen über Jesus, sie läßt Jesu Vergebungszusage im Medium der Erzählung selbst präsent werden für denjenigen, der glaubt.

Eine weitere Erzählung über eine Totenerweckung findet sich in Lk 7,11-16.[1]

> [11]Und es geschah in der Folgezeit, da ging er zu einer Stadt, Nain genannt, und seine zahlreichen Jünger gingen mit ihm und viel Volk. [12]Als er sich aber dem Stadttor näherte, siehe, da wurde ein Toter herausgetragen, der einzige Sohn seiner Mutter, und diese war Witwe. Und eine große Volksmenge aus der Stadt begleitete sie. [13]Und als sie der Herr erblickte, empfand er Mitleid mit ihr und sprach zu ihr: "Weine nicht!" [14]Dann trat er heran, berührte den Sarg - die Träger aber standen still - und sprach: "Jüngling, ich sage dir, steh auf!" [15]Da setzte sich der Tote auf und fing an zu reden, und er gab ihn seiner Mutter. [16]Furcht aber packte alle; und sie priesen Gott und sprachen: "Ein großer Prophet ist unter uns aufgestanden", und: "Gott hat sein Volk heimgesucht!" [17]Und diese Kunde über ihn verbreitete sich in ganz Judäa und in der ganzen Umgegend.

Die Intention der Erzählung erschließt sich vom Chorschluß her: Jesus ist ein großer Prophet, in seinem Wirken naht Gott selbst seinem Volk. Von Elia und Elischa, den beiden größten Wundertätern des AT, werden Totenerweckungen erzählt (vgl. 1 Kön 17,17-24; 2 Kön 4,18-37). Unsere Erzählung muß auf dem Hintergrund dieser Erzählungen gesehen werden. Das zeigen schon die Übereinstimmungen: Der Tote ist der "Sohn einer Witwe", und Jesus gibt ihn nach seiner Auferweckung der Mutter zurück (1 Kön 17,23). Unsere Erzählung will aber jene überbieten. Hier wird der Tote bereits zu Grabe getragen, und Jesus kann ihn durch ein einziges Wort erwecken, ohne ausdrückliches Gebet und ohne weitere Manipulation. Jesus ist also größer als Elia und Elischa. Er ist der endzeitliche Heilbringer.

"Sitz im Leben" der Erzählung ist die Missionsverkündigung der galiläischen Gemeinde, vielleicht in Nain. Hier ist die Erzählung entstanden und überliefert worden.

Jesus war auch Exorzist. An den Phänomenen dämonischer Besessenheit, die in seiner Zeit in der palästinischen Gesellschaft massenhaft auftraten, mußte sich seine befreiende Botschaft von Gottes naher Basileia "bewähren". In ihnen schien sich Satan als Beherrscher der Welt zu offenbaren. Wo jedoch Satans Dämonen weichen müssen, da greift Gottes Basileia Platz (Lk 11,20).

---

[1] BUSSE, U., Die Wunder des Propheten Jesus, Stuttgart 1977, 161-175.

In den nachösterlichen Erzählungen über Exorzismen Jesu wurde die Befreiung von der satanischen Macht nicht nur angekündigt, sondern präsent. Eine in Aufbau und Stil typische Exorzismuserzählung liegt in Mk 1,23-27[1] vor.

> [23]Sofort war in ihrer Synagoge ein Mann mit einem unreinen Geist. Der schrie auf: [24]"Halt! Was haben wir mit dir zu schaffen, Jesus von Nazareth? Du bist gekommen, uns zu verderben. Ich weiß, wer du bist - der Heilige Gottes." [25]Und Jesus herrschte ihn an: "Schweig und fahr aus ihm aus!" [26]Da zerrte ihn der unreine Geist hin und her, schrie mit mächtiger Stimme und fuhr von ihm aus. [27]Und alle wurden in Staunen versetzt, so daß sie untereinander fragten und sprachen: "Was ist das? [Eine neue Lehre in Vollmacht!] Sogar den unreinen Geistern gebietet er, und sie gehorchen ihm."

Aussageabsicht und "Sitz im Leben" der Erzählung sind vom Chorschluß her zu bestimmen. Der Hörer wird angefragt, er soll die Antwort geben. Die Erzählung hat also eine werbende Absicht. Ungläubige Hörer sollen zum Glauben an Jesus von Nazareth und zum Bekenntnis geführt werden: Jesus ist der "Heilige Gottes" (V.24; vgl. 1 Kön 17,18). An einer beispielhaften Tat wird die dämonenbannende Macht Jesu aufgezeigt. Die Dämonen selbst haben erkannt und bestätigt, daß Jesus der eschatologische Heilbringer ist, der von Gott gekommen ist. Ihre Macht ist nun zu Ende.
Die Chorschlußfrage öffnet die Erzählung auf den Hörer hin. Jesu Vollmacht kommt auch ihm zugute. Sie wird ihm im Medium der Erzählung zugesagt. Durch den Anschluß an Jesus ist er sicher und geborgen vor den jeden Lebensbereich bedrohenden Dämonen. Die alles lähmende Angst vor ihnen fällt von ihm ab. Er ist befreit. Die Gemeinde verkündet mit der Erzählung den Menschen, die noch nicht zu ihr gehören und noch den Zwängen und der Gewalt dämonischer Mächte ausgesetzt sind, Jesus als den neuen Herrn des Lebens. Wir haben also eine "werbende Christusgeschichte" vor uns.
Eine Exorzismusgeschichte besonderer Art ist Mk 5,1-20.[2]

> [1]Und sie kamen [an das jenseitige Ufer des Sees] in die Landschaft der Garasener. [2][Und als er aus dem Boot stieg, da kam ihm auch gleich von den Gräbern her] ein Mann [entgegen] mit einem unreinen Geist. [3]Der hauste in den Gräbern, und niemand mehr vermochte ihn zu binden, selbst nicht mit einer Kette. [4]Denn oft schon war er mit Fußfesseln und Ketten gefesselt worden, aber die Handketten waren von ihm zerrissen und die Fußfesseln zerrieben worden, und niemand konnte ihn bändigen. [5]Und immerfort, Tag und Nacht, hielt er sich in den Gräbern auf und in den Bergen und schrie und schlug sich mit Steinen. [6]Und als er Jesus von weitem sah, lief er hin, fiel vor ihm nieder [7]und schrie mit mächtiger Stimme: "Was habe ich mit dir zu schaffen, Jesus, du Sohn des höchsten Gottes? Ich beschwöre dich bei Gott, quäle mich nicht!" [[8]Er hatte nämlich gesagt: "Fahr aus, du unreiner Geist, aus dem Menschen!" [9]Auch] fragte er ihn: "Wie heißt du?'" Und er sagte zu ihm: "Legion heiße ich, denn wir sind viele." [10]Und flehent-

[1] KEE, H.C., The Terminology of Marks Exorcism Stories: NTS 14 (1967/ 68) 232-246; PESCH, R., "Eine neue Lehre aus Macht". Eine Studie zu Mk 1,21-28, in: Evangelienforschung (hg. v. J.B. Bauer), Graz 1968, 241-276. - Die jetzige Einleitung in V.21-22 geht auf den Evangelisten zurück, der darin allerdings Elemente der ursprünglichen Einleitung verwendet hat. In die Erzählung selbst hat Markus ebenfalls eingegriffen. Er hat die Akklamation V.27 um die Wendung καινὴ διδαχὴ κατ᾽ ἐξουσίαν erweitert. Diese Wendung greift V.22 auf und steht in Spannung zur Erzählung selbst, in der es um Jesu vollmächtige Tat geht. Dann hat die Vermutung viel für sich, daß die Akklamation ursprünglich gelautet hat: τίς ἐστιν οὗτος ... (vgl. Mk 4,41).

[2] ANNEN, F., Heil für die Heiden, Frankfurt 1976; PESCH, R., Der Besessene von Gerasa, Stuttgart 1972.

lich bat er ihn, er möchte sie nicht aus dem Land verweisen. [11]Es war aber dort am Berge eine große Herde Schweine auf der Weide. [12]Da baten sie ihn: "Schick uns in die Schweine, laß uns in sie hineinfahren" [13]Und Jesus gestattete es ihnen sofort. Da fuhren die unreinen Geister aus und fuhren in die Schweine, und die Herde rannte den Abhang hinab [in den See], an die zweitausend, [und sie ertranken im See.] [14]Und ihre Hirten flohen und meldeten in der Stadt und auf den Gehöften. Und sie kamen, um zu sehen, was vorgefallen war. [15]Und sie gehen zu Jesus hin und sehen den Besessenen, den, der die Legion gehabt hat, dasitzen, bekleidet und vernünftig, und Furcht ergriff sie. [16]Und die Augenzeugen erzählten ihnen, wie es dem Besessenen ergangen war und das mit den Schweinen. [17]Da fingen sie an, ihn zu bitten, er möge weggehen aus ihrem Gebiet. [[18]Und als er in das Boot einstieg, bat ihn der Besessene, bei ihm bleiben zu dürfen. [19]Doch er erlaubte es ihm nicht, sondern] sagt zu ihm: "Geh in dein Haus zu den Deinen und künde ihnen, wie Großes der Herr an dir getan und wie er sich deiner erbarmt hat." [[20]Und er ging hin und fing an, in der Dekapolis zu verkünden, wie Großes Jesus an ihm getan hatte, und alle staunten.][1]

Die lebendig erzählte Geschichte hat einen volkstümlichen, fast schwankhaften Charakter (vgl. Apg 19,13ff). Mehr als andere Wundererzählungen entspricht sie in Ton und Topik jüdischen und hellenistischen Wunderberichten. Die ausführliche Schilderung der Wildheit und Gefährlichkeit des Dämons (vgl. Mk 9,17f) verwendet volkstümliche Vorstellungen vom Aufenthaltsort der Dämonen. Auch die gegen den Besessenen gerichteten Zerstörungsabsichten des Dämons sind häufig belegt (vgl. Mk 9,22; Philostrat, vitaApol III 38). Die ganze Schilderung der Wildheit des Besessenen ist darauf angelegt, Jesus als überlegenen Dämonenbezwinger darzustellen. Was bisher keinem Menschen gelungen ist, das vermag sein bloßes Erscheinen (V.6). Eindrucksvoll ist, wie der gewaltige Dämon in Jesus den "Stärkeren" wittert, vor dem er weichen muß. Er macht noch einen Abwehrversuch (vgl. 1 Kön 17,18; Mk 1,24). In der Anrede "Sohn des höchsten Gottes" drückt sich sein übernatürliches Wissen um Jesu Personwürde aus. Dies interessiert natürlich den Hörer besonders. Der Gottestitel "höchster Gott" kennzeichnet Gott aus polytheistischer Sicht und paßt gut zur Erzählung, die in heidnischem Gebiet spielt. Der bekenntnishafte Abwehrversuch des Dämons endet in seiner eindringlichen Bitte, ihn nicht aus dem (Heiden-)Land zu verjagen. Damit wird Jesu Vollmacht anerkannt.
Jesus erfragt nun den Namen des Dämons. Der heißt "Legion", und Legion ist er auch. Daß ein Mensch von zahlreichen Dämonen besessen sein kann, ist eine geläufige Vorstellung (vgl. Lk 8,2; Mt 12,45). Im Wissen um seine Unterlegenheit bittet der Dämon um die Konzession, im Lande bleiben (V.10) und in die Schweineherde einfahren zu dürfen (V.12), deren Anwesenheit in V.11 kurz mitgeteilt wird. Jesus gewährt die Bitte. Die Dämonen fahren in die Schweineherde, aber die zweitausend Tiere stürzen in wildem Galopp den Abhang hinab,

[1] Markus hat die eigentümliche Erzählung von einem Exorzismus Jesu im Heidenland gerahmt und seinem Kontext eingefügt. Dazu hat er die ursprünglich knappere Einleitung (vielleicht: "und Jesus kam in das Land der Gerasener ...") erweitert und die gesamte Szene an den Galiläischen See verlegt. Auch die Schlußverse V.18 und 20 gehen auf ihn zurück. Die vom Evangelisten vorgefundene Erzählung hatte bereits eine Traditionsgeschichte hinter sich. Unter formgeschichtlicher Rücksicht muß V.8 ein sekundärer Zuwachs sein. In V.13, wo ein Ausfahrbefehl eigentlich hingehört, fehlt ein solcher. Der Grund für die sekundäre Umgestaltung ist leicht zu vermuten. In der jetzigen Fassung ist den Dämonen die ganze Verantwortung für die Vernichtung der Schweine und damit für den gewaltigen finanziellen Verlust der Eigentümer der Herde zugeschoben. Außerdem wird Jesus gezeichnet als überlegener Exorzist, der von Anfang an und ohne vorherige Diskussion den Dämonen befiehlt, zu weichen.

auf und davon. Der Dämon ist "geprellt". Was er nicht wollte, ist eingetreten: Er muß das Land verlassen.
Die Raserei der Schweine erlaubt dem Erzähler, nun Zeugen für das Geschehen, das sich bisher nur zwischen Jesus und dem Besessenen abgespielt hat, einzuführen. Ob die Hirten den bisherigen Vorgang von weitem beobachtet haben, darf nicht gefragt werden. Sie sind in V.14f jedenfalls zur Stelle, um das Ergebnis zu konstatieren: Der wilde und unbezwingbare Besessene sitzt nun "vernünftig" und "bekleidet" da. Die Reaktion der Zeugen ist Furcht. Sie übertrifft die Furcht der Hirten bei der Ausfahrt des Dämons (V.14) und richtet sich auf die Größe des Exorzisten. Sie äußert sich in der Bitte, Jesus möge aus ihrem Lande weggehen (vgl. Lk 5,8f). Diese Bitte ist überraschend. Die heidnischen Landesbewohner haben "damals" den gewaltigen Exorzisten und "Gottessohn" Jesus nicht angenommen, sondern abgewiesen. In der Person des Geheilten aber blieb Jesus und seine befreiende Tat im Lande. Er erhält den Auftrag, das Geschehen zu verkünden (V. 19).

Die Erzählung entstammt palästinischen Kreisen von Jesusjüngern, etwa in Galiläa. Ihre Perspektive ist jüdisch. Das heidnische Gebiet bei Gerasa erscheint als durch Dämonen und Schweinezucht verunreinigtes Land. Dem Dämon wird eine heidnische Gottesbezeichnung in den Mund gelegt, und der Besessene erscheint als Prototyp des unreinen Heidentums (vgl. Jes 65,3-5). Über den Verlust der riesigen Schweineherde wird kein Bedauern geäußert. Eher scheint Schadenfreude in der Erzählung mitzuschwingen.
Daß galiläische Tradenten die Geschichte geformt und in sie bewußt oder unbewußt ihre eigene politisch-soziale Situation eingebracht haben, geht auch aus einer Beobachtung von G. Theißen hervor. "Aggression gegen die Römer scheint auf Dämonen 'verschoben' worden zu sein, wie der Exorzismus am gadarenischen Ufer zeigt (Mk 5,1ff): Die in der Schweineherde hausenden Dämonen verhalten sich wie die Besatzungsmacht. Sie sprechen Latein, stellen sich als 'Legion' vor und haben wie die Römer nur den einen Wunsch, im Lande bleiben zu dürfen. Daß sie zusammen mit den Schweinen im See ertrinken, entspricht den wenig freundlichen Wünschen, die man im jüdischen Volk für die Römer hegte: Am liebsten hätte man sie ins Meer getrieben. Der Zusammenhang von Fremd- und Dämonenherrschaft ist plausibel: Mit den Römern kamen fremde Götter und Kulte ins Land. Schon die römischen Feldzeichen wurden als Götzen verdächtigt, weswegen ihre Anwesenheit in der heiligen Stadt Jerusalem zu Protesten führte (I QpHab 6,3ff; ant 18,55ff; 18,121). Götzen aber galten als Dämonen (Dt 33,17; Ps 95,5; ÄthHen 19,1; 99,7; Jub 1,11; 1 Kor 10,20)." (Soziologie 95)

Zu beachten ist noch: Die Aggression richtet sich gegen die Dämonen, nicht gegen die Römer selbst, wie die Zeloten es forderten. Eine Verschiebung des Aggressionsobjekts ist eingetreten. Die heidnischen Nachbarn der galiläischen Judenchristen werden selbst als Objekt und Spielball der dämonischen Mächte dargestellt, die der Befreiung bedürfen. Der Geheilte, noch als Besessener ein Prototyp des Heiden, wird sympathisch und wohlwollend gezeichnet. Auch die Abwehr der Landesbewohner gegen Jesus bleibt aufgrund der erzählten Begebenheit verständlich.
Ohne Zweifel ist die Perspektive der Erzählung offen für das Heil der Heiden. Schon der irdische Jesus hat im Heidenland befreiend gewirkt. Auf seinen Befehl hin mußte der Dämon "Legion" das Land verlassen. Er hat den Geheilten als seinen Boten zurückgelassen. Will die Erzählung für die nach Ostern beginnende Heidenmission werben? Will sie darstellen, daß solche Mission das Werk Jesu fortsetzt? Will sie ausdrücken, daß Jesus nicht nur der Messias Israels, sondern auch der Heiland der Heiden ist und ihnen darum verkündet werden muß? Dann hätte sie ihren "Sitz im Leben" nicht in der Missionsverkündigung selbst, sondern in den Debatten und Auseinandersetzungen der Urge-

meinde um die zuerst von den "Hellenisten" aufgenommenen Heidenmission (s. dazu Kap. XI.4).

Ein alter Exorzismusbericht liegt auch Mk 9,14-29[1] zugrunde. Er ist ganz von sekundären Intentionen überlagert, so daß seine ursprüngliche Gestalt nur noch vermutet werden kann. Die jetzige Darstellung, daß die Jünger während der Abwesenheit Jesu einen vergeblichen Exorzismusversuch gemacht haben, deswegen von Jesus getadelt und später im Haus belehrt werden, geht wohl ganz auf den Evangelisten zurück. Zum Grundbestand der ursprünglichen Erzählung gehörten dann lediglich Mk 9,17-18a.20-27.

> [17]Da antwortete ihm einer aus der Menge: "Meister, ich habe meinen Sohn zu dir gebracht; er ist von einem stummen Geist besessen; [18]und wenn der ihn packt, wirft er ihn zu Boden; Schaum tritt ihm vor den Mund, er knirscht mit den Zähnen und wird starr. [Und ich sagte zu deinen Jüngern, sie möchten ihn austreiben, doch sie konnten es nicht." [19]Er aber nimmt das Wort und sagt zu ihnen: "O ungläubiges Geschlecht! Wie lange soll ich noch bei euch sein? Wie lange noch soll ich euch ertragen?] Bringt ihn her zu mir!" [20]Und sie brachten ihn zu ihm. Und als der Geist ihn gewahr wurde, riß er ihn sofort zusammen, der fiel zu Boden und wälzte sich, Schaum vor dem Mund. [21]Da fragte Jesus seinen Vater: "Wie lange ist es her, daß das mit ihm geschehen ist?" Der antwortete: "Von Kindheit an. [22]Und oft warf er ihn sogar ins Feuer und ins Wasser, um ihn umzubringen. Doch - wenn du irgendwie kannst, so habe doch Erbarmen mit uns und hilf uns!" [23]Jesus aber sprach zu ihm: "Wenn du kannst? - Alles kann, wer glaubt." [24]Da schrie sofort der Vater des Knaben und sagte mit Tränen: "Ich glaube! Hilf meinem Unglauben!" [25]Als aber Jesus sah, daß das Volk zusammenlief, herrschte er den unreinen Geist an und sprach zu ihm: "Du stummer und tauber Geist, ich befehle dir: Fahr von ihm aus und geh nie wieder in ihn ein!" [26]Da schrie er, schüttelte ihn heftig und fuhr aus; der Knabe aber war wie tot, so daß die Menge sagte: "Er ist gestorben." [27]Doch Jesus nahm ihn bei der Hand und richtete ihn auf, und er stand auf.

Voller Mitgefühl wird das Elend und die Not des Vaters mit seinem kranken und behinderten Kind geschildert. Von Kindheit an ist er in Sorge um sein Leben und seine Gesundheit, ohne Aussicht auf Besserung. So wendet er sich an Jesus: "Wenn du irgendwie kannst ..."

Jesu Antwort: "Alles kann, wer glaubt!" und die herausgeschrieene Not des Vaters: "Ich glaube! Hilf meinem Unglauben!" öffnen die Erzählung für den Hörer. Auch ihm wird die Hilfe zugesagt, die der Vater nun erfahren hat. Jesus befreit und heilt seinen Sohn. Der Vater wird zur Identifikationsfigur für die Hörer. Wieviele von ihnen waren nicht in ähnlicher Situation, voll Sorge um die physische und psychische Gesundheit eines Angehörigen. Ihnen wird mit der Erzählung gesagt: "Der Glaube an Jesus hilft".

"Sitz im Leben" der Erzählung ist die Missionsverkündigung. Hier werden Jesu Taten präsent. Durch sie geschieht Befreiung und Heilung.

---

[1] ACHTEMEIER, P.J., Miracles and the Historical Jesus: Mark 9:14-29: CBQ 37 (1975) 471-491; BORNKAMM, G., Πνεῦμα ἄλαλον. Eine Studie zum Markus-Evangelium, in: Ders., Gesammelte Aufsätze IV, München 1971, 21-36; SCHENK, W., Tradition und Redaktion in der Epileptiker-Perikope Mk 9,14-29: ZNW 63 (1972) 76-94; SCHMITHALS, W., Die Heilung des Epileptischen (Mk. 9,14-29): ThViat 13 (1975/76) 211-234.

Die galiläischen Jesusgruppen tradierten auch die Rettungsgeschichte Mk 4,35-41.

> [35]Und er sagt zu ihnen [an jenem Tag], als es Abend geworden war: "Wir wollen hinüberfahren an das andere Ufer." [36][Und sie entlassen die Volksmenge und] nehmen ihn mit, so, wie er war, im Boot; auch andere Boote begleiteten ihn. [37]Da erhebt sich ein gewaltiger Sturmwind, und die Wellen schlugen in das Boot, so daß schon vollschlug das Boot. [38]Er aber war hinten im Boot und schlief auf dem Kissen. Da wecken sie ihn und sagen ihm: "Meister, kümmert es dich nicht, daß wir zugrunde gehen?" [39]Da stand er auf, herrschte den Wind an und sprach zum Meer: "Schweig! Verstumme!" Und der Wind legte sich, und es ward tiefe Stille. [[40]Und er sprach zu ihnen: "Was seid ihr so furchtsam? Habt ihr noch keinen Glauben?"] [41]Und sie wurden von großer Furcht befallen und sprachen zueinander: "Wer ist denn dieser, daß ihm auch der Wind und das Meer gehorchen?"[1]

Aufschlußreich ist ein Vergleich mit Mk 1,23-27. Der Aufbau beider Erzählungen ist weitgehend parallel. Auch die Stillung des Sturmes ist also ein Exorzismus (vgl. 4,39; 1,25). Wind und Meer werden als feindliche, dämonische Mächte gesehen, die Vernichtung und Tod bringen (V.38). Erzählt wird also nicht ein "Naturwunder", sondern ein Kampf auf Leben und Tod mit lebensvernichtenden Untergangsmächten, in dem Jesus Retter und Sieger ist. Seinem bannenden Wort müssen die Mächte weichen.
Die Erzählung drückt aus, daß Jesus aus der verderbenden Todesmacht des Meeres durch Gottes eigene Kraft rettet. Der "Sitz im Leben" der Erzählung ist aus V.41 zu entnehmen. Der stilgemäße Chorschluß (vgl. Mk 1,27) richtet sich an die Hörer, die aus der erzählten Tat auf die Bedeutung der Person Jesu schließen und so zum Glauben an Jesus geführt werden sollen.
Die christlichen Missionare, die diese Erzählung verwendeten, trafen gerade mit der uns fremdartig und mythologisch anmutenden Darstellung von Sturm und Meer als dämonischen Mächten die Lebensangst und Not ihrer Hörer. Der spätantike Mensch, auch der Jude, stand seiner Welt nicht distanziert und aufgeklärt gegenüber. Er sah sich umgeben von dämonischen Mächten und Gewalten. Vor allem das Meer in seiner Unberechenbarkeit galt als Tummelplatz dämonischer Ungeheuer, als Reservoir nur auf Zeit gebändigter Chaosmächte, die die Schöpfung zu verderben drohten. Von Dämonen und Chaos war auch der Einzelne in seiner Existenz bedroht, und alle Sehnsucht war auf Rettung vor ihnen ausgerichtet.
Ein Rettungswunder mit deutlichen Zügen einer göttlichen Epiphanie finden wir in Mk 6,45-51.[2]

> [45]Und sogleich nötigte er seine Jünger, in das Boot zu steigen und vorauszufahren, an das andere Ufer nach Bethsaida hin; [unterdessen wolle er selbst das Volk entlassen. [46]Und als er sie verabschiedet hatte,] ging er auf den Berg,

[1] Markus hat die Erzählung in den Kontext seines Evangeliums eingebunden. Er ist für die jetzige Gestalt ihrer Einleitung verantwortlich. Die ursprüngliche Einleitung schimmert noch in V.36b durch. Danach war Jesus bei der Überfahrt nicht nur von den Jüngern, sondern von einer größeren Menge begleitet. Auch V.40 geht auf den Evangelisten zurück. Der Vers steht in Spannung zur übrigen Erzählung. V.41 schließt gut an V.39 an, paßt dagegen nach V.40 schlecht, und im Mittelpunkt des Erzählinteresses stehen Tat und Person Jesu (V.39/41), nicht die Jünger (V.38/40). Erst Markus hat den Ton auf sie hin verschoben.

[2] RITT, H., Der "Seewandel Jesu" (Mk 6,45-52par). Literarische und theologische Aspekte: BZ 23 (1979) 71-84.

um zu beten. [47]Und als es Abend geworden war, war das Boot mitten auf dem See, er aber allein am Lande. [48]Da sah er, wie sie sich abquälten beim Rudern; denn sie hatten Gegenwind. Da, um die vierte Nachtwache, kommt er zu ihnen, wandelnd auf dem See, und er wollte an ihnen vorübergehen. [49]Als sie ihn aber auf dem See wandeln sahen, meinten sie, es sei ein Gespenst, und schrien laut auf. [50]Denn alle sahen ihn und waren ganz erschrocken. Doch sogleich redete er sie an und sprach zu ihnen: "Seid getrost! Ich bin es, fürchtet euch nicht!" [51]Und er stieg zu ihnen in das Boot, und der Wind legte sich. [Da gerieten sie ganz über die Maßen außer sich.][1]

Das spannungsvolle Nebeneinander von Epiphanie-Motiv (V.48b.50) und Rettungs-Motiv (V.48a.-51) läßt verschiedene Stadien der Überlieferungsgeschichte sichtbar werden. "Das ursprüngliche Motiv dieser Geschichte ist... das Seewandeln, zu dem das Sturmmotiv... sekundär hinzugekommen ist. Infolgedessen nämlich ist das ἤθελεν παρελθεῖν αὐτούς V.48 unverständlich geworden, in dem offenbar Ursprüngliches steckt." (Bultmann 231) Die ursprüngliche Erzählung hatte ihren Höhepunkt in der Selbstoffenbarung Jesu in Seewandel und Offenbarungswort. Zahlreiche, aus dem AT stammende Motive erweisen die Erzählung als Epiphaniegeschichte. So gehört zur alttestamentlichen Theophanie, daß Gott "vom Berg her" erscheint (vgl. Dtn 33,2; Ri 5,4f; Hab 3,3), über das Wasser schreitet (Ps 77,20; vgl. Ijob 9,8; 38,16). Jesus wird also ganz auf die Seite Gottes gestellt. Ein Theophaniemotiv liegt auch in V.48f vor: "und er wollte an ihnen vorübergehen". Hier klingen Ex 33,19.22; 34,5f; 1 Kön 19,11 an, die vom "Vorübergang" Jahwes an Mose und Elia erzählen. Daß die Jünger Jesus für ein "Gespenst" halten, könnte an einen Gestaltwandel Jesu denken lassen (vgl. Mk 9,3; Lk 24,15f; Joh 20,15). Dieser Zug ist ebenfalls als Epiphaniemotiv anzusehen, ebenso das Trostwort Jesu an die erschrockenen Jünger: "Fürchtet euch nicht". Zur Epiphanie paßt dann auch die Offenbarungsformel: "Ich bin es" (vgl. Ex 2,14; Jes 43,1-3.10f).

Die Erzählung ist also ganz im Stil alttestamentlicher Theophanien und neutestamentlicher Ostererscheinungen gestaltet. Von den übrigen Wundererzählungen unterscheidet sie sich vor allem dadurch, daß Jesus sich hier nicht in einer Tat, sondern im Offenbarungswort "Ich bin es" offenbart. Gattungsgeschichtlich ist sie im Rahmen des NT am ehesten mit der Verklärungsgeschichte Mk 9,2-8 (s. dazu Kap. I) und den Osterepiphanien zu vergleichen. Man hat sie darum als eine ins Leben Jesu zurückdatierte, ursprüngliche Ostererscheinung angesehen. Das ist durchaus möglich. Doch läßt sich die Erzählung auch als Ausdruck der christologischen Reflexion der Urgemeinde verstehen, die schon früh damit begonnen hat, den irdischen Jesus im Lichte des Osterglaubens darzustellen (s. dazu Kap. VI.3). Zu beachten ist jedenfalls, daß das Motiv des Seewandels in der Erzählung nicht einfach als Ausfluß der himmlischen Existenz Jesu dargestellt wird, wie dies in den Erscheinungsberichten der Fall ist, in denen der Auferstandene den Begrenzungen des irdischen Leibes entnommen ist. Die Erzählung berichtet den Seewandel, um dem Hörer die überragende Person und Sendung Jesu vor Augen zu stellen. Die Erzählung hat also werbenden Charakter. Ihre Absicht ist, die einmalige Hoheitsstellung und Würde des Heilsmittlers Jesus mit Hilfe alttestamentlicher Theophaniemotive aufzuzeigen: In Jesus hat sich Gott als Sieger über die chaotischen "Wasser des Todes" erwiesen. Sie ist, wenn auch kein ins Leben Jesu zurückdatierter Erscheinungsbericht, doch aus der Ostererfahrung der Urgemeinde heraus entwikkelt. Aus ihr spricht der Glaube, daß Jesus Chaos und Tod überwunden hat und der von Gott eingesetzte Herr über Leben und Tod ist.

---

1 V.51b bereitet den redaktionellen V.52 (vgl. 8,17ff) vor und verdoppelt das schon in V.50 vorhandene Furchtmotiv. Er dürfte daher auf den Evangelisten zurückgehen. Der Evangelist ist auch für die Verknüpfung der Rettungserzählung mit der Speisungsgeschichte 6,34-44 verantwortlich. Dazu hat er wohl die ursprüngliche Einleitung um das Motiv der Entlassung des Volkes (V.45) erweitert.

Der "Sitz im Leben" der Erzählung dürfte dort gewesen sein, wo diese österliche Erfahrung der Urgemeinde werbend-missionarisch weitergegeben wurde. Wahrscheinlich ist die Erzählung bereits in den Christengemeinden von Galiläa entstanden. Dafür spricht auch die mit ihr wohl fest verbundene Ortsangabe V.45.

Die Wundererzählungen dürften nur ein Bruchteil jener Überlieferung sein, die in den galiläischen und judäischen Jüngergruppen entstanden und tradiert worden ist. Vielleicht sind zahlreiche Traditionen, die wir schon in anderen Zusammenhängen besprochen haben, ebenfalls hier entstanden, zumindest überliefert worden. Sicher trifft dies auf die alte "Erscheinungsgeschichte" Mk 9,2-8 zu, vielleicht auch auf die "Tauferzählung" Mk 1,9-13 und das Petrusbekenntnis Mk 8,27-29 (s. dazu Kap. VI.3). Die "Streitgespräche" könnten ebenfalls außerhalb Jerusalems in Umlauf gewesen sein (s. dazu Kap. VII.2), ebenso die Kindheitshaggada Mt 1-2, die vielleicht in die Gemeinde von Bethlehem gehört (s. dazu Kap. VI.3).
Wir müssen aber damit rechnen, daß wandernde Missionare sowie Christen, die aus privaten Gründen durch Palästina reisten, die Jesuserzählungen über den engen Bereich ihrer ursprünglichen Heimat hinaus verbreitet haben. Doch schimmert hinter ihnen noch das vielgestaltige Erscheinungsbild der christlichen Gemeinschaften außerhalb Jerusalems durch, nämlich die zahlreichen Hausgemeinden und kleinen christlichen Ortsgemeinschaften, die die Parusie Jesu und die Basileia Gottes erwarteten. Sie bildeten keine zweite Urgemeinde als Konkurrenz zu Jerusalem. Jerusalem blieb das Zentrum des gesamten Christentums Palästinas. Was in den kleinen christlichen Gemeinschaften auf dem Land, vor allem im fernen Galiläa, geschah, dürfte aber keineswegs von Jerusalem aus gesteuert worden sein. Ein reiches, vielfältiges Leben der palästinischen Christenheit vollzog sich. Verschiedenste Ansätze christologischer Reflexion blühten nebeneinander auf und entfalteten sich. Auch die Formen und Strukturen des Gemeinschaftslebens konnten sich wegen der verschiedenen soziologischen Situation von Stadt und Land unterschiedlich entwickeln. So war die missionarische Verkündigung auf dem Land, anders als in Jerusalem, von Anfang an auf Wanderprediger angewiesen, die von Gehöft zu Gehöft, von Siedlung zu Siedlung, von Ort zu Ort zogen, um die Botschaft Jesu und seine Person den Menschen zu verkünden.

Kapitel X.
Urchristliche Wandermissionare

Literatur: HOFFMANN, P., Studien zur Theologie der Logienquelle, Münster 1972; KEE, H.C, Das frühe Christentum in soziologischer Sicht, Göttingen 1982; MERKLEIN, H., Die Gottesherrschaft als Handlungsprinzip, Würzburg 1978; MÜLLER, U.B., Prophetie und Predigt im Neuen Testament, Gütersloh 1975; NEUGEBAUER, F., Geistsprüche und Jesuslogien: ZNW 53 (1962) 218-228; POLAG, A., Die Christologie der Logienquelle, Neukirchen 1977; RIESNER, R., Jesus als Lehrer, Tübingen 1981; SATO, M., Q und Prophetie, Tübingen 1988; SCHOTTROFF, L./ STEGEMANN, W., Jesus von Nazareth - Hoffnung der Armen, Stuttgart [2]1981; SCHULZ, S., Q. Die Spruchquelle der Evangelisten, Zürich 1972; THEISSEN, G., Wanderradikalismus. Literatursoziologische Aspekte der Überlieferung von Worten Jesu im Urchristentum: ZThK 70 (1973), 245-271; DERS., Soziologie der Jesusbewegung, München 1977; VIELHAUER, Ph., Apokalypsen und Verwandtes (Einleitung), in: Hennecke, E./Schneemelcher, W. (Hg), Neutestamentliche Apokryphen II, Tübingen [3]1964, 407-427; WINDISCH, H., Der Sinn der Bergpredigt, Leipzig 1929; ZELLER, D., Die weisheitlichen Mahnsprüche bei den Synoptikern, Würzburg [2]1983.

1. Die Funktion der Wandermissionare

Über Strukturen und Organisationsformen der Christengruppen außerhalb Jerusalems wissen wir wenig. Historische und soziologische Überlegungen lassen allerdings gewisse Rückschlüsse zu. Gewiß waren die meist kleinen, überschaubaren christlichen Gruppen und Ortsgemeinschaften auf dem Lande anders strukturiert als die Stadtgemeinde von Jerusalem. Dort haben wir die "Zwölf" als Leitungsgremium der Gesamtgemeinde angetroffen. Neben diesen wirkten aber für die beiden Gemeindeteile der "Hebräer" und "Hellenisten" noch weitere Leitungsgremien (s. dazu Kap. IV), denen charismatische Persönlichkeiten angehörten, die die christliche Verkündigung weitertrugen, die Überlieferung prägten und der Gemeinde Richtung und Weisung gaben. Ähnliche ortsansässige Leitungsgremien sind in den christlichen Konventikeln außerhalb Jerusalems von vornherein nicht zu erwarten. Diese hatten eher den Charakter von Familiengruppen. Ihr Mittelpunkt war wahrscheinlich das jeweilige "Haus" eines ortsansässigen Jesusjüngers, in dem sich die Gruppe regelmäßig versammelte. Dabei dürfte der "Hausvater" beim gemeinsamen Mahl und Gebet den Vorsitz innegehabt haben. Er sprach die Segensformel und brach das Brot für die Tischgemeinschaft. Doch kann diese Funktion schwerlich bereits als geistliche Leitung dieser Christengruppen angesehen werden. Durch welche Autoritäten aber wurden sie dann geleitet?
Formgeschichtliche Beobachtungen helfen hier weiter. Für eine große Zahl urchristlicher Überlieferungen kommen als Trägergruppe prophetische Wandermissionare in Frage, die von Ort zu Ort zogen, die Basileiabotschaft ausriefen, die baldige Ankunft Jesu als Menschensohn ansagten und ganz Israel zu Glauben und Umkehr drängten. Sie traten als Boten Jesu auf, wiederholten seine Botschaft und sprachen in seinem Namen. Exorzismen und Heilungen begleiteten ihre Mission. Sie waren angewiesen auf gastliche Aufnahme in den

"Häusern". Bei ortsansässigen christlichen Familien fanden sie Unterkunft und Bewirtung und nahmen an den Zusammenkünften teil. Sie waren es, die die christlichen Gruppen durch den aus ihnen sprechenden Gottesgeist leiteten, die Parusieerwartung wachhielten und die konkreten Lebensverhältnisse ordneten. Auf die Leitungsfunktion der Wandermissionare in den kleinen urchristlichen Gemeinschaften Palästinas verweisen die "Sätze heiligen Rechtes"[1], die Käsemann entdeckt hat. Er geht von der Beobachtung aus, daß Paulus dort, wo er der Gemeinde als charismatischer Leiter gegenübertritt, kurze prägnante Rechtssätze verwendet.

Wenn jemand (εἴ τις) den Tempel Gottes vernichtet,
den wird Gott vernichten. (1 Kor 3,17)
Wenn jemand (εἴ τις) es nicht erkennt,
der wird nicht erkannt werden (von Gott). (1 Kor 14,38)
Wenn jemand (εἴ τις) den Herrn nicht liebt,
der sei verflucht. Maranatha. (1 Kor 16,22)
Wenn jemand (εἴ τις) euch anderes verkündet,
als ihr (von mir) empfangen habt, der sei verflucht. (Gal 1,9)

Wir haben es mit kasuistischen Rechtssätzen zu tun. Darauf weist die Einleitung: "wenn jemand ..." hin. Da häufig das gleiche Verbum menschliches Vergehen und göttliches Gericht umschreibt, handelt es sich bei dem hier verkündeten Recht um ius talionis. Die Vergeltung tritt allerdings nicht sofort und innergeschichtlich ein, sondern beim Endgericht. Dieses steht aber unmittelbar bevor. Es handelt sich also um eschatologisches Recht. Dies wird in 1 Kor 16,22 durch das "maranatha" (s. dazu Kap. V.2) unterstrichen.
Charakteristisch für das in diesen Sätzen ausgesprochene Recht ist, daß es zwar in der Gemeinde gilt, aber nicht durch sie durchgesetzt bzw. sanktioniert wird. Nicht Menschen setzen dieses Recht durch, auch nicht im Namen Gottes, sondern Gott selbst im unmittelbar bevorstehenden Gericht. Durch den Mund der Charismatiker weiß die Gemeinde aber um den Maßstab des eschatologischen Gottesgerichts. Sie proklamieren das Gottesrecht schon hier und richten die Christen an ihm aus. So nehmen sie den Urteilsspruch des letzten Richters vorweg, um zur Buße aufzurufen und den Weg zu weisen, dem endgültigen Gericht zu entrinnen.

Nicht erst Paulus hat solche "Sätze heiligen Rechtes" geformt. Er hat in ihnen vielmehr eine Form prophetischer Weisung der Urgemeinde aufgegriffen. Zumindest 1 Kor 3,17 dürfte bereits in Kreisen der "Hellenisten" tradiert worden sein. Doch Sätze ähnlicher Struktur finden sich auch in der Überlieferung der Urgemeinde, deren Träger die Wandermissionare waren. Ein solcher "Satz heiligen Rechtes" ist auch Lk 12,8f (s. dazu Kap. VI.2).

Jeder, der sich zu mir bekennt vor den Menschen,
zu dem wird auch der Menschensohn sich bekennen vor den Engeln Gottes.
Doch wer mich vor den Menschen verleugnet,
der wird vor den Engeln Gottes verleugnet werden.

Auch bei der prophetischen Mahnung zur Vergebungsbereitschaft Mt 6,14f wird der Blick auf das unmittelbar bevorstehende Gericht gelenkt.

Wenn ihr nämlich den Menschen ihre Fehler vergebt,
wird auch euch euer himmlischer Vater vergeben.
Doch wenn ihr den Menschen nicht vergebt,
wird auch euer Vater eure Fehler euch nicht vergeben.

---

[1] BERGER, K., Zu den sogenannten Sätzen Heiligen Rechts: NTS 17 (1970/ 71) 10-40; KÄSEMANN, E., Sätze Heiligen Rechtes im Neuen Testament, in: Ders., Exegetische Versuche und Besinnungen II, Göttingen [2]1965, 69-82.

Gleiches gilt für die Warnung Mt 7,1fpar (vgl. Mk 4,24b). Auch hier wird ein eschatologischer Rechtssatz formuliert.

> Richtet nicht, damit ihr nicht gerichtet werdet.
> Denn nach dem Urteil, das ihr fällt, wird euch das Urteil gesprochen werden;
> und mit dem Maß, mit dem ihr meßt, wird euch gemessen werden.

Die charismatischen Wandermissionare haben also eschatologisches Gottesrecht proklamiert und eingeschärft. Ihr Ziel war es, das Verhalten ihrer Hörer von Grund auf zu verändern und an Gottes heiligem Willen auszurichten. Der Blick auf das unmittelbar bevorstehende Gericht betonte die Dringlichkeit der hier und jetzt zu vollziehenden Umkehr. Ein Aufschub der Umkehr hat verheerende Konsequenzen für den Menschen. Sein Geschick entscheidet sich jetzt. Indem das Tun des Menschen zum Maßstab des Gottesgerichts erklärt wird, wird alles Gewicht gerade auf das Tun gelegt. Darauf kommt es an. Die entscheidende Motivation für das neue Verhalten, zu dem die Wandermissionare aufriefen, war aber nicht das nahe Gericht, sondern Gottes heiliger Wille, den Gott nun eschatologisch durchzusetzen entschlossen war.
In diesem Sinne "leiteten" die charismatischen Wandermissionare die kleinen christlichen Gemeinschaften im Lande. Bei ihren zeitweiligen Aufenthalten prüften und beurteilten sie Praxis und Verhalten der Gemeinschaften und des Einzelnen und richteten sie an dem von ihnen proklamierten Gottesrecht aus. Ihr Amt war ein prophetisches: Durch sie redete der auferstandene und erhöhte Jesus selbst zu seinen Anhängern. Zu organisieren und zu verwalten gab es dagegen wenig. Die kleinen Christengemeinschaften waren in soziologischer Hinsicht keine eigenständigen Gemeinschaften. Noch lebten sie im Verband des Judentums.

2. Das Erscheinungsbild der Wandermissionare

Über die Zahl der Wandermissionare wissen wir nichts Sicheres. Gering war sie gewiß nicht. Sie umfaßte sicher alle Jesusjünger, die schon zu Lebzeiten Jesu seine Lebensform geteilt hatten. Jesus selbst war ja als wandernder Prophet von Ort zu Ort gezogen, um alle in Israel auf die unmittelbar bevorstehende Basileia Gottes auszurichten. Er hatte seine Familie verlassen und damit auf jede soziale Absicherung verzichtet. Ohne festen Wohnsitz und ohne den Lebensunterhalt sichernde Arbeit war er angewiesen auf die Gastfreundschaft sympathisierender Menschen. Zur Unterstützung seiner Mission hatte er Jünger berufen, die seine ungesicherte Lebensweise teilten. Zu den urchristlichen Wandermissionaren, die nach Ostern in Palästina wirkten, dürften aber nicht nur solche Jünger gehört haben, die bereits dem irdischen Jesus nachgefolgt waren. Schon durch die erste nachösterliche Verkündigung des Petrus und seines Kreises in Galiläa (s. dazu Kap. I.3) könnten weitere Jesusboten gewonnen worden sein. In 1 Kor 15,6 verweist Paulus auf eine Erscheinung des Auferstandenen vor "mehr als fünfhundert Brüdern". Es gibt keinen Grund, die Historizität dieses Ereignisses, wie immer es vorzustellen ist, anzuzweifeln. Sein Ort muß am ehesten in Galiläa gesucht werden. Wenn diese Erscheinung wie die übrigen von Paulus erwähnten ebenfalls die Sendung der Erscheinungszeugen durch den Auferstandenen beinhaltete, dann könnte sie die nachösterliche Geburtsstunde der Wandermissionare gewesen sein.

Von außen gesehen gehörten Jesus, seine Jünger und die urchristlichen Wandermissionare zu den sozial Entwurzelten, von denen es viele im Lande gab. Sie galten als Außenseiter der Gesellschaft, die mutwillig ihre Lebensgrundlagen aufgegeben und die heiligen Bande der Familie und Sippe zerstört hatten. Sie ließen es an den elementaren Erfordernissen der Pietät fehlen (Mt 8,22) und lebten auf Kosten anderer. Im Schimpfwort gegen Jesus, er sei "ein Fresser und Säufer, ein Freund der Zöllner und Sünder" (Mt 11,19), schwingt solche Einschätzung noch mit. Die Familie Jesu kommentierte seine Lebensform damit, daß sie ihn für "von Sinnen" erklärte (Mk 3,20f). Ähnlich dürften auch die Jünger von ihren zurückgelassenen Familien bzw. deren Umwelt beurteilt worden sein.
Jesus, seine Jünger und die urchristlichen Wandermissionare waren nicht die einzigen, die das Leben sozial und wirtschaftlich ungesicherter Außenseiter der palästinischen Gesellschaft führten. Auch Johannes der Täufer und seine Jünger gehörten dazu, ebenso die zelotischen Widerstandskämpfer, die im Untergrund operierten. Die Bereitschaft, ja der Zwang, die Gesellschaft zu verlassen, waren groß. "Wer mit den Verhältnissen unzufrieden war, konnte Krimineller oder Heiliger, Bettler oder Prophet, Besessener oder Exorzist werden. Er konnte sich für eine neue Identität des Judentums einsetzen oder seine Identität völlig verlieren und zum hilflosen Opfer von 'Dämonen' werden. Eine soziologische Erklärung kann nicht begründen, warum die einen diese, die anderen jene Lebensform sozialer Entwurzelung 'wählten'. Aber sie kann den Sog zur sozialen Entwurzelung verständlich machen, indem sie auf die Krise der jüdisch-palästinischen Gesellschaft hinweist. Dabei ist zu bedenken: Soziale Entwurzelung gibt es überall. Nur absoluter Zwang könnte sie verhindern. Ihr Anstieg im damaligen Palästina kann jedoch kaum als normal betrachtet werden. Da sie gesamtgesellschaftliche Verbreitung fand, wird sie auch gesamtgesellschaftliche Ursachen haben." (Theißen, Soziologie 38)

Erscheinungsbild, Lebensform und Auftreten der charismatischen Wandermissionare werden uns eindrucksvoll in der "Botenregel"[1] vor Augen gestellt. Die literarischen und traditionsgeschichtlichen Verhältnisse ihrer überlieferten Fassungen (Lk 10,2-12; Mt 9,37-38; 10,7-16; Mk 6,8-11; Lk 9,3-5) sind kompliziert.[2] Allen Fassungen liegt ein gemeinsames Schema zugrunde: Zunächst wird die Ausrüstung der Missionare geregelt, danach erfolgen Anweisungen über das

---

[1] BOSOLD, I., Pazifismus und prophetische Provokation. Das Grußverbot Lk 10,4b und sein historischer Kontext, Stuttgart 1978; LAUFEN, R., Die Doppelüberlieferungen der Logienquelle und das Markusevangelium, Königstein 1980, 259f; LÜHRMANN, D., Die Redaktion der Logienquelle, Neukirchen 1969; ZELLER, D., Redaktionsprozesse und wechselnder "Sitz im Leben" beim Q-Material, in: FS J.Coppens, Leuven 1982, 405-409; vgl. auch die Literatur zu Kap. X.

[2] Es lassen sich zwei Grundformen unterscheiden: die Q-Fassung (Lk 10,2-12) und die markinische Fassung (Mk 6,8-11 = Lk 9,3-5). Mt hat in 9,37f; 10,7-16 beide Fassungen miteinander kombiniert und durch weiteres Material ergänzt (vgl. Mt 10,1-4 = Mk 6,13-19; 10,5f). Die markinische Fassung ist jünger als die Q-Fassung. Im Gegensatz zu Q werden den Missionaren Wanderstab und Sandalen erlaubt (Mk 6,8f). Bei der Instruktion Mk 6,10 ist die Intention gegenüber Q deutlich verschoben: Die Missionare sollen an einem Ort nicht das Quartier wechseln. Offensichtlich wird hier die Notwendigkeit längerer Aufenthalte zur Gemeindegründung berücksichtigt. Das Verbot des Quartierwechsels soll verhindern, daß die Missionare auf ihren eigenen Vorteil oder auf ihre Bequemlichkeit aus sind. Entsprechend sind die Anweisungen über den Besitzverzicht in Mk 6,8f stärker als in Q hervorgehoben. Hinter Mk 6,8-11 wird die Situation der Heidenmission sichtbar. Die Missionare müssen größere Entfernungen bewältigen; der Wanderstab (als Waffe gegen wilde Tiere) und die Sandalen (gegen Dornen) sind nun erforderlich. An Bedürfnislosigkeit aber sollen die christlichen Missionare andere Missionare (kynische Prediger) noch übertreffen: Jegliche sonstige Reiseausrüstung, sogar der Bettelsack, wird untersagt; ebenso der Quartierwechsel zum eigenen Vorteil.
Die ältere Q-Fassung liegt im wesentlichen in Lk 10,2-12 vor. Lk 10,7b-8 sind vielleicht sekundäre Zusätze, eventuell auch Lk 10,7a. Umstritten ist, ob die "Botenregel" eine ursprüngliche Einheit bildete: Lk 10,2.3 könnten selbständige Sprüche gewesen sein. Hoffmann erwägt, ob nicht auch Lk 10,10-11 eine eigenständige Missionsinstruktion war, die erst sekundär mit der "Botenregel" verbunden wurde. Den Kern der Tradition erkennt er in Lk 10, 4(?)-7a.9. Auch Schürmann rechnet mit mehreren sekundären Ergänzungen. Dagegen hält Schulz Lk 10,2-12 für eine ursprünglich einheitliche Komposition, in der zwar einzelne Missionsinstruktionen zu unterscheiden sind, aber niemals isoliert überliefert wurden.

Verhalten der Missionare in Häusern, dann in Städten, schließlich werden Anweisungen für den Fall der Ablehnung gegeben.

> [Die Ernte ist zwar groß, aber es gibt wenig Arbeiter;
> erbittet also vom Herrn der Ernte, daß er Arbeiter in seine Ernte schicke.
> (Geht!) Siehe, ich sende euch wie Schafe mitten unter Wölfe.]
> (Nehmt) nicht Geld (mit) noch Beutel noch Sandalen noch Stab
> und grüßt niemand unterwegs.
> Wenn ihr in ein Haus kommt, sagt zuerst: Frieden diesem Haus;
> und wenn dort ein Sohn des Friedens ist, soll euer Friede auf ihn kommen.
> Wenn nicht, soll euer Friede zu euch zurückkehren.
> Bleibt in diesem Haus; eßt und trinkt, was sie haben.
> Denn der Arbeiter ist seines Lohnes wert. [Geht nicht von Haus zu Haus.]
> Und wenn ihr in eine Stadt kommt, [...] heilt die Kranken in ihr und sagt:
> Genaht hat sich das Reich Gottes.
> Wenn sie euch aber nicht aufnehmen, geht aus jener Stadt heraus
> und schüttelt den Staub von euern Füßen.
> Ich sage euch: Sodom wird es an jenem Tag erträglicher gehen als jener Stadt.
>
> [Und er sprach zu ihnen: "Nehmt nichts mit auf den Weg,
> weder einen (Wander-)Stab noch eine Tasche, noch Brot noch Geld,
> noch soll jeder zwei Röcke haben."] (Rekonstruktion nach Zeller)

Wir haben es hier mit Instruktionen für Palästina-Missionare zu tun, die in ihrer vorliegenden Gestalt nach Ostern zusammengestellt worden sind. Doch gehen sie zumindest in ihrem Kern auf Jesus selbst zurück. Die "Botenregel" spiegelt wider, wie die urchristlichen Wandermissionare in Israel gewirkt haben. Als Boten Jesu und in seiner Lebensform durchwanderten sie die Siedlungen und Orte Palästinas, heilten die Kranken und verkündeten die nahegekommene Basileia Gottes. Ihre Missionsarbeit ist von unmittelbarer Naherwartung geprägt. Die Zeit der Ernte ist da. Die eschatologische Stunde hat geschlagen. In den Heilungen und im Friedensgruß der Boten kommt Gottes Heil bereits an. Der Ruf der Boten ist letzter Aufruf an Israel. Wer ihm jetzt nicht Folge leistet, verfällt dem Gericht.
So unmittelbar und drängend steht das Ende bevor, daß die Missionare keine Zeit haben, unterwegs lange orientalische Grußzeremonien auszutauschen. Diese provokative "Unhöflichkeit" der Boten soll die Aufmerksamkeit auf ihre Botschaft lenken: Es ist höchste Eile geboten. Den Missionaren wird ausdrücklich verboten, sich für ihre Wandermission auszurüsten und Vorsorge gegen Notfälle zu treffen. Selbst die allernotwendigste Reiseausrüstung wird ihnen verwehrt.

"Ein erster Zugang zum Verständnis der merkwürdigen Anweisungen der Regel ermöglicht der Vergleich mit der Reiseausrüstung, wie sie in damaliger Zeit, vornehmlich in Palästina, üblich war. Nach hellenistischen wie jüdischen Zeugnissen gehörten zur Normalausrüstung der Stock, die Schuhe und die Reisetasche. Der Stock, das ist für das Verständnis beachtenswert, diente dem Wanderer nicht nur als Stütze, sondern vor allem auch als Waffe; mit seiner Hilfe konnte er ihn anfallende Tiere oder angreifende Menschen abwehren. Der Bedarf an Nahrungsmitteln wurde in der Regel im Proviantsack mitgenommen; geröstete Ähren, Nüsse, Feigen, Gerstenbrot, bei besser Gestellten Weizenbrot, ein Schlauch mit Wasser werden unter anderem erwähnt. Zur Reiseausstattung gehörte auch Geld; man verwahrte es in einem speziellen Geldbeutel oder auch nur im Gürtel, im Bausch des Untergewandes oder Mantels. Ebenso dürfte es üblich gewesen sein, auf die Reise zwei oder mehrere Chitone mitzunehmen, die man übereinander anzog. Wenn also in Q den Boten verboten wird, Geld, Stock, Sandalen, Proviantsack und zweiten Chiton auf die Reise mitzunehmen, dann kann in der Tat nicht davon die Rede sein, dem Boten sei nur gestattet gewesen, das 'Allernotwendigste auf den Weg' mitzunehmen, vielmehr wird ihnen selbst das verboten, was 'wirklich das Allernotwendigste war, was ein schlichter Reisender jenes Landes und jener Zeiten mitzunehmen pflegte'." (Hoffmann 313ff)

Neben ihrer besonderen Botschaft vom unmittelbar bevorstehenden Anbruch der Basileia Gottes bzw. des Gerichtes ist das Erscheinungsbild der urchristlichen Wandermissionare durch demonstrativen Besitz- und Gewaltverzicht geprägt, demonstrativ deswegen, weil die diesbezüglichen Regeln ausdrückliche Anweisungen sind. Die Wandermissionare dürfen weder Geld noch Vorräte, noch Sandalen, noch zwei Gewänder, noch einen Wanderstab (Mt 10,10a) mitnehmen, auch wenn sie dies zur Verfügung hätten. So verwirklichen sie mit ihrer eigenen Existenz das unbegrenzte Vertrauen in Gottes Fürsorge und Schutz, das sie auch predigten.

"Jedes einzelne Verbot der Ausrüstungsregel brachte für denjenigen, der es realisieren wollte, größte Unsicherheit und Entbehrung. Diesen Eindruck mußten auch die Zeitgenossen vom Boten gewinnen, wenn sie ihn ohne die notwendige Reiseausrüstung auf seiner Wanderung sahen. Der Verzicht auf den Wanderstab und die Sandalen fiel dabei besonders auf. Ohne Stab zu gehen, bedeutete vor allem den Verzicht auf die primitivste Waffe, die selbst einem Armen damals zur Verfügung stand. Wenn er so auftrat, demonstrierte er Wehrlosigkeit, positiv ausgesagt: Friedfertigkeit und Friedensbereitschaft. Die Barfüßigkeit konnte für den Israeliten vielerlei besagen: Trauer, Buße, Gericht, aber auch allgemein Armut und Elend. In Verbindung mit dem Verzicht auf irgendwelche Geldmittel, auf den Proviantsack und auf zwei Chitone mußte sie vor allem den Eindruck äußerster Armut erweckt haben." (Hoffmann 324)

Wovon aber lebten die Jesusboten? Sie waren angewiesen auf die unkalkulierbare Unterstützung derjenigen, die sich ihrer Botschaft öffneten. Unaufgefordert sollen sie in die Häuser eintreten und den Friedensgruß entrichten. Dieser Wunsch ist zugleich wirksame Zusage. Wo sie und ihre Botschaft angenommen werden, lassen sie Frieden/Heil zurück.

"Der Friedensgruß wirkt fast magisch, wie die Segenskraft kommt er auf den herab, der für den Frieden geeignet ist, andernfalls kehrt er zum Boten zurück. Bezeichnend ist, die Boten suchen gerade nicht den 'Würdigen' (wie bei Matthäus) aus, sondern sollen aufs Geratewohl in die Häuser gehen. Wohnt in dem Haus kein Sohn des Friedens, heißt es, dann wird der Friede zu ihnen zurückkehren. Der 'Friedensgruß' ist wie ein 'Losungswort', an ihm werden die Sendlinge als Boten der Basileia erkannt; sie selbst erkennen aber gleichzeitig, bei wem sie mit ihrem Auftrag Aufnahme finden werden. Bei den Söhnen des Friedens sollen die Boten 'bleiben' und .... das, was sie haben, bzw. das, was man ihnen gibt, essen. Die Anweisung schließt die Beachtung besonderer Speisevorschriften ebenso aus wie die Inanspruchnahme einer besonderen Verpflegung; die Boten sind dadurch - das dürfte der primäre Sinn der einfachen Formulierung sein - in die Hausgemeinschaft aufgenommen. Das Mahl dokumentiert die Gemeinschaft, die zwischen Gastgebern und Boten besteht." (Hoffmann 296f)

Die Boten suchten und sammelten also die "Söhne des Friedens". Trafen sie auf solche, dann war auch für ihren eigenen Lebensunterhalt gesorgt, und zwar nicht aufgrund caritativer Gesinnung, sondern kraft göttlichen Rechts (vgl. Mt 6,33). Sie wußten sich unter Gottes Sorgerecht gestellt. Gott würde ihnen das "tägliche Brot" sicher geben (Lk 11,3). Das Logion Lk 11,9f klingt geradezu wie ein Motto für das "Bettlerleben" der wandernden Jesusboten:

> Bittet, und es wird euch gegeben werden; suchet, und ihr werdet finden;
> klopft an, und es wird euch aufgetan werden!
> Denn jeder, der bittet, empfängt, und wer sucht, der findet,
> und wer anklopft, dem wird aufgetan werden.

Oft genug werden die Wandermissionare keine Aufnahme gefunden haben und aus dem Haus oder dem Ort unter Beschimpfungen und Beleidigungen verwiesen worden sein. Auch für diesen Fall gibt die "Botenregel" Instruktionen. Der "Friede", der von den Boten wirksam ausgeht, wird dann - wie schon gesagt - zu ihnen zurückkehren, und das "Haus" ist dem Gericht verfallen. Demonstrativ sollen die Wandermissionare den Straßenstaub der sie ablehnenden Stadt von ihren Füßen schütteln und so jeden Kontakt zu ihr abbrechen. Im Fall ihrer Ablehnung werden die Boten Jesu zu Gerichtspredigern. Das Gericht wird in Kürze erfolgen. Wer die Boten aufnimmt, an dem geht das Gericht vorüber, wer sie aber ablehnt, dem wird es im Gericht schlimmer ergehen als den Einwohnern Sodoms.

Lebensform und Botschaft der urchristlichen Wandermissionare beinhalteten zugleich eine Stellungnahme zur politisch-sozialen Situation in Palästina, zur zelotischen Bewegung und zur Resonanz, die diese mehr und mehr in der Bevölkerung fand. Vor diesem Hintergrund mußten der Verzicht der Jesusboten auf jede Art von Gewalt und Gegenwehr, aber auch ihr betonter Friedensgruß und ihre Sammlung der "Söhne des Friedens" besondere Aufmerksamkeit erregen.
"Das Selbstverständnis der Boten Jesu als Vermittler des endzeitlichen Friedens wird auf diesem zeitgeschichtlichen Hintergrund erst voll verständlich. Die Sammlung der 'Söhne des Friedens' erfolgte in den Jahrzehnten vor dem jüdischen Krieg; das Land steht unter der Herrschaft der römischen Staatsmacht; die zelotische Freiheitsbewegung gewinnt immer mehr Anhänger; Aufstände, Überfälle fordern Todesopfer und führen zu Hinrichtungen. Im Volk stehen Befürworter des Aufstands und Anhänger der Friedenspartei in den oberen und unteren Schichten gegeneinander; gelegentlich kommt es auch unter ihnen, besonders auf dem Lande zu blutigen Auseinandersetzungen. Die Auseinandersetzung ist mit apokalyptischen Erwartungen verschiedener Ausprägung verwoben. Wenn die Boten, von denen Q spricht, in dieser Weise auftreten und pointiert den Friedensgruß entbieten, scheint dies mehr als ein 'bloß' religiöses Tun gewesen zu sein... Die Boten eilen von Ort zu Ort, bemüht, die Söhne des Friedens zu sammeln. Sie heilen unter ihnen die Kranken und bringen ihnen die freudige Nachricht von der Nähe des Reiches, vom Ende aller Drangsal; gebunden ist jedoch die Verheißung des Heils an den Gehorsam gegenüber den Worten Jesu, an Feindesliebe und Barmherzigkeit. Durch diesen aktuellen Bezug zur geschichtlichen Situation Israels wird erst verständlich, warum ein so 'friedvolles' Auftreten der Boten 'feindselige' Reaktionen der Bevölkerung auslösen konnte und warum umgekehrt solche Reaktionen durch die Gruppe mit dem Fluchgestus und der Gerichtsdrohung geahndet wurden. Auf beiden Seiten ging es um das Ganze." (Hoffmann 310f)

Das Erscheinungsbild der urchristlichen Wandermissionare kann noch um einige Züge ergänzt werden. Wie sie ungesichert, heimat- und besitzlos herumzogen, die Sorge um die tägliche Mahlzeit und Schlafstatt allein Gott überlassend, so haben zumindest einige von ihnen auch ehelos gelebt. Auf diese ist das Logion Mt 19,12 gemünzt.

> Denn es gibt Eunuchen, die aus dem Mutterleib so geboren wurden,
> und es gibt Eunuchen, die von den Menschen zu Eunuchen gemacht wurden,
> und es gibt Eunuchen, die sich selbst zu Eunuchen gemacht haben
> um des Himmelreiches willen. Wer das fassen kann, fasse es.

Die verheirateten Wandermissionare hatten wohl ihre Familien zurückgelassen. Denkbar ist, daß sie von Zeit zu Zeit zu ihnen zurückkehrten. Von Paulus hören wir zwar, daß Petrus und die "Brüder des Herrn" auf ihren Missionsreisen ihre Ehefrauen mitführten (1 Kor 9,5). Dies dürfte bei den relativ kurzen Entfernungen in Palästina aber nicht der Fall gewesen sein. Dennoch zeigt diese Nachricht, daß die verheirateten Wandermissionare ihre Familien nicht gänzlich vernachlässigt haben müssen.

Die Wandermissionare waren sich bewußt, daß sie die Nähe der Basileia und des "Menschensohnes" nicht nur ankündigten, sondern daß die Basileia sich in ihrem Wirken schon jetzt machtvoll Bahn brach (vgl. Lk 11,20) und daß das Gericht sich jetzt entschied. Ihr Friedensgruß (Lk 10,6) sagte wirksam den eschatologischen Frieden zu. In ihren Heilungen und Exorzismen wirkte sich Gottes kommendes Heil schon jetzt aus. Der "Menschensohn" würde im Endgericht die jetzt fällige Entscheidung des Menschen nur ratifizieren (Lk 12,8f). Das eschatologische Bewußtsein der Boten Jesu drückt sich auch in dem schwierigen "Stürmerspruch" Lk 16,16par aus, der gewiß zu ihrem Spruchrepertoire gehörte.

> Das Gesetz und die Propheten gehen bis zu Johannes;
> von da an leidet das Reich Gottes Gewalt, und Gewalttäter reißen es an sich.
> (Rekonstruktion nach Zeller)

"Das Reich, die Botschaft und die Boten werden zusammen gesehen. Sein Schicksal ist an das seiner Boten gebunden. Diese Identität vom Boten und dem, was er durch seine Botschaft verkündigt, macht die Aussage des Logions verständlich. Indem die Gegner die Boten verfolgen und sie in ihrer Tätigkeit behindern, wird dem Reich selbst Gewalt angetan, und indem sie sich - so ist möglicherweise die besondere Nuance der zweiten Aussage wiederzugeben - 'widerrechtlich' der allein den Boten von Gott anvertrauten Sache der Basileia bemächtigen und sie in falscher Weise betreiben, reißen sie wie Räuber das Reich an sich. Im Hintergrund der zweiten schwierigeren Aussage dürften also divergierende Auffassungen von der Basileia-Verkündigung und der Bevollmächtigung zu ihr stehen, die zum Konflikt mit den Gegnern, zur Verfolgung führen. Sie waren Anlaß für Q, den Gegnern die 'Usurpation' der Basileia-Sache vorzuwerfen." (Hoffmann 71)

Die Boten verstanden ihre Gegenwart als Beginn der Endzeit und sich selbst als aktiv Mitwirkende bei den hereinbrechenden Endereignissen. Sie waren die "Erntearbeiter" Gottes, die die große "Ernte" einbringen (Lk 10,2).

"Das Logion (muß) in seiner ganzen Kühnheit verstanden werden..., mit der die Erntezeit und damit das Anbrechen der Gottesherrschaft bereits für die Gegenwart angenommen wird und an die Stelle der Engel Menschen treten, um die eschatologische Ernte einzubringen." (Laufen 271)

Als Arbeiter in Gottes Ernte sind die Wandermissionare ihres Lohnes wert (Lk 10,7b). So begründete sich ihr Anspruch auf Unterhalt durch diejenigen, denen sie die Botschaft brachten. Wer sie aufnahm, wer sie auch nur mit dem Geringsten versorgte, durfte des göttlichen Lohnes sicher sein.

> Wer einen Propheten aufnimmt um seines Prophetentums willen, wird den Lohn eines Propheten empfangen; und wer einen Gerechten aufnimmt um seines Gerechtseins willen, wird den Lohn eines Gerechten empfangen. Und wer immer einem dieser Kleinen auch nur einen Becher frischen Wassers reicht, weil er mein Jünger ist - wahrlich ich sage euch, der wird seinen Lohn nicht verlieren.
> (Mt 10,41f)

In den Boten begegnete der "Menschensohn", ja Gott selbst, der Jesus gesandt hat. Dieser ungeheure Anspruch kommt in dem Logion Lk 10,16par zum Ausdruck, einem Verheißungswort für die wandernden Missionare.

> Wer auf euch hört, hört auf mich. Und wer euch verwirft, verwirft mich.
> Wer aber mich verwirft, der verwirft den, der mich gesandt hat.

Hier redet der Auferstandene. Er bezieht das Verhalten der Menschen seinen Boten gegenüber auf sich selbst. Die Boten sind seine Bevollmächtigten und Beauftragten, ihr Wort ist sein Wort. "Die Entscheidung gegenüber ihrer Botschaft hat also dasselbe eschatologische Gewicht wie die gegenüber Jesus selbst." (Schulz)

Auch das Sendungswort Lk 10,3 gehört in diesen Zusammenhang: "Siehe, ich sende euch wie Lämmer mitten unter Wölfe". Es beleuchtet die Situation und das Selbstverständnis der Wandermissionare. An eine Verfolgung der Missionare muß nicht gedacht sein. Gewiß hat das Logion später unter dem Eindruck zunehmender Erfolglosigkeit und offener Feindschaft diesen Sinn an sich gezogen (vgl. Lk 10,10-15). Ursprünglich dürfte es die Boten nur darauf eingestimmt haben, daß sie auch auf Ablehnung, Spott und Hohn treffen würden. Ihre demonstrative Lebensform und eschatologische Botschaft lösten feindliche Reaktionen bei den Menschen aus, die zur Umkehr nicht bereit waren. Diese fühlten sich in ihrer Selbstsicherheit und Lebensplanung von den charismatischen Wanderpropheten angegriffen und konnten aggressiv, ja bösartig gegen die Boten reagieren.

3. Die Botschaft und Überlieferung der Wandermissionare

Die urchristlichen Wandermissionare waren sich bewußt, Boten Jesu an Israel zu sein. Sie vollzogen mit ihrer Existenz nicht nur die Lebensform Jesu nach, sie verkündeten auch seine Botschaft von der nahen Basileia weiter und setzten sie durch Exorzismen und Heilungen wirksam präsent. Sie waren sich bewußt, daß Jesu Worte, die sie weiterverkündeten, nicht Worte eines Vergangenen waren, sondern Worte eines Lebenden, der zu Gott erhöht worden war, durch den Geist gegenwärtig wirkte und in Kürze als "Menschensohn" kommen würde. Durch ihren Mund sprach der Auferstandene. In ihnen war er selbst präsent. Der ihnen entgegengebrachte Glaube galt ihm, ihre Ablehnung und ihr Schicksal betrafen ihn selbst (Lk 10,16).
Dieses "Selbstbewußtsein" der Wandermissionare war keine anmaßende Selbstüberschätzung. Sie waren Boten, nicht mehr. Ihre Botschaft allein autorisierte sie. Nur insofern sie die Botschaft Jesu authentisch, d.h. "im Namen" und "im Geiste" Jesu weitertrugen, konnten sie Autorität beanspruchen, nicht aus eigenem Recht. Für ihre Hörer waren sie die Garanten der authentischen Jesusüberlieferung.

Authentizität hieß für die urchristlichen Wandermissionare aber nicht nur, Jesu Worte getreu nachzusprechen, sondern auch, sie der neuen Situation nach Ostern anzupassen und sie aus der neuen Erfahrung heraus zu interpretieren. Diesen Vorgang der Neuinterpretation der Jesusüberlieferung historisch zu erhellen, zwischen "echten" und "unechten" Worten Jesu zu unterscheiden ist bleibende Aufgabe und Crux der historischen Kritik.
Die charismatischen Jesusboten haben die Worte des irdischen Jesus, der nun als der Auferstandene lebte, weitergegeben. Aber sie haben auch prophetisch "Worte des Auferstandenen" gesprochen, die der Irdische nicht oder nicht so gesagt hatte. Für ihre Hörer ergab sich hier kein Unterschied, sofern sie die Boten als Boten Jesu anerkannten. Insofern ist es auch unwahrscheinlich, daß die Wandermissionare solche "Worte des Auferstandenen" als Worte des Irdischen ausgegeben haben. Sie brauchten diese Unterscheidung gar nicht zu treffen. Durch ihren Mund sprach der eine Jesus. Historische Kritik muß hier differenzieren, nicht aber der Glaube.
Authentizität konnten die Wandermissionare noch in einem anderen Sinne beanspruchen. Sie trugen nicht nur Jesu Botschaft weiter, sie praktizierten sie auch, indem sie Jesu Worte existentiell ernstnahmen, vollzogen und vorlebten. Ihre ganze Lebensform, mit der sie Jesu Lebensweise übernahmen, war Verkündigung.
Wenn wir im folgenden nach weiteren Inhalten ihrer Verkündigung fragen, dann ist dies stets zu bedenken. Verkündigung und Praxis der Boten Jesu entsprachen sich. Insofern brauchen wir hier nicht zu wiederholen, was oben schon aus der Beschreibung ihres Erscheinungsbildes deutlich geworden ist. Ebensowenig muß hier wiederholt werden, was wir bereits zur ersten nachösterlichen Verkündigung der Jünger ausgeführt haben (s. Kap. II). Zum Repertoire des Verkündigungswirkens der Wandermissionare gehörten die Gleichnisse Jesu, seine Seligpreisungen, seine

Antithesen und Gerichtsworte, die wir an anderen Orten besprochen haben. Aber sie verkündeten Jesus auch als den Auferweckten und in den Himmel Erhöhten, dem Gott "alles übergeben hat" (Mt 11,27) und der in Bälde als "Menschensohn" zum Gericht und zur Aufrichtung der Basileia erscheinen wird. Diese würden eine Umkehrung alles Bestehenden, aller geltenden Werte und Ordnungen mit sich bringen. Solche Umkehrung galt schon jetzt. Darum stellten sich die Wandermissionare bewußt an die Seite der Armen, der Hungernden und Trauernden. Darum suchten sie nicht "Weise und Kluge" auf, sondern verkündeten ihre Botschaft den "Unmündigen" (Mt 11,25).

Die soziale und politische Situation Palästinas (s. dazu Kap. III.2) war der konkrete Hintergrund der Verkündigung der Boten Jesu. In diese von großer wirtschaftlicher Not und von Haß und Gewalt geprägte gesellschaftliche Situation hinein verkündeten sie ihre Botschaft glaubwürdig, weil sie besitz- und wehrlos auftraten, keine andere Sorge kannten als die um Gottes Basileia. Sie riefen den Armen im Lande die göttliche Wende ihres Geschicks zu. In Kürze würden sie beim messianischen Freudenmahl lachen, jubeln und satt werden (Lk 6,20f). Auf dem Hintergrund des sozialen Gefälles in Palästina wird dann verständlich, daß die "Seligpreisungen" bald um die "Wehesprüche" (Lk 6,24f) ergänzt wurden. Sie sind gegen die Reichen gerichtet, die in ihren Häusern ausgelassene Feste feierten und ihren Reichtum verpraßten. Ihnen wird das Gericht und der Ausschluß von der Basileia angekündigt.

> Wehe euch Reichen! Denn ihr habt schon euren Trost bekommen!
> Wehe euch, die ihr jetzt satt seid! Denn ihr werdet hungern!
> Wehe euch, die ihr jetzt lacht! Denn trauern werdet ihr und weinen!

Ob diese Drohungen von den Reichen gehört wurden, wird man bezweifeln können. Aber sie bestärkten die Empfänger der "Seligpreisungen" in ihrer Hoffnung, daß Gott in Kürze eine Umkehrung der bestehenden Verhältnisse herbeiführen würde. Von ähnlicher Härte ist das kleine Logion Mk 10,25:

> Es ist leichter, daß ein Kamel durch ein Nadelöhr hindurchgeht,
> als daß ein Reicher in die Basileia Gottes hineinkommt.

Das Wort stellt in beängstigender, fast teilnahmsloser Strenge fest, daß die Reichen keine Zukunft haben. Sie werden nicht an der Basileia teilnehmen. Der Spruch ist weder als Drohung, noch als Mahnung zur Umkehr formuliert. Mit einem Wandel der Gesinnung der Reichen scheint er nicht zu rechnen.

Was die urchristlichen Wandermissionare mit ihrer Existenz demonstrierten und vorlebten, dazu riefen sie auch ihre Hörer auf.

G. Theißen vertritt zwar die These, daß es in der Urgemeinde einen ethischen Wanderradikalismus gegeben habe, eine "Bewegung" also, die sich von anderen Formen christlicher Existenz, etwa jener der seßhaften Christengruppen vor Ort, radikal unterschieden habe. Doch muß dies bezweifelt werden. Die urchristlichen Wandermissionare waren kein "Bettelorden", und sie praktizierten auch kein "alternatives" Christentum. Sie waren vielmehr Repräsentanten und Autoritäten der christlichen Gruppen und Gemeinschaften in Palästina. Als beauftragte Boten des Auferstandenen verkündeten sie seine Botschaft und lebten sie in radikaler Weise vor. Und sie riefen sowohl die "seßhaften" Christen als auch ihre nichtchristlichen Hörer zur gleichen, eschatologisch bestimmten Haltung und Existenz auf. Freilich nicht notwendigerweise zu einer Wanderexistenz. Nur durch diese haben sie sich wohl von den seßhaften Christengruppen unterschieden. Aber diese Wanderexistenz war nicht Selbstzweck, sondern diente der Verbreitung der Botschaft in ganz Israel. Als Boten Jesu hatten die charismatischen Missionare eben einen spezifischen Auftrag, der sie von den übrigen Christen unterschied. Ihn konnten sie nicht weitergeben, zu seinem Nachvollzug nicht aufrufen. Wohl aber riefen sie ganz Israel dazu auf, sofort und ganz zum kommenden Gott und seiner Basileia umzukehren.

Das bedeutete in der konkreten Lebenssituation vieler in Israel, die verzweifelt um das Existenzminimum kämpften, nun ihre Sorge ganz Gott zu überlassen und sich im Vertrauen auf seine Fürsorge ganz auf die kommende Basileia einzustellen. Solche Haltung schärft das "Mahngedicht" Mt 6,25-33par[1] ein.

> [25]Darum sage ich euch: Seid doch nicht ängstlich besorgt um euer Leben,
> was ihr essen und trinken sollt, und um euren Leib, womit ihr euch kleiden sollt!
> Ist denn das Leben nicht mehr als Speise und der Leib mehr als die Kleidung?
> [26]Seht auf die Vögel des Himmels: sie säen nicht und ernten nicht
> und sammeln nicht in Scheunen, und euer himmlischer Vater ernährt sie doch.
> Seid ihr nicht viel mehr wert als sie?
> [[27]Wer von euch kann denn mit seinen Sorgen
> sein Leben auch nur um eine Elle verlängern?
> [28]Und was seid ihr ängstlich um Kleidung besorgt?]
> Betrachtet die Lilien des Feldes, wie sie wachsen;
> sie mühen sich nicht ab, und sie spinnen nicht,
> [29]und doch, sage ich euch, selbst Salomon in all seiner Pracht
> war nicht gekleidet wie eine von ihnen.
> [30]Wenn Gott schon das Gras auf dem Felde, das heute steht
> und morgen in den Ofen geworfen wird,
> so kleidet, um wieviel mehr euch, ihr Kleingläubigen?
> [31]Seid also nicht ängstlich besorgt und sagt nicht: Was sollen wir essen?
> oder: was sollen wir trinken? oder: womit sollen wir uns kleiden?
> [32]Denn nach all dem trachten die Heiden.
> Euer himmlischer Vater weiß ja, daß ihr das alles braucht.
> [33]Sucht vielmehr zuerst die Basileia Gottes [und ihre Gerechtigkeit],
> und das alles wird euch hinzugegeben werden.

Der Aufbau ist kunstvoll: Der Warnung vor der falschen Sorge um Essen und Kleidung (V.25) wird im abschließenden V.33 die Forderung nach der einzig richtigen Sorge um die Basileia gegenübergestellt. Gott wird für alles übrige schon sorgen.

Das "Mahngedicht" fordert mit prophetisch warnendem Akzent die Hörer zur eschatologischen, durch die Nähe der Basileia begründeten Sorglosigkeit auf. Alles Trachten hat nur noch der göttlichen Basileia zu gelten (vgl. Mt 13,44-46). Die Sicherung der eigenen Existenz ist angesichts des nahen Endes nicht mehr eigene Sache des Menschen, sondern Gottes Dreingabe.

"Man darf in solche Worte nicht die Stimmung sonntäglicher Familienspaziergänge hineinlesen. Es geht hier nicht um die Freude an Vögeln, Blumen und Wiesen. Vielmehr spricht aus diesen Worten die Härte der heimat- und schutzlosen, vogelfreien Existenz wandernder Charismatiker, die ohne Besitz und Arbeit durch die Lande zogen." (Theißen, Soziologie 19) Zweifellos waren die Wandermissionare Träger dieser Überlieferung. Sie lebten die geforderte "Sorglosigkeit" mit ihrer Lebensform konkret vor. Aber waren sie wirklich der Meinung, daß solche eschatologische Haltung nur verwirklicht und gelebt werden konnte, wo sich Christen bewußt ihrer Lebensform "am Rande der Gesellschaft" anschlossen? Lebte nicht die Mehrzahl ihrer Hörer, auch wenn sie "seßhaft" waren und blieben, ohnehin "am Rande der Gesellschaft"? Auch "seßhafte" Menschen konnten die geforderte Haltung vollziehen, wenn sie zu der Mehrheit derjenigen gehörten, denen der tägliche Lebensunterhalt und die primitivsten Lebensbedürfnisse wirklich Sorge bereiteten, die also wirtschaftlich und sozial Schwache waren.

---

[1] Das Ganze ist kunstvoll aus weisheitlichem Material komponiert: V.25 könnte ursprünglich eigenständig gewesen sein; ebenso V.26.28b.29-32. V.27.28a sind ein sekundärer Einschub: sie behindern den kunstvollen, rhythmischen Aufbau der Mahnung und die Parallelität von V.26 und V.28b.29; außerdem wird durch V.27 ein anderer Gesichtspunkt eingeführt, und V.28a muß mühsam zum ursprünglichen Gedanken zurücklenken.

Die Christen aber, die etwas besaßen, wurden zum richtigen Umgang mit ihrem Besitz ermahnt.[1]

> Sammelt euch nicht Schätze auf Erden, wo Motte und Rost sie verzehren,
> wo Diebe einbrechen und stehlen.
> Sammelt euch vielmehr Schätze im Himmel, wo weder Motte noch Rost sie verzehren,
> wo Diebe nicht einbrechen und stehlen.
> [Denn wo dein Schatz ist, da wird auch dein Herz sein.] (Mt 6,19-21)[2]

Typisch weisheitlich wird hier die Unsinnigkeit des Sammelns irdischer Schätze herausgestellt (vgl. nur Sir 29,10ff). Die gehorteten kostbaren Stoffe und Kleinodien sind vor Motten und Dieben nicht sicher. Darum ist von ihnen auch keine Sicherung des Lebens zu erwarten. Dem Sammeln irdischer wird das Sammeln himmlischer Schätze gegenübergestellt. Nur Schätze im Himmel sind wahrhaft sicher und geben Sicherheit.
Das Logion fordert auf, den menschlichen Trieb zum Schätzesammeln angesichts des nahen Endes umzufunktionieren. Wahre Sicherheit findet der Mensch nur bei den unvergänglichen Schätzen, die er im Himmel, d.h. bei Gott sammelt. Das Wort richtet sich an solche, die Gelegenheit zum Sammeln irdischer Schätze haben, also an Bemittelte. Es wird nicht gesagt, worin das Sammeln himmlischer Schätze besteht, doch indirekt kann es erschlossen werden. Der mit irdischen Schätzen gesegnete Christ soll seinen Reichtum teilen, etwa mit denen, die um das Existenzminimum kämpfen müssen. In solch gelebter Solidarität zwischen Reichen und Armen im Angesicht der Basileia bleibt die Zusage von Gottes Fürsorge kein leeres Wort. Im Gesamtkontext der urchristlichen Lebensgemeinschaft werden hier also die begüterten Christen aufgefordert, nicht auf Bewahrung und Vermehrung ihres Besitzes auszusein, sondern ihn für die christliche Gemeinschaft einzusetzen. Solches Tun wird ihnen bei Gott "gutgeschrieben".
Wie der Arme von seiner Sorge um das Existenzminimum verzehrt werden kann, so der Reiche von der Sorge um seinen Besitz und um Besitzvermehrung. Eindringlich und ohne Zugeständnis spricht das Bildwort Lk 16,13par diesen Sachverhalt an.

> Kein Knecht kann zwei Herren dienen;
> denn entweder wird er den einen hassen und den anderen lieben,
> oder er wird dem einen anhangen und den andern verachten.
> Ihr könnt nicht Gott dienen und dem Mammon.

Der ersten Zeile liegt wohl ein weisheitliches Sprichwort zugrunde, das im folgenden eine Anwendung auf das Streben nach Reichtum findet. Dieses wird rigoros abgelehnt, weil der "Mammon" denjenigen, der sich mit ihm einläßt, vollständig vereinnahmt. Wer dem Geld dient, kann Gott nicht dienen. Dies gilt

---

[1] DEGENHARDT, H.-J., Lukas - Evangelist der Armen, Stuttgart 1965; HENGEL, M., Eigentum und Reichtum in der frühen Kirche, Stuttgart 1973; HOFFMANN, P., Jesu "Verbot des Sorgens" und seine Nachgeschichte in der synoptischen Überlieferung, in: FS W. Marxsen, Gütersloh 1989, 116-141; vgl. auch die Literatur zu Kap. X.

[2] Die symmetrisch aufgebaute Fassung des Mt dürfte ursprünglicher als Lk 12,33f sein. Mt 6,21 kann ein frei umlaufendes Sprichwort gewesen sein, das sekundär an V.19-20 angehängt wurde. Dafür spricht der Wechsel des Numerus (V.19-20: 2. Person Plural; V.21: 2. Person Singular). Außerdem bietet V.21 nach V.20 eine neue Begründung für V.19.

für den Reichen wie für den Armen. Der "Mammon" wird hier zum Gegengott, zum Dämon. Das Logion ist kompromißlos wie Mk 10,25. Radikal wird der Verzicht auf jedes Streben nach Geld und Besitz gefordert, wie ihn die Wandermissionare vorlebten. Natürlich gilt das Wort auch für die Missionare selbst und warnt vor der Versuchung, sich beim Verkündigungsdienst zu bereichern. Die Wandermissionare vollzogen die Lebensform Jesu konkret und radikal nach. Solche "unbehauste" und "asoziale" Existenz war nicht jedem Jünger möglich, wurde auch nicht von jedem verlangt, wohl aber die Bereitschaft dazu, falls es die Situation erforderte. Jeder Jünger hatte sich darin einzuüben, daß die Jesusnachfolge kompromißlose Entschiedenheit und gegebenenfalls den Abschied von allen Bindungen fordern könnte. Ein solches "Training" haben die drei Nachfolgeszenen im Sinn, die in Lk 9,57-62par[1] zusammengestellt sind.

> 57Unterwegs sprach einer zu ihm:
> "Ich will dir folgen, wohin immer du gehst, Herr."
> 58Da sprach Jesus zu ihm: "Die Füchse haben Höhlen und die Vögel des Himmels Nester;
> der Menschensohn aber hat nicht, wo er sein Haupt hinlegen kann."
> 59Zu einem anderen aber sprach er: "Folge mir!"
> Der aber sprach: "Herr, erlaube mir, erst hinzugehen und meinen Vater zu begraben."
> 60Da sprach er zu ihm: "Laß die Toten ihre Toten begraben,
> [du aber geh hin und verkünde die Basileia Gottes!]"
> 61Ein anderer sprach: "Ich will dir nachfolgen, Herr; zuerst aber gestatte mir,
> von meinen Hausgenossen Abschied zu nehmen."
> 62Jesus aber sprach zu ihm: "Keiner, der seine Hand an den Pflug legt
> und rückwärts schaut, ist brauchbar für die Basileia Gottes."[2]

Alle drei Szenen führen beispielhaft vor, welche Radikalität und Kompromißlosigkeit vom Jünger gefordert werden. Er muß darauf eingestellt sein, von seiner Familie und Umwelt abgelehnt und ausgestoßen und so zu einem "heimatlosen" Außenseiter der Gesellschaft zu werden. So kann er in die Lage geraten, auf eine "asoziale" Weise jede familiäre Bindung und Verpflichtung hintanstellen zu müssen. Das scharfe Wort von den "Toten, die ihre Toten selbst begraben" sollen, setzt ja voraus, daß die Familie des Jüngers dem Ruf Jesu nicht zu folgen bereit ist. Dieser aber muß ganz auf die kommende Basileia ausgerichtet sein.

Nimmt man ernst, daß Jesus hier jeweils zu solchen spricht, die in die Nachfolge eintreten wollen, so könnte dies auf den "Sitz im Leben" der Komposition hinweisen. Den neugewonnenen Jesusanhängern wird mahnend vor Augen gestellt, auf was sie sich einlassen, wenn sie dem Ruf Jesu folgen. Sie werden so eingeübt in den Ernst der Jesusnachfolge.

---

[1] HENGEL, M., Nachfolge und Charisma, Berlin 1968; WANKE, J., "Kommentarworte". Älteste Kommentierungen von Herrenworten: BZ 24 (1980) 208-233, bes. 216ff; vgl. auch die Literatur zu Kap. X.

[2] Die lukanische Fassung dürfte sowohl hinsichtlich der Dreizahl der Szenen als auch hinsichtlich der Fassung der 2. Szene ursprünglicher sein als die Mt-Fassung. Lk 9,60b geht allerdings auf den Evangelisten zurück. Die Dreizahl der Szenen weist darauf hin, daß wir es hier mit einer urchristlichen Komposition zu tun haben, bei der mit V.58 und 62 wahrscheinlich ursprünglich isolierte Jesusworte szenisch gerahmt wurden. Bultmann vermutet sogar in V.58 einen alten Weisheitsspruch, der allgemein die Unbehaustheit des Menschen auf Erden zum Thema hat. In V.62 liegt vielleicht ein ursprüngliches Einzellogion Jesu zugrunde. Sein Pathos steht in keinem Verhältnis zu V.61.
V.60 kann dagegen nicht isoliert tradiert worden sein, sondern bildete mit V.59 zusammen eine "ideale Szene". Sie könnte ursprünglich eine selbständige Nachfolgeerzählung gewesen sein (vgl. Mk 1,16ff; 2,14).

Träger solch radikaler Nachfolgeparänese waren die charismatischen Wandermissionare, die zugleich mit ihrer eigenen Existenz vorlebten, was Nachfolge Jesu konkret einfordern konnte. Vielleicht dienten die drei Szenen auch dazu, ihre eigene, die gesellschaftlichen Normen des Zusammenlebens sprengende Existenz zu begründen, zu rechtfertigen und auch zu verteidigen, vielleicht sogar innerchristlich. Nicht alle Christen konnten oder wollten so radikal auf Familie, Besitz und Arbeit verzichten wie diese Männer, die vielleicht auch manchem seßhaften Christen "zu weit" gingen.
Von erschreckender Radikalität und Unerbittlichkeit ist auch das Wort Lk 14,26par.

> Wer nicht Vater, Mutter, Sohn und Tochter haßt,
> kann nicht mein Jünger sein. (Rekonstruktion Zeller)

Das Wort fordert als Bedingung der Jüngerschaft den Haß gegen die eigene Familie. Auffällig ist, daß die Ehefrau unter den Personen, die um der Jüngerschaft willen gehaßt werden müssen, nicht aufgezählt wird.[1] Kann man daraus schließen, daß diese Forderung nur die nichtverheirateten Wandermissionare betraf und so ihr spezifisches Ethos des Wanderradikalismus hervorhebt? Aber es werden ja die Kinder genannt. Also sind verheiratete Jünger angesprochen. Es geht wohl eher um Konflikte innerhalb einer Großfamilie, und zwar zwischen den Generationen. Durch das Bekenntnis zu Jesus wurden Konflikte zwischen Eltern und Kindern ausgelöst, die zur Trennung der Familienbande führen (vgl. Mt 10,34-36). Es konnte dazu kommen, daß quer durch die Familien "Konfessionsschranken" gingen. In diesem Fall hat der Jünger eine kompromißlose Entscheidung zu treffen. Das Wort warnt davor, mit Rücksicht auf Familienbindungen Abstriche an der Verwirklichung der Nachfolge Jesu zu machen. Die urchristlichen Wandermissionare, die diese radikal vorlebten, sind auch als Träger dieser erschreckenden Mahnung anzusehen.
Daß das Bekenntnis zu Jesus Trennung und Feindschaft in die Familien bringen konnte und der Jünger in Gefahr war, vom Familienverband abgeschnitten und so heimatlos zu werden (vgl. Lk 9,57ff), sagt ausdrücklich Mt 10,34-36par.

> 34 Glaubt nicht, daß ich gekommen bin, Frieden auf die Erde zu bringen!
> Ich bin nicht gekommen, Frieden zu bringen, sondern das Schwert.
> 35 Denn ich bin gekommen, den Menschen zu entzweien "mit seinem Vater,
> die Tochter mit ihrer Mutter,
> die Schwiegertochter mit ihrer Schwiegermutter.
> 36 Und die Feinde des Menschen (sind) seine Hausgenossen." (Mi 7,6)[2]

Durch die Zusammenstellung von V.34 mit dem Micha-Zitat, das die endzeitliche Schreckenszeit beschreibt, wird auch V.34 zur Weissagung über apokalyp-

[1] In diesem Punkt ist die Mt-Fassung ursprünglicher. Lk hat die Aufzählung der Verwandtschaft vervollständigt. Im übrigen ist die lukanische Fassung ursprünglicher, weil einfacher (οὐ μισεῖ) und konkreter (εἶναι μαθητῆς).

[2] Die matthäische Fassung ist wegen des bildhaften Ausdrucks βάλειν εἰρήνην/μάχαραν ursprünglicher als Lk 12,51-53. In Mt 10,34-36 liegt eine Komposition vor, in der das wohl ursprüngliche Jesuswort V.34 durch das Micha-Zitat (7,6; vgl. Mk 13,12) ergänzt worden ist. Vielleicht bezog sich das ursprüngliche Bildwort Jesu V.34 einmal nicht auf die endzeitliche Drangsal, der die Jünger ausgesetzt sein werden, sondern sprach von einem anderen Kampf, nämlich von der in Jesu Wirken sich auswirkende Auseinandersetzung mit dem Machtbereich Satans (so Polag). Doch bleibt dies unsicher.

tische Drangsale. Die familiären und sozialen Konflikte, durch das Bekenntnis zu Jesus ausgelöst, werden hier als der Endzeit vorausgehende Drangsale gedeutet. Die traditionelle Vorstellung war, daß den Tagen des Messias eine Periode des Schwertes vorausgeht. Diese ist nun angebrochen. Gedacht ist wohl auch an die gewalttätigen Ereignisse in Palästina vor dem jüdischen Krieg. Das Logion spiegelt also das Bewußtsein der palästinischen Urgemeinde wider, unmittelbar vor dem Anbruch der Endzeit zu leben. So bekommt das Logion einen aufklärenden und tröstenden Charakter. Was den Jüngern widerfährt, ist von kurzer Dauer und bald vorüber.
Die Wandermissionare hatten auch Trost bereit für diejenigen, die aufgrund ihres Bekenntnisses zu Jesus aus ihren Familien ausgeschlossen worden waren. In Mk 10,29-30[1] wird Lohn und Ersatz verheißen.

> Wahrlich, ich sage euch: Niemand verläßt Haus oder Brüder oder Schwestern
> oder Mutter oder Vater oder Kinder oder Äcker um meinetwillen
> [und um des Evangeliums willen,] ohne daß er hundertmal mehr empfängt,
> [jetzt, in dieser Zeit Häuser und Brüder und Schwestern
> und Mütter und Kinder und Äcker - mitten in Verfolgungen -,
> in der künftigen Welt aber das ewige Leben.][2]

Die Möglichkeit, daß Christen um ihres Bekenntnisses willen in soziale Konflikte gerieten, beleidigt und verleugnet, ja gesellschaftlich geächtet wurden, hat bei der angespannten sozialen und politisch-geistigen Lage in Palästina immer bestanden. Besonders die charismatischen Wandermissionare waren wegen ihrer provokativen und "exzentrischen" Lebensweise und wegen ihrer Verkündigung wohl von Anfang an auch Anfeindungen und Verleumdungen ausgesetzt. Ihre demonstrative Wehrlosigkeit, ihre Friedensbotschaft und die Sammlung der "Söhne des Friedens" (vgl. Lk 10,2ff), ihr Aufruf zur Feindesliebe und zum Verzicht auf Durchsetzung des eigenen Rechts (s. unten), dies alles hat sie zweifellos in Gegensatz zu den "Zeloten" und deren Sympathisanten gebracht. Wegen ihrer gelebten Verkündigung wurden sie als Feinde Israels und zumindest als "naive" Kollaborateure Roms verdächtigt. Solchen gegenüber schreckten die "Zeloten" auch vor Mord nicht zurück. Auf der anderen Seite konnten ihre Botschaft von der nahen Umwälzung aller bestehenden Unrechtsverhältnisse und ihre Drohworte gegen die Reichen (Lk 6,24ff) auch den Verdacht revolutionärer Gesinnung nähren. War es nicht ein revolutionäres Programm, daß die Armen die Basileia gewinnen und die Reichen von ihr ausgeschlossen würden? Manchem um Wohl und Erhalt des Staatswesens Besorgten und dafür Verantwortlichen dürfte unbehaglich geworden sein, wenn er ihre Parolen vernahm. Existenz und Botschaft der charismatischen Wandermissionare dürften also auch heftige Reaktionen ausgelöst haben, vielleicht sogar Gewalt gegen sie. Verhöre und Prozesse (Lk 12,8f), körperliche Züchtigungen, gar Tötung könnten gegen

---

[1] BERGER, K., Die Gesetzesauslegung Jesu, Neukirchen 1972, 422ff.

[2] Dieses Wort vom hundertfachen Ersatz für das Verlassen von Besitz und Familie in der Nachfolge Jesu ist von Mk sekundär an das Gespräch Mk 10,17-22.23-27 angefügt worden. Mk hat auch in das Logion selbst eingegriffen. Zumindest das ἕνεκεν τοῦ εὐαγγελίου in V.29 geht auf ihn zurück. Sekundär dürfte auch die Unterscheidung von gegenwärtigem und zukünftigem Ersatz in V.30b sein. Ursprünglich könnte das Logion nach ἑκατόντα πλασιονα (V.30a) geendet haben, wobei zweifellos an eine "jenseitige" Vergeltung gedacht war.

sie eingesetzt worden sein. Auch Paulus weiß davon (1 Thess 2,14). Den so Geschmähten, Verleumdeten und Gefährdeten gilt die "Seligpreisung" Lk 6,22f par[1], die den drei ursprünglichen "Seligpreisungen" später angefügt worden ist.

> Selig seid ihr, [...] wenn sie euch schmähen
> und euren Namen schlecht machen wegen des Menschensohnes.
> Freut euch und jubelt, denn euer Lohn ist groß im Himmel.
> Denn so haben sie auch den Propheten vor euch getan.[2]

Die "Seligpreisung" ist ein wirksames Trostwort für die Jünger, denen wegen ihres Bekenntnisses zum "Menschensohn" das Leben sauer gemacht wird, die beleidigt und verleumdet werden. Die besonders exponierten Wandermissionare waren ohne Zweifel in erster Linie von diesem Geschick betroffen. Angesichts solcher Behandlung durch ablehnende Menschen sollen sie in "Freude und Jubel" ausbrechen, also bewußt den Anbruch der Eschata vorwegnehmen. Denn bei dem in Kürze sich vollendenden Endheil werden sie großen Lohn empfangen. Eine zweite Begründung für den Aufruf zu "Freude und Jubel" weist die Geschmähten darauf hin, daß sie in ihrer Existenz das Schicksal der Propheten vor ihnen nachvollziehen. Hier hat die Vorstellung über "das gewaltsame Geschick aller Propheten" eingewirkt, die wir in zahlreichen Überlieferungen der Urgemeinde angetroffen haben (s. dazu Kap. VI.6). Schon Jesus hatte sein Geschick und das des Täufers wohl im Lichte dieser Vorstellung gedeutet. Auch die "Hellenisten" haben diese Vorstellung aufgegriffen, um den Tod des Stephanus und ihre eigene Verfolgung zu deuten (s. dazu Kap. VII.4). Es ist daher wahrscheinlich, daß der Blick der "Seligpreisung" nicht nur auf die alttestamentlichen Propheten gerichtet ist, sondern das Geschick Jesu, des Täufers und vielleicht anderer urchristlicher Charismatiker miteinbezieht.

Die "Seligpreisung" ist also nicht einfach Trostwort für Christen, die im Konflikt mit ihrer Umwelt standen, sondern speziell "Heilsparänese für an Israel wirkende, aber schmählich abgewiesene Prediger" (O.H. Steck) und, so muß man ergänzen, für "Bekenner", die um ihres Bekenntnisses willen bedrängt wurden. Damit kann ihr "Sitz im Leben" recht präzise bestimmt werden.

Die Wandermissionare waren bereit zur Hingabe des eigenen Lebens um ihres Bekenntnisses willen. Zu solcher Bereitschaft riefen sie aber auch die seßhaften Christen auf. Mit den beiden Logien Mt 10,39par[3] und Lk 14,27par[4] übten sie

---

[1] STECK, O.H., Israel und das gewaltsame Geschick der Propheten, Neukirchen 1967; STENGER, W., Die Seligpreisung der Geschmähten (Mt 5,11-12; Lk 6,22-23): Kairos 28 (1986) 33-66.

[2] Der älteste Wortlaut ist in Lk 6,22f besser bewahrt als in Mt 5,11f. Aber auch die lukanische Fassung enthält sekundäre Elemente. So geht die allgemeine Aussage über den Haß der Menschen in 6,22a auf Lukas zurück. Auch das "sie werden euch ausschließen" (ἀφορίσωσεν ὑμῖν) ist sekundär und weist hin auf disziplinarische Maßnahmen gegen Judenchristen seitens jüdischer Glaubenswächter (vgl. Joh 9,34; 12,42; 16,2). Dazu dürfte es aber erst nach der Katastrophe von 70 n.Chr. gekommen sein, als die pharisäische Richtung die Führung im Judentum übernahm. Dieser Hinweis ist daher in der ältesten Fassung des Wortes noch nicht möglich.

[3] DAUTZENBERG, G., Sein Leben bewahren, München 1966, 51ff.

[4] DINKLER, E., Jesu Worte vom Kreuztragen, in: FS R. Bultmann, Berlin 1954, 110-129; LAUFEN, R., Die Doppelüberlieferungen der Logienquelle und des Markusevangeliums, Königstein 1980, 307ff; SATAKE, A., Das Leiden der Jünger "um meinetwillen": ZNW 67 (1976) 4-19; WANKE, J., "Kommentarworte". Älteste Kommentierungen von Herrenworten: BZ 24 (1980) 208-233, bes. 224ff; vgl. auch die Literatur zu Kap. X.

solche Bereitschaft zur Jesusnachfolge in letzter Konsequenz ein.

> Wer sein Leben findet, wird es verlieren;
> wer sein Leben um meinetwillen verliert, der wird es finden.[1]

Das Logion formuliert ein Paradoxon: Sicherung des eigenen Lebens ist sein Verlust, Verlust aber seine Rettung.

"Leben (ψυχή) ist hier nicht im allgemeinen Sinn gebraucht, sondern meint konkrete Existenz eines Individuums. So wird der Satz auch keine allgemeine Erfahrungswahrheit aussprechen, sondern eine Wahrheit, die nur existentiell erfahren werden kann. Daß es sich so verhält, wie das Logion sagt, kann man nur glaubend und wagend erfahren. Wenn die Jünger ihre Existenz durch Abkehr von Jesus oder durch Abwehr der feindlichen Bewegung - also durch Existenzsicherung - erhalten wollen, werden sie sie verlieren. Das Wort ψυχή erhält keinen zweiten Sinn, es wird vielmehr aufgebrochen, überholt, es gilt nicht mehr absolut im Sinne der irdischen Existenz des Menschen, sondern diese Existenz steht nunmehr in anderen Dimensionen: hinter der einmal endenden Gegenwart und Zukunft steht eine endgültige Zukunft ... So bringt die zweite Hälfte des Logions eine allerdings sehr ernste Antwort auf die durch den ersten Teil aufgerissenen Fragen nach der Rettung der Existenz: es gibt eine Rettung durch den Verlust hindurch und über ihn hinaus und unter der Bedingung dieses Verlustes." (Dautzenberg)

Hinter dem Wort wird eine Situation sichtbar, in der der Jünger entweder den Verlust seiner konkreten irdischen Existenz fürchten muß oder in Gefahr gerät, durch Abfall von Jesus zwar seine irdisch-konkrete Existenz scheinbar zu retten, aber gerade dadurch verlorenzugehen. Demgegenüber verheißt das Wort demjenigen die Sicherung seiner Existenz, der bereit ist, sie wegen des Bekenntnisses zu Jesus hinzugeben.

> Und wer nicht sein Kreuz aufnimmt und mir nachfolgt,
> kann mein Jünger nicht sein.[2]

Das Wort könnte ein echtes Jesuswort sein. Doch muß dann der Ausdruck "sein Kreuz (nicht: mein Kreuz!) nehmen" als bildhafter Ausdruck verstanden werden, der "auf eine häufige Beobachtung bei den Hinrichtungen" anspielt: "der Verurteilte trägt den Querbalken durch die spottende und verachtende Menge" (Polag). So muß auch der Jünger Jesu bereit sein, Spott und Verachtung in der Jüngerschaft zu ertragen.

Für die nachösterliche Gemeinde hat das Wort keinen bildhaften Charakter mehr, sondern wird im Blick auf das Schicksal Jesu konkret. Der Jünger muß bereit sein, in der Jüngerschaft Verachtung und Spott zu tragen bis hin zur

---

[1] Das Logion wird im NT sechsmal überliefert (Mt 10,39/Lk 17,33; Mk 8,35parr; Joh 12,25). Die traditionsgeschichtlichen Verhältnisse sind sehr kompliziert. Zweifellos ist die johanneische Fassung sekundär; dort ist durch die johanneischen Zusätze ἐν τῷ κόσμῳ τούτῳ/εἰς ζωὴν αἰώνιον die Paradoxie der synoptischen Fassungen aufgebrochen. Lk 17,33 kommt als ursprüngliche Fassung auch nicht in Frage, weil der Parallelismus zerbrochen ist und das ἕνεκεν ἐμοῦ fehlt. In Mt 10,39 und Mk 8,35 (ohne καὶ τοῦ εὐαγγελίου) könnte jeweils die ursprüngliche Fassung des Logions vorliegen. Eine Entscheidung ist schwierig. Beide Worte sind streng symmetrisch aufgebaut. Mk 8,35 ist aber umfangreicher als Mt 10,39 und darum möglicherweise weniger ursprünglich.

[2] Das Logion ist fünffach überliefert. Es stehen sich die Q-Tradition (Lk 14,27par) und Mk 8,34parr gegenüber. Die Q-Fassung ist negativ formuliert und von prägnanter Kürze. Die markinische Fassung formuliert positiv und enthält neben der Aufforderung zur Aufnahme des Kreuzes noch die der Selbstverleugnung. Hinzu kommt ein im Aramäischen unmögliches Nebeneinander von ὀπίσω μου ἐλθεῖν im Vordersatz und von ἀκολουθεῖν im Nachsatz. Im Aramäischen stünde für beides nur ein Äquivalent zur Verfügung. Diese Unterschiede dürften die Q-Fassung als traditionsgeschichtlich älter erweisen. Hier wiederum muß Lk 14,27 bis auf die Formulierung βαστάζειν τὸν σταυρόν als ursprünglicher angesehen werden. Βαστάζειν ist griechische Redeform; λαμβάνειν τὸν σταυρόν (so Mt 10,38; vgl. ἀράτω τ. στ.: Mk 8,34) dürfte dem ursprünglichen Wortlaut näherstehen.

letzten Konsequenz der Lebenshingabe in der Nachfolge dessen, der gekreuzigt worden ist.
Besondere Aktualität bekommt das Wort auf dem Hintergrund lebensbedrohender Konflikte, denen sich die Christen und besonders die Wandermissionare in der hochbrisanten Atmosphäre vor dem jüdischen Krieg auch ausgesetzt sahen. Wie Jesus am Kreuz zu enden, war für sie keine bloße Möglichkeit, sondern konnte bittere Realität werden.

Die urchristlichen Wandermissionare traten demonstrativ wehrlos auf, indem sie selbst auf den Wanderstock als primitivste Waffe verzichteten. Sie vertrauten darauf, daß Gott nicht nur für ihre tägliche Nahrung, sondern auch für ihren Schutz sorgen würde. Gott hatte die Durchsetzung seines Rechts selbst in die Hand genommen und würde es im nahen Eschaton endgültig aufrichten. Dann würde er seinen "Kindern" Recht verschaffen. So brauchten sie für die Durchsetzung des eigenen Rechtes nicht mehr selbst zu sorgen. Die in Mt 5,39-42par[1] zusammengestellten Mahnsprüche schärfen solche Haltung ein.

39 Dem Böswilligen leistet keinen Widerstand!
Vielmehr, wenn jemand dich auf die rechte Wange schlägt,
so biete ihm auch die andere dar.
40 Und wer mit dir einen Rechtsstreit führen
und dir den Rock nehmen will, dem laß auch den Mantel.
[41 Und wer dich für eine Meile zum Frondienst zwingt, mit dem gehe zwei.]
42 Dem, der dich bittet, gib! Wer von dir borgen will, dem kehre nicht den Rücken!

Die vier Sprüche fordern zum Verzicht auf die Wahrnehmung und Durchsetzung des eigenen Rechts auf, dargestellt am Beispiel der schimpflichen Körperverletzung, des Prozessierens im Rahmen des zeitgenössischen jüdischen Pfandrechtes, der staatlich-militärischen Zwangsverpflichtung durch die Römer und des einfachen Gebens.

Man kann fragen, ob V.39b.40 ursprünglich eigenständig war und sekundär durch V.42 ergänzt worden ist. In V.39b.40 wird Widerstand gegen ein Unrecht untersagt, in V.42 wird ein gütiges, nicht berechnendes Geben gefordert. Allen Forderungen aber ist der Verzicht auf Vergeltung gemeinsam, auf die eigene rechtliche Absicherung und den eigenen Rechtsanspruch.

Es geht also nicht um die Negierung des eigenen Rechts. Es wird nicht gesagt, daß der Stärkere im Recht ist und der Schwächere darum lieber stillhalten soll. Der schimpflich Angegriffene hat vielmehr ein Recht auf Vergeltung und Wiederherstellung seiner Ehre. Der Arme, dem das Hemd auf dem Leibe weggepfändet wird, hat ein Recht auf seinen unpfändbaren Mantel. Der Zwang zur Dienstleistung darf nur begrenzt ausgeübt werden. Und eine Pflicht zum Schenken und Leihen besteht nicht. Das alles ist demjenigen, der diese Forderungen aufstellt, klar. Er predigt darum keine Sklavenmoral. Es geht vielmehr um den souveränen und freien Verzicht auf Vergeltung und auf die eigene Rechtsposition gegenüber dem Angreifer und Fordernden. Es geht um eine grenzenlose Großzügigkeit auch demjenigen gegenüber, der nicht Freund ist und sich rücksichtslos durchsetzt. Grund und Motiv für solche Großzügigkeit ist ein

---

[1] Matthäus hat wohl den ursprünglichen Wortlaut besser bewahrt als Lukas. Allerdings geht die Umstilisierung zur Antithese auf ihn zurück. Redaktionell könnte auch V.41 sein, der keine Parallele bei Lukas hat und mit ὅστις eingeleitet wird.

grenzenloses Vertrauen auf Gott, dem die Durchsetzung des eigenen Rechts ganz überlassen wird. Vor dem Hintergrund des nahen Eschatons sagen die Wandermissionare ihren Hörern: Laßt euch nicht mehr in Händel und Prozesse ein; diskutiert und streitet nicht lange über euer Recht! Gebt nach! Die Basileia steht unmittelbar bevor. Dann wird Gott eure Sache in die Hand nehmen und euer Recht durchsetzen.

Mit dem Mahnwort zur Feindesliebe Mt 5,44-48par[1] schließen wir unsere Darstellung der Botschaft und Überlieferung der urchristlichen Wandermissionare ab. Diese Mahnung, das Gebot der Nächstenliebe nicht einzugrenzen, sondern es selbst auf den persönlichen Feind, Widersacher und Verfolger zu beziehen, steht in enger Beziehung zu der Mahnung zum Verzicht auf Durchsetzung des eigenen Rechts.

In solcher Radikalität wird die Forderung, den Feind zu lieben, nirgends im zeitgenössischen Judentum vertreten. Doch sind Ansätze zu solchem Denken durchaus vorhanden (vgl. TBenj 4,2f; TJos 8,3; Arist 227). In Qumran und bei den "Zeloten" wird demgegenüber der Haß gegen den "Feind" geboten, der freilich zugleich ein "Feind Gottes" ist. Allerdings ist ja auch dies nicht ohne Analogien in der Botschaft Jesu (vgl. Lk 14,26).

> [44]Liebet eure Feinde und betet für die, die euch verfolgen, [45]damit ihr Kinder eures Vaters im Himmel werdet; denn er läßt seine Sonne aufgehen über Böse und Gute und läßt regnen über Gerechte und Ungerechte. [46]Denn wenn ihr die liebt, die euch lieben, welchen Lohn habt ihr da? Tun das nicht auch die Zöllner? [47]Und wenn ihr eure Brüder grüßt, was tut ihr da Besonderes? Tun das nicht auch die Heiden? [48]Seid also vollkommen, wie euer himmlischer Vater vollkommen ist.[2]

Das Logion fordert dazu auf, die Feinde zu lieben und für die zu beten, die die Angesprochenen hassen, schmähen und schikanieren. Zumindest in der jetzigen Fassung bedeutet Feind den persönlich begegnenden Feind der Angesprochenen. Die Feindschaft wirkt sich in konkreten feindlichen Handlungen aus. Das Logion richtet sich also an Hörer, die in einer feindseligen Umwelt und Atmosphäre leben müssen. Es paßt gut in die oben beschriebene Situation der charismatischen Wandermissionare und der Christengruppen Palästinas. Von ihnen und in ihren Gemeinschaften soll diese radikale Liebesforderung gegenüber den Mitmenschen, die ihnen mit offenem Haß begegnen, erfüllt werden.

---

[1] DAUTZENBERG, G., Mt 5,43c und die antike Tradition von der jüdischen Misanthropie, in: FS W. Pesch, Stuttgart 1988, 47-77; HOFFMANN, P., Tradition und Situation. Zur "Verbindlichkeit" des Gebots der Feindesliebe in der synoptischen Überlieferung und in der gegenwärtigen Friedensdiskussion, in: QD 102, Freiburg 1984, 50-118; HOFFMANN, P./EID, V., Jesus von Nazareth und eine christliche Moral, Freiburg 1975, 147-185; HÜBNER, H., Das Gesetz in der synoptischen Tradition, Witten 1973, 81ff; KUHN, H.-W., Das Liebesgebot Jesu als Tora und als Evangelium, in: FS J. Gnilka, Freiburg 1989, 194-230; LÜHRMANN, D., Liebet eure Feinde (Lk 6,27-36; Mt 5,39-48): ZThK 69 (1972), 412-438; NISSEN, A., Gott und der Nächste im antiken Judentum, Tübingen 1974; SAUER, J., Traditionsgeschichtliche Erwägungen zu den synoptischen und paulinischen Aussagen über Feindesliebe und Wiedervergeltungsverzicht: ZNW 76 (1985) 1-28; SCHOTTROFF, L., Gewaltverzicht und Feindesliebe in der urchristlichen Jesustradition (Mt 5,38-48; Lk 6,27-36), in: FS H. Conzelmann, Tübingen 1975, 197-222; THEISSEN, G., Gewaltverzicht und Feindesliebe (Mt 5,38-48/Lk 6,27-38) und deren sozialgeschichtlicher Hintergrund, in: Ders., Studien zur Soziologie des Urchristentums, Tübingen [2]1983, 160-197; vgl. auch die Literatur zu Kap. X.

[2] Matthäus hat im Ganzen den ursprünglichen Wortlaut besser bewahrt. Die Formung als "Antithese" geht allerdings auf ihn zurück (s. dazu Kap. VII.2). Ob 5,46f mit 5,44f eine ursprüngliche Einheit bildete, ist unsicher. Die hier gegebene Begründung konkurriert mit der von V.45. Allerdings ist die jetzige Zusammenstellung sehr alt.

Sie sollen sich nicht in die Atmosphäre des Hasses hineinziehen lassen, in der Haß Gegenhaß und Gewalt Gegengewalt erzeugt.

Möglicherweise ist die Aufforderung zum Gebet für die Verfolger sekundär eingefügt worden, als es zu Angriffen und Verfolgungen gegen christliche Wandermissionare und "Jesusbekenner" kam. In Jesu Predigt war das Logion jedenfalls an alle gerichtet und rief zum aktiven Liebesbeweis gegenüber dem persönlichen Feind auf. Darin eingeschlossen war sicher auch der römische Beamte oder Soldat wie der religiöse Feind überhaupt, soweit er in Kontakt zu den Angesprochenen trat. "Lieben" ist hier nicht Symphatie oder die Stimmung einer allgemeinen "Menschenliebe", sondern konkrete, liebende Tat, die sich im Alltag bewährt (vgl. 5,46f). Insofern richtet sich das Logion an einzelne, nicht an Gruppen oder Staaten.

Begründet wird die Forderung zur Feindesliebe mit der Verheißung, so zu einem "Sohn Gottes" zu werden (V.45). Gott wird als Vorbild vorgestellt: Er hält seine Güte den Bösen und Ungerechten gegenüber nicht zurück. Auch der Gottesfeind ist von Gottes souveräner Güte umfangen. Diese Begründung ist der Form nach eine endzeitliche Verheißung. Tatsächlich erfüllt sie sich aber schon jetzt. Wer den Feind durch konkreten Liebeserweis liebt, der realisiert etwas von Gottes Güte und verwirklicht schon hier den Frieden, der ein Zeichen der kommenden Basileia sein wird.

"Ein Kind dieses Gottes zu werden, heißt, genauso grenzenlos in Barmherzigkeit zu handeln wie der Vater Gott selbst. Hier verschwindet der gewöhnliche, dem Tun-Ergehen-Schema folgende Gedanke der Belohnung im Eschaton. Wer bereits so handeln kann, wie die Mahnung empfiehlt, gehört zur neuen Welt, ja schafft schon ansatzweise diese neue Welt. Also ist die endzeitliche Motivierung des Erlangens der Gotteskindschaft (Mt 5,45a par) wohl nicht ausschließlich zukünftig zu fassen, sondern gegenwärtig-zukünftig." (Sato 223)

Eine zweite Begründung 5,46f appelliert an das Unterscheidungsbedürfnis der Jünger. Sie bilden eine Gemeinschaft, in der es nicht so zugehen soll wie sonst in der Welt. Sie sollen das "Außerordentliche" tun und dürfen sich nicht an einem simplen Freund-Feind-Denken ausrichten, in dem man gutes Einvernehmen nur mit dem "Bruder" sucht und Freundlichkeiten nur mit dem Gleichgesinnten tauscht. Jedes Clan-Denken, jede Block-Ideologie wird damit abgelehnt.

"Diese Gruppe von Jesusnachfolgern ist sich ihrer (soziologischen) Besonderheit durchaus bewußt. Sie wissen, daß sie sich ungewöhnlich verhalten, weil sie positive Absichten gegenüber Menschen haben, die nicht nur nicht zur selben Gruppe (Clan, Nation usw.) gehören, sondern sogar der Jesusnachfolge feindselig gegenüberstehen. Die Feindesliebe ist eine Durchbrechung der üblichen Formen von Solidarität, die sich auf eine - wie auch immer definierte - Gruppe bezieht, nicht aber auf die Feinde - und gibt damit einer positiven Absicht Ausdruck, die alle Menschen, d.h. hier ganz Israel einschließt." (Schottroff/Stegemann, Jesus 82)

Besondere Farbe bekommt der Mahnspruch zur Feindesliebe auf dem Hintergrund der haßerfüllten Atmosphäre in Palästina, die dem jüdischen Krieg vorausging. Von dem allgemeinen Haß sich gegenseitig bekämpfender religiöser Gruppen und vom speziellen Haß der "Zeloten" gegen Römer und deren jüdische Kollaborateure waren auch die Jünger betroffen. Wegen ihres Bekenntnisses und ihrer Botschaft wurden sie angegriffen und verleumdet. Einzelne Christen erlitten möglicherweise körperliche Züchtigungen und gar das Martyrium. In dieser Situation erhielt die Mahnung zur Feindesliebe besondere Brisanz.

"Hierbei geht es nicht um eine 'Politisierung' der Q-Überlieferung, sondern einfach um das Ernstnehmen der Interdependenz von Religion und Politik, wie sie für das antik-jüdische Denken kennzeichnend ist, oder - etwas einfacher - um den Realitätsbezug frühchristlicher Predigt. Wenn in Q die Feindesliebe in pointierter Weise als das Spitzengebot Jesu tradiert und durch Beispiele

erläutert wird, die deutliche Bezüge zur politisch-sozialen Situation der Zeit verraten, liegt es nahe, hier auch den historischen Kontext, den Sitz im Leben, für seine Überlieferung zu sehen. Da die Sprüche zumindest in ihrem Grundbestand auf den historischen Jesus zurückgehen, stehen die Tradenten in historisch-kultureller Kontinuität zur Situation und Verkündigung Jesu, die Auswahl indiziert aber ihr aktuelles Interesse gerade an diesem Teil seiner Botschaft. Offenbar gewann angesichts der zunehmenden Verschärfung der politischen Lage nach Agrippas Tod (44 n.Chr.) unter den römischen Prokuratoren in den Jahrzehnten vor dem jüdisch-römischen Krieg Jesu Gebot der Feindesliebe für sie besondere Relevanz. Es motivierte sie - im Unterschied zu den mit der zelotischen Aufstandsbewegung sympathisierenden Teilen der Bevölkerung -, im Namen des Menschensohnes Jesus einzutreten für Feindesliebe und Friedfertigkeit - bis hin zur Bereitschaft, Unrecht und Benachteiligung um jener größeren Liebe willen hinzunehmen. Wenn innerhalb der Überlieferung auch die Abweisung der Boten und die Verfolgung der Anhänger Jesu ausdrücklich thematisiert wird, finden darin die Erfahrungen der Tradenten mit der Weitergabe dieser Botschaft ihren Niederschlag. Dabei ist es nur verständlich, daß die Schmähung und Abweisung gerade jene Wanderprediger traf, die in der Nachfolge Jesu und in Erwartung seines Kommens als Menschensohn-Richter - 'wie Schafe unter Wölfen' - durch das Land zogen." (Hoffmann 77f)
Es geht aber nicht an, die Forderung der Feindesliebe und die anderen Radikalforderungen der Jüngernachfolge nur im Kreis der Wandermissionare festzumachen und sie als Ausdruck des "ethischen Wanderradikalismus" anzusehen, den diese Charismatiker im Unterschied zu den seßhaften Christen verwirklicht hätten, wie G. Theißen meint. "Der ursprüngliche Sitz im Leben aber ist für die Beurteilung von Feindesliebe und Gewaltverzicht von großer Bedeutung. Der seßhafte Christ geriete durch Nachgeben gegenüber seinem Feind in immer größere Abhängigkeit. Er muß ja damit rechnen, ihm immer wieder neu zu begegnen. Nachgeben bedeutet hier oft: zur Fortsetzung von Übervorteilung und Zurücksetzung aufzufordern. Der Verzicht auf Widerstand erhöht die Wahrscheinlichkeit, daß sich Übergriffe wiederholen. Dennoch steht auch vor ihm die große Forderung, seinen Feind zu lieben. Sie kann der wandernde Charismatiker viel überzeugender verwirklichen. Er ist wirklich frei. Er kann den Ort seiner Niederlage und Demütigung verlassen. Er darf damit rechnen, daß er seinem Gegner nicht mehr begegnet. Indem er weiterzieht, kann er seine Unabhängigkeit und Freiheit wahren. Der Preis für diese Freiheit ist eine rigorose Askese: ein Leben am Rande des Existenzminimums. Der Gewinn aber ist groß. Der Wandercharismatiker verwirklicht auch stellvertretend für seine Freunde in den lokalen Gemeinden jene Feindesliebe, die den Menschen mit Gottes Liebe verbindet." (Theißen 191) Gegenüber diesem scharfsinnigen Gedanken ist gleichwohl daran festzuhalten, daß die Radikalforderungen der Jesusnachfolge, deren Träger zweifellos die Wandermissionare waren, an alle Jünger gerichtet waren. Dafür spricht auch, daß sie weder in der Quelle Q noch in den Evangelien als Ethik einer Sondergruppe angesehen werden. Sie sind keine Ordensregeln, sondern allgemeinverbindlich. Ihre Verbindlichkeit wird nicht einmal durch die für die damaligen Jünger vorauszusetzende allgemeine Haltung unmittelbarer Naherwartung eingeschränkt, durch die sie ohne Zweifel bestimmt waren. Mit dem Verschwinden der Naherwartung sind sie keineswegs obsolet. Wohl aber muß heute die innere Berechtigung der Forderungen aufgewiesen werden.

Die urchristlichen Wandermissionare waren außergewöhnliche Menschen, die in einer Zeit extremer gesellschaftlicher Spannungen und hochbrisanter eschatologischer Erwartungen die unmittelbar bevorstehende Basileia und das Ende dieses Äons verkündeten. Solche Verkündigung mußte in einer Zeit, in der die Lebensbedingungen vieler ohnehin belastet waren, zu extremen Lebensformen führen. Lebenssichernde Arbeit, Erwerb von Besitz, Gründung von Familien, Hausbau, langwieriger Rechtsstreit um das eigene Recht, all das zählte nicht mehr angesichts der nahen Basileia. Weniger ein asketischer Zug eignete den Wandermissionaren und ihrer Verkündigung; sie verzichteten nicht in mönchischer Enthaltsamkeit auf die Dinge der Welt und forderten nicht zu solchem Verzicht auf. Es waren Naherwartung und Gottvertrauen, die ihre Lebensform prägten. Es lohnte nicht mehr, sich in den alten Lebensformen einzurichten, weil Gottes umstürzendes Heilsereignis unmittelbar bevorstand. Wer sich dieser kommenden Basileia ganz verschrieb, für den würde Gott als liebender Vater sorgen. Damit sind das hohe Ethos und die Radikalität der Jesusnachfolge dieser urchristlichen Wandermissionare nicht relativiert. Aber es wird doch klar, daß die von diesen besonderen Lebensbedingungen geprägten Überlieferungen und Mahnsprüche nicht unmittelbar Geltung für alle Menschen zu jeder Zeit haben können, sondern auf ihren bleibenden und allgemeingültigen Kern hin untersucht und nur analog auf andere Lebenssituationen angewendet werden können.

Wir haben bereits mehrmals vermutet, daß die Wandermissionare die Träger des in diesem Kapitel besprochenen urchristlichen Überlieferungsgutes waren. In ihm drücken sich ihr spezielles Selbstverständnis und ihre Lebensform aus. Dennoch richtet sich diese Überlieferung nicht nur an den Kreis der Wandermissionare. Sie wird vielmehr von ihnen auch in den von ihnen betreuten Gemeinden vorgetragen.

"Solche Wandermissionare werden das Logiengut in die von ihnen abhängigen Gemeinden getragen haben; wahrscheinlich haben sie es dort bei gelegentlichen Besuchen auch im Gottesdienst zur Ermunterung und Festigung der Jesusbekenner verwendet. Aber erst in diesen Zentren kam es zu größeren Zusammenstellungen, die dann ihre eigenen Traditionsverhältnisse hatten. Es ist möglich, daß dort länger weilende (vgl. Apg 13,1) Propheten mit dem Überlieferten zur 'Erbauung, Ermahnung und Tröstung' (1 Kor 14,3) der schon Gläubigen beitrugen und eventuell eigene Offenbarungsworte anfügten. Ebenso denkbar ist aber auch, daß pneumatische Lehrer gerade die paränetischen Spruchkomplexe für ihre katechetische Aufgabe übernahmen; ihnen ist ja dann auch am ehesten die schriftliche Abfassung des formkritisch heterogenen Materials zuzutrauen, das sie mit redaktionellen Redeeinleitungen nachdrücklich als Jesuswort ausweisen konnten." (Zeller, Mahnsprüche 198)

Kapitel XI.
Die weitere Entwicklung der Jerusalemer und palästinischen Urgemeinde

Literatur: BAUER, W., Rechtgläubigkeit und Ketzerei im ältesten Christentum, Tübingen 1934; BOSCH, D., Die Heidenmission in der Zukunftsschau Jesu, Zürich 1959; DANIELOU, J., Theologie du Judeo-Christianisme, Tournai 1958; HENGEL, M., Die Zeloten, Leiden 1961; HILGENFELD, A., Judentum und Judenchristentum, Hildesheim 1966; LÜDEMANN, G., Paulus der Heidenapostel I, Göttingen 1980; SCHOEPS, H.J., Theologie und Geschichte des Judenchristentums, Tübingen 1949; DERS., Das Judenchristentum, Bern/München 1964; DERS., Urgemeinde, Judenchristentum, Gnosis, Tübingen 1956; SCHWIER, H., Tempel und Tempelzerstörung, Freiburg (Schweiz)/Göttingen 1989; STENGER, W., "Gebt dem Kaiser, was des Kaisers ist...!", Frankfurt 1988; THEISSEN, G., Soziologie der Jesusbewegung, München 1977; DERS., Lokalkolorit und Zeitgeschichte in den Evangelien, Freiburg (Schweiz)/Göttingen 1989.

1. Die Lage nach der Vertreibung der "Hellenisten"

Auch Petrus und die "Zwölf" waren charismatische Wandermissionare. Als solche hatten sie sich nach Jerusalem begeben, um hier im Zentrum Israels die Basileia-Botschaft Jesu und seine baldige Ankunft als "Messias/Menschensohn" zu verkünden und in einem letzten Aufruf ganz Israel zur Umkehr zu bewegen. In Jerusalem waren die "Zwölf" zunächst Fremde, die auf Aufnahme und Versorgung durch bekehrte Messiasgläubige angewiesen waren. Ihre Existenz und Lebensform unterschied sich nicht von derjenigen der palästinischen Wandermissionare. Allerdings machten Größe und Sozialstruktur der Stadt schon bald andere Lebensformen der hier tätigen Missionare nötig als die Missionsarbeit auf dem Lande unter einer verstreuten Bevölkerung. Hinzu kam die eschatologische Bedeutung Jerusalems. Die Stadt galt als Zentrum der eschatologischen Ereignisse. Daraus ergab sich notwendig eine größere stabilitas loci der hier wirkenden urchristlichen Missionare. Doch haben auch Petrus und die "Zwölf" ihre grundsätzliche Prägung als wandernde Missionare nicht verloren. Als solche werden sie in der urchristlichen Überlieferung gezeichnet. Die alte Petrustradition Mt 16,18f (s. dazu Kap. IV.4), in der Petrus dazu beauftragt wird, im Namen Gottes himmlisches Recht auf Erden durchzusetzen, läßt sich hier ebenso anführen wie das Logion über die eschatologische Funktion der "Zwölf" Mt 19,28 (s. dazu Kap. IV.4). Aber auch die kleinen Erzählungen über die Berufung einzelner Mitglieder des Zwölferkreises durch Jesus Mk 1,16-20[1]; 2,14 zeigen dies an.

(1)[16]Und als er am Meer von Galiläa dahinging, sah er Simon und Andreas, Simons Bruder, wie sie das Netz auswarfen in das Meer; sie waren nämlich

[1] KLEIN, G., Die Berufung des Petrus, in: Ders., Rekonstruktion und Interpretation, München 1969, 11-48; PESCH, R., Berufung und Sendung, Nachfolge und Mission. Eine Studie zu Mk 1,16-20: ZKTh 91 (1969) 1-31.

Fischer. [17]Und es sprach zu ihnen Jesus: "Auf, mir nach! Und ich werde machen, daß ihr zu Fischern von Menschen werdet." [18]Und sofort verließen sie die Netze und folgten ihm. [19]Als er ein wenig weiterging, sah er Jakobus, den des Zebedäus, und Johannes, seinen Bruder, gleichfalls im Boot, wie sie ihre Netze instand setzten, [20]und sofort berief er sie. Da ließen sie ihren Vater Zebedäus im Boot mit den Taglöhnern und folgten ihm nach.

(2)[14]Und im Vorübergehen sah er Levi, den des Alphäus, an der Zollstätte sitzen, und er sagt zu ihm: "Folge mir!" Und er stand auf und folgte ihm.[1]

Die Erzählungen sind geprägt vom Ethos der urchristlichen Wandermissionare: Besitzverzicht und Familienlosigkeit (s. Kap. X.2). Sie sind geradezu Illustrationen zu den Nachfolgeworten Lk 9,57-62par. Beispielhaft berichten sie, wie die beiden Brüderpaare Petrus/Andreas und Jakobus/Johannes sowie Levi unter radikalem Verzicht auf ihre bisherige beruflich-wirtschaftliche Sicherung und unter Aufgabe familiärer Bande in die Nachfolge Jesu eingetreten sind. Die Absicht der Erzählungen dürfte sein, die nachösterliche Tätigkeit der Genannten als Missionare Jesu "historisch" zu begründen und auf Berufung und Beauftragung durch den irdischen Jesus zurückzuführen. Vorösterliche und nachösterliche Existenz der genannten Boten Jesu werden hier miteinander verbunden. Das futurisch gefaßte Menschenfischerwort Mk 1,17 (vgl. Lk 5,10) aber macht deutlich, daß die spezifische Beauftragung der Boten Jesu durch den Auferstandenen dadurch nicht übersprungen werden soll.

Auch die Petruslegende Apg 3,1-10 stellt Petrus als charismatisch begabten Missionar dar, der "im Namen Jesu" Heilungen vollbringt (vgl. Lk 10,9).[2]

[1]Petrus aber [und Johannes] gingen in den Tempel hinauf zur Stunde des Gebetes, der neunten. [2]Da wurde ein Mann hergebracht, der vom Mutterleib an lahm war; den setzte man Tag für Tag an das Tempeltor hin, welches das "Schöne" heißt, damit er ein Almosen erbitte von denen, die in den Tempel hineingingen. [3]Als dieser Petrus [und Johannes] sah, die gerade in den Tempel hineingehen wollten, sprach er sie an, um ein Almosen zu empfangen. [4]Da faßte ihn Petrus [samt Johannes] scharf ins Auge und sprach: ["Sieh zu uns her!" [5]Er aber schaute sie gespannt an und erwartete, etwas von ihnen zu bekommen. [6]Petrus aber sprach:] "Silber und Gold habe ich nicht; was ich aber habe, das gebe ich dir: Im Namen Jesu Christi, des Nazareners, steh auf und wandle!" [7]Und er faßte ihn bei der rechten Hand und richtete ihn auf. Sogleich wurden seine Füße und deren Knöchel fest, [8]und er sprang auf und stand und ging, [und er trat mit ihnen in den Tempel ein, indem er ging und hüpfte und Gott pries.] [9]Und alles Volk sah ihn umhergehen und Gott preisen. [10]Sie erkannten ihn aber, daß es der war, der wegen des Almosens am "Schönen Tempeltor" zu sitzen pflegte. Und sie wurden von Staunen und Verwunderung erfüllt über das, was mit ihm vorgegangen war.

Als charismatischer Prophet wird Petrus schließlich in Apg 5,1-11 (s. dazu Kap.

---

[1] Die Szenen sind nach dem gleichen Schema aufgebaut: 1. Jesus trifft den zu Berufenden bei der Ausübung seines Berufes an. 2. Jesus ruft ihn in seine Nachfolge. 3. Der Berufene folgt Jesus unter Verlassen des Berufs bzw. der Eltern. Dieses Schema ist bereits alttestamentlich belegt: 1 Kön 19,19ff. Die drei Berufungsszenen knüpfen daran an.

[2] Der stumme Begleiter Johannes ist durch Lukas sekundär in die Erzählung eingebracht worden, weil später zwei Zeugen die Sache vor dem Hohen Rat bezeugen sollen (vgl. 3,11ff). Wahrscheinlich sind auch V.4-5 sekundär: vgl. die Aufforderung des Petrus βλέψον εἰς ἡμᾶς trotz V.3 (ἰδὼν) und die Verdoppelung von V.3fin in V.5. Ebenfalls lukanisch wird V.8b sein: Er wirkt überladen und bereitet den redaktionellen V.11 vor.

V.4) gezeigt: Er vollzieht das göttliche Strafgericht an betrügerischen und heuchlerischen Personen. Sein Charisma befähigt ihn, den Menschen ins Herz zu sehen. So wacht Petrus über die Reinheit der Gemeinde.
Alte Tradition steht auch hinter Lk 9,51-55. Die jetzige Fassung der Erzählung ist allerdings lukanisch, und wahrscheinlich hat Lukas die ursprüngliche Antwort Jesu durch V.55 ersetzt.

> [51]Es geschah aber, als die Tage seiner Aufnahme voll wurden, da richtete er seinen Blick fest darauf, nach Jerusalem zu ziehen, [52]und sandte Boten vor sich her. Und die machten sich auf den Weg und kamen in ein Dorf der Samaritaner hinein, um Herberge für ihn zu bestellen. [53]Doch man nahm ihn nicht auf, weil sein Blick nach Jerusalem gerichtet war. [54]Als aber seine Jünger Jakobus und Johannes das sahen, sprachen sie: "Herr, willst Du, daß Feuer vom Himmel falle und sie verzehre?" [55]Doch er wandte sich um und schalt sie.

Im Mittelpunkt der Erzählung stehen die beiden Zebedaiden Jakobus und Johannes, die in der Zwölferliste Mk 3,16ff mit dem Beinamen "Donnersöhne" bezeichnet werden. Vielleicht wollte die Überlieferung ursprünglich erzählen, wie sie zu diesem Beinamen kamen. Jakobus und Johannes werden hier als charismatisch begabte Wandermissionare in der Nachfolge Jesu gezeichnet. Ihre Reaktion auf die Ablehnung Jesu und seiner Boten entspricht den Drohworten und Wehesprüchen der Boten Jesu im Falle der Ablehnung ihrer Botschaft und Mission (vgl. Lk 10,10-12.13-15).

Die Tatsache, daß Petrus und die "Zwölf" ihre stabilitas loci in Jerusalem aufgaben und erneut die Wandermission aufnahmen, hängt mit der Vertreibung der "Hellenisten" aus Jerusalem zusammen (s. dazu Kap. IV.3 u. VII.4). Mit ihr setzte eine von Jerusalem ausgehende Missionsbewegung ein, die es vorher so noch nicht gegeben hatte (s. dazu Kap. VIII). Zwar waren Wandermissionare in ganz Palästina unterwegs, aber sie überschritten nicht die Grenzen der von Israeliten bewohnten Gebiete, und Jerusalem war das selbstverständliche Zentrum der neuen eschatologischen Heilsgemeinde der Jünger. Hier wurde im Anschluß an die prophetische Verheißung die von Gott selbst herbeigeführte eschatologische Wallfahrt aller Völker erwartet (s. dazu Kap. V.2). Durch die Vertreibung der "Hellenisten" aus der Stadt war diese Idee zumindest in Frage gestellt, wenn nicht gar widerlegt. Die Vorstellung von der eschatologischen Völkerwallfahrt zum Sion als Leitvorstellung mußte verblassen, zumal der Tempel als zentrale Sühnestätte und als Sitz der Schekhina bzw. der "Weisheit" Gottes auch nach Auffassung der Jerusalemer Gemeinde durch Jesus abgelöst worden war (s. dazu Kap. VI.3 u. 4). Jedenfalls haben Vertreibung und Flucht der "Hellenisten" wohl den Prozeß beschleunigt, daß das Christentum zu einer zentrifugalen, die ganze Ökumene erfassenden Missionsbewegung wurde. Auch jetzt ging es zunächst wohl nur um die Sammlung des Bundesvolkes Israel, nun aber auch in Samarien und in der Diaspora. Doch war damit theologisch und faktisch die Zuwendung der christlichen Missionare zumindest zu gottesfürchtigen Heiden vorbereitet.
Die durch die Zerschlagung der Gruppe der "Hellenisten" hervorgerufene heilsgeschichtliche und theologische Neuorientierung hatte für die Jerusalemer Gemeinde erhebliche Konsequenzen. Das Verschwinden der "Zwölf" aus der Geschichte der Urgemeinde ist hier zuerst zu nennen. Die Mitglieder dieses

Kreises haben wohl bald als wandernde Missionare Jerusalem verlassen. Die Spur der meisten von ihnen verliert sich im Dunkel. Petrus verblieb zunächst noch in Jerusalem, neben ihm das Brüderpaar Johannes und Jakobus. Aber zumindest zeitweilig waren sie von Jerusalem abwesend, wie Paulus in Gal 1,19 ausdrücklich feststellt. Um 42 n.Chr. erlitt der Zebedaide Jakobus in Jerusalem den Märtyrertod. Er muß also zu dieser Zeit in Jerusalem gewesen sein. Von Petrus wissen wir mehr. Er unternahm von Jerusalem aus "Visitationsreisen", bei denen er die christlichen Gemeinschaften außerhalb Jerusalems besuchte. Seine Anwesenheit in Lydda, Joppe und Cäsarea wird durch die Erzählüberlieferung ausdrücklich bezeugt (Apg 9,32-35; 9,36-43; 10,1ff). Doch dürften sich seine Visitationen nicht auf diese Orte beschränkt haben (vgl. Apg 8,14ff; Gal 2,9). Paulus bezeugt die Anwesenheit des Petrus in Antiochien (Gal 2,11ff). Wahrscheinlich war er irgendwann auch in Korinth (1 Kor 1,12). Während der Verfolgung durch Agrippa I. (41-44 n.Chr.) war er offenbar ebenfalls gefährdet und verließ Jerusalem (Apg 12,1-17). Dort ist er aber während des Apostelkonzils (48/49 n.Chr.) wieder anzutreffen.
In dieser Situation trat in Jerusalem der Herrenbruder Jakobus (s. dazu Kap. IV.4) stärker in den Vordergrund. Ihm war wie Petrus eine Einzelerscheinung des Auferstandenen zuteil geworden (1 Kor 15,7). Vermutlich hat er von Anfang an zur Gemeinde gehört und in Jerusalem, vielleicht gemeinsam mit einem Apostel- bzw. Presbytergremium, den aramäisch-sprechenden Gemeindeteil geleitet (vgl. Apg 1,14). Auf seine führende Rolle in Jerusalem weist auch die Notiz Apg 12,17 hin. Er muß diese Rolle also bereits vor dem endgültigen Weggang des Petrus aus Jerusalem innegehabt haben (vgl. Gal 1,18). Als Leiter der nach der Verfolgung der "Hellenisten" in Jerusalem zurückbleibenden Gemeinde aus aramäisch-sprechenden Judenchristen besaß Jakobus naturgemäß große Autorität im Urchristentum. Seine Persönlichkeit und Torafrömmigkeit wurden auch von Jerusalemer Juden geachtet. In der Überlieferung erhält er den Beinamen "der Gerechte". Josephus berichtet, daß seine Steinigung 62 n.Chr. durch den Hohenpriester Ananus bei torafrommen Juden Jerusalems heftige Kritik am Hohenpriester und eine Beschwerde beim Prokurator Albinus auslöste, die zur Absetzung des Ananus führte (Ant 20,200ff). Die bedeutende Rolle des Herrenbruders als Repräsentant des aramäisch-sprechenden Judenchristentums zeigt sich auch darin, daß sich die Vertreter der hellenistisch-judenchristlichen Gemeinden, insbesondere Antiochiens, bei den innerchristlichen Diskussionen um die beschneidungsfreie Heidenmission und um die Geltung des Gesetzes mit ihm auseinanderzusetzen hatten. Beim Apostelkonzil nahm Jakobus neben Petrus und Johannes eine bedeutende Position ein (vgl. Apg 15,13ff). An seiner Zustimmung lag den Vertretern der Antiochenischen Gemeinde, Paulus und Barnabas, viel. Dies macht Paulus in seinem Bericht über das Konzil Gal 2,1-10 dadurch deutlich, daß er Jakobus noch vor Petrus nennt. Daß er hier Jakobus einen höheren Rang zuerkennt als Petrus, wie öfter vermutet wurde, überfordert allerdings den Text. In Gal 2,9 wendet Paulus auf Petrus, Jakobus und Johannes die Bezeichnung "die Säulen" an. Paulus hat sie sicher übernommen. Ihre Bedeutung bleibt dunkel, paßt aber zur urchristlichen Vorstellung von der neuen Heilsgemeinde als "Bau" und "geistiger Tempel" (vgl. Mk 14,58; Mt 16, 18). Im Aufkommen dieser Bezeichnung könnte sich spiegeln, daß nach Auflösung des Zwölferkreises das gesamte Judenchristentum durch diese "drei Säu-

len" repräsentiert und geleitet wurde. In Gal 2,7f stellt Paulus ausdrücklich die Zuständigkeit des Petrus für die Mission unter den Juden, wohl in der Diaspora, fest. Die Zuständigkeit des Herrenbruders Jakobus für das Judenchristentum Jerusalems und des jüdischen Mutterlandes, zumindest Judäas, ist historisch gesichert. Johannes bekäme "für uns ein Gesicht, wenn die in den joh. Schriften zutage tretende Tradition mit ihm zusammenhängt" (Goppelt 20).
Neben Jakobus haben auch andere Mitglieder der Familie Jesu von Anfang an Bedeutung in der Urgemeinde erlangt. Ob auch sie zur Jerusalemer Gemeinde gehörten, ist allerdings unsicher. Die kleine Notiz Apg 1,14, die Vertrauen verdient, könnte dies nahelegen. Doch ist auch ihre Rückkehr nach Galiläa nicht auszuschließen. Paulus kennt "Brüder Jesu" als wandernde Missionare (1 Kor 9,5). In der Spätzeit der judenchristlichen Gemeinde Jerusalems haben sie noch eine bedeutende Rolle gespielt. Nach Eusebius (Hist IV 22.4) wird nach dem Märtyrertod des Herrenbruders Jakobus ein "zweiter Vetter des Herrn", Symeon, zum "Bischof von Jerusalem" gewählt. Noch zur Zeit Domitians (81-96 n.Chr.) haben Mitglieder der Familie Jesu die judenchristliche Kirche geleitet (Hist III 19.6). Daß Verwandte Jesu in der Urgemeinde Bedeutung hatten und Autorität beanspruchten, geht auch aus der neutestamentlichen Überlieferung hervor. Offenbar blieb ihr Anspruch aber nicht unwidersprochen. Gegen sie wurde polemisiert und ihnen vorgeworfen, Jesus zu seinen Lebzeiten die Nachfolge verweigert (Joh 7,5) bzw. ihm verständnislos gegenübergestanden zu haben (Mk 3,31-35).[1]

> [31]Und es kommen seine Mutter und seine Brüder. Und draußen stehend schickten sie nach ihm und ließen ihn rufen. [32]Es saß eine Menge um ihn herum. Und sie sagen ihm: "Siehe, deine Mutter und deine Brüder [und deine Schwestern] stehen draußen und suchen dich." [33]Da antwortet er ihnen und spricht: "Wer ist meine Mutter, und meine Brüder?" [34]Und er ließ seine Blicke schweifen über die, die rings um ihn her saßen, und sprach: "Siehe da meine Mutter und meine Brüder. [35]Denn jeder, der den Willen Gottes tut, der ist mir Bruder und Schwester und Mutter."

Das Stück sagt aus, daß verwandtschaftliche Beziehung zu Jesus in der Gemeinde nicht wirklich zählt. Kriterium der Zugehörigkeit zur geistlichen "Familie Jesu" ist das "Tun des Willens Gottes".
Die besondere Zuspitzung des Stückes (vgl. V.32f) erlaubt die Vermutung, daß mit der Überlieferung ein natürlicher Vorrang der "Herrenbrüder" in der Gemeinde bestritten werden soll. "Vielleicht liegt noch Polemik gegen eine Art Kalifat dahinter." (Schweizer) Wer diese Vorbehalte gegen die Familie Jesu in dieser Weise vorgebracht hat, läßt sich nicht mehr sicher sagen.
Mit Mk 3,31-35 verwandt ist das Stück Lk 11,27f.

[1] Umstritten ist der ursprüngliche Umfang der Tradition in Mk 3,31-35 und ihre Traditionsgeschichte. Bultmann meint, daß mit 3,31-35 auch V.20f zusammengehörte. Markus habe diesen Zusammenhang durch den Einschub von V. 22-30 unterbrochen. Traditionsgeschichtlich hält er V.35 für ein ursprünglich isoliertes Logion, das in V.20f.31-34 sekundär zu einer "idealen Szene" ausgestaltet wurde. In beiden Punkten muß ihm widersprochen werden. Zum einen hat V.20f durchweg den Charakter einer redaktionellen Bemerkung, durch die der Evangelist V.22-30 und V.31-35 miteinander verknüpft. Zum anderen machen V.31-35 einen formal und inhaltlich geschlossenen Eindruck. V.35 ist als isoliert überliefertes Logion schwer denkbar. Höchstens könnte V.35 ein sekundärer Zusatz zu 3,31-34 sein (so Dibelius), da V.34b die Erzählung durchaus abschließen könnte. In V.35 fällt jedenfalls die Umkehrung der Reihenfolge μήτηρ-ἀδελφοί (V.31ff) und die zusätzliche Nennung der ἀδελφαί auf. Beides könnte durch das Interesse diktiert sein, alle Mitglieder der späteren Gemeinde eng an Jesus zu binden.

[27]Es geschah aber, während er dies sagte, erhob eine Frau aus der Volksmenge ihre Stimme und sprach zu ihm: "Selig der Leib, der dich getragen, und die Brüste, an denen du gesogen hast!" [28]Er aber sprach: "Selig vielmehr, die Gottes Wort hören und bewahren."

Die V.27 ausgesprochene Seligpreisung ist ein typisch jüdisches Motiv (vgl. syrBar 54,10; Bill II 187f). V.28 lehnt solche Seligpreisung aufgrund natürlicher Vorzüge ab. Nicht leibliche Verwandtschaft zu Jesus ist seligzupreisen, sondern Hören und Halten des Wortes Gottes.
Zusammen mit Jakobus tritt nach der Vertreibung der "Hellenisten" und dem Verschwinden der "Zwölf" ein anderes Kollegium in den Vordergrund: die Presbyter. Apg 11,30 werden sie erstmals erwähnt. Sie empfangen die Spende der Antiochener für die Jerusalemer Gemeinde. Beim Apostelkonzil treten sie neben den "Aposteln" als eigene Gruppe auf (Apg 15,4.6.22) und werden als Mitabsender des Sendschreibens an die Antiochenischen Heidenchristen genannt (15,23). Wer sind diese Presbyter und seit wann gibt es dieses Gremium? Die Antwort auf diese Fragen bleibt unsicher. Vermutlich handelt es sich um das Leitungsgremium der aramäisch-sprechenden Jerusalemer Restgemeinde. Jakobus wäre dann ihr erster Mann gewesen, wie Petrus der erste der "Zwölf", Stephanus der erste der "Sieben" (Apg 6,1ff) und Barnabas der erste der "Fünf" (Apg 13,1ff). Jedenfalls legen diese uns bekannten Kollegialorgane nahe, daß Jakobus die Jerusalemer Gemeinde nicht monokratisch leitete. Dann dürfte aber der Kreis der Presbyter bereits so alt sein wie der aramäisch-sprechende Gemeindeteil Jerusalems selbst. Für uns tritt er erst deutlicher in Erscheinung, nachdem die "Hellenisten" die Stadt verlassen und die "Zwölf" sich als Leitungsgremium der Gesamtgemeinde aufgelöst haben.
Wir haben bereits (s. dazu Kap. IV.4) die Vermutung ausgesprochen, daß sich in der Jerusalemer Gemeinde schon früh ein eigener Stand von christlichen "Lehrern" herausgebildet hat. Zu ihnen gehörten sicher schriftgelehrte Personen, die in den Weisheits- und Toraschulen Jerusalems ausgebildet worden waren, ehe sie Christen wurden. Paulus ist dafür ein prominentes Beispiel, ebenso der Levit Barnabas. Aber auch Jünger, die in die "Schule" Jesu gegangen waren, gehörten zu den "Lehrern". Sie waren zuständig für die theologische und ethische Unterweisung der Christen. Ihnen oblag wohl auch die Ausbildung, Überlieferung und Sammlung der urchristlichen Tradition.

Petrus wird in Mt 16,18f die "Binde- und Lösegewalt" zugesprochen, d.h. die Lehrautorität in Fragen der Gesetzeshalacha. Auch der Herrenbruder Jakobus dürfte theologische Kompetenz besessen haben. Sie ist sogar außerhalb der christlichen Gemeinde anerkannt worden (Ant XX, 201). Wahrscheinlich stand er den gemäßigten Pharisäern nahe. Seine theologische Position dürfte durch bekehrte Pharisäer verstärkt, vielleicht sogar radikalisiert worden sein. So bildete sich in Jerusalem nach dem Auszug der "Hellenisten" ein gesetzesstrenges Judenchristentum heraus.

Wahrscheinlich konnte sich ein eigener Stand christlicher "Lehrer" nur in großen Gemeinden ausbilden. Für Jerusalem erschließen wir ihn aus der geistigen Situation dieser Tempelstadt mit ihren Schriftgelehrten- und Weisheitsschulen. Für Antiochien ist er Apg 13,1 bezeugt. In den kleinen Christengemeinschaften auf dem Lande dürften dagegen "Lehrer" rar gewesen sein. Hier waren es die charismatischen Wandermissionare, die sowohl die Missionsverkündigung betrieben als auch die Christen unterwiesen und leiteten. Aus diesem Gefälle zwischen christlichen Stadt- und Landgemeinden können die Vorbehalte erklärt werden, die schon bald christlichen "Lehrern" gegenüber entstanden.

2. Organisationsformen

Organisation und Ordnung der Gemeinden, insbesondere der Jerusalemer Urgemeinde, entwickelten und differenzierten sich zunehmend. Ganz von selbst trat das freie, prophetische Element zurück. Dies läßt sich an dem Wort vom "Binden und Lösen" Mt 18,18[1] (vgl. Joh 20,23) aufzeigen, das eine jüngere Variante des Petruswortes Mt 16,18f ist. An die Stelle der charismatischen Autorität des Petrus ist hier die Vollmacht der "Gemeinde", ihrer Versammlung bzw. des sie repräsentierenden Gremiums getreten. Das Logion dürfte die Situation der Jerusalemer Gemeinde nach dem Weggang des Petrus, also nach 43/44 n.Chr., spiegeln.

> Wahrlich, ich sage euch: Was immer ihr auf Erden bindet, wird im Himmel gebunden sein; und was immer ihr auf Erden löst, wird im Himmel gelöst sein.

Das sicher nachösterliche Wort gehört zwar insofern in die Nähe der eschatologischen Rechtssätze (s. dazu Kap. X.1), als es den Rechtsvollzug der Gemeinde mit dem göttlichen Gericht in Verbindung bringt: Gott hält sich an das von der Gemeinde vollzogene Recht. Aber das Gericht Gottes vollzieht sich bereits hier auf Erden durch den Spruch der Gemeinde, und nicht erst eschatologisch. Im Endgericht wird das Urteil der Gemeinde von Gott ratifiziert. Aber welches Urteil?

"Binden" und "Lösen" - typisch jüdische Terminologie entweder für eine Entscheidung in Fragen der Toraauslegung ober für den "Synagogenbann" - werden hier, anders als in Mt 16,18f, im zweiten Sinne verwendet. Es geht um Zulassung und Ausschluß von Gemeindemitgliedern. Im irdischen Vorgang des "Kirchenbanns" bzw. der Wiederaufnahme vollzieht sich bereits das Gericht. Hier dürfte das Wort auch seinen "Sitz im Leben" haben. Es begründet die Gewalt der Gemeinde zur strengen "Kirchenzucht". Terminologie und Vorstellungen verweisen es in die Jerusalemer Urgemeinde.[2]

Eine organisierte Gemeinde, die in ihrer geordneten Versammlung (ἐκκλησία) Rechtsfälle entscheiden kann, ist auch Mt 18,15-17[3] vorausgesetzt.

> 15Wenn dein Bruder sich gegen dich verfehlt hat, so geh hin und verweise es ihm unter vier Augen. Hört er auf dich, so hast du deinen Bruder gewonnen. 16Hört

---

[1] HOFFMANN, P., Der Petrus-Primat im Matthäusevangelium, in: FS R. Schnackenburg, Freiburg 1974, 94-114, bes. 95-98, THYEN, H., Studien zur Sündenvergebung im Neuen Testament und seinen alttestamentlichen und jüdischen Voraussetzungen, Göttingen 1970, 235ff.

[2] Anders ordnet Hoffmann im Anschluß an Käsemann und Berger das Logion ein: Er hält es für traditionsgeschichtlich älter als Mt 16,18f. Seiner Auffassung nach "setzt der Spruch den Anspruch urchristlicher Prediger und Missionare voraus, mit ihrer Verkündigung über das endzeitliche Heil und Unheil entscheiden zu können". Träger des Wortes sind danach die charismatischen Wandermissionare, "Sitz im Leben" ist die Begründung ihrer vollmächtigen Predigt.

[3] BARTH, G., Auseinandersetzung um die Kirchenzucht im Umkreis des Matthäusevangeliums: ZNW 69 (1978) 158-177; TRILLING, W., Das wahre Israel, München [3]1964, 113ff.

er aber nicht, so nimm noch einen oder zwei andere mit dir, damit alles festgestellt wird durch die Aussage von zwei oder drei Zeugen. [17]Hört er auch auf diese nicht, so sage es der Versammlung. Wenn er aber auch auf die Versammlung nicht hört, so betrachte ihn wie einen Heiden und Zöllner.

Dieses Traditionsstück ist sicher relativ spät entstanden. In ihm wird der weisheitliche Mahnspruch Lk 17,3f zur Vergebungsbereitschaft umgestaltet und im Stil einer "Kirchenordnung" formuliert.[1] Es wird eine allgemeine Regel aufgestellt, wie mit einem Sünder in der Gemeinde zu verfahren ist. Drei Instanzen werden vorgeschrieben. Zunächst hat die brüderliche Ermahnung unter vier Augen zu erfolgen. Hat sie Erfolg, ist der Bruder für die Gemeinschaft gewonnen. Bei Mißerfolg geht die Sache an die nächste Instanz weiter. Vor mindestens zwei Zeugen wird der Bruder zur Rechenschaft gezogen. Letzte Instanz ist die Ortsgemeinde. Wird auch die Mahnung der Gemeindeversammlung mißachtet, wird der Sünder aus der Gemeinde ausgeschlossen (vgl. Mt 18,18). Die Gemeinde kann keinen verstockten Sünder in ihrer Mitte dulden. Allerdings ist das Verfahren nicht auf den Bann ausgerichtet - dieser ist nur letzte Konsequenz -, sondern möchte den verlorenen Bruder zurückgewinnen.
Terminologie und zugrundeliegende Vorstellungen verweisen das Traditionsstück in die palästinische Gemeinde, und zwar in eine Gemeinde von Judenchristen, die "das Band zur jüdischen Muttergemeinde noch nicht zerschnitten" hat (Trilling 113f). Vor allem die Schlußformulierung "er sei dir wie ein Heide und Zöllner" legt dies nahe. Mt 18,15-17 kann schon wegen dieser Formulierung kein echtes Jesuswort sein. Ob die Tradition in der Jerusalemer Gemeinde ausgebildet wurde, bleibt natürlich unsicher.
Das Bild einer organisierten und geordneten Gemeinde, in der es leitende Persönlichkeiten gibt, tritt uns auch in dem Mahnspruch Mk 10,42b-45a[2] entgegen. Hier wird ein neues Ethos für sie eingeschärft.

[42]Da ruft Jesus [die "Zwölf"] herbei und spricht zu ihnen: "Ihr wißt, daß die, die als die Fürsten der Völker gelten, sie tyrannisieren und daß ihre Großen eine Gewaltherrschaft über sie ausüben. [43]So soll es unter euch nicht sein. Sondern wer unter euch groß sein will, der sei euer Diener, [44]und wer unter euch der erste sein will, der sei aller Knecht. [45]Denn auch der Menschensohn ist nicht gekommen, sich bedienen zu lassen, sondern zu dienen [und sein Leben hinzugeben als Lösegeld für viele]."[3]

In V.42b wird zunächst eine allgemeine Erfahrung ausgesprochen: Wo es Herr-

---

[1] Die Parallelen dazu in 1 QS 5,25-6,1; CD 9,2-4 sind frappant. Haben ehemalige Essener diese christliche Gemeindeordnung beeinflußt?

[2] HOFFMANN, P./EID, V., Jesus von Nazareth und eine christliche Moral, Freiburg 1975, 186-230.

[3] Mk 10,42b-45a ist ein einheitliches Traditionsstück (vgl. die hellenisierte Fassung Lk 22,24-27). 10,45b ist ein sekundärer Zusatz, in dem der Dienst des "Menschensohnes" soteriologisch interpretiert wird. Sein Dienst bestand in seiner Lebenshingabe für die Vielen (= Alle). Gerade diese Lebenshingabe in ihrer Heilsbedeutung für alle kann aber von den christlichen Führern nicht nachvollzogen werden. V.45b sprengt somit die Intention von 10,42b-45a. Hinzu kommt, daß in V.45a das ganze Leben Jesu als Dienst interpretiert wird, in V.45b dagegen nur der Akt seines Sterbens.
Eine allgemein formulierte Variante zu 10,43ff findet sich noch in Mk 9,35. Bultmann meint daher, daß der Spruch 10,43ff ursprünglich allgemein von der Größe des Dienens gesprochen habe und erst später speziell auf die christliche Gemeinde bezogen wurde. Diese traditionsgeschichtliche Überlegung macht zumindest klar, daß Mk 10,42ff in der vorliegenden Fassung nicht zum ältesten Traditionsgut gerechnet werden kann.

scher und Führer in der Welt gibt, werden die Menschen von ihnen beherrscht und unterdrückt. So soll es in der christlichen Gemeinde aber nicht sein. Zwar sind auch hier Führer und Vorsteher nötig. Aber ihre Aufgabe soll gerade darin bestehen, den anderen zu dienen. Dieser Grundsatz wird V.43f in einem synonymen Parallelismus eingeschärft. Wahre Größe hat ein Vorsteher (πρῶτος) nur, wenn er Diener aller ist. "Das, was solcher Dienst meint, ist konkret umschrieben; es ist nicht 'Dienst an sich' oder Dienst für ein Ideal, nicht Dienst für den Staat oder für 'Gott' ...: nicht ein Dienst also, der unter der Hand schnell wieder zu einer Form des Herrschens werden kann. Die nähere Bestimmung des Diener- und Sklaveseins durch die Genitive 'euer' oder, genereller, 'aller' bindet den Dienst an die Ansprüche und Bedürfnisse derer, unter denen er zu vollziehen ist." (Hoffmann/Eid 199)
V.45a stellt Jesus als Vorbild der Gemeindeleiter hin. Er hat sich auf Erden nicht bedienen lassen, sondern gedient. Das irdische Leben des himmlischen "Menschensohnes" wird als Akt des Dienens aufgefaßt (vgl. Phil 2,6ff).
Mk 10,42b-45a ist Mahnung für Gemeindevorsteher. Ein echtes Jesuswort ist höchstens als Grundlage des Spruches anzunehmen (vgl. Mk 9,35). Die jetzige Fassung ist - möglicherweise Jerusalemer - Gemeindebildung.

Vorbehalte gegen den Stand urchristlicher Lehrer sind in Mt 23,8-10[1] eindrucksvoll belegt.

> [8]Ihr aber sollt euch nicht "Rabbi" nennen lassen, denn einer ist euer Lehrer; alle aber seid ihr Brüder. [9]Auch "Vater" sollt ihr keinen von euch nennen auf Erden; denn einer ist euer Vater - der im Himmel. [10]Auch "Lehrer" sollt ihr euch nicht nennen lassen; denn einer ist euer Lehrer - der Messias.[2]

Mt 23,8-10 ist der Form nach eine Gemeinderegel. Die Einheitlichkeit des Stückes ist aber zweifelhaft. V.8f bilden einen Doppelspruch, in dem Gott als der einzige Lehrer und Vater hingestellt wird. So erscheint V.10 als Erweiterung. R. Bultmann vermutet in V.8f ein ursprüngliches Jesuswort oder eine jüdische Tradition, die dann durch die christliche Gemeinde aufgegriffen und neu gestaltet worden wäre. Vielleicht ist aber auch nur V.8 der alte Kern der Überlieferung. Hier wird die Bildung eines christlichen "Rabbinats" in der Gemeinde abgelehnt. Die Errichtung menschlicher Autorität in der Gemeinde beeinträchtigt die Brüderlichkeit (vgl. V.8b). Wer die Ehrennamen Rabbi/Vater beansprucht, greift nach etwas, was allein Gott vorbehalten ist.

Das Stück hat einen polemischen Unterton. Angegriffen wird eine sich in der Weise des jüdischen Rabbinats ausbildende christliche Lehrhierarchie. Aktueller Hintergrund könnten Bekehrungen von jüdischen, speziell pharisäischen Schriftgelehrten zum christlichen Glauben sein, die in der Gemeinde weiterhin ihren Titel beanspruchten.
Wer diejenigen sind, die hier protestieren, ist schwer auszumachen. Ob es sich um charismatische Propheten handelt (Käsemann), die im Namen der Allein-

---

[1] HAENCHEN, E., Matthäus 23, in: Ders., Gott und Mensch, Tübingen 1965, 29-54, bes. 33ff; KÄSEMANN, E., Die Anfänge christlicher Theologie, in: Ders., Exegetische Versuche und Besinnungen II, Göttingen [3]1968, 82-104, bes. 84f; ZIMMERMANN, A.F., Die urchristlichen Lehrer, Tübingen 1984, 158-189.

[2] Mt 23,8-10 gehört nicht ursprünglich mit 23,2-7 zusammen, sondern ist vom Evangelisten damit verknüpft worden. Dafür spricht allein schon, daß in V.8-10 eine absolute Ablehnung des christlichen Rabbinats vorliegt, in V. 2-7 dagegen nur eine relative Ablehnung des pharisäischen Rabbinats (vgl. V.3!). 23,2-7 sind antipharisäische, 23,8-10 aber innerchristliche Polemik.

herrschaft Gottes gegen menschliche Autoritäten in der Gemeinde protestieren, oder ob es sich um die jeder judaisierenden Tendenz kritisch gegenüberstehenden "Hellenisten" um Stephanus handelt (Zimmermann), kann offenbleiben. Wichtig ist hier die Einsicht, daß es in der frühen Jerusalemer Gemeinde offenbar sowohl die Tendenz zur Errichtung eines christlichen "Rabbinats" gegeben hat als auch den Protest dagegen im Namen Gottes.

"Das Problem der Titulaturen stellte sich bald, wenn Pharisäer und vielleicht auch jüdische Älteste mit der Jesusbewegung in Kontakt kamen oder sich ihr als Mitglieder gar anschlossen. Auf jeden Fall wird Paulus nicht der einzige pharisäische διδάσκαλος gewesen sein, der durch das Zeugnis der Urgemeinde zum Glauben an Christus gefunden hat. Aber umgekehrt werden nicht alle angehenden Rabbinen, die sich der Jesusbewegung angeschlossen,... seine Wende zum gesetzesfreien Evangelium mitvollzogen haben. Jedenfalls hat die These ihr historisches Recht, daß schon die Urgemeinde der ersten Jahre nach Ostern die Gemeinderegel Mt 23,8f gebildet haben kann." (Zimmermann 186f)

3. Die Zuspitzung der politischen Lage

Die weitere Entwicklung der judenchristlichen Gemeinde von Jerusalem und Palästina kann nicht losgelöst von der politischen und geistigen Situation des palästinischen Judentums betrachtet werden. Diese war gekennzeichnet durch eine wechselhafte Politik Roms gegenüber den Juden. Die ohnehin spannungsgeladene gesellschaftliche Situation in Palästina wurde dadurch noch unübersichtlicher. Keine der widerstreitenden Kräfte wußte, wie lange die jeweils aktuelle politische Lage oder Strömung anhalten würde. Insgesamt waren die Bemühungen der politisch Verantwortlichen darauf gerichtet, die hochexplosive Situation unter Kontrolle zu bringen und den immer stärker werdenden Zelotismus einzudämmen, dessen Sprengkraft in dieser Zeit stets virulent war. Alle Versuche, ihn zurückzudrängen, schlugen aber letztlich fehl. Schwere politische Fehler kamen hinzu, die bei den frommen Juden die eschatologische Erregung gewaltig steigerten und den "Zeloten" großen Zulauf brachten.
Vom ständigen Wechsel des politischen Windes und dem dadurch ausgelösten politischen Klima war die Urgemeinde stets mitbetroffen. Sie galt als Randgruppe des palästinischen Judentums, die ein Sonderleben führte. So war sie sowohl den herrschenden Priesterkreisen als auch der zelotischen Bewegung aus verschiedenen Gründen suspekt. Mit den Richtungsänderungen der Politik Roms in Palästina wechselten auch für sie Zeiten relativer Ruhe mit solchen plötzlicher Feindseligkeiten.
Das durch Lynchjustiz gesetzes- und tempeleifriger hellenistischer Juden verursachte Martyrium des Stephanus wird verständlich in einer Situation, in der sich nach einer Richtungsänderung der römischen Politik das unterdrückte jüdische Selbstbewußtsein und Nationalgefühl erholen konnte. War die Ermordung des Stephanus noch ein unkontrollierter Akt einer aufgebrachten Menge gewesen, so erfolgte die Vertreibung der "Hellenisten" aus Jerusalem gewiß nicht ohne Beteiligung jüdischer Behörden. Wahrscheinlich duldete die römische Besatzungsmacht das Vorgehen gegen die "Hellenisten", um die erregte Stimmung zu beruhigen. Aus dem gleichen Grund untersuchte sie wohl auch den Mord an Stephanus nicht weiter. Die Wende zu dieser judenfreundlicheren römischen Politik war im Jahr 31 n.Chr. durch den Sturz des judenfeindlichen Kaiserberaters Sejan und durch das Judenedikt des Tiberius eingeleitet worden, das die jüdischen Minderheiten im Reich gegen feindliche Übergriffe schützen sollte. Der neuen politischen Linie fiel schließlich auch Pilatus zum Opfer, gegen den in Rom zahlreiche Beschwerden vorlagen. 36 n.Chr. wurde er abgesetzt und verbannt. Sein Nachfolger Marcellus gab sogar das hohepriesterliche Gewand heraus, das zuvor nur zu den jüdischen Hochfesten aus römischer Verwahrung ausgehändigt worden war. Durch die Übergabe der hohenpriesterlichen Insignien wurde die Stellung des Hohenpriesters gestärkt. Es konnten neue nationale Hoffnungen aufkeimen und ein neues Freiheitsgefühl erwachen. Die politische Situation schien günstig, verdächtige und gefährliche Elemente abzustoßen. Als solche mußten aber die "Hellenisten" aufgrund ihrer gesetzes- und tempelkritischen Predigt gelten. Ein erneuter Umschwung römischer Judenpolitik trat mit Caligula (37-41 n.Chr.) ein. Er war bewußt prohellenistisch eingestellt. Ein Rückschlag für die zwischenzeitlich begünstigte Autonomiebewegung des Judentums war zu erwarten. Der machtpolitisch ambitionierte Hohepriester Jonathan wurde durch den finanzkräftigen Ananias ersetzt. Für die Jerusalemer Urgemeinde war

dieser Umschwung günstig. Sie konnte relativ ungehindert ihre Kontakte zu den vertriebenen "Hellenisten" und den von ihnen gegründeten neuen Gemeinden, besonders in Antiochien, aufbauen und aufrechterhalten. Sie dürfte deswegen den Verdächtigungen und Anfeindungen eifernder Juden und "Zeloten" ausgesetzt gewesen sein, die sich jedoch in dieser politischen Großwetterlage nicht unmittelbar auswirken konnten. Der Zelotismus blieb virulent und erhielt durch die prohellenistische Haltung der römischen Politik weiteren Zulauf. Ein erster Siedepunkt jüdischer Erregung und zelotischen Eifers wurde durch eine politische "Dummheit" Caligulas erreicht. Die Juden Jamnias hatten 39/40 n.Chr. einen Altar zu Ehren des Caligula niedergerissen. Daraufhin gab der Kaiser Befehl, sein Standbild im Jerusalemer Tempel aufzustellen. Nur zögernd wurden Herstellung und Transport der Statue von den römischen Lokalbehörden betrieben. Im Lande herrschte helle Aufregung. Anhaltende Demonstrationen und die Vernachlässigung der Landwirtschaft waren die Folge. In Scharen strömten die Landarbeiter und Bauern, die ihre Schulden nicht mehr bezahlen konnten, den zelotischen Freischärlern zu. Die Ermordung des Kaisers (41 n.Chr.) verhinderte zwar die Aufstellung seines Bildes im Tempel, die Folgen für das Land und sein Verhältnis zu Rom waren jedoch verheerend.

Rom versuchte zu retten, was zu retten war. Kaiser Claudius (41-54 n. Chr.) verfolgte einen Ausgleich der Spannungen zwischen den Juden und der übrigen Bevölkerung im Reich, besonders in Alexandrien, wo es infolge der hellenismusfreundlichen Politik seines Vorgängers zu heftigen Ausschreitungen gegen Juden gekommen war (38 n.Chr.). In Palästina übertrug er dem König Agrippa I. auch die Herrschaft über Judäa/Samarien. Agrippa hatte schon lange beste Beziehungen zum kaiserlichen Hof. Als schmeichlerischer Günstling Caligulas hatte er 37 n.Chr. die alte Philippus-Tetrachie und 40 n.Chr. die Antipas-Tetrachie (Galiläa-Peräa) als Königtum erhalten. Als Herrscher in ganz Palästina gab er sich betont judenfreundlich, stärkte die jüdischen Elemente und unterwarf sich selbst jüdischer Gesetzesobservanz. In seine Herrschaftszeit fällt das Martyrium des Zebedaiden Jakobus (42 n.Chr.), den der König mit dem Schwert hinrichten ließ (Apg 12,2). Auch Petrus war gefährdet und mußte Jerusalem verlassen.

Wahrscheinlich sollten diese Maßnahmen als Exempel für die gesamte christliche Gemeinde gelten. Direkt waren von ihr aber wohl nur besonders exponierte Persönlichkeiten betroffen. Eine allgemeine Christenverfolgung hat wohl - gegen Apg 12,1 - nicht stattgefunden. Das strenge Judenchristentum Jerusalems mit dem Herrenbruder Jakobus an der Spitze wurde offenbar in Ruhe gelassen.

Mit dem plötzlichen Tod Agrippas I. (44 n.Chr.) trat für die Urgemeinde erneut eine Beruhigung ein. Petrus konnte Jerusalem wieder unbehelligt betreten. 48/49 n.Chr. fand hier das "Apostelkonzil" statt, das durch die für jüdische Eiferer skandalöse gesetzesfreie Heidenmission der Antiochenischen Gemeinde ausgelöst worden war und Fragen des Zusammenlebens von Juden- und Heidenchristen lösen sollte (s. dazu Kap. XIV.1). Die Vertreter der Antiochenischen Gemeinde und exponierten Heidenmissionare Barnabas und Paulus konnten offenbar ungefährdet nach Jerusalem reisen. In Begleitung des Paulus kam sogar der unbeschnittene Heide Titus nach Jerusalem (Gal 2,1ff). Für Ruhe in Jerusalem und auf dem Land sorgten die neuen Prokuratoren Fadus und später Alexander (44-48 n.Chr.), die die "Zeloten" energisch bekämpften. Hinzu kam um 48 n.Chr. eine schwere ökonomische Krise in Palästina mit nachfolgender Hungersnot. Das "Apostelkonzil" beschloß Hilfsleistungen der außerpalästinischen Gemeinden für die Gemeinden in Jerusalem und Palästina (Gal 2,10; Apg 11,27-30). In gleicher Weise wurde auch die übrige jüdische Bevölkerung der Stadt durch ausländische Hilfssendungen vor dem blanken Elend gerettet. Auch durch diese Erfahrung, auf ausländische Hilfe angewiesen zu sein, mag eine Zeitlang in Palästina, besonders in Jerusalem, der Ausländerhaß gedämpft worden sein.

Die römischen Behörden waren nun fest entschlossen, mit aller Gewalt gegen die "Zeloten" vorzugehen. Die Lage im Land wurde immer gespannter. Die Römer schlugen unbarmherzig zu, wo immer sie zelotische Aufständische vermuteten. Auch die Zivilbevölkerung war betroffen. Dabei kam es zu bewußten Provokationen durch römische Soldaten, durch die die Bevölkerung in helle Aufregung versetzt wurde. Gewalt erzeugte Gegengewalt. Die Besonnenen auf beiden Seiten vermochten sich nicht mehr durchzusetzen, oder ihre Bemühungen wurden durch unüberlegte Handlungen durchkreuzt. Die Thronbesteigung des erklärten Griechenfreundes Nero (54 n.Chr.) war das Zeichen zum organisierten Terror in Palästina gegen Griechen und Römer. Die berüchtigten "Sikarier" traten nun in Erscheinung, junge Männer, die unerkannt in der Menge vermeintliche Feinde des jüdischen Volkes ermordeten (Bell 2,256f). Als Feind wurde jeder behandelt, der verdächtig war, mit Griechen, Römern oder dem Ausland Kontakt zu haben. Als Paulus etwa 58 n.Chr. nach Jerusalem reiste, fand er dort auch Tausende von Judenchristen vor, die für das Gesetz eiferten und ihm reserviert gegenüberstanden. Nur durch einen heimlichen Wink entging er einem Meuchelmord durch "Sikarier" (vgl. Apg 21ff). In dieser zugespitzten Lage scheint es auch zu Belästigungen und Schikanen gegen Christen und christliche Gemeinden in Palästina gekommen zu sein (1 Thess 2,14-16). Im Jahr 62 n.Chr. wurde der Herrenbruder Jakobus durch einen Willkürakt des Hohenpriesters Ananus II. gesteinigt. Kurz vor Ausbruch des jüdischen Krieges 66 n.Chr. verließ dann nach altkirchlichem Zeugnis die aramäisch-sprechende Judenchristenheit die Stadt Jerusalem und zog nach Pella.

4. Die christliche Bewältigung der Situation

In dieser schwierigen und wechselhaften Situation mußten die Judenchristen Palästinas und Jerusalems leben. Gefährlich konnte für sie werden, daß sie mit den vertriebenen "Hellenisten" in Verbindung gebracht wurden, die sich vom Tempel losgesagt hatten und nicht an der uneingeschränkten Geltung der ganzen Tora festhielten. Es mußte in Jerusalem bekannt werden, daß diese "Hellenisten" andernorts auch Heiden das Heil Gottes predigten und mit ihnen Gemeinschaft hatten, ohne von ihnen die Beschneidung zu fordern. Daß Petrus mit den "Hellenisten" persönlich und "amtlich" in Kontakt blieb und wohl grundsätzlich ihre theologische Position teilte, könnte ein Grund dafür gewesen sein, daß Agrippa I. ihm nachstellte. Die schöne Erzählung Apg 12,1-19[1] im reinen "realistischen" Legendenstil (Dibelius) reflektiert die Gefährdung des Petrus und seine göttliche Rettung.

> [1]Um jene Zeit legte der König Herodes Hand an einige aus der Gemeinde, um ihnen Böses zuzufügen. [2]Jakobus aber, den Bruder des Johannes, ließ er mit dem Schwert hinrichten. [3]Als er aber sah, daß das den Juden gefiel, ließ er auch Petrus ergreifen - es waren gerade die Tage der ungesäuerten Brote- [4]ließ ihn festnehmen und ins Gefängnis werfen; er übergab ihn einer vierfachen Wechselwache von je vier Soldaten zur Bewachung. Nach dem Osterfest wollte er ihn dann dem Volk vorführen. [5]So wurde also Petrus im Gefängnis bewacht. Von der Gemeinde aber wurde unablässig für ihn zu Gott gebetet. [6]In der Nacht, an dem Herodes ihn vorführen lassen wollte, schlief Petrus zwischen zwei Soldaten, mit zwei Ketten gefesselt, und Wachtposten vor der Tür bewachten das Gefängnis. [7]Und siehe, ein Engel des Herrn trat heran, und Licht erstrahlte in der Zelle. Er stieß Petrus in die Seite, weckte ihn und sprach: "Steh schnell auf!" Und seine Ketten fielen von den Händen. [8]Und der Engel sprach zu ihm: "Gürte dich und binde dir deine Sandalen unter!" Er tat so. Und er sagt zu ihm: "Wirf deinen Mantel um und folge mir!" [9]Er ging hinaus und folgte; er wußte nicht, daß das, was durch den Engel geschah, Wirklichkeit war; er meinte vielmehr ein Gesicht zu sehen. [10]Sie gingen aber an der ersten und zweiten Wache vorüber und kamen zu dem eisernen Tor, das in die Stadt führte; dieses öffnete sich ihnen von selbst; sie traten heraus und gingen eine Straße weit und - plötzlich verschwand der Engel von seiner Seite. [11]Da kam Petrus zu sich und sprach: "Nun weiß ich wahrhaftig, daß der Herr seinen Engel gesandt und mich der Hand des Herodes entrissen hat und aller Erwartung des Judenvolkes." [12]Als er sich klargeworden war, ging er nach dem Hause der Maria, der Mutter des Johannes, der den Beinamen Markus hatte. Dort waren viele versammelt und beteten. [13]Als er an die Tür des Vorplatzes klopfte, ging eine Magd namens Rhode hin, um zu hören. [14]Und da sie die Stimme des Petrus erkannte, öffnete sie vor Freude die Tür nicht, sondern lief hinein und meldete, Petrus stehe vor der Tür. [15]Sie aber sagten zu ihr: "Du bist von Sinnen!" Sie aber hielt daran fest, es verhalte sich so. Da meinten sie: "Es ist sein Engel." [16]Petrus aber fuhr fort zu klopfen; da öffneten

---

[1] Lukanisch ist die Verknüpfung mit dem Martyrium des Zebedaiden Jakobus (V.1-3a) und mit der Tradition über den Tod Agrippas (V.18-23). Auch V.17b dürfte redaktionell sein. Die "Legende" besteht aus zwei Teilen, dem mit typischen Zügen ausgestatteten Befreiungswunder (V.6-11) und der Erzählung von der Rückkehr des Petrus zur Gemeinde (V.12-17). Zusammengehalten werden beide Teile durch die Einleitung V.3b-5. In V.12 schimmert Lokalkolorit durch: Das "Haus" ist bekannt.

sie und sahen ihn und waren außer sich vor Staunen. [17]Er aber winkte ihnen mit der Hand, daß sie schweigen möchten, und erzählte ihnen, wie der Herr ihn aus dem Gefängnis geführt habe, und sagte: "Meldet das Jakobus und den Brüdern!" Dann ging er fort und begab sich an einen anderen Ort. [18]Als es aber Tag wurde, entstand keine geringe Aufregung bei den Soldaten, was denn mit Petrus geschehen sei. [19]Als aber Herodes nach ihm suchen ließ und ihn nicht fand, verhörte er die Wachen und ließ sie abführen.

Die Legende ist meisterhaft erzählt. Sie enthält kein Wort zuviel und ist voller Spannung. Ihr "Sitz im Leben" ist die fromme Erbauung der Gemeinde, in der man die Großtaten Gottes an ihren Leitern und ihre wunderbare Errettung aus Verfolgung erzählt.
Aus welchen Gründen der Zebedaide Jakobus durch Agrippa I. hingerichtet wurde, wissen wir nicht. Möglicherweise mußte er nach jener brisanten Situation, die durch die Absicht Caligulas, sein Standbild im Tempel aufzustellen, entstanden war, und in der Phase der Konsolidierung der Herrschaft des Agrippa I. als "Sündenbock" herhalten.

"Fühlt eine Gesellschaft sich bedroht und verunsichert, so greift sie zumeist auf traditionelle Verhaltensweisen zurück. Die heiligen Güter der Nation werden demonstrativ hochgehalten, die Abgrenzung gegen alles Fremde wird verschärft, fanatische Parolen haben Zulauf. Eine Entwicklung in diese Richtung ist auch für die jüdisch-palästinische Gesellschaft in der ersten Hälfte des 1. Jahrhunderts n.Chr. zu vermuten. Diese Entwicklung aber verminderte die Chancen der Jesusbewegung, die mit ihrer Kritik an Tempel und Gesetz die Tabusphäre der Gesellschaft berührte. Ihre Haltung zu Fremden lief den vermuteten Tendenzen zur Abgrenzung entgegen. Und es ist sogar wahrscheinlich, daß sie oft in die Rolle eines Sündenbocks gedrängt wurde: Die Abneigung gegen die Fremden konnte sich leicht auf die übertragen, die die Abgrenzung gegenüber den Fremden lockerten oder sogar durchbrachen. Gesellschaftliche Spannungen konnten sich in der Unterdrückung von Minderheiten äußern. So kam die Verfolgung unter Herodes Agrippa (41-44 n.Chr.) wohl kaum zufällig nach den Unruhen in Alexandrien und Palästina. Und es ist auch kein Zufall, daß sich Herodes Agrippa gleichzeitig die hellenistischen Städte und die ersten Christen zu Feinden machte (Apg 12,20ff). Die Apostelgeschichte betont ausdrücklich, daß die Verfolgung den Wünschen der 'Juden' entgegen kam. Muß nicht ein Bedürfnis nach Sündenböcken im Volk existiert haben?" (Theißen, Soziologie 105)

In die Situation des Martyriums des Zebedaiden Jakobus gehört die Überlieferung Mk 10,35-40:

[35]Und es treten Jakobus und Johannes, die Söhne des Zebedäus, an ihn heran und sprechen zu ihm: "Meister, wir wollten, du tätest uns, um was wir dich bitten!" [36]Er aber sprach zu ihnen: "Was wollt ihr, daß ich euch tun soll?" [37]Da sagten sie ihm: "Gib uns, daß wir, einer zu deiner Rechten und einer zu deiner Linken, sitzen in deiner Herrlichkeit!" [38]Jesus aber sprach zu ihnen: "Ihr wißt nicht, um was ihr bittet. Könnt ihr den Kelch trinken, den ich trinke, oder mit der Taufe getauft werden, mit der ich getauft werde?" [39]Sie sprachen zu ihm: "Wir können." Jesus aber entgegnete ihnen: "Den Kelch, den ich trinke, werdet ihr trinken, und mit der Taufe, mit der ich getauft werde, werdet ihr getauft werden; [40]aber das Sitzen zu meiner Rechten oder zur Linken habe ich nicht zu vergeben, sondern denen es bereitet ist."

Im Mittelpunkt stehen die beiden Zebedaiden Jakobus und Johannes. Sie bitten Jesus darum, in seiner Herrlichkeit rechts und links neben ihm sitzen zu dürfen. In einer ersten Antwort (V.38f) macht Jesus die Erfüllung dieser Bitte davon abhängig, daß sie das gleiche Leidensgeschick wie er bestehen. "Becher" und "Taufe" sind hier Bilder für das Martyrium. Jesus kündigt beiden das Martyrium an. In einer zweiten Antwort (V.40) lehnt Jesus die Vergabe der Ehrenplätze ab, weil nicht er, sondern Gott sie denen gibt, denen sie bereitet sind.[1] Wir können mit einem alten Kern innerhalb der Tradition rechnen. V.39 wird das Martyrium des Jakobus und des Johannes angekündigt. Nur von Jakobus wissen wir (vgl. Apg 12,2), daß diese Ankündigung in Erfüllung gegangen ist. Vielleicht haben wir es mit einer alten Jerusalemer Überlieferung zu tun, die zur Zeit der Hinrichtung des Jakobus (42 n.Chr.) in Erwartung einer beide Zebedaiden betreffenden Verfolgung gebildet worden ist und ihnen als Märtyrern im "Himmel" einen Platz neben Jesus verheißt (vgl. Mt 19,28).

1 Thess 2,14-16 ist zu entnehmen, daß im Laufe der zeitgeschichtlichen Wirren auch andere Christen bedrängt und verfolgt wurden. Vielleicht kam es zu Situationen, in denen Christen ihr Bekenntnis zu Jesus verleugneten (vgl. Lk 12,8f). Die Erzählung über den Fall und die Reue des Petrus Mk 14,66-72[2] könnte in dieser Situation ihren "Sitz im Leben" haben.

> [66][Und während] Petrus unten im Hof ist, kommt eine der Mägde des Hohenpriesters, [67]sieht Petrus sich wärmen, blickt ihn an und sagt: "Du warst auch beim Nazarener, bei Jesus." [68]Er aber leugnete und sagte: "Ich weiß nicht und verstehe nicht, was du da sagst." Und er ging hinaus in den äußeren Hof; da krähte ein Hahn. [69]Und die Magd sah ihn, und gleich sagte sie wiederum zu den Dabeistehenden: "Der ist einer von ihnen." [70]Er aber leugnete wiederum. Nach einer kleinen Weile sagten die Umstehenden nochmals zu Petrus: "Wahrhaftig, du gehörst zu ihnen; du bist doch auch ein Galiläer." [71]Er aber begann, sich zu verwünschen und zu schwören: "Ich kenne diesen Menschen nicht, von dem ihr sprecht." [72]Und sogleich krähte der Hahn zum zweitenmal. Da erinnerte sich Petrus an das Wort, wie Jesus ihm gesagt hatte: "Ehe der Hahn zweimal kräht, wirst du mich dreimal verleugnen." Und er begann zu weinen.[3]

Der dreistufige Aufbau der Erzählung ist künstlich und dient der Steigerung. Eine psychologisierende Betrachtung verbietet sich von selbst. Auch der in V.68 angedeutete Ortswechsel ist nicht psychologisch zu deuten, sondern von seiner Funktion in der Erzählung her: "Er motiviert die abermalige Feststellung durch die gleiche Person." (Linnemann) Petrus wird in dreifacher Weise identifiziert: als einer, der "mit dem Nazarener, dem Jesus" war, als einer "von ihnen" und als "Galiläer". Darin könnte sich der "Sitz im Leben" des Stückes andeuten, insofern die zweite und dritte Kennzeichnung für viele Mitglieder der nachösterlichen Urgemeinde gelten konnte.

Die Erzählung will keinen historischen Bericht bieten. Daß allerdings das erzählte Ereignis unhistorisch sei, ist wiederum auch nicht glaubhaft. Hinter dem Bericht dürfte ein Faktum stehen, da man ein solches Versagen Petrus schwerlich grundlos nachgesagt hätte.

Absicht der Erzählung ist die Paränese: Der christliche Hörer soll am Beispiel des Petrus lernen. Wie dieser nach dreimaligem Verleugnen des Herrn reuevoll umkehrte (V.72), so auch der angefochtene Christ. Seinen "Sitz im Leben"

---

[1] Beide Antworten stehen in einem gewissen Widerspruch zueinander. Darum wird das Stück als uneinheitlich angesehen (so Dibelius, Bultmann). Jedenfalls ist es nicht mehr in Ordnung; vielleicht muß mit einer stärker eingreifenden Redaktion des Markus gerechnet werden.

[2] Vgl. auch die Literatur zu Lk 22,31f Kap. I.4. - LINNEMANN, E., Studien zur Passionsgeschichte, Göttingen 1970, 70-108; SCHENKE, L., Der gekreuzigte Christus, Stuttgart 1974, 15ff.

[3] Der jetzige literarische Zusammenhang mit dem Passionskontext ist künstlich und geht auf Markus zurück. Wahrscheinlich wurde die Erzählung, die sich allerdings auf ein Ereignis während der Passion Jesu bezieht, ursprünglich isoliert überliefert. Als redaktionelle Verbindung sind dann V. 54a.66a zu streichen, während V.54b wohl ein Element der ursprünglichen Einleitung ist. Vermutlich hat Markus, als er die Erzählung in den Passionsbericht einfügte, eine ursprüngliche Zeitangabe aus der Einleitung weggebrochen, die davon berichtete, daß die Verleugnung in der Nacht geschah, in der Jesus gefangengenommen wurde.

könnte das Stück somit in Situationen haben, wo Mitglieder der Jerusalemer oder palästinischen Gemeinde wegen ihres Bekenntnisses zum gekreuzigten Messias durch ihre Mitbürger oder durch Behörden angefochten wurden. Den schwach gewordenen und abgefallenen Christen wird mit dem Beispiel des Petrus Mut gemacht, reuevoll umzukehren. Zweimal (V.69.70) wird Petrus als einer "von ihnen" angesprochen, also als Glied der Gemeinde.
In dieser Situation war der "Herrenbruder" Jakobus als Leiter der Jerusalemer Gemeinde wohl auch Garant ihrer Sicherheit und ihres Bestandes. Seine auch von vielen Juden Jerusalems anerkannte Gesetzesfrömmigkeit hat dazu beigetragen, daß die Gemeinde trotz aller Gefährdungen relativ unbeschadet leben und wirken konnte. Er hat aber auch aktiv "Kirchenpolitik" betrieben und zu den theologischen Grundfragen der jungen Christenheit im Namen eines strengen Judenchristentums Stellung genommen. Er war sich offenbar bewußt, "daß die judenchristliche Gemeinde in Jerusalem in einer überwiegend feindlichen Umgebung auf Dauer nur weiterbestehen konnte, wenn sie sich selbst als ein Vorbild der Gesetzestreue darstellte" (Hengel, Geschichtsschreibung 83). So hat er die "konservative" Gegenposition zu den voranstürmenden "Hellenisten" und später zu Paulus eingenommen. Gewiß lehnte er die gesetzesfreie Heidenmission der Antiochener nicht grundsätzlich ab, aber manches spricht dafür, daß er das "Aposteldekret" veranlaßte, in dem den Heidenchristen für ihr Zusammenleben mit Judenchristen wichtige Auflagen gemacht wurden (s. dazu Kap. XIV.1). Paulus spricht mit Hochachtung von ihm, auch wenn er öfter die Erfahrung machen mußte, daß "Judaisten" angeblich im Namen des Jakobus seine Mission behinderten.
In der brisanten politischen Situation in Palästina mußte die judenchristliche Urgemeinde jedenfalls eine grundsätzlich positive und überzeugte Stellung zu Gesetz und Tempel einnehmen. Sie mußte dafür sorgen, daß im übrigen Judentum kein Zweifel an ihrer Gesetzestreue aufkommen konnte. Kontakte zu den aus Jerusalem vertriebenen "Hellenisten" und Leuten wie Paulus konnten dagegen sehr wohl zu Verdächtigungen gegen die Jerusalemer Judenchristen führen. Möglich ist, daß Judenchristen von jüdischen Mitbürgern direkt gefragt wurden: "Wie haltet ihr es mit diesen Leuten, die das Gesetz mißachten und mit Heiden zusammenleben?" In dieser Situation nahm Jakobus eine wichtige Rolle ein. Er mußte um des Überlebens der palästinischen Judenchristen willen seine ganze Autorität dafür einsetzen, daß auch in Antiochien und in der Paulus-Mission alles unterblieb, was den Christen im Mutterland schaden konnte. Von daher ist wohl der berühmte "Antiochenische Zwischenfall" zu begreifen (Gal 2,11-14), bei dem Petrus und Barnabas auf Intervention des Jakobus hin die Tischgemeinschaft mit Heidenchristen aufgaben und der zu einem Bruch zwischen Paulus und Barnabas sowie der Antiochenischen Gemeinde führte (s. dazu Kap. XIV.1). Ob diese Intervention des Jakobus grundsätzlicher oder taktischer Natur war, wird sich historisch nicht mehr sicher entscheiden lassen. Die Minimalanforderungen an Heidenchristen im "Aposteldekret" könnten für die zweite Alternative sprechen. Auch der Rat an Paulus, ein Gelübde abzulegen (vgl. Apg 21,17-26) zeigt, daß Jakobus und die Leitung der Jerusalemer Gemeinde durchaus einen Sinn für demonstrative taktische Maßnahmen besaßen, ging es doch darum, alles zu vermeiden, was die führenden Sadduzäer oder die "Zeloten" zu Maßnahmen oder Aktionen gegen die Gemeinde veranlassen konnte.

Diese Haltung geht auch aus dem kleinen Traditionsstück Mt 17,24-27[1] hervor, in dem das Verhältnis der Urgemeinde zum Tempel reflektiert wird.

> [24]Als sie nach Kapharnaum kamen, traten die Einnehmer der Doppeldrachme an Petrus heran mit der Frage: "Zahlt euer Meister die Doppeldrachme nicht?" [25]Er antwortet: "Doch!" Sobald er nach Haus gekommen war, kam Jesus ihm mit der Frage zuvor: "Was meinst du, Simon? Von wem nehmen die Könige der Erde Zoll oder Steuer? Von ihren Söhnen oder von den Fremden?" [26]Er erwiderte: "Von den Fremden." "Also", sprach Jesus, "sind die Söhne frei. [27]Damit wir ihnen aber keinen Anstoß geben, geh an den See und wirf die Angel aus und nimm den ersten Fisch, der da heraufkommt; und wenn du sein Maul öffnest, so wirst du einen Stater finden. Den nimm und gib ihn ihnen für mich und dich!"

Das Stück enthält Elemente eines Streitgesprächs, eines Schulgesprächs und einer Wundererzählung. Das Nebeneinander dieser unterschiedlichen Gattungselemente läßt die Einheitlichkeit des Stückes fraglich erscheinen.[2] Beachtet man jedoch, daß das Stück ganz von der Fragestellung der Gemeinde her komponiert wurde, so spricht nichts gegen seine Einheitlichkeit. Das zugrundeliegende Problem ist: Wie steht die urchristliche Gemeinde zur Zahlung der Tempelsteuer? Erkennt sie eine Verpflichtung dazu an?
Die Antwort auf diese Frage wird dialektisch gegeben. Zunächst wird - entgegen anderslautenden Unterstellungen - betont, daß auch Jesus die Tempelsteuer entrichtet hat. Danach wird in einem Schulgespräch festgestellt, daß Jesus und mit ihm die Gemeinde als "Söhne" eigentlich von der Verpflichtung zur Tempelsteuer frei sind. Hier wird das eschatologische Bewußtsein der Gemeinde deutlich: Eigentlich gehört ihr als der endzeitlichen Gemeinde Gottes der Tempel. Zur Tempelsteuer verpflichtet ist sie also nicht. Im dritten Teil wird dennoch demonstrativ die Zahlung der Tempelsteuer angeordnet. Die Gemeinde verzichtet freiwillig auf das ihr zustehende Privileg.
Das Traditionsstück stammt ohne Zweifel aus früher Zeit. Nach 70 n.Chr. war das hier bewegende Problem gegenstandslos. Die Überlieferung zeigt, daß die Gemeinde sich als dem Judentum zugehörig betrachtet. Sie beansprucht, als die "Söhne" das eigentliche Verfügungsrecht über den Tempel zu haben. Es können hier durchaus Vorbehalte oder gar Kritik gegen den praktizierten Tempelkult mitschwingen. Doch wird wie in Qumran grundsätzlich an der Heiligkeit des Tempels festgehalten.
Wahrscheinlich war die judenchristliche Gemeinde Jerusalems gezwungen, zur Gesetzeskritik der "Hellenisten" unmittelbar Stellung zu nehmen. Diese Notwendigkeit ergab sich nicht nur im Blick auf das übrige Judentum, mit dem die Gemeinde konkurrierte, sondern auch aus inneren Gründen. Ihr gehörten unter anderem auch strenge, gesetzestreue Juden aus den Kreisen der "Frommen" und Schriftgelehrte der pharisäischen Richtung an. Es dürfte also interne Auseinandersetzungen mit der Position der "Hellenisten" und Polemik gegen sie gegeben haben. Einblick in diese innerchristliche Diskussion bieten uns die ursprünglich

---

1 MONTEFIORE, H., Jesus and the Temple Tax: NTS 11 (1964/65) 60-71; STENGER, W., "Gebt dem Kaiser, was des Kaisers ist...!", Frankfurt 1988, 151-184.

2 Bultmann hält V.27 für möglicherweise sekundär. Ebenso Schweizer: Die Pointe sei V.26. Darüber hinaus fragt Schweizer, ob V.24.25a vielleicht ursprünglich isoliert überliefert wurden.

isolierten Logien und Rechtssätze, die Matthäus in Mt 5,17-20[1] zusammengestellt hat.

> [17]Glaubt nicht, daß ich gekommen bin, das Gesetz oder die Propheten aufzulösen; nicht sie aufzulösen bin ich gekommen, sondern sie zu vollenden. [18]Denn wahrlich ich sage euch: Bis der Himmel vergeht und die Erde, wird kein Jota und kein Häkchen vergehen von dem Gesetz, bis alles geschehen ist. [19]Wer also eines von [diesen] kleinsten Geboten aufhebt und demgemäß die Menschen belehrt, der wird der Geringste heißen im Himmelreich. Wer aber befolgt und lehrt, der wird groß heißen im Himmelreich. [20]Denn ich sage euch: Wenn eure Gerechtigkeit nicht größer sein wird als die der Schriftgelehrten und Pharisäer, so werdet ihr nicht in das Himmelreich kommen.

Allgemein werden heute V.17 und 20 für redaktionell gehalten. Für V.20 ist dieses Urteil ziemlich sicher, für V.17 wahrscheinlich.[2]
V.18 und 19 haben ursprünglich nicht zusammengestanden. Darauf weist die Parallele Lk 16,17 hin. Ebenso, daß in V.19 das τούτων in der Luft hängt, da in V.18 nicht von "geringsten Geboten" die Rede ist. Zwischen V.18 und 19 liegt eine sekundäre Stichwortverbindung (μία) vor.

Die lukanische Parallele Lk 16,17 ist wegen ihres grundsätzlichen, nicht einschränkenden Charakters älter als Mt 5,18.

> Leichter aber ist es, daß Himmel und Erde vergehen,
> als daß ein Häkchen von dem Gesetz entfällt.

Das Logion spricht betont vom ganzen Gesetz, also von seinem vollen Wortlaut und Umfang. So fest wie Himmel und Erde bestehen, hat auch das Gesetz bis in sein letztes Häkchen hinein Bestand.
Der Satz ist offensichtlich vor dem Hintergrund einer Alternative formuliert: Das Gesetz grundsätzlich ja, aber nicht in vollem Umfang! Diese Alternative wird abgelehnt. Das ganze Gesetz gilt, und zwar absolut. Daß das Gesetz bis zu einem bestimmten Zeitpunkt gültig ist, wird gerade nicht gesagt (so aber Lk 16,16; vielleicht auch Mt 5,18: ἕως ἂν παρέλθῃ ὁ οὐρανὸς καὶ ἡ γῆ).
Die Stoßrichtung des Wortes läßt seinen "Sitz im Leben" erkennen. Es wendet sich gegen eine teilweise Auflösung der Tora. Damit ist klar, daß das Wort nicht gegen jüdische Gegner außerhalb der Gemeinde polemisieren will. Es kann sich nur gegen Kreise in ihr richten, die Gesetzeskritik übten. Dann dürfte

---

1 BRAUN, H., Spätjüdisch-häretischer und frühchristlicher Radikalismus II, Tübingen 1957, 8f; DAUTZENBERG, G., Gesetzeskritik und Gesetzesgehorsam in der Jesustradition, in: QD 108, Freiburg 1986, 46-70, bes. 64f; HEUBÜTT, C., Mt 5,17-20. Ein Beitrag zur Theologie des Evangelisten Matthäus: ZNW 71 (1980) 143-149; HUMMEL, R., Die Auseinandersetzung zwischen Kirche und Judentum im Matthäusevangelium, München 1963, 66ff; KÄSEMANN, E., Die Anfänge christlicher Theologie, in: Ders., Exegetische Versuche und Besinnungen II, Göttingen ^{3}1968, 82-104, bes. 85f; MERKLEIN, H., Die Gottesherrschaft als Handlungsprinzip, Würzburg 1978, 72ff; SCHÜRMANN, H., "Wer daher eines dieser geringsten Gebote auflöst...". Wo fand Matthäus das Logion Mt 5,19 ?, in: Ders., Traditionsgeschichtliche Untersuchungen in den synoptischen Evangelien, Düsseldorf 1968, 126-136; SCHWEIZER, E., Matth. 5,17-20. Anmerkungen zum Gesetzesverständnis des Matthäus, in: Ders., Neotestamentica, Stuttgart 1963, 399-406; STRECKER, G., Die Bergpredigt, Göttingen 1984.

2 Sollte V.17 im Kern traditionell sein, muß er als ursprünglich isoliertes Logion angesehen werden, wie die neue Einleitung zu V.18 und der Doppelausdruck τὸν νόμον καὶ τοὺς προφήτας (in V.18 nur νόμος) zeigen. Es ist dann ein ἦλθον-Spruch, dessen "Sitz im Leben" die Debatte war (μὴ νομίσητε); der irdische Jesus hat nicht die Auflösung der Tora, sondern ihre wirkliche Erfüllung gebracht (πληρῶσαι meint weniger das praktische Verhalten als das Lehren). Der Spruch könnte Jesus vor jüdischen Anschuldigungen in Schutz nehmen und zugleich die Stellung der judenchristlichen Urgemeinde zum Gesetz verdeutlichen. Oder ist das Logion bereits ein programmatisches Wort gegen die gesetzeskritischen "Hellenisten"?

hier eine Parole strenger Judenchristen gegen die "Hellenisten" vorliegen. Das Wort führt uns also mitten in eine heftige innere Kontroverse der frühen Urgemeinde hinein.
Das Logion Mt 5,19 formuliert einen "Satz heiligen Rechtes". Aus seiner Formulierung wird deutlich: Es gibt Leute, die zwar nicht das Gesetz als Ganzes, aber doch sogenannte "geringere Gebote" des Gesetzes "auflösen", d.h. für unverbindlich erklären. Gegen solche bezieht das Wort Stellung. Es erklärt sie nicht zu Ketzern, sondern erkennt ihren Christenstand an, wenn auch anscheinend widerwillig. Diese Leute werden im Himmelreich nur "gering" sein. Damit ist zwar grundsätzlich anerkannt, daß das Halten der "geringen Gebote" für das Christsein nicht konstitutiv ist; doch wer auch diese "geringen Gebote" hält, d.h. tut, wird im Himmelreich vor Gott groß sein. Was aber ist mit den "geringen Geboten" gemeint?

Wahrscheinlich bezieht sich diese Formulierung "auf die urchristlichen Debatten, die durch Paulus, aber auch durch Markus (7,1ff) und durch die Apostelgeschichte bekannt sind. Problematisierte man die Geltung des jüdischen Zeremonialgesetzes, so ließen sich die jüdischen Kultgesetze als kleine Gebote definieren. Die Gemeinde, die dieses Logion geschaffen hat, steht demnach auf der Schwelle zwischen Judenchristentum und Heidenchristentum. Sie akzeptiert es, wenn Heidenchristen die Zeremonialgebote außer Kraft setzen ...; aber sie selbst hält grundsätzlich an der Tora fest. Wer sich den Anforderungen des jüdischen Zeremonialgesetzes entzieht, der wird 'ἐλάχιστος ('sehr klein') im Himmelreich genannt werden. Die superlativische Form hat hier wie in V.19a die Bedeutung des Elativus. Der Betreffende wird nicht aus dem Himmelreich ausgeschlossen werden, sondern er muß sich mit einem kleinen, bescheidenen Platz zufrieden geben; denn daß das Himmelreich durch eine Rangordnung gekennzeichnet wird, ist eine alte rabbinische Anschauung. Sie steht im Hintergrund von einigen Textstellen im Matthäusevangelium (18,4; 11,11; 19,28; 20,23). Im Verhältnis zur vormatthäischen Tradition von V.18 ergibt sich, daß die judenchristliche Gemeinde nach V.19 eine tolerante Haltung einnimmt: Nicht jede Einzelheit des alttestamentlichen Gesetzes ist verbindlich, sondern der Toragehorsam kann um der Einheit der Kirche willen eingeschränkt werden. Juden- und Heidenchristen können trotz unterschiedlicher Bewertung des alttestamentlichen Gesetzes miteinander leben und kirchliche Gemeinschaft praktizieren. Dennoch ist klar, daß die Träger dieses Logions ihre judenchristliche gesetzestreue Position nicht aufgegeben haben" (Strecker, Bergpredigt 60f).

Wieder dürfte sich in dem Logion eine innerchristliche Auseinandersetzung spiegeln. Allerdings ist die Haltung hier weniger streng als in Lk 16,17, insofern das Tun der "geringeren Gebote" nicht für heilsverbindlich erklärt wird. Aber das Logion ist aus der Perspektive eines gesetzesstrengen Judenchristentums formuliert. Wer auch die "geringeren Gebote" des Gesetzes hält, wird durch einen höheren Rang in der Basileia belohnt werden. Wahrscheinlich hat auch Mt 5,19 seinen "Sitz im Leben" in der Auseinandersetzung Jerusalemer Judenchristen mit der Position der "Hellenisten". Die in Mt 5,18 und 5,19 zum Ausdruck kommenden Gegenpositionen zu den "Hellenisten" könnten dabei in Jerusalem durchaus nebeneinander bestanden haben und von verschiedenen Gruppierungen der aramäisch-sprechenden Urgemeinde vertreten worden sein. Auch gegen die von den "Hellenisten" nach ihrer Vertreibung aus Jerusalem begonnene Mission unter Samaritanern und "gottesfürchtigen" Heiden (s. dazu Kap. VIII) sind in der judenchristlichen Gemeinde Jerusalems Vorbehalte und Proteste geltend gemacht worden. Daß auch in diesem Punkt die Haltung der Jerusalemer Judenchristen nicht einheitlich war, geht aus der Überlieferung deutlich hervor. Petrus teilte eher den Standpunkt der "Hellenisten" (vgl. Apg 10f). Die beschneidungsfreie Heidenmission dürfte bereits in jenen Gesprächen eine Rolle gespielt haben, die Petrus mit Paulus anläßlich dessen ersten Jerusalembesuchs führte (Gal 1,18). Wahrscheinlich kam es schon bei dieser Gelegenheit zu einem grundsätzlichen Konsens beider in dieser Sache. Vielleicht wurde sogar der "Herrenbruder" Jakobus konsultiert (Gal 1,19). Auch dieser war wohl nie ein grundsätzlicher Gegner der beschneidungsfreien Heidenmission, wie auch immer er über das heilsgeschichtliche Verhältnis zwischen Juden- und Heidenchristen gedacht haben mag. Gewiß stand für ihn der Gedanke des Bundes- und Gottesvolkes Israel, das durch Gesetz und Beschneidung konstituiert wurde, im Zentrum seines theologischen Denkens. Jakobus könnte die Heidenchristen als eine Art "Randsiedler" des erneuerten Gottesvolkes angesehen haben, nicht als dessen Vollmitglieder. Vielleicht galten sie ihm als die Erstlinge jener eschatologischen "Völkerwallfahrt", die Gott selbst im Eschaton in Gang setzen würde.

Vorbehalte und Protest gegen die aktive Heidenmission der "Hellenisten" im Judenchristentum Jerusalems brauchen also durchaus nicht einem Heilspartikularismus entsprungen zu sein, der den Heiden jegliche Teilnahme am Heil absprach. Daß man sich eine gestufte Teilnahme am eschatologischen Heil vorstellen konnte, zeigen wie gesagt die Logien Mt 5,19; 11,11. Die Urgemeinde hat jedenfalls von Anfang an daran festgehalten, daß das in Jesus heraufgeführte und in Kürze endgültig hereinbrechende Heil nicht nur Israel, sondern allen Völkern gelten wird. Schon die Übertragung des Titels "Menschensohn" auf Jesus verweist darauf, galt der "Menschensohn" doch in der apokalyptischen Tradition als endzeitlicher Richter und Herrscher aller Völker. Auch die Heiden würden in das Heilsgeschehen einbezogen werden. Wie dies geschehen sollte, darauf könnte Mt 8,11f hinweisen. In Aufnahme der prophetischen Tradition von der endzeitlichen Wallfahrt aller Völker zum Sion wird hier ausgesagt, daß die "Vielen von Ost und West kommen werden und mit Abraham, Isaak und Jakob zu Tisch liegen werden in der Basileia". Doch mußte diese universale Heilsperspektive nicht notwendig zur aktiven Heidenmission treiben. Das Heil der Heiden galt als letzter Akt im bald anbrechenden Eschaton. Gott selbst würde sie herbeiführen, sobald die Sammlung Israels durch das Wirken der Boten Jesu abgeschlossen war.

Auch die unmittelbare Naherwartung der ersten Zeit hat trotz dieses grundsätzlichen Heilsuniversalismus den Gedanken an eine aktive Heidenmission zunächst wohl nicht aufkommen lassen. Alles missionarische Bemühen war auf die Sammlung des eschatologischen "Zwölf-Stämme-Volkes" Israel ausgerichtet. In Jerusalem missionierten die "Zwölf" und die "Sieben" in diesem Sinne unter palästinischen Juden und Diasporajuden. Im Lande waren wandernde Missionare unterwegs, um die Botschaft von der Basileia und vom Kommen des "Menschensohnes" Jesus jedem Israeliten zu verkünden. Unter welchen Zeitdruck diese Mission sich gestellt sah, geht noch aus dem von drängender Naherwartung geprägten Logion Mt 10,23 hervor, das später auf die Israelmission bezogen wurde (10,14) und die wandernden Missionare anweist:

> Wenn sie euch in dieser Stadt verfolgen, flieht in die andere.
> Denn wahrlich, ich sage euch, ihr werdet mit den Städten Israels
> nicht zu Ende kommen, bis der Menschensohn kommt.

Wie man sich in judenchristlichen Kreisen die Zuwendung des kommenden Heils an die Heiden dachte, kann auch die Lehrerzählung Mt 25,31-46 verdeutlichen, die den Ablauf des Endgerichts durch den "Menschensohn" darstellt.[1]

> [31]Wenn nun der Menschensohn kommt in seiner Herrlichkeit und alle Engel mit ihm, dann wird er sich auf den Thron seiner Herrlichkeit setzen, [32]und alle Völker werden vor ihm versammelt werden. Und er wird sie voneinander scheiden, wie der Hirt die Schafe scheidet von den Böcken. [33]Die Schafe wird er zu seiner Rechten stellen, die Böcke aber zur Linken. [34]Dann wird der König zu denen zu seiner Rechten sagen: "Kommt, ihr Gesegneten meines Vaters! Nehmt als Erbe das Reich, das euch bereitet ist seit Grundlegung der Welt. [35]Denn ich war hungrig, und ihr habt mir zu essen gegeben. Ich war durstig, und ihr habt mich getränkt. Ich war fremd, und ihr habt mich beherbergt. [36]Ich war nackt, und ihr habt mich bekleidet. Ich war krank, und ihr habt mich besucht. Ich war im Gefängnis, und ihr seid zu mir gekommen." [37]Da werden ihm die Gerechten entgegnen: "Herr, wann haben wir dich hungrig gesehen und gespeist, oder durstig und getränkt? [38]Wann haben wir dich als Fremden gesehen und beherbergt, oder nackt und bekleidet? [39]Wann haben wir dich krank gesehen oder im Gefängnis und sind zu dir gekommen?" [40]Da wird der König ihnen antworten: "Wahrlich, ich sage euch: Was ihr einem von diesen meinen geringsten Brüdern getan habt, das habt ihr mir getan." [41]Dann wird er zu denen zu seiner Linken sagen: "Zurück von mir, ihr Verfluchten, in das ewige Feuer, das dem Teufel und seinen Engeln bereitet ist! [42]Denn ich war hungrig, und ihr habt mir nicht zu essen gegeben. Ich war durstig, und ihr habt mich nicht getränkt. [43]Ich war ein Fremder, und ihr habt mich nicht beherbergt. Ich war nackt, und ihr habt mich nicht bekleidet. Ich war krank und im Gefängnis, und ihr habt mich nicht besucht." [44]Da werden auch sie entgegnen: "Herr, wann haben wir dich hungrig, durstig, fremd, nackt, krank oder im Gefängnis gesehen und haben dir nicht gedient?" [45]Da wird er ihnen antworten: "Wahrlich, ich sage euch: Was ihr einem dieser Geringsten da nicht getan habt, das habt ihr mir nicht getan." [46]Und diese werden weggehen zur ewigen Strafe, die Gerechten aber zum ewigen Leben.

Die hier behandelte Frage ist: Nach welchem Maßstab werden die Heiden im Endgericht beurteilt, die sich nicht zum Messias Jesus bekennen, weil sie ihn nicht kennen? Sie werden beurteilt nach ihrem Verhalten zu Armen und Notleidenden. In ihnen sind sie Jesus selbst begegnet. Das Stück spricht eine wichtige Frage an: Die Antike (außer dem Judentum) kannte keine Caritas oder öffentliche Armen- und Krankenfürsorge, nur Einzelinitiative. Das konkrete "humane" Handeln des einzelnen Heiden entscheidet über sein endzeitliches Geschick. Das Stück setzt also keine Heidenmission voraus. Daher gehört es in die palästinische Urgemeinde.

Die Frage der aktiven, gesetzesfreien Heidenmission blieb umstritten bis zum "Apostelkonzil". Nach Apg 15,5 ist sie dort noch einmal grundsätzlich von christlichen Pharisäern in Frage gestellt worden. Wahrscheinlich ist die von Paulus in Gal 2,9 zitierte Vereinbarung des Konzils der Abschluß einer heftigen Auseinandersetzung zwischen den Jerusalemer Judenchristen und den "Hellenisten" um die Heidenmission (s. dazu Kap. XIV.1). Spuren dieser Auseinandersetzung finden wir auch in dem alten Logion Mt 15,24: "Ich bin nur gesandt zu den verlorenen Schafen des Hauses Israel." Gegen die beginnende Heidenmission

[1] BRANDENBURGER, E., Das Recht des Weltenrichters, Stuttgart 1980. In der Erzählung fällt der Wechsel zwischen dem Titel "Menschensohn" (V.31) und βασιλεύς (V.34.40) auf. Bultmann und Vielhauer meinen deshalb, ein altes jüdisches Traditionsstück, das ursprünglich von Gott als Richter sprach, sei auf Christus übertragen und christlich stilisiert worden. Diese Annahme ist aber nicht notwendig. Βασιλεύς kann auch Messiastitulatur sein (so Hahn); darum braucht V.31 nicht redaktionell zu sein. Der im Stück angesprochene Gedanke der Solidarität des "Menschensohnes" mit den Armen und Notleidenden ist jedenfalls typisch christlich (Braun, Radikalismus II 94,2).

wird hier Jesus selbst ins Feld geführt. Die Befürworter machen es genauso. Die kleine Erzählung Mk 7,24-30 wird auf dem Hintergrund solcher Debatten verständlich (s. dazu Kap. VIII). Jesus selbst wird darin durch das Wort der heidnischen Frau, die den Vorrang Israels anerkennt, überwunden. Er hat durch sein Heilswirken die Heidenmission eröffnet.

Wie sehr die von den "Hellenisten" begonnene Samaritaner- und Heidenmission in judenchristlichen Kreisen Palästinas umstritten war, geht aus Mt 10,5b-6 hervor.

> Auf einen Weg zu Heiden geht nicht und in eine Samariterstadt tretet nicht ein;
> geht vielmehr zu den verlorenen Schafen des Hauses Israel.

Hier spricht ein strenges Judenchristentum, das sich grundsätzlich, wenn auch vergeblich, gegen eine aktive Mission über Israels Grenzen hinaus gesträubt hat. Ausdrücklich wird die Heiden- und Samaritanermission verboten. Das Wirken der urchristlichen Wandermissionare hat sich ausschließlich auf Israel zu konzentrieren. Dahinter steht die judenchristliche Anschauung von der notwendigen Aufrichtung des endzeitlichen "Zwölf-Stämme-Volkes". Die Heidenmission wird abgelehnt, weil man die endzeitliche Völkerwallfahrt zum Zion erwartete. Die Heiden zum Israel der Endzeit hinzuzufügen, bleibt Gottes eigenes Recht. Hinter dem Wort wird aber zugleich sichtbar, daß die abgelehnte Heiden- und Samaritanermission bereits im Gange ist, und zwar durch die aus Jerusalem vertriebenen "Hellenisten". Gegen sie polemisiert Mt 10,5b-6.
Auch das polemische Bildwort Mt 7,6[1] könnte gegen die Heidenmission gerichtet sein.

> Gebt nicht das Heilige den Hunden
> und werft eure Perlen nicht den Schweinen vor!
> Sie könnten sie sonst mit ihren Füßen zertreten
> und sich gegen euch wenden und euch zerreißen.

In diesem Kampfruf äußert sich ein Judenchristentum, das ganz von der ungeheuer scharfen Heidenpolemik ("Hunde" und "Schweine") eines rigoristischen Judentums geprägt ist.
Die Auseinandersetzungen um die Heidenmission und um die vielfältigen Konsequenzen, die sich aus ihr für das Zusammenleben zwischen Juden- und Heidenchristen ergaben, sind im Verlauf der Jahre nicht abgeklungen, sondern schärfer geworden. Auch das "Apostelkonzil" konnte sie nicht beenden. Paulus bezeugt in seinen Briefen, wie sehr er durch radikale "Judaisten" in seiner Missionsarbeit immer wieder behindert worden ist. Sie zogen eine regelrechte Gegenmission in den von ihm gegründeten Gemeinden auf. Nicht nur das Judentum selbst, auch zahlreiche Jerusalemer Judenchristen hielten ihn für einen Apostaten, der ausgeschaltet werden mußte. Am Ende bangte Paulus um sein Missionswerk (vgl. Röm 15,30f).
Ohne Zweifel wurde der innerchristliche Konflikt durch die sich zuspitzende politische Lage in Palästina und durch den zunehmenden Argwohn gegen die

---

[1] v. LIPS, H., Schweine füttert man, Hunde nicht - ein Versuch, das Rätsel von Matthäus 7,6 zu lösen: ZNW 79 (1988) 165-186.

Judenchristen seitens der für das Gesetz und die Reinheit des Judentums eifernden "Zeloten" verschärft.

"Die Heidenmission des Urchristentums außerhalb Palästinas und ihr Erfolg mußte negative Rückwirkungen auf die Situation der Christen im Ursprungsland der Bewegung haben. Je deutlicher wurde, daß das Christentum die Grenzen des Judentums überschritt und auch unbeschnittene Heiden akzeptierte, um so weniger Chancen hatte es als innerjüdische Erneuerungsbewegung. Denn man kann keine Gruppe reformieren und gleichzeitig ihre Identität in Frage stellen: Das Wirken christlicher Missionare unter Heiden mußte so verstanden werden, als sollten die anderen Völker den Juden gleichgestellt werden. Es ist daher verständlich, daß die Fraternisierung von Juden und Heiden in der antiochenischen Gemeinde von der Jerusalemer Gemeinde mit Argwohn beobachtet wurde (Gal 2,11ff)." (Theißen, Soziologie 106)

Das palästinische Judenchristentum kämpfte um seine Existenz in einer aussichtslosen Lage. Es stand zwischen allen Lagern. Auf der einen Seite beanspruchte es, das "wahre Israel" und eschatologische Gottesvolk zu verkörpern, treu am Gotteswillen und den Väterverheißungen festhaltend, auf der anderen Seite konnte es die Einheit der sich durch das offensichtliche Wirken des Gottesgeistes aus Juden und Heiden konstituierenden Kirche nicht aufgeben und geriet dadurch in Konflikt mit den jüdischen Brüdern. In diesem Konflikt ist das Judenchristentum zerrieben worden. Seine Israelmission ist am Ende gescheitert. Die Jerusalemer Gemeinde hat mit Beginn des jüdischen Krieges die Stadt verlassen. Ihre Spur und die des palästinischen Judenchristentums insgesamt verliert sich im Dunkel der Geschichte. In häretischen Splittergruppen tritt es später noch für Momente in Erscheinung, ohne jedoch auf die Entwicklung der Kirche Einfluß nehmen zu können.

Kapitel XII.
Weisungen und Ermahnungen

Literatur: HOFFMANN, P./EID, V., Jesus von Nazareth und die christliche Moral, Freiburg 1975; MERKLEIN, H., Gottesherrschaft als Handlungsprinzip, Würzburg 1978; SCHNACKENBURG, R., Die sittliche Botschaft des Neuen Testaments I, Freiburg 1986; SCHULZ, S., Neutestamentliche Ethik, Zürich 1987; SCHRAGE, W., Ethik des Neuen Testaments, Göttingen 1982; vgl. auch die Literatur zu Kap. VII und X.

Alle bisher behandelten Überlieferungen der Urgemeinde haben direkt oder indirekt einen Bezug zur Praxis. Sie wollen nicht nur ein neues Wissen über Gottes Heilshandeln vermitteln, sondern sind zugleich Aufforderung zum Umdenken und Mahnung zu entsprechendem Handeln. Sie rufen zu radikalem Tun des Gotteswillens auf. In diesem Sinne verstand sich die Urgemeinde als "Familie Jesu", in der Gottes Wille getan wird (Mk 3,31-35). Das Bekenntnis zu Jesus allein genügt nicht. Seine Weisungen müssen getan werden.

> Was nennt ihr mich "Herr, Herr", und tut nicht, was ich sage? (Lk 6,46)

Jesus wird hier als die Lehrautorität der Urgemeinde vorgestellt. Seine Auslegung des heiligen Gotteswillens ist entscheidend (s. dazu Kap. VII). Wer seiner Weisung folgt, besteht im Endgericht, als dessen vollziehender Richter Jesus erwartet wird.

> Jeder nun, der diese meine Worte hört und befolgt, gleicht einem verständigen Mann, der sein Haus auf Felsengrund gebaut hat: da fiel der Platzregen, die Wasser fluteten heran, die Winde bliesen und stürzten sich auf jenes Haus; doch es fiel nicht ein; es war ja auf den Felsen gegründet. Und jeder, der diese meine Worte hört und sie nicht befolgt, gleicht einem törichten Mann, der sein Haus auf den Sand gebaut hat: da fiel der Platzregen, die Wasser fluteten heran, die Winde bliesen und stürzten sich auf jenes Haus, und es fiel ein, und sein Fall war groß. (Mt 7,24-27)

Die bisher besprochenen Weisungen und Mahnsprüche sollen hier nicht erneut behandelt werden (s. Kap. X.3). Es geht im folgenden darum, ergänzend solche Weisungen und paränetischen Überlieferungen darzustellen, die bereits einen gewissen zeitlichen Abstand zu den Anfängen der Urgemeinde aufweisen, sei es, daß sie die Erfahrung der sich unerwartet dehnenden Zeit bis zur Parusie reflektieren und bewältigen, sei es, daß sie schon ein längeres Verbleiben der Gemeinde in dieser Welt in Rechnung stellen und dafür Weisung geben.

1. Das Ausbleiben der Parusie

Literatur: BRANDENBURGER, E., Markus 13 und die Apokalyptik, Göttingen 1984; GRÄSSER, E., Das Problem der Parusieverzögerung in den synoptischen Evangelien und in der Apostelgeschichte, Berlin ^{3}1977; DERS., Die Naherwartung Jesu, Stuttgart 1973; KLEIN, G., Art. Eschatologie IV: Neues Testament, in: TRE X (1982) 270-299; KÜMMEL, W.G., Verheißung und Erfüllung, Zürich ^{3}1956; LOHFINK, G., Zur Möglichkeit christlicher Naherwartung, in: QD 71, Freiburg [5]1986, 38-81; LOHSE, E., Christus als der Weltenrichter, in: FS H. Conzelmann, Tübingen 1975, 475-486; RADL, W., Ankunft des Herrn, Frankfurt 1981; SCHENK, W., Naherwartung und Parusieverzögerung: Theol. Versuche 4 (1972) 47-69; STROBEL, A., Kerygma und Apokalyptik, Göttingen 1967.

Jesus hat mit der unmittelbar zeitlichen Nähe der Basileia Gottes gerechnet und diese Naherwartung auch seinen Hörern vermittelt. Höchster Ausdruck solcher Naherwartung war sein Bewußtsein, daß die Basileia Gottes sich bereits in seinen Dämonenbannungen und Heilungen machtvoll Bahn brach und nun unaufhaltsam durchsetzte.
Die Jünger teilten Jesu Anschauungen. Ihre von Jesus übernommene Naherwartung wurde nach Ostern durch die Erscheinungen des Auferstandenen und durch das Wirken des Heiligen Geistes noch gewaltig gesteigert. Die Auferweckung der Toten und die Ausgießung des Geistes galten nach frühjüdischer Erwartung als Gottes Tat und Gabe der eschatologischen Zeit. Die nachösterliche Jüngergemeinde glaubte also, in der dem Anbruch der Basileia Gottes unmittelbar vorausgehenden Zeit zu leben. Sie erwartete in kürzester Frist die Ankunft des "Messias/Menschensohnes" Jesus, das Endgericht und die endgültige Aufrichtung der Gottesherrschaft. Welche konkreten Zeitvorstellungen die Urgemeinde hatte, wissen wir nicht. Aber aus den "Terminworten" (s. unten), aus 1 Thess 4,17 und Joh 21,23 läßt sich erkennen, daß "die erste Generation nach Jesu Tod und Auferstehung in aller Regel meinte, nicht mehr sterben zu müssen" (Lüdemann, Paulus I 216).
Doch das erwartete Ende verzögerte sich. Die Hoffnung auf die baldige Parusie erfüllte sich nicht. Gemeindemitglieder starben, ohne sie erlebt zu haben. Diese Erfahrung mußte Fragen aufwerfen und in den Gemeinden in zunehmendem Maße Probleme bereiten. 1 Thess 4,13-18 ist ein Beispiel dafür (s. dazu Kap. XIV.4).
Wir finden jedoch kein Anzeichen für eine durch die Parusieverzögerung ausgelöste allgemeine Krise. Die Urgemeinde hat die verstreichende Zeit offensichtlich nicht als grundsätzliches Problem empfunden. Obwohl die Erwartung des unmittelbaren Eintreffens der eschatologischen Ereignisse sich nicht erfüllte, hat sie an der Naherwartung festgehalten. Noch beim späten Paulus treffen wir sie an, auch im Markusevangelium ist sie ungebrochen da. Sogar die "johanneischen" Gemeinden lebten in der Naherwartung (Joh 16,16-23). Natürlich ist sie stets neu reflektiert und artikuliert worden. Mißverständnisse mußten korrigiert und Fehldeutungen abgewiesen werden.

Nun wäre eine Krise der Urgemeinde auch nur zu erwarten gewesen, wenn ihre eschatologische Hoffnung in jeder Hinsicht determiniert gewesen wäre. Das war aber eindeutig nicht der Fall. Die Gemeinde wußte sich auch in dieser Hinsicht von Gott selbst und seinem Geist geführt. Mit Jesus hatten die Jünger vielleicht das unmittelbare Hereinbrechen der Basileia beim letzten Jerusalemaufenthalt erwartet (Mk 14,25). Der Tod Jesu, die Erscheinungen des Auferstandenen und das Wirken des Geistes wiesen aber in eine andere Richtung. Zunächst war nochmals eine Frist zur Umkehr für ganz Israel eröffnet. Sie war kurz, und niemand kannte ihr Ende. Mit zunehmender Reflexion des Christusgeschehens trat ein weiterer, das Ende aufschiebender Faktor in den Blick: die Heidenmission. Auch sie hebt die Naherwartung nicht auf. Paulus missioniert in dem Bewußtsein, dafür nur kurze Zeit zur Verfügung zu haben. Dennoch kann er Röm 15,22-24 weitergehende Pläne entwickeln, ohne daß wir annehmen dürfen, er sei in eine eschatologische Krise geraten. Was für Paulus gilt, dürfte für die Urgemeinde insgesamt zutreffen. Der breite Raum, den die Überlieferung zum Thema Parusie einnimmt, weist auf die Brisanz dieses Themas hin, aber auch darauf, wie die Urgemeinde es bewältigte und in konkrete Paränese umsetzte.

1.1. "Terminworte"

Literatur: KUENZI, M., Das Naherwartungslogion Markus 9,1par, Tübingen 1977; OBERLINNER, L., Die Stellung der "Terminworte" in der eschatologischen Verkündigung des Neuen Testaments, in: Fiedler, P./Zeller, D. (Hg), Gegenwart und kommendes Reich, Stuttgart 1975, 51-66; PESCH, R., Naherwartungen. Tradition und Redaktion in Mk 13, Düsseldorf 1968; SCHÜRMANN, H., Zur Traditions- und Redaktionsgeschichte von Mt 10,23: BZ 3 (1959) 82-88; VIELHAUER, Ph., Gottesreich und Menschensohn in der Verkündigung Jesu, in: Ders., Aufsätze zum Neuen Testament, München 1965, 55-91, bes. 64ff; VÖGTLE, A., Exegetische Erwägungen über das Wissen und Selbstbewußtsein Jesu, in: Ders., Das Evangelium und die Evangelien, Düsseldorf 1971, 296-344.

Im folgenden sollen zunächst die umstrittenen "Terminworte" besprochen werden. Sie bezeugen nicht nur die Tatsache der unmittelbaren Naherwartung in der ältesten Gemeinde, sondern scheinen sogar den Termin angeben zu wollen, wann das Ende eintritt. Doch wird aus ihnen auch deutlich, daß die Urgemeinde sich bewußt blieb, daß der Termin einzig in Gottes Verfügung stand. Als erstes Wort ist hier Mt 10,23[1] zu nennen:

> Verfolgt man euch aber in der einen Stadt, so flieht in eine andere;
> denn wahrlich, ich sage euch, ihr werdet noch nicht fertig sein mit den Städten Israels, bis der Menschensohn kommt.

V.23 ist ein einheitliches Logion; auch das οὐ μὴ τελέσητε V.23b bezieht sich auf die in V.23a angesprochene Flucht von Stadt zu Stadt. Erst nachdem das Logion in Q mit Mt 10,14 verbunden worden war, konnte es auf die Israelmission insgesamt bezogen werden. Ursprünglich dürfte Mt 10,23 ein Trostwort für verfolgte Jünger sein. Sie sollen von einer Stadt in die andere fliehen. Sie dürfen sicher sein: Ehe sie auf ihrer Flucht die Städte Israels durcheilt haben, wird der "Menschensohn" erschienen sein. Die Verfolgung ist also von kürzester Dauer, die Parusie steht unmittelbar bevor.

Das Wort ist sehr alt. Es rechnet in keiner Weise mit einer Verzögerung der Parusie, sondern erwartet sie in allernächster Nähe und kündigt dies ausdrücklich an. Ob ein echtes Jesuswort zugrunde liegt, bleibt unsicher. Die vorliegende Fassung geht auf einen urchristlichen Propheten zurück, der im Namen des Auferstandenen spricht. Hintergrund ist die negative Erfahrung urchristlicher Missionare, die bei ihrer Israelmission auf Ablehnung und Verfolgung stießen (Mt 10,14). Der Verfolgungshinweis und die angeratene Flucht von Stadt zu Stadt könnte daran denken lassen, das Logion sei in Kreisen der "Hellenisten" entstanden und überliefert worden. Diese mußten nach dem Tod des Stephanus Jerusalem fluchtartig verlassen und dürften die hellenistischen Städte in Israel als Fluchtstationen gewählt haben (s. Kap. VIII).

Traditionsgeschichtlich umstritten ist das Logion Mk 13,30:

> Wahrlich, ich sage euch: Dieses Geschlecht wird nicht vergehen,
> bis das alles geschieht.

Der Kontext Mk 13,28-37 ist eine redaktionelle Komposition aus ursprünglich isoliert überliefer-

[1] Das Logion ist an den Komplex 10,17-22 (vgl. Mk 13,9-13parr) angehängt worden und dürfte ein ursprünglich isolierter Spruch gewesen sein. In Q könnte er an Mt 10,14 angeschlossen (vgl. Lk 10,11) und dort seine jetzige Formulierung ἐν τῇ πόλει ταύτῃ erhalten haben. Ursprünglich vielleicht: ἐν τῇ πόλει μιᾷ.

tem Material. Die Frage ist aber, ob auch 13,30 ein altes Logion ist, das der Evangelist hier eingefügt hat.
Dafür könnte die Einleitung ἀμὴν λέγω ὑμῖν sprechen, durch die es von V.28f abgesetzt ist. Dagegen spricht, daß ταῦτα πάντα offensichtlich auf den vorausgehenden Kontext verweist (13,1-4.5-26), mit dem das Logion aber keine ursprüngliche Verbindung hatte. Ist diese Formulierung aber auch bei einem isoliert überlieferten Wort als Hinweis auf die Endereignisse verständlich? Das wird von einigen Forschern bejaht[1], die das Wort für sehr alt halten. Ihr stärkstes Argument ist, daß der Ausdruck "dieses Geschlecht" nur die gegenwärtig lebende Generation und nicht "das jüdische Volk" oder noch allgemeiner eine bestimmte Art von Menschen meinen kann. Dann aber scheint es weniger wahrscheinlich zu sein, daß dieses Terminlogion erst in späterer Zeit, als die Erfahrung des Aussterbens "dieser Generation" und der Parusieverzögerung immer bedrängender wurde, entstanden ist. Das Logion wäre dann ein Zeugnis der unmittelbaren Naherwartung in der ältesten Gemeinde.
So eindrucksvoll dieses Argument auch sein mag, es ist doch mit einem Fragezeichen zu versehen. 13,30 könnte durchaus redaktionell sein. Da auch das Markusevangelium die Naherwartung noch bezeugt, könnte sich 13,30 auf die Generation zur Zeit des Markus beziehen. Dieser könnte ein älteres Logion (etwa 9,1) im Rahmen seiner Endzeitrede aktualisiert haben.

Mk 9,1 ist dagegen ein sehr altes Terminlogion:

> Wahrlich, ich sage euch: Es sind einige unter denen, die hier stehen, die den Tod nicht kosten werden, bis sie sehen: Die Basileia Gottes (ist) gekommen in Macht.

Hier ist deutlich die Erfahrung der Verzögerung der Eschata vorausgesetzt: Nicht alle, sondern nur noch einige werden den Anbruch der Endzeit bei Lebzeiten erfahren. Angesichts von Todesfällen in der Gemeinde stellten Christen die bange Frage, ob sie tatsächlich die Parusie und mit ihr den machtvollen Anbruch der Gottesherrschaft noch erleben werden (vgl. 1 Thess 4,13ff). In dieser Situation tröstet das Wort und hält die Endzeithoffnung wach: Es ruft zu nicht erlahmender Bereitschaft für das baldige Kommen der Gottesherrschaft auf.
Das Logion ist im Munde Jesu undenkbar, weil es seiner Naherwartung widerspricht. Nur noch einige der Generation Jesu werden den Anbruch des Endes erleben. Es liegt also ein prophetisches Wort vor, durch das der Auferstandene zur Gemeinde spricht. Angesichts der im Hintergrund stehenden Problematik der Parusieverzögerung dürfte es in die späte Zeit der urchristlichen Gemeinde gehören.[2]
Von grundsätzlicher Art ist das Logion Mk 13,32. Der Termin der endzeitlichen Ereignisse wird hier fest in Gottes souveränem Wissen eingeschlossen. Damit wird von vornherein jede Spekulation über Fristen und jede Berechnung von Terminen in der Gemeinde abgebogen. Da nicht einmal der Offenbarungsmittler Jesus den Termin kennt, ist jede Behauptung eines diesbezüglichen Offenbarungswissens abwegig. Die Unkenntnis des Termins macht aber erhöhte Wachsamkeit nötig.

---

[1] So Kümmel; Grässer; Vögtle läßt es an Mk 13,1-4 anschließen.

[2] Falls Mk 13,30 ein altes Logion ist, ist es ohne Zweifel älter als 9,1. In 9,1 würde 13,30 dann bereits abgeschwächt: Nicht mehr "dieses Geschlecht" als Ganzes, sondern nur einige daraus sind noch am Leben, wenn die Eschata eintreten. Vgl. auch Joh 21,22f: Zugrunde liegt ein überliefertes "Herrenwort", nach dem "jener Jünger" vor der Parusie nicht sterben wird. Gegenüber Mk 9,1 ist das Problem der Parusieverzögerung nochmals verschärft: Wenigstens dieser eine aus der Jesusgeneration wird bis zur Parusie am Leben bleiben. Nach seinem unerwarteten Tod wird nun versucht, das Herrenwort zurechtzurücken.

Von jenem Tag aber oder der Stunde hat niemand Kenntnis,
auch nicht die Engel im Himmel, auch nicht der Sohn, nur der Vater allein.

Das Logion läßt sich leicht aus dem jetzigen kompositionellen Kontext herauslösen und als ursprünglich isoliert erweisen. Es ist urchristliche Bildung, denn das absolute ὁ υἱός (vgl. Mt 11,27) ist im Mund Jesu undenkbar.[1]

Das Wort spricht vom Termin des Anbruchs der Endzeit. Mit "jenem Tag" und "jener Stunde" sind der eschatologische Tag und die letzte Stunde gemeint. Niemand außer Gott kennt ihren Termin (vgl. Sach 14,7; PsSal 17,23; 4 Esra 4,37.51; 6,6), nicht einmal der "Sohn". Die deutliche Subordination Jesu unter Gott weist auf das hohe Alter des Logions hin.
Das Wort lehnt kategorisch jedes Wissen von Menschen über den genauen Termin des Anbruchs der Eschata ab (vgl. 1 Thess 5,1f). Damit greift es einen festen Topos der apokalyptischen Literatur auf. Es erweist sich somit als apokalyptisch geprägt und ist keineswegs gegen die Apokalyptik gerichtet. Offenbar sind in der Gemeinde Spekulationen und Berechnungen über den Termin angestellt worden. Nahrung erhielten sie durch das unerwartete Ausbleiben der Parusie. Auch dieses Logion setzt also die Erfahrung der Parusieverzögerung voraus. Aber nicht zu diesem Problem selbst nimmt es Stellung, sondern zu seiner Folgeerscheinung. Der Sprecher, wohl ein urchristlicher Prophet, stellt sich geduldig unter den Ratschluß Gottes, der den Tag der Endvollendung zur festgesetzten Zeit heraufführen wird.

1.2. Parusieschilderungen

Literatur: VIELHAUER, Ph., Apokalypsen und Verwandtes (Einleitung), in: HENNECKE, E./ SCHNEEMELCHER, W., Neutestamentliche Apokryphen II ^{4}1971, 428-454; vgl. die Literatur zu Abschn. 1 und 1.1.

Die Urgemeinde hat nicht nur die eschatologischen Erwartungen des Frühjudentums geteilt, sie war auch selbst von der Apokalyptik geprägt. Wie stark diese Prägung war, geht noch aus der "kleinen Apokalypse" hervor, die aus Mk 13 rekonstruiert werden kann.[2] Dem Evangelisten lag sie als schriftlich fixierte (vgl. V.14) Überlieferung bereits vor und wurde von ihm redaktionell bearbeitet und erweitert. Über ihren genauen Umfang und Wortlaut gehen allerdings die Mei-

---

[1] Möglich ist, daß οὐδὲ ὁ υἱὸς εἰ μὴ ὁ πατήρ sekundäre Erweiterung ist und das Wort einmal abschloß mit: οὐδὲ οἱ ἄγγελοι ἐν οὐρανῷ εἰ μὴ εἷς ὁ θεός (so Pesch). Ob es in dieser Fassung dann ein echtes Jesuswort ist (Kümmel, Vögtle, Pesch) oder gar ein ursprünglich jüdisches Wort (so Bultmann, Grässer), kann hier offenbleiben. Meines Erachtens ist seine Entstehung in der urchristlichen Gemeinde am wahrscheinlichsten.

[2] BRANDENBURGER, E., Markus 13 und die Apokalyptik, Göttingen 1984; CONZELMANN, H., Geschichte und Eschaton nach Mc 13, in: Ders., Theologie als Schriftauslegung, München 1974, 62-73; HAHN, F., Die Rede von der Parusie des Menschensohnes Markus 13, in: FS A. Vögtle, Freiburg 1975, 240-266; KÜMMEL, W.G., Verheißung und Erfüllung, Zürich ^{3}1956; MARXSEN, W., Der Evangelist Markus, Göttingen 1956, 112ff; PESCH, R., Naherwartungen, Düsseldorf 1968; THEISSEN, G., Lokalkolorit und Zeitgeschichte in den Evangelien, Göttingen/Freiburg(CH) 1989, 133-176.

nungen stark auseinander.[1] Konsens herrscht nur darüber, daß zumindest die V.7-8.14-20 und 24-27 zum Bestand der "kleinen Apokalypse" gehört haben.

> 7Wenn ihr aber von Kriegen und Kriegsgerüchten hört, so erschreckt nicht; denn das muß so kommen; aber es ist noch nicht das Ende. 8Denn Volk wird wider Volk sich erheben und Reich wider Reich; Erdbeben wird es geben von Ort zu Ort, es wird Hungersnöte geben. Das ist erst der Anfang der Wehen [...] 14Wenn ihr aber den Greuel der Verwüstung stehen seht, wo er nicht darf, - wer es liest, merke auf! - dann fliehe, wer in Judäa ist, in die Berge! 15Wer aber auf dem Dach ist, steige nicht herab in das Haus und gehe nicht hinein, um etwas aus seinem Haus zu holen, 16und wer auf dem Feld ist, kehre nicht zurück, um seinen Mantel zu holen. 17Wehe aber den Frauen, die in jenen Tagen ein Kind austragen, und den Stillenden! 18Betet aber, daß das nicht im Winter geschehe. 19Denn jene Tage werden eine solche Drangsal sein, wie es sie seit Beginn der Schöpfung, die Gott geschaffen hat, bis jetzt noch nicht gegeben hat und auch nicht mehr geben wird. 20Und wenn nicht der Herr die Tage abkürzte, dann würde kein Mensch gerettet werden; doch um der Auserwählten willen, die er auserwählt hat, hat er die Tage verkürzt [...] 24Aber in jenen Tagen nach jener Drangsal wird die Sonne verfinstert werden, und der Mond wird nicht mehr seinen Schein geben. 25Und die Sterne werden vom Himmel fallen, und die Kräfte am Himmel werden erschüttert werden. 26Und dann wird man den Menschensohn kommen sehen auf Wolken mit großer Macht und Herrlichkeit. 27Und dann wird er seine Engel aussenden, und er wird seine Auserwählten sammeln von den vier Windrichtungen her, vom Ende der Erde bis zum Ende des Himmels.

Geht man von diesem Grundbestand der überlieferten "Apokalypse" aus, dann läßt sich zu ihrem Charakter folgendes sagen:
1. Sie hat drei Teile: Zunächst wird auf allgemeine Vorzeichen des nahen Endes hingewiesen (V.7f). Danach wird ein bereits eingetretenes schändliches Ereignis, das den Höhepunkt der endzeitlichen Drangsal herbeiführen wird, in verdeckter Rede geschildert (V.14-20). Schließlich werden die danach eintretenden kosmischen Endereignisse, die dem Kommen des "Menschensohnes" vorausgehen, und das Kommen des "Menschensohnes" zur Rettung seiner Auserwählten geschildert (V.24-27).
2. Sie ist ursprünglich als Rede Jesu stilisiert gewesen (anders dagegen V.6.9.13a.23).
3. Sie enthält zahlreiche apokalyptische Topoi und Formelemente.
4. Sie ist bezogen auf konkrete geschichtliche Vorgänge (vgl. V.7f), die Judäa und Jerusalem bzw. den Tempel betreffen (vgl. V.14f). Diese werden als Vorspiel zu dem in Kürze erfolgenden Kommen des "Menschensohnes" gedeutet.
Die Nähe zur Apokalyptik hat R. Bultmann zur Annahme veranlaßt, daß wir es in dem Textzusammenhang gar nicht mit einer christlichen, sondern mit einer ursprünglich jüdischen "Apokalypse" zu tun haben, die christlich überarbeitet wurde. Bemerkenswert ist auch die bereits alte, von R. Pesch aufgegriffene und neu begründete Hypothese, daß der Überlieferung ein jüdisches Flugblatt (vgl. V.14) zugrunde liege, das aus konkretem Anlaß in Judäa verbreitet wurde. Sein ursprünglicher historischer Hintergrund sei also nicht der jüdische Krieg, sondern ein Ereignis zwischen dem Winter der Jahre 39/40 und 40/41, das die Juden in Palästina und in aller Welt in höchste apokalyptische Erregung versetzt habe: Im Tempel sollte eine Statue des Kaisers aufgestellt werden. Die Ermordung des Caligula am 24.01.41 verhinderte diese Schändung des Tempels. (s. dazu Kap. XI.3). "In die Erregung der Wochen zwischen dem Winter 39/40 und dem Winter 40/41 würde die Entstehung des apokalyptischen Flugblatts sehr gut passen." (Pesch) Während des jüdischen Krieges sei das Flugblatt dann von den Christen aufgegriffen und aktualisiert worden.

Beide Hypothesen sind zurückzuweisen. Die "kleine Apokalypse" ist ein ursprünglich christliches Traditionsstück und dürfte in Judäa/Jerusalem zu Be-

---

[1] Nach Bultmann umfaßte der alte Textzusammenhang V.7.8.12.14-22.24-27. Kümmel klammert noch die V.21ff aus. Pesch hält auch V.6 und V.13b für ursprünglich, dagegen nicht V.20b-21; er muß deshalb V.22 hinter V.6 umstellen. Nach Hahn wiederum müssen auch V.28-31 zur vormarkinischen Apokalypse gerechnet werden. Diese stelle geradezu die Explikation des in V.28-31 zugrundeliegenden alten Jesusgleichnisses dar. Brandenburger hält nur V.7-8.14-20.24-27 für den Wortlaut der alten Vorlage.

ginn des Jüdischen Krieges (66 n.Chr.) entstanden sein. Angesichts der sich abzeichnenden politischen und kriegerischen Entscheidung verkündet ein urchristlicher Prophet die unmittelbar bevorstehende Parusie des "Menschensohnes" Jesus. Seine Intention ist, die Christen zum Durchhalten in der bevorstehenden Not zu motivieren. Topoi und Stil entsprechen ganz der jüdischen Apokalyptik. Die konkreten Zeitereignisse werden als Vorzeichen des unmittelbar bevorstehenden Eschaton gedeutet. Ein Termin im eigentlichen Sinne wird aber nicht genannt (vgl. V.24).

In V.7f könnte auf den erfolglosen Feldzug des Cestius gegen Jerusalem (Nov. 66 n.Chr.) oder auf die systematische Säuberung Galiläas von Aufständischen durch Vespasian in den folgenden Jahren verweisen. Der absichtlich dunkle, nur dem eingeweihten Leser verständliche Ausdruck "Greuel der Verwüstung" (V.14 vgl. Dan 8,11; 9,27; 11,31; 12,11; 1 Makk 1,54) könnte sich auf die vom Seher vorausgesehene Schändung des Tempels durch römisches Militär beziehen. Denkbar ist auch, daß hier auf die tatsächlich bereits eingetretene Schändung des Tempels durch die "Zeloten" verwiesen wird, die von 66 n.Chr. an im Tempel ein blutiges Regiment führten (vgl. Josephus, Bell II 441.456; IV 139f.144ff.150ff.163.242).

"Sitz im Leben" der "kleinen Apokalypse" ist also die durch die bevorstehende militärische Entscheidung zwischen den Römern und dem jüdischen Widerstand gesteigerte Naherwartung der christlichen Urgemeinde. Sie weiß sich inzwischen vom übrigen Judentum geschieden. Das Rettungshandeln des kommenden "Menschensohnes" gilt nur noch ihr als seinen "Auserwählten" (13,27). Die Juden, die dem Umkehrruf der Jünger nicht gefolgt sind, werden in den in Kürze einsetzenden kosmischen Katastrophen untergehen. Die "kleine Apokalypse" richtet sich aber nicht nur an die Christen Jerusalems. Ausdrücklich werden die in Judäa wohnenden Christen zur Flucht aufgefordert (13,15). Wahrscheinlich ist die "Apokalypse" schriftlich verbreitet worden (13,14). Sie war dann ein christliches "Flugblatt".

Wie in Mk 13,26 wird auch in Lk 17,23fpar[1] betont, daß die Parusie des "Menschensohnes" ein kosmisch-universales Geschehen sein wird.

> Wenn man euch sagt: Siehe, er ist in der Wüste - geht nicht hinaus;
> Siehe, er ist in den Gemächern - glaubt es nicht.
> Denn wie der Blitz vom Osten heraufkommt und bis zum Westen scheint, so wird auch der Menschensohn (an seinem Tag) sein.
> (Rekonstruktion nach Zeller)[2]

Hier ermahnt ein christlicher Prophet die Gemeinde, sich in ihrer hochge-

---

[1] VIELHAUER, Ph., Gottesreich und Menschensohn in der Verkündigung Jesu, in: Ders., Aufsätze zum Neuen Testament, München 1965, 75ff.

[2] Der jeweils andere Kontext des Wortes bei Lukas und Matthäus zeigt an, daß ein ursprünglich isoliertes Logion vorliegt. Matthäus dürfte die Bildhälfte ursprünglicher, weil konkreter, überliefern, Lukas dagegen die Sachhälfte. Der Ausdruck "Parusie" bei Matthäus ist sicher sekundär.
Umstritten ist, ob der Spruch eine ursprüngliche Einheit ist. Davon ist aber doch mit Vielhauer auszugehen (gegen Hahn, Schweizer), denn Lk 17,24 ist als Begründung zu V.23 stilisiert (γάρ) und sachlich eng auf die Mahnung V.23 bezogen. Dann ist aber der ganze Spruch als Gemeindebildung anzusehen. Im Munde Jesu ergäbe sich zudem die Schwierigkeit, daß Jesus vom "Menschensohn" als einer von ihm selbst unterschiedenen Person spräche (vgl. Lk 12,8f). In Lk 17,23fpar sind - wie auch sonst in der urchristlichen Tradition - die Messias- und die Menschensohnerwartung verbunden und auf Jesus bezogen. V.23 greift den Topos der frühjüdischen Messiaserwartung auf, daß der "Messias" vor seiner Kundgabe unerkannt und verborgen ist, man darum nach ihm Ausschau halten muß; V.24 stellt demgegenüber fest, daß das Erscheinen des "Menschensohnes" unübersehbar sein wird.

spannten Naherwartung nicht durch das Gerücht verwirren zu lassen, der Messias sei "hier oder dort" (vgl. Mk 13,21f) bereits in Erscheinung getreten. Verständlich wird diese Mahnung angesichts des Auftretens jüdischer Messiasprätendenten vor und während des Jüdischen Krieges.[1] Wenn der "Messias/Menschensohn" zur Parusie erscheint, wird er unübersehbar sein wie ein Blitz, der von einem Ende des Himmels bis zum anderen leuchtet. Alle Befürchtungen, man könne die Parusie und den Anschluß an den "Messias/Menschensohn" verpassen, sind darum grundlos.

"Sitz im Leben" dieses Prophetenspruchs sind die verwirrenden Erfahrungen der judenchristlichen Gemeinde Palästinas mit apokalyptischen Spekulationen und Gerüchten, die durch die Ereignisse vor und während des jüdischen Kriegs kräftig genährt wurden.

Keineswegs alle jüdischen Zeitgenossen der urchristlichen Gemeinde haben die gespannte Naherwartung geteilt. Der sadduzäische Priesteradel lehnte die Eschatologie ohnehin gänzlich ab. Die Pharisäer teilten trotz grundsätzlicher Anerkennung der Eschatologie nicht durchweg die apokalyptische Naherwartung. Zumindest ein Flügel dieser Gruppe stand ihr zunehmend skeptisch gegenüber. Aber auch in der einfachen Bevölkerung dürfte nicht jeder ein Anhänger apokalyptischer Naherwartung gewesen sein. Ihre Haltung wird in Lk 17,26-30par aufs Korn genommen und kritisiert.

> Wie in den Tagen des Noach, so wird es auch am Tag des Menschensohns sein:
> Sie aßen und tranken, heirateten und verheirateten,
> bis zu dem Tag, da Noach in die Arche ging und die Flut kam und alle wegraffte, ...
> (Und) wie es in den Tagen Lots war:
> Sie aßen, tranken, kauften, verkauften, pflanzten, bauten;
> aber am Tag, da Lot Sodom verließ,
> regnete es Feuer und Schwefel vom Himmel und vernichtete alle.
> So wird es an dem Tag sein, da sich der Menschensohn offenbart.
> (Rekonstruktion nach Zeller)

Das Wort ist ein urchristliches Drohwort gegen Sorglosigkeit und Unbußfertigkeit angesichts der überraschend hereinbrechenden Parusie des "Menschensohnes". Es richtet sich wohl nicht gegen Mitglieder der Urgemeinde, die ja mit der unmittelbaren Nähe der Parusie rechneten, sondern gegen die sorglosen und unvorbereiteten jüdischen Zeitgenossen und droht ihnen einen ähnlichen Untergang an, wie ihn die Zeitgenossen Noachs und Lots erleben mußten. "Der Tag des Menschensohnes wird als Unheilstag gedacht, der das Verderben bringt: Flut und Feuer." (Polag 95) Die christliche Gemeinde dagegen wird aus der anbrechenden Gerichtskatastrophe gerettet werden.

"Sitz im Leben" des Spruchs ist die durch die Naherwartung geprägte urchristliche Gerichtspredigt gegen die mangelnde Umkehrbereitschaft des zeitgenössischen Judentums.

Ein Drohwort angesichts der nahen Parusie ist auch Lk 17,34fpar:

> Ich sage euch: In dieser Nacht werden zwei auf einem Lager liegen: der eine wird mitgenommen, der andere zurückgelassen werden. Zwei werden zusammen an derselben Mühle mahlen: die eine wird mitgenommen, die andere aber zurückgelassen werden.

---

[1] Vgl. Josephus, Bell II 259ff; IV 288ff; VII 437ff.

Der Akzent liegt hier auf der schroffen Scheidung zwischen engsten Familien- und Arbeitsgemeinschaften beim Kommen des "Menschensohnes". Niemand kann sicher sein, zu den Geretteten zu gehören. Erst "in jener Nacht" werden die zuvor unsichtbaren Unterschiede offenbar. Es gilt also, vorbereitet zu sein, damit man nicht zu denen gehört, die "zurückgelassen" und damit dem Verderben anheimgegeben werden.

1.3. Ermahnung zur Wachsamkeit

Literatur: SCHNEIDER, G., Parusiegleichnisse im Lukasevangelium, Stuttgart 1975.

Die Erfahrung der Parusieverzögerung und die Ungewißheit des Termins mahnen zur ständigen Wachsamkeit und Bereitschaft. Auch die "kleine Apokalypse" in Mk 13 darf nicht im Sinne eines "Fahrplans" mißverstanden werden. Sie hält den Termin offen und fordert wachsame Bereitschaft für das Kommen des "Menschensohns". Andere Beispiele urchristlicher Parusieparänese finden wir in den Gleichnissen. An ihnen kann auch abgelesen werden, wie sich die Urgemeinde zunehmend der Parusieverzögerung und ihrer Problematik bewußt wurde. Eine "paränetische Akzentverschiebung" wird sichtbar: "Die Paränese will anfangs gar nicht mit der Möglichkeit des Verzuges gerechnet wissen (Mt 24, 45-51), während sie später diese Möglichkeit geradezu einschärft (Mt 25, 1-13)." (Grässer 127) Diese "Akzentverschiebung" kann zur Bestimmung des Alters der Überlieferungen herangezogen werden.

> 36Und ihr sollt Leuten gleichen, die ihren Herrn erwarten, wenn er vom Hochzeitsfestmahl zurückkommt, damit sie, wenn er kommt und anklopft, ihm sogleich öffnen. 37Selig jene Knechte, die der Herr bei seiner Ankunft wachend antrifft! [Wahrlich, ich sage euch: Er wird sich gürten, sie sich zu Tisch legen heißen und wird sie, von einem zum anderen gehend, bedienen.] 38Und wenn er auch um die zweite oder um die dritte Nachtwache kommt und sie so findet - selig sind jene. (Lk 12,36-38)

> Wie bei einem Mann, der auf Reisen geht, und der, wenn er sein Haus verläßt, seinen Knechten die Vollmacht übergibt, jedem seine Arbeit; und dem Türhüter trug er auf, wachsam zu sein. (Mk 13,34)

Die beiden Gleichnisse könnten Varianten eines ursprünglichen Jesusgleichnisses sein, das sich jedoch nicht mehr rekonstruieren läßt.

Mk 13,34 hat in der besonderen Rolle des Türhüters wohl einen ursprünglichen Zug bewahrt. Ansonsten aber macht die markinische Fassung einen gänzlich sekundären und unorganischen Eindruck. Die Übergabe der Vollmacht an die verschiedenen Knechte (vgl. Mt 25,14f) paßt schwer zur vorgestellten Situation. Der Wachsamkeitsbefehl und die nächtliche Heimkehr des Herrn sind unmotiviert, da der Hausherr nicht wie bei Lukas vom Mahl, sondern von einer Reise zurückkehrt. Die markinische Fassung ist daher schwerlich älteste Tradition, falls nicht überhaupt eine redaktionelle Komposition verschiedener traditioneller Züge vorliegt. Die lukanische Fassung ist insgesamt ursprünglicher als die Variante bei Markus. Allerdings ist V.37b ein allegorisierender Zug, der den Zusammenhang von V.37a mit V.38 sprengt und das Motiv vom eschatologischen Freudenmahl einträgt. Auch die Mehrzahl der Knechte dürfte sekundär sein. Dieser Zug wirkt künstlich, weil nicht alle Knechte zugleich dem Herrn öffnen können. Er dürfte eine sekundäre Allegorisierung im Blick auf die christliche Gemeinde sein; ursprünglich handelte das Gleichnis vom Türhüter, der wachbleiben muß, bis sein Herr vom Gastmahl zurückkommt (vgl. Mk 13,34).

In V.38 ist die Parusieverzögerung als Möglichkeit direkt ausgesprochen, wird aber als bedeutungslos hingestellt. Das Gleichnis mahnt zur Wachsamkeit, um sofort bereit zu sein, wenn der "Herr" kommt. Die unmittelbare Nähe seines Kommens wird festgehalten; gerade die Erfahrung der geringfügigen Verzögerung seiner Ankunft ist Anlaß zu erhöhter Wachsamkeit.

> Das aber erkennt:
> Wenn der Herr des Hauses wüßte, in welcher Nachtwache der Dieb kommt,
> würde er nicht zulassen, daß in sein Haus eingebrochen wird.
> Auch ihr werdet bereit! Denn zu einer Stunde, da ihr es nicht vermutet,
> kommt der Menschensohn. (Lk 12,39-40par; Rekonstruktion nach Zeller)

J. Jeremias konstatiert einen Bruch zwischen dem Bildwort und seiner Anwendung. Im Bildwort sei ein böses Ereignis angedroht, das Kommen des "Menschensohnes" aber sei für die Gemeinde ein freudiges Ereignis, das jubelnd erwartet wird. Er hält daher das Bildwort für ein ursprüngliches Krisisgleichnis Jesu, das den Hörer angesichts der bevorstehenden eschatologischen Katastrophe aufwecken will. "Das Gleichnis vom Einbrecher wird von der Urkirche auf ihre veränderte Situation bezogen, die durch das Ausbleiben der Parusie gekennzeichnet ist und erhält dadurch einen anderen Akzent." (Jeremias)

In der urchristlichen Paränese wird das Gleichnis zu einem Ruf, bereit zu sein, sozusagen "auf der Lauer zu liegen", um nicht durch die plötzliche Ankunft des "Menschensohnes" überrascht zu werden. Die Naherwartung wird festgehalten. Aber angesichts der erfahrenen Verzögerung der Parusie verlagert sich der Akzent darauf, daß die Parusie plötzlich kommt. Indem die Paränese das Bild vom Dieb festhält (vgl. 1 Thess 5,1f), wird eine weitere Akzentverschiebung sichtbar: Die Parusie ist nicht nur der große Jubeltag, sondern bringt auch etwas Unangenehmes mit sich, denn der "Menschensohn" wird als Richter auftreten. Das kleine Gleichnis fordert also nicht nur Wachsamkeit, sondern zugleich Bereitschaft, sich im Gericht zu verantworten.

> Wer also ist der treue und kluge Knecht, den der Herr über sein Gesinde gesetzt hat,
> damit er ihm die Nahrung zur rechten Zeit gebe?
> Wohl jenem Knecht, den sein Herr, wenn er kommt, bei solchem Tun antrifft;
> wahrhaftig, ich sage euch: Über all seinen Besitz wird er ihn einsetzen.
> Wenn aber jener Knecht in seinem Herzen sagt:
> Mein Herr bleibt aus, und anfängt, seine Mitknechte zu schlagen,
> aber mit Betrunkenen ißt und trinkt,
> dann wird der Herr jenes Knechtes kommen an einem Tag, da er es nicht vermutet,
> und zu einer Stunde, die er nicht kennt, und wird ihn in Stücke hauen
> und ihm seinen Anteil unter den Ungläubigen geben.
> (Lk 12,42-46par; Rekonstruktion nach Zeller)

Dieses allegorisch-paränetische Überlieferungsstück spricht das Problem der Parusieverzögerung ausdrücklich an und warnt die Leiter der Gemeinde davor, angesichts der Parusieverzögerung ihren Dienst an der Gemeinde zu vernachlässigen oder zu mißbrauchen. Dem schlechten Gemeindeleiter wird mit dem plötzlichen, unerwarteten Kommen des Herrn und dem Gericht gedroht. Trotz der Erfahrung der Parusieverzögerung wird auch in diesem Gleichnis die Naherwartung festgehalten.

> [14]Es ist wie mit einem Mann, der in die Fremde ziehen wollte. Er ließ seine Knechte kommen und vertraute ihnen sein Vermögen an; [15]dem einen gab er fünf Talente, dem andern zwei, dem dritten eins, jedem nach seiner Fähigkeit, und er zog in die Ferne. [16]Sofort machte sich, der fünf Talente bekommen hatte, daran, arbeitete mit ihnen und gewann weitere fünf dazu. [17]Ebenso gewann auch, der die zwei Talente hatte, weitere zwei. [18]Der aber nur das eine bekommen

hatte, ging hin, grub ein Loch in die Erde und verbarg das Geld seines Herrn. [19]Nach langer Zeit kam der Herr jener Knechte zurück und rechnete mit ihnen ab. [20]Da trat der hinzu, der die fünf Talente bekommen hatte, brachte noch fünf andere und sprach: "Herr, fünf Talente hast du mir anvertraut; siehe, fünf andere Talente habe ich dazu gewonnen." [21]Da sprach sein Herr zu ihm: "Recht so, guter und getreuer Knecht! Über weniges bist du getreu gewesen, darum will ich dich über vieles setzen. Geh ein in die Freude deines Herrn!" [22]Dann trat auch der mit den zwei Talenten hinzu, und sprach: "Herr, zwei Talente hast du mir anvertraut, siehe, zwei andere Talente habe ich dazu gewonnen." [23]Da sprach sein Herr zu ihm: "Recht so, guter und getreuer Knecht! Über weniges bist du getreu gewesen, darum will ich dich über vieles setzen. Geh ein in die Freude deines Herrn!" [24]Nun kam auch der, der das eine Talent bekommen hatte, und sprach: "Herr, ich wußte, daß du ein harter Mann bist; du erntest, wo du nicht gesät, und sammelst, wo du nicht ausgestreut hast. [25]Aus Angst ging ich darum hin und verbarg dein Talent in der Erde. Siehe, da hast du, was dein ist." [26]Da aber erwiderte ihm sein Herr: "Schlechter und fauler Knecht! Du wußtest, daß ich ernte, wo ich nicht gesät, und sammle, wo ich nicht ausgestreut habe. [27]Da hättest du doch mein Geld auf einer Bank anlegen sollen, so hätte ich bei meiner Heimkehr das Meinige mit Zinsen wiederbekommen. [28]So nehmt ihm denn das Talent und gebt es dem, der die zehn Talente hat! [[29]Denn jedem, der hat, dem wird gegeben werden, und er wird Überfluß haben, wer aber nicht hat, dem wird genommen werden, was er hat.] [30]Den unnützen Knecht aber werft in die Finsternis draußen! [Dort wird Heulen und Zähneknirschen sein.]" (Mt 25, 14-30)[1]

Ob der Parabel ein ursprüngliches Krisisgleichnis Jesu zugrunde liegt (so J. Jeremias), kann hier offenbleiben. Die Urgemeinde hat sie vom Faktum der Parusieverzögerung her allegorisiert und auf ihre Situation bezogen. Besonders deutlich ist dies in V.21.23 und 30: Hier spricht nicht mehr der Herr des Gleichnisses, sondern der endzeitliche Weltenrichter.
Dementsprechend muß die Reise des Herrn im Gleichnis als Hinweis auf die Himmelfahrt, seine Rückkehr als Hinweis auf die Parusie verstanden werden. Die Parusieverzögerung wird in V.19 deutlich angesprochen, aber sie trägt nicht den Akzent. Der Parabel geht es nicht mehr um die Bewältigung dieses Problems an sich, sondern um Paränese angesichts der verzögerten Parusie. In der als selbstverständlich vorausgesetzten langen Abwesenheit des Herrn darf niemand untätig sein; jeder muß mit den ihm vom Herrn anvertrauten "Talenten" nach seinen Möglichkeiten in Treue zum Herrn "wuchern". Die lange Abwesenheit des Herrn wird so als Bewährungszeit für die Treue der Knechte verstanden. Auf der Abrechnung mit dem dritten Knecht (V.24ff) liegt der Akzent. Wer wie dieser Knecht nicht durch eigenes Zutun die anvertrauten Gaben vermehrt hat, wird im Endgericht nicht bestehen.
Das verwendete Bildmaterial verweist die Parabel in die palästinische Gemeinde. Die wie selbstverständlich vorausgesetzte längere Zeit bis zur Parusie und der ethische Akzent erweisen die Paränese aber als relativ spät.

[1]Dann wird es mit dem Himmelreich sein wie mit zehn Jungfrauen, die ihre Lampen nahmen und dem Bräutigam entgegengingen. [2]Fünf von ihnen waren dumm, und fünf waren klug. [3]Die dummen nämlich nahmen ihre Lampen, aber kein Öl mit sich. [4]Die klugen dagegen nahmen mit den Lampen auch Öl in ihren Gefäßen mit. [5]Als nun der Bräutigam auf sich warten ließ, nickten alle ein und

---

[1] Matthäus ist gegenüber Lukas ursprünglicher. V.29 ist sekundärer Einschub (vgl. Mt 13,12parr); er unterbricht den Zusammenhang von V.28 und V.30. Durch diesen Einschub "wird das Gleichnis gegen seinen ursprünglichen Sinn zu einer Belehrung über Gottes Gerechtigkeit" (Grässer). Auch V.30b dürfte eine matthäische Anfügung sein.

schliefen. [6]Um Mitternacht aber erscholl der Ruf: "Seht, der Bräutigam! Auf! Ihm entgegen!" [7]Da standen alle diese Jungfrauen auf und richteten ihre Lampen. [8]Die dummen aber baten die klugen: "Gebt uns von eurem Öl, denn unsere Lampen sind am Erlöschen!" [9]Doch die klugen entgegneten: "Es könnte für uns und euch nicht reichen; geht doch lieber zu den Krämern und kauft euch!" [10]Und während sie nun hingingen, um zu kaufen, kam der Bräutigam. Und die bereit waren, gingen mit ihm hinein zu den Hochzeitsfeierlichkeiten, und die Tür wurde verschlossen. [11]Später kamen auch die übrigen Jungfrauen und riefen: "Herr, Herr, mach' uns auf!" [12]Er aber antwortete: "Wahrlich, ich sage euch: Ich kenne euch nicht." [13]Wacht also, denn ihr wißt weder Tag noch Stunde! (Mt 25,1-13)

Das Stück ist kein authentisches Jesusgleichnis, sondern eine in der späteren Gemeinde ausgebildete Allegorie. Jeder Zug kann aus der Situation der urchristlichen Parusieerwartung erklärt werden.
Die Allegorie zeigt eine weiter veränderte eschatologische Situation an. War es in Lk 12,42-46par noch Torheit, eine Verzögerung der Parusie ernsthaft anzunehmen, so ist es jetzt Torheit, nicht mit ihrer Verzögerung zu rechnen. Es geht im Gleichnis nicht eigentlich um die Mahnung zur Wachsamkeit - alle Jungfrauen schlafen ja ein -, sondern darum, auf Verzögerung eingestellt zu sein. Die dummen Jungfrauen werden nicht wie in Mt 24,43fpar und 24,45ffpar durch das plötzliche Kommen des Bräutigams überrascht, sondern gerade die von ihnen nicht eingeplante lange Verzögerung bringt sie bei seinem Kommen in Verlegenheit. Weil sie mit einer so langen Verzögerung nicht gerechnet haben, sind sie beim Kommen des Bräutigams unvorbereitet.
Das Stück mahnt also, eine längere Wartezeit bis zur Parusie einzukalkulieren, gleichwohl aber stets auf sie vorbereitet zu sein. Wer es nicht ist, wird bei der Parusie den Richterspruch "ich kenne euch nicht" erfahren.

2. Regeln der Frömmigkeit

Die urchristliche Paränese ist in der Regel eschatologisch motiviert. Die drängende Nähe von Basileia und Parusie fordern und ermöglichen zugleich eine neue, radikale Mitmenschlichkeit. Es treten aber auch andere, traditionellere Begründungen hinzu. Die "Lehrer" der Urgemeinde schöpften bei ihren Mahnsprüchen wie schon Jesus selbst auch aus der Weisheitstradition Israels. Die zunehmende Entfremdung vom Judentum bringt weitere Motivationen für christliches Verhalten und christliche Frömmigkeit mit sich. Die Parusieverzögerung verstärkte noch diese Tendenz, war es doch so, daß die meisten Christen trotz ihrer eschatologischen Ausrichtung weiter in den alten Sozialbindungen lebten, in Familie, Nachbarschaft und Dorfgemeinschaft. Hier galt es, den sittlichen Normen des mitmenschlichen Zusammenlebens gerecht zu werden. Von den Christen wird eine vollkommenere Erfüllung des geoffenbarten Gotteswillens, eine höhere Sittlichkeit und Frömmigkeit gefordert, als sie in der jüdischen Umwelt angetroffen werden (s. dazu Kap. XIII.5).
Die im folgenden zu besprechenden paränetischen Überlieferungen lassen das Anwachsen der Begründungen christlicher Frömmigkeitspraxis zum Teil recht deutlich erkennen.
Das von Jesus gelernte Wissen um Gottes Güte befähigte die Christen zum vertrauensvollen Gebet. Die neue Erfahrung des liebenden Vatergottes formte die

Gebetspraxis der Gemeinde. Sie war unrituell, bedurfte keines Formulars und nicht vieler Worte. Aber das Gebet sollte unablässig und zäh sein.

> [7]Bittet, und es wird euch gegeben werden; suchet, und ihr werdet finden; klopfet an, und es wird euch aufgetan werden! [8]Denn jeder, der bittet, empfängt; und wer sucht, der findet; und wer anklopft, dem wird aufgetan werden. [9]Oder wo wäre einer unter euch, der seinem Kinde einen Stein gäbe, wenn es ihn um Brot bittet? [10]Der ihm eine Schlange reichte, wenn es ihn um einen Fisch bittet? [11]Wenn nun ihr, die ihr böse seid, euren Kindern gute Gaben zu geben wißt, um wieviel mehr wird euer himmlischer Vater denen, die ihn bitten, Gutes geben! (Mt 7,7-11)[1]

Die urchristliche Gemeinde hat das echte Jesuswort V.9-11 in der Gebetsparänese verwendet. Das Wort sagt dem Beter die sichere Erhörung und Erfüllung seiner Bitte zu. Wenn schon kein irdischer Vater seinem Kind Schlechtes statt Gutem gibt, dann erst recht nicht der himmlische Vater. Der Beter darf sicher sein, daß Gott es wie ein Vater gut mit ihm meint und ihm auf sein Bitten hin "Gutes" geben wird. "Nichts deutet darauf hin, daß etwa die erbetenen ἀγαθά erst in der messianischen Zukunft liegen. Vielmehr sollen die Angeredeten ihre alltäglichen, gerade die materiellen Nöte vor Gott tragen." (Zeller)

> Wer von euch hätte einen Freund und käme zu ihm um Mitternacht und sagte zu ihm: "Freund, leih mir drei Brote; denn ein Freund von mir ist auf der Reise zu mir gekommen, und ich habe nichts, was ich ihm vorsetzen kann"; wird da jener von innen antworten und sprechen: "Belästige mich nicht, die Tür ist schon zugeschlossen, und meine Kinder sind bei mir im Bett; ich kann nicht aufstehen und dir geben"? Ich sage euch: Wenn er auch nicht aufstehen und ihm geben wird, weil er sein Freund ist, so wird er doch wegen seiner Zudringlichkeit aufstehen und ihm geben, so viel er nötig hat. (Lk 11,5-8)

> In einer Stadt war ein Richter, der Gott nicht fürchtete und Menschen nicht achtete. Es war aber eine Witwe in jener Stadt; die kam zu ihm mit der Bitte: "Schaffe mir Recht gegen meinen Widersacher!" Lange Zeit wollte er nicht. Dann aber sprach er zu sich: "Wenn ich auch Gott nicht fürchte und Menschen nicht achte, so will ich doch dieser Witwe ihr Recht verschaffen, weil sie mir lästig wird, damit sie nicht schließlich kommt und mir in das Gesicht schlägt." [Der Herr aber sprach: "Habt ihr gehört, was der ungerechte Richter sagt? Sollte nun Gott nicht seinen Auserwählten ihr Recht verschaffen, wenn sie Tag und Nacht zu ihm rufen? Sollte er ihnen gegenüber lange zögern? Ich sage euch: Schnell wird er ihnen ihr Recht verschaffen. Aber wird der Menschensohn, wenn er kommt, den Glauben finden auf Erden?"] (Lk 18,1-8)[2]

Wenn schon ein im Schlaf gestörter Freund auf jeden Fall die Bitte des Freundes erhört - wenn nicht aus Freundschaft, dann doch wegen der Zudringlichkeit des Bittstellers -, um wieviel mehr Gott! Und wenn schon ein ungerechter und gottloser Richter wegen ihrer Beharrlichkeit und Zudringlichkeit der Witwe zum Recht verhilft, um wieviel mehr Gott! Gott wird das beharrliche, "aufdring-

---

[1] Die matthäische Fassung dieser Gebetsparänese ist ursprünglicher als die lukanische: Die Gabe des Heiligen Geistes in Lk 11,13 ist lukanische Konkretion, und der Zug Lk 11,12 (Skorpion statt Ei) verdirbt das Bild, das auf der Verwechselbarkeit von Brot/Stein und Fisch/Schlange beruht.
Das Stück ist wohl keine einheitliche Komposition. V.7f war ursprünglich eine selbständige Regel für Wandermissionare (s. dazu Kap. X), die erst sekundär auf das Bittgebet umgemünzt worden ist. Ab V.9 ist nur noch vom Bitten/Geben die Rede.

[2] ZIMMERMANN, H., Das Gleichnis vom Richter und der Witwe (Lk 18,1-8), in: FS H. Schürmann, Freiburg 1978, 79-95.

liche" Gebet der Seinen erhören! Die sekundäre Anwendung Lk 18,6ff weist auf die Situation der Gemeinde, die heftig den Tag des Eingreifens Gottes zu ihren Gunsten erwartet, hin. Man kann fragen, ob das Gleichnis in der vorliegenden Fassung allgemein zu beharrlichem Bittgebet auffordert oder zur speziellen Bitte um das Kommen der Eschata (vgl. Lk 11,2).

> Alles, worum immer ihr betet und bittet: glaubt, daß ihr es empfangt, und es wird euch zuteil werden. (Mk 11,24)[1]

Dem gläubigen Beter wird die sichere Erfüllung seiner Bitte durch Gott zugesagt. Der Grad der Gewißheit wird dabei an den Grad des Vertrauens gekoppelt. Das Wort könnte "auf Bedenken der nachösterlichen Gemeinde antworten, die schon zuweilen die Vergeblichkeit ihres Betens erfahren hat" (Zeller).

> Und wenn ihr betet, macht es nicht wie die Heuchler; die stehen mit Vorliebe in den Synagogen und an den Straßenecken und beten, um den Leuten in die Augen zu fallen; wahrlich, ich sage euch, sie haben schon ihren Lohn empfangen. Du aber, wenn du betest, geh in deine Kammer, schließ die Tür zu und bete zu deinem Vater im Verborgenen, und dein Vater, der ins Verborgene sieht, wird dir vergelten. (Mt 6,5-6)[2]

Das Stück ist eine weisheitlich geprägte Anweisung für das private Gebet der Christen. Es ist nach einem festen Schema gebaut (vgl. noch Mt 6,2-4; 6,16-18): Dem falschen wird das richtige Verhalten gegenübergestellt.[3]

Mt 6,5-6 ist auf dem Hintergrund jüdischer Gebetspraxis zu sehen, wo das öffentliche Gebet zu festen Zeiten üblich war. Das wird hier als Zurschaustellen der Frömmigkeit bewertet. Der Christ soll im Verborgenen beten. Gott sieht den Beter sogar in der Verborgenheit einer "Abstellkammer". Dem verborgenen Gebet wird die sichere Erhörung verheißen.
Das Wort richtet seine Spitze gegen mögliche Auswüchse jüdischer Gebetspraxis und schärft eine neue Haltung beim Gebet ein. Allerdings wird hier, wie in Mt 6,2-4.16-18 überhaupt, nicht grundsätzlich jüdische Frömmigkeitspraxis kritisiert. Es geht um die Gefährdung gerade des "Frommen", seine Frömmigkeit zum Statussymbol umzufunktionieren. Die Gebetsunterweisung ist in der palästinischen Gemeinde entstanden, die in Konkurrenz zu anderen Reformbewegungen des Judentums, etwa den Pharisäern, stand. Träger solcher Frömmigkeitsregeln sind Kreise urchristlicher Weisheitslehrer oder Rabbinen.
Wie sich christliche Frömmigkeitspraxis und ihre Motivation durch die Parusieverzögerung wandeln konnten, läßt sich am Fall des "Fastens" nachvollziehen. Das Judentum zur Zeit Jesu hatte keine allgemein gültige Fastenordnung.

---

[1] HAHN, F., Jesu Wort vom bergeversetzenden Glauben: ZNW 76 (1985) 149-169. - Mk 11,24 läßt sich im Kontext isolieren. Der Spruch hängt weder mit V.23 ursprünglich zusammen, wie die unabhängige Q-Parallele Mt 17,20/Lk 17,5 zeigen kann, noch mit V.25, der in Mt 6,14f eine Parallele hat.

[2] BETZ, H.D., Eine judenchristliche Kult-Didache in Matthäus 6,1-18. Überlegungen und Fragen im Blick auf das Problem des historischen Jesus, in: FS H. Conzelmann, Tübingen 1975, 445-457; DIETZFELBINGER, C., Die Frömmigkeitsregeln von Mt 6,1-18 als Zeugnisse frühchristlicher Geschichte: ZNW 75 (1984) 184-201.

[3] Mt 6,7-8 ist nicht die ursprüngliche Fortsetzung von V.5-6. Hier wird vor der heidnischen Gebetspraxis gewarnt, die Götter durch endloses Gebet "müde zu machen". Jede Angst, Gott wüßte nicht, worum es dem Beter geht, ist unbegründet. Schon vor dem Gebet weiß Gott, was der Beter nötig hat. Diese Mahnung stammt wohl aus einer Gemeinde, die in einer heidnisch geprägten Umwelt lebte.

Als allgemeiner Fasttag war nur der große Versöhnungstag vorgeschrieben. In Kreisen jüdischer "Frommer" wurde gleichwohl ein strenges Fasten geübt. Das später bezeugte "Wochenfasten" am Montag und Donnerstag geht wohl auf pharisäische Kreise zurück (vgl. Lk 18,12), die es schon zur Zeit Jesu als besondere Frömmigkeitsübung pflegten. Johannes der Täufer und seine Anhänger hielten ein eschatologisch motiviertes Fasten im Blick auf das kommende Zorngericht Gottes (Mt 11,18; Mk 2,18f). Jesus hat dagegen offenbar nicht gefastet (vgl. Mt 11,19: "Fresser und Säufer"). Er hat das Fasten für sich und seine Anhänger sogar abgelehnt, weil jetzt Heilszeit war (Mk 2,18f; s. dazu Kap. VII.2). Er praktizierte also ein eschatologisch motiviertes Nichtfasten.
Auch die Urgemeinde hat zunächst das Fasten nicht geübt. Grund dafür war das Bewußtsein, in der anbrechenden Heilszeit zu leben (Mk 2,19). Doch schon früh muß in der aramäisch-sprechenden Urgemeinde eine Gegenbewegung eingesetzt haben. Zeugnis dafür ist Mk 2,20, der 2,19a sekundär erweitert und durch V.19b vorbereitet wird. 2,19a war eine absolute Ablehnung des Fastens aus eschatologischer Motivation: "Hochzeitsgäste können nicht fasten". V.20 blickt dagegen auf die Zeit nach Ostern. Die absolute Ablehnung des Fastens von V.19a wird relativiert und auf die Zeit Jesu beschränkt. Nur die Zeit des irdischen Jesus erscheint als Freudenzeit, die Zeit seit Ostern bis zur Parusie dagegen ist Zeit der Abwesenheit des Bräutigams und darum Zeit des Fastens. V.19b.20 weisen also auf einen Stimmungswandel der Urgemeinde und einen Wandel ihrer Praxis hin. Das Fasten als Frömmigkeitsübung wird eingeführt, nun aber christologisch begründet. 2,20 verweist auf "jenen Tag", an dem gefastet wird. Wahrscheinlich übte die Gemeinde das Fasten an einem anderen Tag als das übrige Judentum, wohl am Freitag.

> Wenn ihr aber fastet, so werdet nicht wie trübselige Heuchler; denn sie entstellen ihr Aussehen, um den Menschen als einer, der fastet, zu erscheinen. Wahrlich, ich sage euch, sie haben ihren Lohn empfangen. Doch du, wenn du fastest, salbe dein Haupt und wasch dein Gesicht, damit du nicht bei den Leuten auffällst als einer, der fastet, sondern deinem Vater im Verborgenen, und dein Vater, der ins Verborgene sieht, wird dir vergelten. (Mt 6,16-18)

Hier liegt eine urchristliche Fastenanweisung vor, die die Fastenpraxis bestimmter jüdischer Kreise, wahrscheinlich der Pharisäer, zur Folie hat. Der Aufbau des Stückes ist mit Mt 6,2-4.5-6 parallel. Formal gehören diese Stücke also zusammen. Sie entstammen dem gleichen "Sitz im Leben", nämlich der weisheitlichen Frömmigkeitsunterweisung der urchristlichen Gemeinde durch "Lehrer". Einer auf öffentliches Zurschaustellen bedachten Fastenpraxis wird die andere Frömmigkeitshaltung des Christen gegenübergestellt. Er soll alles vermeiden, was sein Fasten öffentlich bekannt machen könnte. Seine Frömmigkeit soll - in Entsprechung zur Verborgenheit Gottes - im Verborgenen bleiben. Der verborgenen Frömmigkeit wird Gottes Lohn verheißen.

> Wenn du also Almosen gibst, so posaune es nicht aus, wie es die Heuchler in den Synagogen und auf den Straßen machen, damit sie von den Leuten gepriesen werden; wahrlich, ich sage euch, sie haben ihren Lohn empfangen. Wenn du aber Almosen gibst, so wisse deine Linke nicht, was deine Rechte tut, damit dein Almosen verborgen sei; dann wird dein Vater, der ins Verborgene sieht, dir vergelten. (Mt 6,2-4)

Auch Almosen soll der Christ in einer neuen Haltung geben, ohne dabei auf öffentliche Anerkennung zu schielen. Nicht einmal seine rechte Hand soll wissen, was seine Linke tut. Wieder wird die geforderte neue Haltung von der Praxis jüdischer Konkurrenten abgesetzt, die aber hier wie in den anderen Fällen ohne Zweifel polemisch überzeichnet wird.

"Der Geber soll also bei seinem Geben von sich als dem Gebenden nichts wissen. - Aber das ist eine psychologische Unmöglichkeit. Gerade bei ihr ist einzusetzen. Denn sie zwingt zu der Frage, in welchem Sinn der Geber von sich als dem Gebenden nichts wissen soll. Würde verlangt, daß er nicht wissen soll, was und wem und wozu er gibt, würde verantwortungsloser Unsinn verlangt. Näher kommt man dem Gemeinten mit der Vermutung, es sei ein Geben gefordert, das vom Geber alsbald wieder vergessen wird, weil es selbstloser Liebe entspringt und also nicht der Förderung des eigenen Selbstbewußtseins und der eigenen Geltung dient. Aber vor der Stoßkraft des Bildwortes von V.3 scheint auch diese Interpretation noch zu weich und unbestimmt. Man wird dieser Stoßkraft gewahr, wenn man V.3 auf ein soziales Tun hin auslegt, in dem man unter keinen Umständen sich selbst zum Ziel dieses Tuns macht. Natürlich ist dem Geber nicht untersagt, sein Geben zu reflektieren und sich Rechenschaft über den Sinn seines Gebens abzulegen. Aber es ist ihm, meint V.3, das Naheliegende, das immer sich Aufdrängende absolut untersagt: beim Geben auf sich selbst aus zu sein, auf die Geltung und Bestätigung des eigenen Ich. Darin besteht das in V.3 geforderte Sich-selbst-fremd-Sein." (Dietzfelbinger 186)

Die in dem kleinen "Gemeindekatechismus" Mt 6,2-4.5-6.16-18 zutage tretende Schärfe der Verurteilung der Frömmigkeitspraxis konkurrierender jüdischer Gruppen ("Heuchler") und sein ausgeprägtes "Feindbild" sprechen dafür, die Entstehung dieser Stücke in eine Zeit zunehmender innerer Entfremdung der christlichen Gemeinde von der jüdischen Synagoge anzusetzen. Vielleicht stammen sie auch aus den Jahren nach der Katastrophe von 70 n.Chr. und aus einer judenchristlichen Gemeinde außerhalb Palästinas.

Vor der Gefahr, von der Größe des Almosens auf das "Verdienst" des Gebers vor Gott schließen zu wollen, warnt die kleine "Lehrerzählung" Mk 12,41-44.

> Und als er dem Opferstock gegenübersaß, beobachtete er, wie die Menge Kupfergeld in den Opferstock warf. Und viele Reiche warfen viel hinein. Und es kam eine arme Witwe und warf zwei Lepta hinein, das ist ein Quadrans. Da rief er seine Jünger herbei und sagte zu ihnen: "Wahrlich, ich sage euch: Diese arme Witwe hat mehr hineingeworfen als alle anderen, die etwas in den Opferstock warfen. Denn alle anderen warfen etwas von ihrem Überfluß hinein, sie aber warf aus ihrer Armut alles hinein, was sie hatte, ihren ganzen Lebensunterhalt."

Die Erzählung ist eine "ideale Szene", in der der allgemeine Grundsatz bildhaft dargestellt wird, daß das geringe Opfer der Armen Gott besser gefällt als das üppige der Reichen. Dieser Grundsatz hat zahlreiche Parallelen außerhalb des Christentums, ist also traditionell. Die Lokalisierung der Szene im Tempel "gegenüber dem Opferkasten" verweist darauf, daß die Erzählung in der aramäisch-sprechenden Urgemeinde Jerusalems entstanden ist.

3. Der soziale Bereich

3.1. Mahnung zum richtigen Umgang mit dem Besitz (s. auch Kap. X).

Die ökonomisch-soziale Situation Palästinas haben wir oben skizziert (Kap. III und XI). Sie war bedrückend. Verelendung und Verarmung der Massen nahmen zu. Hohe Staatsschulden, aggressive Steuerpolitik, Mißwirtschaft u.a. führten zu Enteignung und Verarmung. Viele Menschen waren durch die ökonomische Krise vom blanken Hunger bedroht. Dazu kam die Hungersnot um 48

n.Chr., die Palästina und das östliche Reich betraf. Die Verelendung trieb die Landbevölkerung in die Arme der "Zeloten". Die christliche Gemeinde war vielleicht ein weiteres Auffangbecken. Die Christen nannten sich die "Armen". Damit war kein Ideal oder Programm umschrieben, sondern die Wirklichkeit der Gemeinde. Die Reichen und Satten, die fröhliche Feste feiern konnten, fand man außerhalb der Gemeinde. Ihnen wurde die baldige Verurteilung im Gericht angesagt (vgl. Lk 6,24ff). Die Naherwartung der Basileia, die eine totale Umkehrung der bestehenden irdischen Verhältnisse bringen würde, in der die "Letzten" die "Ersten" sein würden (Mk 10,31), ermöglichte den Christen auch eine innere Absage an alles Streben nach irdischem Reichtum. Radikal besitzlose Wandermissionare schärften diese Haltung ein.
In der brüderlichen Gemeinschaft der Christen wußten sich die Armen geborgen. Das Bild von der Jerusalemer Urgemeinde als einer idealen Gütergemeinschaft, das die Apostelgeschichte malt, mag idealisiert sein, der Sache nach trifft es zu. Die täglichen Zusammenkünfte der Gemeinde dienten nicht nur dem Gottesdienst, sondern auch der Sättigung der Gemeindemitglieder (s. dazu Kap. V.2). Daß begüterte Gemeindemitglieder ihren Besitz allen zur Verfügung stellten, ist sicher vorgekommen. Doch war dies keine generelle Forderung an reiche Christen. Zu solchem Besitzverzicht konnte sich nicht jeder entschließen, wie die Erzählung vom reichen Jüngling zeigt (Mk 10,17-31). Aber er ist Bedingung für den "Weg der Vollkommenheit" (Mk 10,21). Es hat aber auch begüterte Christen gegeben. Sie werden zum rechten Umgang mit ihrem Vermögen aufgefordert, vor den Gefahren des Reichtums gewarnt und zum Almosengeben gemahnt.

> [16]Eines Mannes Feld hatte gut getragen. [17]Da überlegte er bei sich: Was soll ich tun? Denn ich habe nichts, um meine Früchte aufzuspeichern. - [18]Und er sprach: "Dies will ich tun: Ich werde meine Scheunen abreißen und größere bauen; dort werde ich meinen ganzen Weizen und meine Güter aufspeichern, [19]und ich werde zu meiner Seele sagen: Seele, viele Güter hast du daliegen für viele Jahre. Nun setz dich zur Ruhe; iß, trink und laß es dir wohl sein." [20]Gott aber sprach zu ihm: "Tor, in dieser Nacht wird man deine Seele von dir abfordern. Was du aufgespeichert hast, wem wird es gehören?" [[21]So geht es dem, der für sich Schätze aufhäuft, aber nicht bei Gott reich ist.] (Lk 12,16-21)[1]

Die Parabel will am Beispiel eines reichen Mannes davor warnen, sich angesichts des nahen Endes auf irdische Reichtümer zu verlassen. Für das genüßliche Auskosten des angehäuften Reichtums bleibt keine Zeit mehr. Jeglicher Reichtum verliert angesichts des unmittelbar bevorstehenden Endes seine existenzsichernde Bedeutung.
Tenor der Parabel ist nicht die Warnung vor dem Anhäufen von Reichtümern, sondern vor der fatalen Haltung, die angehäuften Reichtümer in Ruhe auszukosten zu wollen. Die Umkehrung aller Werte steht bevor.
"Sitz im Leben" der Parabel in der urchristlichen Gemeinde dürfte die Warnung vor den Gefahren des Reichtums sein. Reichtum kann die geforderte eschatologische Haltung des Menschen verhindern.

[1] V.21 ist ein sekundärer, wahrscheinlich lukanischer Zusatz, der den Sinn der Parabel verändert.

Denn was wird es einem Menschen nützen, die ganze Welt zu gewinnen
und Schaden zu leiden an seiner Seele?
Denn was könnte ein Mensch als Kaufpreis geben für seine Seele? (Mk 8,36f)[1]

Auch dieser Doppelspruch stellt - im Anschluß an Ps 49,7ff - eine ernste Warnung vor den Gefahren des Reichtums und des Gewinnstrebens dar.[2] Ψυχή bedeutet hier "die konkrete menschliche Existenz in ihrem Ausgriff auf das Leben im Diesseits wie in ihrer jenseitigen Bestimmung" (Dautzenberg 69f).
Der Schwerpunkt des Doppelspruchs liegt auf seinem ersten Teil. V.37 hat die Funktion einer Begründung und Erläuterung. Sein "Sitz im Leben" ist die urchristliche Paränese. Einzige Sorge des Menschen darf angesichts des nahen Eschatons nur die Sicherung der eigenen Existenz in der Basileia sein. Und die kann man nicht kaufen.
In diesen Zusammenhang gehört auch die Erzählung vom "reichen Jüngling" (Mk 10,17-22)[3].

17Als er auf seinem Weg weiterzog, lief einer herzu, fiel vor ihm auf die Knie und fragte ihn: "Guter Meister, was muß ich tun, damit ich das ewige Leben erbe?" 18Jesus aber sprach zu ihm: "Was nennst du mich gut? Niemand ist gut außer einem: Gott. 19Du kennst die Gebote: Du sollst nicht ehebrechen! Du sollst nicht töten! Du sollst nicht stehlen! Du sollst kein falsches Zeugnis geben! Du sollst nicht rauben! Ehre deinen Vater und deine Mutter!" 20Er aber antwortet und sprach zu ihm: "Meister, das alles habe ich von meiner Jugend an beobachtet." 21Jesus aber blickte ihn an, gewann ihn lieb und sprach zu ihm: "Eines fehlt dir: geh hin, verkaufe alles, was du hast, und gib es den Armen, dann wirst du einen Schatz im Himmel haben, und komm, folge mir nach." 22Der aber wurde traurig über dies Wort und ging betrübt davon: er besaß nämlich viele Güter.[4]

---

[1] DAUTZENBERG, G., Sein Leben bewahren, München 1966, 68ff.

[2] Bultmann sieht hier zwei ursprünglich selbständige Worte, deren Pointen auseinandergehen (V.36: vgl. Lk 12,16-20; V.37: "Das Leben ist der Güter höchstes"). Es liege ursprünglich volkstümliche Weisheit vor, die durch die Aufnahme in die Überlieferung der Gemeinde religiösen, ja spezifisch christlichen Sinn erhalten habe. Angesichts der alttestamentlichen Parallele Ps 49, 7ff dürfte gleichwohl der Doppelspruch eine ursprüngliche Einheit sein.

[3] BERGER, K., Die Gesetzesauslegung Jesu, Neukirchen 1972; EGGER, W., Nachfolge als Weg zum Leben, Klosterneuburg 1979; HARNISCH, W., Die Berufung des Reichen, in: FS E. Fuchs, Tübingen 1973, 161-176; REPLOH, K.G., Markus - Lehrer der Gemeinde, Stuttgart 1969, 191ff; WALTER, N., Zur Analyse von Mk 10,17-31: ZNW 53 (1962) 206-218.

[4] Das Stück steht innerhalb einer Komposition aus verschiedenem Traditionsmaterial, die auf Markus zurückgeht.
V.29-30 ist als ursprünglich isoliertes Traditionsstück auszugrenzen (s. dazu Kap. X.3). Markus hat es durch V.28 angeschlossen und in V.31 noch ein weiteres Einzellogion hinzugefügt.
Auch V.23-27 ist ein durch Markus bearbeiteter Anhang. Er hat die dialogische Stilisierung vorgenommen. Zugrunde liegt ein traditioneller Warnspruch, der ursprünglich V.23b und 25 umfaßte. Er weist auf die ungeheure Gefährdung der Reichen hin: Sie können unmöglich in die Basileia eingehen. Besitz irdischer Reichtümer und Teilnahme an der Basileia schließen sich aus (s. dazu Kap. X.3). Dieses radikale Wort dürfte ursprünglich isoliert überliefert, aber schon früh (vor Markus!) mit der Erzählung 10,17-22 verbunden worden sein. Anders rekonstruieren Walter und Berger. Sie sehen in V.24b-27 ein geprägtes Traditionsstück, das keinen ursprünglichen Bezug zum Thema Reichtum habe, sondern allgemein vom menschlichen Unvermögen spreche, in die Basileia Gottes zu gelangen. Walter hält V.23.24a für einen vormarkinischen Zusatz zu V.17-22, an den Markus dann die V.24b-27 angefügt und angeglichen habe. Nach Berger geht der Bezug von V.24b-27 auf das Thema Reichtum direkt auf den Evangelisten zurück, der diesen von V.29ff her eingetragen habe. Für beide Autoren ist πλούσιον in V.25 redaktionelle Ersetzung eines ursprünglichen ἄνθρωπον. Auch Harnisch vermutet, daß V.24b.25.27b bereits vormarkinisch zusammengehörten und prinzipiell die Schwierigkeit, in die Basileia zu gelangen, aussagten. Schon vormarkinisch waren sie aber mit V.17-22 verbunden und bildeten einen Kommentar zur Erzählung. Weder V.17-22 noch der Kommentar V.24b. 25.27 hätten ursprünglich das Thema "Reichtum" zum Gegenstand gehabt. Dieses Thema habe erst Markus

Die Einheitlichkeit der Erzählung 10,17-22 steht in Frage. Das Stück enthält zwei Motive, die vielleicht nicht ursprünglich miteinander verbunden waren: 1. Die Nachfolge Jesu ist der vollkommene Weg zum ewigen Leben, 2. Reichtum kann die Nachfolge behindern. Auffällig ist, daß erst am Ende der Erzählung der Reichtum des Jünglings erwähnt wird und seine Nachfolgeverweigerung begründet (V.22). Zudem wirkt V.21 überladen. Die Nachfolgeforderung und die Aufforderung zum Verkauf des Besitzes zum Zweck des Almosengebens konkurrieren miteinander.

Ursprünglich könnte 10,17-22 eine "Lehrerzählung" sein, die die Jesusnachfolge, etwa in Konkurrenz zu anderen jüdischen Lebensformen, als den vollkommenen Weg zum Heil darstellen wollte. Der negative Ausgang der Erzählung könnte allerdings schon mit dem Reichtum des Jünglings begründet gewesen sein. Die Erzählung hätte dann ihren "Sitz im Leben" in den Debatten der palästinischen Gemeinde mit jüdischen Konkurrenten um die wahre Lebensform: Die Jesusnachfolge ist der wahre, vollkommene Weg zum ewigen Leben. Die Frage des Reichtums könnte dann eine nur untergeordnete Rolle gespielt haben.[1]
Später hätte sich das Interesse der Gemeinde gerade auf diesen Punkt verlagert. Nachfolgeforderung und Forderung nach rigorosem Besitzverzicht werden eng miteinander verknüpft (V.21). Der Jüngling wird zum Beispiel dafür, wie sehr Reichtum die Jesusnachfolge behindern kann. Die Erzählung wird so zu einer Lehrerzählung für die Gemeinde.

3.2. Mahnung zur Nächstenliebe (s. auch Kap. X)

Die Predigt der urchristlichen Wandermissionare hatte die Mahnung Jesu zur uneingeschränkten Zuwendung und Liebe zum Mitmenschen eingeschärft. Diese Liebe sollte keine Grenze kennen, nicht einmal vor dem persönlichen Feind haltmachen. Ermöglichungsgrund und Motivation solcher Haltung war die weisheitlich vermittelte Erfahrung der schrankenlosen Liebe Gottes zu seinen Geschöpfen. Sie soll der Jünger nachahmen und so zu einem "Sohn Gottes" werden (Mt 5,44f). Die "Goldene Regel" (Mt 7,12) motiviert die Liebesforderung dagegen nicht eschatologisch, sondern eher pragmatisch. Die urchristliche Paränese scheut sich auch nicht, das Maß der Nächstenliebe an der Liebe zu sich selbst festzumachen (vgl. Mk 12,31). Charakteristisch ist sodann die totale Entschränkung des Begriffs "Nächster" (vgl. Mt 5,46f), wie sie in Jesu Beispielerzählung vom "barmherzigen Samaritaner" Lk 10,29-37 zum Ausdruck kommt.

> [29 Der aber wollte sich rechtfertigen und] sagte zu Jesus: "Und wer ist mein Nächster?" 30 Da nahm Jesus das Wort und sprach: "Ein Mann ging von Jerusalem nach Jericho hinab und fiel Räubern in die Hände. Diese zogen ihn aus, schlugen ihn wund, gingen weg und ließen ihn halbtot liegen. 31 Durch Zufall aber ging ein Priester auf jenem Weg hinab, und als er ihn sah, ging er vorüber. 32 Ebenso aber auch ein Levit: er kam an die Stelle, sah ihn und ging vorüber. 33 Ein reisender Samaritaner jedoch kam dorthin, sah ihn und wurde von Mitleid gerührt. 34 Und er trat hinzu und verband seine Wunden, indem er dabei Öl und

---

eingeführt, der für V.23.24a.26.27a und für die Anfügung von V.28-31 verantwortlich sei.

[1] Berger verlegt die Entstehung der Erzählung, deren Grundbestand er lediglich in V.17-21a sieht, in das hellenistische Judenchristentum: darauf weise V.18 ("nur einer ist der Gute") und die Beschränkung auf die Dekaloggebote (V.19) hin. In der Erzählung rezipierte also die Gemeinde "den inhaltlich rein sozial bestimmten Gesetzesbegriff weiter Kreise des hellenistischen Judentums und wehrte die Zumutung ab, Jesus habe in dieser Hinsicht etwas Neues lehren wollen".

Wein darauf goß; dann setzte er ihn auf sein eigenes Reittier, brachte ihn in eine Herberge und versorgte ihn. [35]Und am anderen Tag zog er zwei Denare heraus und gab sie dem Wirt und sprach: Sorge für ihn, und was du etwa darüber hinaus aufwendest, will ich dir bezahlen, wenn ich zurückkomme. [36]Wer von diesen dreien scheint dir der Nächste dessen geworden zu sein, der unter die Räuber fiel?" [37]Er aber sprach: "Der Barmherzigkeit an ihm geübt hat." Da sprach Jesus zu ihm: "Gehe hin und handle du in gleicher Weise!"[1]

Gibt es eine Grenze der Liebesverpflichtung? Die Beispielerzählung lehnt diese Frage und damit jegliche Begrenzung ab. Die Vertreter des Judentums im Gleichnis, die offenbar eine Begrenzung des Liebesgebotes auf den engen Kreis des Volks- und Religionsgenossen vertreten, handeln lieblos und unbarmherzig. Ihnen wird der Vertreter einer verhaßten Gruppe gegenübergestellt. Einzig er, der nicht nach der Grenze der Liebesverpflichtung fragt, verwirklicht die geforderte Nächstenliebe.
Das Traditionsstück hat einen polemischen Unterton. Es zeigt die palästinische Urgemeinde im Streit mit dem zeitgenössischen Judentum um die Frage nach der Geltung des Liebesgebotes. Hier ist sein "Sitz im Leben".

3.3. Trost für Bekenner (s. auch Kap. X)

Die schon oben behandelten Überlieferungen sind noch um das Traditionsstück Lk 12,11fpar zu ergänzen.[2]

> Wenn sie euch aber vor die Synagogen schleppen und die Behörden und die Obrigkeiten, so seid nicht besorgt, wie und was ihr zu eurer Verteidigung vorbringen oder was ihr sagen sollt. Denn in solcher Stunde wird der Heilige Geist euch lehren, was ihr sagen sollt.

Dieses Trostwort für verfolgte Jünger verheißt im Falle der synagogalen Gerichtsverhandlung, daß der Heilige Geist selbst durch die Jünger sprechen wird. Sie können sicher sein, daß Gott auf ihrer Seite steht und für sie Partei ergreift. Ein urchristlicher Prophet spricht hier im Namen des Auferstandenen, denn die in diesem Wort vorausgesetzte Situation ist nicht die Situation der Erdentage Jesu, nicht einmal die der frühen Urgemeinde, sondern die einer späteren Zeit. Die Synagogen sind zum Hort der Verfolgung der Gemeinde geworden. Die zentrale Gerichtsinstanz des Judentums, das Synedrium, wird nicht erwähnt. Es ist daher sogar fraglich, ob das Wort für die Jerusalemer Urgemeinde beansprucht werden kann.

---

[1] Die Verbindung der Erzählung mit der Frage nach dem größten Gebot (Lk 10,25-28) ist sekundär und geht auf Lukas zurück. Der Anteil sekundärer, lukanischer Redaktion an V.29-37 selbst ist schwer zu bestimmen. Auffällig ist die Verschiebung des Tons in der Schlußfrage V.36 gegenüber V.29b. Sie lautet nicht mehr: "Wer ist mein Nächster?", sondern: "Wer ist dem Überfallenen zum Nächsten geworden?" Diese Umbiegung dürfte nicht ursprünglich sein. Die Beispielerzählung behandelt ja den Überfallenen als "Nächsten". Wahrscheinlich lautete die Schlußfrage ursprünglich: "Wem von den dreien ist der Überfallene zum Nächsten geworden?" Lukas hat die Frage umgebogen, um so einen Bezug zum vorausgehenden Schulgespräch zu erhalten. Dann dürfte Lukas aber die Beispielerzählung bereits gerahmt, d.h. mit Eingangs- und Schlußfrage versehen, vorgefunden haben. Zugrunde lag vielleicht ein ursprüngliches Schulgespräch über die Frage: "Wer ist mein Nächster?" Die Antwort darauf wird mit der Beispielerzählung gegeben.

[2] Die älteste Fassung dieses Logion überliefert Lukas. Mt 10,19f kombiniert es mit Mk 13,9.11 (= Mt 10,17ff). Mk 13,9.11 ist wegen der Ausweitung der Verfolgung auf heidnische Instanzen wohl jünger. In Lk 12,11f ist nur an Verhöre vor jüdischen Instanzen gedacht.

4. Weisungen für das Gemeindeleben (s. auch Kap. XI.2)

In den christlichen Gemeinden und Gemeinschaften kamen auch Fälle von Ärgernis, Sünde und Abfall vor. Dies um so mehr, je größer die Zahl der Christen wurde und je stärker Spannung und Hochstimmung der ersten Zeit nachließen. Nicht jedes Gemeindemitglied hielt den Ernst und die Radikalität der ethischen Forderungen Jesu durch. So mußten Regelungen gefunden werden, wie die Gemeinden mit Sündern in ihrer Mitte umgehen sollten. Deutlich ist dabei zu erkennen, wie Droh- oder Mahnworte, die ursprünglich nach außen gerichtet waren oder auf den Einzelnen zielten, zu Gemeinderegeln umgeprägt wurden. Aus dem Mahnwort zur uneingeschränkten Vergebungsbereitschaft gegenüber dem christlichen Bruder (Lk 17,3f) z.B. wurde so die Instanzenregel zum Umgang mit einem "Sünder" in der Gemeinde (Mt 18,15-18) (s. dazu Kap. XI.2). Gleiches ist bei den Sprüchen zu beobachten, die zur Überwindung von "Ärgernissen" mahnen.

> Ärgernisse müssen kommen! Doch wehe dem, durch den sie kommen! Es wäre besser für ihn, wenn ein Mühlstein um seinen Hals gehängt und er ins Meer geworfen würde, als daß er einem von diesen Kleinen Ärgernis gäbe. (Lk 17,1-2par)

Diese älteste Fassung eines Wortes gegen den Ärgernisgeber ist als apokalyptischer Wehespruch stilisiert (vgl. Mk 14,21b; Lk 6,24-26; äthHen 94,6-8; 95,4-7; 96,4-8 u.ö.). Erwartet wird, daß dem Anbruch der Eschata eine Zeit der Verführung zum Bösen vorausgeht (vgl. Lk 11,46). Das Logion ist Drohwort. Seine Stoßrichtung geht nach außen. Die Ärgernisgeber gehören nicht zur Gemeinde. Ihnen wird ein furchtbares Gottesgericht angedroht.[1]

> Und wer einem von diesen Kleinen, die an mich glauben, Ärgernis gibt, besser wäre es für ihn, wenn ihm ein Mühlstein um den Hals gehängt und er ins Meer geworfen würde. (Mk 9,42par)

Dieses Logion dürfte eine sekundäre Variante von Lk 17,1f sein. Es hat nun die Form eines Rechtssatzes erhalten und ist durch die Formulierung ἕνα τῶν μικρῶν τούτων τῶν πιστευόντων (εἰς ἐμέ) deutlich auf die christliche Gemeinde gewendet. Hinter dem Wort steht die Erfahrung der christlichen Gemeinde, daß es Sünde und Anstoß zur Sünde auch in ihren eigenen Reihen gibt. Christen kommen durch das Fehlverhalten anderer Christen zu Fall. Das Wort warnt eindringlich davor, anderen zum Anstoß zu werden. Sein "Sitz im Leben" ist im Gegensatz zu Lk 17,1f die urchristliche Paränese. Der Christ soll die Wirkung seines Tuns auf den christlichen Bruder bedenken.

> Wenn dein rechtes Auge dich zur Sünde verlockt, dann reiß es aus und wirf es von dir; denn besser ist es für dich, daß eines deiner Glieder zugrunde geht, als daß dein ganzer Leib in die Hölle geworfen wird. Und wenn deine rechte Hand dich zur Sünde verlockt, dann hau sie ab und wirf sie von dir; denn besser ist es für dich, daß eines deiner Glieder zugrunde geht, als daß dein ganzer Leib in die Hölle kommt. (Mt 5,29-30)

> Und wenn deine Hand dich ärgert, so hau sie ab. Ist es doch besser für dich,

[1] Das Logion hat keinen christologischen Bezug. Deshalb nimmt Bultmann an, daß es aus nichtchristlicher Überlieferung stammt und sekundär in die christliche Tradition aufgenommen worden ist.

> verstümmelt ins Leben einzugehen, als mit zwei Händen in die Hölle zu kommen, in das unauslöschliche Feuer. [...] Und wenn dein Fuß dich ärgert, so hau ihn ab. Ist es doch besser für dich, lahm ins Leben einzugehen, als mit zwei Füßen in die Hölle geworfen zu werden. Und wenn dein Auge dich ärgert, dann reiß es aus. Ist es doch besser für dich, einäugig in die Basileia Gottes einzugehen, als mit zwei Augen in die Feuerhölle geworfen zu werden. (Mk 9,43.45. 47par)

In Mt 5,29-30 steht jeweils ein Sinnesorgan bzw. Glied dem ganzen Körper gegenüber, in Mk 9,43ff dagegen ein Sinnesorgan bzw. Glied den beiden. Darin deutet sich eine Sinnverschiebung an. Während Mt 5,29-30 vom Einzelnen letzte Radikalität im Sittlichen fordert, könnte Mk 9,43ff auf die Gemeinde gehen. Sie wird gesehen als Körper, der aus einzelnen Teilen besteht. Mk 9,43ff ist eine indirekte Mahnung, sich von Gemeindemitgliedern, die Ärgernis geben, durch "Exkommunikation" zu trennen. Sie gefährden das Ganze.
Beide Sprüche haben einen je eigenen "Sitz im Leben". Mt 5,29-30 gehört in die Paränese urchristlicher Propheten und mahnt bildhaft zu äußerstem sittlichem Ernst angesichts der nahen Basileia. Mk 9,43ff gehört in den Bereich der Gemeindedisziplin und fordert dazu auf, den "Sünder" aus der Gemeinde zu entfernen, damit nicht die ganze Gemeinde ins Verderben gerät.

Eine Weisung zu caritativem Handeln an (Waisen-)Kindern ist Mk 9,37parr.

> Wer eines von diesen Kindern aufnimmt in meinem Namen, der nimmt mich auf; und wer mich aufnimmt, nimmt nicht mich auf, sondern den, der mich gesandt hat.[1]

Das Wort ist eine Lohnverheißung: Wer Kinder aufnimmt und pflegt, der nimmt Jesus, ja Gott selbst auf. Er wird nicht um seinen Lohn kommen (9,41).

Denkbar ist, daß hinter diesem Wort die urchristliche (und jüdische) Praxis steht, ausgesetzte Kinder aufzunehmen. Das Aussetzen unerwünschter Kinder war in der Antike verbreitet. Dabei dürfte es vorgekommen sein, daß man Säuglinge den Christen (und Juden) vor die Tür gelegt hat. Als konkreter Hintergrund des Wortes kommt auch der 66 n.Chr. beginnende jüdische Krieg in Frage. Durch militärische Aktionen gegen die Zivilbevölkerung, durch antijüdische Pogrome und durch Flucht konnten Kinder zu Waisen werden. Wer sich solcher Kinder im Namen Jesu annimmt, der darf wissen, daß er damit Jesus selbst aufnimmt. Das Wort ist in seiner jetzigen Fassung ein urchristliches Prophetenwort. Es dürfte - wenn es sich auf die Fürsorge für Findelkinder bezieht - im Umkreis der hellenistischen Städte in Palästina besonders aktuell gewesen und hier tradiert worden sein.

---

[1] Vielleicht hat 9,37 ursprünglich mit 9,41 einen Doppelspruch gebildet (vgl. Mt 10,40.42), der nun durch 9,38-40 auseinandergerissen worden ist. "Betrachtet man nun Mk 9,37.41 und Mt 10,40.42 nebeneinander, so leuchtet ein, daß die παιδία bzw. μικροί, die bei Mk im ersten, bei Mt im letzten Teil stehen, ursprünglich zum Worte gehören und dann auch ursprünglich in beiden Teilen ihren Sitz hatten, während die ὑμεῖς bei Mt am Anfang, bei Mk am Schluß sekundäre Korrekturen sind... Denn die παιδία bzw. μικροί sind ursprünglich zweifellos eigentlich gemeint gewesen: Die Aufnahme und Erquikkung eines kleinen Kindes gilt wie eine dem Höchsten erwiesene Wohltat." (Bultmann; vgl. auch Braun, Radikalismus II 86) R. Bultmann hält Mk 9,37.41par für ein ursprünglich jüdisches Wort, das sekundär verchristlicht (ἐν ὀνόματί μου; ὅτι χριστοῦ ἔστε) und auf Gemeindemitglieder (Missionare) bezogen wurde.

Von der Stellung der Kinder in der Gemeinde handelt auch Mk 10,13-16.[1]

> Und man brachte ihm Kinder, daß er sie berühre. Die Jünger aber schalten die, die sie brachten. Als aber Jesus das merkte, wurde er unwillig und sprach zu ihnen: "Laßt die Kinder zu mir kommen, hindert sie nicht; denn solcher ist die Basileia Gottes." [...] Und er schloß sie in seine Arme und segnete sie, indem er ihnen die Hände auflegte.

Mk 10,13-14.16 bildet eine Erzähleinheit.[2] Betont wird, daß die Jünger das Herbeibringen der Kinder zu Jesus verhindern wollen. Ein Grund wird nicht genannt. Jesus wendet sich gegen sie und läßt die Kinder zu sich kommen. Gerade sie werden von Jesus gesegnet.

Die Erzählung hat offenbar eine innerchristliche Streitfrage im Blick. Gegen den Standpunkt der "Jünger" wird Jesus selbst ins Spiel gebracht. Vielleicht will das Stück regeln, daß auch unmündige Kinder zur Taufe oder zu den gottesdienstlichen Zusammenkünften zugelassen werden.[3] Auf die Taufe könnte die Verwendung des Terminus κωλύειν weisen (10,14), der auch Apg 8,36 im Zusammenhang mit der Taufe eines Heiden auftaucht. Maßgebende Kreise der Gemeinde haben vielleicht die Zulassung von unmündigen Kindern zur Taufe oder zu den Gottesdienstversammlungen zu verhindern oder rückgängig zu machen versucht. Dagegen wendet sich die Erzählung im Namen Jesu.

In diesen Zusammenhang gehört auch der Mahnspruch Mt 18,10:

> Gebt acht, daß ihr keines dieser Kleinen geringschätzt. Denn ich sage euch: Ihre Engel im Himmel schauen immer das Angesicht meines Vaters im Himmel.

Das Wort erklärt sich am einfachsten, wenn mit den "Kleinen" ursprünglich wirklich Kinder gemeint waren. Sie haben nicht nur Anteil an der Basileia (Mk 10,14), sondern stehen Gott sogar am nächsten.

Ein hohes Gut der christlichen Gemeinschaft ist der soziale Friede zwischen ihren Mitgliedern. Im "Vaterunser" beten diese: "Vergib uns unsere Schuld, wie auch wir vergeben (haben) unseren Schuldnern". Gottes Sündenvergebung, die der Christ erfahren hat, verlangt Vergebungsbereitschaft untereinander.

---

[1] KLEIN, G., Bibelarbeit über Markus 10,13-16, in: Krause, G. (Hg), Die Kinder im Evangelium, Göttingen 1973, 12ff; LINDEMANN, A., Die Kinder und die Gottesherrschaft. Markus 10,13-16 und die Stellung der Kinder in der späthellenistischen Gesellschaft und im Urchristentum: WuD NF 17 (1983) 77-104; RINGSHAUSEN, G., Die Kinder der Weisheit. Zur Auslegung von Mk 10,13-16 par: ZNW 77 (1986) 34-63; SAUER, J., Der ursprüngliche "Sitz im Leben" von Mk 10,13-16: ZNW 72 (1981) 27-50; STEGEMANN, W., Lasset die Kinder zu mir kommen. Sozialgeschichtliche Aspekte des Kinderevangeliums, in: Schottroff, W./Stegemann, W. (Hg), Traditionen der Befreiung I, München 1980, 114-144, bes. 132-141.

[2] Mk 10,15 ist sekundärer Zusatz. Mt 18,3 beweist, daß der Vers ursprünglich isoliert überliefert worden ist. Zudem haben V.14 und V.15 unterschiedliche Pointen. V.14 sagt, daß Kinder an der Basileia Anteil haben; V.15 mahnt, die Basileia "wie ein Kind" aufzunehmen. Hier ist "Kind" Bildwort, und die Mahnung ist an Erwachsene gerichtet. Worin der Vergleichspunkt liegt, ist umstritten. Zutreffend dürfte eine Auslegung sein, die sich nicht von moderner Kinderromantik leiten läßt, sondern die Stellung und soziale Lage des Kindes in der palästinischen Gesellschaft im Auge behält. Dann fordert Mk 10,15 dazu auf, auf Ansehen, Macht, Reichtum und Sicherheiten zu verzichten. Gerade diejenigen, die jetzt klein, gering und hilflos sind wie Kinder, werden bei der kommenden Umkehrung aller Maßstäbe in der Basileia groß und mächtig sein.

[3] Zur Kindertaufe in der Urgemeinde vgl. ALAND, K., Die Säuglingstaufe im Neuen Testament und in der Alten Kirche, München [2]1963; JEREMIAS, J., Die Kindertaufe in den ersten vier Jahrhunderten, Göttingen 1958; DERS., Nochmals: Die Anfänge der Kindertaufe, in: Theol. Existenz heute NF 101, München 1962, 9-27.

Wenn du also deine Gabe zum Altar bringst und dich dort erinnerst, daß dein Bruder etwas gegen dich hat, dann laß deine Gabe dort vor dem Altar und geh zuerst hin und versöhne dich mit deinem Bruder und dann komm und opfere deine Gabe. (Mt 5,23f)

Der Spruch verknüpft die Teilnahme am Opferdienst im Tempel mit der brüderlichen Vergebungsbereitschaft. Jeder Opferdienst ist sinnlos, wenn auf der zwischenmenschlichen Ebene nicht alles in Ordnung ist. Die brüderliche Versöhnung wird als so wichtig eingestuft, daß einer auf dem Weg zum Tempelopfer umkehren soll, wenn er sich erinnert, daß ein Bruder etwas gegen ihn hat. "Unser Text exemplifiziert an der Opferhandlung das rechte Verhältnis von Verpflichtung gegen Gott und gegen die Mitmenschen: Das Mitmenschliche ist dem Kult übergeordnet." (Zeller)
Aber auch der Gottesdienst der Gemeinde, das gemeinsame Gebet der Christen, steht unter der Mahnung zur brüderlichen Vergebungsbereitschaft.

Und wenn ihr dasteht und betet, so vergebt, wenn ihr gegen jemand etwas habt, damit auch euer Vater im Himmel euch eure Sünden vergebe. (Mk 11,25)[1]

Beim gemeinsamen Gebet der Christen "kommt ja die Zwiespältigkeit solchen frommen Tuns besonders schmerzhaft zum Bewußtsein, wenn der unversöhnte Bruder womöglich unter den Mitbetern zu suchen ist". Die Mahnung bringt zum Ausdruck, "daß der Mensch nicht vor Gott im Lot sein kann, wenn er nicht auch sein Verhältnis zum Mitmenschen in Ordnung gebracht hat" (Zeller). Unbegrenzte Bereitschaft zur Vergebung fordert auch Lk 17,3f.

[Nehmt euch in acht!] Wenn dein Bruder sündigt, halte es ihm vor, und wenn er es bereut, vergib ihm! Und wenn er sich siebenmal am Tag gegen dich wendet und siebenmal am Tag zu dir kommt und sagt: "Ich bereue", so sollst du ihm vergeben.

Gleiches schärft die Parabel Mt 18,23-35[2] ein.

23[Mit der Basileia der Himmel ist es] wie mit einem König, der mit seinen Knechten abrechnen wollte. 24Als er anfing abzurechnen, brachte man ihm einen, der ihm zehntausend Talente schuldig war. 25Da er aber nichts hatte, um zu bezahlen, befahl der Herr, ihn, seine Frau, seine Kinder und alles, was er besaß, zu verkaufen und damit zu bezahlen. 26Da warf sich der Knecht ihm zu Füßen und sprach: "Hab Geduld mit mir, ich will dir alles bezahlen." 27Da erbarmte sich der Herr jenes Knechtes, ließ ihn los und erließ ihm das Darlehen. 28Als aber jener Knecht hinausging, traf er einen seiner Mitknechte, der ihm hundert Denare schuldete; und er packte ihn, würgte ihn und sprach: "Bezahle, was du schuldig bist!" 29Da fiel sein Mitknecht nieder, bat ihn und sprach: "Habe Geduld mit mir, ich will dir bezahlen!" 30Der aber wollte nicht, sondern ging hin und ließ ihn ins Gefängnis werfen, bis er die Schuld bezahlt hätte. 31Als nun seine Mitknechte sahen, was geschehen war, wurden sie sehr betrübt. Und sie gingen hin und berichteten ihrem Herrn den ganzen Vorfall. 32Da ließ sein Herr ihn rufen und sprach zu ihm: "Böser Knecht! Jene ganze Schuld habe ich dir erlassen, als du mich gebeten hast; 33mußtest nicht auch du dich deines Mitknechtes erbarmen, wie auch ich mich deiner erbarmt habe?" 34Und voll Zorn übergab ihn sein

---

1 Vgl. Mt 6,14f; 18,35. Mk 11,25 ist gegenüber Mt 6,14f eigenständig. Mt 6,14f könnte als Explikation zu 6,12 redaktionell sein.

2 HARNISCH, W., Die Gleichniserzählungen Jesu, Göttingen 1985, 253-271; TRILLING, W., Das wahre Israel, München 1964, 106-123.

> Herr den Folterknechten, bis er ihm die ganze Schuld bezahlt hätte. [35]So wird auch mein himmlischer Vater mit euch verfahren, wenn ihr nicht, ein jeder seinem Bruder, von Herzen verzeiht.

Die Parabel wirkt konstruiert. Die beiden Szenen V.23-27 und V.28-30 sind bewußt parallel gestaltet. Es kommt dem Erzähler auf den Kontrast zwischen dem Verhalten des Königs und dem des Knechtes an, der den Nachlaß seiner Schuld erfahren hat. Auf dem Hintergrund der königlichen Gnade ist das Verhalten des Knechtes völlig unverständlich. V.33 bringt die Pointe der Parabel. Die gnädige Vergebung durch den König stellt an den Knecht eine Forderung: Wer solche Gnade empfangen hat, ist verpflichtet, sie weiterzugeben.
Durch das ins Maßlose übersteigerte Bild - die geschuldete Summe entspricht dem Steueraufkommen einer Provinz! - drückt der Erzähler die urchristliche Erfahrung göttlicher Vergebung aus. Wer selbst in solch unerhörter Weise Vergebung seiner Schuld vor Gott erfahren hat, kann nicht kleinlich auf seinem Recht gegenüber dem Mitbruder bestehen. Er muß vergeben. Die Verweigerung der brüderlichen Vergebung führt sonst ins Gericht.
Versöhnungsbereitschaft schließt den Verzicht auf das eigene Recht ein. Motivation dafür ist die Naherwartung der Eschata. Angesichts des nahen Endes werden irdische Rechtstitel obsolet.

> Sei mit deinem Gegner schnell zum Vergleich bereit, solange du noch mit ihm auf dem Weg zum Richter bist; sonst übergibt dich der Gegner dem Richter und der Richter dem Gerichtsdiener, und du wirst in das Gefängnis geworfen. Wahrlich, ich sage dir: von dort kommst du nicht heraus, bis du den letzten Heller bezahlt hast. (Mt 5,25-26par)

Die Entstehungsverhältnisse dieser Mahnung sind unklar. Wahrscheinlich liegt ein altes Krisisgleichnis Jesu zugrunde, dessen Fassung bei Lukas noch durchschimmert. Der ursprüngliche Sinn war wohl: "Wie ihr im bürgerlichen Leben rechtzeitig alles daran setzt, nicht vor den Richter zu kommen, so seht euch vor, daß ihr vor dem himmlischen Richter keinen Ankläger zu fürchten braucht." (Bultmann) Dieser steht unmittelbar vor der Tür. Vielleicht stand am Anfang aber auch nur eine gängige jüdische Klugheitsregel für den Zivilprozeß, die durch V.26 eschatologischen Hintersinn bekam (Zeller). In der obigen Fassung ist das Stück eine Mahnung zur Versöhnung mit dem Prozeßgegner. Sonst könnte es sein, daß der irdisch-bürgerliche Prozeß unversehens umschlägt in den eschatologischen vor dem Richterstuhl des endzeitlichen Richters. Mangelnde Versöhnungsbereitschaft in irdischen Prozeßsachen führt zur endzeitlichen Verurteilung im Endgericht.
Angesichts des nahen Endgerichts sind alle irdischen Streitsachen Bagatellen. Wer in solchen Dingen nicht mit seinem Gegner zur Einigung kommt, ist in Gefahr, den endzeitlichen Prozeß zu verlieren.
Vor Überheblichkeit und Selbstgerechtigkeit beim Vorgang der Versöhnung und Zurechtweisung warnt Mt 7,3-5par.

> Was siehst du den Splitter im Auge deines Bruders, merkst aber in deinem Auge den Balken nicht? Oder wie magst du doch zu deinem Bruder sagen: Laß, ich will den Splitter aus deinem Auge ziehen, und siehe, in deinem Auge steckt der Balken? Heuchler, ziehe doch erst den Balken aus deinem Auge; dann magst du sehen, wie du den Splitter aus dem Auge deines Bruders ziehst!

Das weisheitlich geprägte Mahnwort warnt mit einem grotesken Bildwort vor der Gefahr, den Bruder richten und bessern zu wollen, ohne "vor der eigenen Tür gekehrt" zu haben. "Das zum Mißverhältnis verzerrte Bild gibt zunächst den Richtenden der Lächerlichkeit preis, enthüllt dann aber dabei erschreckend dessen riesengroße Gefährdung." (Schürmann) Vielleicht wurde dieses Mahnwort solchen christlichen Mitbrüdern vorgehalten, die im Sinne von Mt 18,15-17 und Lk 17,3f zu schnell mit der Zurechtweisung bei der Hand waren.
Als neue Praxis, in der sich die Urgemeinde vom Großteil des übrigen Judentums unterschied, wird auch das Verbot der Ehescheidung und der Heirat einer Geschiedenen eingeschärft.

Wir haben bereits oben gezeigt, wie sich die Urgemeinde unter Berufung auf ein Wort Jesu gegen die Ehescheidungspraxis im zeitgenössischen Judentum gewandt hat (vgl. Mk 10,2-9). Dieses berief sich auf die Tora (Dtn 24,1-4), in der die Entlassung der Ehefrau geregelt wurde. Im Fall der Scheidung muß der Entlassenen ein Scheidebrief ausgestellt werden. Er ermöglichte der Frau, unter Mitnahme der Mitgift in das Haus ihrer Eltern zurückzukehren oder wieder zu heiraten. Das Recht auf Scheidung hatte nach gängiger Auffassung nur der Mann, doch finden sich Hinweise, daß auch Frauen sich dieses Recht nahmen oder es ihnen zugestanden wurde. Über die Gründe für eine Entlassung der Frau wogte ein heftiger Schulstreit. Eine rigoristische Lehrmeinung sagte, nur ein Ehebruch der Frau berechtige den Mann, sie zu entlassen. Die laxere Auffassung war, der Ehemann könne aus jedwedem Grund, etwa bei Abflauen der ehelichen Zuneigung oder schon wegen einer angebrannten Suppe, seine Frau entlassen. Die Urgemeinde hat mit Jesus die Torabestimmung Dtn 24,1ff als Konzession bewertet, die dem aus der Schöpfungsordnung (Gen 1,27; 2,24) ableitbaren Gotteswillen nicht entspricht. Die konzedierte "Erlaubnis" des Mose wird von ihr nicht angewendet. Wo mit dem heiligen Gotteswillen wirklich ernst gemacht wird, darf es Ehescheidung nicht geben. Die Urgemeinde hat daher Ehescheidung in ihrem Bereich nicht zugelassen.

Die Ehescheidung und die Heirat einer geschiedenen Frau wird auch in dem Rechtssatz Mt 5,32parr[1] verboten.

> Jeder, der seine Frau entläßt [außer wegen Unzucht], macht,
> daß sie zur Ehebrecherin wird,
> und wer eine Entlassene heiratet, begeht Ehebruch.[2]

---

[1] BALTENSWEILER, H., Die Ehe im Neuen Testament, Zürich 1967, 82-119; DELLING, G., Das Logion Mark. X 11 (und seine Abwandlungen) im Neuen Testament: NT 1 (1956) 263-274; GREEVEN, H., Ehe nach dem Neuen Testament: NTS 15 (1968/69) 365-388; LOHFINK, G., Jesus und die Ehescheidung. Zur Gattung und Sprachsituation von Mt 5,32, in: Merklein, H./Lange, J. (Hg), Biblische Randbemerkungen, Würzburg 1974, 207-217; MÜLLER, K., Gesetz und Gesetzeserfüllung im Frühjudentum, in: QD 108, Freiburg 1986, 11-27; SCHALLER, B., Die Sprüche über Ehescheidung und Wiederheirat in der synoptischen Überlieferung, in: FS J. Jeremias, Göttingen 1970, 226-246; SCHIERSE, F.J., Das Scheidungsverbot Jesu. Zur schriftgemäßen Unauflöslichkeit der Ehe, in: Wetzel, N. (Hg), Die öffentlichen Sünder oder soll die Kirche Ehen scheiden? Mainz 1970, 13-41.

[2] Der ursprüngliche Wortlaut dieses Rechtssatzes ist umstritten. Wahrscheinlich liegt er in Mt 5,32 vor. Seine Gestaltung als "Antithese" geht aber auf Matthäus zurück. Alte Überlieferung ist nur 5,32, der ganz vom jüdischen Eherecht her formuliert ist. Die Unzuchtsklausel (παρεκτὸς λόγου πορνείας; vgl. Mt 19,9) ist erst später in einer judenchristlichen Gemeinde mit dem Wort verbunden worden. Ohne sie ist Mt 5,32 ein strenger Parallelismus. Er setzt das jüdische, grundsätzlich polygame Eherecht voraus, nach dem der Mann seine eigene Ehe durch Heirat einer weiteren Frau nicht brechen kann. Das Wort richtet sich allein an den Mann und macht ihn für den Bestand der Ehe verantwortlich. Darum ist formuliert: "Wer seine Frau entläßt, macht, daß sie (durch Wiederverheiratung) die Ehe (mit ihm) bricht". Die Ehe mit der Entlassenen besteht also weiter. Heiratet ein Mann eine "Entlassene", so greift er in die weiterbestehende Ehe eines anderen ein und ist darum ein Ehebrecher, nicht jedoch bezüglich seiner eigenen Ehe.
Mk 10,11 (vgl. Lk 16,18) formuliert demgegenüber, daß Ehebruch begeht, wer seine Frau entläßt und eine andere Frau heiratet. Die Erwähnung der Wiederverheiratung macht deutlich, daß Mk 10,11 nicht auf jüdische Rechtsverhältnisse blickt; im Hintergrund steht die monogame hellenistische Eheordnung: Erst durch die Wiederverheiratung ist die Trennung von Mann und Frau unwiderruflich geworden. In der Wiederverhei-

Wie in Mk 10,2-9 wird auch hier entgegen jüdischer Praxis festgestellt, daß durch das in Dtn 24,1ff konzedierte Ausstellen eines Scheidebriefes die Ehe nicht aufgehoben wird, sondern weiter besteht. Heiratet die entlassene Frau wieder, so wird sie zur Ehebrecherin, und der sie entlassende Mann ist daran mitschuldig; heiratet ein Mann aber eine entlassene Frau, so bricht er deren Ehe mit dem sie entlassenden Mann. Die Ausstellung von Scheidebriefen ist also völlig unwirksam.

Ob wir es bei diesem Rechtssatz mit einem echten Jesuswort zu tun haben, muß unsicher bleiben, so gewiß die kritische Beurteilung der jüdischen Scheidungspraxis auf Jesus selbst zurückgeht. Ein polemischer Unterton wie in Mk 10,2-9 schwingt auch hier mit. Das als Rechtssatz stilisierte Logion hat in der Gesetzesauslegung der palästinischen Urgemeinde seinen "Sitz im Leben". Es verbietet die Ehescheidung und die Heirat einer Geschiedenen mit der Autorität Jesu, der als authentischer Interpret des Gotteswillens gilt.

Die Unzuchtsklausel setzt die abgelehnte Scheidungspraxis wieder voraus, wenn auch nur auf einen Fall beschränkt. Eine spätere judenchristliche Gemeinde wich von der strengen Auffassung ab und ließ Ehescheidungen in dem einen Fall wieder zu, daß durch Unzucht der Frau die Ehe zerstört war (vgl. auch 1 Kor 7,10f).

---

ratung besteht also der Ehebruch des Mannes. Die Formulierung von Mk 10,11 ist vielleicht schon eine Konzession. In Mk 10,9 widerspricht bereits die Trennung von Mann und Frau der Intention des Schöpferwillens mit der Ehe (vgl. Mt 5,32). In Mk 10,11 wird dagegen die Trennung geduldet und lediglich die Wiederverheiratung als "Ehebruch" untersagt. Mk 10,11 kann daher nicht die ursprünglichste Gestalt des Logions sein. Markus zielt mit V.11f auf Christen in einer nichtjüdischen Eheordnung. Das macht auch die Fortsetzung 10,12 deutlich. Hier ist vorausgesetzt, daß auch die Frau die Ehe scheiden lassen kann, indem sie ihren Mann entläßt. Das entspricht hellenistischem Eherecht.

Kapitel XIII.
Auseinandersetzung und Polemik

Literatur: HUMMEL, R., Die Auseinandersetzungen zwischen Kirche und Judentum im Matthäusevangelium, München 1966.

Die Urgemeinde hat sich bei ihrer Verkündigung mit jüdischen Gruppen, deren Theologie und Heilsvorstellungen auseinandergesetzt. Sie mußte sich aber auch mit jüdischen Einwänden gegen ihre Christusverkündigung und mit polemischen Vorwürfen gegen Jesus auseinandersetzen. Gewichtigster theologischer Einwand war sicher der Hinweis auf Jesu Schandtod am Kreuz. Konnte ein Gekreuzigter Gottes endzeitlicher Heilbringer sein? Traf nicht auf ihn das Wort zu: "Verflucht ist, wer am Holz hängt" (Dtn 21,23)? Wir haben oben gesehen, wie die Urgemeinde diesen Einwand theologisch bewältigte (s. Kap. VI. 3). Das Wort von Jesus als "Fresser und Säufer" (Mt 11,19) lief um und wurde durch den Gegenvorwurf beantwortet, die Israeliten seien wie launische Kinder, die zu nichts Lust hätten. Weder den Bußruf des asketischen Johannes noch den Heilandsruf des "Menschensohnes" Jesus hatten sie angenommen (Mt 11,16-19). In den "Streitgesprächen" setzte sich die Urgemeinde mit Pharisäern über Jesu Gesetzesauslegung auseinander (s. dazu Kap. VII.2). Diese Überlieferungen sind noch von einem werbenden Ton getragen. Der Gegner sollte gewonnen werden. In den nun zu besprechenden Überlieferungen ändert sich der Ton. Beißende Polemik und verletzende Schärfe bestimmen nun öfter die christlichen Antworten auf Vorwürfe und Einwände. Dies hat seinen Grund darin, daß die Mehrheit des Volkes und vor allem seine Repräsentanten die Botschaft der Urgemeinde ablehnten. Am Ende steht darum die Ankündigung des Gerichts über den Teil Israels, der sich der Botschaft der christlichen Verkünder verweigert.

1. Verteidigung des Wirkens Jesu

Das "Streitgespräch" Lk 11,14-22parr[1] greift den bösartigen Vorwurf jüdischer Gegner auf, Jesus sei mit dem Teufel im Bunde gewesen, und widerlegt ihn. Es dürfte sich dabei um tatsächlich vorgetragene Polemik gegen Jesu Wirken handeln. Auch vom Täufer war ja gesagt worden: "Er hat einen Dämon." (Mt 11,18) Undenkbar ist jedenfalls, daß dieser Vorwurf den jüdischen Gegnern einfach unterstellt wurde.

---

[1] FIEDLER, P., Jesus und die Sünder, Frankfurt 1976, 211-215; LAUFEN, R., Die Doppelüberlieferungen der Logienquelle und des Markusevangeliums, Bonn 1978, 132ff; NILSEN, H. K., Heilung und Verkündigung, Leiden 1987, 28-46; POLAG, A., Die Christologie der Logienquelle, Neukirchen 1977; WANKE, J., "Kommentarworte". Älteste Kommentierungen von Herrenworten: BZ 24 (1980), 218ff; ZELLER, D., Redaktionsprozesse und wechselnder "Sitz im Leben" beim Q-Material, in: FS J. Coppens, Leuven 1982, 405-409.

> [14]Und er trieb einen Dämon aus, und der war stumm. Es geschah aber, als der Dämon ausgefahren war, redete der Stumme; da staunten die Volksmengen. [15]Einige von ihnen aber sagten: "Durch Beelzebul, den Obersten der Dämonen, treibt er die Dämonen aus." [[16]Andere aber versuchten ihn und verlangten ein Zeichen vom Himmel von ihm.] [17]Er aber kannte ihre Gedanken und sprach zu ihnen: "Jedes Reich, das in sich selbst gespalten ist, wird verwüstet, und Haus stürzt auf Haus. [18]Wenn aber auch der Satan mit sich selbst entzweit ist, wie soll dann sein Reich Bestand haben? Weil ihr sagt, durch Beelzebul triebe ich die Dämonen aus. [19]Wenn ich aber durch Beelzebul die Dämonen austreibe, durch wen treiben denn da eure Söhne sie aus? Deshalb werden sie eure Richter sein. [20]Wenn ich aber durch den Finger Gottes die Dämonen austreibe, dann ist ja die Basileia Gottes schon zu euch gekommen. [21]Wenn der Starke bewaffnet sein Gehöft bewacht, läßt man sein Besitztum in Frieden. [22]Wenn aber ein Stärkerer als er daherkommt und ihn überwältigt, dann nimmt er ihm seine Waffenrüstung ab, auf die er vertraute, und verteilt seine Beute."[1]

Jesus antwortet auf den Vorwurf V.15 mit drei Argumenten (V.17f.19f.21f). Jedes davon könnte je für sich den in Lk 11,15 erhobenen Vorwurf zurückweisen. Schon das weist darauf hin, daß die Überlieferung allmählich gewachsen ist und immer neue Argumente an sich gezogen hat. Es ist aber schwierig, wenn nicht unmöglich, zwischen primären und sekundären Elementen zu unterscheiden. Nimmt man ein allmähliches Wachsen der Tradition ohne Verschiebung der Intention an, dann dürfte Lk 11,17f am ältesten sein. Hier sagt die Bildhälfte (V.17), "daß innere Uneinigkeit sicher zur Machtlosigkeit und zum Zerfall führt. Die Anwendung (V.18) will nur besagen, daß bei innerer Uneinigkeit der Bereich des Satans nach außen keine Macht hätte, über die er aber erfahrungsgemäß verfügt. Folglich ist der Vorwurf gegen Jesus nicht haltbar" (Polag 39). Die zweite Antwort Jesu (V.19f) wird häufig als uneinheitlich angesehen, weil aus dem jetzigen Zusammenhang von V.19 und 20 hervorzugehen scheint, daß auch die jüdischen Exorzisten Dämonen "durch den Finger Gottes" austreiben. Aber so darf V.19f nicht verstanden werden. V.19 konzediert zwar, daß auch die jüdischen Exorzisten mit Gottes Hilfe wirken. Doch besagt das nicht, daß ihrem Tun die gleiche eschatologische Qualität wie dem Tun Jesu zukommt. Damit ist lediglich der Vorwurf gegen Jesus abgewiesen. V.20 geht über V.19 weit hinaus. Weil Jesus der Verkünder der Basileia ist, wird in seinen Exorzismen mehr sichtbar. In ihnen ist die Basileia "erschienen".
Die dritte Antwort (V.21f) hat einen christologischen Akzent. Jesus wird durch sein Wirken als der "Stärkere" erwiesen. Dieser Akzent erweist diese Antwort als jüngstes Gegenargument.

> "Am Beispiel dieser Kontroverse konnten die Christen den Juden die bösartige Verstockung vor Augen führen, mit der sie das offensichtliche Handeln Gottes in Jesus ignorierten und sich eher zu den absurdesten Behauptungen verstiegen, als die göttliche Vollmacht Jesu gläubig anzuerkennen. Innerhalb der Gemeinde konnte das Streitgespräch paränetischen Zwecken dienen und bei der Ermahnung zur Glaubenstreue veranschaulichen, daß nur ungläubige Verblendung das Bekenntnis zu Jesus verhindert. Dabei genügte es den ersten Christen weder in der Auseinander-

---

[1] Die Q-Fassung ist gegenüber der Mk-Fassung ursprünglicher. Im Ganzen hat Lukas den Q-Text besser bewahrt als Matthäus, der mit Markus kombiniert. Lk 11,16 ist redaktionell.
Lk 11,17 verkürzt die Q-Fassung (vgl. Mt 12,25; πόλις ist matthäische Ergänzung) und verdirbt das Bild: "Bei dem Begriff οἰκία ist hier sicher nicht an das Gebäude gedacht: der Parallelismus verlangt ein strukturell ähnliches Bild (wie 'Königreich')... Die Umformung bei Lk entspricht also nicht dem Bild: es geht nicht um äußeren Zerfall, sondern um Einflußlosigkeit. Οἰκία meint also die Großfamilie, den Clan." (Polag 39)

setzung mit den ungläubig außenstehenden Juden noch bei der innergemeindlichen Predigt, den Vorwurf des Teufelsbündnisses zu widerlegen. Vielmehr wollten sie positiv aussagen, wie die Dämonenbannungen Jesu zu verstehen sind. Darum verbanden sie schon früh das Bildwort vom entzweiten Staat und Haus mit dem ebenfalls authentischen Bildwort von der Überwindung des Starken, um so auszusagen: Jesus hat die Dämonenaustreibungen nicht als Verbündeter Satans vollbracht, sondern im Gegenteil gerade durch sie seine Überwindung des Teufels offenbart." (Laufen 138f)

"Sitz im Leben" des Stückes ist die Auseinandersetzung der Urgemeinde mit jüdischer Polemik. Wegen des erkennbaren Wachstums der Überlieferung muß mit einem alten Grundbestand gerechnet werden, der wohl im Vorwurf des Teufelsbündnisses besteht. Form und Inhalt des Stückes weisen in judenchristliches Entstehungsmilieu.

Die synoptische Erzähltradition (vgl. aber auch Joh 5,9ff; 7,21ff; 9,14) belegt, daß Jesus am Sabbat Menschen heilte. Es ist allerdings unglaubhaft, daß er dabei in provozierender Absicht handelte. Aber sicher wurde er deswegen angegriffen. Wir wissen allerdings zu wenig über die Sabbathalacha zur Zeit Jesu, um sagen zu können, Jesus habe sich durch seine Sabbatheilungen außerhalb eines jüdischen Konsenses gestellt. Bezeichnenderweise hat die Sabbatfrage im Prozeß gegen Jesus keine Rolle gespielt, nicht einmal im Hintergrund. Das "Streitgespräch" Mk 2,23-28 zeigt vielmehr, daß zur Zeit Jesu und der frühen Urgemeinde die Frage der Sabbatauslegung durchaus offen war und bei grundsätzlicher Anerkennung der Heiligkeit des Sabbat über eine konkrete Erfüllung des Sabbatgebotes gestritten wurde (s. dazu Kap. VII.2). Allerdings hat jüdische Polemik nach Ostern immer wieder und mit zunehmender Schärfe den Vorwurf erhoben, Jesus sei ein Sabbatschänder gewesen. Diesem Vorwurf begegnet die christliche Gemeinde mit dem Hinweis auf Jesu Heilswirken und dem Gegenvorwurf der bösartigen Verstockung der Gegner Jesu. In Mk 3,1-6 hat sich diese Auseinandersetzung niedergeschlagen.

> [1]Und er ging [wieder] in die Synagoge. Und es war dort ein Mann, der eine verdorrte Hand hatte. [2]Und sie belauerten ihn, ob er ihn am Sabbat heilen werde, um ihn anzuklagen. [3]Und er sagte zu dem Mann, der die verdorrte Hand hatte: "Steh auf! In die Mitte!" [4]Dann sagt er zu ihnen: "Ist es erlaubt, am Sabbat Gutes zu tun oder Böses zu tun; ein Leben zu retten oder zu töten?" Sie aber schwiegen. [5]Und er schaut sie ringsum voll Zorn an, voll Trauer über die Verhärtung ihres Herzens. Dann sagt er zu dem Mann: "Streck deine Hand aus!" Und er streckte sie aus, und seine Hand wurde wiederhergestellt. [6]Da gingen [die Pharisäer] hinaus und berieten sich [sofort mit den Herodianern] gegen ihn, um ihn zu verderben.[1]

Die Erzählung sagt in hintergründiger Polemik gegen jüdische Gegner aus, warum Jesus am Sabbat heilen durfte. Durch Jesu Frage V.4 sind die Gegner bereits überwunden, denn auch pharisäische Sabbathalacha erlaubte z.B., am Sabbat "Leben zu retten".[2] In V.4 wird also nicht eigentlich eine Streitfrage gestellt, zu der es unterschiedliche Auffassungen geben konnte.

---

[1] Die Erzählung läßt sich von der vorausgehenden Sammlung der Streitgespräche 2,15-28 ablösen. Sie wurde also ursprünglich isoliert überliefert. Der Evangelist hat in sie eingegriffen, in V.1 durch Streichung der wohl ursprünglichen Angabe τοῖς σάββασιν, in V.6 durch Einfügung der Gegnerbezeichnungen oder gar des gesamten Verses.

[2] Unbestritten war dies allerdings nicht, wie die strenge Regelung der Essener zeigt (vgl. CD XI 16f).

Durch V.4 wird Jesu Heilswirken (V.5) vorab gedeutet. Es ist das "Gute", das man am Sabbat tun darf. Es ist lebensrettende Tat, weil in ihm das über Leben und Tod entscheidende Heilswirken Gottes beim Menschen ankommt. Das Wirken in Heilungen - auch am Sabbat - legitimiert Jesus also als Heilbringer, in dem Gott selbst heil- und lebenspendend begegnet.

Die Szene besitzt in V.6 einen polemischen Akzent. Die Gegner sind die eigentlichen Sabbatschänder. Sie beschließen am Sabbat, Jesus zu töten. Das Stück hat seinen "Sitz im Leben" in der apologetischen Auseinandersetzung der Urgemeinde mit dem Judentum über das Wirken Jesu, von dem die Gemeinde behauptet, daß es endzeitliches Heilshandeln war, das die Sabbatintention in höchstem Maße erfüllte.

Zwei vergleichbare Erzählungen finden wir in Lk 14,1-6 und 13,10-17.

> [1]Und es geschah, als er an einem Sabbat ins Haus eines der Führer der Pharisäer zum Mahl kam, da belauerten sie ihn. [2]Und siehe, da stand vor ihm ein wassersüchtiger Mann. [3]Und Jesus nahm das Wort und sprach zu den Gesetzeslehrern und Pharisäern: "Darf man am Sabbat heilen oder nicht?" [4]Sie aber schwiegen. Da faßte er ihn an, heilte ihn und ließ ihn weggehen. [5]Dann sprach er zu ihnen: "Wem von euch fällt ein Kind oder Rind in eine Grube, und er zieht es nicht sofort heraus, auch am Sabbat?" [6]Und sie konnten ihm nichts darauf erwidern. (Lk 14,1-6)

Das Stück könnte lukanische Bildung sein. Aber zumindest V.5 ist "offenbar ein isolierter Spruch, und zwar ein traditionelles Argument in den Sabbatdebatten der Urgemeinde" (Bultmann; vgl. Mt 12,11).

> [10]Er lehrte aber am Sabbat in einer der Synagogen. [11]Und siehe, da war eine Frau, die einen Geist hatte, der sie krank machte, schon achtzehn Jahre lang. Sie war ganz gekrümmt und konnte sich gar nicht mehr aufrichten. [12]Als Jesus sie sah, rief er sie zu sich und sprach zu ihr: "Frau, du bist von deiner Krankheit erlöst!" [13]Und er legte ihr die Hände auf, und augenblicklich richtete sie sich auf. Und sie pries Gott. [14]Der Synagogenvorsteher aber, unwillig darüber, daß Jesus am Sabbat heilte, sprach zu der Menge: "Sechs Tage sind da, an denen man arbeiten soll; an diesen also kommt und laßt euch heilen, nicht aber am Sabbat." [15]Der Herr aber antwortete ihm: "Ihr Heuchler! Bindet nicht jeder von euch am Sabbat seinen Ochsen oder Esel von der Krippe los und führt ihn zur Tränke? [16]Diese Tochter Abrahams aber, die der Satan schon achtzehn Jahre gebunden hat, hätte am Sabbat nicht von dieser Fessel gelöst werden sollen?" [17]Als er das sagte, schämten sich alle seine Gegner, das ganze Volk aber freute sich über all das Herrliche, das durch ihn geschah. (Lk 13,10-17)

Die Heilungserzählung stammt aus judenchristlichen Kreisen. Die Komposition wirkt ungeschickt, weil die Heilung bereits vor der Debatte erfolgt. Damit wird der Ton der Erzählung ganz auf die Debatte gelegt. Jesu Antwort enthält einen Schluß "vom Kleineren auf das Größere": Wenn der Sabbat durch das "Lösen" des Viehs zur Tränkung nicht entweiht wird, so erst recht nicht durch Jesu Heilung, in der er eine "Abrahamstochter" aus den Fesseln Satans "löst" (vgl. Joh 7,21ff). Die Argumentation der Erzählung ist schriftgelehrt, ihre Tendenz die gleiche wie in Mk 3,1-6. Jesu Wirken wird apologetisch als erlösende Heilstat gedeutet, die den Sabbat nicht verletzen kann.

Um die Abwehr eines anderen jüdischen Vorwurfs geht es in Lk 19,1-9: Jesus wird als Gesetzesübertreter angesehen, weil er mit Zöllnern und Sündern verkehrt (vgl. V.7).

> [1]Und er betrat Jericho und zog hindurch. [2]Und siehe, da war ein Mann namens Zachäus; der war ein Oberzöllner und reich. [3]Gern hätte er Jesus gesehen, wer er wäre, aber er konnte es nicht wegen der Volksmenge; denn er war klein von Gestalt. [4]Darum lief er voraus und stieg auf einen Maulbeerfeigenbaum, um ihn

zu sehen; denn dort mußte er vorüberkommen. [5]Als nun Jesus an die Stelle kam, sah er hinauf und sprach zu ihm: "Zachäus, steige eilends herab; denn heute muß ich in deinem Hause bleiben." [6]Da stieg er eilends herab und nahm ihn auf mit Freuden. [7]Alle aber, die es sahen, murrten und sagten: "Bei einem Sünder ist er eingekehrt, um Rast zu machen." [[8]Zachäus aber trat zum Herrn heran und sprach: "Siehe Herr, die Hälfte meiner Habe gebe ich den Armen, und wenn ich von einem etwas erpreßt habe, erstatte ich es vierfach."] [9]Jesus aber sprach [zu ihm]: "Heute ist diesem Hause Heil geworden! Ist ja auch er ein Sohn Abrahams."[1]

Weil der Ortsname Jericho fest mit dem Stück verbunden ist, ebenso der Personenname Zachäus (vgl. Mk 10,46-52), kann die Erzählung ein Traditionsstück aus der christlichen Gemeinde von Jericho sein. Ihre Tendenz ist die Verteidigung Jesu, der sich mit einem notorischen und stadtbekannten Sünder abgegeben hat. Die Hinwendung Jesu zu Zachäus wird als Heilsereignis gewertet. Mit ihr ist Zachäus und seinem Hause das Heil Gottes begegnet. Zachäus hat es ergriffen, weil er Jesus aufnahm.

Verteidigung des Wirkens Jesu gegen jüdische Vorwürfe schwingt auch in der Erzählung Mk 1,40-45[2] mit. Die Erzählung könnte gegen den Vorwurf gerichtet sein, Jesus habe sich gegen den Tempelkult und gegen den Dienst der Priester für die Reinheit und Heiligkeit des Volkes Israel gestellt.

[40]Da kommt zu ihm ein Aussätziger, fleht ihn an, fällt vor ihm auf die Knie und sagt zu ihm: "Wenn du willst, kannst Du mich reinigen." [41]Jesus aber streckte, von Mitleid ergriffen, seine Hand aus, berührte ihn und sagte zu ihm: "Ich will, sei rein!" [42]Und sogleich, während er sprach, wich der Aussatz von ihm, und er wurde rein. [43]Dann fuhr er ihn hart an, jagte ihn sofort weg [44]und sprach zu ihm: ["Sieh zu, daß du niemand etwas sagst; aber] geh hin, zeig dich dem Priester und opfere für deine Reinigung, was Mose angeordnet hat - zum Zeugnis für sie." [45]Der aber ging weg und begann, [viel zu verkünden und] die Sache laut zu erzählen, [so daß er nicht mehr öffentlich in eine Stadt gehen konnte; vielmehr hielt er sich draußen an einsamen Orten auf. Gleichwohl kamen sie zu ihm von überallher.][3]

Zur Bestimmung der Aussageabsicht der Erzählung ist von V.44 und der positiven Bedeutung des εἰς μαρτύριον αὐτοῖς auszugehen. Jesu Tat soll für ihn zeugen. Bezeugt wird die Treue Jesu zur Tora. Zugleich aber wird Jesus dargestellt als derjenige, der vom Aussatz reinigen kann. Dies galt als so schwer, daß es einer Totenerweckung gleichkam (2 Kön 5,7; Ijob 18,13). Das εἰς μαρτύριον αὐτοῖς richtet sich also an die Hörer der urchristlichen Missionspredigt. Entstehungsort der Erzählung ist die judenchristliche Gemeinde. Das geht aus ihrem Interesse an der gesetzlichen Reinsprechung durch den Priester und am

---

[1] Die Erzählung ist sekundär erweitert worden. Zunächst durch V.8: Das Versprechen des Zachäus spielt in V.9 keine Rolle. Dort ist einziger Grund für Jesu Zuwendung, daß auch Zachäus ein Sohn Abrahams ist. Außerdem stört V.8 den Zusammenhang von V.7/9, denn die Antwort Jesu kann sich nicht - wie jetzt vorausgesetzt - an Zachäus richten (vgl. αὐτος), sondern nur an die in V.7 erwähnten Personen. Ursprünglich muß daher die Einleitung des Wortes Jesu V.9 gelautet haben: εἶπεν δὲ πρὸς αὐτούς (so Hahn). V.8 geht auf Lukas zurück. Sekundär angefügt ist sodann auch V.10. Die eigentliche Pointe des Stückes ist V.9 (zu V.10 vgl. Mk 2,17b).

[2] PESCH, R., Jesu ureigene Taten? Ein Beitrag zur Wunderfrage, Freiburg 1970, 32-34.52-87.

[3] Markus hat die Erzählung redaktionell erweitert: 1. durch den Schweigebefehl ὅρα μηδενὶ μηδὲν εἴπης (V.44a). Er steht in Spannung zur folgenden Aufforderung an den Geheilten, sich im Tempel dem Priester zu zeigen und dort das für die Reinigung vorgeschriebene Opfer darzubringen (anders Theißen, Wundergeschichten 148f); 2. durch die Erweiterung des Erzählschlusses mit der markinischen Vorzugswendung κηρύσσειν πολλά und dem typisch markinischen Satz ὥστε ... ἐπ᾽ ἐρήμοις τόποις ἦν.

Reinigungsopfer hervor, ebenso daraus, daß die Heilung hier als "Reinigung" verstanden wird. Da die Erzählung Tempel und Tempelkult voraussetzt, wird sie im palästinischen Judenchristentum entstanden sein.

2. Auseinandersetzung mit der Polemik der Sadduzäer

Den Glauben an die endzeitliche Auferstehung der Toten teilte die Urgemeinde mit dem eschatologisch denkenden Judentum insgesamt. Die Sadduzäer lehnten diesen Glauben ab, weil er nicht aus der Tora hervorging. Mit ihrer Haltung setzt sich das Traditionsstück Mk 12,18-27 auseinander. Dieses "Schulgespräch" entstammt schriftgelehrter Reflexion der Urgemeinde. Es greift bekannte Argumente der Sadduzäer gegen den Auferstehungsglauben auf und widerlegt sie.

> [18]Dann kommen Sadduzäer zu ihm, die sagen, es gebe keine Auferstehung, und sie fragten ihn: [19]"Meister, Mose hat uns vorgeschrieben: Wenn jemandes Bruder stirbt und eine Frau hinterläßt, hinterläßt aber kein Kind, so soll sein Bruder seine Frau nehmen und seinem Bruder Nachkommenschaft erwecken. [20]Da waren nun sieben Brüder. Der erste nahm eine Frau und starb, hinterließ aber keine Nachkommen. [21]Da nahm sie der zweite und starb, und auch er hinterließ keine Nachkommen, ebenso auch der dritte; [22]und es nahmen sie die sieben und hinterließen keine Nachkommen. Zuletzt von allen starb auch die Frau. [23]Bei der Auferstehung nun, wenn sie alle auferstehen, wessen Frau wird sie da sein? Denn die sieben haben sie ja zur Frau gehabt." [24]Und es entgegnete Jesus und sprach zu ihnen: "Ihr seid sehr im Irrtum, weil ihr weder die Schrift noch die Macht Gottes kennt. [25]Denn wenn sie von den Toten auferstehen, heiraten sie weder, noch lassen sie sich heiraten, sondern sind wie Engel im Himmel. [26]Was aber die Toten betrifft, daß sie auferweckt werden - habt ihr da nicht im Buch des Mose in der Geschichte vom Dornbusch gelesen, wie Gott zu ihm sprach: 'Ich bin der Gott Abrahams und der Gott Isaaks und der Gott Jakobs'? [27]Er ist aber kein Gott von Toten, sondern von Lebendigen. Ihr seid also gewaltig im Irrtum."

Das Stück enthält zwei Gegenargumente. V.24f widerlegt den in V.19-23 konstruierten Fall, der erweisen soll, daß der Auferstehungsglaube von der Tora nicht vorgesehen ist. In dieser ersten Antwort wird den Gegnern Unkenntnis der Schrift und der Macht Gottes vorgeworfen. Die Tora, die irdische Verhältnisse regelt, kann nicht gegen die Auferstehungshoffnung ausgespielt werden, weil sie für die Auferstandenen keine Geltung mehr hat. Diese werden nicht einfach in ihre irdische Leiblichkeit zurückversetzt, in der man heiratet oder verheiratet wird. Die Auferstehungsleiblichkeit ist eine himmlische. Die Gemeinde weiß um sie durch die Erscheinungen des Auferstandenen.

Das Traditionsstück könnte ursprünglich mit V.25 geschlossen haben. V.26f ist dann eine sekundäre Anfügung, die ganz allgemein von der Auferstehung der Toten handelt und diese in einer allerdings eigenwilligen, typisch rabbinischen Interpretation aus Ex 3,6 ableitet. V.26f bezieht sich nicht auf den von den Gegnern konstruierten Fall, sondern greift die in V.18 erwähnte, aber nicht als besondere Frage eingeführte Leugnung der Auferstehung durch die Sadduzäer auf. Wenn die Sadduzäer Jahwe als den Gott ihrer Väter anerkennen, so erkennen sie damit zugleich die Auferstehung der Toten an, denn Gott ist ein Gott von Lebendigen, nicht von Toten.

Das abschließende πολὺ πλανᾶσθε faßt das erste und zweite Gegenargument zusammen (vgl. V.24). Die Art der Fragestellung und der Gegenargumente weist das Traditionsstück der judenchristlichen Gemeinde von Jerusalem zu.

Gegen die Polemik, die Jünger hätten bei den Erscheinungen ein "Gespenst" gesehen, richtet sich der sicher späte "Erscheinungsbericht" Lk 24,36-43.

> [36]Während sie darüber sprachen, stand Jesus selbst mitten unter ihnen [und sprach zu ihnen: "Friede mit euch!"] [37]Sie aber erschraken und gerieten in Furcht und glaubten, einen Geist zu sehen. [38]Da sprach er zu ihnen: "Warum seid ihr verwirrt, und warum steigen Zweifel auf in euren Herzen? [39]Seht meine Hände und meine Füße: Ich bin es selbst! Betastet mich und seht: Kein Geist hat Fleisch und Bein, wie ihr seht, daß ich habe." [[40]Nach diesen Worten zeigte er ihnen die Hände und Füße]. [41]Da sie es aber immer noch nicht glauben konnten [vor Freude] und staunten, fragte er sie: "Habt ihr etwas zu essen da?" [42]Sie aber reichten ihm ein Stück gebratenen Fisch. [43]Und er nahm und aß vor ihnen.

Die Erzählung demonstriert die Identität des Auferstandenen mit dem irdischen Jesus und seine reale Leiblichkeit. Die Aussageintention ist ganz und gar apologetisch. "In der irrigen Meinung der Jünger (V.37) und ihrer Widerlegung spiegelt sich möglicherweise bereits die Auseinandersetzung der christlichen Mission mit ihren Gegnern über die Auferstehung und Auferstehungsleiblichkeit, und zwar wird hier ganz offenkundig die Auferstehung des Fleisches verkündigt." (Graß 40ff)
Eine andere jüdische Polemik gegen die Verkündigung der Auferweckung Jesu gibt sich in der Erzählung von den "Grabwächtern" (Mt 27,62-66; 28,[2-4.]11-15) zu erkennen. Sie setzt voraus, daß die Urgemeinde mit dem "leeren Grab" argumentierte.

> (27)[62]Am folgenden Tag aber, der auf den Rüsttag folgt, kamen die Hohenpriester und die Pharisäer gemeinsam zu Pilatus [63]und sprachen: "Herr, wir erinnern uns, daß jener Betrüger, als er noch lebte, gesagt hat: Nach drei Tagen werde ich auferstehen. [64]Gib also Befehl, daß das Grab bis zum dritten Tag bewacht wird, damit nicht etwa seine Jünger kommen und ihn stehlen und dem Volke sagen: Er ist auferstanden von den Toten. So würde der letzte Betrug schlimmer als der erste." [65]Pilatus sprach zu ihnen: "Da habt ihr eine Wache. Geht und sichert, wie ihr denkt." [66]Da gingen sie hin und sicherten das Grab, indem sie den Stein versiegelten und bei dem Grab eine Wache aufstellten [... (28)[2]Und siehe, da erbebte gewaltig die Erde; denn ein Engel des Herrn stieg vom Himmel herab, trat hinzu, wälzte den Stein weg und setzte sich darauf. [3]Sein Aussehen war wie ein Blitz und sein Gewand weiß wie Schnee. [4]Aus Furcht vor ihm erbebten die Wächter und wurden wie tot ... [11]Während diese nun hingingen, siehe,] da kamen einige von der Wache in die Stadt und meldeten den Hohenpriestern alles, was sich zugetragen hatte. [12]Und diese versammelten sich mit den Ältesten, faßten einen Beschluß und gaben den Soldaten viel Geld [13]und sprachen: "Sagt: Seine Jünger sind nachts gekommen und haben ihn gestohlen, während wir schliefen. [14]Und wenn der Statthalter davon hört, so wollen wir ihn überreden und euch die Sorge nehmen." [15]Die nahmen das Geld und taten, wie man sie angewiesen hatte. So verbreitete sich dieses Gerede bei den Juden bis auf den heutigen Tag.

Daß Mt 27,62-66 und 28,11-15 zwei Teile einer Geschichte sind, ist offenkundig. Der zwischen den beiden Teilen stehende Bericht über die Frauen am Grabe hatte ursprünglich nichts mit der Wächter-Episode zu tun (vgl. Mk 16,1-8). Mt 28,2-4 paßt jedoch gut zur Wächter-Geschichte (V.4) und könnte darum ein Überbleibsel des Mittelteils der ursprünglichen Wächtergeschichte sein, den Matthäus dann durch 28,5-10 ersetzt hat.

Daß hier vormatthäische Tradition vorliegt, zeigt schon die Formulierung μετὰ τρεῖς ἡμέρας (27,63). Matthäus sagt sonst immer "am dritten Tage". Die Erzählung ist als junge "apologetische Legende" (Bultmann) zu beurteilen, mit der die urchristliche Gemeinde auf die jüdische Verleumdung reagierte, die

Jünger hätten den Leichnam Jesu gestohlen und dann seine Auferstehung verkündet (vgl. Joh 20,1.11-18). Von dieser jüdischen Gegenpropaganda heißt es in der Erzählung selbst, sie sei bis in die Gegenwart hinein wirksam (vgl. 28,15). Sie wird noch von Justin (dial. 108) erwähnt.

3. Auseinandersetzungen mit "Zeloten"

Die Urgemeinde mußte sich auch mit den "Zeloten" und ihren religiös-politischen Anschauungen und Aktionen auseinandersetzen. Sie war ja vom zelotischen Eifer unmittelbar bedroht, weil sie sich am Freiheitskampf gegen Rom nicht beteiligte, sondern zu Feindesliebe und Friedfertigkeit aufrief. Die Auseinandersetzung mit den "Zeloten" dürfte auf mehr Traditionen eingewirkt haben, als wir hier behandeln können. An zwei Überlieferungen aber kann gezeigt werden, wie die Urgemeinde unmittelbar zu zelotischen Problemen Stellung genommen hat.

> 13 Darauf schicken sie [einige von den Pharisäern und von den Herodianern] zu ihm, daß sie ihn durch ein Wort fingen. 14 Diese aber kommen und sagen zu ihm: "Meister, wir wissen, daß du wahrhaftig bist und dich um niemand kümmerst; denn du siehst nicht auf die Person der Menschen, sondern lehrst gemäß der Wahrheit den Weg zu Gott. Ist es erlaubt, dem Kaiser Steuer zu zahlen oder nicht? Sollen wir zahlen oder sollen wir nicht zahlen?" 15 Er aber durchschaute ihre Heuchelei und sagte zu ihnen: "Was versucht ihr mich? Bringt mir einen Denar, damit ich sehe!" 16 Sie aber brachten. Und er sagt zu ihnen: "Wessen ist dieses Bild und die Aufschrift?" Sie aber antworteten ihm: "Des Kaisers." 17 Da erwiderte Jesus und sprach zu ihnen: "Was des Kaisers ist, gebt dem Kaiser; und was Gottes ist, Gott!" Und sie staunten über ihn. (Mk 12,13-17)[1]

Die Form des Stückes als "Streitgespräch" zeigt an, daß hier die Urgemeinde mit Außenstehenden um ein aktuelles Problem streitet. Dieses wird in V.14 genannt: Darf man dem Kaiser Steuern zahlen? Die Fragesteller haben ein religiöses Anliegen: Wenn Gott Israels König ist, darf man dann durch Zahlung von Steuern den römischen Kaiser anerkennen? Wird dadurch nicht Gott die allein ihm zustehende Ehre genommen? Aus solchen Erwägungen lehnten die "Zeloten" Steuerzahlungen an Rom ab.
Die Antwort Jesu V.17 stellt klar, daß die Steuerfrage kein wirklich religiöses Problem ist. Die Anerkennung Gottes wird durch die Unterwerfung unter die Steuerhoheit des Kaisers nicht berührt, weil Gottes Herrschaft die irdisch-politischen Verhältnisse transzendiert. Die Szene atmet eine hintersinnige Ironie. Der Kaiser und sein Anspruch werden vor Gottes Königtum total heruntergespielt, seine Steuerforderung auf die Größe einer Münze reduziert. Wenn er zurückhaben will, was ihm gehört, so soll man es ihm geben.
Thematik und Problemstellung zeigen an, daß das Stück in den palästinischen Gemeinden entstanden und verwendet worden ist, und zwar vor Ausbruch des jüdischen Krieges, also in einer Zeit erhöhter zelotischer Aktivität.

---

1 PETZKE, G., Der historische Jesus in der sozialethischen Diskussion. Mk 12,13-17par, in: FS H. Conzelmann, Tübingen 1975, 223-235; SCHRAGE, W., Die Christen und der Staat, Gütersloh 1971; STENGER, W., "Gebt dem Kaiser, was des Kaisers ist...", Königstein/Ts. 1988.

Auch die "Versuchungsgeschichte" Mt 4,1-11par[1] setzt sich mit der zelotischen "Versuchung" auseinander.

> [1]Dann wurde Jesus vom Geist in die Wüste geführt, um vom Teufel versucht zu werden. [2]Als er [vierzig Tage und vierzig Nächte] gefastet hatte, war er zuletzt hungrig. [3]Da trat der Versucher an ihn heran und sprach: "Wenn du der Sohn Gottes bist, sprich, daß diese Steine da Brote werden." [4]Er aber antwortete: "Es steht geschrieben: Nicht vom Brot allein soll der Mensch leben, sondern von jedem Wort, das aus dem Mund Gottes kommt." [5]Dann nahm ihn der Teufel mit in die Heilige Stadt, stellte ihn auf die Zinne des Tempels [6]und sprach: "Wenn du der Sohn Gottes bist, stürz dich da hinab; steht doch geschrieben: Deinetwegen wird er seinen Engeln befehlen, und sie werden dich auf Händen tragen, damit du nicht deinen Fuß an einen Stein anstößt." [7]Jesus sprach zu ihm: "Auch das steht geschrieben: Du sollst den Herrn, deinen Gott, nicht versuchen." [8]Abermals nahm ihn der Teufel mit, auf einen sehr hohen Berg, zeigte ihm alle Reiche der Welt und ihre Herrlichkeit [9]und sprach zu ihm: "Das alles will ich dir geben, wenn du niederfällst und mich anbetest." [10]Da sprach Jesus zu ihm: "Weiche, Satan; denn es steht geschrieben: Den Herrn, deinen Gott, sollst du anbeten, und ihm allein sollst du dienen." [11]Da ließ der Teufel von ihm ab, [und siehe, Engel traten herzu und dienten ihm.][2]

"Der Erzähler beweist, daß bestimmte (endzeitliche) Erwartungen für Jesus und darum auch für die Christen nicht zutreffen, indem er diese als teuflische Versuchungen darstellt, die Jesus selbst schon zurückgewiesen hat." (Hoffmann) In diesem Sinne sind die einzelnen Versuchungen zu deuten: 1. In der "Wüste" sollte sich nach allgemeiner Anschauung der Messias durch großartige Wunder manifestieren, in denen die Wunder des Exodus wiederholt und überboten würden. Solche Manifestationen werden von verschiedenen Messiasprätendenten aus der Zeit der Urgemeinde berichtet. Ein gewisser Theudas versuchte eine wunderbare Jordanüberquerung. Ein Prophet namens Ägyptus versuchte das Wunder der Einnahme Jerichos zu wiederholen. Er wollte die Mauern Jerusalems zum Einsturz bringen. Solche Schauwunder zur Manifestation der Messianität werden von Jesus abgelehnt. "Am Verhalten Jesu soll die Gemeinde erkennen, daß sie solchen charismatischen Führern nicht folgen darf." (Hoffmann; vgl. Mk 13,21f) 2. Auch der Tempelberg sowie das Dach des Heiligtums haben Bedeutung für die Messiaserwartung. "Der Teufel fordert Jesus ... auf,

---

[1] DUPONT, J., Die Versuchungen Jesu in der Wüste, Stuttgart 1959; GERHARDSSON, B., The Testing of God's Son, Lund 1966; HAHN, F., Christologische Hoheitstitel, Göttingen [4]1974; HOFFMANN, P., Die Versuchungsgeschichte in der Logienquelle. Zur Auseinandersetzung der Judenchristen mit dem politischen Messianismus: BZ 13 (1969) 207-223; MAHNKE, H., Die Versuchungsgeschichte im Rahmen der synoptischen Evangelien, Frankfurt 1978; NEUGEBAUER, F., Jesu Versuchung, Tübingen 1986; SCHOTTROFF, L./STEGEMANN, W., Jesus von Nazareth - Hoffnung der Armen, Stuttgart [2]1981, 73-76.

[2] Matthäus hat die ursprüngliche Fassung der Versuchungsgeschichte besser bewahrt als Lukas, der die Versuchungen aus kontextbedingten Gründen umgestellt hat. Auf Mt 4,1f und 11 hat Mk 1,12f eingewirkt. Die Versuchungsgeschichte kannte die 40 Tage des Wüstenaufenthalts Jesu ursprünglich nicht.
Die Einheitlichkeit der Erzählung wird von F. Hahn bestritten: In den ersten beiden Versuchungen liege ein typisch hellenistischer "Gottessohnbegriff" (θεῖος ἀνήρ) vor, die dritte Versuchung habe dagegen die Weltherrschaft des messianischen Königs zum Thema. Die dritte Versuchung sei daher ein ursprünglich isoliertes Traditionsstück, das die Vorstellung von der messianischen Weltherrschaft im irdisch-politischen Sinn zurückweise, geradezu als eine widergöttliche Versuchung ablehne. In der hellenistischen Gemeinde sei dieses Traditionsstück um die zwei Versuchungen erweitert worden, in denen ein falsch verstandener Gottessohnbegriff abgelehnt werde. "Der Gottessohn darf seine Macht weder zur Selbsthilfe noch für ein Schauwunder mißbrauchen, sondern allein für den Auftrag, den er erhalten hat." (Hahn) P. Hoffmann hat demgegenüber die Einheitlichkeit der Erzählung verteidigt. Alle Versuchungen seien messianisch zu verstehen. Der Titel "Sohn Gottes" ist also Messiasbezeichnung (vgl. 4 Qflor I 11).

sich im Sinn der am Tempel orientierten endzeitlichen Erwartung als Heilbringer zu offenbaren. Indem Jesus diese Forderung zurückweist, distanziert er sich von der mit dem Tempel verbundenen Heilserwartung." (Hoffmann) 3. Für die "Zeloten" führte der Weg zum messianischen Heil über den heiligen Krieg mit Rom. Ihre Hoffnung war ein weltumfassendes jüdisches Reich mit Jerusalem als Mittelpunkt. In der Erzählung wird die Idee einer messianischen Weltherrschaft im politisch-irdischen Sinn als Abfall von Gott disqualifiziert. "Die Absicht der Zeloten, das messianische Weltreich aufzurichten, ist eine teuflische Versuchung; wer ihr nachgibt, dient dem Teufel." (Hoffmann) P. Hoffmann faßt seine Auslegung zusammen: "Die Versuchungsgeschichte setzt sich in breiter Front mit diesen verschiedenen Formen messianischer Hoffnung auseinander." "Sitz im Leben" der Erzählung ist also "die konkrete Auseinandersetzung christlicher Gruppen der palästinischen Gemeinde mit den verschiedenen Trägern der jüdischen Aufstandsbewegung ... Im Rückgriff auf das Beispiel Jesu wird begründet, warum sich die Jünger Jesu nicht am heiligen Krieg gegen Rom beteiligen. Die Aktionen der Freiheitsbewegung sind für sie eine teuflische Versuchung, die Jesus schon zurückgewiesen hat. Zugleich wird am christlichen Messiasideal festgehalten" (Hoffmann).

"Dies Überlieferungsstück läßt uns recht tief in die schwierige Lage der alten Gemeinde hineinblicken. Sie hatte einen sehr unglaubwürdigen Satz zu verfechten, wenn sie behauptete, Jesus von Nazareth sei der Messias - denn gemessen an den vulgären Messias-Begriffen fehlte ihm zum König-Messias nicht weniger als alles. Diese Überzeugung ließ sich nur verteidigen, indem man einen erheblich veränderten, umgedeuteten Messias-Begriff zu Grunde legte, und eben diesen will die Versuchungsgeschichte lehren: ein Messias ohne äußere Herrlichkeit, ohne den Willen zur Macht und zum Genuß der Weltherrschaft, zwar ein Bahnbrecher der Gottesherrschaft, der aber seinen persönlichen Anteil an dieser Herrschaft lediglich als ein Geschenk Gottes in Zukunft erwartet." (Weiß, Urchristentum 95)

4. Das Werben der Urgemeinde um die Johannesjünger

Literatur: BECKER, J., Johannes der Täufer und Jesus von Nazareth, Neukirchen 1972; DIBELIUS, M., Die urchristliche Überlieferung von Johannes dem Täufer, Göttingen 1911; v. DOBBELER, S., Das Gericht und das Erbarmen Gottes, Frankfurt 1988; ERNST, J., War Jesus ein Schüler Johannes des Täufers, in: FS J. Gnilka, Freiburg 1989, 13-33; DERS., Johannes der Täufer, Berlin 1989; LANG, F., Erwägungen zur eschatologischen Verkündigung Johannes' des Täufers, in: FS H. Conzelmann, Tübingen 1975, 459-473; LOHMEYER, E., Das Urchristentum 1: Johannes der Täufer, Göttingen 1932; MERKLEIN, H., Die Umkehrpredigt bei Johannes dem Täufer und Jesus von Nazaret: BZ 25 (1981) 29-46; SINT, J., Die Eschatologie des Täufers, die Täufergruppe und die Polemik der Evangelien, in: Schubert, K. (Hg), Vom Messias zum Christus, Wien 1964, 55-164; THYEN, H., ΒΑΠΤΙΣΜΑ ΜΕΤΑΝΟΙΑΣ ΕΙΣ ΑΦΕΣΙΝ ΑΜΑΡΤΙΩΝ, in: FS R. Bultmann, Tübingen 1964, 97-125; WINK, W., John the Baptist in the Gospel Tradition, Cambridge 1968.

Keine Gestalt des zeitgenössischen Judentums stand Jesus so nahe wie Johannes der Täufer. Keine jüdische Gruppe war der Urgemeinde so eng verwandt wie die Täuferjünger. Der Täufer hatte ganz Israel in glühender Naherwartung zur Buße aufgerufen. Seine Taufe als Sakrament der Sündenvergebung sollte vor dem nahen Zorngericht Gottes retten. Nach seinem Martyrium verkündeten seine Jünger die Gerichtsbotschaft weiter und setzten die Taufpraxis fort. Sie verehrten den Täufer auch als eschatologische Rettergestalt, ohne daß sich

eindeutig erkennen ließe, mit welcher der erwarteten Heilbringergestalten sie ihn identifizierten. Am wahrscheinlichsten ist, daß sie Johannes als den in Mal 3,1.23f verheißenen wiederkommenden Elias angesehen haben.
Die Gemeinde der Täuferjünger und die christliche Urgemeinde standen in Konkurrenz zueinander. Aber zwischen ihnen gab es mehr Gemeinsamkeiten als Trennendes. Letztlich waren sie Verwandte, geprägt von der frühjüdischen Apokalyptik und in unmittelbarer Erwartung des endzeitlichen Handelns Gottes. Während aber die Johannesjünger auch nach dem Tod des Täufers an der reinen Zukünftigkeit des endzeitlichen Handelns Gottes im Gericht festhielten, drängte es für die Jesusgemeinde bereits in diesen Äon hinein. In Gottes Tat der Auferweckung Jesu und in seiner Gabe des Geistes zeigte sich, daß die Endzeit schon begonnen hatte und der Vollendung entgegenging. Die Urgemeinde hat um die Täuferjünger gerungen. Daß sie dabei Erfolg hatte, zeigt sich daran, daß zahlreiche neutestamentliche Überlieferungen offensichtlich aus Kreisen der Täufergemeinde stammen. Sie sind von bekehrten Täuferjüngern in die christliche Gemeindeüberlieferung eingebracht und hier weitertradiert worden. Ein schönes Beispiel dafür ist die Erzählung über das Martyrium des Täufers Mk 6,17-29[1]. Sie enthält keinen Zug, der ihre Entstehung in christlichen Kreisen nahelegen könnte.

> 17Herodes nämlich hatte den Johannes ergreifen und gefesselt in den Kerker werfen lassen wegen Herodias, der Frau seines Bruders Philippus; diese nämlich hatte er geheiratet. 18Es hatte nämlich Johannes dem Herodes gesagt: "Es ist dir nicht erlaubt, die Frau deines Bruders zu haben." 19Herodias aber war ihm böse und hätte ihn gern töten lassen; doch sie vermochte es nicht. 20Denn Herodes hatte Scheu vor Johannes; kannte er ihn doch als einen gerechten und heiligen Mann; und er nahm ihn in Schutz, und wenn er ihn hörte, kamen ihm viele Fragen, und er hörte ihn gern. 21Da kam ein gelegener Tag, als Herodes an seinem Geburtstag seinen Großen und den Obersten und den Vornehmsten von Galiläa ein Gastmahl gab. 22Da trat die Tochter eben jener Herodias ein und tanzte, und sie gefiel dem Herodes und seinen Gästen. Da sprach der König zu dem Mädchen: "Begehre von mir, was immer du willst, und ich will es dir geben!" 23Und er schwur ihr: "Was immer du von mir begehrst, will ich dir geben, bis zur Hälfte meines Reiches." 24Da ging sie hinaus und sagte zu ihrer Mutter: "Was soll ich begehren?" Die aber sagte: "Den Kopf Johannes des Täufers." 25Da ging sie sofort in Eile zum König hinein und verlangte: "Ich will, daß du mir jetzt sofort auf einer Schüssel den Kopf Johannes des Täufers gibst." 26Da wurde der König sehr betrübt; aber wegen seines Eides und wegen der Festgäste wollte er sie nicht abweisen. 27Und sofort schickte der König einen Scharfrichter ab und befahl, seinen Kopf zu bringen. Der ging hin, köpfte ihn im Gefängnis und 28brachte seinen Kopf auf einer Schüssel und gab ihn dem Mädchen, und das Mädchen gab ihn seiner Mutter. 29Und als seine Jünger es hörten, kamen sie und holten seinen Leichnam und bestatteten ihn in einem Grab.

Die Erzählung hat einen eigenartigen Charakter. Erst in V.21 beginnt die Handlung, V.17-20 sind Vorgeschichte. Der Täufer tritt nur in V.18 aktiv auf, sonst wird in der Erzählung an ihm gehandelt. Zwischen V.18 und 19 besteht ein Bruch: In V.17f ergreift Herodes die Initiative zur Gefangennahme des Täufers und steht diesem feindlich gegenüber (vgl. Josephus, Ant 18,116-119), ab V.19 scheint er ihn dagegen vor Herodias schützen zu wollen. Man wird von

---

[1] GNILKA, J., Das Martyrium Johannes' des Täufers (Mk 6,17-29), in: FS J. Schmid, Freiburg 1973, 78-92; THEISSEN, G., Lokalkolorit und Zeitgeschichte in den Evangelien, Freiburg (Schweiz)/Göttingen 1989, 85-102.

diesen Beobachtungen her damit rechnen müssen, daß verschiedene Traditionen auf die Erzählung eingewirkt haben und sekundär miteinander verbunden wurden. Die zahlreichen Motivparallelen bei den heidnischen Geschichtsschreibern Herodot, Livius, Plutarch, auf die Bultmann aufmerksam macht, erweisen sie ohnehin als typisierte Prägung von geringem historischem Wert. Auch 1 Kön 21 könnte sie beeinflußt haben. Johannes würde dann in ihr als "Prophet wie Elias" dargestellt. Die christliche Gemeinde hat die Erzählung offenbar unverändert übernommen. Ehemalige Täuferjünger dürften sie in die urchristliche Überlieferung eingebracht haben.

Neben Jesus nimmt keine Gestalt eine solch hervorragende Stellung in den Evangelien ein wie Johannes der Täufer. Die urchristliche Gemeinde hat sich mit seiner Person, seinem Wirken und seiner Botschaft intensiv auseinandergesetzt. Sie mußte ihn heilsgeschichtlich einordnen und sein Verhältnis zu Jesus klären.

Dabei mußte sie folgende Tatsachen berücksichtigen:

1. Jesus ist aus der Täuferbewegung hervorgegangen; er war selbst ein Täuferjünger. Das gilt auch für viele seiner Jünger (vgl. Joh 1,35ff).
2. Wie die Täuferjünger hat auch die Urgemeinde die Taufe geübt, wahrscheinlich sogar vom Täufer übernommen. Unterscheidendes Merkmal der christlichen Taufe war jedoch, daß mit ihr auch der Geistempfang verbunden war, während die Täufergemeinde der Taufe nur sündenvergebende Kraft zuschrieb (vgl. Apg 19,2ff). In der Urgemeinde stellte die Taufe den Täufling in das sich bereits vollziehende Eschaton hinein, während sie für die Täufergemeinde lediglich auf das Eschaton vorbereitete.
3. Die Täuferjünger verehrten den Täufer nach seinem Tod als eschatologische Gestalt und erwarteten in Kürze das Hereinbrechen des endzeitlichen Gerichts. Wie die Jesusjünger glaubten sie also an eine bereits geschichtlich erschienene Endzeitgestalt und an das Nahekommen Gottes.

Konkurrenz und Affinität gestalteten die Stellungnahme der Urgemeinde zum Täufer und zu der von ihm ausgelösten Bewegung schwierig. Auch ihr galt ja der Täufer nicht als Falschprophet. Sie blieb sich dessen bewußt, daß manche ihrer eigenen Wurzeln in die Bußbewegung des Täufers zurückreichten. Aber sie konnte den Täufer nicht als die letzte endzeitliche Größe vor dem Kommen Gottes anerkennen, sondern mußte ihm eine andere, vorbereitende heilsgeschichtliche Funktion zuschreiben.

Die Überlieferung der Urgemeinde bringt höchste Wertschätzung des Täufers zum Ausdruck. Sie stellt ihn an die Seite Jesu und leugnet nicht, daß Jesus aus seiner Bußbewegung hervorgegangen und von ihm getauft worden ist. Johannes hat Israel an die Schwelle der Endzeit geführt, aber erst mit Jesus hat diese als ein dynamisches Geschehen angefangen.

> Gesetz und Propheten gehen bis Johannes.
> Von da an wird die Basileia Gottes verkündet,
> und jeder drängt mit Gewalt in sie hinein. (Lk 16,16)

Auch das Überlieferungsstück Mt 11,7-11par[1] bringt die relative Größe des Täufers zum Ausdruck.

> [7Als diese fort waren,] fing Jesus an, zu den Volksscharen über Johannes zu

---

[1] HOFFMANN, P., Studien zur Theologie der Logienquelle, Münster 1972, 190-233; MERKLEIN, H., Die Gottesherrschaft als Handlungsprinzip, Würzburg 1978, 86ff; THEISSEN, G., Lokalkolorit und Zeitgeschichte im Neuen Testament, Freiburg (Schweiz)/Göttingen, 1989, 26-44.

reden: "Was seid ihr in die Wüste hinausgegangen zu sehen? Ein Schilfrohr, vom Winde hin und her bewegt? [8]Aber was seid ihr hinausgegangen zu sehen? Einen Menschen in weichlichen Kleidern? Siehe, die weichliche Kleider tragen, wohnen in Königspalästen. [9]Aber wozu seid ihr hinausgegangen? Einen Propheten zu sehen? Ja, ich sage euch, er ist noch mehr als ein Prophet. [10]Denn er ist es, von dem geschrieben steht: 'Siehe, ich sende meinen Boten vor dir her, der deinen Weg vor dir bereiten soll.' [[11]Wahrlich, ich sage euch: Unter denen, die von einer Frau geboren sind, ist kein Größerer erstanden als Johannes der Täufer. Aber der Kleinere im Himmelreich ist größer als er.]"

Meines Erachtens ist das Stück 11,7-10 eine ursprüngliche Einheit, an die der selbständige Spruch 11,11 später angefügt wurde[1].
Das Stück 11,7-10 ist eindrucksvoll aufgebaut: Die aufeinanderfolgenden rhetorischen Fragen sollen zunächst eine Übereinstimmung mit den Hörern über Johannes herstellen, um sie dann im Verständnis weiterführen zu können. Nicht einmal das Prädikat "Prophet" kann die Bedeutung des Johannes erfassen. Er überragt alle Propheten. In V.10 wird gesagt warum. Er ist eine von den Propheten verheißene endzeitliche Gestalt.
V.10 kombiniert Mal 3,1 mit Ex 23,20. Das Maleachi-Zitat konnte auch in Täuferkreisen, die Johannes "messianisch" deuteten, auf den Täufer angewendet werden (vgl. Lk 1,17; 1,76). Die Kombination von Mal 3,1 mit Ex 23,20 schließt allerdings eine messianische Deutung des Täufers aus. V.10 ist so als Gottesrede an einen himmlischen Throngenossen Gottes ("Menschensohn/ Messias"?) stilisiert. Johannes der Täufer ist nach V.10 somit nicht Vorläufer Gottes selbst (so Mal 3,1.23f; vgl. Lk 1,17.76; Mk 1,3ff), sondern des "Menschensohnes" Jesus. In Mt 11,10 liegt also eine ursprünglich christliche Deutung des Täufers vor. Aber auch für die Urgemeinde hat der Täufer eine alle Propheten überragende Bedeutung.

Das Stück erkennt die heilsgeschichtliche Bedeutung des Johannes an, richtet sie aber auf Jesus aus. Der Täufer war Wegbereiter Jesu. Sein Wirken bereitete das Wirken Jesu vor.
Wegen der in V.10 anzutreffenden schriftgelehrten Argumentation muß das Stück als Bildung der Urgemeinde angesehen werden. Sein Duktus zeigt an, daß es darum geht, mit den Hörern zu einer Übereinstimmung über die heilsgeschichtliche Bedeutung des Johannes zu gelangen. Das Stück hat also seinen "Sitz im Leben" wahrscheinlich im Werben der Urgemeinde um die Täuferjünger.

Die Schwierigkeiten des ursprünglich selbständigen Zweizeilers Mt 11,11 liegen in der Interpretation der zweiten Zeile. Ist μικρότερος Komparativ oder Superlativ? Beides ist im Koine-Griechischen möglich. Ist ἐν τῇ βασιλείᾳ attributiv zu verstehen: "der Kleinste in der Basileia ist..." oder adverbial: "der Kleinere ist in der Basileia größer als er"?
Im ersten Fall wäre mit "dem Kleinsten" jeder gemeint, der an der Basileia Gottes teilnehmen wird; ἐν τῇ βασιλείᾳ wäre dann Hinweis auf die bevorstehende Heilsvollendung. Aber dieses Verständnis macht Schwierigkeiten: Nimmt denn Johannes an der Basileia nicht teil? "Durch eine solche Gegenüberstellung des Johannes und des Kleinsten in der βασιλεία wird jedoch Johannes eine Qualifikation im Rahmen der Basileia abgesprochen. Das widerspricht jedoch der allgemeinen Beurteilung, die das Wirken des Johannes in Q findet... Es ist daher sehr unwahrscheinlich, daß

---

[1] Die Einheitlichkeit von Mt 11,7-11 ist umstritten. Bultmann hält V.10 und 11b für sekundäre Zusätze, die das im ursprünglichen Apophthegma 11,7-9.11a ausgesprochene Urteil Jesu über Johannes aus urchristlicher Sicht revidieren, Johannes auf Jesus ausrichten und ihm unterordnen sollen (ähnlich Hahn).
Andere (Hoffmann, Schulz, Polag) sehen nur 11,7-9 als ein ursprüngliches Apophthegma an. Schürmann hält auch V.10 für ursprünglich. V.11a wird von Hoffmann für ein ursprünglich selbständig überliefertes echtes Jesuswort über Johannes gehalten. V.11b sei Korrektur der späteren Gemeinde. Dagegen halten Schürmann, Schnackenburg, Polag und Schulz V.11 wegen des vollendeten antithetischen Parallelismus für einheitlich.
Eine Beurteilung der unterschiedlichen Auffassungen ist schwierig. Meines Erachtens kann V.9 nicht den ursprünglichen Abschluß des Apophthegmas bilden. Entweder gehört V.10, der die besondere, das Prophetenamt übersteigende Bedeutung des Johannes erklärt, ursprünglich hinzu, oder V.11 bildet den ursprünglichen Abschluß des Stückes. Letzteres ist dann unwahrscheinlich, wenn V.11 eine ursprüngliche Einheit gebildet hat; denn in V.11b kommt eine Relativierung des Johannes zum Ausdruck, die zu 11,7-10 nicht paßt.

Q die Größe des Johannes nur für die Zeit vor der Basileia anerkennt, ihm aber in ihr jeden Rang abspricht." (Hoffmann)
Im zweiten Fall stellt sich aber die Frage, wer mit μικρότερος gemeint ist. Hier kann die Beobachtung weiterführen, daß μείζων/μικρότερος im jüdisch-rabbinischen Sprachgebrauch auch auf das Lehrer/Schülerverhältnis angewendet wird (vgl. Lk 6,40; Joh 13,16; 15,20). Dann könnte μικρότερος sich auf Jesus beziehen. Er ist von Johannes getauft worden und aus seinem Jüngerkreis hervorgegangen. Diesen historischen Tatbestand mußte die christliche Gemeinde berücksichtigen. Die Bedeutung, die sie Jesus zusprach, stand in Spannung zu dieser biographischen Tatsache. Als Johannesjünger galt Jesus vielen als der "Kleinere" (vgl. Joh 3,26ff). Mt 11,11b nimmt "das Ärgernis des historischen Jesus auf..., überwindet es aber durch den Hinweis auf die diesem Jesus von Gott verliehene endzeitliche Funktion in der Basileia..." (Hoffmann).
"Sitz im Leben" des Wortes dürfte die Auseinandersetzung der palästinischen Gemeinde mit Anhängern des Täufers um die Bedeutung des Täufers und Jesu sein. Wieder wird die Bedeutung des Täufers voll anerkannt. Doch gilt das Paradox, daß der "Kleinere", Jesus, ihn an heilsgeschichtlicher Bedeutung in der Basileia Gottes übertrifft. Der werbende Unterton des Logions ist unüberhörbar.

Wie die Urgemeinde Überlieferung aus Täuferkreisen aufgegriffen und verchristlicht hat, läßt sich an Mt 3,1-12parr[1] studieren.

> [1]In jenen Tagen trat Johannes der Täufer auf und predigte in der Wüste von Judäa: [2]"Kehrt um! Denn das Himmelreich hat sich genaht." [3]Dieser ist gemeint von dem Propheten Jesaja, wenn er sagt: "Eine Stimme ruft in der Wüste: Bereitet den Weg des Herrn, macht gerade seine Pfade!" [4]Johannes trug ein Kleid von Kamelhaaren und eine Ledergürtel um seine Hüften; seine Nahrung war Heuschrecken und wilder Honig. [5]Damals ging Jerusalem und ganz Judäa und das ganze Jordanland zu ihm hinaus. [6]Sie ließen sich von ihm im Jordanfluß taufen und bekannten dabei ihre Sünden. [7]Als er aber viele von den Pharisäern und Sadduzäern zu seiner Taufe kommen sah,] sprach er zu ihnen: "Ihr Schlangenbrut, wer hat euch gelehrt, ihr würdet dem kommenden Zorngericht entrinnen? [8]Bringt also Frucht, die der Bekehrung würdig ist, [9]und meint nicht, ihr könntet bei euch sagen: Wir haben Abraham zum Vater. Denn ich sage euch: Gott kann dem Abraham aus diesen Steinen da Nachkommen erwecken. [10]Schon ist die Axt an die Wurzel der Bäume gesetzt; jeder Baum nun, der keine guten Früchte bringt, wird ausgehauen und ins Feuer geworfen. [11]Ich taufe euch mit Wasser zur Umkehr, der aber nach mir kommt, [ist stärker als ich; ich bin nicht wert, ihm seine Sandalen zu tragen;] der wird euch taufen mit [Heiligem Geist und] Feuer. [12]Er hat die Wurfschaufel in seiner Hand und wird seine Tenne säubern. Seinen Weizen wird er in die Scheune sammeln; die Spreu aber wird er verbrennen mit unauslöschlichem Feuer."

Die Überlieferungsgeschichte des Stückes ist kompliziert. Keine der vorliegenden Fassungen hat Anspruch auf Ursprünglichkeit, vielmehr muß die ursprüngliche Fassung aus den drei vorliegenden Versionen rekonstruiert werden.[2] Für unser Anliegen reicht es aus, besonders auf die Gestaltung der Botschaft des Täufers in Mt 3,11f zu achten. Hier fallen Spannungen und Brüche auf:
1. Die beiden parallelen Zeilen über die Wassertaufe des Johannes und die ganz andere Taufe des "Kommenden" sind durch die Unwürdigkeitsaussage unterbrochen. Diese besteht aus zwei Zeilen:

---

[1] HOFFMANN, P., Studien zur Theologie der Logienquelle, Münster 1972, 18-33; LAUFEN, R., Die Doppelüberlieferungen der Logienquelle und des Markusevangeliums, Königstein 1980, 108ff; MERKLEIN, H., Die Gottesherrschaft als Handlungsprinzip, Würzburg, 1978, 142ff; THYEN, H., Studien zur Sündenvergebung im Neuen Testament und seinen alttestamentlichen und jüdischen Voraussetzungen, Göttingen 1970, 131ff; vgl. auch die Literatur zu Kap XIII.

[2] Mk 1,2-8 ist redaktionell stark überarbeitet. Die Frage ist, ob sie in etwa den ursprünglichen Umfang der Überlieferung repräsentiert. Dann wäre zumindest die Gerichtsdrohung des Täufers gegen Israel in Mt 3,7-10 (Lk 3,7-14) erst auf der Ebene der Quelle Q mit der Überlieferung verbunden worden. Wahrscheinlicher ist aber, daß Mt 3,7-12 eine ursprüngliche Überlieferungseinheit ist, die ursprünglich einmal durch einen erzählenden Satz über Predigt- und Taufwirken des Johannes eingeleitet und von Matthäus redaktionell überarbeitet wurde. Dann hätte die dem Markusevangelium zugrundeliegende Überlieferung bis auf Mk 1,7f die gesamte übrige Predigt des Täufers weggebrochen.

dem Hinweis, daß der Kommende stärker als Johannes ist, und dem Relativsatz, daß Johannes nicht einmal würdig ist, dem "Stärkeren" Sklavendienste zu leisten.
2. Die Taufe des "Kommenden" wird charakterisiert als eine Taufe ἐν πνεύματι ἁγίῳ καὶ πυρί. Beide Größen sind miteinander unvereinbar. Denn was kann nach ἐν πνεύματι ἁγίῳ noch mit πυρί gemeint sein? Wahrscheinlich ist ἐν πνεύματι ein sekundärer christlicher Zusatz; ursprünglich standen dann in dem Logion Wasser- und Feuertaufe gegenüber. Oder ἁγίῳ ist der Zusatz, und mit ἐν πνεύματι ἁγίῳ ist ursprünglich nicht der Gottesgeist gemeint, sondern der Sturm.
3. Was mit der (Sturm- und) Feuertaufe gemeint ist, erläutert das Gerichtswort Mt 3,12: Der "kommende Täufer" ist der endzeitliche Richter, der Weizen und Spreu voneinander trennen und letzteres im Gerichtsfeuer verbrennen wird (κατακαύσει πυρὶ ἀσβέστῳ).
Diese Beobachtungen lassen den Schluß zu, daß die tradierte Täuferpredigt sekundär überarbeitet worden ist, und zwar unter zwei Aspekten: 1. Der Täufer Johannes wird durch die Unwürdigkeitsaussage dem kommenden Täufer Jesus untergeordnet. 2. Die Taufe des Johannes wird durch eine höherwertige Geisttaufe übertroffen, die der kommende "Stärkere" bringen wird.
Wir haben es mit christlichen Zusätzen zu tun. Für die christliche Gemeinde ist der "Kommende" mit Jesus identisch. Ihre Taufe ist die der Johannestaufe überlegene Geisttaufe, die Jesus gebracht hat.
Ursprünglich aber war in der Täuferpredigt mit dem "Kommenden" Gott selbst gemeint, der in Kürze zum Gericht erscheinen wird, und Johannes wurde als der unmittelbare Vorläufer Gottes angesehen (Mal 3,1.23f; Jes 40,3).

Das Traditionsstück ist in seiner ursprünglichen Fassung nicht christlich, sondern stammt aus den Kreisen der Täuferjünger. Die christliche Gemeinde hat es aus Täuferkreisen übernommen und überarbeitet. Sie hat aus dem Vorläufer Gottes den Vorläufer Jesu gemacht. Sie läßt den Täufer seine Unterlegenheit unter Jesus selbst aussprechen, ebenso die geringere Wirkung seiner Taufe. Jesus hat die Geisttaufe gebracht, wie sie in der christlichen Gemeinde geübt wird. Die Urgemeinde hat aber die Größe und Würde des Täufers nur relativiert, nicht bestritten. Es findet sich keinerlei Polemik gegen ihn. Die Übernahme dieses aus Täuferkreisen stammenden Traditionsstücks in die christliche Überlieferung zeigt erneut an, wie die Urgemeinde mit den Täuferjüngern um die richtige Deutung des Täufers und Jesu gerungen hat. Durch das Zeugnis ihres Meisters sollen die Täuferjünger als Jünger Jesu gewonnen werden (vgl. Joh 1,19ff; 3,22ff).
Am Komplex der Kindheitsgeschichten in Lk 1-2[1] lassen sich ähnliche Beobachtungen machen. Es ist heute allgemein anerkannt, daß Lk 1 eine sekundäre Kombination ursprünglich nichtchristlicher Tradition über Johannes den Täufer mit christlicher Jesusüberlieferung ist. Die den Täufer betreffenden Passagen bilden einen ursprünglichen Erzählzusammenhang, der durch die Verkündigung der Geburt Jesu und die Begegnung der beiden Mütter unterbrochen wird.

Täufer- und Jesusgeschichte werden durch 1,36f und durch 1,39-45 auch literarisch aufeinander bezogen. Das Engelwort über Elisabeth (1,36f) ist aber eine sekundäre Zugabe. Es wird weder in der Verkündigungsgeschichte selbst (1,38), noch in der Erzählung über die Begegnung der beiden Mütter (1,39-45) aufgegriffen. Und 1,39-45 kann aus dem Text gelöst werden, ohne daß eine Lücke entsteht. Die ursprünglich in sich geschlossene Täufererzählung dürfte Lk 1,5-25.(46-47.49-56.)57-66 umfaßt haben.
"Diese Johannes-Legende ist einheitlich und ihrer Art nach jüdisch, nicht christlich. Denn was die Christen von dem Täufer zu sagen wissen, wird hier überhaupt nicht erwähnt, seine Stellung als

---

[1] DIBELIUS, M., Jungfrauensohn und Krippenkind. Untersuchungen zur Geburtsgeschichte Jesu im Lukas-Evangelium, in: Ders., Botschaft und Geschichte I, Tübingen 1953, 1-78.

Vorläufer, seine Unterordnung unter Jesus spielen keine Rolle; im Gegenteil, Johannes wird 1,15 genau so uneingeschränkt ein 'Großer' genannt wie später 1,32 Jesus selbst." (Dibelius)

In einer Angelophanie werden Berufung und Bedeutung des noch nicht geborenen Johannes angesagt. Er ist aus priesterlichem Geschlecht (1,5), seine Geburt aus einer Unfruchtbaren ist wunderbar (1,7) und wird eschatologischen Jubel auslösen (1,14). Denn Johannes wird ein "Großer", ein Prophet vor Gott dem Herrn sein. Vom Mutterleib an wird er Träger des Geistes sein. Sein Amt wird sein, Israel zu Gott zu bekehren und "im Geist und in der Kraft des Elias" dem Herrn vorauszugehen und ihm ein heiliges Volk zu bereiten.
In Johannes erfüllt sich also die Weissagung Mal 3,23f: Er ist der erwartete Prophet wie Elias. Die Erwartung einer weiteren messianischen Gestalt hat in dieser Erzählung keinen Platz: Johannes ist der unmittelbare Wegbereiter Gottes selbst (vgl. Mt 3,11f), er ist selbst eine Gestalt der Endzeit.
Es kann als sicher gelten, daß diese Erzählung aus Kreisen der Täuferjünger stammt, die in Johannes eine messianische Gestalt verehrten. Die Urgemeinde aber hat diese Erzählung übernommen und überarbeitet. Sie hat dabei den Täufer konsequent auf Jesus ausgerichtet und ihn Jesus untergeordnet. Beide Kindheitserzählungen werden parallelisiert. Der Ton liegt jetzt auf der Jesusgeschichte (vgl. Lk 2). Dabei sind die jeweiligen Jesuserzählungen in bewußter Überbietung der entsprechenden Johanneserzählungen gestaltet. Die Überlegenheit Jesu wird so herausgestellt (vgl. Lk 1,26-38). Schließlich wird in der Erzählung über die Begegnung der beiden Mütter (1,39-45) die Unterlegenheit des Täufers subtil betont.
Die Urgemeinde hält auch hier an der heilsgeschichtlichen Würde des Johannes fest, ordnet ihn aber Jesus unter, indem sie ihn zu dessen Vorläufer macht. Es findet sich keine Polemik gegen Johannes. Absicht des Textes ist vielmehr, die Täuferjünger zur richtigen Einschätzung der heilsgeschichtlichen Bedeutung und Stellung des Johannes und Jesu zu führen und sie als Jesusjünger zu gewinnen.

Auch die beiden großen Hymnen der Kindheitsgeschichte hat die Urgemeinde aus Kreisen der Täuferjünger übernommen. Das gilt mit Sicherheit vom "Benedictus" (Lk 1,68-79), mit Wahrscheinlichkeit vom "Magnificat" (Lk 1,46-56).[1]
Das "Benedictus" ist ein Nachtrag zur Geburtsgeschichte des Johannes. Diese hat in V.66 ihr stilgemäßes Ende. Seinen organischen Ort hätte das "Benedictus" nach V.64. Es erweist sich also als ursprünglich isoliertes Traditionsstück.

> 68 Gepriesen sei der Herr, der Gott Israels.
> Denn er hat heimgesucht und Erlösung bereitet seinem Volk.
> 69 Und er hat aufgerichtet ein Horn des Heils für uns
> im Hause Davids, seines Knechtes,
> 70 wie er gesprochen durch den Mund der Heiligen
> von alters her, seinen Propheten:
> 71 Erlösung von unsern Feinden und aus der Hand aller, die uns hassen,
> 72 Erbarmen zu erweisen an unseren Vätern und zu gedenken seines heiligen Bundes,
> 73 des Eides, den er geschworen vor Abraham, unserm Vater,
> uns zu verleihen, 74 daß wir ohne Furcht, aus der Hand der Feinde befreit ihm dienen

---

[1] GNILKA, J., Der Hymnus des Zacharias: BZ 6 (1962) 215-238; SCHOTTROFF, L., Das Magnificat und die älteste Tradition über Jesus von Nazareth: EvTh 38 (1978) 298-313; VIELHAUER, Ph., Das Benedictus des Zacharias (Lk 1, 68-79), in: Ders., Aufsätze zum Neuen Testament, München 1965, 28-46.

75 in Frömmigkeit und Gerechtigkeit vor ihm alle unsere Tage.
76 Und du, Kind, wirst Prophet des Höchsten genannt werden;
denn du wirst vor dem Angesicht des Herrn hergehen, seine Wege zu bereiten,
77 Kenntnis zu geben vom Heil seinem Volk in der Vergebung ihrer Sünden
78 wegen des herzlichen Erbarmens unseres Gottes,
in dem uns heimsuchen wird der Aufgang aus der Höhe,
79 um zu scheinen denen, die in Finsternis und Schatten des Todes sitzen,
zu lenken unsere Schritte auf den Weg des Friedens.

Der Hymnus besteht aus zwei Teilen: V.66-75 und V.76-79. Der erste Teil "ist ein sehr stilreiner, eschatologischer Hymnus, der die geläufige jüdische Messianologie vertritt: Das vom Propheten geweissagte 'Horn des Heils' ist in dem Hause von Jahwes Diener David errichtet, die Erlösung ist geschehen, denn der Messias ist da" (Thyen 115f). Wahrscheinlich liegt in diesem Teil des Hymnus ein alter jüdischer Psalm vor - vielleicht aus der Zeit der Makkabäer -, der von der Johannessekte durch Anfügung des 2. Teils auf den Täufer bezogen wurde. In diesem wird Johannes (παιδίον, das auf den Kontext Bezug nimmt, ist wohl sekundär) als Prophet des Höchsten bezeichnet (vgl. Mal 3,1), der dem Herrn vorausgeht und seine Wege bereitet. Dies geschieht durch Vermittlung der γνῶσις σωτηρίας, die in der ἄφεσις ἁμαρτιῶν besteht (vgl. Mk 1,4). Johannes ist also "Mittler der göttlichen Sündenvergebung für das Heilsvolk, das durch sie gereinigt und damit eigentlich erst hergestellt wird" (Vielhauer).
Die entscheidende Frage für das Verständnis des Hymnus ist, wie sich V.78f an V.76f anschließt und von wem hier gesprochen wird, insbesondere, wer mit ἀνατολή ἐξ ὕψους gemeint ist. Dieser Ausdruck bedeutet: "Licht aus der Himmelshöhe". Nun ist V.78 durch διά auf V.76f insgesamt bezogen. Bedenkt man zudem, daß der Hymnus ursprünglich isoliert überliefert worden ist, dann ist klar, daß V.78f von niemand anderem spricht als V.76f: also von Johannes! Dieser ist das "Licht aus der Höhe", das "denen in der Finsternis und im Schatten des Todes" scheint. Johannes wird hier also als messianische Gestalt angesehen (vgl. TLevi 4,3; 18,3f).

Der Hymnus ist ursprünglich ein Lied auf Johannes den Täufer. Jesus kommt in ihm gar nicht vor. Darum muß der Hymnus als Tradition der Täufersekte angesehen werden. Er zeigt, wie diese den Täufer "messianisierte". Auffällig ist, daß wichtige Elemente der Predigt des Täufers fehlen, so die Taufe, das Gericht und die Gestalt des Feuertäufers. Dafür ist der Hymnus gekennzeichnet durch einen Dualismus (Licht/Finsternis), wie ihn auch die Apokalyptik, die Qumrangemeinde, Paulus und das Johannesevangelium kennen, aber auch die spätere Gnosis. Die urchristliche Gemeinde hat diesen Hymnus aufgegriffen und durch Einfügung in den Zusammenhang der Geburtsgeschichten die Gestalt des Täufers auf Jesus ausgerichtet. Dieser ist nun der κύριος von V.76, er ist im christlichen Verständnis des Hymnus die ἀνατολὴ ἐξ ὕψους, auf die Johannes Israel vorbereiten sollte.

Auch vom "Magnificat" (Lk 1,46-56) wird öfter vermutet, es sei ursprüngliche Tradition der Täufersekte. Es gehört dann natürlich in den Mund der Elisabet und könnte nach 1,25 gestanden haben. Nach dem Urteil Bultmanns würde es dort besser passen als an seinem jetzigen Platz, wo es notdürftig in den Kontext eingeschoben ist.

Das werbende Bemühen der Urgemeinde um die Täuferjünger zeigt auch das Stück Mt 11,2-6par.[1]

2 Als aber Johannes [im Kerker] von dem Wirken Christi hörte, ließ er ihn durch seine Jünger fragen: 3 "Bist Du es, der da kommen soll, oder sollen wir auf einen andern warten?" 4 Jesus antwortete ihnen: "Geht hin und berichtet Johannes, was

[1] HOFFMANN, P., Studien zur Theologie der Logienquelle, Münster 1972, 214f; STUHLMACHER, P., Das paulinische Evangelium I, Göttingen 1968, 218-225; VÖGTLE, A., Wunder und Wort in urchristlicher Glaubenswerbung (Mt 11,2-5/Lk 7,18-23), in: Ders., Das Evangelium und die Evangelien, Düsseldorf 1971, 219-242.

ihr hört und seht: [5]Blinde sehen wieder, Lahme gehen, Aussätzige werden rein, Taube hören, Tote stehen auf und Armen wird das Evangelium verkündet. [6]Und selig ist, wer an mir keinen Anstoß nimmt."[1]

Es geht um die Frage, ob der irdische Jesus die vom Täufer angekündigte endzeitliche Gestalt (ὁ ἐρχόμενος) war oder ob nach Jesus ein weiterer Heilbringer zu erwarten ist. Diese Frage wird beantwortet: 1. mit einem allgemeinen Hinweis auf Jesu Wirken, 2. einer Aufzählung von Heilstatsachen im Anschluß an die prophetische Endzeitschilderung und 3. einem Makarismus.
Im Wirken Jesu ist sichtbar, daß die durch die Propheten angekündigte Heilszeit herangekommen ist. Jesu Wirken ist die Erfüllung der in Jes 29,18f; 35,5f und 61,1 für die Endzeit verheißenen Heilsereignisse. Von seinen Taten kann auf Jesus selbst zurückgeschlossen werden. Er ist die endzeitliche Gestalt, die Johannes angekündigt hat. Seine Taten legitimieren ihn. Sie stellen jeden vor die Entscheidungsfrage, ob er in Jesus die verheißene Endzeitgestalt anerkennen will oder "an ihm zu Fall kommt".

F. Hahn und P. Stuhlmacher sind der Auffassung, hier werde die Anschauung vom "eschatologischen Propheten" auf Jesus angewendet, nicht dagegen die Messiaserwartung. Vom Messias würden keine Wunder erwartet. Doch ist diese Auffassung eine traditionsgeschichtliche Konstruktion. Eine frühe Christologie, die Jesus nach dem Modell des "endzeitlichen Propheten" deutete, läßt sich nicht nachweisen. Die verschiedenen jüdischen Heilbringererwartungen sind in der christologischen Reflexion der Urgemeinde ohnehin nicht isoliert angewendet worden, sondern wurden miteinander verbunden und haben sich gegenseitig ergänzt (s. dazu Kap. VI.1). Da man für die messianische Zeit Wundertaten erwartete, auch wenn der Messias selbst nicht als Wundertäter, sondern als politisch-nationale Führergestalt angesehen wurde, und da die Messiaserwartung in der Urgemeinde schon sehr früh entpolitisiert worden ist, ergab sich gar keine Schwierigkeit, Jesu Messianität und seine Wunder miteinander zu vereinbaren.
Es wird allgemein anerkannt, daß das Traditionsstück keine historische Szene aus dem Leben Jesu berichtet, sondern urchristliche Bildung ist. A. Vögtle stellt fest, daß die Formulierung der Täuferfrage bestens in die nachösterliche Gemeindesituation paßt, denn die alternativ gestellte Frage konzediert, daß die Erwartung eines anderen als Jesus hinfällig ist, wenn er der zu Erwartende ist. Für nachösterliche Bildung spricht auch das Auftreten von Täuferjüngern. Warum fragt nicht der Täufer selbst? Warum wird keine Reaktion des Täufers berichtet? Mt 11,5f ist am ehesten als urchristliche Schriftargumentation zu verstehen, die auf das Wirken Jesu zurückblickt.

Zu beachten ist, daß die Frage an Jesus: "Bist du es, der da kommen soll, oder sollen wir auf einen anderen warten?" nicht von irgendeinem Juden gestellt wird, sondern von Johannes dem Täufer durch seine Jünger. Die Frage greift seine Botschaft vom "kommenden Stärkeren" auf (Mt 3,11f). Sie entspricht der Situation der Täuferjünger nach dem Tod des Täufers. Im Anschluß an seine Botschaft erwarteten sie immer noch den "Kommenden". Schon diese Beobachtung zeigt, daß der Hintergrund des Stückes die Auseinandersetzung der Urgemeinde mit Täuferjüngern ist und seine Absicht das Werben um sie.
Der betont am Schluß stehende Makarismus bestätigt dies. Seliggepriesen werden Täuferjünger der nachösterlichen Zeit, die sich zu Jesus bekehren. Ihnen sagt das Stück, daß Jesus die von ihrem Meister angekündigte endzeitliche Gestalt ist.

---

[1] In der Schilderung der Anfrage des Täufers gehen Matthäus und Lukas auseinander, in der Antwort Jesu stimmen sie fast wörtlich überein. Lukas dürfte die Anfrage in V.18-21 stärker redaktionell aufgefüllt haben.

Über das Schicksal der Täuferjünger lassen sich nur Vermutungen anstellen. Die besprochenen Überlieferungen über den Täufer, die aus diesem Kreis stammen und Eingang in die christliche Überlieferung gefunden haben, machen es wahrscheinlich, daß sich zahlreiche Täuferjünger der Urgemeinde angeschlossen haben. Bestätigt wird dies auch durch das Johannesevangelium. In Joh 1,19-51; 3,22-26 wird der Täufer als "Zeuge" Jesu dargestellt, der seine Jünger Jesus zuführt. Das johanneische Christentum ist sich seiner Wurzeln in der Täuferbewegung noch deutlich bewußt. Auch diese Gemeinde ringt um nichtchristliche Täuferjünger (Joh 3,22ff; 1,6-8.15). Gänzlich im Urchristentum aufgegangen ist aber die Täufergruppe nicht. Sie hat als eigenständige Sekte weiterexistiert.[1]

5. Polemik gegen Schriftgelehrte und Pharisäer

Literatur: BEILNER, W., Christus und die Pharisäer, Wien 1959; FREUDENBERGER, J., Die synoptische Weherede (Diss. masch.), Münster 1972; HAENCHEN, E., Matthäus 23, in: Ders., Gott und Mensch, Tübingen 1965, 29-54; KÜMMEL, W.G., Die Weherufe über die Schriftgelehrten und Pharisäer (Matthäus 23,13-36), in: Eckert, W.P. u.a. (Hg), Antijudaismus im Neuen Testament, München 1967, 135-147; SCHÜRMANN, H., Die Redekomposition wider "dieses Geschlecht" und seine Führung in der Redequelle (vgl. Mt 23, 1-39par Lk 11,37-54), in: SNTU 11, Linz 1986, 33-82; vgl. auch die Literatur zu Kap. III.4.

Wir finden in der urchristlichen Überlieferung Worte von beißender Schärfe und Polemik gegen Schriftgelehrte und Pharisäer. Diese erscheinen darin als eine sich elitär verstehende Gruppe, die aufgrund ihrer Schriftkenntnis den "Schlüssel der Erkenntnis" in Händen hält und so ihr Leben an der Tora ausrichten könnte. Die urchristliche Polemik greift an, daß der richtigen "Erkenntnis" der Pharisäer und ihrem Streben nach ritueller Reinheit im Alltag kein inneres Ethos korrespondiert. Sie machen nicht wirklich ernst mit der "Erkenntnis" und richten sich nicht am heiligen Gotteswillen aus. Die Urgemeinde nimmt dagegen für sich ein radikales Ethos in Anspruch, wie es in den "Antithesen" zum Ausdruck kommt (s. Kap. VII.2). Aus diesem Ethos heraus werden Schriftgelehrte und Pharisäer bekämpft. Ihre Gesetzesobservanz und ihr ritueller Lebensstil werden nicht grundsätzlich abgelehnt. Das Urteil lautet vielmehr: "zu wenig!" Die Urgemeinde strebt nach "höherer Gerechtigkeit" (Mt 5,20), als die Pharisäer verwirklichen.

Ihre Kritik am Pharisäismus trifft sich mit derjenigen radikaler apokalyptischer Kreise, wie sie z.B. in AssMos 7,3ff formuliert ist: "Und über sie werden verderbliche und gottlose Menschen herrschen, die lehren, sie seien gerecht. Die werden den Zorn ihrer Freunde erregen, da sie betrügerische Leute sein werden, nur sich selbst zu Gefallen lebend, verstellt in all ihrem Wandel und zu jeder Stunde des Tages gern schmausend und mit der Kehle schlingend ... der Armen Güter fressend und behauptend, sie täten es aus Mitleid ... Ihre Hände und Herzen werden Unreines treiben, ihr Mund groß prahlen, - und [doch] werden sie dabei sagen: Rühre mich nicht an, daß du mich nicht verunreinigst." (s. auch Kap. III.4)

---

[1] Vgl. Apg 18,24-28; 19,1-7. LICHTENBERGER, H., Täufergemeinden und frühchristliche Täuferpolemik im letzten Drittel des 1. Jahrhunderts: ZThK 84 (1987) 36-57; MARTYN, J.L., The Gospel of John in Christian History, New York 1978, 9-54; RICHTER, G., "Bist du Elias?" (Joh 1,21) in: Ders., Studien zum Johannesevangelium (hg. von J. Hainz), Frankfurt 1986, 1-41; SCHENKE, L., Die literarische Entstehungsgeschichte von Joh 1,19-51: BN 46 (1989) 24-57.

Ein kritisches Wort von grundsätzlicher Bedeutung liegt in Mt 23,2-3 vor.

> Auf den Lehrstuhl des Mose haben sich die Schriftgelehrten und die Pharisäer gesetzt. Alles nun, was sie euch sagen, das tut und befolgt, doch nach ihren Werken handelt nicht; denn sie reden wohl, aber sie handeln nicht.[1]

Hier spricht eine Gemeinde, die sich nicht in der "Lehre" von den Pharisäern unterscheidet, sondern im Tun. Sie erfüllt wahrhaft das Gesetz. Ihre Gerechtigkeit ist größer als die der Pharisäer (vgl. Mt 5,20). Vielleicht haben wir ein Wort judenchristlicher Pharisäer gegen ihre Gruppengenossen vor uns, das eher warnenden als polemischen Charakter hat.
Dem Abschnitt Mt 23,1-39/Lk 11,39-48 liegt eine prophetische Drohrede gegen Pharisäer und Schriftgelehrte zugrunde, die vielleicht schon vor ihrer Aufnahme in die Quelle Q aus ursprünglich isolierten Logien zusammengestellt worden war.[2]
In welcher Reihenfolge die Weherufe einmal gestanden haben, läßt sich nicht mehr sicher ausmachen. Ihre Reihenfolge dürfte aber für unser Anliegen unerheblich sein. Sie wurden zusammengestellt, weil sie sich im "Nein" und in der Polemik gegen die Pharisäer trafen. "Sitz im Leben" der einzelnen Weherufe und ihrer sekundären Komposition ist die Auseinandersetzung mit dem Pharisäismus, der eine konkurrierende Bewegung zur Urgemeinde war. Aus Lk 11, 42par geht hervor, daß diese Polemik in die Zeit vor 70 n.Chr. gehört, denn mit der Zerstörung des Tempels erlosch die Zehntpflicht.

> Wehe euch, ihr Schriftgelehrte und Pharisäer[, ihr Heuchler]! Ihr reinigt das Äußere von Becher und Schüssel, innen aber sind sie voll Raub und Unmäßigkeit. (Mt 23,25)[3]

Das rituelle Gebot wird mit dem Sittengesetz in Beziehung gesetzt. Die Pharisäer wollen das ursprünglich auf den Priester beim Tempeldienst gemünzte Gebot ritueller Reinheit auch im Alltag angewendet wissen. Um sich nicht durch Berührung mit toten Kleintieren zu verunreinigen, waschen sie Schüsseln

---

[1] Daß Mt hier ein Traditionsstück aufgreift, zeigt die Spannung zu V. 5. In V.5 geht es um den inneren Widerspruch im Tun der Pharisäer und um den Vorwurf der Heuchelei. Das Tun (τὰ ἔργα αὐτῶν) der Pharisäer ist insofern verwerflich, als es falscher Absicht entspringt, nicht aber in sich. In V.3 dagegen wird ihr Tun (τὰ ἔργα αὐτῶν) grundsätzlich abgelehnt. Es geht um die Spannung zwischen Lehre und Tun der Pharisäer. Wahrscheinlich sind pharisäische Schriftgelehrte anvisiert. Ihre Lehre wird anerkannt, ihr Tun verurteilt, weil es nicht der Lehre entspricht.

[2] Die beiden Evangelisten Lukas und Matthäus haben sie unterschiedlich bearbeitet. Lk 11,39-52 enthält sechs "Weherufe"(V.42.43.44/46.47.52), je drei gegen die Gruppe der Pharisäer und die der Schriftgelehrten. Mt 23,25 beweist aber, daß auch Lk 11,39 ursprünglich einmal als "Weheruf" stilisiert war. Sowohl die Sechszahl der Weherufe als auch ihre Aufteilung auf Pharisäer und Schriftgelehrte gehen somit auf Lukas zurück. Er hat zu diesem Zweck das dialogische Element V.45 eingefügt. Ebenfalls lukanischer Einschub ist V.49-51, ein ursprünglich isoliert überliefertes Traditionsstück.
Mt 23 ist in der jetzigen Fassung eine der großen Redekompositionen des Matthäusevangeliums. Ihre Anlage und die Anordnung des Materials gehen auf den Evangelisten zurück. Mt 23 enthält sieben "Wehesprüche", von denen zwei (V. 15.16-22) aber keine Parallele bei Lukas haben. V.15 ist wahrscheinlich redaktionell, V.16-22 ist ursprünglich wohl eine isolierte Tradition, die durch den Evangelisten zum "Wehespruch" stilisiert worden ist. Diese beiden Weherufe ersetzen zwei ursprüngliche Weherufe, die Matthäus innerhalb der Rede anders plaziert hat: V.4 (= Lk 11,46) und V.6f (= Lk 11,43).

[3] Parallelität besteht nur zwischen Mt 23,25 und Lk 11,39. In der folgenden Anwendung gehen Lukas und Matthäus auseinander. Beide haben den ursprünglichen Wehespruch unterschiedlich ergänzt (Mt 23,26; Lk 11,40f).

und Becher vor Gebrauch. Diese Praxis wird hier nicht grundsätzlich abgelehnt. "Polemisiert wird allerdings gegen die mangelnde Konsequenz der Pharisäer: der penibel genauen ... rituellen Reinigung der Außenseite von Becher und Schüssel hat die ebenso gründliche ethische Reinigung des Inhalts dieser Gefäße zu entsprechen. Der Inhalt ... darf nicht aus Raubgier und Zügellosigkeit stammen." (Schulz)

> Wehe euch, ihr Schriftgelehrte und Pharisäer[, ihr Heuchler]! Ihr gebt den Zehnten von Gartenminze, Dill und Kümmel, kümmert euch aber nicht um das Wichtigste im Gesetz: um Recht und Erbarmen und Treue. Das sollte man tun und jenes nicht lassen. (Mt 23,23)

Wieder wird das von den Pharisäern streng eingehaltene, ja ausgedehnte Zehntgebot nicht angegriffen, sondern aufrechterhalten. Gefordert war nach Dtn 14,22f nur der Zehnt von Korn, Most und Öl. Polemisiert wird dagegen, daß über der übergebührlichen Erfüllung der Zehntpflicht von den Pharisäern das Wichtigste vergessen wird: die Verurteilung (κρίσις) des Bösen, die Barmherzigkeit und Treue gegenüber dem Nächsten. "Hier vernehmen wir offenbar die Stimme der judenchristlichen Gemeinde, welche für sich die wahre Gesetzeserfüllung in Anspruch nimmt." (Haenchen)

> Wehe euch, ihr Pharisäer! Ihr liebt in den Synagogen den Ehrenplatz und die Grüße auf den Marktplätzen. (Lk 11,43)

Polemisiert wird gegen die Selbsteinschätzung der Pharisäer, die sich als religiöse Elite des Judentums verstehen. Dieser Rang wird ihnen von der Urgemeinde bestritten, in der gilt, daß "der Erste der Letzte und Diener aller" sein soll.

> Wehe euch; ihr gleicht unkenntlichen Gräbern; die Leute gehen darüber hin und wissen es nicht. (Lk 11,44)[1]

In diesem Wehespruch wird nicht gegen die pharisäische Gesetzesauslegung polemisiert, sondern gegen die pharisäische Existenz selbst. Ohne es zu wissen, werden die Menschen durch den Einfluß der Pharisäer von Gott und dem Heil abgeschnitten.

> Sie binden schwere und unerträgliche Lasten und bürden sie den Menschen auf die Schultern; doch sie selbst wollen nicht einen Finger rühren, um sie wegzurücken. (Mt 23,4)

Polemisch deckt der Spruch den als eklatant empfundenen Widerspruch zwischen Lehren und Tun der Schriftgelehrten auf.

> Wehe euch, ihr Schriftgelehrte und Pharisäer[, ihr Heuchler]! Ihr baut Grabmäler den Propheten und schmückt die Denksteine der Gerechten und sagt: "Hätten wir in den Tagen unserer Väter gelebt, wir hätten uns nicht mitschuldiggemacht am Blute der Propheten." So stellt ihr euch selbst das Zeugnis aus, daß ihr Söhne von Prophetenmördern seid. (Mt 23,29-31)

---

[1] Die Fassung des Spruches ist bei Matthäus und Lukas grundverschieden. "Bei Matthäus werden die Pharisäer mit weißübertünchten ..., bei Lukas dagegen mit unsichtbaren Gräbern verglichen." Matthäus geht es also um den Gegensatz außen/innen, Lukas darum, daß die "wirkliche Unreinheit und unheilvolle Wirkung ... den Mit-Israeliten verborgen" ist (Schulz). Die gewichtigere, formal aber anspruchslosere Fassung bei Lukas dürfte ursprünglicher sein als die kunstvollere bei Matthäus.

Indem sich die Pharisäer von ihren Vätern distanzieren[1] und die Gräber der erschlagenen Propheten schmücken, erweisen sie sich als "Söhne" ihrer prophetenmordenden Väter. Hier ist die deuteronomistische Vorstellung vom gewaltsamen Geschick der Propheten in Israel wirksam. Gefordert wird, nicht die Väter zu verdammen, sondern sich angesichts der Schuld der Väter selbst als schuldig zu bekennen.

> Wehe euch, ihr Schriftgelehrte und Pharisäer[, ihr Heuchler]! Ihr verschließt das Himmelreich vor den Menschen. Denn ihr geht selbst nicht hinein, und ihr laßt auch die nicht eintreten, die hineingehen möchten. (Mt 23,14)

Den Schriftgelehrten und Pharisäern wird hier "die 'Schlüsselgewalt' zugestanden: In ihrer Hand liegen die Schlüssel, und sie haben die Macht, durch die rechte Torainterpretation die Gottesherrschaft aufzuschließen" (Schulz). Aber sie behindern den Eintritt. Sie selbst wollen nicht hinein und versuchen, die anderen daran zu hindern. Die Basileia ist hier als eine gegenwärtige Größe gedacht, in die man eintreten kann. Hinter dem Spruch steht offenbar die Situation, daß die Gemeinde bei ihrer Missionsarbeit von maßgebenden Vertretern des Judentums behindert wird.

Antipharisäische Polemik liegt wohl auch in Lk 6,39 vor (vgl. Röm 2,19; Mt 23,16):

> [Er sagte ihnen aber auch ein Gleichnis:] "Kann wohl ein Blinder einen Blinden führen? Werden nicht beide in eine Grube fallen?"[2]

Auch Lk 6,43-45par könnte gegen Pharisäer gerichtet gewesen sein.

> [43]Denn es gibt keinen guten Baum, der schlechte Frucht trägt, und umgekehrt keinen schlechten Baum, der gute Frucht trägt. [44]Jeden Baum erkennt man an seiner Frucht; denn nicht sammelt man Feigen von Disteln, und Trauben erntet man nicht vom Brombeerstrauch. [[45]Der gute Mensch bringt aus dem guten Schatz seines Herzens das Gute hervor, und der schlechte bringt aus dem schlechten das Schlechte hervor. Denn wovon das Herz voll ist, davon redet sein Mund.][3]

Die Sprüche sind antithetisch aufgebaut und bewegen sich im Bereich der profanen Lebensweisheit. Die Taten erweisen den wahren Wert des Menschen. Zumindest der erste Spruch könnte ursprünglich dazu auffordern, die Taten der Pharisäer kritisch zu prüfen. Manche aus ihren Kreisen galten der Urgemeinde als Paradebeispiel für das Auseinanderklaffen von "Lehre" und Tun.
Beißende Kritik an schriftgelehrter Gesetzeskasuistik üben die beiden Überlieferungsstücke Mt 23,16-22 und Mk 7,9-13.

---

[1] Die Lukas-Fassung ist verkürzt, die Matthäus-Fassung ursprünglicher. Auch die Pointe beider Fassungen liegt jeweils etwas anders. Bei Lukas wird die Mitschuld der Pharisäer am prophetenmordenden Tun ihrer Väter hervorgehoben; die Väter haben getötet, sie begraben!

[2] Auch das Mahnwort Lk 6,41f war vielleicht ursprünglich gegen Pharisäer gerichtet und ist erst später in der urchristlichen Paränese verwendet worden (s. dazu Kap. XII.4).

[3] Lk 6,43-45 ist gegenüber Mt 12,33-35 ursprünglicher. Es ist umstritten, ob das Stück eine ursprüngliche Einheit bildet: In V.43f sind unter den Früchten gewiß in erster Linie Taten verstanden, während V.45 nur von Worten spricht. Wir haben es in V.43f und V.45 also wohl mit zwei ursprünglich isolierten Sprüchen zu tun.

[[16]Wehe euch, ihr blinden Führer, die ihr sagt:] Wenn jemand beim Tempel schwört, so gilt es nichts; wenn aber jemand beim Gold des Tempels schwört, so ist er verpflichtet. [17]Ihr Toren und Blinden! Was ist denn mehr wert: das Gold oder der Tempel, der das Gold heiligt? [18]Ferner: Wenn jemand beim Altare schwört, so gilt es nichts; wenn aber jemand bei der Opfergabe schwört, die darauf liegt, so ist er verpflichtet. [19]Ihr Blinden! Was ist denn mehr wert: die Opfergabe oder der Altar, der die Opfergabe heiligt? [20]Wer also beim Altar schwört, der schwört bei diesem und bei allem, was darauf liegt. [21]Und wer beim Tempel schwört, schwört bei diesem und bei dem, der darin wohnt. [22]Und wer beim Himmel schwört, schwört auch bei Gottes Thron und bei dem, der auf ihm sitzt. (Mt 23,16-22)[1]

[9]Trefflich hebt ihr das Gebot Gottes auf, um eure Überlieferung zu beobachten. [10]Denn Mose hat gesagt: "Ehre deinen Vater und deine Mutter" und: "Wer Vater oder Mutter schmäht, soll des Todes sterben." [11]Ihr aber sagt: "Wenn einer zu Vater oder Mutter spricht: "Korban", das heißt: "Opfergabe soll sein, was dir von mir zugute kommen sollte", [12]dann laßt ihr ihn für Vater oder Mutter nichts mehr leisten. [13]So hebt ihr Gottes Wort auf durch eure Überlieferung, die ihr überliefert habt. Und ähnliches derart tut ihr noch viel. (Mk 7,9-13)[2]

Ob die hier vorgeführte Polemik ursprünglich gegen den Pharisäismus gerichtet war, läßt sich nicht sicher entscheiden. Gegeißelt werden Auswüchse der kasuistischen Toraauslegung, wie sie wohl auch von pharisäischen Schriftgelehrten vorgetragen werden konnten. Sicher wird die Polemik der pharisäischen Bewegung als Ganzem nicht gerecht. Zu bedenken ist noch, daß der Pharisäismus vor 70 n.Chr. noch keine einheitliche Größe war. Innerhalb seiner Gruppierungen kam es zu analogen gegenseitigen Vorwürfen und polemischen Auseinandersetzungen (vgl. AssMos 7,1-9; PsSal IV 1-7). Trotz aller Unsicherheiten können uns aber auch diese beiden Überlieferungen die Urgemeinde im Konkurrenzkampf mit den Pharisäern um Israel zeigen. Beide Gruppen haben vor 70 n.Chr. diesen Kampf nicht für sich entscheiden können. Ihn gewannen vorerst die Zeloten. Die christliche Urgemeinde verließ Palästina. Ihre Spur verliert sich. Die Stunde des Pharisäismus aber schlug nach der Katastrophe des jüdischen Krieges.

---

1 Matthäus hat das Überlieferungsstück als Wehespruch stilisiert. Bultmann konstatiert einen Bruch in V.19/20. In der jetzigen Fassung zeige das Stück eine Verwandtschaft mit den "Antithesen": Zunächst werden in V.16 und 18 die gegnerischen Thesen aufgestellt, die in V.17 und 19 jeweils widerlegt werden. In V.20-22 folge dann die "Antithese". Aber das Schema der "Antithesen" wird nicht wirklich getroffen, denn V.20-22 stellt keine Forderung dar, konstatiert kein Soll, sondern lediglich eine Tatsache. In einer wirklichen "Antithese" müßte im Gesetzesstil formuliert werden: "wenn ..., dann ...". "Es kommt aber hinzu, daß die starken rhetorischen Fragen V.17 und 19 alles enthalten, was gesagt werden muß, und eine viel kräftigere Zurückweisung der jüdischen Eidespraxis bilden als die etwas pedantischen Ausführungen V.20-22. Endlich fällt V.22 aus dem Rahmen: vom Schwur beim Himmel war ja bisher keine Rede." Bultmann hält darum V.20-22 für eine sekundäre Hinzufügung der späteren Gemeinde. Das ursprüngliche Traditionsstück liege in V.16-19 vor und sei geboren "aus der Entrüstung über eine alberne Kasuistik". Die spätere Gemeinde hat an diese Polemik gegen jüdische Gesetzeskasuistik eine Eidesparänese angefügt: Jeder Eid muß gehalten werden. Man darf die Heiligkeit des Eides nicht durch kasuistisch ausgeklügelte Schwurformeln außer Kraft setzen.

2 Mk 7,9-13 läßt sich im jetzigen Kontext isolieren und wird ursprünglich als Einzelüberlieferung existiert haben. Der Aufbau zeigt Ähnlichkeit mit Mt 23,16-22. Polemisiert wird gegen pharisäisch-rabbinische Gesetzeskasuistik, der es "gelungen" ist, Gottes klares Gebot außer Kraft zu setzen.

6. Gerichtsworte gegen Israel

Literatur: HOFFMANN, P., Studien zur Theologie der Logienquelle, Münster 1972; LÜHRMANN, D., Die Redaktion der Logienquelle, Neukirchen 1969; SCHULZ, S., Q. Die Spruchquelle der Evangelien, Zürich 1972.

Die Urgemeinde geriet in der sich politisch zuspitzenden Krisensituation in Palästina mit ihrer eschatologischen Verkündigung zwischen die Fronten. Von der zelotischen Bewegung wurde sie wegen ihres Rufs zur Gewaltlosigkeit und Friedfertigkeit als Verräterin abgestempelt. Von den gemäßigten und zur Zusammenarbeit mit den Römern bereiten jüdischen Gruppen konnte sie dagegen wegen ihrer eschatologischen Botschaft undifferenziert in die Nähe der Aufständler gerückt werden.
Insbesondere die charismatischen Persönlichkeiten der Urgemeinde konnten in der Vorphase des jüdischen Krieges in gefährliche, lebensbedrohende Situationen geraten. Ein Beispiel dafür ist Paulus, der während seines letzten Jerusalemaufenthaltes beinahe Opfer eines zelotischen Mordanschlags geworden wäre (vgl. Apg 23,12ff). Daß Christen, insbesondere ihre charismatischen Führer, seitens jüdischer Volksgenossen und der jüdischen Führung Verfolgungen, Verhöre und Züchtigungen erdulden mußten, geht aus der urchristlichen Überlieferung insgesamt hervor. Schmähungen, Beleidigungen, auch das Martyrium werden hier nicht nur als mögliche Konsequenzen des Bekenntnisses zu Jesus aufgezählt, sondern dürften oft auch als ganz reale Gefährdung erlebt worden sein. Die urchristlichen Missionare wußten sich gesandt wie "Schafe unter die Wölfe" (Mt 10,16). Die Forderung der Kreuzesnachfolge konnte für sie bittere Realität werden (Mk 8,34par), und das Wort Mk 8,35: "Wer sein Leben verliert um meinetwillen, wird es retten" hatte für sie höchste Aktualität. Trotzdem kann von einer allgemeinen Christenverfolgung nicht die Rede sein. Es war die haßerfüllte, spannungsgeladene Atmosphäre der letzten Jahre vor dem jüdischen Krieg, die sich auch den Christen gegenüber entlud (s. dazu Kap. XI.3 u.4). In dieser Situation wurde nun zunehmend deutlicher, daß die Israelmission der palästinischen Urgemeinde aufs Ganze gesehen gescheitert war. Ihre Missionare stießen mehr und mehr auf Unverständnis, Ablehnung und Feindschaft, auch auf verblendeten Fanatismus, der ihre Botschaft ablehnte. Unverständlich war den zelotischen Fanatikern, wie die Christen in der sich politisch zuspitzenden Situation Gewaltverzicht und Feindesliebe fordern konnten. Ebenso mußte ihre Verkündigung eines Messias, der am Kreuz gescheitert war, von vielen Zeitgenossen als skandalöse Demoralisierung im Kampf gegen Rom und als unerträgliche Provokation jüdischen Erwählungsbewußtseins empfunden werden.
Die Israelmissionare deuteten ihre Ablehnung durch das unbußfertige Israel im Lichte der deuteronomistischen Prophetenaussage: Schon immer hatte Israel Gottes Umkehrruf mißachtet und die zu ihm gesandten Propheten verfolgt und getötet (Lk 6,23). Auch die "Hellenisten" hatten etwa 25 Jahre vorher ihr Scheitern in Jerusalem im Licht dieser Anschauung gedeutet (vgl. Lk 13,34f; 11,49f; Apg 7,51ff; s. Kap. VII.4). Beim Scheitern der Palästinamissionare in Israel erwiesen sich diese Logien nach wie vor als aktuell: Israel hat sich als Ganzes dem Umkehrruf Jesu und seiner Boten verschlossen. "Dieses Geschlecht" hat sich endgültig als böse erwiesen. Ihm bleibt nur noch das Gericht.

Aufgrund der Verweigerung und Feindschaft eines Großteils des jüdischen Volkes wurde nun auch die Botenregel Lk 10,2-9 (s. dazu Kap. X.2) um die Anweisung Lk 10,10-12, in der das Verhalten der Boten im Fall der Ablehnung geregelt wird, ergänzt.

> Doch wenn ihr in eine Stadt kommt, und man nimmt euch nicht auf, dann geht hinaus auf ihre Straßen und sagt: "Auch den Staub, der von eurer Stadt sich an unsere Füße gehängt hat, schütteln wir euch ab. Aber das sollt ihr wissen: Die Basileia Gottes hat sich genaht." Ich sage euch: Sodom wird es an jenem Tag erträglicher gehen als jener Stadt.

Diese Anweisung gehört schwerlich zur ältesten Fassung der Überlieferung, weil sie zu Lk 10,5f in Spannung steht. "Lk 10,5f belehrt die Boten, im Fall der Ablehnung kehre der Segen ihres Grußes zu ihnen zurück, die Reaktion auf die Ablehnung ist nicht ihre, sondern Gottes Sache. Nach Lk 10,10f(9,5).12.13-15 setzen die Boten, falls sie abgewiesen werden, einen endzeitlichen Vergeltungsmechanismus in Bewegung: Sie heben die Gemeinschaft mit dem Ort auf, indem sie zum Zeichen dafür den Staub dieser Ortschaft abschütteln - Sodom, das auf abscheuliche Weise die Gastfreundschaft verletzt hat, wird es im Gericht besser gehen als jenem Ort." (Hoffmann 302)
In diesen Zusammenhang gehören nun jene Gerichtsworte gegen Israel, die diesem Geschlecht keine weitere Frist zur Buße und Umkehr mehr geben, sondern das unmittelbar bevorstehende Gericht durch den von ihm abgelehnten "Menschensohn" ankündigen (vgl. Lk 12,8f). Fester Topos dieser Drohworte ist der Hinweis darauf, daß es den Heiden im Gericht besser ergehen wird als Israel (vgl. Mt 8,11f).
Als erstes ist hier das dunkle und schwierige Wort vom Jonaszeichen Lk 11, 29-30parr[1] zu behandeln.

> 29 Dieses Geschlecht ist ein böses Geschlecht. Es verlangt ein Zeichen; aber es wird ihm kein Zeichen gegeben werden außer dem Zeichen des Jona. 30 Wie nämlich Jona für die Niniviten ein Zeichen wurde, so wird es auch der Menschensohn für dieses Geschlecht sein.

Umstritten ist, ob das Logion[2] eine ursprüngliche Einheit ist. Öfter wird angenommen, V.30 sei sekundär an V.29 angefügt worden (vgl. Mk 8,12). Ist Lk 11,29 ein ursprüngliches Jesuswort, dann stellt sich die Frage, worin denn das "Zeichen des Jona" besteht. Soll an Jona als Gerichtsprediger erinnert werden? Ist das "Zeichen des Jona" also die Buß- und Umkehrpredigt Jesu bzw. seiner nachösterlichen Boten? V.29 wäre dann eine letzte ernsthafte Mahnung Jesu an die gegenwärtige Generation, wie die Niniviten der Umkehrpredigt zu glauben, um dem Gericht zu entgehen. Die Hörer werden ausschließlich auf die Bußpredigt verwiesen, über die hinaus es keinerlei Beglaubi-

---

[1] SCHENK, W., Der Einfluß der Logienquelle auf das Markusevangelium: ZNW 70 (1979) 141-165, bes.153ff; VIELHAUER, Ph., Jesus und der Menschensohn, in: Ders., Aufsätze zum Neuen Testament, München 1965, 92-140, bes. 110f; VÖGTLE, A., Der Spruch vom Jonaszeichen, in: Ders., Das Evangelium und die Evangelien, Düsseldorf 1971, 103-136; DERS., Eine überholte "Menschensohn"-Hypothese, in: FS E. Lohse, Bielefeld 1989, 78ff; WANKE, J., "Kommentarworte". Älteste Kommentierungen von Herrenworten: BZ 24 (1980), 208-233, bes.220f; ZELLER, D., Entrückung zur Ankunft als Menschensohn (Lk 13,34f.; 11,29f.), in: FS J. Dupont (Lectio Divina 123), Paris 1985, 520ff.

[2] Die Traditionsgeschichte (vgl. noch Mt 12,38-40; Mk 8,11-12par) dieses Logions ist schwer zu entwirren und seine Deutung umstritten. Fraglich ist, ob man mit Recht von der kürzesten Fassung (Mk 8,12) ausgehen und diese für ursprünglich und authentisch halten kann. Mk 8,11f geht wahrscheinlich in seiner besonderen Zielsetzung (absolute Ablehnung eines Zeichens) auf Redaktion zurück. Die Q-Fassung des Logions dürfte seine älteste Form repräsentieren. Hier hat Lk 11,29-30 gegenüber Mt 12,38-40 den ursprünglichen Wortlaut besser bewahrt. Mt 12,38-40 ist eine grundlegende Umdeutung.

gungszeichen geben wird. Hinter dem Umkehrruf lauert das Gericht. Wer jetzt nicht dem Ruf Folge leistet, erhält keine neue Chance. Und: Der gegenwärtige Buß- und Umkehrruf ist in sich selbst begründet. Die Forderung nach einem Beglaubigungszeichen ist bereits Unbußfertigkeit. Diese Überlegungen führen jedoch höchstens zur vagen Rekonstruktion eines echten Jonawortes im Munde Jesu. Doch bleibt eine solche Rekonstruktion sehr problematisch. Jedenfalls dürfte das Logion in dieser Form in der nachösterlichen Gemeinde niemals tradiert worden sein. Es hat in urchristlicher Überlieferung vielmehr stets auch den Hinweis auf den "Menschensohn" (V.30) enthalten, der diesem Geschlecht zum "Zeichen" werden wird.

In welchem Sinn wird der "Menschensohn" diesem Geschlecht ein "Zeichen" sein? Manche Exegeten meinen, V.30 spreche vom irdischen "Menschensohn". Die Urgemeinde verweise auf Jesu vergangenes Wirken zurück als auf das einzige "Zeichen", das Israel gegeben wurde.
Doch diese Deutung befriedigt nicht. Sie wird weder dem Begriff σημεῖον noch der futurischen Prägung des Wortes (δοθήσεται/ἔσται) gerecht. Vielmehr weist das Wort auf das nahe Kommen des "Menschensohnes" als Richter hin. Dieses Kommen ist das "einzige Zeichen", das diese Generation noch zu erwarten hat, und zwar in allernächster Zukunft. Es ist tatsächlich ein Beglaubigungszeichen, aber kein Zeichen, auf das hin man noch umkehren und glauben könnte. Wenn es sich ereignet, ist es für eine Umkehr zu spät. Dann erfolgt das Gericht.
Das Logion ist ein Drohwort gegen "dieses Geschlecht" Israel, das sich der Buß- und Umkehrpredigt der christlichen Israelmissionare verschließt. Ihm wird das nahe Gericht angekündigt.
Allerdings enthält das Logion eine bewußte Paradoxie. Während die Niniviten auf das "Zeichen des Jona" hin Buße taten, wird es für Israel zu spät sein, wenn der "Menschensohn" zum Gericht erscheint. So bleibt "dieses Geschlecht" einzig auf die gegenwärtig ergehende Buß- und Umkehrpredigt der Boten Jesu verwiesen. "Sitz im Leben" von Lk 11,29f ist die aus den negativen Erfahrungen der Israelmission erwachsene Polemik und Gerichtspredigt der Urgemeinde gegen Israel.
In diesen geschichtlichen Kontext gehört auch das zweigliedrige Gerichtswort Lk 11,31fpar.

> Die Königin des Südens wird im Gericht sich mit den Männern dieses Geschlechtes erheben und sie verurteilen; denn sie kam von den Enden der Erde, um die Weisheit Salomos zu hören, und siehe, mehr als Salomo ist hier. Die Männer von Ninive werden im Gericht mit diesem Geschlecht aufstehen und es verurteilen und seine Verdammung erwirken; denn sie haben sich bekehrt auf die Predigt des Jona hin, und siehe, mehr als Jona ist hier.

Diese ursprünglich isoliert überlieferten Gerichtsworte gegen "dieses Geschlecht" könnten authentische Jesuslogien sein. Die urchristlichen Israelmissionare griffen sie auf, um dem unbußfertigen Israel das unmittelbar bevorstehende Gericht anzukündigen. In seiner Verblendung hat "dieses Geschlecht" nicht erkannt und erkennt immer noch nicht, daß Jesus die letzte, absolute "Weisheit" und den letzten, unbedingten Bußruf gebracht hat. "Siehe, hier ist mehr als Salomo..., siehe, hier ist mehr als Jona!" Darum werden die Königin des Südens und die Niniviten im Gericht gegenüber Israel im Vorteil sein und es verurteilen.

Daß die Heiden im Eschaton Israel überflügeln können, legt auch das Logion Mt 8,11f[1] in horrender Drohung offen.

> Ich sage euch aber: Viele werden kommen von Ost und West und zu Tisch liegen mit Abraham, Isaak und Jakob im Himmelreich; die Söhne der Basileia aber werden hinausgeworfen werden in die Finsternis draußen; da wird Heulen und Zähneknirschen sein.

Das ganze Gewicht des Logions liegt auf seinem zweiten, Israel betreffenden Teil: Die "Söhne der Basileia" werden in die Finsternis hinausgeworfen. Sie waren für die Teilnahme am "Festmahl der Väter" eigentlich vorgesehen. Nun nehmen die Heiden ihre Plätze ein. Das Logion formuliert kein Programm der Heidenmission. Das Kommen der Heiden zur Basileia wird mit Hilfe der Vorstellung von der eschatologischen Völkerwallfahrt zum Zion ausgesagt. Aber das Wort könnte auf die außerhalb Palästinas sich erfolgreich vollziehende christliche Heidenmission blicken. Die urchristlichen Israelmissionare als Träger und Sprecher dieses auf Israel zielenden Wortes verweisen auf das ungeheuerliche Paradox, daß in dem Maße, wie sich das palästinische Judentum der christlichen Verkündigung verschließt, die Heiden hinzuströmen. Ob das drohende Wort mit letzter Konsequenz nochmals die jüdischen Adressaten aufrütteln will, ihre Chance nicht zu verspielen, bleibt unsicher. Dagegen spricht wohl, daß es einen stark resignierenden Charakter hat und die eingetretene Wende nur noch zu konstatieren scheint.

Schon Johannes der Täufer hatte in seiner geschichtlichen Verkündigung die Heilssicherheit Israels zerschlagen: "Und meint nicht, ihr könntet bei euch sagen: Wir haben ja Abraham zum Vater. Denn ich sage euch: Gott kann dem Abraham aus diesen Steinen da Nachkommen erwekken" (Mt 3,9). Und er hatte dem nicht umkehrwilligen Teil Israels das Gericht angedroht (Mt 3,10.12). Die Urgemeinde hat diese Botschaft des Täufers aufgegriffen und weitertradiert (s. Abschn. 5). Innerhalb der Verkündigung der Urgemeinde hat sie ihren "Sitz im Leben" in der Polemik gegen Israel, das sich dem Buß- und Umkehrruf der christlichen Missionare verschließt. "Wenn die Juden weiterhin alle Warnungen in den Wind schlagen, weil Gott sein eigenes Volk doch nicht aussterben lassen könne, dann muß ihnen spätestens an der ringsum beginnenden Heidenmission aufgehen, daß er auch Nicht-Israeliten zu Kindern der Verheißung machen kann. Gott ist nicht auf Menschen angewiesen." (Zeller)

Das Gericht über das unfruchtbare Israel stand nun nahe bevor, denn ein großer Teil des palästinischen Judentums hatte die ihm gegebene Bußfrist nicht genutzt. Schon Jesus hatte mit dem Gleichnis Lk 13,6-9 auf diese allerletzt Bußfrist verwiesen. In seiner Nachfolge haben auch die urchristlichen Israelmissionare den "Feigenbaum" Israel gehegt und gepflegt. Aber es hat nichts genutzt. Nun ergeht das Gericht.

> [6]Jemand hatte einen Feigenbaum, der in seinem Weinberg gepflanzt war. Und er kam und suchte Frucht an ihm, fand aber keine. [7]Da sprach er zum Weingärtner: "Siehe, nun komme ich schon seit drei Jahren und suche Frucht an diesem Feigenbaum, finde aber keine. Hau ihn um! Wozu soll er auch noch den Boden brachlegen?" [8]Doch dieser erwiderte ihm: "Herr, laß ihn auch noch dieses Jahr stehen! Ich will um ihn herum aufgraben und Dünger daran tun. [9]Vielleicht bringt er dann in Zukunft Frucht; wenn aber nicht, hau ihn um!"

---

[1] ZELLER, D., Das Logion Mt 8,11f/Lk 13,18f und das Motiv der Völkerwallfahrt: BZ 16 (1972) 86-93.

Ein prophetisches Drohwort gegen das unbußfertige Israel ist auch das "Wehe" über die galiläischen Städte Lk 10,13-15par[1].

> Wehe dir, Chorazin, wehe dir, Bethsaida! Denn wenn in Tyrus und Sidon die Wunder geschehen wären, die in euch geschahen, so hätten sie längst in Sack und Asche sitzend Buße getan. Aber Tyrus und Sidon wird es erträglicher gehen im Gericht als euch. Und du, Kapharnaum, wirst du etwa bis zum Himmel erhöht werden? Bis in die Hölle wirst du hinabgestürzt werden.

Das Drohwort sagt den galiläischen Städten Chorazin, Bethsaida und Kapharnaum wegen ihrer Unbußfertigkeit ein schlimmeres Gericht an als den heidnischen Städten "Tyros und Sidon". Diese galten dem AT als Prototypen verworfener heidnischer Unsittlichkeit (vgl. Jes 23; Jer 47,4; Ez 26-28; Sach 9,2-4; Joel 4,4). Aber selbst diese verworfenen Städte hätten längst in Sack und Asche Buße getan, wenn sie gesehen hätten, was die galiläischen Städte erlebt haben.
Ob die beiden Drohworte authentische Jesusworte sind, ist zweifelhaft. Mehr spricht dafür, sie als Worte urchristlicher Wanderpropheten anzusehen: Sie blicken auf die abgeschlossene Wirksamkeit Jesu zurück und setzen auch den Mißerfolg der christlichen Missionspredigt in den drei Städten voraus. Auch diese ging ja mit ungewöhnlichen Machttaten einher.
Letztlich aber blieb die Verweigerung Israels gegenüber der Botschaft Jesu und seiner Boten ein dunkles Geheimnis. Das horrende Wort Mk 4,11f[2] versucht, es theologisch zu erhellen. Das Wort ist zugleich auch Hinweis darauf, daß die christliche Gemeinde schließlich ihr missionarisches Bemühen um Israel aufgegeben hat, sich als "heiligen Rest aus Israel" verstand und für die Mehrheit des jüdischen Volkes, die "draußen" geblieben war, kein Heil mehr erwartete.

> Euch ist das Geheimnis der Basileia Gottes gegeben,
> jenen draußen aber geschieht alles in Rätseln,
> damit (ἵνα) sie sehend sehen und doch nicht erkennen,
> hörend hören und doch nicht verstehen,
> damit sie sich nicht etwa (μήποτε) bekehren und ihnen vergeben werde.

Das Logion[3] ist außerordentlich anstößig, weil ἵνα und μήποτε im Griechischen finalen Sinn

---

[1] Ob der kürzere Lukas-Text ursprünglicher ist als der längere Matthäus-Text, ist schwer zu sagen. Möglicherweise ist aber Mt 11,23b-24 eine sekundäre Erweiterung, die durch Mt 10,15 veranlaßt ist.

[2] GNILKA, J., Die Verstockung Israels, München 1961, 13-86; HAUFE, G., Erwägungen zum Ursprung der sogenannten Parabeltheorie. Markus 4,11-12: EvTh 32 (1972) 413-421; KLAUCK, H.J., Allegorie und Allegorese in synoptischen Gleichnistexten, Münster 1978, 245ff; RÄISÄNEN, H., Die Parabeltheorie im Markusevangelium, Helsinki 1973; DERS., Das "Messiasgeheimnis" im Markusevangelium, Helsinki 1976, 54; SCHELKLE, K.H., Der Zweck der Gleichnisreden (Mk 4,10-12), in: FS R. Schnackenburg, Freiburg 1974, 71-75.

[3] Dieses exegetisch und theologisch schwierige Wort wird sehr unterschiedlich beurteilt. Die Spannweite der Urteile geht von der Annahme eines authentischen Jesuswortes (Jeremias) bis zur Annahme markinischer Redaktion (Bultmann). Beide Extreme treffen aber auf keinen Fall zu. Zunächst ist festzuhalten, daß das Wort durch den Evangelisten sekundär in den Zusammenhang der Gleichnisrede Mk 4 eingefügt worden ist. Dazu hat er in V.10 das ursprüngliche τὴν παραβολήν (nur ein Gleichnis hat Jesus bisher erzählt) in τὰς παραβολάς geändert. Ursprünglich fragten die "um Jesus" nach dem Sinn des soeben erzählten Gleichnisses, das dann in V.14-20 auch ausführlich erklärt wird. Jetzt fragen die Jünger in V.10 danach, warum Jesus überhaupt in παραβολαῖς rede. Mit der Veränderung des Singulars in den Plural geht eine Sinnverschiebung einher: Παραβολή meint nun nicht mehr - wie in 4,2.33 - das "Gleichnis" als bildhafte Rede, sondern das "Rätsel". Dies ist genau der Sinn von παραβολή in 4,11: Im Gegensatz zu denen "drinnen" (ὑμῖν), denen das μυστήριον der Basileia von Gott gegeben ist, bleibt den Außenstehenden alles (τὰ πάντα) rätselhaft und unverständlich. Wie das τὰ πάντα und das nachfolgende

haben. Ursprünglich war das Wort aber aramäisch formuliert, wie die verwendeten Begriffe sowie die Tatsache, daß das Jesaia-Zitat mit dem aramäischen Targum zu Jesaia übereinstimmt, anzeigen.
Deshalb nimmt J. Jeremias an, daß der griechische Ausdruck μήποτε eine Fehlübersetzung sei. Ursprünglich habe der Text gelautet: "es sei denn, daß ..." Und ἵνα am Anfang von V.12 sei keine finale Konjunktion, sondern eine Abkürzung für ἵνα πληρωθῇ. Durch diese Operation hat Jeremias das Logion, das er als ursprüngliches Jesuswort beurteilt, entscheidend entschärft. Der jetzige Wortsinn ist ins Gegenteil verkehrt.
Dies Vorgehen ist natürlich äußerst bedenklich. Es scheint von dem apologetischen Motiv bestimmt zu sein, Jesus könne ein solch hartes Verstockungswort nicht ausgesprochen haben. Aber ist Mk 4,11f ein authentisches Jesuswort? Und wie soll man dann erklären, daß die Urgemeinde ein Wort Jesu ins Gegenteil verkehrt hätte? Wenn wir dagegen auf die scharfe Polemik und Gerichtsdrohung der Urgemeinde gegen Israel blicken und beachten, daß Jes 6,9f geradezu ein locus classicus zur Begründung des Unglaubens der Juden im Urchristentum wurde (Apg 28,26f; Joh 12,37-41), dann wird Mk 4,11f als ein Wort der Gemeinde voll verständlich. "Das Jes-Zitat ist Gemeindeapologetik und darum so zu verstehen, wie es sich liest. Die Einschränkungsversuche von J. Jeremias sind unnötig." (K. H. Schelkle)

Das Verstockungslogion Mk 4,11f ist in der aramäisch-sprechenden Urgemeinde entstanden. Der Gegensatz von ὑμῖν/οἱ ἔξω macht deutlich, daß sich die Gemeinde von "jenen draußen", dem unbußfertigen Teil Israels, klar getrennt weiß. Israel hat in seiner Mehrheit die Basileia-Verkündigung der urchristlichen Missionare abgelehnt. Das "Geheimnis der Basileia Gottes" ist ihm verborgen geblieben. Das Logion versucht, das Versagen Israels und seinen Unglauben theologisch zu erklären. An Israel erfüllt sich die alttestamentliche Verstokkungsdrohung: Es gibt einen Punkt im Prozeß menschlicher Entscheidungsfreiheit, von dem ab der Mensch zum Gefangenen seiner negativen Entscheidungen wird.
"Sitz im Leben" des Logions ist die negative Erfahrung der urchristlichen Missionare mit Israel. Ihre auf ganz Israel ausgerichtete Mission ist gescheitert. Die Jesusgemeinde und das Judentum sind nun getrennte Größen. Ein Ausblick auf die Heidenmission findet sich in dem Wort nicht. Doch was besagt das schon? Zur Zeit der Abfassung des Logions ist sie längst in vollem Gang, und die Sprecher des Logions dürften auch die gewonnenen Heidenchristen als solche ansehen, denen "das Geheimnis der Basileia" gegeben ist (vgl. Mt 8,11f). Die Perspektive des Logions geht aber auf das unbußfertige Israel, dessen unbegreifliches Versagen einer theologischen Erklärung bedarf.
Die Jerusalemer Urgemeinde ist in den Wirren des jüdischen Krieges untergegangen. Das bedeutet nicht, daß alle ihre Mitglieder im Krieg umgekommen wären. Nach Eusebius hat sie Jerusalem vor Beginn des Krieges verlassen und ist aufgrund einer Offenbarung nach Pella, einer hellenistischen Stadt im Ostjordanland, übergesiedelt. Doch ist diese Nachricht unsicher. Nach der Zerstörung Jerusalems siedelten zwar wieder Judenchristen in den Ruinen der Stadt. Verwandte Jesu leiteten sie. Aber diese christliche Gemeinde gewinnt keine Bedeutung mehr für die Gesamtkirche. So enden die Spuren der aramäisch-sprechenden Urgemeinde im Dunkel. Aus späterer Zeit sind noch Reste der judenchristlichen Gemeinde bekannt. Sie stehen am Rande der Kirche und werden von ihr bald als Häretiker ausgeschieden.

Zitat zeigen ("Sehen" und "Hören"), ist dabei mit παραβολή keineswegs nur an Worte, sondern auch an Taten gedacht.

Kapitel XIV (Anhang).
Die Antiochenische Gemeinde

Literatur: APPELBAUM, S., The Organisation of the Jewish Communities in the Diaspora, in: Safrai/Stern (Hg), The Jewish People in the First Century, Philadelphia/Assen 1974, 464-505; BOUSSET, W., Kyrios Christos, Göttingen [6]1967, 75f; BROWN, R.E./MEIER, J.P., Antioch and Rome, London 1983; BULTMANN, R., Theologie des Neuen Testaments, Tübingen [9]1984; DAHL, N.A., Formgeschichtliche Betrachtungen zur Christusverkündigung in der Gemeindepredigt, in: FS R.Bultmann, Berlin 1954, 3-9; DELLING, G., Die Bewältigung der Diasporasituation durch das hellenistische Judentum, Göttingen 1987; DIBELIUS, M., Geschichte der urchristlichen Literatur, München 1975; ECKERT, J., Die urchristliche Verkündigung im Streit zwischen Paulus und seinen Gegnern nach dem Galaterbrief, Regensburg 1971; KRAELING, C.H., The Jewish Community at Antioch: JBL 51 (1932) 130-160; MEEKS, W.A./WILKEN, R.L., Jews and Christians in Antioch, Michigan 1978; VIELHAUER, Ph., Geschichte der urchristlichen Literatur, Berlin 1981; vgl. auch die Lit. zu Kap. VI und VIII.

1. Die geschichtlichen Anfänge

Literatur: BULTMANN, R., Zur Frage nach den Quellen der Apostelgeschichte, in: Ders., Exegetica, Tübingen 1967, 412-425; HOLTZ, T., Der antiochenische Zwischenfall (Gal 2,11-14): NTS 32 (1986) 344-361; JEREMIAS, J., Untersuchungen zum Quellenproblem der Apostelgeschichte, in: Ders., Abba, Göttingen 1966, 238-255; KÜMMEL, W.G., Die älteste Form des Aposteldekrets, in: Ders., Heilsgeschehen und Geschichte, Marburg 1965, 278-288; LÜDEMANN, G., Paulus, der Heidenapostel I, Göttingen 1980; PETERSON, E., Christianus, in: Ders., Frühkirche, Judentum und Gnosis, Rom 1959, 64-87; RADL, W., Das Gesetz in Apg 15, in: Kertelge, K. (Hg), Das Gesetz im Neuen Testament, Freiburg 1986, 169-174; STROBEL, A., Das Aposteldekret als Folge des Antiochenischen Streits, in: FS F. Mußner, Freiburg 1981, 81-104; WEISER, A., Das "Apostelkonzil" (Apg 15,1-35): BZ 28 (1984) 145-167; WILCKENS, U., Zur Entwicklung des paulinischen Gesetzesverständnisses: NTS 28 (1982) 154-190.

In Apg 11,19-26 schildert Lukas die Anfänge der christlichen Gemeinde von Antiochien.

> [19]Jene, die wegen der um des Stephanus willen ausgebrochenen Verfolgung zerstreut worden waren, kamen bis nach Phönikien und Zypern und Antiochien; sie predigten das Wort niemandem außer den Juden. [20]Doch waren unter ihnen einige Männer aus Zypern und aus Kyrene. Diese verkündigten, als sie nach Antiochien gekommen waren, auch den Griechen dieFrohbotschaft vom Herrn Jesus. [21]Und die Hand des Herrn war mit ihnen. Eine große Zahl wurde gläubig und bekehrte sich zum Herrn. [22]Die Kunde aber kam der Gemeinde von Jerusalem zu Ohren, und sie sandten Barnabas nach Antiochien. [23]Als dieser hinkam und die Gnade Gottes sah, freute er sich und ermahnte alle, mit der Kraft des Herzens beim Herrn auszuharren. [24]Denn er war ein trefflicher Mann, voll Heiligem Geist und Glauben. So wurde eine große Menge für den Herrn hinzugewonnen. [25]Da reiste er nach Tarsus, um Saulus aufzusuchen; [26]er fand ihn und nahm ihn mit nach Antiochien. Es kam aber so, daß sie ein ganzes Jahr zusammen in der Gemeinde verbrachten und eine beträchtliche Menge belehrten und daß in Antiochien die Jünger erstmalig die Bezeichnung "Christianer" erhielten.

Früher wurde dieser Abschnitt zuversichtlich als Bestandteil einer "Antiochenischen Quelle" beurteilt, die Lukas bei der Abfassung der Apostelgeschichte benutzt habe.[1] Sie läßt sich aber literarkritisch kaum erweisen. Ihre Rekonstruktion erscheint als unmöglich. Freilich ist es wahrscheinlich, daß Lukas bei der Abfassung der Apostelgeschichte nicht nur mündliche Nachrichten verwendete, sondern auch auf schriftliche Aufzeichnungen zurückgreifen konnte. Doch deren Umfang und Art bleiben für uns im Dunkel. Zudem müssen wir damit rechnen, daß Lukas alle ihm zugekommenen Quellen und Nachrichten seiner Darstellungsabsicht unterworfen und entsprechend bearbeitet hat. Dies gilt auch für Apg 11,19-26.[2]

Welches waren nun die Nachrichten, die Lukas über die Gemeinde von Antiochien besaß? 1. Einige der aus Jerusalem vertriebenen "Hellenisten" gingen nach Antiochien und verkündeten dort die christliche Botschaft. 2. Ihre Verkündigung bezog bewußt Heiden, gemeint sind wohl mit den Synagogen verbundene Gottesfürchtige, als Adressaten mit ein. Ihnen wurde nach vollzogener Bekehrung die Taufe offenbar nicht verweigert (vgl. Apg 8,26-40). 3. Barnabas, der zuvor der Jerusalemer Urgemeinde angehört hatte (Apg 4,36f), war eine führende Persönlichkeit der antiochenischen Christen. 4. Er holte Paulus nach Antiochien und arbeitete hier eng mit ihm zusammen. 5. In Antiochien wurden die Mitglieder der christlichen Gemeinschaft zum ersten Mal mit einem eigenen Namen bezeichnet. Also wurden sie durch Außenstehende, wahrscheinlich auch durch die Behörden, von den jüdischen Synagogengemeinschaften unterschieden.

Antiochien war Hauptstadt der römischen Provinz Syrien und Kilikien. Hier hatten die römische Provinzverwaltung ihren Sitz und die römischen Legionen ihre Garnison. Die Gesamtbevölkerung dieser drittgrößten Stadt der Antike wird auf über 500.000 Einwohner geschätzt. Darunter waren Minderheiten aller Völker der damaligen Welt. Neben den einheimischen Syrern stellten Griechen und Juden einen Großteil der Bevölkerung. Die jüdische Kolonie dürfte mindestens 30.000 Mitglieder gezählt haben. Antiochien war Weltstadt, entsprechend hoch ihr Niveau in Handel und Kultur, Wirtschaft und Geistesleben.

Es ist schwer zu ermessen, was es religionssoziologisch bedeutete, daß die ursprünglich ländliche Jesusbewegung in Antiochien erstmals mit dem Milieu einer Weltstadt in Berührung kam. Zwar hatte die Jesusbewegung schon in Jerusalem städtische Sozialformen angenommen. Doch hatte Jerusalem als heilige Tempelstadt eine Sonderstellung inne. Der heidnische Bevölkerungsanteil war gering und lebte von der jüdischen Bevölkerung streng geschieden. Das geistige Klima war einer bewußten Heidenmission nicht günstig.

---

[1] Der Beginn dieser Quelle wurde in Apg 6,1 erblickt, wesentliche Inhalte in den Stücken Apg 6,1-6.8-15; 7,54-8,4; 11,19-30; 12,25; Kap 13f. Die Quelle wurde als "älteste Missionsgeschichte der christlichen Kirche" (Jeremias) bzw. als Chronik der Antiochenischen Gemeinde (Bultmann) angesehen. Lukas habe sie im Gemeindearchiv von Antiochien vorgefunden und seinem Werk zugrunde gelegt.

[2] Typisch lukanisch ist hier die in V.19 anzutreffende Missionsterminologie und das Missionsschema: zuerst den Juden, danach den Heiden. Dagegen widerspricht V.20 der lukanischen Geschichtsauffassung. Hier wird offensichtlich vorausgesetzt, daß die genannten "Hellenisten" aus Zypern und Kyrene die ersten waren, die Heidenmission betrieben (vgl. Apg 10f). In V.20 steckt somit eine alte Nachricht. Lukanisch dürften sodann V.21-24 sein. Sie enthalten typische Stilelemente lukanischer Darstellung und entsprechen dem Kirchenbild des Lukas (vgl. Apg 8,14ff): Die Jerusalemer Apostel erkennen durch Entsendung von Legaten, hier Barnabas, die Missionserfolge andernorts an.

In der überwiegend heidnischen Weltstadt Antiochien waren die Juden nur eine relativ kleine und gefährdete Minderheit. Groß war hier dagegen die Zahl gottesfürchtiger Heiden, die von der jüdischen Religion angezogen wurden und am Synagogengottesdienst teilnahmen, ohne den letzten Schritt eines Übertritts zum Judentum durch die Beschneidung zu vollziehen. Durch sie wurde man Jude, was zahlreiche soziale und familiäre Konsequenzen nach sich zog. Daher blieben die meisten mit der jüdischen Religion sympathisierenden Heiden im Status des "Gottesfürchtigen". Sie hielten den Sabbat und einzelne Gebote der Tora, insbesondere die sittlichen Gebote, und waren nicht zum Halten der rituellen Gebote verpflichtet. Die nach Antiochien geflohenen "Hellenisten" sprachen gezielt diese gottesfürchtigen Heiden an (vgl. Apg 13,14ff; 14,1) und verkündeten ihnen die Heilsbotschaft. Eine bewußte Zuwendung der christlichen Missionare zu solchen Heiden war anläßlich der Synagogengottesdienste leicht möglich, auch ihre Aufnahme in die christliche Gemeinschaft konnte von jüdischer Seite nicht verhindert werden. Die christlichen Missionare unterlagen hier anders als in Jerusalem als Ortsfremde ohnehin keinem jüdischen Sozialzwang.

Durch die Taufe haben sie auch Heiden Zugang zum im Tod Jesu eröffneten universalen Heil gewährt, ohne von ihnen zuvor die Beschneidung, d.h. die Eingliederung in die jüdische Nation und die Verpflichtung zur Einhaltung der ganzen Tora, zu fordern. Theologisch war dieser Schritt in den Kreisen der "Hellenisten" längst vorbereitet (s. Kap. VI.4 u. VII.4). Gleichwohl vollzogen die christlichen Missionare in Antiochien durch die Aufnahme von Heiden in die noch gänzlich jüdisch geprägte christliche Glaubensgemeinschaft einen Schritt von ungeheurer Tragweite. Er führte zu einer allmählichen Loslösung von dem auf Israel beschränkten Bundesgedanken und damit vom Judentum. Als Ziel der Heilsgeschichte wurde nun das universale Heil von Juden und Heiden erkannt. Daß sich diese Entscheidung zur Heidenmission "lautlos" und wie von selbst vollzog, ist ganz unwahrscheinlich. Wahrscheinlicher ist vielmehr, daß sie auch in Antiochien durch theologische Reflexion vorbereitet und durch prophetisch-charismatische Weisung durchgesetzt wurde.

Der aus Zypern stammende Levit und hellenistische Judenchrist Barnabas dürfte dabei eine entscheidende und führende Rolle gespielt haben. Auf die bedeutende Rolle, die er schon in Jerusalem gespielt hat, haben wir bereits hingewiesen (s. Kap. IV.4). Dort war Barnabas Bindeglied zwischen dem aramäisch-sprechenden Gemeindeteil und den "Hellenisten". Durch seine Herkunft und sein theologisches Denken stand er offenbar den "Hellenisten" nahe, durch seine levitische Abstammung galt er aber auch den aramäisch-sprechenden Judenchristen als Autorität. Vielleicht mußte auch er nach dem Tod des Stephanus Jerusalem verlassen. In Antiochien hatte er wohl entgegen der Nachricht in Apg 11,22 von Anfang an eine leitende Position inne. Nach Apg 11,20 nahmen Männer aus Zypern und Kyrene die Heidenmission auf. Zu diesen könnte der Zypriot Barnabas gehört haben. Wenn wir auch nicht mit letzter Sicherheit sagen können, daß Barnabas zu den Mitbegründern der Antiochenischen Gemeinde gehörte, so ist dies doch wahrscheinlich. Da die Darstellung Apg 11,22ff eine lukanische Konstruktion und schwerlich historisch ist, könnte anders gar nicht erklärt werden, wie denn Barnabas in jene leitende Position in Antiochien aufgerückt ist, die Apg 13,1f; 15,1ff, aber auch Gal 2 für ihn bezeugen. Wir können also vermuten, daß er die Entscheidung zur Mission unter den Heiden unter Verzicht auf die Beschneidung in Antiochien nicht nur mitgetragen, sondern von Anfang an positiv beeinflußt und durchgesetzt hat.

"Es war alles andere als selbstverständlich, wenn ein Mann wie Barnabas auf die Forderung der Beschneidung verzichtete. Man darf diesen Verzicht nicht einfach aus dem Eindruck erklären, den die Bereitwilligkeit und Aufgeschlossenheit der Heiden auf ihn machte. Bei Paulus zeigen uns seine Briefe die theologischen Gründe, die seine Heidenmission fundierten. Es ist nur recht und billig, daß wir auch Barnabas nicht für einen Missionar wie andere halten, der durch den Lauf der Dinge sich eine Ermäßigung seiner Forderungen abnötigen ließ, sondern für einen Mann, der wußte, was er tat und aus seiner christlichen Erkenntnis heraus den entscheidenden Schritt zur Heidenmission vollzog. Wie er ihn begründete - ob etwa damit, daß die Endzeit angebrochen sei und deshalb die Zeit der Heidenmission gekommen -, wissen wir nicht." (Haenchen Apg 315)

Vor dem Hintergrund dieser Überlegungen erlangt die Notiz Apg 11,19 besondere Bedeutung. Sie steht in Spannung zu 11,20. Aus ihr scheint hervorzugehen, daß es in Antiochien auch eine judenchristliche Mission gab, die sich auf die dort lebenden Juden beschränkte. Wird hier bereits der innerchristliche Konflikt sichtbar, der im "Antiochenischen Zwischenfall" (Gal 2,11ff; vgl. unten) offen ausbrach? Es stellt sich ja die Frage, ob wohl alle neugewonnenen Judenchristen Antiochiens die beschneidungsfreie Heidenmission ohne Vorbehalte akzeptiert haben. Das ist wenig wahrscheinlich. Vielmehr war der Status der neugewonnen Heidenchristen bei den Judenchristen von Antiochien wohl lange ungeklärt und umstritten. Vor allem dürfte die Frage, wie Juden- und Heidenchristen unter rituellen Gesichtspunkten in einer Gemeinschaft zusammenleben könnten, sicher nicht erst nach Eintreffen der Jakobusleute (Gal 2,12) in Antiochien aufgebrochen sein. Daß es hier Judenchristen gab, die mit den Heidenchristen Tischgemeinschaft hielten, also rituelle Fragen zugunsten der Gemeinschaft aller Glaubenden zurückstellten, wird von Paulus bezeugt (Gal 2,11ff). Zu diesen gehörten auch Barnabas und sogar Petrus. Aber handelten alle Judenchristen in Antiochien so? Insbesondere bei einem raschen Anwachsen der Gemeinde braucht eine allgemeine Tischgemeinschaft zwischen Juden- und Heidenchristen nicht angenommen zu werden. Es kann durchaus neben gemischten Mahlgemeinschaften auch solche gegeben haben, bei denen Judenchristen unter sich waren. Wir können dazu nur Mutmaßungen anstellen. Doch müssen wir uns immer die sozialen Bedingungen der frühen Gemeinden vor Augen halten, die noch keine "Gemeindezentren" und "Pfarrsäle" besaßen. Zum gemeinsamen Mahl traf man sich in den Privathäusern, also in kleinen Gruppen, die selten 20 oder 30 Teilnehmer überstiegen. Es ist unwahrscheinlich, daß in all diesen Kleingruppen Juden- und Heidenchristen beisammen waren, zumal auch in Antiochien die Zahl der Judenchristen zunächst größer als die der Heidenchristen gewesen sein dürfte. Wer als Judenchrist Vorbehalte gegen gemeinsames Essen mit Heidenchristen hatte, konnte sich darum solchen Mahlgemeinschaften anschließen, bei denen nur Judenchristen anwesend waren. Jedenfalls wird der von Paulus beklagte Schwenk des Petrus und des Barnabas in dieser Frage (vgl. Gal 2,12f) nur auf dem Hintergrund einer kontroversen Gemeindesituation wirklich verständlich. An dieser Stelle sei soviel festgehalten: Die gleichzeitige Mission unter den Juden und gottesfürchtigen Heiden Antiochiens barg von Anfang an das schwierige und theologisch noch längst nicht bewältigte Problem des praktischen Zusammenlebens von Juden- und Heidenchristen in sich.

Wir haben ein wenig vorgegriffen und dabei gesehen, daß auch Paulus der Gemeinde von Antiochien angehörte. Wir wissen nicht genau, wann er nach Antiochien kam. Nach eigenem Zeugnis (Gal 1,17f) blieb er nach seiner Bekehrung zunächst mehrere Jahre in Damaskus. Von dort aus unternahm er eine Missionsreise nach Arabien. Erst drei Jahre nach seiner Rückkehr nach Damaskus besuchte er für 14 Tage Jerusalem und traf hier mit Petrus zusammen (Gal 1, 18f). Denkbar ist, daß bei diesem Treffen bereits eine grundsätzliche Klärung und Absprache über die Missionsaufgabe des Paulus unter den Heiden erfolgt ist (vgl. Gal 2,7f). Danach missionierte Paulus in Syrien und Kilikien (Gal 1,21). Wahrscheinlich war er hier bereits als selbständiger Heidenmissionar tätig. Weder sein Selbstzeugnis noch die Apostelgeschichte legen die Annahme nahe, er sei bei diesem Missionswerk von der antiochenischen Gemeinde abhängig gewesen. Er könnte dabei aber mit Antiochenischen Missionaren zusammengetroffen sein, die hier ebenfalls unter den Diasporajuden und gottesfürchtigen Heiden missionierten. Hierzu paßt gut die Notiz Apg 11,25f, daß Barnabas Paulus in Tarsus aufsuchte und nach Antiochien holte. Von da an war Paulus mehrere Jahre lang als leitendes Mitglied in der Antiochenischen Gemeinde tätig (vgl. Apg 13,1f), bis er sich nach dem "Antiochenischen Zwischenfall" von ihr trennte und sein Missionswerk (wieder) selbständig fortsetzte.

Trifft dies zu, dann muß als wenig wahrscheinlich gelten, daß Paulus in seiner antiochenischen Zeit ein von der dortigen Gemeinde abhängiger, sozusagen weisungsgebundener Missionar war. Sein Selbstverständnis und sein apostolischer Anspruch gegenüber den von ihm gegründeten Gemeinden gründet in der speziellen Berufung zum Heidenapostel durch den Auferstandenen (Gal 1,15f), die seiner Tätigkeit in Antiochien weit vorausliegt. Paulus hat es nicht erst entwickelt, nachdem er sich von Antiochien gelöst hatte. Er besaß es auch während seiner antiochenischen Tätigkeit. Zudem ging dieser eine bereits jahrelange, offenbar selbständige Missionsarbeit voraus. Man muß daher annehmen, daß Paulus auch in Antiochien als führender und exklusiver Heidenmissionar tätig war. Auf der gemeinsamen Missionsreise mit Barnabas (Apg 13-14), die über Zypern in die südgalatischen Gebiete führte, könnte Paulus ausschließlich unter den Heiden, Barnabas unter den Diasporajuden missioniert haben.

Durch den Verzicht auf die Beschneidung unterschied sich die christliche Mission in Antiochien signifikant von der Praxis der jüdischen Synagoge. Diese mußte für den Übertritt zur jüdischen Religionsgemeinschaft die Beschneidung fordern. Dieser Unterschied wurde auch von Außenstehenden, sogar von den Zivilbehörden, wahrgenommen und führte dazu, daß die christliche Gemeinde als eine gegenüber dem Judentum selbständige Organisation angesehen wurde. Ihre Mitglieder wurden als "Christianer" bezeichnet (Apg 11,26). Aus diesem Namen geht auch hervor, daß der Titel "Christos" von der Umwelt bereits als Eigenname aufgefaßt wurde.

In Apg 13,1 überliefert Lukas eine "Liste" mit den Namen der leitenden Persönlichkeiten der Antiochenischen Gemeinde, vergleichbar der Jerusalemer Liste der "Zwölf" bzw. der "Sieben" (s. Kap. IV.4). Auffällig ist, daß keiner der in Apg 13,1 Genannten zum Kreis der "Sieben" gehörte. Zumindest Barnabas war aber zuvor Mitglied der Jerusalemer Gemeinde. Die Nennung seines Namens an erster Stelle unterstreicht seine hervorragende Position in Antiochien. Über die drei folgenden Persönlichkeiten wissen wir sonst nichts. Symeon mit dem Beinamen Niger dürfte Schwarzafrikaner und Proselyt gewesen sein, Lukios stammte aus der Kyrenaika. Menachem soll zusammen mit Herodes Antipas erzogen worden sein, entweder in Rom oder in Jerusalem. Er gehörte also der Oberschicht an. An letzter Stelle wird Paulus genannt, allerdings mit seiner hebräischen Namensform Saulus. Außer mit der Hervorhebung des Barnabas dürfte die Liste keine Rangordnung innerhalb der "Fünf" wiedergeben. Sie benennt das kollegiale Leitungsgremium der Antiochenischen Gemeinde, in dem Barnabas den "Vorsitz" hatte. Die "Fünf" werden als "Propheten und Lehrer" bezeichnet. Ihnen oblag neben der charismatischen Leitungsaufgabe offenbar zugleich die theologische Reflexion und die Formung der Gemeindetradition.

Lukas ist bei seiner Darstellung darum bemüht, die enge Verbindung zwischen Jerusalem und der christlichen Neugründung von Antiochien herauszustreichen. Nach ihm ist Barnabas Jerusalemer Legat in Antiochien (Apg 11,22ff). Diesem Anliegen dient auch der Abschnitt Apg 11,27-30, wo Lukas unterschiedliche Nachrichten kombiniert, um Barnabas und Paulus noch vor dem Apostelkonzil nach Jerusalem reisen zu lassen. Doch widerspricht diese Darstellung dem Zeugnis des Paulus, der ausdrücklich feststellt, er sei nach seiner ersten Jerusalemreise (Gal 1,18) erst wieder anläßlich des Apostelkonzils nach Jerusalem gekommen (Gal 2,1). Wir wissen somit über die Kontakte der Antiochenischen Gemeinde zu Jerusalem recht wenig. Daß sie bestanden haben, steht außer Zweifel. Sie dürften durch Briefe, aber auch durch Delegationen hergestellt und aufrechterhalten worden sein. Nach Gal 2,11ff war nicht nur Petrus in Antiochien, sondern auch eine Delegation des Jerusalemer Gemeindeoberhauptes Jakobus. Allerdings hat die Antiochenische Gemeinde keine Weisungen aus Jerusalem empfangen, sondern sich völlig selbständig entwickelt und ihr Missionswerk in eigener Verantwortung betrieben.

Über die Antiochenische Mission berichtet Lukas in Apg 13f. Von vielen Forschern wird angenommen, daß er dafür auf Ortstraditionen und Erinnerungen zurückgreifen konnte. Umstritten, aber möglich ist die Hypothese von M. Dibelius, Lukas habe in Apg 13f ein "Itinerar" der Antiochenischen Missionare ausgewertet.[1] Der Schilderung des Lukas darf jedenfalls einiger historischer Wert zuerkannt werden. Aus ihr geht hervor, daß von Antiochien aus eine organisierte Mission betrieben wurde, die sich nicht nur an die Juden wandte.
Die Wege des Paulus und Barnabas trennten sich auf dramatische Weise. Nach Lukas kam es zwischen beiden zu einem "heftigen Streit" über eine Personalangelegenheit (Apg 15,36ff): Paulus habe Johannes Markus, der sich auf der gemeinsamen Missionsreise vorzeitig von ihnen getrennt hatte (13,13), als Reisebegleiter einer zweiten gemeinsamen Missionsreise abgelehnt. Barnabas dagegen bestand auf Johannes Markus. Ob diese Sicht der Umstände bei der Trennung des Paulus und Barnabas zutrifft, bleibt unsicher. Wahrscheinlich hat auch der "Antiochenische Zwischenfall" zur Trennung beigetragen. Lukas verschweigt diesen Konflikt, den Paulus in Gal 2,11-14 schildert.

> [11]Als aber Kephas nach Antiochia kam, widerstand ich ihm ins Angesicht, weil er tadelnswert war. [12]Denn bevor einige von Jakobus gekommen waren, aß er gemeinsam mit Heiden; als sie aber kamen, zog er sich von ihnen zurück und sonderte sich ab, weil er die aus der Beschneidung fürchtete. [13]Mit ihm heuchelten auch die übrigen Juden, so daß auch Barnabas sich durch ihre Heuchelei

---

[1] Diese Reisenotizen hätten die Reisestationen, die Gastfreunde, die Missionserfolge und -mißerfolge festgehalten. Lukas habe diese Notizen durch geformte Missionslegenden aufgefüllt. Dibelius wird zu dieser Annahme u.a. durch die Beobachtung geführt, daß in Apg 13f auch Stationen genannt werden, an denen nichts weiter geschieht und die für die Zwecke der lukanischen Darstellung gleichgültig sind (vgl. Apg 14,25). Allerdings wird die Itinerar-Hypothese von Dibelius nicht auf die in Apg 13f geschilderte gemeinsame Missionsreise des Barnabas und Paulus beschränkt. Es könnte sich bei dem Itinerar somit um Aufzeichnungen aus dem Kreis der paulinischen Mitarbeiter, weniger um antiochenische Protokolle handeln.

mitfortreißen ließ. [14]Als ich nun aber sah, daß sie nicht recht nach der Wahrheit des Evangeliums wandelten, sprach ich zu Kephas in Gegenwart aller: "Wenn du, der du ein Jude bist, nach heidnischer und nicht nach jüdischer Sitte lebst, wie zwingst du da die Heiden, jüdische Lebenssitte anzunehmen?"

Aus der Tatsache, daß Paulus dieses Ereignis erst nach seinem Hinweis auf das Apostelkonzil (Gal 2,1-10) erwähnt, darf nicht geschlossen werden, daß es zeitlich nach dem Konzil stattfand. Paulus ordnet im Galaterbrief seine Argumentation nach sachlich-rhetorischen Überlegungen. Auffällig ist jedenfalls, daß er in 2,11 nicht mit dem eine zeitliche Abfolge anzeigenden ἔπειτα (so Gal 1,18; 2,1) einsetzt, sondern mit dem zeitlich allgemein zurückweisenden ὅτε. Es kommt ihm auf das Ereignis selbst an, nicht aber darauf, daß es sich nach dem Konzil ereignete. G. Lüdemann hat darum mit guten Gründen den "Antiochenischen Zwischenfall" zeitlich vor dem Apostelkonzil angesetzt. Auf dem Konzil ist dann die in Antiochien aufgetretene Streitfrage über die Tisch- und Lebensgemeinschaft von Juden- und Heidenchristen in gemischten Gemeinden geregelt worden. In der Tat wäre es höchst merkwürdig, wenn die für das Gemeindeleben ungemein wichtige und aus jüdischer Sicht brennende Frage der Lebens- und Tischgemeinschaft zwischen Juden- und Heidenchristen dort überhaupt noch nicht bedacht und behandelt, sondern erst später durch das "Aposteldekret" (Apg 15,19-21.23-29) entschieden worden wäre.

Wir haben oben bereits vermutet, daß eine vorbehaltlose Anerkennung der beschneidungsfreien Heidenmission durch alle antiochenischen Judenchristen historisch höchst unwahrscheinlich ist. Zumindest in der praktischen Frage der täglichen Lebens- und Tischgemeinschaft zwischen Juden- und Heidenchristen dürfte es sehr unterschiedliche Auffassungen gegeben haben. Nicht jeder hellenistische Judenchrist war bereit oder fähig, seine bisherige Sicht der Unreinheit der Heiden und seine bisherige Praxis einer distanzierten Koexistenz mit den Heiden aufzugeben und mit Heiden in Tischgemeinschaft eng zusammenzuleben. Paulus und Barnabas hatten dies allerdings getan, ebenso der in Antiochien weilende Petrus. Diesen führenden Persönlichkeiten hatte sich gewiß eine größere Anzahl von Judenchristen angeschlossen. Taufe und Geistempfang der Heidenchristen wurden von ihnen als "Reinigung" der Heiden durch Gott selbst angesehen (vgl. Apg 10,11-16), so daß sich für sie das Problem einer rituellen Verunreinigung durch Heidenchristen offenbar nicht mehr stellte (s. dazu Kap. VIII).

Gegen die Tischgemeinschaft zwischen Juden- und Heidenchristen wurde dann während der Anwesenheit des Petrus in Antiochien energisch von judenchristlicher Seite Einspruch erhoben, und zwar von "Jakobusleuten". Es dürfte sich bei diesen um Abgesandte des Jakobus gehandelt haben. Daß der "Herrenbruder" von rituell denkenden Judenchristen Antiochiens um Intervention gebeten worden war, kann nicht ausgeschlossen, aber auch nicht bewiesen werden. Jedenfalls brach der Konflikt offen aus und führte eine ernsthafte Gefährdung der Einheit der Antiochenischen Gemeinde herauf. Petrus und Barnabas gaben die Tischgemeinschaft mit Heidenchristen auf. Sie nahmen wahrscheinlich an solchen Gemeinschaftsmählern nicht mehr teil, bei denen auch Heidenchristen anwesend waren. Die Konsequenz waren wohl getrennte Mahlfeiern der Juden- und Heidenchristen in Antiochien.

Paulus hat die Haltung des Petrus und Barnabas als "heuchlerisch" verurteilt. In der Tat dürfte sie pragmatischen Erwägungen entsprungen sein, nicht einer veränderten theologischen Einstellung. Aber sie war inkonsequent, wie Paulus deutlich gespürt hat. Weder Petrus noch Barnabas wollten grundsätzlich an der Mission unter Heiden und an der Aufnahme von Heiden in die Gemeinde rütteln, ebensowenig die meisten der übrigen Judenchristen. Aber "wie sollte bei der Bekehrung allein der Glaube an Jesus heilsbegründend sein, in der christlichen Praxis dann aber doch das Gesetz die Gemeinschaft der Glaubenden blockieren können? Wie kann Petrus, der zunächst an der Mahlgemeinschaft mit den unbeschnittenen Brüdern teilgenommen und damit seinerseits der christlichen Glaubensgemeinschaft den Vorzug vor der Gesetzesobservanz jüdischen Lebens gegeben hatte, nun auf einmal umgekehrt die Heiden nötigen, sich nach der jüdischen Lebensweise zu richten (Gal 2,14)? Aber eben dies war zweifellos der Anstoß der Jerusalemer: Wenn sie als Judenchristen den Glauben der Heidenchristen anerkannten, so hieß das doch nicht, daß sie damit selbst ihre eigene Gesetzesobservanz aufzugeben bereit sein durften. An dieser galt es vielmehr in jedem Fall und unter allen Umständen festzuhalten; das zumindest mußten die heidenchristlichen Brüder ihnen ermöglichen, indem sie die Praxis der Mahlgemeinschaft mit ihnen aufgaben - als Gegengabe für die volle Anerkennung ihres Glaubens. Denn andernfalls zwängen jene ja ihre judenchristlichen Brüder zu permanentem Gesetzesbruch!" (Wilckens 156f)

Paulus hat sich Petrus und Barnabas energisch widersetzt. Auf einer Versammlung der gesamten Gemeinde (Gal 2,14) ist er dem Petrus offen entgegengetreten und hat sein Verhalten gerügt. Aber er war in diesem Konflikt der Unterlegene, jedenfalls kann er den Galatern gegenüber nicht auf einen Sieg in dieser Frage verweisen.

"Damit kam Paulus aber in eine unhaltbare Lage. Er hatte in öffentlicher Gemeindeversammlung 'sein Evangelium' gegen Petrus und Barnabas geltend gemacht - und der wichtigste Mann der antiochenischen Gemeinde, Barnabas, ja der gesamte judenchristliche Teil der Gemeinde... und der Apostel Petrus hatten sich von ihm nicht überzeugen lassen. Damit war die Autorität des Paulus erschüttert, auch wenn sie formell nicht bestritten wurde... Wie konnte Paulus, nachdem er diese Abweisung erfahren hatte..., ruhig weiter in Antiochia bleiben, als wäre nichts geschehen?" (Haenchen, Apg 417)

In diesem Ereignis also muß der Grund für die Beendigung der gemeinsamen Arbeit des Paulus und Barnabas gesehen werden. Von nun an hat Paulus seine Missionsreisen eigenständig organisiert und ist aus der Leitung der Antiochenischen Gemeinde ausgeschieden.
Der "Zwischenfall" könnte sich zwischen 42 und 44 n.Chr. ereignet haben, als Petrus wegen der Nachstellungen des Agrippa I. zeitweilig Jerusalem verlassen mußte (vgl. Apg 12). Dann könnte er das auslösende Moment für das Apostelkonzil gewesen sein.
Ob von den "Jakobusleuten" in Antiochien die Forderung nach der Beschneidung der Heidenchristen erhoben und damit die beschneidungsfreie Heidenmission grundsätzlich in Frage gestellt wurde (vgl. Apg 15,1f), ist nicht sicher auszumachen. Vom jüdischen Standpunkt aus wäre das Problem der Lebens- und Mahlgemeinschaft zwischen Juden- und Heidenchristen durch eine Beschneidung der Heidenchristen und die damit gegebene Verpflichtung auf die Tora tatsächlich erledigt gewesen. Ganz sicher haben Petrus und Barnabas diese Forderung, wenn sie erhoben wurde, nicht unterstützt. Daß die gesetzesfreie Heidenmission erst jetzt, fast zehn Jahre nach ihrem Beginn, so heftig in Frage gestellt wurde, kann mit der Verschärfung der Situation in Jerusalem zusammenhängen, "wo sich inzwischen eine radikal gesetzesstrenge Fraktion gebildet hatte, die selbst die von Petrus zuweilen vollzogene Aufnahme 'gottesfürchtiger' Heiden in die Gemeinde ohne Beschneidung erbittert ablehnte und das Halten der Mosethora zur grundsätzlichen Bedingung des Heils machte" (Hengel, Geschichtsschreibung 95). Es muß nach dem Zeugnis der Apostelgeschichte und des Paulus aber bezweifelt werden, ob sich solch radikale Judenchristen je auf Jakobus berufen konnten (vgl. Apg 15,13ff; Gal 2,3.9). Insofern bleibt auch unsicher, ob die Abgesandten des Jakobus tatsächlich diese weitergehende Forderung aufgestellt haben. Paulus erwähnt sie in Gal 2,11ff nicht.

Auf dem Apostelkonzil wurde sie allerdings von einer radikalen Gruppe erhoben (Apg 15,5). Hier ist also die Frage der gesetzesfreien Heidenmission nochmals diskutiert worden. Aber sie war wohl nicht mehr grundsätzlich offen. Vielmehr dürfte bei dieser Gelegenheit der längst gefundene Konsens (Gal 1,18f) bestätigt und bekräftigt worden sein. Eigentliches Thema des Apostelkonzils war dagegen die in Antiochien offen aufgebrochene Frage des praktischen Zusammenlebens von Juden- und Heidenchristen in gemischten Gemeinden. Zur Lösung dieses Problems wurde auf Vorschlag des Jakobus die Kompromißformel des "Aposteldekrets" gefunden (Apg 15,19-29).

> [19]Darum urteile ich, man solle den Heiden, die sich zu Gott bekehren, keine Last aufbürden, [20]sondern ihnen vorschreiben, sich zu enthalten von den Befleckungen durch die Götzen, von der Unzucht, von Ersticktem und von Blut. [21]Denn Moses hat von alten Zeiten her in jeder Stadt seine Prediger, da er ja in den Synagogen an jedem Sabbat vorgelesen wird. [22]Darauf beschlossen die Apostel und die Presbyter samt der ganzen Gemeinde, aus ihrer Mitte Männer auszuwählen und mit Paulus und Barnabas nach Antiochia zu entsenden, und zwar Judas mit dem Beinamen Barsabbas und Silas, Männer in führender Stellung bei den Brüdern, [23]und schrieben durch ihre Hand: "Die Apostel und die Presbyter grüßen als Brüder die Brüder aus den Heiden in Antiochia, Syrien und Kilikien. [24]Da wir nun gehört haben, daß einige aus unserer Mitte hingegangen sind und mit Reden euch verwirrt und eure Gemüter beunruhigt haben - denen wir keinen Auftrag gegeben haben -, [25]so haben wir einmütig beschlossen, Männer auszuwählen und mit unseren geliebten Barnabas und Paulus an euch zu senden, [26]Menschen, die ihr Leben eingesetzt haben für den Namen unseres Herrn Jesus Christus. [27]So haben wir also Judas und Silas abgeordnet; sie werden euch auch mündlich dasselbe mitteilen: [28]Der Heilige Geist und wir haben nämlich beschlossen, euch weiter keine Last aufzubürden außer folgenden unerläßlichen Stücken: [29]Daß ihr euch enthaltet von Götzenopferfleisch, von Blut und Ersticktem und von Unzucht. Wenn ihr euch davor hütet, dann tut ihr recht. Lebt wohl!"

Diese von G. Lüdemann entwickelte Sicht der Ereignisse erlaubt es, den Bericht des Lukas in Apg 15 als im wesentlichen zutreffend anzusehen. Wahrscheinlich hat Lukas auch hier geformte Überlieferung aufgegriffen. Das Problem des praktischen Zusammenlebens von Juden- und Heidenchristen in Antiochien und im antiochenischen Missionsgebiet Syriens und Kilikiens (Apg 15,23) wird so gelöst, daß den Heidenchristen rituelle Minimalforderungen auferlegt werden. Sie sollen nicht das auf dem Markt angebotene Opferfleisch kaufen, sich jeder mit Blut angerichteten Speise enthalten, ebenso kein unausgeblutetes Fleisch essen und nicht an der Tempelprostitution teilnehmen. Weitergehende rituelle Speiseauflagen insbesondere pharisäischer Provenienz werden nicht gemacht. Durch die Einhaltung dieser Auflagen wird die in Antiochien seit dem "Zwischenfall" unterbrochene bzw. problematisierte Lebens- und Mahlgemeinschaft zwischen Juden- und Heidenchristen wieder ermöglicht.

Wie läßt sich diese Sicht mit der Darstellung Gal 2,1-10 vereinbaren? In Gal 2,6.10 betont Paulus, daß ihm (vgl. das betonte ἐμοί in V.6) keinerlei zusätzliche Auflagen in Jerusalem gemacht wurden. Die paulinische Mission, die sich nur an die Heiden wandte (Gal 2,8f), war also vom "Aposteldekret" nicht betroffen. Dieses galt eben nur für gemischte Gemeinden. Die von Paulus begründeten rein heidenchristlichen Gemeinden unterlagen ihm nicht. Dies setzt voraus, daß Paulus nicht als Vertreter der Antiochenischen Gemeinde (so Apg 15,2), sondern in "eigener Sache" und als exklusiver Heidenmissionar am Konzil teilgenommen hat. Bestätigt wird dies durch Gal 2,2, wo Paulus betont, daß er aufgrund göttlicher Weisung (κατὰ ἀποκάλυψιν), also nicht als Gesandter Antiochiens nach Jerusalem ging. Daß er zusammen mit Barnabas (Gal 2,1) dorthin reiste, stellt kein Gegenargument dar. Paulus setzt bei seiner Darstellung der Ereignisse jedenfalls voraus, daß zum Zeitpunkt des Konzils seine zeitweilige Bindung an Antiochien bereits beendet war. Aus seiner Sicht wird auf der Jerusalemer Versammlung sein gesetzesfreies Evangelium für die Heiden bestätigt, über das er sich wahrscheinlich schon früher mit Petrus verständigt hatte (vgl. Gal 1,18; 2,7f).

An dieser Stelle wollen wir unsere Erwägungen über die Frühgeschichte der Antiochenischen Gemeinde abbrechen. Die neutestamentlichen Zeugnisse bieten uns kaum weitere Hinweise. In der frühen Kirche hatte die Gemeinde von Antiochien große kirchengeschichtliche und theologische Bedeutung, die ihr freilich schon in neutestamentlicher Zeit zukam. Darauf weist auch das Gewicht ihrer geformten Überlieferung hin.

2. Glaubensformeln aus der Antiochenischen Gemeinde

Literatur: CONZELMANN, H., Was glaubte die frühe Christenheit?, in: Ders., Theologie als Schriftauslegung, München 1964, 106-119; DEICHGRÄBER, R., Gotteshymnus und Christushymnus in der frühen Christenheit, Göttingen 1967; HAHN, F., Christologische Hoheitstitel, Göttingen [4]1974; KRAMER, W., Christos Kyrios Gottessohn, Zürich/Stuttgart 1963; LOHSE, E., Märtyrer und Gottesknecht, Göttingen 1955; NEUFELD, V.M., The Earliest Christian Confessions, Leiden 1963; POPKES, W., Christus Traditus. Eine Untersuchung zum Begriff der Dahingabe im Neuen Testament, Zürich/Stuttgart 1967; SCHLIER, H., Die Anfänge des christlichen Credo, in: QD 51, Freiburg 1970, 13-58; WEGENAST, K., Das Verständnis der Tradition bei Paulus und den Deuteropaulinen, Neukirchen 1962; WENGST, K., Christologische Formeln und Lieder des Urchristentums, Gütersloh 1972.

2.1. Vorbemerkung

Paulus hat längere Zeit dem Leitungsgremium der Antiochenischen Gemeinde angehört. Doch war Antiochien nicht seine erste christliche Heimat. Zuvor gehörte er der Gemeinde von Damaskus an. Hier empfing er Taufe und Bekenntnis, vermutlich in der von den Jerusalemer "Hellenisten" geprägten Form. Diese wurde aber auch in Antiochien durch die dorthin gekommenen "Hellenisten" vertreten. Paulus hat sie aufgenommen, er verwendet sie bei seiner Missionspredigt (vgl. 1 Kor 15,1ff), er zitiert und kommentiert sie in seinen Briefen (vgl. Röm 3,24-26a). Aber nicht nur hier, immer wieder zeigt der Stil seiner Briefe, daß er Überlieferung zitiert oder zur Grundlage seiner eigenen Reflexion macht. Die Briefe des Paulus sind für uns die wichtigste Quelle der "vorpaulinischen", insbesondere antiochenischen Überlieferung. Aber auch die Briefe aus der paulinischen Schule sowie der erste Petrusbrief müssen dazu herangezogen werden. In diesem Zusammenhang ist aber zu bedenken, daß Paulus selbst bei der Ausbildung solcher Bekenntnisformeln beteiligt gewesen sein könnte. Insofern darf nur eingeschränkt von "vorpaulinischen" Formeln gesprochen werden. Damit ist nur gesagt, daß eine bestimmte bekenntnishafte Formulierung vor Abfassung des entsprechenden Paulusbriefes, in dem sie begegnet, bereits als geprägte Formel dem Apostel bekannt war. Sie muß nicht schon vor der Bekehrung des Paulus entwickelt oder gar bereits in Jerusalem verwendet worden sein. Paulus kann sogar ihr "Mitautor" gewesen sein.

In diesem Zusammenhang sollen die wichtigsten Indizien und Kriterien genannt werden, mit deren Hilfe geprägte, formelhafte Überlieferung in den paulinischen und nachpaulinischen Briefen erkannt und rekonstruiert werden kann.[1]

1. Deutlichstes Kriterium für geprägte Überlieferung sind Zitationsformeln oder andere unmittelbare Hinweise des Autors, mit denen er eine Überlieferung oder ein Bekenntnis als solche einführt (vgl. z.B. 1 Kor 11,23a; 15,1-3a; Röm 10,9; Eph 5,14; 1 Tim 1,15).
2. Geprägte Überlieferung kann auch daran erkannt werden, daß ein Text oder Textstück aus seinem Kontext durch Formelhaftigkeit oder poetische Stilelemente (rhythmische Gliederung; strophischer Aufbau; Parallelismus membrorum; Relativ- oder Partizipialstil) heraustritt (vgl. z.B. Röm 4,25; Phil 2,5-11; 1 Kor 15,3-5).
3. Auch eine Terminologie, die von der üblichen des Verfassers abweicht, kann auf geprägte Überlieferung hinweisen (vgl. z.B. in 1 Kor 15,3f: Pluralbildungen "Sünden"/"Schriften"; in Röm 1,3f: "aus dem Samen Davids"; in Röm 3,25: ἱλαστήριον).
4. Gleiches gilt für theologische oder christologische Vorstellungen, die dem Verfasser sonst fremd sind (vgl. zu Nr. 3).
5. Geprägte Überlieferung kann dann leicht erkannt werden, wenn dieselbe oder leicht abgewandelte Wendung oder Aussage bei verschiedenen Autoren des NT vorkommt (vgl. z.B. Röm 1,3f/ 2 Tim 2,8; Mk 10,45b/1 Tim 2,6a; Apg 4,10/Röm 10,9 u.a.).
6. "Gedanken, die über den Zusammenhang auffällig hinausgehen und besonders streng und geschlossen formuliert sind" (Dibelius), verweisen auf die Übernahme von Tradition (vgl. z.B. Phil 2,6-11: für den Zweck des Paulus hätten 2,6-8 genügt; 1 Kor 15,3-5: die Todesaussage wäre im Zusammenhang nicht nötig).
7. Auch grammatische Unkorrektheiten und auffällige stilistische Härten können auf die Verwendung von geprägter Überlieferung verweisen (vgl. z.B. 1 Tim 3,16: μυστήριον, ὅς ...; Röm 3,24).
8. Je gehäufter diese Indizien und Kriterien an einer Textstelle anzutreffen sind, um so sicherer kann auf Traditionsverwendung geschlossen werden.

2.2. Glaubensformeln

In Röm 10,9 unterscheidet Paulus zwei Akte des gläubigen Christen, die sich in unserem Verständnis weitgehend übereinandergeschoben haben. Den einen Akt bezeichnet er als "mit dem Munde bekennen" (ὁμολογεῖν) den anderen "im Herzen glauben" (πιστεύειν). Das Bekenntnis bezieht sich auf die Person Jesu: "Jesus ist der Herr", der Glaube auf die vergangene Tat Gottes: "Gott hat Jesus von den Toten auferweckt".

Wir sprechen oft unreflektiert vom "Glaubens-Bekenntnis". Dabei sind wir in Gefahr zu vergessen, daß ein Bekenntnis eine personale Beziehung begründet. Statt dessen werden "Glaubensinhalte" zum Gegenstand des Bekenntnisses erhoben. Für Paulus aber war das Bekenntnis zu Jesus als dem Herrn seines Lebens und der Welt das Primäre. Zum Bekenntnis traten die "Glaubensinhalte" hinzu, die das Bekenntnis deuten und begründen sollten.

Paulus und die frühe Antiochenische Gemeinde haben die Unterscheidung dieser beiden Akte auch bei der Ausbildung geprägter Formeln durchgehalten. Wir können zwei Formeltypen unterscheiden, die "Homologie" (dazu unter 5.) und die "Glaubensformel".
In Röm 10,9b zitiert Paulus eine geprägte Glaubensformel. Schon die einleitende Wendung weist darauf hin:

> Wenn du in deinem Herzen glaubst:
> Gott hat ihn (Jesus) auferweckt von den Toten.

---

[1] Zu den methodischen Problemen vgl. neben der zu Kap. VI.1 und XIV aufgeführten Literatur: BALZ, H.R., Methodische Probleme der neutestamentlichen Christologie, Neukirchen 1967; v.CAMPENHAUSEN, H., Das Bekenntnis im Urchristentum: ZNW 63 (1972) 210-253; DIBELIUS, M., Zur Formgeschichte des Neuen Testaments (außerhalb der Evangelien): ThR NF (1931) 207-242; KÄSEMANN, E., Konsequente Traditionsgeschichte?: ZThK 62 (1965) 137-152; LEHMANN, K., Auferweckt am dritten Tag nach der Schrift, Freiburg 1968, 31-67; RESE, M., Formeln und Lieder im Neuen Testament: VF 15 (1970) 75-95; SEEBERG, A., Der Katechismus der Urchristenheit, München 1966.

Dieser "Glaubenssatz" hat zahlreiche Parallelen in der neutestamentlichen Briefliteratur. Sie beweisen, daß Paulus hier in geprägter Sprache redet (vgl. 1 Thess 1,10b; 1 Kor 6,14; 15,15.20; 2 Tim 2,8; Röm 6,9; 7,4). Als partizipiale Gottesprädikation ist dieser "Glaubenssatz" offenbar schon früh in die urchristliche Gebetssprache eingegangen (vgl. Röm 4,24; 8,11; 2 Kor 4,14; Gal 1,1b; Eph 1,20; Kol 2,12; 1 Petr 1,21).
Die ursprüngliche Fassung der Auferweckungsformel lautete: ὁ θεὸς ἤγειρεν Ἰησοῦν ἐκ νεκρῶν. "Subjekt des Satzes ist Gott; das Verbum, immer im Aorist, charakterisiert das Heilsgeschehen als einmaliges Ereignis der Vergangenheit; meist wird die Auferweckung durch den Zusatz ἐκ νεκρῶν näher bestimmt; das Objekt heißt ursprünglich 'Jesus'." (Vielhauer 15) Der Satz stellt eine prägnante Zusammenfassung des ganzen christlichen Glaubens dar, wie auch die aus der Formel entwickelte Gottesprädikation beweist. "Der Glaube, daß Gott Jesus von den Toten erweckt hat, ist zugleich Glaube an den Gott, der Jesus von den Toten erweckt hat." (Vielhauer)
Da die Totenerweckung für die Endzeit erwartet wurde, sagt die Formel aus: Im Handeln Gottes an Jesus ist die Endzeit angebrochen. Paulus verwendet die Formel vorwiegend in soteriologischem Zusammenhang (vgl. Röm 4,24f; Röm 8,11; 1 Kor 6,14; 1 Kor 15,21ff). Daraus kann man schließen, daß die Aussage über Jesu Auferweckung immer einen soteriologischen Beiklang hatte: Gott wird auch die an Jesus Glaubenden von den Toten auferwecken.
Die Formel ist nicht in der hellenistisch-judenchristlichen Gemeinde entstanden. Sie stammt aus den Anfängen der Jerusalemer Gemeinde und stand dort ursprünglich in einem anderen Zusammenhang. Hier bildete sie das zweite Glied der "Kontrastformel" (s. Kap. II.1), die ihren "Sitz im Leben" in der Buß- und Umkehrpredigt der Jerusalemer Gemeinde für Israel hatte. In der Antiochenischen Gemeinde wurde die Auferweckungsaussage der "Kontrastformel" dann zu einer eigenen Glaubensformel verselbständigt. Als Kurzformel faßt sie nun den Glaubensinhalt der Christen zusammen. Damit hat sie auch einen neuen "Sitz im Leben" an sich gezogen, wohl die (Tauf-)Katechese.

In den Belegstellen zeigt sich, wie sehr Paulus die Auferweckungsformel variieren kann. Ihr "Wortlaut" ist somit lediglich eine hypothetische Konstruktion. Daraus ergibt sich, daß mit "Formel" hier nicht eine Art "Symbolum" oder "Praesymbolum" gemeint sein kann, wie es die spätere Christenheit in Auseinandersetzung mit Häretikern zu formulieren begann. In ihr und in den noch zu besprechenden "Glaubensformeln" drückt sich zwar der Glaube der christlichen Gemeinde aus, aber sie sind noch keine Glaubensdefinitionen oder Dogmen, wie sie die spätere Kirche ausgebildet hat.

Eine formelhafte Wendung zitiert Paulus auch in Röm 4,25. Das ist zuerst von R. Bultmann vermutet worden und wird heute nur noch selten bestritten.[1]

---

[1] Kramer (S. 26f) zweifelt daran, daß 4,25 als ganzer vorpaulinisch sei: V.25b sei eine paulinische Nachbildung von V.25a. In V.25a liege ein Formeltyp vor, wie er auch Röm 8,32; Gal 2,20; Eph 5,2.25 faßbar sei. Kramer nennt ihn "Sendungsformel": παραδιδόναι umfasse hier auch die Sendung des Gottessohnes (vgl. Joh 3,16.17).
Zahlreiche Autoren aber haben die Vermutung Bultmanns aufgegriffen und abgesichert. Folgende Gründe werden angeführt:
1. Röm 4,25 besteht aus einem strengen, kunstvollen Parallelismus membrorum. Seine beiden Teile sind gleich lang und bis in Einzelheiten hinein parallel. Sie bilden eine überlegte Antithese.
2. Der relativische Anschluß mit ὅς ist fester hymnischer Stil.
3. "Die Verben sind semitisch wie in 1 Tim 3,16 vorangestellt." (Käsemann)

Liegt die formelhafte Wendung in Röm 4,25 in ihrer ursprünglichen Fassung und vollständig vor? Beide Fragen lassen sich nur hypothetisch beantworten.
1. Paulus differenziert in Röm 5,1-21 sehr bewußt zwischen ἁμαρτία (5,12.13.20.21) und παράπτωμα (5,15.16.17.18.20). Mit παράπτωμα bezeichnet er die konkrete Übertretung, mit ἁμαρτία die "Sünde" als versklavende Macht. Auch 4,25 lautet: διὰ τὰ παραπτώματα. Diese Formulierung ist dem Sprachgebrauch in Röm 5 angepaßt: Gemeint sind in Röm 4,25 die konkreten Einzelübertretungen. Beachtet man aber, daß Paulus auch formelhafte Wendungen übernommen hat, die ausdrücklich vom Sterben bzw. der Hingabe Jesu "für unsere Sünden (ἁμαρτιῶν)" sprechen (vgl. 1 Kor 15,3; Gal 1,4; vgl. Röm 3,25), dann kann man fragen, ob er nicht in 4,25 im Blick auf Röm 5 ein ursprüngliches διὰ τὰς ἁμαρτίας ἡμῶν die jetzige Formulierung ersetzt hat. Ich halte das für wahrscheinlich. Dafür könnte sprechen, daß παρεδόθη διὰ τὰς ἁμαρτίας eine wörtliche Wiedergabe von Jes 53, 12c LXX wäre.
2. Ist der relativische Anschluß mit ὅς durch den paulinischen Kontext bedingt und hat an seiner Stelle ursprünglich ein Name oder Titel gestanden? Oder ist die Wendung Röm 4,25 Teil eines umfangreicheren hymnischen Stückes? Letzteres ist wahrscheinlicher. Es wird auch durch die rhythmische Stilisierung von 4,25 nahegelegt (vgl. 1 Tim 3,16). In dieser Frage ist keine Sicherheit zu gewinnen, aber sie muß bedacht werden, denn sie hat Auswirkungen auf die Auslegung. Liegt in Röm 4,25 ein Hymnusfragment vor, dann ist ein anderer "Sitz im Leben" anzunehmen, als wenn Röm 4,25 eine Glaubensformel ist.

Röm 4,25 besteht aus zwei Zeilen, die zusammen einen strengen Parallelismus bilden:

...ὅς παρεδόθη διὰ [τὰ παραπτώματα] ἡμῶν
καὶ ἠγέρθη διὰ τὴν δικαίωσιν ἡμῶν.

...der dahingegeben wurde wegen unserer [Übertretungen],
der auferweckt wurde um unserer Rechtfertigung willen.

Die beiden Verben umschreiben im Passiv das Handeln Gottes an Jesus: Gott hat Jesus "dahingegeben" und auferweckt (vgl. Röm 8,32; 10,9). "Dahingeben" hat hier einen streng theologischen Sinn. Dieser ergibt sich vor allem aus der Zuordnung der Sühneaussage. Bei Tod und Auferweckung Jesu hat es sich um Gottes Tat gehandelt. An beiden Ereignissen war Gott zu unserem Heil beteiligt.
Die Dahingabe Christi in den Tod durch Gott ist "wegen unserer Übertretungen" geschehen. Es liegt gedrängte Sprechweise vor. "Wegen unserer Übertretungen" besagt nicht, daß die Sünden der auslösende Grund für Christi Tod waren, sondern soll zum Ausdruck bringen, daß sein Tod die Sühne für unsere Sünden war und uns zugute kommt. Es schwingt also finales Verständnis mit. Auch die Auferweckung hat nicht nur Bedeutung für Jesus selbst, sondern ebenfalls für uns: "um unserer Rechtfertigung willen". Sie zielte auf unsere "Rechtfertigung". Diese Zuordnung von Jesu Auferweckung und unserer "Rechtfertigung" ist einmalig im NT. In der "Kontrastformel" war die Auferweckung noch

4. Die feierliche, liturgische Sprache von V.24c läßt auch für V.25 liturgische Sprechweise erwarten.
5. "Die erste Zeile (V.25a) ist im Kontext, der alles Gewicht auf das ἠγέρθη legt ..., nicht begründet" und darum überschüssig (Käsemann).
6. "Die Verbindung zwischen Christi Auferweckung und unserer Rechtfertigung (ist) singulär." (Käsemann)
7. Auch die Wortwahl in Röm 4,25 spricht für vorpaulinische Formulierung. Παραδιδοναι begegnet im selben Sinn wie hier auch in der vorpaulinischen Formel Röm 8,32 (vgl. 1 Kor 11,23). Statt διά mit Akk. verwendet Paulus sonst gewöhnlich ὑπέρ. Δικαίωσις findet sich bei Paulus nur noch Röm 5,18, der offenbar im Blick auf Röm 4,25 formuliert ist.
8. Paulus beendet mit der traditionellen Formulierung Röm 4,25 den ersten Teil seines Briefes, den er 1,3f ebenfalls mit einer Traditionsformel eingeleitet hat. Röm 4,25 gibt zugleich das Thema des folgenden Briefteils an. Diese betonte Stellung von Röm 4,25 läßt den Schluß auf traditionelle Formulierung zu, zumal Paulus auch sonst ganz bewußt geprägte Überlieferung in seine Argumentation einbaut.

die Rechtfertigung des Gekreuzigten (s. dazu Kap. II.1).

Wird in Röm 4,25 versucht, Tod und Auferweckung Jesu in ihrer Heilsbedeutung zu differenzieren? Kommt dem Tod Jesu ausschließlich zu, unsere Sünden zu sühnen, der Auferweckung aber, uns zu rechtfertigen? Oder muß man das Verhältnis beider Halbsätze zueinander rhetorisch auffassen und darauf verzichten, eine differenzierende Gedankenführung aus ihnen zu erheben? Will also der Satz Tod und Auferweckung als das eine Heilsgeschehen für uns deuten, so daß Kreuz und Auferweckung, aber auch Sühnung der Sünden und Rechtfertigung gar nicht voneinander getrennt werden können? Dafür spricht, daß tatsächlich innerhalb der paulinischen Theologie eine solche Trennung nicht zu finden ist. Dafür kann auch auf Röm 3,24f verwiesen werden, wo schon vorpaulinisch die Rechtfertigung mit dem Kreuzesgeschehen verbunden worden ist (s. dazu Kap. VI.3). Schließlich ist darauf zu verweisen, daß παρεδόθη/ἠγέρθη das Wirken Gottes betonen. Wie Tod und Auferweckung als Tat Gottes an Jesus nicht voneinander getrennt werden können, so auch nicht Sühne und Rechtfertigung als Tat Gottes an uns. Das Geschehen an uns ist aber dem Geschehen an Jesus zugeordnet: die Sühne unserer Sünden dem einmaligen Kreuzesgeschehen, die Rechtfertigung der Auferweckung, insofern diese ihre stets neue Aktualität aus der angebrochenen Herrschaft des Auferweckten gewinnt.
Fast allgemein wird heute angenommen, daß die erste Zeile von Röm 4,25 ein Zitat aus Jes 53,12 LXX (vgl. Jes 53,5 LXX) ist: διὰ τὰς ἁμαρτίας αὐτῶν παρεδόθη.[1] Doch ist zu vermuten, daß Jes 53 auch auf die zweite Zeile eingewirkt hat. In Jes 53,11 LXX findet sich ebenfalls der Rechtfertigungsgedanke, allerdings auf den Gottesknecht selbst angewendet. Röm 4,25 ist eine der frühesten Aussagen, die Jes 53 zur Deutung des Christusgeschehens herangezogen haben, allerdings ohne ausdrücklichen Hinweis auf das Schriftwort. Dieses wird also nicht als Argumentationshilfe für einen bereits gefaßten theologischen Gedanken benutzt, sondern es leitet selbst die theologische Durchdringung des Christusgeschehens an.

"Die theologische Aussage der Formel bewegt sich ganz im Rahmen von Sühne und Rechtfertigung." (Wengst 102) Der Stellvertretungsgedanke klingt, wenn überhaupt, nur in dem Maße an, wie er auch in Jes 53 vorliegt. Daß Christus anstelle der Sünder starb, ist höchstens mitgemeint. Im Vordergrund steht die Sühnopfervorstellung: Durch die Dahingabe Christi am Kreuz hat Gott unsere Sünden gesühnt (vgl. auch Röm 3,25). Die Auferweckung des Gekreuzigten zeigt an, daß diese Sühne wirksam war: Nun sind wir gerechtfertigt! So begründen die beiden entscheidenden Heilsakte Gottes an Jesus Christus die Rechtfertigung der Gemeinde.
Struktur, Vorstellungshintergrund und Zitat aus Jes 53 verweisen Röm 4,25 in eine judenchristliche Gemeinde. Weil Jes 53,12 aber in der LXX-Fassung aufgegriffen wurden, muß die Formel aus dem hellenistischen Judenchristentum stammen. Wenn wir das Fragment eines größeren hymnischen Stückes vor uns haben, dürfte dessen "Sitz im Leben" der Gemeindegottesdienst gewesen sein. Die Gemeinde blickt darin auf das ihre Gegenwart begründende Heilsgeschehen zurück. Denn das Schicksal Jesu in Kreuz und Auferweckung hatte nicht nur Bedeutung für ihn selbst, sondern ebenso für die Gemeinde. Tod und Auferweckung kommen ihr zugute. Ihr Geschick ist mit dem Jesu Christi verbunden.
In Röm 4,25 ist wie in Röm 3,25 die Vorstellung von der sühnenden Kraft des Opfers auf den Kreuzestod Jesu angewendet worden. Aber alle magischen Opfervorstellungen sind dadurch von vornherein abgewehrt, daß es auch hier Gott selbst ist, der Christus dahingegeben hat. Gott ist aber nicht als unter ir-

[1] Da παραπτώματα in 4,25a wahrscheinlich paulinisch ist, braucht nicht auf einen zugrundeliegenden Targumtext geschlossen zu werden. Ganz sicher liegt kein Zitat von Jes 53,5 Tg vor. Dort bezieht sich die Passage auf den Tempel, nicht auf den Gottesknecht; es liegt dort also überhaupt keine Sühneaussage vor (Wengst 100).

gendeinem "Gesetz" stehend gedacht, das die Hingabe Christi in den Tod gefordert hätte. Die Frage ist hier gar nicht, warum hat Gott im Kreuz gewirkt, sondern zu welchem Ziel: Welche Wirkung hat dieses Handeln Gottes für uns? "Sünde" wird hier allerdings ganz ernst genommen: Sie muß gesühnt werden. Doch auch in dieser Hinsicht geht es nicht darum, daß Gott in irgendeiner Weise zufriedengestellt werden müßte, sondern darum, wie die Realität "Sünde", die die Menschen zu "Ungerechten" und "Gottlosen" gemacht hat, von Gott beseitigt wurde. Die Opfervorstellung ist dann ein notwendiges Bild dafür, daß Gott die Sünde tatsächlich aufgehoben, beseitigt und weggeschafft hat. Der Mensch ist nun ein Gerechter.
Die streng parallele Gestaltung von Röm 4,25 rückt dieses Stück formal in die Nähe der "Kontrastformel" (Apg 4,10). Jedoch wird der Tod Jesu wie in Röm 3,24f auf Gottes sühnende Tat zurückgeführt. Die Tat Gottes an Jesus bewirkt hier wie dort die Vergebung der Sünden und damit die Rechtfertigung. Anders als in Röm 3,25 ist aber nicht Lev 16 der alttestamentliche Basistext, sondern Jes 53 (vgl. Apg 8,32f). Doch ist der Horizont des hier angesagten Heilsgeschehens wohl noch wie in Röm 3,24f das Bundesvolk Israel ("unsere Sünden"/ "unsere Rechtfertigung"). Wir haben also eine relativ frühe Überlieferung des hellenistischen Judenchristentums vor uns.

In Röm 8,32[1] findet sich die Wendung: "... sondern er hat ihn für uns alle dahingegeben" (ἀλλὰ ὑπὲρ ἡμῶν πάντων παρέδωκεν αὐτόν). Subjekt des Satzes ist Gott (vgl. 8,31), Objekt der in 8,32a genannte "eigene Sohn". Die Wendung ist mit Röm 4,25a verwandt. Sie unterscheidet sich von Röm 4,25 aber durch die aktivische Formulierung und durch die mit ὑπέρ gestaltete Heilsaussage. Ist Paulus auch hier von einer "Formel" abhängig?
Wichtigstes Argument dafür ist, daß sich Gal 1,4; 2,20; Eph 5,2.25 geprägte Wendungen finden, die ebenfalls von der "Dahingabe Christi für uns" sprechen (vgl. noch Mk 10,45; 1 Tim 2,6). Sie unterscheiden sich von Röm 8,32b aber dadurch, daß sie von der "Selbsthingabe Jesu Christi" sprechen. Demgegenüber ist Röm 8,32b ein ursprünglicherer Typ der Dahingabe-Aussage, in der Christus noch als Objekt des göttlichen Handelns erscheint.

Wie ist die Formel Röm 8,32 genauerhin abzugrenzen? Die entscheidende Frage ist, ob sie auch V.32a umfaßte. Dafür könnten das ὅς, der christologische Titel ἴδιος υἱός und die Tatsache sprechen, daß ἐφείσατο an Gen 22,16 (LXX) anklingt. Aber: "Das ὅς γε = quippe qui versichert, ist also nicht das hymnisch einleitende Relativ." (Käsemann, Röm 236) Den Anklang an Gen 22,16 (LXX) wird man eher Paulus selbst zuschreiben müssen, zumal φείδομαι außer Apg 20,29; 2 Petr 2,4.5 nur bei Paulus begegnet. So dürfte also nur in V.32b eine traditionelle Formulierung vorliegen. Welcher christologische Titel wird durch das αὐτόν ersetzt? Das ἴδιος υἱός von V.32a könnte darauf hinweisen, daß ursprünglich vielleicht in V.32b τὸν υἱόν gestanden hat, dann allerdings titular gebraucht (= Messias). Dafür könnte auch Gal 2,20 sprechen, wo innerhalb des Kontextes unerwartet der υἱός-Titel auftaucht. Die formelhaften Wendungen Eph 5,2.25 enthalten sogar den "Christus"-Titel. So bleibt die Frage unentscheidbar. In jedem Fall war wohl eine Messiastitulatur mit der "Dahingabe"-Aussage verbunden. Als Subjekt ist aus V. 31 noch "Gott" (vgl. Röm 3,25) zu ergänzen.

---

[1] v.d. OSTEN-SACKEN, P., Römer 8 als Beispiel paulinischer Soteriologie, Göttingen 1975; PAULSEN, H., Überlieferung und Auslegung in Röm 8, Neukirchen 1974, 332ff; SCHILLE, G., Die Liebe Gottes in Christus. Beobachtungen zu Röm 8,31-39: ZNW 59 (1968) 230-245; vgl. auch die Literatur zu Kap. XIV.2.

Als vorpaulinische Formulierung ergibt sich:

ὁ θεὸς χριστὸν (τὸν ἑαυτοῦ υἱὸν) ὑπὲρ ἡμῶν παρέδωκεν.

Die Formel, auch "Dahingabeformel" genannt, besteht aus vier theologisch relevanten Einzelelementen: 1) Gott ist Subjekt; 2) Christus (= "Sohn Gottes") ist Objekt des Handelns Gottes; 3) dieses Handeln bestand in der "Dahingabe" Christi in den Tod; 4) die Dahingabe bedeutet Sühne für uns.
Die gleichen Elemente finden sich auch in den traditionellen Wendungen Röm 4,25; 3,25. Hier ist die Sühneaussage aber nicht mehr mit διά (Jes 53 LXX) gebildet, sondern (erstmals?) mit ὑπέρ, das von nun an beherrschend wird. Der Rechtfertigungsgedanke von Röm 3,24; 4,25 fehlt hier, könnte aber im ὑπέρ mitschwingen. Röm 8,32b spiegelt eine gegenüber Röm 3,24f; 4,25 spätere Traditionsstufe, gehört aber noch eng mit Röm 3,24f; 4,25 zusammen.
Die theologische Aussage von Röm 8,32b liegt ebenfalls auf einer Linie mit Röm 4,25: Gott selbst hat Christus in den Tod dahingegeben "für uns", d.h. "zu unseren Gunsten", "zu unserem Heil". Das unerhörte, paradoxe Geschehen des Kreuzes begründet den Heilsstand der christlichen Gemeinde.
Haben wir schon Röm 3,24f; 4,25 der hellenistisch-judenchristlichen Gemeinde zugeschrieben, so muß dies für Röm 8,32b erst recht angenommen werden. Dieser Satz ist seiner Eigenart und seinem Duktus nach ein Glaubenssatz. So spricht die Gemeindekatechese.

Die Aussagen über die Selbsthingabe Christi stellen ein fortgeschritteneres Reflexionsstadium dar. Gleichwohl sind sie keine Nachbildungen oder Abwandlungen der älteren Formel Röm 8,32b durch Paulus, sondern haben ihm bei der Abfassung der Briefe bereits vorgelegen.
In Gal 1,4 findet sich eine Christusprädikation im Partizipialstil:

...der sich selbst für unsere Sünden (hin)gegeben hat.
...τοῦ δόντος ἑαυτὸν ὑπὲρ τῶν ἁμαρτιῶν ἡμῶν.

Daß eine geprägte Wendung vorliegt, zeigt sich an dem für Paulus ungewöhnlichen Plural "Sünden". Aber auch die Fortführung in V.4b spricht dafür. Paulus interpretiert die ihm vorgegebene Formel mit einer Aussage, die nicht ursprünglich mit ihr verbunden war.
Auch in Gal 2,20 begegnet die Selbsthingabe-Aussage als Prädikation:

... der mich geliebt und sich für mich dahingegeben hat.
...τοῦ ἀγαπήσαντός με καὶ παραδόντος ἑαυτὸν ὑπὲρ ἐμοῦ.

Paulus hat hier eine geprägte Wendung abgewandelt. Das zeigt schon das ὑπὲρ ἐμοῦ; ursprünglich muß ὑπὲρ ἡμῶν gestanden haben. Ist aber auch das τοῦ ἀγαπήσαντός με paulinisch? Dagegen spricht, daß diese Wendung nur hier und in Röm 8,37 (vgl. V.35) innerhalb der Paulusbriefe vorkommt und sich in Eph 5,2.25 ebenfalls in Verbindung mit der Selbsthingabe-Aussage findet.
Wenn wir danach fragen, welcher christologische Titel zur Selbsthingabeformel gehörte, so muß Eph 5,2.25 herangezogen werden. Hier begegenet sie im Aussagesatz:

Christus hat euch geliebt und sich selbst für uns dahingegeben.
ὁ χριστὸς ἠγάπησεν ὑμᾶς καὶ παρέδωκεν ἑαυτὸν ὑπὲρ ἡμῶν.

Auffällig ist der Wechsel von der zweiten in die erste Person Plural. Nur ὑμᾶς paßt zum paränetischen Kontext. Der Briefschreiber fällt mit ἡμῶν (unbewußt?) wieder in die Formulierung der Formel zurück. Mit der Aussage über die Selbsthingabe ist hier der Christus-Titel verbunden.

Wir stellen fest: Die Selbsthingabe-Formel begegnet als Partizipial-Prädikation (Gal 1,4; 2,20) und als Aussage-Satz (Eph 5,2.25). Mit dem Aussage-Satz ist der Christus-Titel verbunden. Die Partizipial-Prädikationen führen dagegen keinen Titel mit sich. Inhaltlich lassen sich zwei Fassungen unterscheiden:
1. ὁ δόντος ἑαυτὸν ὑπὲρ τῶν ἁμαρτιῶν ἡμῶν (Gal 1,4).
2. ὁ χριστὸς ἠγάπησεν ἡμᾶς καὶ παρέδωκεν ἑαυτὸν ὑπὲρ ἡμῶν (Eph 5,2.25; Gal 2,20).
Die erste Fassung steht traditionsgeschichtlich den Dahingabe-Aussagen nahe (Röm 4,25; 8,32b) und ist von der Sühnevorstellung bestimmt. In der zweiten Fassung tritt wegen des Liebesmotivs der Stellvertretungsgedanke stärker hervor.

In der Selbsthingabeformel ist nicht mehr Gott Subjekt, sondern Christus. Sein Sterben wird als seine eigene, aus Liebe zu uns gewirkte Tat gesehen. Wir stehen bei den Selbsthingabe-Aussagen daher vor einem sehr bedeutsamen Umbruch in den neutestamentlichen Deutungen des Kreuzes Jesu. Das Denken der Gemeinde wird zunehmend von der Christologie bestimmt. Wichtige Aussagen und Formeln werden nun von Christus her formuliert.
Die Selbsthingabe-Aussagen sind in der hellenistisch-judenchristlichen Gemeinde entwickelt worden. Die erste Fassung hat ihren "Sitz im Leben" in der Gebetssprache des Gottesdienstes. Auch für die zweite Fassung dürfte als "Sitz im Leben" der Gottesdienst anzunehmen sein. Die versammelte Gemeinde reflektiert den Kreuzestod als Tat der Liebe Christi für sie, d.h. anstelle der Sünder.

Wir finden auch formelhafte Aussagen, die vom "Sterben (ἀποθνήσκειν) Christi" sprechen. In ihnen ist nicht Gott Subjekt, sondern wie in den Selbsthingabe-Aussagen Christus selbst. Sie stellen darum eine jüngere Traditionsstufe dar.
Mehrere Gründe sprechen dafür, daß Paulus in Röm 5,8 mit der Wendung "Christus starb für uns" (χριστὸς ὑπὲρ ἡμῶν ἀπέθανεν) eine formelhafte Wendung, auch "Sterbensformel" genannt, aufgenommen hat:

1. Wichtigster Grund ist, daß die Aussage in ihren wesentlichen Bestandteilen öfter bei Paulus vorkommt, also einen formelhaften Eindruck macht. Entsprechend dem Kontext wird sie jeweils von Paulus variiert (vgl. Röm 5,6; 14,15; 1 Kor 8,11) oder als Prädikation formuliert (1 Thess 5,10). Anklänge liegen noch vor in Gal 2,21; 2 Kor 5,14. An all diesen Stellen finden sich der Titel χριστός, das Verb ἀπέθανεν und eine soteriologische Aussage, zumeist mit ὑπέρ (διά m. Akk. vgl. 1 Kor 8,11; περί vgl. 1 Thess 5,10; ἐσταυρώθη vgl. 1 Kor 1,13). Diese Elemente bilden somit offensichtlich den ursprünglichen Bestand der Formel. In Röm 5,8 liegt sie vollständig vor.
2. "Die Tatsache, daß die Sterbensaussage in der oben herausgestellten Form im corpus paulinum nur an einer einzigen Stelle, nämlich 1 Kor 15,3... in einer größeren Formel steht, sonst aber immer alleine erscheint, spricht dafür, daß sie auch eine selbständige Formel bildete." (Wengst 79)
3. Auch in 1 Kor 15,3 findet sich die Sterbensaussage, aber in leichter Variation (ὑπὲρ τῶν ἁμαρτιῶν ἡμῶν) und Erweiterung (κατὰ τὰς γραφάς). Das spricht dafür, daß die Fassung Röm 5,8 gegenüber 1 Kor 15,3 selbständig und vielleicht sogar ursprünglicher ist. "Vorstellungsmäßig läßt ὑπὲρ ἡμῶν offen, ob an Stellvertretung oder Sühne gedacht ist; wird mittels des Begriffs der ἁμαρτίαι interpretiert, so ist klar das Sühnopfer gemeint." (Kramer 22)

4. Die Sterbensaussage steht in einer gewissen Spannung zum unmittelbaren Kontext, insofern im Vordersatz Gott Subjekt ist, in der Sterbensaussage aber Christus.

"Es ist klar, daß es sich bei der Sterbensformel um eine Deutung des Todes Christi handelt. Das in der Vergangenheit geschehene Sterben Christi war weder ein schicksalhaftes Ereignis noch nur ein notwendiges Durchgangsstadium zur Herrlichkeit oder lediglich schriftgemäß, sondern es hatte einen in ihm selbst liegenden positiven Sinn." (Wengst 79f) Dieser wird mit ὑπὲρ ἡμῶν zum Ausdruck gebracht. Auch hier wird also wie in den Dahingabe- und Selbsthingabeformeln der Tod Christi als "stellvertretender Sühnetod" verstanden. Allerdings tritt der Sühnegedanke merklich zurück (anders in 1 Kor 15,3: ὑπὲρ τῶν ἁμαρτιῶν ἡμῶν). Gemeint ist offenbar, daß Christus "statt unserer", "uns zugute", zu unserer Rettung gestorben ist. An ein Sühnopfer durch ihn ist hier nicht gedacht. Im Hintergrund steht die dem Griechentum geläufige Vorstellung vom "Sterben für jemanden"[1] bzw. "für eine Gemeinschaft", die auch vom hellenistischen Judentum aufgenommen worden ist.[2]
Die Sterbensformel ist im hellenistischen Judenchristentum entstanden. Mit ihr ist der Titel "Christos" fest verbunden. Die bereits in der Passionsgeschichte vollzogene christliche Umwertung der jüdischen Messiaserwartung wird hier durchgehalten (s. dazu Kap VI.3). Der Vergleich mit der Selbsthingabeformel ergibt, daß die Sterbensformel traditionsgeschichtlich jünger als andere Deutungen des Todes Jesu ist, die wir kennengelernt haben. Dies wird vor allem darin erkennbar, daß in ihr nicht Gott der Handelnde ist, sondern Christus selbst. Er "gibt sich hin" bzw. "stirbt für uns". Da die Formel den Charakter eines Lehrsatzes hat, dürfte ihr "Sitz im Leben" in der Katechese gewesen sein.
Die Gemeinde, die diese Formel prägte, blickt auf das "Sterben Christi" als das entscheidende Heilsereignis zurück. Sie weiß, daß dieser Tod "um unseretwillen" geschehen ist. Christus ist "an unserer Stelle" gestorben und hat so unsere Rettung gewirkt. Die Gemeinde verdankt ihre gegenwärtige und zukünftige Existenz allein der Tat des Christus.

3. Das erste "Credo": 1 Kor 15,3-5

Literatur: BLANK, J., Paulus und Jesus, München 1968, 133-169; CONZELMANN, H., Zur Analyse der Bekenntnisformel 1 Kor 15,3-5, in: Ders., Theologie als Schriftauslegung. München 1974, 131-141; HAHN, F., Christologische Hoheitstitel, Göttingen [4]1974, 197-211; JEREMIAS, J., Παῖς (θεοῦ) im Neuen Testament, in: Ders., Abba. Studien zur neutestamentlichen Theologie und Zeitgeschichte, Göttingen 1966, 191-216, bes. 199f; DERS., Die Abendmahlsworte Jesu, Göttingen [4]1967, 95-97; KÄSEMANN, E., Konsequente Traditionsgeschichte: ZThK 62 (1965) 137-152; KREMER, J., Das älteste Zeugnis von der Auferstehung Christi, Stuttgart [3]1970; LEHMANN, K., Auferweckt am dritten Tag nach der Schrift, Freiburg 1968; LOHSE, E., Märtyrer und Gottesknecht, Göttingen 1955, 145f; ROLOFF, J., Apostolat - Verkündigung - Kirche, Gütersloh 1965, 46f; SCHWEIZER, E., Erniedrigung und Erhöhung bei Jesus und seinen Nachfolgern, Zürich [2]1962, 89; SEEBERG, A., Der Katechismus der Urchristenheit, München 1966 (1903); THYEN, H., Studien zur Sündenvergebung, Göttingen 1970, 152ff; WEGENAST, K., Das Verständnis der Tradition bei Paulus und den Deuteropaulinen, Neukirchen 1962, 52ff; WILCKENS,

[1] Thukydides II,43; Plato, Symp. 179a-e; Epiktet, Diss II 7,3; Philostrat, Vit Apol VII 12f.

[2] 2 Makk 6,28; 7,37f; 4 Makk 6,27ff; 17,21f.

U., Der Ursprung der Überlieferung der Erscheinungen des Auferstandenen, in: FS E. Schlink, Göttingen 1963, 56-96, bes. 73f; ZIMMERMANN, H., Jesus Christus. Geschichte und Verkündigung, Stuttgart 1973; vgl. auch die Literatur zu Kap. VI und XIV.2.

Schon A. Seeberg hat erkannt und nachgewiesen, daß Paulus in 1 Kor 15,3ff eine vorgegebene Glaubensformel zitiert. Dafür sprechen folgende Gründe:

1. Paulus selbst weist in 1 Kor 15,1-3 darauf hin, daß er den Korinthern geprägte und bekannte Überlieferung ins Gedächtnis ruft (γνωρίζω δὲ ὑμῖν), die er selbst bereits "empfangen" (ὃ καὶ παρέλαβον), seiner Missionspredigt in Korinth zugrunde gelegt (τίνι λόγῳ εὐηγγελισάμην ὑμῖν) und den dort gewonnenen Gläubigen "übergeben" hat (παρέδωκα γὰρ ὑμῖν ἐν πρώτοις).
2. Im Kontext argumentiert Paulus lediglich mit der Auferweckung Jesu (15,4). Die Tatsachen des Heilstodes Jesu ὑπὲρ τῶν ἁμαρτιῶν ἡμῶν κατὰ τὰς γραφάς und seines Begräbnisses spielen dort keine Rolle. Daß Paulus diese Aussagen dennoch anführt, beweist, daß er von einer geprägten Formulierung abhängig ist.
3. Es finden sich zahlreiche unpaulinische Ausdrücke (der Plural ἁμαρτίαι; κατὰ τὰς γραφάς; ὤφθη; das Perfekt ἐγήγερθαι; οἱ δώδεκα). Untypisch für Paulus sind das artikellose χριστός, die Erwähnung des Begräbnisses Jesu und die Angabe τῇ ἡμέρᾳ τῇ τρίτῃ.
4. Die kunstvolle Struktur von 1 Kor 15,3ff weist auf geprägte, formelhafe Überlieferung hin. Zumindest V.3b/4a und V.4b/5 sind parallel gestaltet und bilden zusammen einen jeweils mit ὅτι eingeleiteten Vierzeiler.
Die Schlußfolgerung, daß Paulus in 1 Kor 15,3ff eine geprägte Formel zitiert, wird heute allgemein anerkannt. Daß der Wortlaut der Formel in V.3b beginnt, ist unbestreitbar; ob sie ursprünglich eine eigene Einleitung besaß, die Paulus gestrichen hat, muß offenbleiben. Das viermalige ὅτι spricht dafür. Auch über das Ende der vorpaulinischen Formel herrscht heute Einigkeit. Die einheitliche Struktur der Sätze geht nur bis V.5. In V.6b.8 liegen persönliche Bemerkungen des Apostels vor. Umstritten ist, ob Paulus V.6a.7 schon mit der Formel verbunden vorgefunden oder selbst angefügt hat. Auch wenn ersteres zutrifft, müssen V.6a.7 als sekundäre Zusätze beurteilt werden. Die ursprüngliche Formel endete also in V.5.[1]

Die von Paulus zitierte Formel hatte folgenden Wortlaut:

> ὅτι χριστὸς ἀπέθανεν ὑπὲρ τῶν ἁμαρτιῶν ἡμῶν κατὰ τὰς γραφὰς,
> καὶ ὅτι ἐτάφη,
> καὶ ὅτι ἐγήγερται τῇ ἡμέρᾳ τῇ τρίτῃ κατὰ τὰς γραφὰς,
> καὶ ὅτι ὤφθη Κηφᾷ, εἶτα τοῖς δώδεκα.
>
> Christus starb für unsere Sünden gemäß den Schriften
> und wurde begraben
> und wurde auferweckt am dritten Tag gemäß den Schriften
> und wurde sichtbar gemacht dem Kephas, danach den Zwölfen.

Das artikellose χριστός in V.3b hat viele Rätsel aufgegeben. Ist hier χριστός noch Titel oder bereits Eigenname? Mag letzteres auch als naheliegend erscheinen, so spricht doch mehr für die erste Annahme.
Auch Röm 5,8 (s.o.) begegnete titular gebrauchtes χριστός ohne Artikel (vgl. Röm 14,9). Der Messias-Titel ist fest in der ursprünglichen Passionsgeschichte

---

[1] Die Einheitlichkeit der Formel ist von U. Wilckens (73f) in Zweifel gezogen worden. Er nimmt an, daß es sich in 1 Kor 15,3ff um eine Zusammenstellung ursprünglich verschiedenen Einzelgutes handelt. "Untrügliches Anzeichen dafür ist das in jedem Glied wiederholte (ὅτι) recitativum". Diese These scheitert aber schon daran, daß ὅτι ἐτάφη in V.4a unmöglich als "Einzelgut" überliefert worden sein kann. Ebensowenig dürfte die Erscheinungsaussage V.5 einmal unabhängig von der Auferweckungsaussage überliefert worden sein. Daß Paulus die Formel in der jetzt vorliegenden Gestalt vorgefunden hat, ist also nicht zu bezweifeln. Eine andere Frage ist, ob die in 1 Kor 15,3-5 vorliegende Formel traditionsgeschichtliche Vorstufen hatte, also die Endstufe einer Entwicklung darstellt (s.u.).

verankert (vgl. Mk 14,61f; 15,2.26.32.39; s. dazu Kap. VI.3). Ihre Absicht ist es, den Gekreuzigten als Messias zu erweisen. Hier hat die feste Verbindung des Messias-Titels mit der Sterbens-Aussage ihren Ursprung. Es spricht also alles dafür, daß in 1 Kor 15,3 χριστός als Titel verwendet ist und das Paradoxon formuliert werden soll: "Der Messias ist gestorben!"
Auch der Aorist ἀπέθανεν zeigt die traditionsgeschichtliche Nähe von 1 Kor 15,3 zur Sterbensformel Röm 5,8 an, ebenso die damit verbundene soteriologische Explikation. Sie ist allerdings gegenüber Röm 5,8 variiert: ὑπὲρ τῶν ἁμαρτιῶν ἡμῶν. Mit W. Kramer ist zu urteilen, daß diese Fassung gegenüber dem einfachen ὑπὲρ ἡμῶν eine Erweiterung darstellt und darum traditionsgeschichtlich jünger ist. In 1 Kor 15,3 wird dem Sterben des Messias eindeutig eine sühnende Wirkung "für unsere Sünden" zugeschrieben (vgl. Röm 3,25; 4,25).
Liegt in ὑπὲρ τῶν ἁμαρτιῶν ἡμῶν ein Anklang an Jes 53 LXX vor? Besonders ein Grund spricht dafür, daß in 1 Kor 15,3 auf Jes 53,4.5.12 Bezug genommen wird: Auch in Röm 4,25 wird Jes 53 LXX zitiert (s. dazu Abschn. 2). 1 Kor 15,3ff dürfte aber traditionsgeschichtlich jünger sein als Röm 4,25. Dann war Jes 53 LXX längst in die christologische Reflexion einbezogen, bevor 1 Kor 15,3ff endgültig formuliert wurde.
Eine andere Frage ist, ob κατὰ τὰς γραφάς ausdrücklicher Hinweis auf Jes 53 ist. Dagegen spricht der Plural τὰς γραφάς sowie die Wiederholung dieser Wendung in V.4b. Sicher ist auch an Jes 53 gedacht, wenn diese Stelle auf die Formulierung eingewirkt hat. Die wichtigere Frage aber ist, ob κατὰ τὰς γραφάς die Bedeutung des Todes Christi als schriftgemäß erweisen soll oder das Faktum des Todes überhaupt. Richtig ist wohl, κατὰ τὰς γραφάς auf den gesamten vorausgehenden Satz zu beziehen. Das Sterben des Christus und seine Sühnewirkung entsprechen den "Schriften".

F. Hahn weist zu Recht darauf hin, daß der ausdrückliche Bezug auf die Schrift in 1 Kor 15,3ff etwas Neues ist. Die bisher besprochenen Formeln sprechen zwar im Horizont der Schrift (vgl. Röm 3,25; 4,25; 8,32), kennen aber keinen ausdrücklichen Schriftverweis. Es kreuzen sich in 1 Kor 15,3 also die soteriologische und die heilsgeschichtliche Deutung des Todes Jesu. Letztere ist uns bisher in Mk 8,31 und vor allem in der ältesten Passionsgeschichte begegnet (s. dazu Kap. VI.3). Auch hier fehlte zwar ein ausdrücklicher Schriftverweis, doch waren die Schriftanspielungen, die den Messias Jesus als "leidenden Gerechten" ausweisen, durchaus so zu verstehen. In diesen alten heilsgeschichtlichen Deutungen dürfte das κατὰ τὰς γραφάς traditionsgeschichtlich seine Wurzeln haben. Wie schon im artikellosen χριστός begegnet uns hier zum zweiten Mal ein Reflex der alten Passionsgeschichte. 1 Kor 15,3 stellt aber eine jüngere Traditionsstufe dar. Nun wird der Schriftverweis ausdrücklich gemacht und neben ihm auch die soteriologische Deutung des Todes Jesu herangezogen. Diese fehlte in der Passionsgeschichte und ist erst in der hellenistisch-judenchristlichen Gemeinde ausgebildet worden. Die Verbindung von heilsgeschichtlicher und soteriologischer Deutung des Todes Jesu geht also auf die Gemeinde der hellenistischen Judenchristen zurück.

Dadurch ist nun auch das καὶ ὅτι ἐτάφη am ungezwungensten zu erklären. Die Grablegungsgeschichte Mk 15,42-47 bildete in ihrem Grundbestand den ursprünglichen Abschluß der Passionsgeschichte. Dieser erneute Rückgriff auf die Passionsgeschichte zeigt das Interesse von 1 Kor 15,3ff an den Fakten, wie nun auch aus V.4 und V.5 hervorgeht.
Auf die Auferweckungs- und Erscheinungsaussage braucht hier nur beiläufig eingegangen zu werden. Ἐγήγερται ist nicht wie die anderen Verben (vgl. ἀπέθανεν; ἐτάφη; ὤφθη) Aorist, sondern Perfekt. Der Auferweckte lebt nun als

der Erhöhte. Durch das τῇ ἡμέρᾳ τῇ τρίτῃ wird aber die Einmaligkeit des Ereignisses betont. Das Passiv ist Umschreibung für Gottes Handeln. Auch hier ist κατὰ τὰς γραφάς auf den gesamten Satz zu beziehen, also auf die Auferweckungsaussage und auf die Formulierung "am dritten Tag". Insofern kann der Schriftbeweis nicht nur auf Hos 6,2 LXX zielen.
Wie die Sterbensaussage in 1 Kor 15,3 hat auch die Auferweckungsaussage 15,4 traditionsgeschichtlich ältere Parallelen (vgl. Röm 10,9b; 1 Thess 1,10b; vgl. Röm 8,11; Gal 1,1; Apg 4,10). Charakteristisch für sie ist, daß Gott Subjekt der Aussage ist. Erst spät wird Jesus Christus selbst zum Subjekt der Auferstehungsaussage (vgl. Mk 8,31). Eine Zwischenstufe bilden wohl die Passivformulierungen mit ἐγείρεσθαι, in denen dem grammatischen Subjekt Christus Rechnung getragen wird, Gott aber logisches Subjekt bleibt (Röm 4,25; Mk 16,6). Hierher gehört auch 1 Kor 15,4b. Die spezifische Formulierung 1 Kor 15,4b dürfte entstanden sein, als die traditionelle Auferweckungsaussage mit der Sterbensformel (Röm 5,8) zusammengestellt wurde. Nun trat "Christos" an die Spitze der gesamten Formel, und die zweite Zeile wurde dementsprechend passivisch formuliert.

1 Kor 15,3-5 hat sich uns als bewußte Verschmelzung ursprünglich eigenständiger christologischer Formeln mit Elementen der ältesten Passionsgeschichte erwiesen. Dann kann aber 1 Kor 15,3-5 nicht alt sein, sondern muß jünger sein als die bisher behandelten Formeln, die Kreuz und Auferweckung Jesu als Heilsereignis deuten, jünger auch als die ursprüngliche Passionsgeschichte. Absicht der Formel ist wohl, die vielfältigen Deutekategorien, die in der Urgemeinde in einer längeren Reflexionsphase ausgebildet worden waren, zusammenzufassen und einheitlich zu formulieren. Gleichwohl ist sie sehr alt. Paulus hat sie bereits als geprägte Tradition "übernommen" und den Korinthern "überliefert" (1 Kor 15,1f).

Mit der Frage nach dem Alter hängt die nach der Herkunft der Formel eng zusammen. Ob sie in der aramäisch-sprechenden oder in der hellenistisch-judenchristlichen Gemeinde entstanden ist, ist bis heute heftig umstritten. Gegen W. Heitmüller, W. Bousset und M. Dibelius, die die Auffassung vertraten, 1 Kor 15,3ff weise in die hellenistische Gemeinde, hat J. Jeremias geltend gemacht: "Es liegen, wenn auch keine strikten Beweise, so doch Anzeichen vor, die dafür sprechen, daß das Bekenntnis Übersetzung eines semitischen Urtextes ist. Die Sprache ist jedenfalls ein stark semitisierendes Griechisch".[1] J. Jeremias fordert zu Recht, bei der Bestimmung der Herkunft der

[1] Abendmahlsworte 96f; als Gründe führt er an: 1. Die Struktur der Formel im synthetischen Parallelismus; 2. das viermalige ὅτι; 3. das Fehlen aller Partikel außer καί; 4. die Umschreibung des Gottesnamens durch das Passiv; 5. die aramäische Namensform Κηφᾶς; 6. die Nachstellung der Ordinalzahl in τῇ ἡμέρᾳ τῇ τρίτῃ; 7. das Wort ὤφθη (statt ἐφάνη!); 8. die Einführung des logischen Subjekts im Dativ (Κηφᾷ) nach Passiv (statt ὑπό m. Gen.); 9. die Unabhängigkeit von Jes 53 LXX.

"Aus alledem ergibt sich mit Sicherheit, daß das Kerygma... judenchristlichen Ursprungs ist; wahrscheinlich stammt es aus der aramäisch redenden ältesten Gemeinde." Dieser Ansicht von Jeremias folgen Lohse, Hahn, Klappert, Roloff, u.a. Conzelmann hat die Gründe von Jeremias eingehend geprüft und kommt zu dem Ergebnis, daß sie nicht beweisen können, daß in 1 Kor 15,3-5 ein aramäischer Urtext zugrunde liegt. Es handele sich vielmehr lediglich um Semitismen, die als Einwirkung der Sprache der LXX zu erklären seien. Außerdem hätten das κατὰ τὰς γραφάς und das artikellose χριστός kein semitisches Äquivalent. "Die ursprüngliche Sprache ist die griechische!" Unter dem Eindruck dieser Argumente hat Jeremias seine Auffassung modifiziert: "Ob die Formel Übersetzung eines semitischen Urtextes ist, ist mir wegen des κατὰ τὰς γραφάς und des artikellosen χριστός nicht mehr sicher. Fest steht, daß sie judenchristlichen Ursprungs ist"(in: Abba 199 A.393).

Formel das semitische Sprachkolorit zu beachten: Die Formel verweist in judenchristliches Milieu. Aber die Semitismen zwingen nicht, die Entstehung der Formel in der aramäisch-sprechenden Urgemeinde anzunehmen. Eher kommt dafür das hellenistische Judenchristentum in Frage. Dahin weist vor allem die soteriologische ὑπέρ-Aussage, die erst im hellenistischen Judenchristentum entwickelt worden ist. Zudem setzt die Vorgeschichte der einzelnen Elemente der Formel 1 Kor 15,3ff einen längeren Entstehungsprozeß voraus. Sie dürfte erst in Antiochien entstanden sein. Hier hat Paulus sie kennengelernt.

Die Aussage der Formel als Ganzes und ihrer einzelnen Elemente ist also nicht eigentlich originell. Ihre Besonderheit ist wie gesagt, daß sie urchristliche Formeln, die das Christusereignis deuten, miteinander kombiniert und zusammenfaßt. Diese Beobachtung führt zu der Frage nach der Gattung der Formel. Dabei ist sowohl auf den Kontext als auch auf die inhaltliche Struktur zu achten. Paulus erinnert die Korinther daran, daß er ihnen die Formel ἐν πρώτοις "überliefert" hat, als erstes und vornehmstes Lehrstück, als einen "Grundtext der Verkündigung" (W. Kramer). Der lehrhafte Charakter der Verkündigungsformel zeigt sich auch bei der Betrachtung ihres Inhalts. "Die Formel zeichnet sich durch äußerste Prägnanz aus. Sie ist im wesentlichen nichts anderes als ein beinahe pragmatisch nüchterner Geschichtsbericht, der geschichtliche Fakten aufzählt und deutet." (Deichgräber 110) Hymnischer Stil ist ihr fremd. Sie will aufzählen und argumentieren. "Das alles besagt zusammengefaßt, daß es hier nicht eigentlich um Homologie, sondern um Mitteilung, weniger um Bekundung als um Begründung des Glaubens geht. Konstitutive Tradition gibt der Gemeinde jene Gewißheit, von der auch der Lukasprolog spricht und die 'gelernt' werden kann." (E. Käsemann) 1 Kor 15,3-5 ist also als missionarische bzw. katechetische Verkündigungsformel zu bestimmen, in der die Grunddaten der christlichen Predigt zusammengefaßt worden sind. Ihr "Sitz im Leben" ist die Mission bzw. die Gemeindeunterweisung.[1]
Das Sterben Jesu wurde erstmals in der Antiochenischen Gemeinde als stellvertretender Sühnetod gedeutet. Die Antiochener stehen damit in der Nachfolge der Jerusalemer "Hellenisten", deren soteriologische Interpretation des Todes Jesu sie aufgriffen. Diese hatten das Kreuzesgeschehen als eschatologisches Sühn- und Bundesopfer verstanden, durch das Gott die Sünden des Bundesvolkes Israel endgültig vergeben und den Bund endzeitlich erneuert hatte (Röm 3,24f; 1 Kor 11,23f). In ihren Kreisen ist wohl auch schon Jes 52,13-53,12 christologisch interpretiert worden (vgl. Apg 8,32f). Die "Entdeckung" dieses im AT einzigartigen Textes für die Christologie führte nun in der Gemeinde von Antiochien offenbar schrittweise zur weiteren Ausformung einer soteriologischen Anschauung vom Tod Jesu. Der Gedanke einer stellvertretenden Sühne durch Christus, den Gott "für unsere Sünden dahingegeben" hat (Röm 4,25; 8,32), tritt nun hinzu. Zugleich wird aus Jes 52,13-53,12 der Gedanke des universalen Heilstodes Christi "für die Vielen" entwickelt. Unmittelbar greifbar wird dieser erst in wahrscheinlich jüngeren Formulierungen (Mk 10,45c; 14,24), doch könnte er in den oben besprochenen Glaubensformeln schon mitschwingen (ὑπὲρ ἡμῶν/ὑπὲρ τῶν ἁμαρτιῶν ἡμῶν), insofern in den "wir" auch Heidenchristen

---

[1] Anklänge an die Verkündigungsformel 1 Kor 15,3-5 finden sich noch Röm 8,34a; 14,9; 2 Kor 15,15c; 1 Thess 4,14a. Auch hinter Röm 6,3-9 könnte sie stehen. Sie hat also für Paulus große Bedeutung und Verbindlichkeit gehabt.

eingeschlossen waren. Daß mindestens Paulus die Aussagen in diesem Sinne interpretiert hat, ist evident. Neben Jes 53 hat aber auch das durch das hellenistische Judentum vermittelte griechische Ideal eines "stellvertretenden Sterbens" auf die christologische Reflexion der Antiochenischen Gemeinde eingewirkt. Dies dürfte vor allem dort der Fall gewesen sein, wo Christus selbst Subjekt der Aussagen wird, also in den geprägten Wendungen von der liebenden Selbsthingabe Christi (Gal 1,4; 2,20) und von seinem stellvertretenden Sterben (Röm 5,8; 1 Kor 15,3).

4. Weitere Überlieferungen

4.1. Die Sendungsformel

Literatur: BUEHNER, J.-A., Der Gesandte und sein Weg im 4. Evangelium, Tübingen 1977; MERKLEIN, H., Zur Entstehung der urchristlichen Aussage vom präexistenten Sohn Gottes, in: QD 87, Freiburg 1979, 33-62, bes. 43ff; v.d. OSTEN-SACKEN, P., Römer 8 als Beispiel paulinischer Soteriologie, Göttingen 1975, 128ff.144ff; PAULSEN, H., Überlieferung und Auslegung in Röm 8, Neukirchen 1974, 40ff; SCHWEIZER, E., Zum religionsgeschichtlichen Hintergrund der "Sendungsformel" Gal 4,4f, Röm 8,3f, Joh 3,16f, 1 Joh 4,9, in: Ders., Beiträge zur Theologie des Neuen Testaments, Zürich 1970, 83-95; DERS., Zur Herkunft der Präexistenzvorstellung bei Paulus, in: Ders., Neotestamentica, Zürich 1963, 105-109; ZELLER, D., Die Menschenwerdung des Sohnes Gottes im Neuen Testament und die antike Religionsgeschichte, in: Ders. (Hg), Menschenwerdung Gottes - Vergöttlichung von Menschen, Freiburg (Schweiz)/Göttingen 1988, 141-176; vgl. auch die Literatur zu Kap. VI.4 und XIV.2.

Wir haben oben (Kap. VI.4) dargestellt, daß die "Hellenisten" in Jerusalem bereits über die Präexistenz Jesu nachgedacht haben. Die Anfänge dieser Reflexion sind in den Sophia-Logien zu greifen (Mt 11,19; Lk 11,49; 13,34f). Jesus spricht hier als die präexistente göttliche "Weisheit". Wahrscheinlich stellte die Menschensohnvorstellung die Brücke dar, um die Weisheitsprädikate auf Jesus zu übertragen. Aus Weisheitsspekulation und Menschensohnvorstellung zusammen erwuchsen weitere christologische Reflexionen. Sie verdichteten sich in dem Titel "der Sohn", dem die Gottesprädikation "der Vater" entspricht (Mt 11,27; Mk 13,32). Wird hier die Präexistenz des "Sohnes" auch nicht direkt ausgesagt, so ist sie doch vorausgesetzt, insofern "der Sohn" der alleinige Offenbarer "des Vaters" (Mt 11,27) und somit den Engeln überlegen ist (Mk 13,32). War der Gedanke der Präexistenz Jesu erst einmal gedacht, so stellte sich die Frage nach der irdischen Existenz des Präexistenten und vor allem danach, wie er in diese gelangt war. Die älteste christologische Reflexion (Röm 1,3f) brauchte diese Frage nicht zu stellen. Ihr reichte die Aussage, der Davidnachkomme Jesus sei seit Auferstehung von den Toten zum endzeitlichen himmlischen Messias eingesetzt worden. Ganz anders aber lag die Sache, wenn Jesu Präexistenz vorausgesetzt wurde. Dann mußte "der Sohn" durch einen besonderen Akt aus seiner himmlischen Existenz in die irdische versetzt worden sein.

Eine erste Andeutung in dieser Richtung fanden wir im "Winzergleichnis" Mk 12,1-9 (s. dazu Kap. VI.4). Dort heißt es in V.6: "er hatte nur noch einen, den geliebten Sohn. Ihn sandte er (ἀπέστειλεν) zuletzt zu ihnen...". Die Sendung "des Sohnes" schließt zwar die Reihe der übrigen Sendungen ab, sie ist aber eine besondere Sendung, insofern "der Sohn" aus der unmittelbaren Verbindung mit Gott herkommt. Während vom "Menschensohn" nur ein endzeitliches In-Erscheinung-Treten erwartet wird, findet sich in der Weisheitstradition neben der Aussage über die vergebliche Suche der "Weisheit" nach einer Bleibe auf Erden (äthHen 42,1-2) auch der Hinweis auf eine Sendung der "Weisheit" durch Gott (Weish 9,10-17: ἐξαποστέλλειν/πέμπειν). Diese Aussage greift die alttestamentlichen Sendungsaussagen auf: Gott sendet Propheten und Engel, aber auch sein Wort (Ps [LXX] 106,20; 147,4.7; Jub 1,22; Weish 18,15f) und seinen Geist (Weish 9,17). Wo der Gesandte ein himmlisches präexistentes Wesen oder eine göttliche Kraft ist, umfaßt die Sendungsaussage natürlich den Gedanken des "Herabsteigens aus dem Himmel" und der "Rückkehr zu Gott".

Wurde also die Präexistenz Jesu gedacht und sein Erscheinen auf Erden als "Sendung" verstanden, so mußte ein Gedanke noch hinzutreten, sollte nicht Jesu irdische Existenz "aus dem Samen Davids" (Röm 1,3) geleugnet werden: der Gedanke der Inkarnation. Der präexistente himmlische "Sohn" wird ein Mensch.

In Gal 4,4f finden wir eine christologische Formel, die "Sendungsformel", die diese Gedanken der Reihe nach enthält:

> Als aber die Fülle der Zeit kam,
> sandte (ἐξαπέστειλεν) Gott seinen Sohn,
> geboren (γενόμενον ἐκ) aus einer Frau,
> [gestellt (γενόμενον ὑπό) unter das Gesetz,
> damit (ἵνα) er die unter dem Gesetz loskaufe,]
> damit (ἵνα) wir die Sohnschaft empfangen.

Da der Finalsatz "damit wir die Sohnschaft empfangen" von Paulus im Kontext weiter ausgewertet und interpretiert wird, könnte seine jetzige Formulierung auf ihn zurückgehen, zumal in Joh 3,17 und 1 Joh 4,9 die Heilsbedeutsamkeit der Sendung des Sohnes anders expliziert wird (vgl. auch Röm 8,3f). Es ist erwogen worden, ob die mit der "Sendungsformel" verbundene finale Heilsaussage überhaupt fixiert und nicht vielmehr offen war für den jeweiligen Predigtkontext (so H. Paulsen). Sicher scheint nur zu sein, daß die "Sendungsformel" in einen Finalsatz mündete, der die Heilsbedeutung der Sendung ansagte.

Die Präexistenz des "Sohnes" wird in der "Sendungsformel" nicht ausgesprochen, aber selbstverständlich vorausgesetzt. Die Inkarnation ist nicht betont. Sie ist nicht Ziel der "Sendung", sondern durch sie realisiert sich der Eintritt des Präexistenten in die irdische Existenz. Das Ziel der "Sendung" ist in einem soteriologischen Finalsatz ausgesagt. Der stellvertretende Sühnetod Christi wird also mitbedacht. Die Formulierung: "Gott sandte seinen Sohn" läßt somit die andere Formulierung: "Gott gab Christus dahin" im Lichte der Präexistenzvorstellung mitschwingen.

Obwohl die alte Jerusalemer Christustradition Röm 1,3f (s. dazu Kap. VI.2) eine ganz anders strukturierte Christologie vertritt, kann doch gefragt werden, ob die "Sendungsformel" nicht bewußt an diese Überlieferung anknüpft und sie weiterführen will. Darauf könnte die Inkarnationsaussage hinweisen. Paulus selbst hat Röm 1,3f im Lichte der Präexistenzchristologie verstanden hat. Für ihn ist Röm 1,3 eine Aussage über die Inkarnation des präexistenten Gottessohnes. So ist denkbar, daß auch die Antiochenische Gemeinde diese alte christologische Formel ohne Schwierigkeiten mit der Präexistenzvorstellung verbinden konnte. Wenn die Formel Röm 1,3f mit der Taufe in Verbindung stand, weil in der Taufe sich "Geistempfang und Adoption auch für den Christen... verbanden, das Christusgeschehen also geradezu als Modell dafür erscheint" (E. Käsemann), dann könnte die "Sendungsformel" Gal 4,4f gerade diesen Gedanken aufgreifen, insofern sie in dem Finalsatz "damit wir die Sohnschaft empfangen" die ursprünglich auf Jesus bezogene Aussage (Röm 1,4) explizit auf die Christen anwendet.

4.2. Parusieverkündigung

Die "Hellenisten" haben auch die Erwartung der Parusie des "Menschensohnes" nach Antiochien mitgebracht. Diese in Jerusalem ausgebildete und vielleicht früheste christologische Anschauung wurde auch in Antiochien geteilt. Sie war wie die Eschatologie überhaupt dem griechisch-hellenistischen Denken eigentlich fremd und wurde durch die christlichen Missionare vermittelt. Sie war wohl regelrechter Lehrinhalt der Missionsverkündigung (vgl. 1 Thess 1,9f; s. dazu Kap. VI.2). Heidenchristen verwendeten den gottesdienstlichen Ruf: "maranatha" (1 Kor 16,22). Auch in Antiochien dürfte er verwendet worden sein. Er kennzeichnet die eschatologische Stimmung, in der auch hier die Mahlfeiern stattfanden (1 Kor 11,26).
In diesem Zusammenhang ist nun auch 1 Thess 4,16f zu behandeln. Paulus führt hier in apokalyptischer Belehrung tröstend aus, wie sich die Rettung der zu Christus Gehörenden bei der Parusie vollziehen wird. Er macht selbst darauf aufmerksam, daß er ein "Wort des Herrn" zitiert (4,15.18). Genauer Umfang und Inhalt der zitierten "Miniaturapokalypse" (Vielhauer), die wohl auf ein urchristliches Prophetenwort zurückgeht, sind nur annähernd auszumachen, da Paulus die Tradition auf die in Thessalonich aufgeworfenen Gemeindefragen hin ausrichtet. Wegen der Todesfälle ist die Gemeinde in Sorge, daß die bereits gestorbenen Christen bei der Parusie gegenüber den noch lebenden im Nachteil sind. Die Toten erleben die Ankunft des Kyrios nicht mit, wenn sie erst nach der Parusie auferweckt werden. Paulus korrigiert diese Auffassung: Zuerst (πρῶτον) werden die in Christus Entschlafenen auferweckt, danach (ἔπειτα) und gemeinsam (ἅμα) werden alle zur Begegnung mit dem Kommenden entrückt. Löst man diese situationsbedingte Interpretation aus 1 Thess 4,16f heraus, so könnte das Überlieferungsstück folgenden Wortlaut gehabt haben:

> Beim Befehlsruf, beim Ruf des Erzengels
> und beim Schall der Posaune Gottes
> wird der Herr aus den Himmeln herabsteigen, [und die Toten werden auferstehen][1]
> die Übriggelassenen werden hinweggerissen werden
> mit den Wolken zur Begegnung mit dem Herrn in den Lüften.
> (Rekonstruktion: Lüdemann 247ff)

Sämtliche Motive und Vorstellungen dieser kleinen "Apokalypse" entstammen der Apokalyptik, von wo sie in die urchristliche Tradition eingeflossen sind. Eine direkte Abhängigkeit von jüdisch-apokalyptischen Schriften ist aber nicht anzunehmen. Das Stück steht vielmehr im Überlieferungszusammenhang urchristlicher apokalyptischer Anschauungen. So wird hier wie in Mk 13,24ff die Gerichtsvorstellung nicht ausdrücklich aufgegriffen. Nur der Gedanke der Rettung der Gemeinde bei der Parusie wird betont (vgl. Mk 13,27). Als Folie

---

[1] Fraglich muß allerdings bleiben, ob der Gedanke der Auferstehung der Toten ursprünglich mit dem Traditionsstück verbunden war. Paulus könnte ihn eingefügt haben. Die Vorstellung der Auferstehung der Toten wird sonst weder in jüdischer noch in christlicher Apokalyptik mit der Ankunft des "Menschensohnes" verbunden. Auch in 1 Thess 1,10 hat erst Paulus die Auferweckungsaussage mit einer geprägten Parusiewendung verbunden. Vielleicht wollte er damit die soteriologische Aussage 4,16f wie so oft christologisch begründen. Beim Fehlen der Auferstehungsaussage in der Tradition von 1 Thess 4,16f ergäbe sich formal eine bessere Entsprechung zwischen V.16 und V.17. In der ersten Zeile wird dann das "Herabkommen" des Kyrios vom Himmel, in der zweiten die "Entrückung" der Gemeinde mit den Wolken zur Begegnung mit dem Kyrios in den Lüften beschrieben.

dürfte die Gerichtsvorstellung allerdings sehr wohl im Hintergrund stehen. Aber die "Geretteten" sind dem Gericht enthoben (vgl. 1 Thess 1,10). Sie kommen gar nicht ins Gericht.
Ob mit dem Traditionsstück von jeher der Kyrios-Titel verbunden war, bleibt unsicher. Doch ist dies dann wahrscheinlich, wenn die Überlieferung im Raum des hellenistischen Judenchristentums ausgebildet worden ist.
Das von Paulus in 1 Thess 4,16ff aufgenommene Traditionsstück kann als apokalyptischer Prophetenspruch aus der hellenistisch-judenchristlichen Gemeinde charakterisiert werden. Er gehört eng mit 1 Thess 1,10 zusammen und zeigt an, daß auch hier die Naherwartung der rettenden Parusie wachblieb und als christliche Haltung auch den Heidenchristen vermittelt wurde.

5. Die "Kyrios Jesus"-Akklamationen

5.1. Der Kyriostitel

Literatur: BOUSSET, W., Kyrios Christos. Göttingen ^{4}1967, 83-101; BULTMANN, R., Theologie des Neuen Testaments, Tübingen ^{9}1984, 127-137; CULLMANN, O., Die Christologie des Neuen Testamentes, Tübingen ^{5}1975, 200-244; FITZMYER, J.A., Der semitische Hintergrund des neutestamentlichen Kyriostitels, in: FS H. Conzelmann, Tübingen 1975, 267-298; HAHN, F., Christologische Hoheitstitel, Göttingen ^{4}1974, 67-132; HENGEL, M., Der Sohn Gottes, Tübingen ^{2}1977; KRAMER, W., Christos Kyrios Gottessohn, Zürich/Stuttgart 1963, 61-67.91-95; NORDEN, A., Agnostos theos. Untersuchungen zur Formengeschichte religiöser Rede, Darmstadt ^{5}1971; PETERSON, E., Εἷς Θεός. Epigraphische, formgeschichtliche und religionsgeschichtliche Untersuchungen, Göttingen 1926; SCHULZ, S., Maranatha und Kyrios Jesus: ZNW 53 (1962) 125-144; VIELHAUER, Ph., Ein Weg zur neutestamentlichen Christologie, in: Ders., Aufsätze zum Neuen Testament, München 1965, bes. 147-175; vgl. auch die Literatur zu Kap. VI und XIV.2.

Der Gebetsruf "maranatha" war noch in den heidenchristlichen Gemeinden des Paulus in Gebrauch (1 Kor 16,22). Auch in Antiochien ist er verwendet worden als Anrufung des im Himmel bereitstehenden Jesus (s. dazu Kap. V.2). Der Gedanke der Erhöhung Jesu ist darin vorausgesetzt. Die "Hellenisten" haben noch in Jerusalem den Erhöhungsgedanken durch Ps 110,1 expliziert. Sie dürften auch das aramäische "mari" bzw. "marana" durch "Kyrie" bzw. "Kyrie Jesus" wiedergegeben haben (vgl. Apg 7,59f).
Doch war mit der Übersetzung von "mari" bzw. "marana" ins Griechische erst ein kleiner Schritt hin zur Kyrios-Christologie getan. Eine Anrede ist noch kein Titel, wie die Beibehaltung des Gebetsrufes "maranatha" beweist. Umgekehrt waren die frühen christologischen Titel "Menschensohn" oder "Messias" als Anrede an Jesus nicht geeignet, ebensowenig "Weisheit"/Logos bzw. "der Sohn". So kann ein Auseinanderfallen der christologischen Titel und der Anrede des so Bezeichneten im Gottesdienst gar nicht verwundern. Trat nun im hellenistischen Judenchristentum der Kyrios-Titel zur Anrede "Kyrie" hinzu, so war damit die Diskrepanz zwischen christologischer Titulatur und gottesdienstlicher Anrede des Erhöhten grundsätzlich aufgehoben. Doch ist die Bezeichnung Jesu mit dem Titel "Kyrios" nicht aufgrund solcher Erwägungen erfolgt.

Freilich ergab sich eine gewisse Notwendigkeit für neue christologische Titel. Denn die alten Titel verloren im Bereich der hellenistischen Welt an Ausdruckskraft und Bedeutung. So hat die weitergehende christologische Reflexion in der Folgezeit faktisch eine Entwertung der alten Messiaschristologie mit sich gebracht. Der Messiastitel war im Lichte des Kreuzesgeschehens total umgedeutet worden. Er konnte die neuen christologischen Inhalte nicht fassen. Vor allem die Vorstellung der Präexistenz und "Sendung" Jesu, etwas später auch die der Schöpfungsmittlerschaft, überstiegen die Messiaserwartung und waren ihr grundsätzlich fremd, so daß ihre Verschmelzung mit dem Messiastitel auch im Urchristentum undenkbar war. In solchen Kontexten hatten bereits die "Hellenisten" den Titel "der Sohn" geprägt. Hinzu kam, daß die Messiaserwartung von Haus aus eine national-jüdische Heilserwartung war und der Titel Messias/Christos im heidnischen Raum keinen religiösen Klang besaß. Er war für die beginnende Heidenmission wenig geeignet.

Zwar blieb der "Christos"-Titel auch im hellenistischen Judenchristentum noch eine Zeitlang in Gebrauch. Er haftete insbesondere an den geprägten Formeln über den stellvertretenden Sühnetod (vgl. Röm 5,8; 1 Kor 15,3ff). Mehr und mehr aber wurde er in der nichtjüdischen Umwelt der Antiochenischen Gemeinde als Eigenname verstanden, zumal er mit dem häufigen Sklavennamen "Chrestos" leicht zu verwechseln war.
Eine wichtige Rolle bei der allmählichen Zurückdrängung des "Messias/Christos"-Titels hat Ps 110,1 gespielt. In dem Überlieferungsstück Mk 12,35ff, das wir den "Hellenisten" zugeordnet haben, wird aus der ersten Zeile des Psalms: "Der HERR sprach zu meinem Herrn" ausdrücklich das Ungenügen des Messiastitels ("Sohn Davids") erschlossen. Doch zeigt dieses Stück auch, daß sich der Titel "Kyrios" offenbar noch nicht allgemein durchgesetzt hatte (s. dazu Kap. VIII).

Wie und unter welchen Voraussetzungen hat sich nun die Entwicklung von der Anrede "Kyrie" zum Titel "Kyrios" vollzogen? Ob schon der irdische Jesus mit der höflichen Anrede "mari" angesprochen und als "der Herr" bezeichnet worden ist, bleibt unsicher. Aus vorösterlichem Sprachgebrauch kann jedenfalls der christologische Kyriostitel nicht abgeleitet werden.
Dagegen hat allerdings der Gebetsruf "maranatha" für unsere Frage erhebliche Bedeutung. Freilich zeigt die Anrede "marana" keine eigenständige christologische Vorstellung an. Mit ihr wird der Erhöhte angesprochen, gleichgültig welcher Titel auf ihn angewendet wird. Entsprechend dürften auch die "Hellenisten" den erhöhten Jesus im Gebet ganz selbstverständlich mit "Kyrie" angesprochen haben, ob sie nun seine Heilsbedeutung mit Hilfe jüdischer Sophiaspekulationen oder mit apokalyptischen Vorstellungen zum Ausdruck brachten.
Die Anrede "Kyrie" war aus mehreren Gründen geeignet, sich zum absolut gebrauchten und ausschließlichen christologischen Titel "der Herr" weiterzuentwickeln. Dieser erscheint in Parusieaussagen (1 Thess 4,16f; Phil 3,20) und ersetzt hier den alten, griechischem Sprachgefühl widersprechenden Titel "Menschensohn" (Mk 13,24ff), der im Bereich des hellenistischen Judenchristentums schon vorher auch gegen den Titel "der Sohn" getauscht worden war (1 Thess 1,10). Dagegen war im aramäischen Judenchristentum die Gebetsanrede "mari" bzw. "marana" nicht im gleichen Maße zur titularen Verwendung geeignet, zumal hier keine Notwendigkeit bestand, die alten, aus jüdischer Heilserwartung übernommenen Titel Messias bzw. "Menschensohn" auszutauschen.
Welche Faktoren haben dafür gesorgt, daß im Raum des hellenistischen Christentums - auch jüdischer Provenienz - "Kyrios" zum beherrschenden christologischen Titel wurde? Früher hat man gemeint, der christologische Titel "Kyrios" sei durch die Septuaginta veranlaßt worden. Sie habe mit "Kyrios" den hebräischen Gottesnamen Jahwe ersetzt, der bereits in vorchristlicher Zeit bei der gottesdienstlichen Lesung nicht mehr ausgesprochen, sondern als Adonaj gelesen wurde. Die griechisch-sprechenden Christen hätten dann den Gottesnamen der Septuaginta "Kyrios" einfach auf Jesus übertragen. Aber diese Erklärung beruht auf falschen Voraussetzungen. Eine Identifizierung Jesu mit Jahwe wird

ja im NT mit dem Titel "Kyrios" nie intendiert. Vielmehr bleibt der "Kyrios" Jesus stets von Gott klar unterschieden (vgl. 1 Kor 8,6). Sodann ist die Voraussetzung durchweg falsch, die Septuaginta habe den Gottesnamen Jahwe durch "Kyrios" ersetzt. Dies trifft nur für Handschriften christlicher Abschreiber zu. Dagegen steht fest, daß in mehreren griechischen Übersetzungen des AT, die von Juden benutzt wurden, der hebräische Gottesname einfach als Tetragramm beibehalten oder als ΙΑΩ transkribiert oder mit griechischen Buchstaben ΠΙΠΙ (= יהוה) dargestellt wurde. Gleichwohl ist damit ein Einfluß der Septuaginta auf die rasche Verbreitung und inhaltliche Füllung des christologischen Kyriostitels noch keineswegs widerlegt.
Ein wichtiger Umstand spricht immer noch dafür. Neutestamentliche Septuagintazitate bieten durchweg für Gott den Titel "Kyrios". Konnten aber die neutestamentlichen Schriftsteller bereits auf christliche Septuagintaabschriften zurückgreifen? Das ist unwahrscheinlich. Es gilt vielmehr umgekehrt, daß spätere christliche Septuagintaabschriften dadurch beeinflußt sind, daß in alttestamentlichen Zitaten des NT stets "Kyrios" für Gott steht. Wie aber ist die Zitationsweise im NT zu erklären, wenn doch die benutzten Septuagintaausgaben die Gottesbezeichnung "Kyrios" noch nicht enthielten?
Nun wird man ohnehin nicht annehmen dürfen, die neutestamentlichen Autoren hätten für ihre Zitate jeweils ein Exemplar der Septuaginta zur Verfügung gehabt. Vielfach dürften sie aus dem Gedächtnis oder aus christlichen "Florilegien", also Sammlungen christologisch relevanter Textstellen des AT zitiert haben. Die Gottesbezeichnung "Kyrios" könnte dann den in den Synagogen griechisch-sprechender Juden üblichen Sprachgebrauch spiegeln. Denn man muß sich ja nur fragen, wie denn ein hellenistischer Jude die im Septuagintatext vorgefundenen Zeichen für den Gottesnamen, sei es das Tetragramm in hebräischen oder griechischen Buchstaben, sei es dessen Transkription, wohl ausgesprochen hat, wenn er den Text rezitierte. Dann kommt man zu der Vermutung, daß in der synagogalen Lesung des hellenistischen Judentums anstelle dieser Schriftzeichen ὁ κύριος oder κύριος ὁ θεός gesprochen wurde. Dies ist um so wahrscheinlicher, als auch im aramäisch-sprechenden Judentum der absolut gebrauchte Gottestitel "mare" ("der Herr") nachweisbar ist. Eine mündliche Verwendung des Titels "Kyrios" für Gott in der Diasporasynagoge könnte somit von der aramäischen Gottesbezeichnung "mare" beeinflußt sein.
Trotzdem ist der christologische Titel "Kyrios" wohl nicht allein dadurch entstanden, daß hellenistische Judenchristen den Gottestitel "Kyrios" einfach auf Jesus übertrugen. Schon für den Gebetsruf "maranatha" kann ja keine unmittelbare Übertragung des singulären Gottestitels "mare" angenommen werden. Im Gebetsruf ist die Anredeform verwendet, nicht der absolut gebrauchte Titel. Erst ganz allmählich und viel behutsamer dürften Aussagen, die in der Septuaginta von Gott gemacht wurden, auf den "Kyrios" Jesus übertragen worden sein, ohne daß dieser damit jedoch an die Stelle Gottes trat.
Ein zweiter Faktor darf deshalb nicht unterschätzt werden, der die Tatsache förderte, daß sich der Kyriostitel in den hellenistischen Gemeinden so schnell durchgesetzt und andere Christustitulaturen bis auf den mächtig wirksamen Sohnestitel verdrängt hat. Er liegt in der religiösen Umwelt der Antiochenischen und der syrischen Gemeinden. In den orientalischen Religionen und vor allem in Syrien wurden die ursprünglich in Lokalkulten verehrten Gottheiten

"Kyrios/Kyria" genannt. Sie galten als "Herren/Herrinnen" der Landschaft oder des Ortes, in denen sie verehrt wurden. In neutestamentlicher Zeit, als sich ihre Verehrung nicht mehr auf Volksstämme oder Bevölkerungsgruppen beschränkte, wurden sie zu "Herren" ihrer Gläubigen, die sich zu Kultgemeinschaften zusammenschlossen. Nicht die "Staatsgötter" des griechisch-römischen Götterhimmels wurden "Kyrios/Kyria" genannt, sondern gerade die lokalen und privaten Kultgottheiten, denen sich der einzelne Gläubige unterstellte. Die in Antiochien beginnende Heidenmission brachte die urchristlichen Missionare vielfach mit solchen Gottheiten, den ihnen zugeschriebenen Heilsgaben und ihren Gläubigen in Berührung. Diesen "Herren/Herrinnen" stellte die Missionspredigt den einen "Kyrios" Jesus entgegen (1 Kor 8,6).

Mit W. Bousset sehen viele Forscher allein darin den Ursprung des christologischen Titels "Kyrios". Nach ihnen geht mit der Übernahme des Kyriostitels aus den heidnischen Kulten Syriens eine Veränderung der gesamten Christologie einher. Die frühe apokalyptisch geprägte Christologie, die Jesus als den kommenden "Menschensohn" erwartete, wurde dadurch zu einer kultisch geprägten Christologie verwandelt, die Jesus als gegenwärtig herrschenden "Kyrios" verehrte. Aus der eschatologischen Gemeinde wurde eine Kultgemeinde.
Aus unserer Darstellung geht jedoch hervor, daß damit die differenzierte Entwicklung der urchristlichen Christologie nicht adäquat erfaßt wird. Schon die frühe Urgemeinde hat ja mit Hilfe der Erhöhungsvorstellung die gegenwärtige, himmlische Vollmachtstellung Jesu ausgesagt und ihn im Gebet angerufen. Umgekehrt haben auch die heidenchristlichen Gemeinden die Parusie des "Kyrios" erwartet und in der Haltung der Naherwartung gelebt. Zudem muß bedacht werden, daß es in jedem Fall hellenistische Judenchristen waren, die den Kyriostitel in die christologische Reflexion einführten, selbst wenn dieser Titel einzig aus hellenistischen Kulten abzuleiten wäre. Denn es ist doch historisch schlechterdings undenkbar, daß neugewonnene Heidenchristen in Antiochien oder in den übrigen abhängigen Gemeinden Syriens schon früh eine derartige theologische Konpetenz gewinnen konnten, um diese gravierende Umbildung der Christologie durchzusetzen. Judenchristliche Heidenmissionare aber konnten den Kyriostitel wegen seiner Bedeutung für die Heidenmission aufgreifen und urgieren. Er entsprach durchaus der bereits ausgebildeten Erhöhungsvorstellung, die auch in der Gebetsanrede "marana"/"Kyrie" zum Ausdruck kam. Eine grundsätzliche Umprägung der Christologie liegt also keineswegs vor.

5.2. "Kyrios"-Akklamationen

In 1 Kor 1,2 bezeichnet Paulus die Christen als solche, "die den Namen unseres Herrn Jesus Christus anrufen" (vgl. 2 Tim 2,22; Apg 9,14; 22,16). Wer in diese Anrufung einstimmt, wird gerettet (vgl. Röm 10,10ff). Paulus hat die gottesdienstlichen Versammlungen der christlichen Gemeinden vor Augen, in denen die Christen gemeinsam "Kyrios Jesus" ausriefen.
Paulus zitiert den Akklamationsruf in Röm 10,9 und 1 Kor 12,3. In diesen Ruf kann niemand einstimmen, der nicht vom Heiligen Geist geführt ist (1 Kor 12,3). Auch in dem Christuslied Phil 2,6-11 wird dieser Ruf bezeugt in der Form "Kyrios Jesus Christos". Er ist dort mit einem kultischen Kniefall verbunden (V.10f). Alle "Mächte" des Kosmos stimmen in ihn ein.
Der Akklamationsruf "Kyrios Jesus" kann verstanden werden als Antwort auf die Frage: "Wer ist der Herr?" Er wäre dann ein exklusives Bekenntnis: "Herr ist Jesus!" Jesus der "Kyrios" steht dann gegen die anderen "Herren", die in der Umwelt der Gemeinde verehrt wurden. Dann müßte der Ruf aus den frühen heidenchristlichen Gemeinden stammen. Sein Hintergrund wäre der polytheistische Kult in Syrien. Dagegen spricht aber, daß Paulus wie selbstverständlich voraussetzt, daß Juden und Heiden in diesen Ruf gemeinsam einstimmen müssen, um gerettet zu werden. Auch Phil 2,11 fügt sich diesem Verständnis nicht

ein, weil in diesem Christuslied der Akklamationsruf "Kyrios Jesus Christos" die Anerkennung des in der Erhöhung und himmlischen Inthronisation durch Gott gipfelnden Weges Jesu zum Ausdruck bringt: Gott hat Jesus zum "Kyrios" gemacht. Hier antwortet also der Akklamationsruf auf die Frage: "Wer ist Jesus?" Er ist der "Kyrios"!
So wird man annehmen müssen, daß der Akklamationsruf "Kyrios Jesus" in den gemischten Gemeinden von Antiochien und Syrien verwendet wurde. Juden- und Heidenchristen riefen so gemeinsam Jesus als ihren Herrn an. Daß für beide Gemeindegruppen in dem Ruf Verschiedenes mitschwingen konnte, ist selbstverständlich. Für ehemalige Heiden, die sich von den alten Göttern und "Herren" abgewendet hatten (vgl. 1 Thess 1,9), schwang in dem Ruf gewiß die Antithese zu den Kyrios-Kulten mit. Für Judenchristen aber brachte der Kyriostitel zum Ausdruck, daß in Jesus die jüdischen Erwartungen eines endzeitlichen Heilbringers erfüllt worden waren. Beide Gemeindegruppen verehrten gleicherweise den "Kyrios Jesus" als ihren himmlischen Herrn, dessen endzeitliche Herrschaft bereits angebrochen und irdisch durch den Heiligen Geist wirksam war und der in Kürze bei seiner Parusie die Gemeinde in seine "himmlische Herrschaft" (Phil 3,20) feierlich einholen würde (1 Thess 4,16f).
Im Akklamationsruf "Kyrios Jesus" erkannte die gottesdienstliche Versammlung Jesus als ihren "Herrn" an und unterstellte sich seiner "Herrschaft".
Eine andere Akklamationsformel wird von Paulus in 1 Kor 8,6 zitiert:

> Einer ist Gott (εἷς θεός), der Vater,
> aus ihm [wurde] das All, und wir [sind] auf ihn hin (εἰς αὐτόν).
> Einer ist Herr (εἷς κύριος), Jesus Christus, [durch] ihn [wurde] das All,
> und wir [wurden] durch ihn [erlöst].

Der streng durchgeführte Parallelismus erweist das Stück als eine geprägte Formel. Sie enthält verschiedene Elemente, die sich isolieren lassen. Die Formel: "Einer ist Gott" (εἷς θεός) entstammt der urchristlichen Heidenmissionspredigt (vgl. 1 Thess 1,9; Mk 12,29; Röm 3,30; 1 Tim 2,5; Jak 2,19). Sie dürfte aus der monotheistischen Missionspredigt des Diasporajudentums übernommen sein. Wahrscheinlich waren die Schöpfungsaussage und die soteriologische Wendung καὶ ἡμεῖς εἰς αὐτόν von jeher fest mit der monotheistischen Missionspredigt verbunden. Die Formel ist gegen den heidnischen Polytheismus gerichtet.
Die Aussage: "Einer ist Kyrios" (εἷς κύριος) mit anschließender soteriologischer Aussage könnte dagegen ursprünglich heidnischer Religionspropaganda entstammen. Die Exklusivität der verkündeten Gottheit wird ausgesagt, diese von den anderen "Herren" abgehoben und ihre besondere Heilswirkung betont.
Die christliche Formel 1 Kor 8,6 könnte somit Elemente der religiösen Propaganda des Diasporajudentums und des Heidentums enthalten. In ihrer vorliegenden Gestalt muß sie aber als christliche Bildung angesehen werden. Betont wird hier der Schöpfergott "Vater" genannt. Darin spiegelt sich der "Abba"-Ruf der Christen (vgl. Gal 4,6; Röm 8,15). Die christologische Präpositionalwendung: "durch ihn [wurde] das All [geschaffen] und wir [wurden] durch ihn [erlöst]" enthält die Vorstellung der Schöpfungs- und Heilsmittlerschaft Jesu. Die erstere entstammt den jüdischen Sophiaspekulationen (vgl. Weish 7,21; 8,4; s. dazu Kap. III.7). Die Aussage über die Heilsmittlerschaft des "Kyrios" Jesus

aber ist ein Reflex der Anschauung über seinen stellvertretenden Sühnetod, wie sie in Antiochien entwickelt worden ist.
Auch diese Formel ist im hellenistischen Judenchristentum entstanden. Aber sie ist von judenchristlichen Missionaren für Heidenchristen entworfen worden. Vielleicht haben wir also einen gottesdienstlichen Ruf vor uns, der in heidenchristlichen Gottesdienstversammlungen verwendet wurde. Notwendig ist das aber nicht. Diese Formel kann von Juden- und Heidenchristen gemeinsam gesprochen worden sein. Für die Judenchristen trat sie dann an die Stelle des "Schᵉma' Israel".

Wir brechen unsere Darstellung hier ab. Auf das im Dunkel liegende Ende der Urgemeinde von Jerusalem und Palästina haben wir bereits hingewiesen (vgl. Kap. XI.4 und XIII.6). Neue Zentren des Urchristentums treten nun hervor. Zu ihnen zählt zuerst Antiochien. Die Anfänge der christlichen Gemeinde dieser Stadt gehörten deshalb in unsere Darstellung hinein, weil hier die aus Jerusalem vertriebenen "Hellenisten" weiterwirkten. Sie öffneten dem Christentum das Tor zur antiken hellenistischen Welt des Westens. Ihre Überlieferung wurde hier weitergepflegt und weiterentwickelt. Hauptsächlich durch die Paulusbriefe ist sie zu uns gelangt. Aber auch die Traditionen der aramäisch-sprechenden Urgemeinde Palästinas gingen nicht verloren. Sie wurden um das Jahr 50 n.Chr. in der Quelle Q gesammelt, die von den Evangelisten verwendet worden ist. Ein breiter Strom davon mündete auch ins Markusevangelium ein. Auch wenn also die Gemeinden Palästinas und Jerusalems in den Wirren des Jüdischen Krieges untergingen, ihre Erzählungen, Gedanken und Reflexionen sind zu uns gelangt und legen Zeugnis ab von ihrem Glauben und ihrer Praxis.

LITERATURVERZEICHNIS

(Kommentare zu den ntl Schriften und die Handbücher zur Einleitung werden nicht aufgeführt; vgl. dazu KÜMMEL, W.G., Einleitung in das Neue Testament, Heidelberg ^{21}1983)

ALSUP, J.E., The Post-Resurrection Appearance Stories of the Gospel Tradition, Stuttgart 1975
BAUER, W., Das Leben Jesu im Zeitalter der neutestamentlichen Apokryphen, Tübingen 1909
DERS., Rechtgläubigkeit und Ketzerei im ältesten Christentum, Tübingen 1934
BAUMGARTEN, J., Paulus und die Apostelgeschichte, Neukirchen-Vluyn 1975
BECKER, J. u.a., Die Anfänge des Christentums, Stuttgart 1987
BERGER, K., Einführung in die Formgeschichte, Tübingen 1987
DERS., Formgeschichte des Neuen Testaments, Heidelberg 1984
BILLERBECK, P., Kommentar zum Neuen Testament aus Talmud und Midrasch, München 1922-1961
BLANK, J., Paulus und Jesus, München 1968
BLINZLER, J., Die Brüder und Schwestern Jesu, Stuttgart 1967
BONSIRVEN, J., Le judaisme palestinien au temps de Jesus-Christ, Paris 1935
BORNKAMM, G., Paulus, Stuttgart ^{4}1979
BOUSSET, W., Die Religion des Judentums im späthellenistischen Zeitalter, Tübingen ^{4}1966
BRUCE, F.F., Men and Movements in the Primitive Church, Exeter 1979
DERS., Zeitgeschichte des Neuen Testaments, Wuppertal 1986
BÜHNER, J.-A., Der Gesandte und sein Weg im 4. Evangelium, Tübingen 1977
BULTMANN, R., Die Geschichte der synoptischen Tradition, Göttingen ^{9}1979 (mit Beiheft ^{5}1979)
DERS., Jesus, Gütersloh ^{3}1977
DERS., Theologie des Neuen Testaments, Tübingen ^{9}1984
DERS., Das Urchristentum, Zürich ^{5}1986
DERS., Das Verhältnis der urchristlichen Christusbotschaft zum historischen Jesus, Heidelberg ^{2}1961
BURCHARD, L., Der dreizehnte Zeuge, Göttingen 1970
BUSSMANN, C., Themen der paulinischen Missionspredigt, Bern 1971
CLEMEN, C., Die Entwicklung der christlichen Religion innerhalb des Neuen Testaments, Berlin 1919
DERS., Religionsgeschichtliche Erklärung des Neuen Testaments, Berlin 1924
CONZELMANN, H., Arbeitsbuch zum Neuen Testament, Tübingen ^{9}1988
DERS., Die Geschichte des Urchristentums, Göttingen ^{5}1983
DERS., Grundriß der Theologie des Neuen Testaments, München 1967
DERS., Heiden, Juden, Christen, Tübingen 1981
CULLMANN, O., Urchristenheit und Gottesdienst, Zürich ^{2}1950
DALMANN, G., Arbeit und Sitte in Palästina, Hildesheim 1964
DANIEL-ROPS, H., Er kam in sein Eigentum. Die Umwelt Jesu, Stuttgart ^{3}1964
DAUBE, D., The New Testament and Rabbinic Judaism, London 1956
DAUTZENBERG, G., Urchristliche Prophetie, Stuttgart 1975
DEISSMANN, A., Licht vom Osten, Tübingen ^{4}1923
DELLING, G., Antike Wundertexte, Berlin ^{2}1960
DIBELIUS, M., Aufsätze zur Apostelgeschichte, Göttingen 1961
DERS., Die Formgeschichte des Evangeliums, Tübingen ^{5}1966
DERS., Geschichte der urchristlichen Literatur, München 1975
DERS., Jesus, Berlin 1939
DERS., Paulus (hg. von W.G.Kümmel), Berlin 1970
DOBSCHÜTZ, E.v., Probleme des apostolischen Zeitalters, Leipzig 1904
DODD, C.H., Gospel and Law, Cambridge 1952
DERS., The Parables of the Kingdom, Welwyn 1958
DOMMERSHAUSEN, W., Die Umwelt Jesu, Freiburg ^{3}1977
DSCHULNIGG, P., Rabbinische Gleichnisse und das Neue Testament, Bern 1988
DUNN, J.D.G., Unity and Diversity in the New Testament, Philadelphia 1977
FIEDLER, P., Jesus und die Sünder, Frankfurt 1976
FILSON, F.V., Geschichte des Christentums in neutestamentlicher Zeit, Düsseldorf 1967
FISCHER, T., Seleukiden und Makkabäer, Bochum 1980
FÖRSTER, W., Neutestamentliche Zeitgeschichte, Hamburg 1968
GERHARDSSON, B., Memory and Manuscript, Uppsala 1961
DERS., Tradition and Transmission in Early Christianity, Lund 1964

GEWIESS, J., Die urapostolische Heilsverkündigung nach der Apostelgeschichte, Breslau 1939
GOPPELT, L., Die apostolische und nachapostolische Zeit, Göttingen ²1966
DERS., Christentum und Judentum im ersten und zweiten Jahrhundert, Gütersloh 1954
GRASS, H., Osterglauben und Osterberichte, Göttingen ⁴1970
GRUNDMANN, W., Die frühe Christenheit und ihre Schriften, Stuttgart 1983
HAHN, F. u.a., Die Anfänge der Kirche im Neuen Testament, Göttingen 1967
HARNACK, A. v., Studien zur Geschichte des Neuen Testaments und der alten Kirche, Berlin 1931
HENGEL, M., Zur urchristlichen Geschichtsschreibung, Stuttgart ²1984
DERS., Nachfolge und Charisma, Berlin 1968
HILGENFELD, A., Judentum und Judenchristentum, Hildesheim 1966
HYLDAHL, N., Die paulinische Chronologie, Leiden 1986
JEREMIAS, J., Die Gleichnisse Jesu, Göttingen ¹⁰1984
DERS., Jerusalem zur Zeit Jesu, Göttingen 1958
DERS., Neutestamentliche Theologie, Gütersloh 1971
DERS., Unbekannte Jesusworte, Gütersloh ²1983
JÜLICHER, A., Die Gleichnisreden Jesu, Tübingen ²1910
JÜNGEL, E., Paulus und Jesus, Tübingen 1962
KEE, H.C., Medicine, Miracle and Magic in New Testament Times, Cambridge 1986
DERS., Miracle in the Early Christian World, New Haven 1983
DERS., Das frühe Christentum in soziologischer Sicht, Göttingen 1982
KIPPENBERG, H.G., Garizim und Synagoge, Berlin 1971
KLAUCK, H.J., Judas - ein Jünger des Herrn, Freiburg 1987
KLEINKNECHT, K.T., Der leidende Gerechtfertigte, Tübingen 1984
KLIESCH, K., Das heilsgeschichtliche Credo in den Reden der Apostelgeschichte, Köln 1975
KOCH, D.-A., Die Schrift als Zeuge des Evangeliums, Tübingen 1986
KÖSTER, H., Einführung in das Neue Testament, Berlin 1980
DERS./ROBINSON, J.M., Entwicklungslinien durch die Welt des frühen Christentums, Tübingen 1971
KOSMALA, H., Hebräer - Essener - Christen, Leiden 1959
KOTTJE, R./MÖLLER, B.(Hg), Ökumenische Kirchengeschichte I, Mainz ⁴1983
KRAFT, H., Die Entstehung des Urchristentums, Darmstadt ²1986
KÜMMEL, W.G., Das Neue Testament im 20. Jahrhundert, Stuttgart 1970
DERS., Die Theologie des Neuen Testamentes, Göttingen 1969
DERS., Das Urchristentum: ThR 14(1942)81-95.155-173; 17(1948/49)3-50.103-142; 18(1950)1-53; 22(1954)138-170.191-211; 48(1983)101-128; 52(1987)111-154.268-284
DERS., Verheißung und Erfüllung, Zürich ³1956
KUSS, O., Paulus, Regensburg 1971
LEIPOLDT, J., Die urchristliche Taufe im Lichte der Religionsgeschichte, Leipzig 1928
DERS./GRUNDMANN, W., Umwelt des Urchristentums (3 Bde.), Berlin 1965.1967.1966
LIETZMANN, H., Geschichte der alten Kirche, Berlin ⁵1975
LINTON, O., Das Problem der Urkirche in der neueren Forschung, Uppsala 1932
LOHMEYER, E., Gottesknecht und Davidsohn, Göttingen 1953
LOHSE, E., Grundriß der neutestamentlichen Theologie, Stuttgart ³1984
DERS., Umwelt des Neuen Testaments, Göttingen ⁶1983
LÜDEMANN, G., Das frühe Christentum nach den Traditionen der Apostelgeschichte, Göttingen 1987
DERS., Paulus, der Heidenapostel (2 Bde.), Göttingen 1980.1983
DERS./SCHRÖDER, M., Die Religionsgeschichtliche Schule in Göttingen, Göttingen 1987
LÜHRMANN, D., Glaube im frühen Christentum, Gütersloh 1976
DERS., Die Redaktion der Logienquelle, Neukirchen 1969
MALHERBE, A.J., Social Aspects of Early Christianity, Philadelphia ²1983
MEEKS, W.A. (Hg), Zur Soziologie des Urchristentums, München 1979
MÜLLER, K., Das Judentum in der religionsgeschichtlichen Arbeit am Neuen Testament, Frankfurt 1983
NEUSNER, J. (Hg), Christianity, Judaism and other Greco-Roman Cults, Leiden 1975
PAULSEN, H., Auslegungsgeschichte und Geschichte des Urchristentums - die Überprüfung eines Paradigmas, in: FS W.Marxsen, Gütersloh 1989, 361-374
DERS., Traditionsgeschichtliche Methode und religionsgeschichtliche Schule: ZThK 75 (1978) 20-55
REICKE, B., Neutestamentliche Zeitgeschichte, Berlin ³1982

RIESENFELD, H., The Gospel Tradition, Oxford 1970
RORDORF, W., Der Sonntag, Zürich 1962
SAFRAI, S./STERN, M. (Hg), The Jewish People in the First Century (2 Bde.), Assen, Philadelphia 1974.1976
SANDERS, E.P., The Tendencies of the Synoptic Tradition, Cambridge 1969
SCHLATTER, A., Die Geschichte der ersten Christenheit, Stuttgart [6]1983
SCHMIDT, K.L., Der Rahmen der Geschichte Jesu, Darmstadt 1964
SCHNEEMELCHER, W., Das Urchristentum, Stuttgart 1981
SCHNIEWIND, J., Euangelion. Ursprung und erste Gestalt des Begriffs Evangelium, Darmstadt 1970
SCHREINER, J. (Hg), Gestalt und Anspruch des Neuen Testaments, Würzburg [2]1978
SCHÜRER, E., Geschichte des jüdischen Volkes im Zeitalter Jesu Christi III, Hildesheim 1964
SCHULZ, S., Q. Die Spruchquelle der Evangelisten, Zürich 1972
SCHWEIZER, E., Jesus Christus im vielfältigen Zeugnis des Neuen Testaments, München 1968
STAUFFER, E., Jerusalem und Rom im Zeitalter Jesu Christi, Bern 1957
STEINHAUSER, M.G., Doppelbildworte in den synoptischen Evangelien, Würzburg 1981
STROBEL, A., Untersuchung zum eschatologischen Verzögerungsproblem, Leiden 1961
STUHLMACHER, P., Das paulinische Evangelium, Göttingen 1968
DERS., Jesus von Nazareth - Christus des Glaubens, Stuttgart 1988
DERS., Vom Verstehen des Neuen Testaments, Göttingen [2]1986
TACHAU, P., "Einst" und "Jetzt" im Neuen Testament, Göttingen 1972
THEISSEN, G., Studien zur Soziologie des Urchristentums, Tübingen 1979
THYSON, J.B., A Study of Early Christianity, New York 1973
VIELHAUER, P., Geschichte der urchristlichen Literatur, Berlin 1975
VOLZ, P., Die Eschatologie der jüdischen Gemeinde im neutestamentlichen Zeitalter, Hildesheim 1966
WEISS, J., Das Urchristentum (hg. v. R. Knopf), Göttingen 1917
WEIZSÄCKER, C. v., Das apostolische Zeitalter der christlichen Kirche, Freiburg [2]1890
WENDLAND, P., Die hellenistisch-römische Kultur in ihren Beziehungen zum Judentum und Christentum, Tübingen [4]1972
WENGST, K., Pax Romana. Anspruch und Wirklichkeit, München 1986
WITHERINGTON, B., Woman in the Earliest Churches, Cambridge 1988
ZELLER, D., Die Weisheitlichen Mahnsprüche bei den Synoptikern, München 1977

AUTORENVERZEICHNIS

SCHRIFTSTELLENVERZEICHNIS (in Auswahl)

Altes Testament

Neues Testament